LA INDEPENDENCIA Y EL ESTADO CONSTITUCIONAL EN VENEZUELA: COMO OBRA DE CIVILES
(19 de abril de 1810, 5 de julio de 1811, 21 de diciembre de 1811)

LA INDEPENDENCIA Y EL ESTADO CONSTITUCIONAL EN VENEZUELA: COMO OBRA DE CIVILES

(19 de abril de 1810, 5 de julio de 1811, 21 de diciembre de 1811)

ALLAN R. BREWER-CARÍAS,
ENRIQUE VILORIA VERA Y
ASDRÚBAL AGUIAR

(Coordinadores)

*Cátedra Mezerhane sobre
Democracia, Estado de Derecho y
Derechos Humanos*

MIAMI DADE COLLEGE

Colección Anales N° 2

Ediciones EJV International
Miami, 2018

Colección Anales

1. *Reforma política-electoral e innovación institucional en América Latina, (1978-2016),* Daniel Zovatto, Caracas 2017, 772 páginas.
2. *La independencia y el Estado constitucional en Venezuela: como obra de civiles (19 de abril de 1810, 5 de julio de 1811, 21 de diciembre de 1811),* Allan Brewer-Carías, Enrique Viloria Vera y Asdrúbal Aguiar (Coordinadores), 2018, 726 páginas

© Allan R. Brewer-Carías
Email: abrewer@bblegal.com

Depósito Legal: DC2018000602
ISBN: 978-980-365-425-2

Editado por: Editorial Jurídica Venezolana
Avda. Francisco Solano López, Torre Oasis, P.B., Local 4, Sabana Grande,
Apartado 17.598 – Caracas, 1015, Venezuela
Teléfono 762.25.53, 762.38.42. Fax: 763.5239
http://www.editorialjuridicavenezolana.com.ve
Email fejv@cantv.net

Impreso por: Lightning Source, an INGRAM Content company para Editorial Jurídica Venezolana International Inc.
Panamá, República de Panamá.
Email: ejvinternational@gmail.com

Diagramación, composición y montaje
por: Francis Gil, en letra Times New Roman, 11
Exacto 13, 11x18,5

A Guillermo Morón

CONTENIDO GENERAL

NOTA INTRODUCTIVA 11

SOBRE LOS AUTORES 17

PRIMERA PARTE
LA REVOLUCIÓN DE CARACAS DE 1810.......... 21
Allan R. Brewer – Carías / Enrique Viloria Vera /

SEGUNDA PARTE:
EL DISEÑO CONSTITUCIONAL DE LA REPÚBLICA 1810-1812 COMO OBRA DE CIVILES 137
Allan Brewer-Carías

TERCERA PARTE
EL OLVIDO DE LOS PRÓCERES 171
Giovanni Meza Dorta

CUARTA PARTE
Y ENTRE LOS PRÓCERES OLVIDADOS: JUAN GERMÁN ROSCIO, FRANCISCO JAVIER YANEZ Y CRISTÓBAL MENDOZA........... 237

SECCIÓN PRIMERA: **EL PENSAMIENTO CONSTITUCIONAL DE JUAN GERMÁN ROSCIO Y FRANCISCO JAVIER YANES** 238
José Ignacio Hernández

SECCIÓN SEGUNDA: **LA DOMINACIÓN ESPAÑOLA EN EL TRIUNFO DE LA LIBERTAD SOBRE EL DESPOTISMO (1817) DEL VENEZOLANO JUAN GERMÁN ROSCIO**.. 269
Carmen Ruiz Barrionuevo

SECCIÓN TERCERA: **CRISTÓBAL MENDOZA: PRIMER PRESIDENTE DE VENEZUELA**.......................... 291
Enrique Viloria Vera

**QUINTA PARTE:
SOBRE EL CONSTITUCIONALISMO AMERICANO PRE-GADITANO** 297

SECCIÓN PRIMERA: **GÉNESIS DEL PENSAMIENTO CONSTITUCIONAL DE VENEZUELA**...................... 297
Asdrúbal Aguiar

SECCIÓN SEGUNDA: **LAS PRIMERAS MANIFESTACIONES DEL CONSTITUCIONALISMO EN LAS TIERRAS AMERICANAS: LAS CONSTITUCIONES PROVINCIALES Y NACIONALES DE VENEZUELA Y LA NUEVA GRANADA EN 1811-1812** 383
Allan R. Brewer-Carías

SECCIÓN TERCERA: **TEXTOS DOCTRINARIOS EN LA CONSTITUCIÓN FEDERAL PARA LOS ESTADOS DE VENEZUELA (1811)**.. 517
Belin Vázquez

**SEXTA PARTE
EL PENSAMIENTO CONSTITUCIONAL
DE LOS PRÓCERES OLVIDADOS
EN EL CONSTITUCIONALISMO DE 1811.
HISTORIA DE UN LIBRO EXTRAORDINARIO:**
INTERESTING OFFICIAL DOCUMENTS RELATING TO THE UNITED PROVINCES OF VENEZUELA **1812, CUANDO LA REPÚBLICA ESTABA DERRUMBÁNDOSE** 547
Allan R. Brewer-Carías

**SÉPTIMA PARTE:
MEMORIA DE LA DESDICHA:
LOS REALISTAS CUENTAN SU VERSIÓN
DEL 19 DE ABRIL** 677
Tomás González

NOTA INTRODUCTIVA

El presente libro es una recopilación de ensayos de diversos autores sobre el inicio del proceso de independencia y de construcción del Estado Constitucional en Venezuela y, en consecuencia, en toda la América Hispana, desarrollado entre 1810 y 1812, y en los cuales se refleja que el mismo fue un proceso que fue enteramente obra de civiles, y no de militares.

En otras palabras, en el inicio del proceso de independencia y del diseño del Estado constitucional de nuestros países no hubo participación ni intervención militar alguna. El proceso fue enteramente obra de civiles, y de civiles bien ilustrados, formados en nuestras tierras, quienes armados con los principios del constitucionalismo moderno que venían de emanar de las revoluciones norteamericana y francesa de finales del siglo XVIII, se pusieron a concebir un Estado constitucional moderno de las ruinas del régimen colonial español. Antes, ello sólo había ocurrido en la historia moderna, en los Estados Unidos de Norteamérica.

Dichos próceres civiles fueron entonces quienes pusieron en marcha en abril de 1810, el proceso de la independencia de la América Hispana, lo que ocurrió incluso en las que habían sido de las Provincias más pobres del Continente, como eran las que conformaban la Capitanía General de Venezuela, en las cuales hasta 1808 ni siquiera había imprenta, y los libros prohibidos por la Inquisición, que eran todos los ilustrados y que sirvieron de inspiración para el diseño constitucional, solo penetraban y circulaban clandestinamente y de contrabando.

Fueron por tanto los civiles miembros del Cabildo metropolitano de Caracas, quienes el 19 de abril de 1810 depusieron al Gobernador y Capitán General Vicente de Emparan; habiendo sido ellos mismos, junto con otros civiles incorporados de improviso, quienes se erigieron en Junta Suprema de Caracas conservadora de los derechos de Fernando VII, pero bien rápidamente para terminar estableciendo un nuevo gobierno civil independiente de España. Ello condujo a la convocatoria, en junio de 1810, de elecciones generales de diputados para integrar el Congreso General de las Provincias de Venezuela, el cual se instaló en marzo de 1811.

Dicho Congreso organizó provisionalmente al Ejecutivo y al Poder Judicial conforme al principio de la separación de poderes, habiendo sucesivamente adoptado una Declaración de Derechos del Pueblo el 1º de julio de 1811, que fue la primera emitida en el mundo después de las declaraciones norteamericana y francesa; declaró formalmente la Independencia de Venezuela de España el 5 de julio de 1811, que fue la primera declaración de este tipo en toda la América española; y el 21 de diciembre de 1811 sancionó la Constitución federal de las Provincias Unidas de Venezuela, que fue la primera de todas las Constituciones de América Latina, estableciendo un Estado constitucional moderno. Y a todo ese esfuerzo político e intelectual, le siguieron todas las Constituciones provinciales, riquísimas por cierto, que se sancionaron en cada una de las Provincias de Venezuela y de la Nueva Granada entre 1811 y 1812, también antes de que las Cortes de Cádiz sancionaran el 19 de marzo de 1812, la Constitución de la Monarquía española.

La incomprensión de parte del gobierno de la Regencia española que por la invasión francesa de la Península ibérica estaba confinada en Cádiz, y de las Cortes que se instalaron coetáneamente en 1810 en dicha ciudad, sobre el significado y razones del proceso constituyente americano que se había iniciado en Caracas, provocó la debacle del proceso constitucional de consolidación de la nueva República, al haber ordenado aquellas autoridades, no solo el bloqueo naval de las costas de las Provincias de Venezuela, sino la invasión de las mismas mediante un Ejército real que se había armado en Puerto Rico.

Con el mismo, al mando del capitán Domingo de Monteverde, se comenzó a efectuar la ocupación militar de las provincias ya declaradas Estado independiente, en una operación militar en contra de la República que solo duró unos escasos cuatro meses. Para ello, los invasores españoles contaron la ayuda extraordinaria de la Naturaleza, la cual con el terrible terremoto del 26 de marzo de 1812, materialmente demolió todas las ciudades de las provincias, desmoralizando al bisoño "ejército" que la República se había tenido que "inventar," colocando al mando del mismo a Francisco de Miranda, quien como civil y no como militar, había regresado a su país natal en diciembre de 1810.

La invasión militar española de marzo de 1812, fue en definitiva armada contra una República civil recién nacida, la cual tuvo que sacar de la nada una carta militar para tratar de defenderse, colocando a Miranda al mando, pero con ninguna posibilidad de éxito; y ello a pesar de su experiencia militar en la guerra de España contra los ingleses en el Caribe en tiempos de la guerra de independencia de los Estados Unidos en 1781 y 1782, y en la guerra de Francia contra las Potencias europeas a raíz de la Revolución francesa en 1792.

Toda esa experiencia no sirvió para nada al tratar de comandar un inexperto Ejército, diezmado además por deserciones luego del terremoto de marzo de 1812, sobre todo cuando comenzó a ver todo perdido después de que Simón Bolívar, a quien había recién nombrado en abril de 1811 como parte también de ese bisoño "ejército," como comandante del Castillo de Puerto Cabello, lo perdiera en sus propias manos y con ello, perdiera el arsenal de la República, hiriéndola en el corazón.

Todo ello no dio otra alternativa a las autoridades de la República que no fuera encomendar a Miranda que tratara de negociar un armisticio con las fuerzas invasoras, lo que en definitiva condujo solo unos días después, a que capitulara ante el invasor español, siendo él, como en efecto lo era, el oficial militar quien en ese momento, en el mundo, tenía la mayor experiencia precisamente en Capitulaciones, pues las había negociado, aun cuando siempre representando a la parte vencedora, luego de la toma de Pensacola, en la costa sur de los Estados Unidos en 1781, de la toma de la isla Providencia, en las Bahamas en 1782; y de la toma de Amberes en 1792.

Luego de la Capitulación de San Mateo, la entrega de Miranda a los invasores españoles por Simón Bolívar y la caída de la República, todo lo cual ocurrió durante la segunda mitad del mes de julio de 1812, precisamente cuando aparecía publicado en Londres, un extraordinario libro como edición oficial promovida por la República con todos los documentos constitucionales de la independencia y creación del Estado constitucional, el cual como propaganda quedaría sin objeto; Monteverde establecería para regir las provincias conquistadas, no el texto de la Constitución de Cádiz recién sancionada (marzo 1812) como correspondía, sino la "ley de la conquista" propia de la ocupación militar. Con ello comenzó el fin de la civilidad en las provincias de Venezuela.

Luego Bolívar, sin duda arrepentido y después de haber logrado obtener un salvoconducto de Monteverde para salir de Venezuela, abandonó su idea de irse a Europa, y se dirigió hacia donde Miranda tenía previsto ir, a Cartagena de Indias. Desde allí, después de calificar la construcción constitucional de los próceres de 1811 y 1812 como propios de una "república aérea," a ellos mismos como "filósofos," a la legislación dictada como "filantropía," y a sus soldados como "sofistas;" al año siguiente, en 1813, inició su Campaña Admirable para la liberación de Venezuela. Con la misma, sus territorios, en la parte patriota liberada, sin embargo, lo que quedaron fue sometido al decreto de guerra a muerte y a la "ley marcial," lo que duró hasta 1817 cuando Bolívar comenzó a reorganizar constitucionalmente al Estado venezolano independiente, labor que culminó con la Constitución de Angostura de 1819 que entonces propuso. Bolívar no había participado en la construcción constitucional primigenia del Estado independiente entre 1810 y 1812, habiendo sido su labor constitucional, la desarrollada a partir de 1817 y que no sólo se refirió al restablecimiento de la República en Venezuela en 1819, sino a la creación de la República de Colombia en 1821, y a la formulación de las bases constitucionales para la creación de la República del Perú y de Bolivia en 1826.

En todo caso, de todo ese proceso, queda claro que la guerra de Bolívar respecto de los territorios de Venezuela, no fue propiamente dicha una guerra de "independencia" sino una guerra de liberación de los territorios de una República que ya se había declarado independiente, y que había sido invadida por fuerzas militares españolas. Sus triunfos militares, sin embargo, provocaron mayor reacción de la Corona invasora, ahondando el desencuentro, la cual en 1815 envió a Venezuela y Nueva Granada la mayor expedición militar que hasta entonces hubiera cruzado el Atlántico, la de "El Pacificador" Pablo Morillo (60 naves y 15.000 hombres), a quien hubo de enfrentar Bolívar. Esa guerra, que además libró contra Virreyes en Nueva Granada y el Perú, es decir fuera de Venezuela, la misma sí fue una guerra de independencia.

De toda esa debacle militar, la República que se reorganizó en Venezuela a partir de 1819, sin embargo, ya no fue obra de civiles sino fundamentalmente de militares, con Bolívar a la cabeza, y lo mismo sucedió con la organización constitucional de los Estados en Colombia, Perú y Bolivia. El contraste con este último proceso fue precisamente el de la independencia iniciado en 1810, y de construcción constitucional de la República de Venezuela desarrollado en 1811, el cual como se dijo, fue obra exclusiva de un grupo importante de próceres civiles, quienes, sin embargo, luego y lamentablemente, la fuerza militar los relegó al olvido.

Por eso, de allí en adelante, lamentablemente, hasta las celebraciones del aniversario de la Independencia pasaron a ser una ceremonia militar, y no civil.

Abril 2018

Allan R. Brewer-Carías / Enrique Viloria Vera /Asdrúbal Aguiar

SOBRE LOS AUTORES:

Asdrúbal Aguiar

Abogado y Profesor Titular (Catedrático) de Derecho internacional. Doctor en derecho por la Universidad Católica Andrés Bello y *Honoris Causa* por la Universidad del Salvador de Buenos Aires. Miembro de la *Real Academia de Ciencias, Artes y Letras de España* y de la *Academia Internacional de Derecho Comparado* de La Haya. Secretario General de Iniciativa Democrática de España y las Américas (IDEA), que forman 35 ex jefes de Estado. Ha sido embajador, Gobernador de Caracas, Ministro de la Presidencia y de Relaciones Interiores, y Encargado de la Presidencia de la República de Venezuela. Miembro del directorio de la Sociedad Interamericana de Prensa, es columnista semanal de Diario Las Américas (USA), La Prensa (Panamá), y los diarios *El Impulso* y *El Nacional* (Venezuela). Sus libros más recientes: *Calidad de la democracia y expansión de los derechos humanos* (2018); *Civilización y barbarie* (2018); *Génesis del pensamiento constitucional de Venezuela* (2018); *El problema de Venezuela* (2016), *La opción teológico-política de S.S. Francisco* (2015), *La democracia del siglo XXI y el final de los Estados* (2015), *Historia inconstitucional de Venezuela* (2012). Correo electrónico: asdrubalaguiar@yahoo.es

Carmen Ruiz Barrionuevo

Catedrática de Literatura Hispanoamericana (1989-2018), Directora del Máster en Literatura Española e Hispanoamericana, Teoría de la Literatura y Literatura Comparada, Facultad de Filología, Universidad de Salamanca. Directora de la Cátedra de Literatura Venezolana "José Antonio Ramos Sucre" (1993). Profesora Titular en la Universidad de La Laguna en las Islas Canarias (1978-1988). Ha sido Vicepresidenta y miembro de la Mesa Directiva del IILI *(Pittsburgh University)* y del Comité Científico Internacional de la Colección Archivos. Presidió el XXXIII Congreso del IILI (2000) cuyas actas están publicadas en la

Universidad de Salamanca bajo el título, *La literatura iberoamericana en el 2000. Balances, perspectivas y prospectivas* (2003). Es autora de más de doscientos trabajos publicados en revistas y volúmenes especializados. Ha trabajado temas y autores venezolanos como José Antonio Ramos Sucre, José Balza, Ednodio Quintero, Ana Enriqueta Terán. Coordinó *Voces y escrituras de Venezuela. Encuentros de escritores venezolanos, Cátedra José Antonio Ramos Sucre, Universidad de Salamanca (1995-2010)*, Caracas, CENAL, 2011.a. Correo electrónico: barrionu@usal.es

Allan R. Brewer-Carías

Profesor emérito de la Universidad Central de Venezuela; y antiguo profesor de la Universidad de Cambridge, UK (1985-1986), de la Universidad de Paris II (1989-1990) y de la *Columbia Law School*, New York (2006-2008). Individuo de número de la *Academia de Ciencias Políticas y Sociales* de Venezuela, de la cual fue su Presidente (1997-1999); Miembro titular de la *Academia Internacional de Derecho Comparado*, La Haya, de la cual fue Vicepresidente (1982-2010); y Miembro Correspondiente Extranjero o Miembro Honorario de la *Academia Nacional de Derecho y Ciencias Sociales de Córdoba*, Argentina (1992); de la *Academia Colombiana de Jurisprudencia*, Bogotá, Colombia (1996); de la *Academia Chilena de Ciencias Políticas, Sociales y Morales*, Santiago de Chile, 2011; de *Academia Peruana de Derecho*, 2011; de la *Real Academia de Ciencias Morales y Políticas*, Madrid 1978; de la *Real Academia Valenciana de Jurisprudencia y Legislación*, Valencia, España, 2000; de la *Real Academia de Jurisprudencia y Legislación*, Madrid, 2008; y de la *Real Academia Iberoamericana de Artes, Ciencias y Letras de España*, Cádiz, 2015. Ha publicado más de 175 libros y más de 950 artículos en revistas y obras colectivas. Entre sus últimos libros sobre historia constitucional están: *Sobre Miranda, Entre la perfidia de uno y la infamia de otros y otros escritos* (2016); *Principios del Estado de Derecho. Aproximación histórica* (2016); *Sobre el constitucionalismo hispanoamericano pregaditano 1811-1812* (2013); *Documentos constitucionales de la Independencia / Constitucional Documents of the Independence 1811* (2012); *Los inicios del proceso constituyente hispano y americano, Caracas 1811–Cádiz 1812* (2012); *La Constitución de la Provincia de Caracas de 31 de Enero de 1812* (2011); *Las Declaraciones de derechos del Pueblo y del Hombre de 1811* (2011). Correo electrónico: abrewer@bblegal.com

Tomás González

Médico oftalmólogo, UCV (2009). Magister en Historia de Venezuela mención Cum Laude, UCAB (2012). Doctorando en Historia en la Universidad Católica Andrés Bello. Individuo de Número de la *Academia de la Historia del Estado Falcón*. Libros publicados: *Bolívar, el Libertador* (1998), *De Simón Bolívar y Coro* (1999), *Ángel S. Domínguez, en el taller del propio esfuerzo* (2005), en coautoría con el Dr. Rafael Cordero Moreno *Glaucoma: problema médico y humano* (2005) y *La verdad consagrada: el positivismo en la obra histórica de Caracciolo Parra Pérez (1888-1964)* en prensa. Correo electrónico: tgonzalez3000@yahoo.es

José Ignacio Hernández

Doctor en Derecho, Universidad Complutense de Madrid. Profesor de Derecho Administrativo en la Universidad Central de Venezuela y la Universidad Católica Andrés Bello. Profesor Visitante, Universidad Castilla La Mancha. *Visiting Fellow, Center for International Development, Harvard University*. Entre sus últimas publicaciones destacan *Introducción al concepto constitucional de Administración Pública en Venezuela* (Editorial Jurídica Venezolana, 2011); *La expropiación en el Derecho Administrativo venezolano* (Universidad Católica Andrés Bello, 2014) y *Derecho Administrativo y arbitraje internacional de inversiones* (CIDEP-Editorial Jurídica Venezolana, 2016). Correo electrónico: ignandez@mail.com

Giovanni Meza Dorta

Sociólogo egresado de la Universidad Central de Venezuela, realiza sus estudios de doctorado en Ciencias Sociales en la misma Universidad, donde es profesor en la Escuela de Estudios Políticos de la Facultad de Ciencias Jurídicas y Políticas; igualmente, dicta seminarios en la Escuela de Filosofía, en la Facultad de Humanidades en la mencionada Universidad. Actualmente dicta seminarios en la Universidad del Salvador Argentina. Ha publicado diversas monografías, entre las cuales: *Miranda y Bolívar. Nuevas consideraciones para su estudio e interpretación*, en 1999, y el libro *Miranda y Bolívar. Dos Visiones*, en su quinta edición, junio del 2015. Adicionalmente, publica: *El Olvido de los Próceres*, por la editorial Jurídica Venezolana (2012). Asimismo, en obras colectivas cuentan sus ensayos *El papel de Miranda y su generación en la emancipación latinoamericana: identidad, integración regional y gobernabilidad* (2006), y *Lógicas y Estrategias de Occidente* (2007). Es miembro correspondiente de la *Academia de la Historia del Estado Miranda* y de la *Academia Argentina de la Historia*. Actualmente preside la Fundación *Francisco de Miranda y Próce-*

res de la Independencia, cuyo objeto principal es la difusión de sus ideharios, así como su itinerario vital y trascendencia en nuestra época. Correo electrónico: gmezadorta@gmail.com

Belin Vázquez

Profesora Titular Jubilada de la Universidad del Zulia con estudios de Licenciatura en Educación. Mención Ciencias Sociales (Universidad del Zulia, 1973); Doctorado en Historia de América (Universidad Complutense de Madrid, 1978) y Postdoctorado en Ciencias Humanas (Universidad del Zulia, 2010). Desde 1998 coordina la Línea de Investigación Representaciones, actores sociales y espacios de poder y actualmente es investigadora del Centro Experimental de Estudios Latinoamericanos "Dr. Gastón Parra Luzardo", docente de los Programas de Maestría en Historia de Venezuela, Doctorado en Ciencias Humanas y en Ciencias Sociales (LUZ) y coordina el proyecto de investigación Estado y propiedad territorial en memorias locales de la cuenca del Lago de Maracaibo;).. Autora y co-autora de libros y artículos, destacando entre las últimas publicaciones: *Estado liberal y gubernamentalidad en Venezuela (2012),Pensar desde modelos eurocéntricos o pensarnos en y para la dialogicidad descolonizadora* (2015); *Derechos contractuales y constitucionalismo liberal entre la refundación del Estado en Venezuela y la unión pactada de Repúblicas, 1819-1826* (2016); *Historias, memorias y saberes en el oeste del municipio Maracaibo* (2016) y *De la gubernamentalidad del Estado territorial al espacio fronterizo colombo-venezolano*(2017).

Enrique Viloria Vera

Abogado por la Universidad Católica Andrés Bello (Caracas, 1970), Magister del Instituto Internacional de Administración Pública (Paris, 1972) y Doctor en Derecho Público de la Universidad de Paris (1979). En la Universidad Metropolitana de Caracas fue Profesor Titular VI, Decano de la Facultad de Ciencias Económicas y Sociales (FACES), y Decano de Estudios de Postgrado, así como Director Fundador del Centro de Estudios Latinoamericanos Arturo Uslar Pietri (CELAUP) y Coordinador de la Cátedra Venezuela Ricardo Zuloaga. Adicionalmente, es Investigador Emérito del *Centro de Estudios Ibéricos y Americanos* de Salamanca (CEIAS). Fue igualmente titular de la Andrés Bello *Fellowship* en el *Saint Antony's College* de la Universidad de Oxford en el Reino Unido y Profesor Invitado por la *Université Laval* en Canadá. Correo electrónico: viloria.enrique@gmail.com

PRIMERA PARTE
LA REVOLUCIÓN DE CARACAS DE 1810*

Allan R. Brewer-Carías / Enrique Viloria Vera

> *El 19 de abril fue el día de la revelación de la conciencia nacional, el de la cristalización definitiva del sentimiento de Patria, el del triunfo de la ideología revolucionaria. Desde entonces quedó fijado en los cielos de América, como un sol, el nombre de Venezuela, alumbrando con el fuego de su ejemplo, los nuevos caminos del Continente.*
>
> Cristóbal Mendoza

> *En 1810 se desata la historia venezolana con la aparición en la dirección pública de hombres arraigados en la tradición criolla. La generación que toma en sus manos los sucesos independentistas venía organizándose intelectual y socialmente, para proceder a los hechos que consideramos de mayor relieve en el proceso.*
>
> Guillermo Morón

PRÓLOGO

Para comprender adecuadamente lo sucedido el 19 de abril de 1810 en la ya entonces antigua ciudad de Caracas es necesario leer con calma el acta que se levantó en un muy claro castellano, el idioma común del pueblo llano y de los notables que ejercían el poder en el Cabildo y Ayuntamiento y en la Milicia de blancos criollos, así como

---

* Libro publicado como: Allan R. Brewer-Carías y Enrique Viloria, *La Revolución de Caracas de 1810,* con prólogo de Guillermo Morón, Colección Salamanca, Historia, Educación y Geografía (Biblioteca Guillermo Morón) 44, Centro de Estudios Ibéricos y Americanos de Salamanca, Caracas 2011, 148 pp.

en todos los espacios públicos y privados. Los "Godos" no eran Vicente Emparan (Presidente de la Real Audiencia, Gobernador de la Provincia de Venezuela Capital Caracas, Capitán General de todas las Provincias, Presidente del Cabildo llamado en ese momento Muy Ilustre Ayuntamiento) y los pocos peninsulares con o sin cargos públicos, sino todos los miembros de ese cuerpo y las familias tradicionales incluidos los Bolívar desde el siglo XVI, hacendados unos, rentistas otros, comerciantes también, pero no pulperos, y contrabandistas bien organizados y protegidos como el papá de Simón Bolívar. Godos se llamó a los notables en Caracas y en Carora hasta el siglo XX, ya por perezosa tradición. Hace rato que dejaron de ser godos y también notables.

Los párrafos esenciales del Acta del 19 de Abril de 1810 señalan claramente el objeto de la reunión, lo que verdaderamente ocurrió, quienes se reunieron y la decisión tomada. Objeto de la reunión "en esta Sala Capitular" de los "señores que abajo firmarán y son de los que componen este Muy Ilustre Ayuntamiento con el motivo de la función Eclesiástica del día de hoy Jueves Santo, *y principalmente con el de atender a la salud pública de este Pueblo que se halla en total orfandad*, no sólo por el cautiverio del Señor Don Fernando Séptimo, sino también por haberse disuelto la Junta que suplía su ausencia en todo lo tocante a la seguridad y defensa de sus dominios invadidos por el Emperador de los Franceses, y demás urgencias de primera necesidad, a consecuencia de la ocupación casi total y los Reinos y Provincias de España, de donde ha resultado la dispersión de todos o casi todos los que componían la expresada Junta y, por consiguiente, el cese de sus funciones". Se produjo un vacío de Poder. Había que llenar ese vacío.

Para ocuparse de la salud pública se reúne el Ayuntamiento como era de uso y costumbre en todas y cada una de las ciudades fundadas desde el siglo XVI en las Provincias organizadas con el título de Gobernaciones y Capitanías Generales: Margarita, Trinidad, Guayana, Nueva Andalucía (Cumaná), Venezuela, La Grita-Mérida-Maracaibo y Barinas tardíamente en 1786. En muy diversas oportunidades ese cuerpo municipal denominado Cabildo y Ayuntamiento desde cada fundación de ciudad (Coro, El Tocuyo, Barquisimeto, Carora, Valencia, Caracas; Nueva Cádiz en Cubagua, La Asunción, San José de Oruña en la Trinidad, Cumaná, Barcelona, Trujillo, Mérida, San Cristóbal, Barinas, las principales) se reunió para ocuparse de los asuntos públicos, de la salud pública, *república*, de la ciudad, de la Provincia o, en general, del Estado (España o los Reinos de las Indias). El Poder es el Estado de Derecho Monárquico: El Rey, el Consejo Real, el Consejo de Indias, la Real Audiencia (en las Gobernaciones que conformarán a Venezuela, Santo Domingo, Santa Fe de Bogotá y, desde 1786, Caracas, Gobernador y Capitán General en cada Provincia hasta 1777 cuando la jurisdicción militar queda en las manos del de Caracas y se convierten en Comandantes los provinciales), el Gobernador y Capitán General hasta 1777, el Cabildo y Ayuntamiento. Esa organización político administrativa se fundamenta en una Ley de Leyes (hoy se llama Constitución) que data del siglo XIII, las muy famosas, conocidas y utilizadas en Venezuela antes y después del 5 de julio de 1811 *Siete Partidas* del Rey Don Alfonso X El Sabio (1221-1284) que lo fue de Castilla y León; pero ese Estado de Derecho Monárquico tiene, en los Reinos de las Indias, La Española (Santo Domingo, hoy República Dominicana y Haití) desde México a Chile y Argentina, un cuerpo de Leyes específicas, que van aplicándose paso a paso hasta constituir las *Leyes de Indias* (primera edición impresa en cuatro tomos, 1681, edición de extensa circulación en Venezuela).

El Acta recoge el asunto principal a discutirse: "...la salud pública de este pueblo que se halla en total orfandad". Las noticias navegan desde Cádiz hasta La Guaira y cabalgan desde La Guaira a Caracas. Y esas noticias son muy malas: en Rey Fernando VII, legítimo sucesor de la Corona, cabeza del Estado, salió de Madrid el 10 de abril de 1808; Carlos IV caotiza al Gobierno al asumir el mando impuesto por Murat, un general que activa el caos: el 5 de mayo de ese fatal año Carlos IV transfiere la Corona a Napoleón quien lo pensiona como a un soldado que se retira; el 8 de mayo quien renuncia es Fernando VII y el pueblo se queda huérfano en Madrid y en Caracas. El poderoso Emperador Napoleón nombra Rey de España (con toda su estructura americana) a su hermano José Bonaparte apellidado Pepe Botella por la voz del pueblo. Desde el 10 de abril de 1808 hasta 1814 España está en guerra contra los invasores franceses, una guerra de Independencia. Esas son las malas noticias que ponen en alerta a Caracas y a las Provincias. Ni las Juntas Provinciales en ausencia del Rey, ni la Constitución española de 1812, ni las Regencias servirán para detener los sucesos del 19 de abril de 1810 en Caracas y sus consecuencias inmediatas.

También tiene como asunto principal a tratar aquel *Cabildo abierto*, pues acepta a personajes que no forman parte del cuerpo, "erigen en el seno mismo de estos países un sistema de gobierno que supla las enunciadas faltas, *ejerciendo los derechos de la soberanía que por el mismo hecho ha recaído en el pueblo, conforme a los mismos principios de la sabia Constitución primitiva de España*, y a las máximas que ha enseñado y publicado en innumerables papeles la Junta Suprema extinguida". La *Constitución primitiva* está en la tradición de los Fueros, en las Leyes e instrumentos del Estado de Derecho que se aplicaron a los Reinos que se organizaron a lo largo de los siglos antes y después de la unificación que comienza con el largo proceso de la Reconquista, la lucha contra los árabes, la presencia de los Trastámara con los Reyes Católicos, la reunificación que llevan a cabo los Austria desde el Emperador de Alemania y Rey de Castilla, el pueblo de Fuenteovejuna, la doctrina que exponen Juan de Mariana (1536-1623) y Francisco Suárez (1548-1617), los dos sabios, estudiosos, jesuitas. Sostienen la teoría sobre la presencia del pueblo, depositario de la soberanía que la entrega Dios, el pueblo la presta al Rey para que ejerza justicia en forma ordenada, equitativa, igual para todos. Juan de Mariana publicó siete ensayos; uno se titula *Del Rey y de la Institución Real*, publicado en 1598 y en 1640. Sostiene que el Rey no puede convertirse en tirano: "El rey ejerce con singular templanza el poder que ha recibido de sus súbditos, no es gravoso, no es molesto sino para esos informes malvados que conspiran temerariamente contra las fortunas y la vida de sus semejantes" (Capítulo V, Diferencia entre el Rey y el tirano). Si el Rey se convierte en tirano es lícito matarlo, un solo súbdito o juntos en rebelión: "Es ya pues innegable que puede apelarse a la fuerza de las armas para matar al tirano, bien se le acomete en su palacio, bien se entable una lucha formal y se esté a los trances de la guerra" (Capítulo VII: Si es lícito envenenar a un tirano). El poder de la república, del pueblo, es mayor que el del Rey: "… el poder real, si es legítimo, ha sido creado por consentimiento de los ciudadanos y solo por este medio pudieron ser colocados los primeros hombres en la cumbre de los negocios públicos, ha de ser limitada desde un principio por leyes y estatutos, a fin de que no se exceda en perjuicio de sus súbditos y degenere al fin en tiranía" (Capítulo VIII: ¿Es mayor el poder del Rey, o el de la república?).

Se llevó a cabo una primera reunión del Ayuntamiento con sus miembros naturales, bajo la presidencia de Emparan. En la plaza "una gran porción" del vecindario caraqueño "levantó el grito aclamando con su acostumbrada fidelidad al Señor Don Fernando Séptimo y a la

Soberanía interina del mismo pueblo". Ninguna revolución. Ese vecindario no estaba formado por los cuarenta mil habitantes de la ciudad, la mayoría "pardos" y analfabetas porque los esclavos negros ni los pocos indios que quedaron por ahí no formaban parte "del mismo pueblo". Las conferencias no resolvieron los puntos propuestos. El Cuerpo, con Emparan a la cabeza, se encamina a cumplir con la "función Eclesiástica del día", Jueves Santo en la Catedral que está enfrente. "...marchaba el Cuerpo Capitular a la Iglesia Metropolitana" cuando "habiéndose aumentado los gritos y aclamaciones" el Cuerpo Capitular "tubo por conveniente y necesario retroceder a la Sala del Ayuntamiento para tratar de nuevo sobre la seguridad y tranquilidad pública". Si se trata de un cabildo abierto, como era de uso y costumbre, y lo fue en otras oportunidades incluso cuando se fundaba una ciudad (ocurrió en Cumaná), pueden incorporarse otros notables que tengan, naturalmente, la calidad necesaria en una sociedad donde las clases están bien determinadas. ¿Quién nombró a los Diputados externos al Cuerpo? No fue el pueblo. El acta fue redactada cuidadosamente: "y entonces (reunido de nuevo el Cuerpo Capitular), aumentándose la congregación popular y sus clamores por lo que mas le importaba, nombró para que representasen sus derechos y en calidad de Diputados...". Es el Ayuntamiento quien los selecciona, quien los nombra, no el *pueblo* cuyo número no se ve en el cuadro de Juan Lovera ni hay fuente que lo indique. Seguramente la mayoría estaba en la Catedral, sobre todo las mujeres mantuanas que tenían sus lugares señalados, con sus esclavas, y de pie, en el atrio, el pueblo católico que no tenía voz ni voto. Los Diputados que se incorporan forman parte de los notables: Don José Cortés de Madariaga, Canónigo de Merced "de la mencionada Iglesia", la Catedral, la Iglesia Metropolitana; el Presbítero Don Francisco José de Rivas; Don José Félix Sosa y Don Juan Germán Roscio, el Don señala su categoría social, aunque ya se había ganado la posibilidad de ese tratamiento para los pardos con las llamadas Gracias al Sacar, mediante un determinado pago, como ocurría con los títulos de nobleza (los Marqueses) que no lo lograron los Bolívar que lo intentaron afanosamente. También estuvieron presentes Don Vicente Basadre, Intendente de Ejército y Real Hacienda, y el Señor Brigadier Don Agustín García, Comandante Subinspector del Cuerpo de Artillería "de esta Provincia", la de Venezuela, porque el Capitán General de todas era Emparan; en las demás Provincias el Gobernador era Comandante para la jurisdicción militar, dependían de Emparan, políticamente, en su condición de Presidente de la Real Audiencia.

No señala el Acta los pormenores de las cuestiones tratadas, pero quedó expresa mención de lo principal, "tratar de nuevo sobre la seguridad y tranquilidad pública". Primero habló el Presidente, Emparan; luego Madariaga ("el Diputado primero en el orden con que quedan nominados"), "alegando los fundamentos y razones del caso". Y escuetamente el resultado de las reuniones: "...en cuya inteligencia dijo entre otras cosas el Señor Presidente, que no quería ningún mando", es decir, claramente renunció a todos sus cargos y, por supuesto, se le aceptó la renuncia. No aparece el dedo de Madariaga. Recoge el Acta con toda precisión y claridad: "y saliendo ambos al balcón *notificaron al pueblo su deliberación"*. No se le consulta al soberano porque ya estaba representado en el organismo tradicional de su soberanía desde el siglo XVI: el Cabildo y Ayuntamiento. Desde las Siete Partidas hasta las Leyes de Indias funciona el Estado de Derecho Monárquico que no termina el 19 de abril de 1810 sino con la declaración de Independencia el 5 de julio de 1811 y más explícitamente con la primera Constitución republicana sancionada por el Congreso en Caracas el 21 de diciembre de 1811, una Constitución federal que no le gustó a Simón Bolívar.

No hubo una destitución, sólo una reunión. El Presidente del Cabildo (todo Gobernador y Capitán General de Provincia lo era en la capital donde residía), Presidente de la Real Audiencia (Venezuela perteneció a la jurisdicción de la de Santo Domingo durante los siglos XVI, XVII y parte del XVIII, a la del Virreinato de Santa Fe en dos períodos cortos del XVIII y, desde 1786 hasta la batalla de Carabobo, 1821, a la de Caracas cuando se extingue), Gobernador de la Provincia de Venezuela (desde el Cabo de la Vela al río Unare, límite con la Provincia de Cumana), todo el Occidente con el Alto Orinoco, los bancos de Casanare, el Valle de Upar y la Guajira entera, Caracas, Caraballeda, La Victoria y todo el Valle con San Mateo, el Pao, Valencia y Puerto Cabello, San Felipe, Barquisimeto con Acarigua y Ospino, Coro, El Tocuyo, Quibor y su valle, Carora, Carache y Trujillo con sus pueblos, aldeas y campos) y Capitán General de todas las Provincias, dos millones de Km2 y un millón de habitantes mencionados por Alejandro de Humboldt en 1804. Inmenso poder en 1810 que no pudo sostener. En el Cabildo se encuentran dos militares de alto rango, el Brigadier Comandante del Cuerpo de Artillería de toda la Provincia, segundo de Emparan, y el Intendente del Ejército y de la Real Hacienda que maneja el presupuesto. Pero el movimiento es civil, los poderosos mantuanos de Caracas que forman el Cabildo, gobiernan la economía, la sociedad, la historia de tres siglos. Don Vicente Emparan renunció al Poder y la renuncia le fue aceptada. El primer golpe de estado que transforma al Estado de Derecho Monárquico en Estado de Derecho Republicano. Pero la guerra empieza en 1810, con la expedición armada enviada por la Junta Suprema de gobierno que sustituye a la Conservadora de los Derechos de Fernando VII hasta 1823 con la batalla del Lago de Maracaibo. Bolívar es guerrero, sigue hasta la muerte cuando se apaga su vida y se hace aguas la República de Colombia inventada por Francisco de Miranda y decretada por Bolívar espada en mano.

El Cabildo del 19 de abril de 1810 asume todo el Poder. Ya estaba contemplado en la Ley. Cuando falta el gobernador ese cuerpo, en todas las ciudades de la Provincia, lo asumen a plenitud mientras llega uno nuevo. En este caso se produce una revolución. Se rompe con el Gobierno de España porque no existe. La soberanía regresa al pueblo. El Cabildo representa al pueblo. Madariaga sólo al Clero: "fueron nombrados por el pueblo y son el teniente de caballería don Gabriel de Ponte, don José Félix Rivas y el Teniente retirado don Francisco Xavier de Ustáriz, bien entendido que los dos primeros obtuvieron su nombramiento por el gremio de pardos, con la calidad de suplir el uno las ausencias del otro sin necesidad de su simultánea concurrencia". No es que los pardos, la mayoría de la población, van a cogerse el gobierno ni a la sociedad que seguirá en manos de los godos llamados "blancos de la plaza, mantuanos y nobles todavía y por ahora".

Antes de firmar el Acta, encabezada con rúbrica por Emparan, se redacta una rectificación, una corrección: "En este estado, notándose la equivocación padecida en cuanto a los diputados nombrados por el gremio de pardos, se advierte ser sólo el expresado don José Félix Rivas". Y una coletilla de la mayor importancia: "toda la tropa de actual servicio tenga pret y sueldo doble". Porque sin los militares no hay golpe de estado. Pret: la ración o el salario del soldado, sueldo al oficial.

Esa Acta histórica –que cumple 200 años el 19 de abril del 2010 sin pena ni gloria– fue firmada por 35 hombres, pues las mujeres no se metían en política pero podían dominarlos con otros ardides, María Antonia Bolívar, hermana, Manuelita Sáenz, concubina, Joseph Cortes, el Madariaga, "como diputado del clero y del pueblo", Doctor Francisco José Ribas, "como diputado del clero", doctor Juan Germán Roscio, "como diputado del pueblo", doctor Félix Sosa "como diputado del pueblo", José Félix Rivas y Francisco Xavier Ustáriz por el "gremio de pardos".

A la luz de los hechos y las razones, saludo con beneplácito este importante libro de dos autores amigos: los doctores Allan R. Brewer-Carías y Enrique Viloria Vera, quienes, con buena letra y conocimiento cabal del tema, aportan nuevas luces sobre este hecho histórico fundamental para la construcción de la venezolanidad.

Guillermo Morón
Decano de la Academia Nacional de la Historia.
Honorario de la Academia Venezolana de la Lengua,
correspondiente de la Real Española.
Emérito de la Universidad Simón Bolívar.

INTRODUCCIÓN

El 19 de abril de 1810 es la época más célebre en la historia de la Provincia de Venezuela, y para los anales del Nuevo Mundo. Sean para siempre loados los varones ilustres que tan santa e inmortal obra ejecutaron, y que sus nombres vivan en los siglos venideros hasta la más remota posteridad.

Francisco de Miranda

El presente libro -colección de ensayos- es una nueva contribución al estudio y análisis de los hechos acontecidos en Caracas el 19 de abril de 1810.

En la ocasión del Bicentenario de esa trascendental fecha, hemos realizado un doble acercamiento conceptual que privilegia tanto una visión sincrónica como otra holística de La Revolución de Caracas de 1810. En lo concerniente a las citas y referencias, los autores han decidido configurarlas de acuerdo con su propio estilo de escritura dentro de una metódica postmoderna, y no con un estricto y uniforme criterio metodológico más propio de tesis doctorales. Es así que en los textos de Brewer-Carías se han conservado las notas al pie de páginas, donde se hace referencia a la bibliografía específica; siendo la "Bibliografía

Básica" que se incluye al final, la referida a los textos elaborados por Viloria Vera.

Los autores aspiran a que este texto contribuya a una mejor comprensión de esta gesta plural que abrió los caminos a la Independencia de Venezuela, para que hoy los venezolanos tengamos una Patria que mostrar, preservar y mejorar.

Enrique Viloria Vera / Allan R. Brewer – Carías

I. LAS INDIAS: PATRIMONIO REAL

Desde el momento mismo del descubrimiento de las Indias, de la futura América, se planteó en Europa una preocupación fundamental en relación con la fundamentación jurídica, *el justo título*, que sustentase el dominio por parte de España y de los Reyes Católicos de la conquista y posterior colonización de los nuevos territorios de ultramar.

En este sentido, los historiadores de la España colonial reconocen que:

> "...el problema de los títulos que justificarán la dominación española en Indias, confundido parcialmente con el de la condición de los indígenas y la licitud de las encomiendas, devino el tema central de aquellas Juntas consultivas para las Indias celebradas bajo la inspiración soberana a lo largo de la primera mitad del siglo XVI, aparte de la elaboración doctrinal que numerosos autores, teólogos y juristas formularon con carácter privado, o con cierta relación con los aludidos debates." (*Diccionario de Historia de España*. Tomo 3. 1969).

En un primer momento, se consideró suficiente recurrir al título romanista del propio descubrimiento, basado en un texto de las *Siete Partidas* de Alfonso X, *El Sabio*, que permitía sujetar las tierras descubiertas al señorío de Castilla; además las tierras descubiertas por Colón se encontraban fuera de la zona reservada a Portugal de acuerdo con el Tratado de Alcázovas.

Sin embargo, en virtud de que muchos de los territorios descubiertos estaban poblados, en la corte se arguyó que este título romanista no era suficiente ni totalmente aplicable al caso de las recién descubiertas Indias. Estas argumentaciones, unidas a la rivalidad marítima entre

España y Portugal, y una posible amenaza de guerra entre ambas naciones por los nuevos territorios del Poniente Atlántico, obligaron a los Reyes Católicos a recurrir a la autoridad temporal del Papa, bajo el concepto medieval del *dominus orbis*, a fin de que éste les permitiera disponer a su albedrío de los territorios en manos de infieles, idólatras y paganos, y transferirlos, en plena soberanía, a un dignatario cristiano para evangelizarlas.

Teniendo en cuenta estos criterios, el 3 de mayo de 1493, Rodrigo Borgia, el Papa Alejandro VI, promulgó la bula *Inter Cetera* - que junto con otras cuatro bulas del mismo pasaron a ser conocidas como las *Bulas Alejandrinas* - en la que otorgaba a los reyes de Castilla y a sus sucesores el señorío sobre las tierras e islas descubiertas, es decir, que la titularidad sobre las Indias recayó sobre los reyes como personas y no sobre sus coronas. Esta titularidad de los Reyes Católicos sobre las Indias, hace que la Reina Isabel la Católica, en su testamento fechado en 1507, declare:

> "El reino de Granada y las tierras y las islas y tierra firme del mar Océano, descubiertas o por descubrir, ganadas o por ganar, han de quedar incorporadas a sus reinos de Castilla y León; pero manda que se pague a su marido Fernando la mitad de lo que rentaren. Era, ni más ni menos, un legado voluntario, y se refería no a la mitad de las tierras, sino a la mitad de sus rentas, y no de todas las islas y tierras de Indias, sino de las que en ese momento de hacerse el legado estuviesen descubiertas y ganadas. Sin embargo, Don Fernando, en más de una ocasión, habló como de cosa suya *la mitad de las Indias*." (Aguado Bleye, 1969, 322)

Sin embargo, la línea que fija la bula papal es poco precisa: a 100 leguas de las Azores y de Cabo Verde, a Occidente de ella, lo que se descubriese para España, a Oriente para Portugal. El rey de Portugal Juan II no acepta este arbitraje geográfico de su Santidad y envía a sus embajadores reclamando un nuevo acuerdo. Como resultado de la ardua y compleja negociación se suscribe el Tratado de Tordesillas de junio de 1494, según el cual se fija el nuevo límite a 370 leguas de Cabo Verde y se acuerda que también pertenecerá a España todo lo ya descubierto a 250 leguas de dicha demarcación. Los efectos de este pacto han sido objeto de consideraciones disímiles, de opiniones a favor y en contra, sin embargo, como bien lo señala Juan Pérez de Tudela y Bueso, en la Colección Documental del Descubrimiento:

> "...la concordia de Tordesillas fue cardinal en sus efectos. Para comprenderlos mejor en su totalidad bastaría con suprimir imaginativamente aquel acuerdo: ni Castilla ni Portugal hubieran podido sin él dar continuidad coherente a sus respectivas empresas ultramarinas, embargadas por una rivalidad vieja que ahora se hubiese agigantado. El monopolio sobre un marco geográfico era una condición de lógica instrumental para la colonización moderna (como ya lo había sido en la antigua), y el convenio de 1494 se apresuró a comprenderlo." (Pérez de Tudela y Bueso. 1992, CXCV).

De esta forma, a pesar de la alteración del ámbito geográfico de actuación de uno y otro imperio allende los mares, en el Poniente Atlántico, permaneció sin cambios, inalterable, la titularidad de la propiedad de América española en cabeza de los Reyes Católicos y sus sucesores. Eduardo Casanova lo ilustra muy bien, cuando, en su novela *En los Tiempos de Bolívar*, asevera para justificar y entender mejor la Guerra de Independencia de América del Imperio Español:

> "no hay rey en España, y se trata de que el vínculo de América no es con el Estado, sino con la persona del Rey, de manera que se ha roto y ha surgido el derecho de gobernarse por sí solos para los americanos."

Los protagonistas de la Revolución de Caracas de 1810 tienen plena conciencia de este vínculo y de su vigencia. En efecto, en carta enviada el 1o de junio de 1810 por la Junta Suprema de Caracas a las autoridades de la ciudad de Coro, reacias a apoyar el movimiento libertario, se arguye sin más:

> "Caracas jura y protesta no someterse a otra potestad que no sea dimanada del Monarca reconocido y de las leyes que ha jurado guardar como superiores a todo lo demás. De la Península vinieron las cédulas y órdenes con que el Consejo supremo de estos dominios y el ministerio de gracia y justicia, nos impusieron el precepto de reconocer al intruso Gobierno Francés; pero chocando con nuestras leyes un precepto tan exótico, rehusamos su obediencia y cumplimiento: jamás incurrirá Caracas en el absurdo que incurre el Cabildo de Coro, suponiendo y afirmando que el Poder Legislativo y ejecutivo de las naciones en una cosa inherente y apegada a los suelos, las plantas y los árboles; absurdo diametralmente opuesto al derecho natural y de gentes, repugnante y ofensivo a la bula de Alejandro VI y a la ley 1, tít. 1, lib. 3 de las recopiladas para estos dominios; porque ni el diploma pontificio, ni el texto

real, concedieron su dominación a la Península, ni a la España, ni a los Napoleones, ni a los individuos llamados Regencia, sino únicamente a los Reyes Católicos, Don Fernando y Doña Isabel, y a sus legítimos herederos y sucesores".

Más evidente no pudo ser la conciencia caraqueña del vínculo con el Rey de España, con su Rey.

II. LA CRISIS DE ESPAÑA[1]

La razón principal que como detonante originó el proceso de independencia en las provincias de Venezuela fue, sin duda, la crisis política de la Corona Española, de lo que se da exhaustiva cuenta en los documentos más importantes que se elaboraron en Venezuela en 1811, fundamentalmente por el Supremo Congreso de Venezuela. Es así, por ejemplo, que en el Acta de la Independencia de 5 de julio de 1811[2] se declara, que ella fue producto de la "plena y absoluta posesión" de los derechos de "las provincias unidas de Caracas, Cumaná, Barinas, Margarita, Barcelona, Mérida y Trujillo, que forman la Confederación Americana de Venezuela en el Continente Meridional, reunidos en Congreso," que recobraron:

"justa y legítimamente desde el 19 de abril de 1810, en consecuencia, de la jornada de Bayona y la ocupación del Trono español por la conquista y sucesión de otra nueva dinastía constituida sin nuestro consentimiento."

Y en la misma *Acta de la Independencia* se afirmó que:

"Las cesiones y abdicaciones de Bayona; las jornadas de El Escorial y de Aranjuez, y las órdenes del lugarteniente Duque de

---

1 Tomado de Allan R. Brewer-Carías, "Las causas de la independencia de Venezuela explicadas en Inglaterra, en 1812, cuando la Constitución de Cádiz comenzaba a conocerse y la Republica comenzaba a derrumbarse," Ponencia al *V Simposio Internacional, Cádiz hacia el Bicentenario. El pensamiento político y las ideas en Hispanoamérica antes y durante las Cortes de 1812*, Unión Latina, Ayuntamiento de Cádiz, Cádiz. Noviembre 2010.

2 Véase el texto, entre otras múltiples publicaciones, en Allan R. Brewer-Carías, Las *Constituciones de Venezuela*, Academia de Ciencias Políticas y Sociales, Caracas 2008, Tomo I, pp. 545-548; y en *La Constitución Federal de Venezuela de 1811 y documentos afines*, Academia Nacional de la Historia, Caracas 1959, pp. 89-96.

Berg, a la América, debieron poner en uso los derechos que hasta entonces habían sacrificado los americanos a la unidad e integridad de la nación española."

Por tanto, la historia política de Venezuela como nación independiente,[3] al igual que en general, la historia política de la América Hispana independiente efectivamente comenzó hace doscientos años, el 19 de abril de 1810, cuando el Cabildo de Caracas se transformó en la *Suprema Junta Conservadora de los Derechos de Fernando VII en las Provincias de Venezuela*, desconociendo la autoridad del Consejo de Regencia, aun cuando reconociendo la autoridad del Rey entonces depuesto, y en todo caso asumiendo el gobierno de la Provincia.[4] Esto ocurría sólo seis meses después de que se hubiera dictado el reglamento para la elección de los constituyentes de las Cortes de Cádiz (6 de octubre de 1809) pero cinco meses antes de la instalación de las mismas el 24 de septiembre de 1810. Con el golpe de Estado que se había dado, se inició un proceso constituyente que concluyó con la sanción de la Constitución Federal para los Estados de Venezuela del 21 de diciembre de 1811,[5] dictada también, tres meses antes de la sanción de la Constitución de Cádiz el 18 de marzo de 1812.

Lo que aparentemente era el inicio de una reacción local de una entidad municipal de una de las provincias españolas en América, contra la invasión napoleónica en la península ibérica, rápidamente se transformó en la primera expresión exitosa de independencia respecto de España, lo cual días después (27 de abril de 1810) se ordenaría fue-

---

3   Véase en general sobre la historia política de Venezuela, véase, Rafael Arráiz Lucca, *Venezuela: 1830 a nuestros días. Breve historia Política*, Editorial Alfa, Caracas 2007; y Allan R. Brewer-Carías, *Historia Constitucional de Venezuela*, 2 Tomos, Editorial Alfa, Caracas 2008; *Pensamiento Político Venezolano del Siglo XIX* (Colección dirigida por Ramón J. Velásquez), 12 tomos, Presidencia de la República, Caracas, 1961.

4   Véase el Acta del Cabildo de Caracas del 19 de abril de 1810 en *El 19 de Abril de 1810,* Instituto Panamericano de Geografía e Historia, Caracas, 1957, pp. 11 y ss.; y Allan R. Brewer-Carías, *Las Constituciones de Venezuela, op. cit.*, Tomo I, pp. 531-533.

5   Véase el texto, entre otras múltiples publicaciones, en Allan R. Brewer-Carías, Las *Constituciones de Venezuela*, Academia de Ciencias Políticas y Sociales, Caracas 2008, Tomo I, pp. 553-579; y en *La Constitución Federal de Venezuela de 1811 y documentos afines*, Academia Nacional de la Historia, Caracas 1959, pp. 149-213.

se informado a todos los Ayuntamientos de América, invitándolos a participar en "el gran trabajo de la Confederación Hispanoamericana."[6]

En ese proceso, sin duda, la situación política de la Corona Española a comienzos del siglo XIX, así como la lucha por la independencia desarrollada en la propia Península española contra los franceses, fueron determinantes. Como se dijo en las "Observaciones Preliminares" al libro publicado en Londres en 1812 con todos los documentos fundamentales de la independencia de Venezuela[7] (en adelante *Observaciones Preliminares*), no se necesitaban pruebas:

> "para conocer con evidencia, que las ideas que se esparcieron en las colonias sobre la desesperada situación de la España a la entrada de los franceses en la Andalucía, y el temor de ser arrastrados a caer en manos de los usurpadores, fueron las causas principales de la resolución tomada por los Americanos de no confiar mas tiempo su seguridad á la administración de los Europeos, y de poner sus negocios al cuidado de Juntas ó Asambleas Provinciales, formadas al ejemplo y por los mismos medios que las de España."

Debe recordarse, en efecto, que, a comienzos del Siglo XIX, en Francia, la Revolución ya había concluido después del Terror, y la República había sido eclipsada y secuestrada por un régimen autoritario que en 1802 había hecho de Napoleón Cónsul vitalicio, en 1804 lo había proclamado Emperador, por supuesto, también vitalicio conforme al principio hereditario, y que en 1808 había suprimido a la propia República. Toda Europa estaba amenazada y buena parte de ella había sido ocupada o sometida por el Emperador, quien conducía un Estado en guerra. España, fronteriza, no escapó a las garras de Napoleón y al

---

6   Véase la relación detallada de los acontecimientos y los escritos de Rafael Seijas, Arístides Rojas, L. Vallenilla Lanz, Cristóbal L. Mendoza y otros, en *El 19 de abril de 1810, op. cit.*, pp. 63 ss.

7   Véase *Interesting Official Documents Relating to the United Provinces of Venezuela, W. Glidon, Rupert-Street, Haymarket, para Longman and Co. Paternoster-Row; Durlau, Soho-Square; Hartding, St. Jame's Street; y W. Mason, N°. 6, Holywell Street, Strand, &c. &c, London 1812*. Los documentos contenidos en este libro, que es bilingüe, en su versión en castellano son los que se publicaron por la Academia Nacional de la Historia en el libro antes citado: *La Constitución Federal de Venezuela de 1811 y documentos afines*, Caracas 1959. Véase las "Observaciones Preliminares" en pp. 75-86.

juego de su diplomacia continental[8]. En esta forma, como consecuencia del Tratado de *Fontainebleau* del 27 de octubre de 1807 suscrito entre representantes de la Corona española y del Imperio napoleónico, ambos Estados se habían acordado el reparto de Portugal, cuyos príncipes habían huido a América, previéndose incluso el otorgamiento a título hereditario del territorio del Algarve a Manuel Godoy, Ministro favorito de Carlos IV. En una cláusula secreta del Tratado se disponía la invasión de Portugal por las tropas napoleónicas a través de España.

Pero la verdad es que las tropas napoleónicas ya se encontraban en España y habían atravesado la frontera portuguesa diez días antes de la firma del Tratado, lo que implicó que, para marzo de 1808, más de 100.000 hombres de los ejércitos napoleónicos ya se encontraban en España. El Rey Carlos IV habría conocido de la conjura de su hijo para arrebatarle el Trono y apresar a Godoy, y supuestamente lo habría perdonado. Por otra parte, desde febrero de 1808 ya había un regente en Portugal (*Junot*), que actuaba en nombre del Embajador, con lo que el Tratado de *Fontainebleau* y el reparto de Portugal había quedado invalidado. Napoleón, primero apostó a que la familia real española hubiera podido seguir el ejemplo de la de Portugal[9] y huyera a Cádiz y de allí a

---

8   Véase Joseph Fontana, *La crisis del antiguo Régimen 1808–1833*, Barcelona 1992.

9   Antes de que llegaran las tropas francesas que desde noviembre de 1807 ya habían invadido España, a la frontera con Portugal, el Príncipe Juan de Braganza, quien era regente del reino de Portugal por enfermedad de su madre la Reina María, y su Corte, se refugiaron en Brasil, instalándose el gobierno real el Río de Janeiro en marzo de 1808. Ocho años después, en 1816, el príncipe Juan asumió la Corona del Reino Unido de Portugal, Brasil y Algarves (con capital en Río de Janeiro), como Juan VI. En la península, Portugal quedaba gobernado por una Junta de regencia que estaba dominada por el comandante de las fuerzas británicas. Una vez vencido Napoleón en Europa, Juan VI regresó a Portugal dejando como regente del Brasil a su hijo Pedro. A pesar de que las Cortes devolvieron al territorio del Brasil a su status anterior y requirieron el regreso a la Península al regente Pedro, este, en paralelo a las Cortes portuguesas, convocó también a una Asamblea Constituyente en Brasil, proclamando la independencia del Brasil en septiembre de 1822, donde el 12 de octubre de ese mismo año fue proclamado Emperador del Brasil (Pedro I de Braganza y Borbón). En 1824 se sancionó la Constitución Política Imperial del Brasil. Dos años después, en 1826, el Emperador brasileño regresaría a Portugal a raíz de la muerte de su padre Juan VI, para asumir el reino portugués como Pedro IV, aun cuando por corto tiempo. Véase, Félix A. Montilla Zavalía, "La experiencia monárquica americana: Brasil

América; pero luego cambió de parecer, e impuso como condición para el reparto del centro del Reino portugués a España, la entrega a Francia de todo el territorio de España al norte del Ebro, incluyendo los Pirineos.

La presencia de las tropas francesas en España y la concentración de las españolas en Aranjuez, originaron toda suerte de rumores, incluso, la posible huída del Monarca hacia Andalucía y América, lo que se había descartado. Sin embargo, tales rumores tuvieron que ser aclarados por el Monarca manifestando en proclama a los españoles, que la concentración de tropas en Aranjuez no tenía que defender a su persona ni acompañarle a un viaje "que la malicia os ha hecho suponer como preciso". La concentración de tropas en Aranjuez, sin embargo, lo cierto es que era parte de una conspiración en marcha contra el gobierno de Godoy, que tenía como protagonistas, entre otros, al mismo Príncipe de Asturias, Fernando (futuro Fernando VII), quien buscaba también la abdicación de su padre Carlos IV, con la complacencia de los agentes franceses y la ayuda del odio popular que se había generado contra Godoy, por la ocupación francesa del reino.

En la noche del 18 de marzo de 1808 estalló el motín de Aranjuez[10], revuelta popular que condujo a la aprehensión de Godoy y el destrozo de sus dependencias por la turba y en fin, a la abdicación de Carlos IV en su hijo Fernando tal y como fue anunciada el 19 de marzo de 1808, como parte de las intrigas de este. En la misma noche, Carlos IV ya hablaba con sus criados de que no había abdicado, y a los dos días, el 21 de marzo de 1808 se arrepintió de su abdicación, aclarando en un manifiesto lo siguiente:

> "Protesto y declaro que todo lo manifestado en mi decreto del 19 de marzo abdicando la Corona en mi hijo, fue forzado, por precaverse mayores males, y la efusión de sangre de mis queridos vasallos, y por tanto, de ningún valor".

También escribió a Napoleón, aclarándole la situación, diciéndole:

> "Yo no cedí a favor de mi hijo. Lo hice por la fuerza de las circunstancias, cuando el estruendo de las armas y los clamores de la

---

y México", en *Debates de Actualidad*, Asociación Argentina de Derecho Constitucional, Año XXIII, N° 199, enero/abril 2008, pp. 52 ss.

10 Véase un recuento de los sucesos de marzo en Madrid y Aranjuez y todos los documentos concernientes a la abdicación de Carlos IV en J.F. Blanco y R. Azpúrua, *Documentos para la Historia de la Vida Pública del Libertador...*, op. cit., Tomo II, pp. 91 a 153.

guarnición sublevada me hacían reconocer la necesidad de escoger la vida o la muerte, pues esta última habría sido seguida por la de la reina".

A pesar de estas manifestaciones, Carlos IV no sólo jamás recuperaría la Corona, sino que los tres días Fernando VII entraría triunfante en Madrid, iniciando un corto reinado de días, en el cual, mediante uno de sus primeros decretos, ordenaba la requisa de los bienes de Godoy contra los cuales se volcó la saña popular en todo el territorio del Reino. Pero a las pocas horas de la entrada del nuevo Rey, en Madrid también había llegado a la ciudad, 23 de marzo de 1808, el general Joaquín Murat, Capitán general de las tropas francesas en España, quien ordenó salvar a Godoy de un seguro linchamiento al que se lo pretendía dejar someter. Murat, además, materialmente desconoció la presencia misma del nuevo Rey en la ciudad que ya estaba ocupada por los franceses.

Por orden de Murat, además, el anterior monarca Carlos IV y su familia, el 9 de abril de 1808 fueron trasladados a El Escorial para luego ir a Bayona el 30 de abril de 1808 donde los esperaba Napoleón. A Bayona ya había llegado Fernando VII el 20 de abril, y el mismo Godoy lo hizo el 26 de abril de 1808. Todos habían recurrido al Emperador en busca de apoyo y reconocimiento, con lo cual éste había quedado convertido en el árbitro de la crisis política de la Monarquía española.

Estando el reino en sus manos, decidió apropiárselo: primero el 5 de mayo de 1808 obtuvo una nueva abdicación de Carlos IV, esta vez, en el mismo Napoleón; segundo, al día siguiente, el 6 de mayo de 1808, hizo que Fernando VII abdicara de la Corona en su padre Carlos IV,[11] sin informarle lo que ya este había hecho; y tercero, unos días después, el 10 de mayo de 1808, la firma de los Tratados de Bayona mediante los cuales Carlos IV y Fernando VII cedieron solemnemente todos sus derechos al Trono de España e Indias al Emperador Napoleón[12] "como el único que, en el Estado a que han llegado las cosas, puede restablecer el orden" a cambio de asilo, pensiones y propiedades en territorio francés[13]. Desde el 25 de mayo de 1808, además, Napoleón también había nombrado a Joachim Murat, Gran Duque de Berg y

---

11 *Idem,* Tomo II, p. 133.
12 *Idem,* Tomo II, p. 142.
13 *Idem,* Tomo II, pp. 142 a 148.

de Cléves, como Lugarteniente general del Reyno,[14] y manifestaba a los españoles:

> "Vuestra Monarquía es vieja: mi misión se dirige a renovarla: mejorará vuestras instituciones; y os haré gozar de los beneficios de una reforma, sin que experimentéis quebrantos, desórdenes ni convulsiones". Prometía, además, "una Constitución que concilie la santa y saludable autoridad del soberano con las libertades y el privilegio del Pueblo"[15].

El hermano del Emperador, José Bonaparte, a su vez, fue instalado en Madrid como Rey de España, guardándose las formas políticas mediante el otorgamiento de un Estatuto constitucional, conocido como la Constitución de Bayona de julio 1808, la cual sin embargo, no dio estabilidad institucional alguna al Reino, pues antes de su otorgamiento, en el mes de mayo de 1808, ya España había iniciado su guerra de Independencia contra Francia, en la cual los Ayuntamientos tuvieron un papel protagónico al asumir la representación popular por fuerza de las iniciativas populares[16]. El fáctico secuestro de los Monarcas españoles en territorio francés, en efecto había provocado una rebelión popular que estalló en Madrid el 2 de mayo de 1808, que originaron sangrientos hechos por la represión desatada por la guarnición francesa.[17] El Emperador juró vengar a los muertos franceses, y sin duda, el apoderamiento del reino de España fue parte de esa venganza; pero los muertos españoles por los trágicos fusilamientos del 3 de mayo, fue el pueblo español el que los vengó, al propagarse la rebelión por toda España, con el común denominador de la reacción contra las tropas francesas. Por ello, a medida que se generalizó el alzamiento, en las villas y ciudades, se fueron constituyendo Juntas de Armamento y Defensa, que asumieron el poder popular, integradas por los notables de cada lugar, y encargadas de la suprema dirección de los asuntos locales y de sostener y organizar la resistencia frente a los franceses, iniciándose la guerra de independencia.

---

14 *Idem*, Tomo II, p. 153.
15 *Idem*, Tomo II, p. 154.
16 Véase A. Sacristán y Martínez, *Municipalidades de Castilla y León*, Madrid, 1981, p. 490.
17 Véase F. Blanco y R. Azpúrua, *Documentos para la Historia de la Vida Pública del Libertador...*, *op. cit.*, Tomo II, p. 153.

Esas Juntas, aun cuando constituidas por individuos nombrados por aclamación popular, tuvieron como programa común la defensa de la Monarquía simbolizada en la persona de Fernando VII, por lo que siempre obraron en nombre del Rey. Sin embargo, con ello puede decirse que se produjo una revolución política, al sustituirse el sistema absolutista de gobierno por un sistema municipal, popular y democrático, completamente autónomo[18]. La organización de tal gobierno provocó la estructuración de Juntas Municipales las cuales a la vez concurrieron, mediante delegados, a la formación de las Juntas Provinciales, las cuales representaron a los Municipios agrupados en un determinado territorio.

De todo lo antes dicho, por tanto, era claro que la crisis política de España, que precedió el proceso de independencia, había sido, sin duda, una de las causas principales de la misma. Ello se afirmó y argumentó extensamente en el "Manifiesto que hace al mundo la Confederación de Venezuela en la América meridional de las razones en que se ha fundado su absoluta independencia de España, y de cualquiera otra denominación extranjera" de 30 de julio de 1811 (en adelante *Manifiesto*), al señalar que cuando "Caracas supo las escandalosas escenas de El Escorial y Aranjuez," ya "presentía cuáles eran sus derechos y el estado en que los ponían aquellos grandes sucesos;" y que si bien "todos conocen el suceso del Escorial en 1807," sin embargo, "quizá habrá quien ignore los efectos naturales de semejante suceso." Por ello, en el *Manifiesto* se hizo el siguiente resumen de los aspectos más relevantes del mismo, con la debida aclaratoria, sin embargo, de que no era el ánimo del Congreso "entrar a averiguar el origen de la discordia introducida en la casa y familia de Carlos IV;" que se atribuían "recíprocamente la Inglaterra y la Francia, y ambos gobiernos tienen acusadores y defensores." Incluso, en el *Manifiesto* se hacía referencia a que tampoco era el propósito hacer referencia al "casamiento ajustado entre Fernando y la entenada de Bonaparte, la paz de Tilsit, las conferencias de Erfuhrt, el tratado secreto de S. Cloud y la emigración de la casa de Braganza al Brasil."

En cambio, lo que se consideró "cierto y lo propio" de los venezolanos, fue que "por la jornada del Escorial quedó Fernando VII decla-

---

18 Véase O. C. Stoetzer, *Las Raíces Escolásticas de la Emancipación de la América Española,* Madrid, 1982, p. 270.

rado traidor contra su padre Carlos IV." Sobre ello, se afirmó en el *Manifiesto*:

> "Cien plumas y cien prensas publicaron a un tiempo por ambos mundos su perfidia y el perdón que a sus ruegos le concedió su padre; pero este perdón como atributo de la soberanía y de la autoridad paterna relevó al hijo únicamente de la pena corporal; el Rey, su padre, no tuvo facultad para dispensarle la infamia y la inhabilidad que las leyes constitucionales de España imponen al traidor, no sólo para obtener la dignidad real, pero ni aun el último de los cargos y empleos civiles. Fernando no pudo ser jamás Rey de España ni de las Indias."

El recuento de los sucesos posteriores se hizo de la siguiente manera:

> "A esta condición quedó reducido el heredero de la Corona, hasta el mes de marzo de 1808 que, hallándose la Corte en Aranjuez, se redujo por los parciales de Fernando á insurrección y motín el proyecto frustrado en El Escorial. La exasperación pública contra el ministerio de "Godoy, sirvió de pretexto á la facción de Fernando para convertir indirectamente en provecho de la nación lo que se calculó, tal vez, bajo otros designios. El haber usado de la fuerza contra su padre, el no haberse valido de la súplica y el convencimiento, el haber amotinado el pueblo, el haberlo reunido al frente del palacio para sorprenderlo, arrastrar al ministro y forzar al Rey á abdicar la Corona, lejos de darle derecho á ella, no hizo más que aumentar su crimen, agravar su traición y consumar su inhabilidad para subir á un trono desocupado por la violencia, la perfidia y las facciones. Carlos IV, ultrajado, desobedecido y amenazado con la fuerza, no tuvo otro partido favorable á su decoro y su venganza, que emigrar á Francia para implorar la protección de Bonaparte, á favor de su dignidad real ofendida. Bajo la nulidad de la renuncia de Aranjuez, se juntan en Bayona todos los Borbones, atraídos contra la voluntad de los pueblos, á cuya salud prefirieron sus resentimientos particulares; aprovechóse de ellos el Emperador de los franceses, y cuando tuvo bajo sus armas y su influjo á toda la familia de Fernando, con varios próceres españoles y suplentes por diputados en Cortes, hizo que aquél restituyese la Corona á su padre y que éste la renunciase en el Emperador, para trasladarla en seguida á su hermano José Bonaparte" (*Manifiesto*).

Todo esto –se afirma en el *Manifiesto* de 1811– se ignoraba o se sabía "muy por encima" en Venezuela, "cuando llegaron a Caracas los emisarios del nuevo Rey," sosteniendo que "la inocencia de Fernando, en contraposición de la insolencia y despotismo del favorito Godoy," había sido "el móvil de su conducta, y la norma de las autoridades vacilantes el 15 de julio de 1808;" de manera que ante "la alternativa de entregarse a una potencia extraña o de ser fiel a un Rey que aparecía desgraciado y perseguido," el Congreso General afirmó que:

"triunfó la ignorancia de los sucesos del verdadero interés de la Patria y fue reconocido Fernando, creyendo que mantenida por este medio la unidad de la nación, se salvaría de la opresión que la amenazaba y se rescataría un Rey de cuyas virtudes, sabiduría y derechos estábamos falsamente preocupados" (*Manifiesto*).

El resultado fue que:

"Fernando, inhábil para obtener la corona, imposibilitado de ceñirla, anunciado ya sin derechos a la sucesión por los próceres de España, incapaz de gobernar la América y bajo las cadenas y el influjo de una potencia enemiga, se volvió desde entonces, por una ilusión, un príncipe legítimo, pero desgraciado, se fingió un deber el reconocerlo, se volvieron sus herederos y apoderados cuantos tuvieron audacia para decirlo, y aprovechando la innata fidelidad de los españoles de ambos mundos empezaron a tiranizarlos nuevamente los intrusos gobiernos que se apropiaron la soberanía del pueblo a nombre de un Rey quimérico, y hasta la junta Mercantil de Cádiz quiso ejercer dominio sobre la América" (*Manifiesto*).

El tema también fue objeto de consideraciones en el *Acta de Independencia*, donde se observó que:

"Cuantos Borbones concurrieron a las inválidas estipulaciones de Bayona, abandonando el territorio español, contra la voluntad de los pueblos, faltaron, despreciaron y hollaron el deber sagrado que contrajeron con los españoles de ambos mundos, cuando, con su sangre y sus tesoros, los colocaron en el Trono a despecho de la casa de Austria; por esta conducta quedaron inhábiles e incapaces de gobernar a un pueblo libre, a quien entregaron como un rebaño de esclavos.

Los intrusos gobiernos que se abrogaron la representación nacional aprovecharon pérfidamente las disposiciones que la buena fe, la distancia, la opresión y la ignorancia daban a los americanos contra la nueva dinastía que se introdujo en España por la fuerza; y contra sus mismos principios, sostuvieron entre nosotros la ilusión a favor de Fernando, para devorarnos y vejarnos impunemente cuando más nos prometían la libertad, la igualdad y la fraternidad, en discursos pomposos y frases estudiadas, para encubrir el lazo de una representación amañada, inútil y degradante.

Luego que se disolvieron, sustituyeron y destruyeron entre sí las varias formas de gobierno de España, y que la ley imperiosa de la necesidad dictó a Venezuela el conservarse a sí misma para ventilar y conservar los derechos de su Rey y ofrecer un asilo a sus hermanos de Europa contra los males que les amenazaban, se desconoció toda su anterior conducta, se variaron los principios, y se llamó *insurrección*, perfidia e ingratitud, a lo mismo que sirvió de norma a los gobiernos de España, porque ya se les cerraba la puerta al monopolio de administración que querían perpetuara nombré de un Rey imaginario."

Estas ideas se retomaron en las *Observaciones Preliminares* al libro londinense, aún cuando con otro lenguaje, insistiendo en que "reforma ha sido el grito general," considerando que en Europa, se habían "visto naciones enteras combatir animosamente por extirpación de abusos envejecidos" de manera que "aquellos mismos que más acostumbrados estaban á arrastrar las cadenas del despotismo, se han acordado de sus derechos largo tiempo olvidados, y se han reconocido todavía hombres;" de manera que no podía esperarse que la América Española:

"cuyos habitantes habían sido tanto tiempo hollados y esclavizados, y donde mas que en otra parte alguna era indispensable una reforma, fuese la única que permaneciese tranquila, la única que resignada con su triste destino viese indolentemente, que cuando los Gobiernos de la Península se ocupaban en mejorar la condición del Español Europeo, á ella sola se cerraba toda perspectiva de mejor suerte."

Al contrario, la América española también había sentido el "choque eléctrico" de los contrastes de manera que "penetrados los Americanos de la justicia de sus demandas," comenzaron a reclamarlas, particularmente frente a la "doble opresión de la Corona y del monopolio" y las "gravosas é irracionales restricciones que agobiaban a todas las clases, y sofocaban en ellas toda especie de actividad y de industria," con "leyes, extraviadas de su benéfico objeto, que no servían ya para el castigo del culpable, ni para la protección del inocente." En esa situación, se argumentaba en dichas *Observaciones Preliminares*, lo que se veían a cada paso eran "actos de la mas bárbara arbitrariedad" careciendo los "nativos de una equitativa participación en los empleos de confianza ó de lucro," prevaleciendo un sistema de gobierno ignominioso "contrario á los mas esenciales derechos del género humano, y opuesto á los dictados de la justicia y de la razón." En una palabra, concluía las *Observaciones Preliminares*, la condición de los americanos no podía considerarse sino como la de un "oscuro" "vasallaje feudal de la España." En las Provincias, por otra parte, existían "vacíos inmensos en todos los ramos de industria, ocasionados "por la grosera ignorancia de los mas comunes inventos," sometidas como estaban a "un sistema de monopolio, dictado por el injusto principio de preferencia á los pocos, y tan hostil á la fecundidad de las artes," denunciándose en particular que en la Provincia de Caracas no se permitió "ensenar matemáticas, tener imprenta, escuela de pilotaje, ni clase de derecho público, ni se toleró que hubiese Universidad en Mérida;" (OP) todo lo cual no podía "contradecirse por los mal descarados panegiristas del poder arbitrario, ni paliarse por las especiosas producciones de las prensas de Cádiz, empeñadas en probar las ventajas de la dependencia y del monopolio."

En fin, se argumentó en las *Observaciones Preliminares* que no se podía pretender que sólo a las provincias de las Américas se les negasen sus derechos, y el poder "velar sobre su integridad," se les exigiera "que para la distribución de justicia" tuvieran que "atravesar un océano de dos mil leguas," y que en "momentos tan críticos como el actual, subsistan desnudos de todas las atribuciones de los seres políticos, y dependan de otra nación, que un enemigo poderoso amenaza aniquilar;" y que quedasen "como una nave sin timón," expuestos "a los rudos embates dé la mas furiosa tempestad política, y prontas a ser la presa de la primera nación ambiciosa que tenga bastante fuerza para apoderarse de ellas."

III. ANTECEDENTES DE LA REVOLUCIÓN DE CARACAS DE 1810

Con toda propiedad los analistas de lo acontecido el 19 de abril en 1810 en Caracas señalan que no fue un hecho aislado carente de pasado. En efecto, Brewer-Carías en ponencia presentada en la Universidad Monteávila en ocasión de la *Clausura de las Jornadas de Derecho Público,* poniendo el énfasis en los procesos constituyentes americanos, precisa, como lo hemos visto *supra in extenso*:

> "El proceso constituyente del Estado Venezolano, sin duda, se inició con todo ese movimiento, el cual, por supuesto, no estalló por generación espontánea, pudiendo ubicarse su génesis inmediata en los sucesos acaecidos en el mismo Cabildo de Caracas, dos años antes, en 1808, cuando allí se recibieron las noticias sobre la abdicación primero de Carlos IV y luego de Fernando VII, quienes en definitiva cedieron a Napoleón todos sus derechos al Trono de España e Indias, reconociéndolo en los Tratados de Bayona de mayo de 1808, "como el único que en el estado en el que han llegado las cosas", podía restablecer el orden; y todo ello a cambio de asilo, pensiones y propiedades en territorio francés (...) Ese hecho, con las vicisitudes derivadas, por ejemplo la renuncia de Carlos IV al trono, que luego pretendió desconocer, tuvo grandes repercusiones tanto en la Península como en los territorios americanos."

Dando por bueno lo expresado *supra,* vamos a complementar los variados antecedentes que tanto a nivel nacional, español e iberoamericano tuvieron los sucesos del 19 de abril de 1810 en Caracas.

1. *Antecedentes nacionales de la Revolución de Caracas de 1810*

Ningún hecho histórico cae en parapente, en paracaídas: todos ellos a pesar de ser aquí y ahora, tienen un allá y entonces; el 19 de abril de 1810 no escapa a esta certidumbre; antecedentes inmediatos en Venezuela y remotos más allá de sus fronteras contribuyen a darle calor y color a la gesta revolucionaria venezolana del 19 de abril de 1810.

En este sentido, Luis Villalba Villalba en palabras pronunciadas en 1972 en la Sociedad Bolivariana con motivo del 19 de abril de 1810 señalaba:

> "...no debe echarse en saco roto que ese 19 de abril no es sino el eco de la sublevación de negros y mestizos en Coro de 1795; de la conjuración de Gual y España –padres de la democracia venezolana– en 1977; de los alzamientos de Andresote en Yaracuy y de Pirela y Suárez en Maracaibo, de la trama concertada en la casa de veraneo de los Bolívar a orillas del Guaire, en julio de 1808, de las expediciones de Miranda en 1806, pero sobre todo de *aquel 19 de abril* de 1749 en que Juan Francisco de León, el Capitán poblador de Panaquire, se llega a las puertas mismas de Caracas con el grito de Patria en los labios acaudillando la primera revolución contra el monopolio de la Guipuzcoana."

A. *La Conspiración de la Casa de Misericordia*

Los mantuanos caraqueños, conocidos también como *pelucones*, seguían con profundo interés los acontecimientos políticos y militares que se sucedían en la lejana España. Absolutamente convencidos de la necesidad de crear una Junta en Caracas, tal como ya lo habían intentado un par de años atrás, y ante las penosas noticias que llegaban desde la Metrópoli se reunieron en varias oportunidades, a fines de marzo y comienzos de abril de 1810, en la casa de Misericordia con el fin de conspirar contra el régimen prevaleciente.

Esta breve y previsible Conspiración de la Casa de Misericordia, como la conoce la historia nacional, se desarrolló de la siguiente manera:

> "Desde diciembre de 1809 circulaban en Caracas rumores de que España había sido enteramente dominada por los franceses, que se intensificaron durante los meses siguientes. Aunque la resistencia contra los franceses no cesó, éstos lograron apoderarse de Sevilla en enero de 1810, con lo cual la Junta Suprema se desbandó y fue sustituida por un Consejo de Regencia cuya sede estaba en Cádiz. En marzo, estas noticias empezaron a difundirse en Caracas, aunque no de un modo oficial, lo cual aumentó la incertidumbre. El 2 de abril fue delatada a las autoridades la conspiración de la Casa de Misericordia (por el sector donde se reunían los conjurados), pero el Gobernador y Capitán General Vicente de Emparan y Orbe se limitó a confinar en sus haciendas a varios de los que aparecían complicados, entre éstos los hermanos Juan Vicente y Simón Bolívar. El día 7 Emparan dio un manifiesto en el cual intentaba desvanecer las "… especies muy funestas sobre la suerte de la Metrópoli…" que corrían en Caracas, afirmando que no había pasado nada, aunque reconocía que desde hace 2 meses no había recibido ninguna noticia de España". (Diccionario de Historia de Venezuela, 1997, Tomo 3, 909).

Vicente Basadre, Intendente de Ejército y Real Hacienda, comenta así los acontecimientos en carta dirigida a sus superiores en España:

> "En primero de abril, me declaró –Emparan– que aquella noche habíamos escapado milagrosamente, él, yo, su asesor, y subinspector de Artillería, respecto a que, tenían resuelto asesinarnos aquella noche, una porción de jóvenes libertinos, y muchos militares criollos; lo que no se verificó por los accidentes imprevistos que ocurren a los malvados. Inmediatamente se propuso Emparan separar de Caracas varios jóvenes militares criollos, y creo, tam-

bién había un europeo, destinándolos a Margarita, Cumaná, Guayana, Barinas, y Puerto Cabello..."

B. *La Conjuración de los Mantuanos*

En 1808, el 14 de julio, arribó a La Guaira el bergantín *Serpent* al mando de Paul de Lamanon, quien tenía como cometido –por instrucciones de Víctor Hugues desde la Guayana Francesa– informar a las autoridades de Caracas de los acontecimientos acaecidos en España, por los que José Bonaparte, el hermano de Napoleón -el célebre Pepe Botella- había sido designado como nuevo Rey de España. El 15, Lamanon arriba a Caracas para entrevistarse con el Gobernador Casas sin resultados positivos, siendo además apresado a su regreso a La Guaira por los ingleses, quienes, bajo el mando de Beaver, habían anclado en la fragata *Acasta* en La Guaira para informar a Casas que, contrario a lo sostenido por Lamanon, el pueblo español se había levantado en armas contra Napoleón, que los franceses eran usurpadores, que se había constituido en Sevilla una Junta de Gobierno legítima, y que Inglaterra apoyaba a España en la lucha contra el enemigo común: *los franceses*.

El propio Lamanon escribe al Ministro Imperial de Marina y de las Colonias de Francia, dándole un exhaustivo parte de lo acontecido en Venezuela:

"Llegamos a Caracas el 15. Entrego los despachos: hablo con los jefes, sobre los acontecimientos de Europa, etc. Estalla un motín; voy nuevamente a ver al capitán general y le incito a proclamar sin demora rey de España a Su Majestad José Napoleón y a dispersar los grupos; él convoca la junta; pido que se me admita; negado. Una fragata inglesa aparece en la costa. Pido que se aleje: ninguna contestación, El pueblo está en plena revuelta: más de diez mil sediciosos corren por las calles, El gobernador me excita a no presentarme ante la Junta (…) La Junta se separa: uno de sus miembros y el señor Casas hijo vienen a decirme que el capitán general desea verme; nos ponen unos capotes para librarnos del pueblo: salimos en uniforme. Nos dice que el pueblo rodea su palacio, que no es dueño de la situación y que es necesario que yo parta. Le pido respuesta a los despachos que le he remitido: negado".

El motín a que se refiere Lamanon, es reseñado así por Guillermo Morón:

"El motín ocurrido el 15 de julio se debió a la presencia del enviado francés. Caraqueños distinguidos se impacientaron y a la cabeza de la muchedumbre pedían la expulsión del francés y la proclamación y fidelidad a Fernando VII. Hubo gritos frente al Ayuntamiento, los franceses se marcharon con escolta hasta La Guaira. Casas paseó el retrato de Fernando por las calles y se profirieron vivas y mueras. Pero en el fondo estaba presente el fervor revolucionario, que se cuidaba como novedad política en las casas de algunos criollos de rango social elevado, como los Bolívar en cuya cuadra se celebraban reuniones. El movimiento popular estuvo visiblemente encabezado por Manuel de Matos y Monserrate, capitán del Ejército, retirado; Diego de Melo y Muñoz, teniente, y el Capitán de Nobles Ignacio Suárez Manrique de Lara. Los tres fueron encarcelados el 27, pues hubo denuncia de que para ese día estallaría una revuelta contra las autoridades constituidas. Los tres encarcelados fueron sometidos a proceso y puestos en libertad después de algunos meses". (Morón, 1971, Tomo 5, 123).

Pero la relativa y muy precaria tranquilidad política no duró mucho en la ciudad de los techos rojos. En noviembre, un grupo de cuarenta y cinco mantuanos, lo más granado de los criollos, firma un documento dirigido al gobernador Casas con el fin de solicitar la pronta creación de una Junta que ejerciera el gobierno provincial. Las reacciones no se hicieron esperar; al poco tiempo comparecieron a una reunión con Casas representantes de los cuerpos de milicias de pardos de Caracas, los valles de Aragua y Valencia, quienes manifestaron su lealtad al Gobierno, protestando contra el proyecto de establecer una Junta, que según ellos podía estar orientada hacia la independencia, la cual rechazaban al tiempo que ofrecían sus vidas en defensa de "Fernando VII y su sabio Gobierno de Caracas". Tras la llegada de los cuerpos de milicias de pardos, empezaron a efectuarse en esa misma noche los arrestos de los firmantes, algunos de los cuales quedaron en prisión, mientras otros eran confinados a en sus haciendas u otros lugares fuera de la capital y otros eran liberados tiempo después. De esta manera se puso fin la conspiración. Antonio Fernández de León, el líder del movimiento es hecho preso y enviado a España.

Con el fin de crear una ilusión de armonía, el 18 de febrero de 1809 se indultó a algunos de los suscriptores del documento. A 8 de los conjurados se les siguió causa: al marqués del Toro, a José Félix Ribas, José Tovar Ponte, Pedro Palacios Blanco, Mariano Montilla, Juan Nepomuceno Ribas, Nicolás Anzola y Luis López Méndez, sin embargo, el

4 de mayo de 1809 la causa les fue sobreseída por parte de los fiscales Francisco Espejo y Francisco Berrío, quedando finalmente en libertad.

Inés Quintero, luego de un largo análisis sobre los hechos y actores del lance, subraya la intencionalidad fundamental del movimiento, al que no considera ni conjura ni tampoco mantuano:

> "Tenemos entonces, que la propuesta de constituir una junta de gobierno en noviembre de 1808, más que un acto conspirativo de los mantuanos, fue un hecho cuyo objetivo era, ni más ni menos, dejar sentado y por escrito la disposición de los vecinos principales de la provincia de defender al legítimo Rey de España, Fernando VII; contra la usurpación napoleónica, tal como lo habían hecho las provincias de España y como lo intentaron hacer los notables y patricios de las capitales provinciales en ultramar". (Quintero, 2002, 220).

C. *Las Cartas de Miranda*

William Spence Robertson, el biógrafo por antonomasia de Miranda, recuerda que en virtud de los acontecimientos acontecidos en España en ocasión del entronamiento de José Bonaparte, *Pepe Botella*, como Rey de España, y de su repercusión en la América española, y en especial, en Venezuela:

> "El 20 de julio de 1808, Miranda había enviado una significativa carta al Marqués de Toro y al Cabildo de Caracas. En ella mantenía que las circunstancias existentes eran "las más críticas y peligrosas" para las Indias españolas. El resultado más probable de la conquista de España por Francia, declaraba, sería someter al "Continente Colombiano" a los mismos infortunios que la península ibérica. En consecuencia, instaba a que el Cabildo de Caracas asumiera el gobierno de la Provincia y enviara agentes a Londres para negociar directamente con los ministros ingleses acerca del destino del Nuevo Mundo. Aseguraba que los intereses de las juntas españolas eran incompatibles con los "intereses y autoridad" de las provincias hispanoamericanas y pedía al cabildo que enviara copias de su carta a Bogotá y Quito". (Robertson, 1982, 279).

Meza Dorta, por su parte, expresa:

> "De suma trascendencia para el acontecer emancipador de Latinoamérica, es la carta que Miranda escribe al Marqués del Toro y al cabildo de Caracas el 20 de julio de 1808. En virtud del desorden acontecido en España en ocasión de la abdicación del rey y los

sucesos complementarios, Miranda recomienda: <<En esta suposición, suplico a usted muy de veras, que reuniéndose en un cuerpo municipal representativo, tomen a su cargo el gobierno de esta provincia: y que enviando sin dilación a esta capital personas autorizadas y capaces de manejar asuntos de tanta entidad, veamos con este gobierno lo que convenga hacerse para a la seguridad y suerte futura del Nuevo Mundo (…) Sírvanse ustedes igualmente (si lo juzgan conveniente) enviar copias se este aviso a las demás provincias limítrofes (Santa Fe y Quito) a fin de que haciendo el debido uso, marchemos unánimes al mismo punto, pues con la desunión solamente correrá riesgo a mi parecer, nuestra salvación e independencia>> (…) Pues bien, paso por paso se cumplieron las sugerencias del general: el 19 de abril de 1810 el cabido asumió el gobierno en defecto de la capitanía general; Andrés Bello, Luis López Méndez y Simón Bolívar salieron a Londres, y la Junta de gobierno se dirigió a los cabildos de la región con el objeto de colaboración y apoyo". (Meza Dorta, 2007, 43 y 44).

En efecto, Miranda, con gran sentido geopolítico, ya había estudiado las repercusiones de los acontecimientos acaecidos en Bayona y la potencialidad que tenían para lograr convulsionar el estatus político y administrativo del Nuevo Mundo y encaminarlo hacia la deseada independencia del Imperio español. La breve, pero trascendente carta rezaba así:

"Al Marqués del Toro

Londres, julio 20, 1808

Señor Marqués:

Permítame V.S. que por su mano dirija ésta al Cabildo y Ayuntamiento de esa ilustre Capital y Patria nuestra en circunstancias las más críticas y peligrosas que hayan ocurrido jamás para la América, desde el establecimiento de nuestros antepasados en ella.

La España, ahora sin soberano, y en manos de diversas parcialidades, que reunidas unas a los franceses, y otras a la Inglaterra, procuran por medio de una Guerra Civil sacar al partido que más convenga a sus vistas particulares, es natural que procure atraernos cada cual a su partido; para que envueltos también nosotros en una disensión general, sus riesgos sean menores y en caso de ser subyugados por la Francia (que es el resultado más probable, aunque menos deseable) transferir al Continente Colombiano las mismas calamidades, que por su falta de prudencia, o sobra de mala conducta, han traído sobre la desgraciada, opresora y corrompida España.

En esta suposición, suplico a V. S. muy de veras, que reuniéndose en un cuerpo municipal representativo, tomen a su cargo el gobierno de esa Provincia, y que enviando sin dilación a esta capital personas autorizadas, y capaces de manejar asuntos de tanta entidad, veamos con este gobierno lo que convenga hacerse para la seguridad y suerte futura del Nuevo Mundo; de ningún modo conviene se precipiten V. S. por consejo de partes interesadas, en resoluciones hostiles, o alianzas ofensivas que puedan traer tratos tan funestos para nuestra Patria, como los *señores españoles* han traído sobre la mía; sin habernos siquiera consultado ni ofrecido la menor ventaja en sus proyectos vanos e insensatos con las demás potencias de Europa. Lo cierto es, que las vistas o intereses de las Juntas actuales de Oviedo, Sevilla, Madrid, etc., tienen muy poca compatibilidad con los intereses y autoridades de nuestras Provincias en América.

Sírvanse Vss. Igualmente (si lo juzgan conveniente) enviar copia de este aviso a las demás provincias limítrofes (Santa Fe y Quito) a fin de que haciendo el debido uso marchemos unánimes al mismo punto; pues con la desunión correría riesgo a mi parecer, nuestra Salvación, e Independencia.

De Vss. su más afecto paisano y humilde servidor.

Q. S. M. B.

Francisco de Miranda"

Posteriormente, el 6 de octubre de 1808, Miranda, con énfasis otra vez en el estratega, dirigió otra importante carta al Marqués de Toro y al Cabildo de Caracas; Robertson sintetiza de nuevo el mensaje:

<<En esta comunicación expresaba el grave temor de que pronto se precipitara un conflicto entre los funcionarios peninsulares y los habitantes de las colonias españolas. Argumentaba que, a causa de un sistema representativo, los patriotas españoles se habían visto obligados a formar un sistema imperfecto de gobierno y que, por consiguiente, apenas tenían tiempo para concertar un plan de defensa y una organización general antes de que su país fuera dominado por las tropas francesas. A fin de que sus compatriotas pudieran estar preparados para los cambios inminentes, adjuntaba planes de gobierno para la América española liberada. Estos eran los proyectos sometidos al gobierno inglés en mayo de 1801, que

había modificado ligeramente. Miranda aprovechó la ocasión para censurar acerbamente la administración de Vasconcelos, capitán general de Venezuela. Imploraba a sus compatriotas que siguieran el ejemplo dado por los patriotas españoles al reformar el sistema de gobierno y reclamar sus "libertades e independencia">>. (Robertson, 1982, 280).

De esta forma, el siempre incomprendido y vilipendiado Precursor de la Independencia Venezolana continuó realizando su labor en bien de la libertad de la América Española, esta vez, como terco propagandista, se valió del género epistolar para difundir sus machacadas ideas acerca de las acciones requeridas para construir su ansiada Columbeia.

D. *Los alzamientos contra la Compañía Guipuzcoana*

En septiembre de 1728 con el fin de mejorar las condiciones económicas de la Provincia de Venezuela, se crea la Compañía Guipuzcoana a la que se le encarga todo el comercio de Venezuela. En la Real Cédula que autoriza su creación se lee:

"Por cuanto para remediar la escasez de cacao, que se experimentaba en estos mis reinos, ocasionada de la tibieza de mis vasallos en aplicarse al tráfico de este género con las Provincias de la América, que lo producen, por causa de ser excesivos los derechos que estaban impuestos en él y facilitar al común de España el alivio, de que sin pender del arbitrio de extranjeros, que indebida, y fraudulentamente le desfrutaban, y por cuya mano se compraba el cacao en ella, le lograse por la de los comerciantes españoles, interesándose al mismo tiempo mi Real Hacienda en los derechos Reales, que por la decadencia de este tráfico dejaba de percibir: Resolví por despachos de veinte de septiembre, y primero de octubre del año pasado de mil setecientos y veinte, entre otras providencias, la de moderar la contribución de los derechos Reales en el cacao, que por mano de españoles mis vasallos viniese a España, y relevar a los navíos de Registro, que fuesen por este género, de la paga del derecho de toneladas, con otras equidades y providencias, que pareció podrían conducir al alivio de los comerciantes mis vasallos, y a estimularlos para ir con Registros a las provincias de Caracas, Maracaibo, Cumaná, la Margarita, Trinidad de la Guayana, y otras de aquellos mis dominios, donde se coge el fruto de cacao, y conducirlo a estos reinos. Y no habiendo producido esas disposiciones, ni la del asiento hecho posteriormente por Don Alonso Ruiz Colorado, y Don Juan Francisco Melero, resulta alguna favorable de las premeditadas entonces, y continuándose actualmente, además de los considerables menoscabos de mis intereses reales, el perjuicio universal de mis vasallos, por el exorbitante precio a que en el reino se compra el cacao por mano de extranjeros, a cuyo daño se sigue el de la remota esperanza de pronto remedio para lo sucesivo, por no haber al presente Registro alguno del comercio de Cádiz en Caracas, que a su vuelta facilitase algún alivio a la escasez de este género, tan costosa al reino, en donde, según estoy informado, ha sido muy limitada la porción de cacao, que por mano del comercio español ha venido de Caracas en el dilatado tiempo de los veinte y tres años últimos, y por esta razón han sido más excesivos los fraudes, y desórdenes de comercios ilícitos, que todavía subsisten en aquella provincia, con la frecuencia de embarcaciones extranjeras, que infestan sus Costas. Y habiendo en este estado ocurrido la provincia de Guipúzcoa, ofreciendo concurrir por su parte a obviar los graves daños. y perjuicios expresados, con utilidad de mi Real Hacienda, y del común de mis vasallos de todo el reino, con tal, que yo fuese servido concederla permiso de navegar con Registro a Caracas dos navíos al año, de cuarenta a cincuenta cañones, armados en guerra y bien tripulados, a su costa, con varias calidades y la de corsear en aquellas costas: tuve por bien mandar, que ella proposición se examinase con atenta reflexión por ministros míos, y personas inteligentes en el asunto, y circunstancias que comprehende. Y enterado de lo que en su consecuencia me han representado difusamente, he venido en conceder a la referida Provincia de Guipúzcoa el permiso expresado".

El Rey Felipe V le otorga ciertos privilegios especiales a la Guipuzcoana con el fin de garantizar sus objetivos, tales como la exención del pago de muchos derechos, la potestad de cargar toda clase de mercancías con destino a La Guaira o Puerto Cabello, aun cuando sus barcos podían atracar en cualquier otro puerto con la obligación de ser atendidos.

A cambio del monopolio comercial concedido, la Compañía tenía también obligaciones que cumplir, entre las que destacaban: despachar dos buques cada año a Venezuela, equipados con cañones; vigilar las costas para evitar la presencia de contrabandistas y perseguir piratas en el mar entre la boca del Orinoco y el Río de la Hacha, así como sofocar el contrabando en el interior del país.

Por supuesto que estos privilegios monopólicos no podían ser del agrado de los hacendados y comerciantes venezolanos, lo que despertó recelos y suscitó diversa resistencia desde la misma llegada de la Compañía al país. Sobre el particular, Guillermo Morón comenta:

> "La protección oficial dada a la Guipuzcoana puso prácticamente en manos de ésta los poderes públicos de la Provincia; el gobernador estaba unido a ella y sin duda muchos otros empleados, además de una parte de los cabildantes. Su presencia fue amenazadora en dos sentidos: político, en cuanto disponía de resortes oficiales, y económico, como monopolizadora del comercio." (Morón, 1971, Tomo 4, 572).

La resistencia a la actividad de la Compañía se manifestó incluso con las armas. En efecto, en 1730 se registra el primero de los alzamientos armados por parte del zambo Andresote – Andrés López del Rosario -, quien logró organizar y encabezar una muy importante banda de contrabandistas, cuya actividad alcanzó proporciones alarmantes en Nirgua y San Felipe, así como en Barquisimeto, Valencia y Puerto Cabello. Protegido abiertamente por los agricultores y cosecheros de la zona y más disimuladamente por las autoridades locales, Andresote, que también salvaguardaba a los esclavos cimarrones de los castigos de sus amos, fue adquiriendo una notoriedad y un prestigio de caudillo que le ameritó ser acusado además de contrabandista, de levantado contra el Rey, de salteador, asesino y traidor. Andresote dio franca pelea a las fuerzas del Rey, aunque no sucumbió en batalla sino en Curazao a donde huyó y se refugió hasta su muerte. Muchos de sus seguidores huyeron con él, otros continuaron empuñando las armas hasta que unos fueron vilmente aniquilados, otros se entregaron, y el resto de los alzados acompañó al Padre Pons hacia el Orinoco, unos huyeron, y otros disfrutaron finalmente de una vida tranquila.

Carlos Felice Cardot señala, sin embargo, que:

> "Este movimiento de Andresote no puede considerarse como de tipo independentista, pero sirvió, como tantos otros ocurridos en Venezuela, para establecer vínculos de solidaridad entre sus habitantes y demostrar que era posible enfrentarse a las autoridades enviadas de España". (Diccionario de Historia de Venezuela, 1997, Tomo 3, 820).

Andresote y sus seguidores no fueron los únicos en alzarse en armas contra la todopoderosa Compañía monopólica, que ya venía acumulando reclamos y expedientes a lo ancho del territorio que le fue asignado. Juan Francisco de León fue otro de los alzados que jugó un papel importante en la lenta demolición del poder de la Compañía. Eduardo Casanova en su libro inédito *En los días de Miranda*, recuerda que León:

"En Caracas se estableció en el barrio canario de La Candelaria, justo frente a la iglesia, plaza de por medio, con su esposa, también canaria, llamada Lucía García. Allí tendrían, que se sepa, catorce hijos. Y desde allí partió hacia Barlovento, zona cálida y feraz en donde se dedicó a sembrar y cosechar cacao, y en donde, junto con Juan Rodríguez Camejo, Cristóbal Izquierdo y Diego Núñez de Aguiar se convirtió en fundador de una población llamada Panaquire. León, que llegó a Venezuela analfabeto, aprendió a firmar, y posiblemente a leer y escribir, en la Tierra de Gracia, y don Gabriel de Zuloaga, el gobernador y capitán general vasco de Venezuela, en tiempos en que la Compañía Guipuzcoana se había convertido en monopolizadora del comercio exterior de Venezuela, lo nombró, ya en 1744, Comisario de la jurisdicción real del valle de Panaquire, con facultades de juez, por lo que se estableció definitivamente en Barlovento y emprendió acciones destinadas a poblar la zona en la región de El Guapo. Y todo habría sido estupendo, a no ser porque la famosa Guipuzcoana, representada en Caracas por Juan Manuel Goyzueta, decidió intervenir, y haciendo valer sus influencias ante el nuevo gobernador y capitán general, Luis Francisco Castellanos, nombró al vasco Juan Martín Echeverría cabo de guerra y teniente de justicia de Panaquire, con lo cual quedaba destituido el canario Juan Francisco de León. Eso fue en marzo de 1749 y, sencillamente, se armó la grande. Jamás se imaginaron los vascos de la Guipuzcoana que aquel acto los sacaría de Venezuela, ni mucho menos que, a la larga, terminaría sacando también al gobierno español del continente americano".

León no aceptó su remoción, se amotinó y al mando de unos 800 pobladores de la región barloventeña, marchó sobre Caracas; desde Chacao expuso por escrito las razones de su conducta y las demandas para declinar su rebelión, a saber:

"El intento directo es la destrucción total de la Compañía Guipuzcoana; se entiende no solamente privar de las mercaderías o factorías de la gente vizcaína, sino también el que no ejerzan éstos los empleos de teniente o ministros de justicia que actualmente ejercen, no tan solamente con privación sino que en toda la provincia no ha de quedar de esta raza persona alguna que todas se han de embarcar en el primer bajel o nao que se hallare en la bahía, y en defecto, se aprontará, a costa de dicha gente vizcaína, nao para el asunto".

León llegó a Caracas y reiteró sus peticiones ante el Gobernador Castellanos, quien aceptó hacer lo que se le exigía. Sin embargo, Castellanos no honró su palabra y se desplazó al puerto de La Guaira para fingir que cumplía con lo acordado; León, enfurecido ante la actitud de Castellanos, por segunda vez se dirigió a La Guaira al mando de 8000 hombres para exigir el cumplimiento de lo convenido. Luego de largas gestiones judiciales, de la llegada de un nuevo gobernador y de un indulto general, León persiste en su empeño de destruir la Compañía, lo que se tradujo en 1751 en violentos enfrentamientos entre las milicias populares de León y el ejército español al mando del nuevo gobernador Felipe Ricardos, quien se había plegado a los intereses de la Compañía. León fue derrotado, se le ofreció un perdón que no se cumplió, fue enviado a España en calidad de reo y a participar luego en las guerras de África.

Como bien lo asevera Guillermo Morón:

"La insurrección de Juan Francisco León no estaba dirigida, como tampoco estuvo la de Andresote, a cambiar el orden político; no era un movimiento contra el Rey y sus representantes, sino contra la Compañía (...) Aunque sofocados los movimientos de Andresote y León los criollos, tanto ricos hacendados como artesanos y pequeños cosecheros siguieron haciendo frente a la Compañía hasta su extinción". (Morón, 1971, Tomo 4, 575 y 578).

2. *Antecedentes políticos e ideológicos de la Revolución de Caracas de 1810*[19]

En el último cuarto del siglo XVIII se sucedieron en el mundo dos acontecimientos que iban a transformar radicalmente el orden político constitucional imperante, los cuales se desarrollaron con muy pocos años de diferencia entre uno y otro, pues fueron sólo 13 años los que separaron la Revolución Norteamericana en 1776, de la Revolución Francesa de 1789.

Esas dos revoluciones, que trastocaron el constitucionalismo de la época, junto con la Revolución hispanoamericana (1810), iniciada en Venezuela veintiún (21) años después de la última, sin duda, desde el punto de vista político, pueden considerarse como los acontecimientos más importantes del mundo moderno, los cuales tuvieron una enorme importancia para Venezuela, ya que fue nuestro país, a comienzos del siglo XIX, el primero del mundo en recibir la influencia de los mismos

---

19 Tomado de Allan R. Brewer-Carías, *Historia Constitucional de Venezuela*, Editorial Alfa, Caracas 2008, Tomo II, pp. 118-137.

y de sus consecuencias constitucionales; influencia que recibimos, precisamente cuando los próceres de la Independencia se encontraban en la tarea de elaborar las bases de un nuevo sistema jurídico–estatal para un nuevo Estado independiente, segundo en su género después de los Estados Unidos de Norte América, en la historia política del mundo moderno.

Venezuela, por tanto, formuló sus instituciones bajo la influencia directa y los aportes al constitucionalismo de aquellas dos revoluciones[20], aun antes de que se operaran cambios constitucionales en España, lo que se configura como un hecho único en América Latina. Al contrario, la mayoría de las antiguas Colonias españolas que logran su independencia después de 1811 y, sobre todo, entre 1820 y 1830, recibieron las influencias del naciente constitucionalismo español plasmado en la Constitución de Cádiz de 1812 que, insistimos, no pudo suceder en el caso de Venezuela al formarse el Estado independiente, donde puede decirse que se construye un Estado moderno, con un régimen constitucional moderno, mucho antes que el propio Estado español moderno.[21]

A. *La Revolución Norteamericana y la Declaración de Derechos de Virginia (1776)*

La Declaración de Derechos o *Bill of Rights* de Virginia[22] fue aprobada el 12 de junio de 1776 por los representantes del pueblo de Virginia, constituyendo la primera de las declaraciones formales de derechos individuales en el constitucionalismo moderno.

Junto con las Declaraciones de las otras Colonias Americanas, diferían de los precedentes ingleses (Magna Carta, 1215; Habeas Corpus

---

20 Véase Allan R. Brewer–Carías, *Reflexiones sobre la Revolución Americana (1976) y la Revolución Francesa (1789) y sus aportes al constitucionalismo moderno*, Editorial Jurídica Venezolana, Caracas 1991.

21 Véase Allan R. Brewer–Carías, "El paralelismo entre el constitucionalismo venezolano y el constitucionalismo de Cádiz (o cómo el de Cádiz no influyó en el venezolano)", en *La Constitución de Cádiz. Hacia los orígenes del Constitucionalismo Iberoamericano y Latino*, Unión Latina–UCAB, Caracas 2004, pp. 223–331.

22 Véase el texto en J. Hervada y J. M. Zumaquero, *Textos Internacionales de Derechos Humanos*, Pamplona, 1978, pp. 24 a 35. Véase Allan R. Brewer–Carías, *Los Derechos Humanos en Venezuela, Casi 200 Años de Historia,* Caracas, 1990, pp. 17 y ss.

Act, 1679; *Bill of Rights*, 1689)[23], básicamente porque al declarar y establecer los derechos, no hacían referencia a éstos como basados en el *common law* o la tradición, sino a derechos derivados de la naturaleza humana y de la razón *(ratio)*. Por ello, los derechos declarados en la Declaración de Derechos hecha por los "representantes del buen pueblo de Virginia" de 1776, eran derechos naturales que "pertenecen a ellos y a su posteridad, como la base y fundamento del Gobierno". En la base de su formulación, sin duda, están las doctrinas políticas imperantes en la época de J. Locke, Montesquieu y J. J. Rousseau, que se basaban en el análisis de la situación natural del hombre y el logro del pacto o contrato social para establecer una soberanía como mecanismo para la protección de la libertad.

Esta fue la base para la subsiguiente exaltación del individualismo y de la consagración de derechos, incluso no sólo de los ciudadanos de un Estado, sino además del Hombre, con la consecuente construcción del liberalismo político y económico.

Estas ideas se pusieron en práctica en las Colonias Norteamericanas, con las Declaraciones de independencia respecto de Inglaterra (1776), constituyendo cada una de ellas un Estado, con su propia Constitución. Las Declaraciones de Derechos, entonces pueden considerarse como el producto más inmediato de la Revolución Norteamericana[24], entre ellas, el *Bill of Rights* y la *Constitution or From of Goverment of Virginia* adoptados, respectivamente, el 12 y el 29 de junio de 1776.

En particular, en el breve Preámbulo de la Declaración de Derechos de Virginia se establece claramente la relación entre los derechos naturales y el Gobierno, donde se observa la clara influencia de las teorías de Locke en el sentido de que la sociedad política se forma teniendo como base esos derechos, los cuales son el fundamento del gobierno. Ello, además, deriva claramente de las tres primeras secciones de la Declaración, que disponían:

---

23 Véase los textos en M. Pacheco, *Los Derechos Humanos. Documentos Básicos*, Santiago de Chile, 1987, pp. 1 a 25.

24 Sobre el proceso político de la independencia norteamericana véase lo expuesto en Allan R. Brewer–Carías, *Instituciones Políticas y Constitucionales*, tomo I, *Evolución histórica del Estado*, Universidad Católica del Táchira, Editorial Jurídica Venezolana, Caracas–San Cristóbal 1996, Primera Parte, pp. 204 y ss.

"Sección 1. Que todos los hombres son por naturaleza igualmente libres e independientes y tienen ciertos derechos innatos, de los cuales, cuando entran en estado de sociedad, no pueden, por ningún pacto privar o desposeer a su posterioridad; a saber, el goce de la vida y de la libertad, con los medios para adquirir y poseer la propiedad, y buscar y conseguir la felicidad y la seguridad.

Sección 2. Que todo poder está investido en el pueblo y consecuentemente deriva de él, que los magistrados son sus mandatarios y servidores y en todo momento responsables ante él.

Sección 3. Que el gobierno se instituye, o debería serlo, para el provecho, protección, y seguridad comunes del pueblo, nación, o comunidad; que de todos los varios modos o formas de gobierno, es el mejor aquél que es capaz de producir el mayor grado de felicidad y de seguridad y está más eficazmente asegurado contra el peligro de mala administración; y que, cuando un gobierno resulta inadecuado o contrario a estos principios, una mayoría de la comunidad tiene el derecho indiscutible, inalienable e irrevocable de reformarlo, modificarlo o abolirlo, en la forma que se juzgue más conveniente al bienestar público".

Adicionalmente, la Sección 4 estableció la prohibición de los privilegios, y la Sección 5 prescribió la separación de poderes y la condición temporal de los cargos públicos, así:

"Sección 5. Que los poderes legislativos y ejecutivo del Estado deben estar separados y ser distintos del judicial; y que los miembros de los dos primeros, (porque) deben ser alejados (de la tentación) de la opresión, sintiendo las cargas del pueblo y participando de ellas, deberán, en períodos-prefijados, ser reducidos a la condición privada y retornar al cuerpo social, del que procedían originariamente, y las vacantes deberán ser cubiertas por elecciones frecuentes, ciertas y regulares, en las que todos, o una parte, de los antiguos miembros podrán ser de nuevo elegibles, o inelegibles, según lo dispongan las leyes".

De este texto, resulta clara tanto la teoría del contrato o pacto social, basado en la existencia de derechos inherentes al hombre e inalienables, así como la base democrática del gobierno, como la mejor y más justa forma del mismo, lo que conlleva a la representación democrática mediante elecciones libres (Sección 7[a]) y al derecho de resistencia, producto, asimismo del pacto social. Las otras once secciones se dedican a regular algunos derechos fundamentales, entre los cuales se destacan, el derecho a juicios rápidos, con las debidas garantías; el derecho a no ser condenado a penas excesivas o crueles o a castigos inusuales; y la libertad de prensa.

Estas Declaraciones, sin duda, marcaron el inicio de la era democrática y liberal del Estado de Derecho Moderno, y aún la cuando la Constitución de los Estados Unidos de América, del 17 de septiembre de 1787, no contuvo una declaración de derechos fundamentales, puede decirse que dicha declaración de derechos constituye una de las principales características del constitucionalismo americano, la cual influenció todo el derecho constitucional moderno[25]. En particular, aparte de haber influenciado la redacción de la propia Declaración francesa de los Derechos del Hombre y del Ciudadano de 1789, el texto de la Declaración de Virginia, fue un antecedente importante en la elaboración de la Declaración de derechos que contiene la Constitución de Venezuela de 1811.

B. *La Revolución Francesa y la Declaración de los derechos del hombre y del ciudadano (1789)*

El antiguo régimen que precedió a la Revolución francesa, como sistema político–social, estaba montado sobre una estructura estamental, conforme a la cual la sociedad feudal estaba estratificada en estados u órdenes. La sociedad, así, estaba naturalmente estructurada en un orden jerárquico de estamentos o estados con status desigual, derivado esencialmente del principio hereditario de nacimiento. En la cúspide de la estructura socio–política estaba el Monarca, y el resto de los hombres tenía condicionada su situación en la sociedad según su pertenencia a un estamento, orden o estado[26]. La Revolución francesa fue precisamente el acontecimiento político que trastocó la estratificación del Antiguo Régimen, proclamando, al contrario, la igualdad, lo que implicó que, frente a los antiguos derechos estamentales, se declararon como base de la sociedad, los derechos naturales que el hombre tiene por igual.

Este principio de la igualdad, a pesar de que sólo fuera la burguesía la que lo disfrutase efectivamente, trastocó completamente el sistema político que estaba basado en el principio de la unidad del poder en torno al Monarca absoluto. Pero debe tenerse en cuenta que el debili-

---

25 Ch. H.Mc Ilwain, *Constitutionalism and the Changing World*, Cambridge, 1939, p. 6.
26 A. Truyol y Serra, *Los Derechos Humanos*, Madrid, 1968, p 12.

tamiento del poder del Monarca y la apertura a la limitación del mismo, fue producto del propio Rey, de sus conflictos con los *Parlements*, y de la convocatoria a los Estados Generales.

En efecto, el inicio de la revolución política en Francia a finales del siglo XVIII puede decirse que lo provocó el propio Rey Luis XVI al convocar, en 1788, los Estados Generales, con lo que puso fin al gobierno absoluto, al aceptar, al contrario, compartir el Gobierno y el Poder con un cuerpo de representantes electos en los diversos estamentos que asumió el poder legislativo, el cual, hasta ese momento, lo ejercía el Monarca.

La situación del Poder en Francia antes de la Revolución, habiendo desaparecido las grandes asambleas políticas desde 1628, estaba casi totalmente en manos del Monarca, quien gobernaba y legislaba, siendo la justicia impartida por altos tribunales de justicia, denominados *Parlements*. A éstos, además, el Monarca sometía las leyes antes de ser promulgadas, para que le fueran formuladas sus objeciones y pareceres. En esta forma, los órganos del poder judicial ejercían parte del poder legislativo (control), lo que Alexis De Tocqueville explicó como un producto de las costumbres generales de la época, donde no se concebía un poder absoluto total cuya obediencia al menos no pudiera discutirse. Explicaba De Tocqueville la situación así:

> "Antes de su ejecución, el edicto (del Rey) era, pues, llevado al Parlament. Los agentes del Rey exponían sus principios y ventajas; los magistrados los discutían; todo públicamente y en voz alta con la virilidad que caracterizaba a aquellas instituciones medievales. A menudo ocurría que el Parlament enviase repetidamente al Rey, disputada para rogarle modificar o retirar su edicto. A veces, el Rey acudía en persona, y permitía debatir con vivacidad, con violencia, su propia ley ante sí mismo. Pero cuando al fin expresaba su voluntad, todo volvía al silencio y a la obediencia; porque los magistrados reconocían que no eran más que los primeros funcionarios del príncipe y sus representantes, encargados de ilustrarle y no de coartarle"[27].

En 1787 estos mismos principios continuaban en aplicación, pero con un cambio en cuanto al tema del debate y la naturaleza de los argumentos: el *Parlement* de París comenzó a pedir piezas justificativas

---

27 Alexis De Tocqueville, *Inéditos sobre la Revolución*, (trad. de *Notes et Fragments inedites sur la Revolution*), Madrid, 1989, p. 56.

en apoyo de los edictos que proponían reformas impositivas, particularmente, las cuentas de la hacienda, a lo que el Rey se negó, lo que significaba una negativa a compartir con los tribunales de justicia el poder legislativo. La respuesta del *Parlement* fue que "sólo la Nación tenía derecho a conocer nuevos impuestos y pidió que fuera reunida"[28].

No por azar Condorcet escribía en 1788, en su libro *Influencia de la Revolución de América sobre Europa*, que uno de los derechos del hombre era, precisamente, "el derecho a contribuir, sea inmediatamente, sea por representación, a sancionar estas leyes y a todos los actos consumados en nombre de la sociedad"[29].

En todo caso, en la lucha entre el Rey y el *Parlement* de París, en 1787 hubo una tregua, al haber un entendimiento entre ambos en cuanto a la promulgación del edicto que creó las Asambleas provinciales electivas, lo que, como lo afirmó De Tocqueville, significó una "extraña y total revolución del gobierno y de la sociedad", pues el establecimiento de estas Asambleas provinciales "completaba la total destrucción del viejo sistema político europeo. Sustituía de golpe lo que restaba de feudalismo por la república democrática, la aristocracia por la democracia, la realeza por la República"[30]. En todo caso, la confrontación entre el Rey y el *Parlament*, particularmente por el rechazo de las medidas relativas a los impuestos y empréstitos, amenazaban con paralizar la Administración. Francia, entre otros aspectos, había quedado endeudada por el financiamiento que había prestado a la Revolución norteamericana, y la Administración requería de mayores ingresos. El Rey presionó llegando incluso a desterrar al *Parlement* de París en pleno. La situación, en todo caso, se agravó, pues en Francia existían trece *Parlements* que tenían su sede en cada una de las trece Provincias judiciales, y si bien en general, éstos sólo discutían los asuntos que concernían a las respectivas Provincias, en 1787 actuaron al unísono, negándose a registrar los nuevos impuestos atentatorios al derecho de propiedad, y pidieron la convocatoria de los Estados Generales. Por ello De Tocqueville afirmó que "la unión de los *Parlements* no sólo fue el arma de la Revolución, sino su señal"[31], calificando la situación co-

---

28   *Idem*, p. 53.
29   Condorcet, *Influencia de la Revolución de América sobre Europa*, Buenos Aires, 1945, p. 27.
30   Alexis De Tocqueville, *op. cit.*, p. 58.
31   *Idem.*, p. 66.

mo la de una "sedición judicial, más peligrosa para el gobierno que cualquier otra"[32].

En esta situación, la nobleza, que había apoyado a la oligarquía judicial que controlaba los *Parlements*, fue humillada, entrando en lucha común contra el poder absoluto del Rey, al igual que el clero. La burguesía esperaría, y sólo asumiría el papel principal, al dominar los Estados Generales. El pueblo con frecuencia se amotinó siendo el primer motín sangriento de la Revolución, el conocido como la *journée des tuiles*, en Grenoble, el 7 de junio de 1788, con motivo del destierro del *Parlement*. En Grenoble también se produjo otro hecho que precipitó la crisis; se reunieron espontáneamente nobles, eclesiásticos y burgueses, convocando unos Estados Provinciales en el Delfinado a reunirse en el Castillo de Vizille para "dar al desorden un tono regular."[33]

Según De Tocqueville "fue la última vez que un hecho ocurrido fuera de París ejercería marcada influencia sobre el destino general del país[34].

En todo caso, el gobierno temió que el hecho fuese imitado en todas partes, por lo que Luis XVI despidió a sus ministros, abolió o suspendió los edictos, y convocó de nuevo a los *Parlements*. Estos, reasumieron sus funciones, castigaron a quienes habían osado reemplazarlos y persiguieron a quienes habían obedecido a éstos.

Los *Parlements*, sin embargo, "cuando se creían los dueños, descubrieron de pronto que ya no eran nada"[35]; como lo afirmó De Tocqueville "su popularidad no tardó más tiempo en esfumarse de lo que se empleaba, en 1788, para llegar cómodamente desde las costas de Bretaña a París"[36]. Particularmente, la caída fue súbita y terrible para el *Parlement* de París, institución de la cual se vengó desdeñosamente el Poder real.

En efecto, el *Parlement* de París había pedido que los Estados Generales a constituirse, se establecieran como en 1614, esto es, que cada orden o estamento tuviera una representación igual y votara separadamente, lo que le hizo perder su reputación de portavoz de las libertades.

---

32 *Idem.*, p. 66.
33 *Idem.*, p. 73.
34 *Idem.*, p. 73.
35 *Idem.*, p. 77.
36 *Idem.*, p. 80.

Las reacciones panfletarias contra el *Parlement* de París, signaron la reacción del Tercer Estado, y el propio Rey respondió a la propuesta del *Parlement* de la siguiente manera:

"Nada tengo que responder a mi *Parlament* sobre sus súplicas. Es con la nación reunida con quien concretaré las disposiciones apropiadas para consolidar para siempre el orden público y la prosperidad del Estado"[37].

Con ello, puede decirse, el propio Rey consumó la Revolución, al renunciar al gobierno absoluto y aceptar compartirlo con los Estados Generales, que se reunirían en mayo de 1789. Así, el Rey había firmado su condena.

En cuanto a los *Parlements*, De Tocqueville resumió su suerte así:

"Una vez vencido definitivamente el poder absoluto y cuando la nación no necesitó ya un campeón para defender sus derechos, el Parlement volvió de pronto a ser lo que antes era: una vieja institución deformada y desacreditada, legado de la Edad Media; y al momento volvió a ocupar su antiguo sitio en los odios públicos. Para destruirlo, al Rey le había bastado con dejarle triunfar"[38].

Los estados u órdenes habían estado juntos en el proceso antes descrito, pero vencido el Rey y convocados los Estados Generales, la lucha por el dominio de los mismos entre las clases comenzó, y con ello empezó a surgir la verdadera figura de la Revolución.

Los Estados Generales no se habían reunido en Francia desde hacía 165 años (los últimos, en 1614), por lo que, como instituciones, no eran sino un vago recuerdo. Nadie sabía con precisión, cuál iba a ser el número de los diputados, las relaciones entre los estamentos, el sistema de elección o el modo de deliberar.

Sólo el Rey podía decirlo, y no lo dijo[39]; en cambio, aceptó la propuesta de su primer ministro (Cardenal de Brienne) de convocar el 5 de julio de 1788 a un concurso académico incitando "a todos los sabios y demás personas instruidas de su reino, y en particular, a quienes componían la Academia de Inscripciones y Bellas Letras, a dirigir a su señoría, el Ministro de Gracia y Justicia, toda clase de informes y me-

---

37 *Idem.*, p. 81.
38 *Idem.*, p. 83.
39 *Idem.*, p. 86.

morias sobre esta cuestión"[40] Como lo observó De Tocqueville, ni más ni menos era como "tratar la Constitución del país como una cuestión académica y sacarla a concurso"[41]. En el país más literario de Europa, una propuesta como esa no pudo tener mayor eco, y Francia se vio inundada de escritos. Todos deliberaron, reclamaron y pensaron en sus intereses y trataron de encontrar en las ruinas de los antiguos Estados Generales, la forma más apropiada para garantizarlos. Este movimiento de ideas originó la lucha de clases, propició la subversión total de la sociedad, provocó el olvido de los antiguos Estados Generales y originó la búsqueda de la identificación de un Poder Legislativo e, incluso, de una nueva forma de gobierno. Los textos de Montesquieu y Rousseau, por supuesto, fueron citados con frecuencia, siendo los preceptores ideológicos de la Revolución.

La cuestión política fundamental se situó, entonces, en quién habría de dominar los Estados Generales, por lo que la lucha entre los estamentos se desató, multiplicándose los escritos contra los privilegios, la violencia contra la aristocracia, y la negación de los derechos de la nobleza. La igualdad natural, que había sido tema difundido por la propia nobleza en sus ratos de ocio, se convertiría en el arma más terrible dirigida contra ella, prevaleciendo la idea de que el gobierno debía representar la voluntad general, y la mayoría numérica debía dictar la Ley. Por ello, la discusión política giró en torno a la representación del Tercer Estado, en el sentido de si debía o no ser más numerosa que la concedida a cada uno de los otros dos estamentos (nobleza y clero). En diciembre de 1788, el Consejo Real decidió que el Tercer Estado tuviera un número igual a la suma de los otros dos estamentos, con lo que los duplicó, a cuyo efecto, en enero de 1789 se publicaron las normas que debían regir la elección de los diputados a los Estados Generales.

Las elecciones se celebraron en cerca de 40.000 asambleas locales, y despertaron en las masas campesinas y los más desheredados, un estado de tensa excitación tanto sobre los acontecimientos futuros como sobre sus carencias actuales, que se reflejaron en los denominados *cahier de doleances* que los diputados llevarían a la reunión de los Estados Generales.

Los Estados Generales fueron inaugurados oficialmente por el Rey el 5 de mayo de 1789, y las primeras semanas de sus discusiones gira-

---

40 *Idem.*, p. 86.
41 *Idem.*, p. 86.

ron en torno al tema de la forma de la votación, en el sentido de si las órdenes que los componían debían o no votar separadamente. La burguesía urbana y profesional había acaparado la mayoría de los escaños entre los diputados del Tercer Estado, por lo que dominó las discusiones y las votaciones en las Asambleas, lo que se reforzó por la división imperante en los otros dos estamentos. En el mismo mes de mayo de 1789, el Tercer Estado insistió en la celebración conjunta de sesiones para considerar la validez de los mandatos de los diputados, negándose a la verificación en forma separada. La nobleza adoptó una posición diametralmente opuesta, considerando la votación separada como un principio de la Constitución monárquica. El clero, dividido, si bien no aceptó celebrar sesiones conjuntas con el *Tiers*, se abstuvo de declararse como Cámara aparte.

El 10 de junio de 1789, el Tercer Estado, alentado por el apoyo popular, decidió rebelarse. Invitó a las otras órdenes a una sesión conjunta advirtiendo que, si no asistían, actuarían sin ellas. En esta forma, y sólo con la asistencia de algunos sacerdotes, el Tercer Estado se arrogó a sí mismo el título de Asamblea Nacional, configurándose en el primer acto revolucionario del Tercer Estado. La mayoría se convirtió en todopoderosa e incontenible, facilitada la situación por un poder real ya desarmado, con lo que se invirtió de golpe el equilibrio del Poder. Por ello, dijo De Tocqueville, el *Tercer Estado*, "dominando la única Asamblea, no podía dejar de hacer no una reforma, sino la Revolución"[42]. De allí la propia afirmación que deriva del título de la famosa obra de Sieyes *¿Qu'est ce que le tiers état?* (¿Qué es el Tercer Estado?): El Tercer Estado constituye la nación completa, negando que las otras órdenes tuvieran algún valor[43].

La Asamblea, así, dictó Decretos, incluso relativos al tema de su disolución, los cuales fueron derogados por el Rey, quien, al contrario, ordenó remitir la discusión de la organización de los Estados Generales a cada orden por separado, e intimidar con la fuerza al Tercer Estado. Con apoyo popular se impidió la disolución de la Asamblea y de resultas, el Rey se vio obligado a aceptarla. El 27 de junio, los restos de las otras órdenes recibieron la orden expresa de fundirse a ella.

---

42 *Idem.*, p. 92.
43 Sièyes, *Que est–ce que le tiers état,* (publicada en enero de 1789), ed. R. Zappeti, Génova, 1970.

En París, la rebelión popular era incontenible, agravada por la actuación del Ejército enviado por el Rey para controlar el orden. La búsqueda de armas por el pueblo para defenderse, signó las revueltas y motines, e incluso, fue el motivo de la toma de la Bastilla, el 14 de julio de 1789. La revuelta salvó a la Asamblea Nacional, la cual fue reconocida por el Rey, pero el espíritu subversivo se esparció por todas las provincias, en las cuales los campesinos y pueblos en armas se sublevaron contra los antiguos señores. La Asamblea Nacional tuvo que prestar atención inmediata al problema del privilegio fiscal, lo que llevó, el 4 de agosto, a que los diputados nobles y del clero renunciaran a sus derechos feudales y a sus inmunidades fiscales.

La Asamblea había recibido el 11 de julio un primer texto de una "Declaración de los Derechos del Hombre y del Ciudadano", presentado por Lafayette. Suprimidas las rebeliones provinciales, dicha Declaración fue sancionada el 27 de agosto de 1789, pero el Rey le negó su asentimiento. Una nueva rebelión popular en París, no sólo obligó al Rey y a la Asamblea a trasladarse desde Versalles a la capital, sino a la sanción de la Declaración el 2 de octubre de 1789.

Junto con la Declaración de Derechos, el 2 de octubre la Asamblea también había sometido al Rey un Decreto contentivo de artículos de Constitución, en los cuales (19 en total), se recogieron los principios de organización del Estado: se proclamaba que los poderes emanaban esencialmente de la nación (art. 1); que el Gobierno francés era monárquico, pero que no había autoridad superior a la de la Ley, a través de la cual reinaba el Rey, en virtud de la cual podía exigir obediencia (art. 2); se proclamaba que el Poder Legislativo residía en la Asamblea Nacional (art. 2) compuesta por representantes de la nación libre y legalmente electos (art. 9), en una sola Cámara (art. 5) y de carácter permanente (art. 4); se disponía que el Poder Ejecutivo residiría exclusivamente en las manos del Rey (art. 16), pero que no podía hacer Ley alguna (art. 17); y se establecía que el Poder Judicial no podía ser ejercido en ningún caso, por el Rey ni por el Cuerpo Legislativo, por lo que la justicia sólo sería administrada en nombre del Rey por los tribunales establecidos por la Ley, conforme a los principios de la Constitución y según las formas determinadas por la Ley (art. 19)[44].

---

44 Véase el texto en J. M. Roberts, *French Révolution Document,* (ed. J. M: Robert and R. C. Cobb), Oxford, 1966, pp. 173 y 174.

En todo caso, la Declaración de los Derechos del Hombre y del Ciudadano, el producto más importante del inicio de la Revolución, sancionada por la Asamblea Nacional el 26 de agosto de 1789, contiene en sus 17 artículos los derechos fundamentales del hombre. En su redacción, sin duda, a pesar de la multiplicidad de fuentes que la originaron, tuvieron gran influencia los *Bill of Rights* de las Colonias norteamericanas, particularmente en cuanto al principio mismo de la necesidad de una formal declaración de derechos. Una larga polémica se originó en cuanto a esta influencia norteamericana, desde comienzos de siglo[45], la cual puede decirse que incluso, fue mutua entre los pensadores europeos y americanos.

Los filósofos franceses, comenzando por Montesquieu y Rousseau, eran estudiados en Norteamérica; la participación de Francia en la Guerra de Independencia norteamericana fue importantísima; Lafayette fue miembro de la Comisión redactora de la Asamblea Nacional que produjo la Declaración de 1789, y sometió a su consideración su propio proyecto basado en la Declaración de Independencia Americana y en la Declaración de Derechos de Virginia; el ponente de la Comisión Constitucional de la Asamblea propuso "trasplantar a Francia la noble idea concebida en Norte América"; y Jefferson estaba presente en París en 1789, habiendo sucedido a Benjamín Franklin como Ministro norteamericano en Francia[46]. En todo caso el objetivo central de ambas declaraciones fue el mismo: proteger a los ciudadanos contra el poder arbitrario y establecer el principio de la primacía de la Ley.

Por supuesto, la Declaración de 1789 también fue influenciada directamente por el pensamiento de Rousseau y Montesquieu; sus redactores tomaron de Rousseau los principios que consideraban el rol de la Sociedad como vinculada a la libertad natural del hombre, y la idea de que la Ley, como expresión de la voluntad general adoptada por los representantes de la nación, no podría ser instrumento de opresión. De Mon-

---

[45] Véase G. Jellinek, *La Déclaration des Droits de l'Homme et du Citoyen*, trad. Fardis, Paris, 1902; G. Boutmy, "La Déclaration des Droits de l'Homme et du Citoyen et M. Jellinek", *Annales des Sciences Politiques*, XVIII, 1902, pp. 415 a 443; G. Jellinek, "La Déclaration des Droits de l'Homme et du Citoyen" (Réponse de M. Jellinek a M. Boutmy), *Revue du Droits Public et de la Science Politique en France et à l'étranger*, T. XVIII, Paris, pp. 385 a 400.

[46] J. Rivero, *Les libertés publiques*, Paris, 1973, Vol. I, p. 455; A.H. Robertson, *Human Rights in the World*, Manchester, 1982, p. 7.

tesquieu deriva su desconfianza fundamental respecto del poder y consecuencialmente, el principio de la separación de poderes[47].

Por supuesto, los derechos proclamados en la Declaración eran los derechos naturales del hombre, en consecuencia, inalienables y universales. No se trataba de derechos que la sociedad política otorgaba sino derechos que pertenecían a la naturaleza inherente del ser humano.

La Declaración fue, entonces, un recuerdo perpetuo de los "derechos naturales, inalienables y sagrados del hombre", considerando "que la ignorancia, el olvido o el desprecio de los derechos del hombre son las únicas causas de las desgracias públicas y de la corrupción de los Gobiernos" (Preámbulo).

Los primeros artículos de la Declaración (1 a 6 y 16), que reconocieron y proclamaron los derechos del hombre y del ciudadano, sin duda, constituyen una compilación de todos los principios liberales basados en las ideas de Locke, Montesquieu y Rousseau y que habían sido concretizados en la Revolución americana, así:

"*Artículo 1*. Los hombres nacen y permanecen libres e iguales en derechos. Las distinciones sociales no pueden fundarse más que en la utilidad común.

Artículo 2. La finalidad de toda asociación política es la conservación de los derechos naturales e imprescindibles del hombre. Estos Derechos son la libertad, la propiedad, la seguridad y la resistencia a la opresión.

Artículo 3. El principio de toda soberanía reside esencialmente en la Nación. Ningún cuerpo, ningún individuo puede ejercer una autoridad que no emane de ella expresamente.

Artículo 4. La libertad consiste en poder hacer todo lo que no perjudica a otro; así, el ejercicio de los derechos naturales de cada hombre no tiene otros límites que los que garantizan a los demás miembros de la sociedad el goce de esos mismos derechos. Estos límites sólo pueden ser determinados por la Ley.

Artículo 5. La Ley no tiene derecho a prohibir sino las acciones perjudiciales para la sociedad. No puede impedirse nada que no esté prohibido por la Ley, y nadie puede ser obligado a hacer lo que ella no ordena.

---

47 J. Rivero, *op. cit.*, pp. 41–42.

Artículo 6. La Ley es la expresión de la voluntad general. Todos los ciudadanos tienen derecho a participar personalmente, o a través de sus representantes, en su formación. Debe ser la misma para todos, así cuando protege, como cuando castiga. Todos los ciudadanos, siendo iguales a sus ojos, son igualmente admisibles a todas las dignidades, puestos y empleos públicos, según su capacidad, y sin otra distinción que la de sus virtudes y sus talentos".

El resto de la Declaración se refiere a los derechos individuales, por ejemplo, el principio *nullun crimen nulla poena sine legge* (artículo 7); la presunción de inocencia (artículo 9); la libertad de expresión y comunicación de las ideas y opiniones (artículo 10), considerada como "una de las más preciosas de los derechos del hombre" (artículo 11); y el derecho de propiedad, considerado como "sagrado e inviolable" (artículo 17).[48]

Debe decirse, en todo caso, que entre la Declaración francesa de 1798 y las Declaraciones americanas se destaca una diferencia fundamental, en contenido y sentido. La Declaración de 1789 no tenía por objeto establecer un nuevo Estado, sino que se adoptó como un acto revolucionario, dentro del Estado nacional y monárquico que ya existía. En las Declaraciones Americanas, en cambio, se trataba de manifestaciones para construir nuevos Estados, y por tanto nuevos ciudadanos. En la Declaración de 1789, como se proclama en el Preámbulo, se buscaba recordar solemnemente a todos los miembros de la comunidad política sus derechos, por lo que el nuevo principio de la libertad individual aparecía sólo como una importante modificación en el contexto de una unidad política existente. En cambio, en las Declaraciones Americanas, la vigencia de los derechos era un importante factor en el proceso de independencia, y, en consecuencia, en la construcción de nuevos Estados sobre nuevas bases, particularmente, sobre el principio de la soberanía del pueblo con todo su contenido democrático y antimonárquico.

En todo caso, la Declaración de 1789 marcó el hito de la transformación constitucional de Francia en los años subsiguientes, y así fue recogida en el texto de la Constitución del 13 de septiembre de 1791; en el de la Constitución de 1793; y en la Constitución del año III (pro-

---

48 Véase el texto en J. Hervada y J.M. Zumaquero, *op. cit.*, pp. 38 a 52. Véase el texto original en J.M. Roberts, *op. cit.*, pp. 171 a 173.

mulgada el 1ᵉʳ *Vendémiaire* del año IV, es decir, el 23 de septiembre de 1795)[49].

La Constitución de 1791, la primera de las Constituciones francesas y la segunda de la historia constitucional moderna, si bien fue una Constitución monárquica, concibió al Rey como un delegado de la Nación, sujeto a la soberanía de la Ley como expresión de la voluntad general. A partir de ese texto, en todo caso, el Estado ya no fue el Rey (*l'Etat c'est moi*), como Monarca Absoluto, sino el pueblo organizado en Nación sujeto a una Constitución.

Por otra parte, debe destacarse que tanto la Declaración de Derechos como la Constitución de 1791, se basaron en la afirmación de la soberanía nacional, introduciendo un concepto que ha sido fundamental en el derecho constitucional francés, pues marcó el inicio de una nueva base de legitimación del Poder Público, opuesto a la sola legitimación monárquica del Antiguo Régimen[50].

Ahora bien, tanto el texto de la Declaración de 1789, como el de las Constituciones de 1791, 1793 y 1795 no sólo tuvieron una decisiva y determinante influencia en la evolución del derecho constitucional moderno y en la configuración del Estado de Derecho, sino que, en particular, influyeron directamente en la redacción de la Declaración de Derechos del Pueblo y de la Constitución de la Confederación de Venezuela de 1811.

C. *El constitucionalismo norteamericano y las Enmiendas a la Constitución de los Estados Unidos de América (1789–1791)*

Paralelamente al proceso de independencia de las Colonias americanas a partir de 1776 y a su configuración como Estados libres, cada una con su Constitución y su *Bill of Rights*, también surgió un proceso para la configuración de una Confederación o Unión de dichas Colonias, para satisfacer la necesidad de la necesaria unión política a los efectos de la conducción de la guerra contra Inglaterra. De allí la adopción, por el Congreso, el 15 de noviembre de 1777, de los "Artículos de la Confederación" considerados como la primera Constitución

---

49 Véase los textos en J. M. Roberts, *op. cit.*
50 Sobre el proceso revolucionario francés y la Constitución de 1791. Véase Allan R. Brewer–Carías, *Instituciones Políticas y Constitucionales, op. cit.*, tomo I, Primera Parte.

Americana⁵¹, en el cual se creó una confederación y unión perpetua entre los nuevos Estados, cuyo objetivo era "la defensa común, la seguridad de sus libertades y el mutuo y general bienestar"⁵², en un sistema conforme al cual cada Estado permanecía con "su soberanía, libertad e independencia"⁵³, y titular de cualquier poder, jurisdicción y derecho no delegado expresamente a los Estados Unidos en Congreso.

El resultado fue que el único cuerpo de la Confederación era el Congreso, en el cual cada Estado tenía un voto. Consecuentemente, la Confederación carecía de poder impositivo directo, dependiendo por ello, desde el punto de vista económico, exclusivamente de las contribuciones de los Estados; carecía de un cuerpo ejecutivo y sólo tenía una forma de organización judicial embrionaria. A pesar de dichas debilidades, sin embargo, la Confederación tuvo éxito en conducir la guerra durante 7 años, hasta finalmente triunfar. En todo caso, luego de la victoria, la precaria estructura de la Confederación provocó la necesidad de establecer un poder central que lograra la integración nacional, a cuyo efecto fue convocada una Convención Federal, "con el único y expreso objetivo de revisar los artículos de la Confederación"⁵⁴. Esto condujo, en 1787, a la sanción por el Congreso, de la Constitución de los Estados Unidos, como resultado de una serie de compromisos entre los componentes políticos y sociales de las Colonias independientes: entre federalistas y anti federalistas; entre los grandes y los pequeños Estados; entre los Estados del Norte y los Estados del Sur; entre esclavistas y antiesclavistas; y entre la democracia y los intereses de las clases dominantes; todo lo cual condujo finalmente al establecimiento de un sistema de separación de poderes, balanceados y controlados entre sí (*check and balance system*)⁵⁵.

Esa Constitución introdujo en el derecho constitucional moderno, dos elementos esenciales que constituyen la mayor contribución al constitucionalismo: en primer lugar, la idea de una Constitución en sí misma, en el sentido de un texto supremo escrito, estableciendo una

---

51 R.B. Morris, "Creating and Ratifying the Constitution", *National Forum. Towards the Bicentennial of the Constitution,* Fall, 1984, p. 9.

52 A.C. Laughlin, *op. cit.,* p. 131.

53 *Idem.,* p. 173; R.L. Perry, *op. cit.,* p. 399.

54 R.L Perry, *op. cit.,* p. 401.

55 M. García Pelayo, *Derecho Constitucional Comparado,* Madrid, pp. 336–337; A.C. Laughlin, *op. cit.,* pp. 163–179.

forma de gobierno; y en segundo lugar, la idea del republicanismo, basada en la representación, como ideología del pueblo contra la idea de la Monarquía y de las autocracias hereditarias[56]. Los norteamericanos del siglo XVIII, por tanto, decidieron mediante una Revolución, repudiar la autoridad real y sustituirla por la República. De allí que el republicanismo y convertir la sociedad política en República, fue la base de la Revolución norteamericana. Por ello es que la Constitución de 1787 fue adoptada por "el pueblo" (*We the people...*) el cual se convirtió, en la historia constitucional, en el soberano.

La Constitución de 1787, sin embargo, sólo se concibió básicamente como un documento orgánico regulando la forma de gobierno, es decir, la separación de poderes entre los órganos del nuevo Estado, tanto horizontalmente, entre los poderes legislativo, ejecutivo y judicial, como verticalmente, como Estados Unidos en un sistema federal. A pesar de los antecedentes coloniales, e incluso, a pesar de las propuestas formuladas en la Convención, la Constitución de 1787 no contuvo una Declaración de Derechos excepto por lo que se refiere al derecho a un gobierno representativo. La protesta de los oponentes al nuevo sistema federal que establecía, sin embargo, llevó a los anti federalistas, durante el proceso de ratificación de la Constitución que duró hasta 1789, pues al menos nueve Estados debían ratificar la Constitución en sus respectivas Asambleas Legislativas, a proponer la adopción de las primeras Diez Enmiendas a la Constitución.

Ello condujo a que, el 25 de septiembre de 1789, sólo un mes después de sancionada la Declaración de los Derechos del Hombre y del Ciudadano por la Asamblea Nacional francesa, el primer Congreso de los Estados Unidos propusiera a las Asambleas Legislativas de los diversos Estados, dichas primeras Diez Enmiendas al texto constitucional, llamada "Declaración de Derechos" (*Bill of Rights*), las cuales fueron ratificadas por las Asambleas Legislativas de los Estados de Nueva Jersey, Maryland, y de los Estados de Carolina del Norte, el mismo año 1789; de Carolina del Sur, Nueva Hamshire, Deleware, Pensilvania, Nueva York, Rhode Island, el año 1790; y de Vermont y Virginia, el año 1791. Las diez primera Enmiendas, por tanto, comenzaron a regir en 1791, el mismo año que se promulgó la primera Constitución francesa.

---

56 G.S. Wood. "The Intelectual Origins of the American Constitutions", *National Forum, cit.*, p. 5.

La declaración de derechos que forman estas Diez Enmiendas, se refirió a la libertad religiosa, a la libertad de palabra o de imprenta, el derecho del pueblo para reunirse pacíficamente, y el derecho de petición (artículo uno); el derecho del pueblo a poseer y portar armas (artículo dos); la garantía del domicilio frente a las requisas militares (artículo tres); el derecho a la inviolabilidad del domicilio (artículo cuatro); los derechos al debido proceso legal (artículo cinco, siete, ocho), y a ser juzgado sólo por delitos previamente regulados en ley (artículo seis); y a la cláusula abierta de derechos inherentes a las personas (artículo nueve).

El texto de la Constitución de los Estados Unidos de América con el de las primeras Enmiendas, traducido del inglés al español por Manuel Villavicencio[57] natural de la Provincia de Caracas, circuló en Venezuela a partir de 1810, y por supuesto también tuvieron una influencia decisiva en la elaboración de la declaración de derechos de la Constitución de 1811.

3. *Las desventuras del Precursor Francisco de Miranda, y su labor de promoción de la Independencia*[58]

Antes de que ocurrieran los hechos del 19 de abril de 1810, un venezolano excepcional venía abogando en Europa, precisamente, porque ocurriera un acontecimiento de esa naturaleza, como detonante para el proceso de independencia de toda la América del Sur. Se trataba de Francisco de Miranda, quien para ese momento se encontraba en Londres, donde había desarrollado una importante red de relaciones con los más destacados hispanoamericanos residentes en esa ciudad y en conjunto, con el mundo político e intelectual inglés. Tenía allí su residencia desde 1799, después de haber servido en los Ejércitos napoleónicos y haber viajado extensamente por toda Europa e incluso a los Estados Unidos, desde donde lideró, en 1806, una importante expedición con

---

57 Editado en Philadelphia en la imprenta Smith & M'Kennie, 1810.

58 Tomado de Allan R. Brewer-Carías, "Las causas de la independencia de Venezuela explicadas en Inglaterra, en 1812, cuando la Constitución de Cádiz comenzaba a conocerse y la Republica comenzaba a derrumbarse," Ponencia al *V Simposio Internacional, Cádiz hacia el Bicentenario. El pensamiento político y las ideas en Hispanoamérica antes y durante las Cortes de 1812*, Unión Latina, Ayuntamiento de Cádiz, Cádiz. Noviembre 2010.

propósitos independentistas hasta a las costas de Venezuela, donde llegó a desembarcar proclamando ideas libertarias y de independencia.

En Londres, Miranda desarrolló una labor de promoción del proceso de independencia de América Hispana, que se materializó promoviendo la edición de diversos libros, el primero de los cuales fue el titulado *Lettre aux espagnols américaines par un de leurs compatriotes*," con pie de imprenta en "Philadelphie, MDCCXCIX," aún cuando publicado en Londres. En el "Advertisment" que precedía al texto se mencionaba que su autor había sido Juan Pablo Viscardo y Guzmán, quien había fallecido en Londres en año anterior de 1798. Se trataba de un ex-jesuita, quien había sido otro notable precursor intelectual de la independencia hispanoamericana, y el texto correspondía a una famosa "Carta a los Españoles Americanos," que había escrito unos años antes, en París, en 1791. Viscardo había fallecido unas semanas antes del regreso de Miranda a Londres al concluir su periplo en la Francia revolucionaria, y habiendo legado sus papeles al Ministro norteamericano en Londres, Rufus King. Este, para preservar las ideas del destacado peruano entregó algunos de sus manuscritos a Miranda, quien era amigo de ambos.[59] De allí salió la iniciativa de Miranda y King de publicar el libro de Viscardo, aún cuando sin nombre de autor en la portada y con pie de imprenta que no correspondía a Londres, lo que fue remediado dos años después, en 1801, cuando Miranda hizo traducir la *Carta* al castellano, publicándola de nuevo, esta vez con pie de imprenta en Londres, como *Carta dirijida a los españoles americanos por uno de sus compatriotas,* P. Boyle, London 1801.

Después de estas primeras ediciones, durante la primera década del Siglo XIX, Miranda, sin duda, fue el punto de atracción y de atención en Londres sobre todo lo que tuviera que ver con los asuntos relativos a la independencia hispanoamericana. A él acudían todos los que de Hispanoamérica llegaban o pasaban por Londres, y él a su vez mantenía contacto con prominentes personas del gobierno británico, principalmente con quien había sido destacado primer Ministro, William Pitt,

---

59 Miranda habría utilizado sólo algunos de los papeles, pues la casi totalidad de los mismos que nunca estuvieron en los Archivos de Miranda, se encontraron en los archivos del mismo destacado político norteamericano quien los había recibido originalmente, Rufus King. Véase Merle E. Simmons, *Los escritos de Juan Pablo Viscardo y Guzmán. Precursor de la Independencia Hispanoamericana,* Universidad Católica Andrés Bello, Caracas, pp. 15-19.

buscando el apoyo británico para el proceso hispanoamericano. En las labores editoriales en favor de la difusión de las ideas independentistas, en las cuales contó con financiamientos importantes de hispanoamericanos exiliados,[60] y desarrolló una estrecha amistad con el destacado escritor y editorialista escocés James Mill,[61] quien entre el universo de temas de su atención, se interesó por los asuntos hispanoamericanos. Esa alianza entre Miranda y Mill es sin duda la clave para identificar a un "escritor" que habría llegado a Venezuela en 1810, después de los

---

60 Se destaca, por ejemplo, las contribuciones a las actividades editoriales de Miranda de la prominente familia Fagoaga, de México, desde la llegada a Londres en 1809 del segundo marqués del Apartado, José Francisco Fagoaga y Villaurrutia, su hermano Francisco y su primo Wenceslao de Villaurrutia, luego del movimiento autonomista que encabezó el Ayuntamiento de Ciudad de México en 1808. Entre los amigos comunes de los Fagoaga y Miranda se encontraba José María Antepara, quien se asoció a los proyectos editoriales de Miranda, en libros, como la republicación de la carta de Viscado y Guzmán, y en el periódico *El Colombiano*, que apareció en Londres cada quince días, entre marzo y mayo de 1810. En la concepción y publicación del mismo, con el financiamiento de los Fagoaga, colaboraron Manuel Cortés Campomanes, Gould Francis Leckie, James Mill y José Blanco White antes de fundar su propio periódico *El Español*. Véase Salvador Méndez Reyes, "La familia Fagoaga y la Independencia," Ponencia al 49 Congreso Internacional de Americanistas, Quito 1997, publicado en http://www.naya.org.ar/congresos/contenido/49CAI/Reyes.htmen

61 James Mill, destacado filósofo e historiador escocés (1773-1836), padre a su vez de John Stuart Mill, fue un escritor prolífico, siendo sus obras más conocidas: *History of Bristish India* (1818), *Elements of Political Economy* (1821), *Essay on Government* (1828) y *Analysis of the Phenomena of the Human Mind* (1829). Como editorialista, antes de la publicación de esas obras, tocó todos los temas imaginables, y en muchas ocasiones se refirió a temas relativos a la independencia hispanoamericana, citando por ejemplo, documentos de Juan Pablo Viscardo y Guzmán. El estudio "Pensamientos de un inglés sobre el estado y crisis presente de los asuntos en Sudamérica, publicado en 1810 en *El Colombiano*, que fue el periódico que editó Miranda en Londres ese año, debió ser de Mill, lo que se evidencia de las referencias que en él se hacen a trabajos suyos sobre Hispanoamérica publicados años antes en la *Edimburgh Review* (enero y julio de 1809). Dicho trabajo fue además reproducido en la *Gazeta de Caracas* del 25 de enero de 1811, llevado a Venezuela, junto con tantos otros papeles por Miranda, en diciembre de 1810. Véase Mario Rodríguez, *"William Burke" and Francisco de Miranda. The Word and the Deed in Spanish America's Emancipation*, University Press of America, Lanham, New York, London 1994, pp. 267-268.

acontecimientos del 19 de abril, que más bien, habría sido un seudónimo ("William Burke") que se materializó en una importante obra escrita de especial importancia en la promoción tanto del proceso de independencia de Hispanoamérica como de la figura de Miranda personalmente.

La primera obra publicada con la autoría atribuida a William Burke en Inglaterra fue el libro *History of the Campaign of 1805 in Germany, Italy, Tyrol, by William Burke, Late Army Surgon, London, Printed for James Ridgway*, N° 170, *Opposite Bond Street, Picadilly, 1806*,[62] relativo a las guerras que desarrollaron las potencias aliadas europeas contra Francia después de que Napoleón había ocupado casi toda Europa y amenazaba con invadir a Inglaterra.[63] Se trata de una detallada crónica política militar de las guerras napoleónicas de ese año y de las reacción de las grandes potencias Europeas contra Francia, con referencia particular a la Batalla de Trafalgar de octubre de 1805 entre la Flota combinada de Francia y España y la Armada británica, que podría fin a los intentos napoleónicos de invadir Inglaterra. En el Apéndice del libro se incluyen importantes documentos y tratados entre las potencias aliadas, así como diversas proclamas de Napoleón. En la portada del libro se identificaba a Burke como "Late Army Surgeon."

Seguidamente también apareció publicada en Londres bajo la autoría del mismo "William Burke," otra obra completamente distinta a la anterior, y sobre un tema que no tenía relación alguna con la misma, titulada *South American Independence: or the Emancipation of South America, the Glory and Interest of England, by William Burke, the author of the Campaign of 1805*, F. Ridgway, London 1806. Sin embargo, en la propia portada del libro se evidencia la intención de vincular al autor del mismo con la obra anterior, al indicarse que se trataba del mismo autor del libro sobre la *Campaign of 1805*, es decir, supuestamente el mismo "antiguo cirujano militar." Con ello, sin duda, se buscaba consolidar la construcción de un "autor" en el mundo editorial, con una continuidad publicista, pero que en realidad no se correspondía

---

62 Véase las referencias en Joseph Sabin, *Bibliotheca Americana. A Dictionary of Books relating to America, from its Discovery to the Present Time* (continued by Wilberforce Eames, and completed by Robert William Glenroie Vail, New York, 1868-1976.

63 En este libro se identifica a Burke como antiguo médico militar. Véase la referencia en *Annual Review and History of Literature for 1086*, Arthur Aikin, Ed., Longman etc, Ridgway, London 1807, p. 162

con persona alguna conocida en el Reino Unido en esa época.⁶⁴ La continuidad de la autoría atribuida a Burke se seguirá consolidando en obras posteriores hasta 1812, en ninguna de las cuales, sin embargo, se lo identifica como médico militar o ni como veterinario. Esta obra de 1806 sobre Sur América, que aparece en Londres mientras Miranda está comandando la expedición para invadir a Venezuela, en todo caso, contenía ideas y documentos que sin duda provenían del Archivo de Miranda.

Después de la edición de este libro sobre la independencia hispanoamericana, ocurrieron dos acontecimientos importantes en las relaciones de Inglaterra con Hispanoamérica: en primer lugar, la expedición, desembarco y retirada del General Francisco de Miranda en 1806 en las costas de Coro en la provincia de Venezuela; y la expedición, desembarco y rendición del general John Whitelock, Comandante en Jefe de las fuerzas británicas en el Río de la Plata, en Buenos Aires en 1807. Al análisis de estos dos importantes acontecimientos de dedicó otra obra, como complemento de la anterior, publicada también bajo el mismo nombre de "William Burke," titulada: *Additional Reasons for our Immediately Emancipating Spanish America: deducted from the New and Extraordinary Circumstances of the Present Crisis: and containing valuable information respecting the Important Events, both at*

---

64 Sobre el William Burke que supuestamente escribió entre 1805 y 1810 no hay referencias biográficas algunas en el Reino Unido; por lo que puede decirse que no existió como persona, salvo en las carátulas de los libros que llevan el nombre. El William Burke conocido décadas anteriores (1729-1797) fue el autor, junto con su primo Edmund Burke (quien a su vez fue el autor del conocido libro *Reflections on the Revolution in France. And on the Proceeding in Certain Societies in London Relative to That Event in a Letter Intended to Have Been Sent to a Gentleman in Paris*, 1790) del libro: *An Account of the European Settlements in America, in six Parts*, Rand J. Dodsey, London 1760. Años después a los de la publicación de los libros del supuesto William Burke de comienzos del siglo XIX, el otro William Burke conocido fue un célebre criminal (1792-1829) quien, junto con William Hare, ambos irlandeses, se dedicó a saquear tumbas y comerciar con cadáveres, por lo que fue juzgado y ahorcado en 1829. Su cadáver fue disecado ante 2000 estudiantes de medicina en la Universidad de Edimburgo, y su esqueleto puede aún verse en el Edinburgh University Museum. Véase la referencia en R Richardson, **Death, Dissection and the Destitute,** Routledge & Kegan Paul, London 1987, y en http://www.sciencemuseum.org.uk/broughttolife/people/burkehare.aspx

Buenos Ayres and Caracas: as well as with respect to the Present Disposition and Views of the Spanish Americans: being intended to Supplement to "South American Independence," by William Burke, Author of that work, F. Ridgway, London 1807.[65] Se destaca, de Nuevo, en esta obra, el lazo de unión que se continuaba haciendo en cadena, entre el autor de este libro y el anterior de 1806.

Después de realizar la crítica del último de los acontecimientos mencionados, es decir, la fracasada invasión británica a la ciudad de Buenos Aires en junio de 1807, el libro se destinó en especial, a analizar la expedición que Miranda había realizado el año anterior (1806), con el conocimiento de las autoridades británicas y de los Estados Unidos, aún cuando sin el apoyo oficial de dichas naciones. La expedición zarpó el 3 de febrero de 1806 con un grupo de hombres desde Nueva York, con el objeto de invadir la provincia de Venezuela. Luego de tocar puerto en Haití, el 17 de febrero, al momento en el cual el Emperador Jean Jacques Dessalines había sido recién asesinado y el líder Petion estaba en proceso de consolidar su poder, llegó a las islas de Curazao, Aruba y Bonaire. Desde allí tomó rumbo hacia Puerto Cabello, donde desembarcó el 25 de abril, fracasando sin embargo en su empresa invasora. De Puerto cabello se dirigió a Grenada, donde el 27 de mayo se entrevistó con el Almirante Alexander Cochrane, quien era el comandante de la flota británica en el Caribe, de quien obtuvo ayuda con barcos y suministros para continuar en su intento de invadir Venezuela. Así llegó a Trinidad el 2 de junio, desde donde el 23 de julio zarpó hacia la Vela de Coro, desembarcando a comienzos de agosto de 1806.

La expedición tenía propósitos independentistas, pero no encontró eco en la población que ya había sido advertida por las autoridades coloniales, quedando los resultados de la expedición en las Proclamas escritas por Miranda en Trinidad y en Coro, en su carácter de "Comandante General del Ejército Colombiano, a los pueblos habitantes del Continente Américo-Colombiano."[66] Al fracasar la expedición, el 14 de agosto Miranda sacó sus tropas dirigiéndose a Aruba. Sobre la ex-

---

65 En la "Second Edition Enlarged, Ridoway, London 1808," se le agregó al libro la "Letter to the Spanish Americans" de Juan Pablo Viscardo y Guzmán, que Miranda había publicado en Londres francés, en 1799, y en español, en 1801, pp. 95-124.

66 Véase Francisco de Miranda, *Textos sobre la Independencia,* Academia Nacional de la Historia, Caracas 1959, pp. 93-99.

traordinaria expedición, además del exhaustivo relato que hace Burke en su libro, también se publicó un libro crítico en Nueva York, *The History of Don Francisco de Miranda's Attempt to Effect a revolution in South America in a Series of Letters*, Boston 1808, London 1809, probablemente escrito por uno de los norteamericanos participantes en la empresa.[67]

Luego de haber pasado siete meses merodeando las costas de Venezuela, de Aruba, en noviembre de 1806, Miranda pasó a Trinidad, y luego a Barbados donde se reunió de nuevo con el Almirante Cochrane y el Coronel Gabriel de Rouvray, quien viajó a Londres como su representante personal, con toda la documentación de la expedición para buscar el apoyo británico para una nueva invasión A Londres llegó Rouvray en diciembre de 1806, y allí, sin duda, antes de que llegara Miranda a Londres, entró en contacto con James Mill. Fue así que se logró que de nuevo "William Burke" pudiera producir este libro *Additional Reasons*, con la historia de la expedición. Miranda permaneció en Barbados hasta comienzos de 1808, cuando regresó a Londres, no sin antes haberse reunido en Barbados con Rouvray, quedando en Londres James Mill como su representante.[68]

Entre los aspectos importantes tratados en el libro *Additional Reasons* que publica "Burke" de 1807, fue la argumentación de que si Gran Bretaña le hubiese dado efectivo apoyo, la expedición de Miranda no hubiese fracasado, que es lo que justifica que la segunda mitad del texto se dedicase a promocionar al General Miranda, precisamente, como la persona más indicada para llevar la tarea de independizar a Hispanoamérica, con el apoyo inglés. Para ello, en el libro se incluyó una sucinta biografía de Miranda, sin duda escrita por él mismo o bajo su inmediata dirección, donde se resume su vida desde su nacimiento en Caracas en 1754 (1750). Con datos adicionales, permite describirla comenzando con su viaje de Caracas a España, a los 17 años, "rechazando el fanatismo y opresiones" que privaban en la Provincia; su incorporación a un Regimiento militar de la Corona española en Cádiz, época en la cual conoció a John Turnbull (1776), quien luego sería uno de sus importantes apoyos financieros futuros; sus actuaciones milita-

---

67　Véase Mario Rodríguez, *"William Burke" and Francisco de Miranda. The Word and the Deed in Spanish America's Emancipation*, University Press of America, Lanham, New York, London 1994, p. 108.

68　*Idem*, p. 153.

res en el Norte de África y en Norte América, en la toma de Pensacola y las Bahamas (1781); su decisión de viajar y acrecentar conocimientos, lo que lo llevó a Norte América (1783-1784) donde se relacionó con los líderes de la Revolución Norteamericana (Washington, Hamilton, entre otros) con quienes discutió ya sus planes de liberación de "Colombia;" y a Londres (1785), donde conoció al Coronel William Steuben Smith, quien había sido Ayuda de Campo de George Washington, y con quien iniciaría su viaje de observación militar hacia Prusia (1785).

Diversas publicaciones en Londres sobre Miranda, alertaron ya en 1785, a las autoridades españolas, de su presencia en el Continente, lo que le impidió regresar a Londres de inmediato, al recibir noticias del peligro de que podía ser secuestrado. Viajó entonces Miranda a Sajonia, Austria, Italia, Egipto, Trieste, Constantinopla, el Mar Negro y Crimea (1786), donde, después de conocer al Príncipe Gregory Potemkin de Rusia, viajó con él a Kiev en calidad de huésped del gobierno ruso. Fue allí que lo recibió la Emperatriz Caterina de Rusia, de quien recibió apoyo efectivo para sus proyectos libertarios. Con pasaporte ruso, de Petersburgo fue a Suecia, Noruega y Dinamarca, donde de nuevo supo de las intenciones del gobierno español de detenerlo en Estocolmo. Pasó luego a los Países Bajos y Suiza desde donde vía Paris y Marsella, donde llegó usando otro nombre (M. de Meroff), regresó a Inglaterra en la víspera de la Revolución Francesa, en junio de 1789, esperando encontrar apoyo a sus proyectos de independizar Hispanoamérica.

Allí se entrevistó con el primer Ministro William Pitt (1790), no encontrando los apoyos que esperaba, lo que lo llevó a viajar a Paris, con las mismas ideas, pero con la intención de ir a Rusia (1792). En París, la Revolución ya se había instalado, de manera que la invasión de la Champaña por las fuerzas prusianas lo llevó a aceptar un puesto de comando militar en las fuerzas francesas, el rango de Mariscal de Campo, bajo las órdenes del General Charles Dumouriez (1792). Por sus ejecutorias militares llegó a ser nombrado Comandante en Jefe del Ejército del Norte. El desastre militar de Neerwinden, que obligó al ejército francés a evacuar los Países Bajos, resultó en acusaciones contra Dumouriez de querer reinstaurar la Monarquía, lo que originó un proceso contra éste, quien quiso involucrar a Miranda en sus actuaciones. Este logró salir inocente del proceso que se desarrolló en su contra ante el Tribunal Revolucionario de Paris, pudiendo regresar a Londres en 1789, donde el entonces Primer Ministro William Pitt, comenzó a atender sus planes sobre la independencia de Hispanoamérica. Es en ese año que precisamente publica la Carta de Viscardo y Guzmán, antes referida.

A esta corta biografía de Miranda conforme a las referencias contenidas en el libro de 1807,[69] habría que agregar su retorno a Francia entre 1800 y 1801, donde de nuevo estuvo preso; y su posterior regreso a Londres donde se encerró a estudiar los Clásicos y a concebir su idea de una expedición libertaria hacia Venezuela, con el apoyo inglés, pero comandada por americanos y no por los británicos, con lo que Estados Unidos estaba de acuerdo. De allí fue su viaje a Nueva York en noviembre de 1805, donde su amigo William Steuben Smith lo ayudó a montar la expedición, de lo cual el Presidente Thomas Jefferson y el secretario de Estado James Madison, habrían sido debidamente informados.

Pero el libro *Additional Reasons,* no se limitó a reseñar brevemente la biografía de Miranda, sino que finaliza con quizás su objeto principal, que era formular una defensa del Precursor ante las calumnias que se habían difundido contra él respecto de sus intenciones en la expedición a Venezuela, a cuyo efecto "Burke" lo llega a calificar como el "Washington de Sur América," formulando la propuesta de que el General Miranda fuera inmediatamente ayudado por una fuerza militar de seis a ocho mil hombres para lograr la independencia de su propio país, Caracas, y desde allí, del resto de Hispanoamérica. Miranda, se argumentaba en el libro, podía lograr en esa forma lo que ningún ejército británico podría pretender directamente, pues sería rechazado tal como había ocurrido en Buenos Aires. La empresa de la independencia de Hispanoamérica, en la forma como se planteaba, se decía en el libro que no debía demorarse ni un día más.

La concepción de estos libros de "Burke" sobre la independencia de Hispanoamérica y la promoción que en ellos se hacía del General Miranda, e incluso, tomando en cuenta el relativo a las guerras napoleónicas de 1805, permiten pensar que los mismos fueron libros de

---

69 Véase William Burke, *Additional Reasons for our Immediately Emancipating Spanish America:...*, cit., pp. 64-74.

"orden colaborativo,"[70] publicados en realidad con la participación de Francisco de Miranda y de sus amigos londinenses, entre ellos, por supuesto, James Mill, la principal pluma detrás de los mismos, para promover el proceso de independencia de Hispanoamérica y exigir una acción rápida de parte de Inglaterra.[71] En los anales británicos no hay referencia alguna a alguien con el nombre de William Burke con presencia en Londres a comienzos del Siglo XIX. Ello es lo que ha llevado a confirmar, como hemos dicho, que "William Burke" haya sido solo un seudónimo, utilizado para publicar en Londres trabajos relativos a la independencia Hispanoamericana,[72] seudónimo que por cierto llegaría a "viajar" a Caracas, sin duda, en las valijas de Miranda para seguir siendo usado para publicar trabajos de Mill sobre las bondades

---

70 Véase Eugenia Roldán Vera, *The British Book Trade and Spanish American Independence. Education and Knowledge Transmission in Transcontinental Perspective*, Ashgate Publishing, London 2003, p. 47.

71 Por ejemplo, Georges Bastin, en su trabajo "Francisco de Miranda, 'precursor' de traducciones," explica que es muy clara la intervención de Miranda en la publicación del libro de Burke *South American Independence: or, the Emancipation of South America, the Glory and Interest of England*, de 1807, al punto de que en este documento "en su última parte solicita al gobierno una ayuda monetaria con cifras precisas que correspondían a los proyectos de Miranda. En 1808, Miranda de nuevo prepara buena parte del otro libro de Burke titulado *Additional Reasons for our immediately emancipating Spanish America...* del que se hacen dos ediciones en Londres. En la segunda edición ampliada, como se dijo, Miranda incluye su traducción al inglés de la *Lettre aux Espagnols Américains* de Viscardo y Guzmán, así como cinco documentos con el título "Cartas y Proclamas del General Miranda". Luego colaborando Miranda y Mill siguieron como William Burke, escribiendo artículos en el *Annual Register* y en *The Edinburgh Review*." En particular, en enero de 1809, James Mill con la colaboración de Miranda publica un artículo sobre la "Emancipation of Spanish America," en *Edinburgh Review*, 1809, N° 13, pp. 277-311. Véase también en *Boletín de la Academia Nacional de Historia de Venezuela*, N° 354, Caracas 2006, pp. 167-197.

72 Mario Rodríguez es quien ha estudiado más precisa y exhaustivamente a "William Burke" como el seudónimo bajo el cual James Mill habría escrito varios artículos sobre Hispanoamérica. Véase Mario Rodríguez, *"William Burke" and Francisco de Miranda: The World and Deed in Spanish America's Emancipation*, University Press of America, Lanham, New York, London 1994, pp. 123 ss.; 510 ss. Véase igualmente Ivan Jasksic, *Andrés Bello. La pasión por el orden*, Editorial Universitaria, Imagen de Chile, Santiago de Chile 2001, p. 96, p. 133.

de la experiencia del gobierno y Constitución de los Estados Unidos, así como trabajos del propio Miranda y de Juan Germán Roscio.[73]

Lo cierto, en todo caso, es que bajo el nombre de William Burke, sobre todo después que Miranda viajó a Caracas, se comenzaron a publicar en la *Gazeta de Caracas,* entre noviembre de 1810 y marzo de 1812, editoriales y artículos varios con el título de "Derechos de la América del Sur y México," algunos de los cuales, incluso, originaron importantes polémicas como por ejemplo sobre la tolerancia religiosa en España,[74] y que fueron traducidos al castellano algunos, y otros más bien escritos por Miranda, por James Mill y por Juan Germán Roscio. Setenta de esos escritos fueron recopilados en un libro publicado en Caracas en 1812, con el mismo título *Derechos de la América del Sur y México, por William Burke, autor de "La Independencia del Sur de América, la gloria e interés de Inglaterra," Caracas, en la imprenta de Gallager y Lamb, impresores del Supremo Gobierno, 1811.*[75]

---

73 No es de extrañar que Augusto Mijares diga que las recomendaciones de Burke "recuerdan inmediatamente algunos de los proyectos de Miranda, cuya terminología sigue a veces Burke." Véase Augusto Mijares, "Estudio Preliminar," William Burke, *Derechos de la América del Sur y México,* Vol. 1, Academia de la Historia, Caracas 1959, p. 21. Por otra parte, en la carta de Roscio a Bello de 9 de junio de 1811, se acusa a Miranda de haber disculpado Burke ante el Arzobispo, en la polémica sobre el tema religioso, afirmando que el escrito en concreto que la había originado, había sido de la autoría de "Ustáriz, Tovar y Roscio," *Idem,* p. 26.

74 Véase el texto del escrito de Burke en la *Gaceta de Caracas* N° 20, de 19 de febrero de 1811, en Pedro Grases (Compilador), *Pensamiento Político de la Emancipación Venezolana,* Biblioteca Ayacucho, Caracas 1988, pp. 90 ss. Debe mencionarse, por otra parte, que John Mill se había ocupado específicamente del tema de la tolerancia religiosa entre 1807 y 1809, en colaboración con Jeremy Bentham.

75 Véase en la edición de la Academia de la Historia, William Burke, *Derechos de la América del Sur y México,* 2 vols, Caracas 1959. Quizás por ello, José M. Portillo Valdés, señaló que "William Burke" más bien habría sido, al menos por los escritos publicados en Caracas, una "pluma colectiva" usada por James Mill, Francisco de Miranda y Juan Germán Roscio. Véase José M. Portillo Valdés, *Crisis Atlántica: Autonomía e Independencia en la crisis de la Monarquía Española,* Marcial Pons 2006, p 272, nota 60. En contra véase Karen Racine, *Francisco de Miranda: A Transatlantic Life in the Age of Revolution,* SRBooks, Wilmington, 2003, p 318.

En este último libro, donde se encuentra la misma vinculación del autor con el del libro anterior, en todo caso, se pueden encontrar las mismas raíces del movimiento editorial iniciado en 1799 en Londres con la participación de Miranda, y de los escritos de James Mill, enriquecidos, al pasar el Atlántico, con las ideas y propuestas de los ideólogos venezolanos de la independencia, en particular de Juan Germán Roscio. En algunas de las entregas de "Burke" en la *Gaceta de Caracas* que se publican en esa obra, incluso se disiente de las opiniones del mismo Miranda. Pero sobre la existencia y permanencia de "William Burke" en Caracas, la verdad es que es sólo la leyenda histórica la que cuenta que supuestamente era un "publicista irlandés," "amigo" de Miranda, quien habría viajado de Londres a Nueva York y luego a Caracas a finales de 1810, "posiblemente animado por patriotas residentes en Londres;"[76] y quien durante su estadía en Caracas habría participado como uno de los "agitadores importantes del momento"[77] junto con los otros patriotas, en el proceso de independencia; llegando incluso a decirse que por haber disentido de Miranda, este "le impidió salir del país, aunque al parecer llevaba pliegos del Gobierno para los Estados Unidos del Norte."[78]

Debe señalarse, en todo caso, que los datos sobre el "choque entre Miranda y Burke," donde fueron detallados contemporáneamente fue en la carta que el 9 de junio de 1811 Juan Germán Roscio dirigió a Andrés Bello, quien estaba en Londres, donde Roscio expuso toda su inquina contra el Precursor. Sin duda, si en ese año crucial Roscio estaba en contra de las posiciones de Miranda, también lo tenía que estar "Burke," pues era el nombre con el cual Roscio, como Editor de la *Gaceta de Caracas*, también escribía en la misma, a veces traduciendo los trabajos de Mill, a veces directamente. La leyenda histórica cuenta, en todo caso, que al final de la República, Burke habría supuestamente escapado hacia Curazao en julio de 1812, y que habría fallecido a fines

---

76 Véase la "Nota de la Comisión Editora," William Burke, *Derechos de la América del Sur y México,* Vol. 1, Academia de la Historia, Caracas 1959, p. xi.

77 Véase Elías Pino Iturrieta, *Simón Bolívar*, Colección Biografías de El Nacional N° 100, Editora El Nacional, Caracas, 2009, p. 34

78 Véase las referencias en Augusto Mijares, "Estudio Preliminar," William Burke, *Derechos de la América del Sur y México,* Vol. 1, Academia de la Historia, Caracas 1959, pp. 25, 3

de ese mismo año en Jamaica. En esa misma fecha, la realidad es que Miranda sería enviado a Cádiz preso.

Pero antes de que "William Burke" hiciera acto de presencia en Caracas de la mano de Miranda a finales de 1810, lo importante a destacar es que con todos los antecedentes editoriales que tenía en Londres, fue él quien recibió en esa ciudad en julio de ese mismo año 1810 a los miembros de la Delegación Oficial que había sido enviada por el nuevo Gobierno de la Provincia de Venezuela que conformaba la Junta Conservadora de los Derechos de Fernando VII constituida el 19 de abril de 1810, introduciéndolos en su importante circulo de influencias inglesas, españolas e hispanoamericanas. La Delegación tenía la delicada misión de buscar la intervención del gobierno británico a los efectos de procurar evitar la ruptura total del gobierno español con las provincias venezolanas que el proceso de independencia estaba a punto de provocar, y a la vez, a los efectos de buscar protección de las provincias frente a Francia.

Los Miembros de tal Delegación eran nada menos que Simón Bolívar; Luis López Méndez, y Andrés Bello, quien fungía como secretario de la Delegación, a quien con razón Pedro Grases calificó como "el primer humanista de América."[79] Miranda los introdujo ante las autoridades británicas y fue el vehículo para ponerlos en contacto con la comunidad de intelectuales y políticos británicos, entre ellos James Mill y Jeremy Bertham, y los Hispanos y Americanos que desde Gran Bretaña disentían del proceso de Cádiz, y apoyaban la revolución Hispanoamericana, como José María Blanco y Crespo, mejor conocido como Blanco-White, y habían conformado un importante círculo editorial para difundir sus ideas.

En esos mismos días en los que los visitantes venezolanos estaban aclimatándose a la vida londinense, en septiembre de 1810, incluso, en la misma línea de los libros de "William Burke," aparecería publicado otro importante libro editado por José María Antepara, titulado *South American Emancipation. Documents, Historical and Explanatory Showing the Designs which have been in Progress and the Exertions made by General Miranda for the South American Emancipation, du-*

---

79 Véase Pedro Grases, *Andrés Bello: El primer Humanista de América*, Ediciones El Tridente, Buenos Aires 1946; *Escritos Selectos*, Biblioteca Ayacucho, Caracas 1988, p. 119.

ring the last twenty five years, R. Juigné, London 1810.[80] Se trataba nada menos que de una recopilación de documentos, la mayoría de Miranda o sobre Miranda y todos provenientes del Archivo del Miranda, incluyendo la *Carta* de Viscardo y Guzmán, y el artículo de James Mill sobre la "Emancipación de Sur América"[81] que era un comentario y glosa sobre dicha *Carta*. Todos los documentos fueron suministrados, sin duda, por el mismo Miranda para su edición, en la cual debió colaborar el mismo Mill, con un prólogo de Jesús María Antepara fechado el 1 de septiembre de 1810. Se trató, por tanto, de la última actividad editorial londinense de Miranda, cuyo producto, incluso, es posible que nunca hubiera llegado a tener en sus manos al salir de la imprenta, pues al mes siguiente, en octubre de 1810, viajaría hacia Venezuela.

El objetivo de esta obra, de nuevo, era tratar de presionar al Gobierno británico, persuadiendo a la opinión pública sobre la necesidad de apoyar a Francisco de Miranda en el proceso de liberación de Hispanoamérica, y sobre el gran potencial que ello significaba para la prosperidad inglesa a largo plazo. Posiblemente Miranda, para esta empresa editorial, habría obtenido financiamiento importante familia Fagoaga de México, por lo que habría consentido que el libro apareciera editado por José María Antepara, con prólogo de él mismo, en lugar del de Miranda.[82]

Fue, por tanto, en ese efervescente entorno hispanoamericano británico en el cual en 1810 se movería la delegación venezolana en Londres, donde Bolívar sólo permaneció unos meses, regresando a Venezuela en diciembre del mismo año 1810. Miranda, por su parte,

---

80 Véase la primera edición en español en el libro: José María Antepara, *Miranda y la emancipación suramericana, Documentos, históricos y explicativos, que muestran los proyectos que están en curso y los esfuerzos hechos por el general Miranda durante los últimos veinticinco años para la consecución de este objetivo* (Carmen Bohórquez, Prólogo; Amelia Hernández y Andrés Cardinale, Traducción y Notas), Biblioteca Ayacucho, Caracas 2009.

81 Véase James Mill, "Emancipation of Spanish America," en *Edinburgh Review*, 1809, N° 13, pp. 277-311.

82 Véase Salvador Méndez Reyes, "La familia Fagoaga y la Independencia," *Ponencia al 49 Congreso Internacional de Americanistas*, Quito 1997, publicado en http://www.naya.org.ar/congresos/contenido/49CAI/Reyes.htmen

también salió de Londres en octubre de 1810 llegando también a Caracas en diciembre del mismo año, después de haber permanecido treinta años fuera de Venezuela. Ya para ese momento, en todo caso, la suerte de la naciente república estaba echada: en agosto de 1810, el Consejo de Regencia creado por la Junta Central al convocar las Cortes Generales, había decretado el bloqueo de las costas de Venezuela, designando a Antonio Ignacio de Cortavarría como Comisionado Real para "pacificar" a los venezolanos. Este tendría a su cargo organizar otra invasión a Venezuela desde el cuartel general colonial que se había ubicado en la isla de Puerto Rico, para lo cual se designó en febrero de 1812, al Comandante General de los Ejércitos de la Corona, Domingo de Monteverde, quien desembarcaría en Coro, en las mismas costas donde seis años antes habría desembarcado brevemente Francisco de Miranda (1806). Al firmar la Capitulación con Monteverde, el destacadísimo militar que era Miranda, quien bien conocía que era el Código militar, no sabía que lo que estaba firmando era su sentencia de muerte, al decidir su contraparte aplicar la "ley de la conquista" como durante los tres siglos precedentes habían hecho sus antecesores conquistadores.

IV. CARACTERÍSTICAS DE LA REVOLUCIÓN DE CARACAS DE 1810

La Revolución caraqueña de 1810 tuvo características múltiples que nos llevan a definirla como plural, polisémica, variada. En este capítulo vamos a analizar once elementos que nos parecen fundamentales para entender este singular y heterogéneo proceso libertario.

1. *Civilista*

La Revolución de Caracas se inició formalmente en el Cabildo de la ciudad y no en su cuartel; fue, con toda propiedad, un Golpe de Estado civil y no una Asonada militar. Sus protagonistas fundamentales portaban levitas y chisteras, y no uniformes y charreteras. En efecto, Lucas Guillermo Castillo Lara en Discurso pronunciado el 19 de abril de 1972 en la Sociedad Bolivariana de Venezuela, expresa:

"Lo que da relieve fundamental a la fecha histórica, no son las personas, por más dignas y proceras que sean sus figuras. Lo que caracteriza y fija definitivamente ese día, es la Institución: El Cabildo. Aquellos hombres habían sido nombrados por el Rey. Más aún, habían comprado con sus buenos ducados o pesos, el derecho de ostentar el oficio de Regidor, por una admirable simbiosis, dejaban de representar al Rey, a sus propios intereses de clase o de fortuna, y lo hacían por el común. Era un término genérico, pero, con frecuencia se confundía con el de Patria. La república, cosa pública, llegaba a tomar características esenciales con el común de la gente y de la ciudad, que le daba aspecto peculiar y distinto de pequeña patriecita. Esa que le tocaba y miraba muy de cerca. La que se veía y palpaba con cosas de todos los días y de siempre. Entonces el Cabildo dejaba de ser una representación extraña, para convertirse en algo vital de la comunidad; representaba al pueblo."

Y no podía ser de otra manera porque el Cabildo en la concepción hispánica del gobierno de las Indias jugó siempre un papel principalísimo. Uslar Pietri recuerda que aquellos españoles que venían a estas tierras con un imaginario propio que los llevó inmediatamente a fundar nuevas ciudades con el nombre de las viejas y lejanas Cádiz, Segovia, Andalucía, Extremadura, Toledo o España misma, tan pronto arribaban a un nuevo espacio conquistado:

"con una estructura social y una concepción del mundo que venía de las más viejas fuentes del Mediterráneo. La ciudad, la casa, la familia (…) Todo lo más vetusto de Occidente llegó con ellos. Lo primero que hacían era aplicar una institución romana: establecer un cabildo, y dar un nombre del santoral católico a las nuevas tierras y las fundaciones." (Uslar, 1997, 2007).

En efecto, el Cabildo, el Ayuntamiento, el Consistorio, la Municipalidad, jugó un papel fundamental en la Venezuela pre republicana y fue base fundamental de la administración española en la Provincia de Venezuela. Ramón Aizpurúa en texto publicado en el Diccionario de Historia de Venezuela (1997, Tomo 3, 270 – 271) precisa:

"El Cabildo fue una institución de gobierno local traída por los españoles a América desde el mismo comienzo de la Conquista. Heredero de su pasado ibérico, el Cabildo americano fue vehículo y garantía del poblamiento de las Indias, especialmente en las regiones que pronto quedaron marginadas del proceso central de la conquista – colonia, como fue el caso de Venezuela, en la que no pudieron crearse instituciones centralizadoras como los virreinatos o las reales audiencias, por no haber sido descubiertas riquezas mineras de aprovechamiento y explotación inmediata o prolongada que atrajesen un crecido caudal humano (…) El Cabildo secular fue representación del vecindario, entendido éste como el conjunto de vecinos de una ciudad o pueblo; vecinos, sin embargo, no eran todos los habitantes de una localidad, sino tan sólo de los habitantes libres, propietarios o de oficio, cabezas de familia o hijos independientes, que fueron ordinariamente los pobladores fundamentales y sus descendientes, aceptados como tales en el momento de su fundación y reconocidos posteriormente por el Cabildo; no podrán ser considerados como vecinos los extranjeros, los negros libres o esclavos, en general los indios (...) Por ello, el Cabildo no era representante de la población de los pueblos y ciudades, sino de sus vecinos, que difícilmente llegaban a ser más del 5% de la población lo que ya indica una conformación clasista de la institución."

El 19 de abril de 1810 el Cabildo caraqueño mostró sin lugar a dudas su importancia y significación política, bajo repetidos gritos de "al Cabildo", "al Cabildo", Emparan debe volver sobre sus pasos para enfrentar la rebelión que pensaba diluida, pero que desde hace años estaba anunciada. Arístides Rojas escribe, rehaciendo los hechos de ese día memorable de abril:

"El Gobernador había logrado evadir con astucia la lógica del Ayuntamiento, y libre de la intriga, tiempo tenia para reflexionar. Al pasar con un séquito frente al cuerpo de guardia en la esquina del Principal, nota que el oficial y soldados no le hacen los honores lo que contestó el Gobernador con una mirada de reproche. Este incidente motivó que la concurrencia que llenaba calles y plazas se apercibiese de algo desconocido, y era que el oficial amenazado por su procedimiento y lleno de temores, después de haber obedecido a la consigna de los revolucionarios exclamara: "Me han dejado solo, pero sabré comprometer a todo el mundo. Conmigo serán juzgados cuantos me aseguraron que todo estaba listo". Esto fue suficiente para que comenzaran los gritos de "al cabildo", "al cabildo", los cuales se repetían inconscientemente por todas partes. Eran los gritos lanzados por los Salias, Ribas, Montillas, Jugo, y demás revolucionarios que, como espectadores, estaban apostados en diferentes sitios, en derredor de la plaza real. En estos momentos Francisco Salias atraviesa la plaza con el objeto de alcanzar al Gobernador, antes de que éste entrara a la Metropolitana. Comprendió el joven patricio que, si Emparan, ya apercibido, obraba con enterza, desde el templo, todo podría fracasar, y por esto quiso detenerlo. Ambos llegaran en el mismo instante a la puerta del templo.

- Os llama el pueblo a cabildo, señor, y los momentos son muy apremiantes.

- Os llama el pueblo a cabildo, repite Salias, con ademán sereno. Eran los momentos en que los gritos se redoblaban y llegaban a oídos de Emparan, ya preocupado.
- Al cabildo, señor, le repite Salias.
- Vamos, pues, al cabildo, contesta Emparan." (Rojas, 1974, 171 y 172).

Todo ello para confirmar lo ya expresado por Laureano Vallenilla Lanz en su estudio sobre *La Ciudad Colonial*, donde sostiene que el Cabildo sirvió:

"de escuela a los hombres que iniciaron el movimiento emancipador, sin tener necesidad como se ha afirmado por ignorancia de los hechos, de ir a copiar leyes extrañas ni a imitar servilmente las instituciones de otros países para asumir desde luego el gobierno propio, para declararse en posesión de sus derechos autónomos al desaparecer el Monarca". (Vallenilla, 1930, 101).

Lo demás es verdadera y conocida historia patria, ese 19 de abril de 1810 por senda acta del Cabildo se establece un nuevo Gobierno en Caracas. En efecto, de acuerdo con Arcila Farías, el documento de marras da fe de que:

"ese día cesaron en sus funciones las personas que hasta entonces habían ejercido el mando político en Venezuela: el Gobernador y Capitán General, Vicente de Emparan, el Intendente del Ejército y Real Audiencia, Vicente Basadre, el Regente y demás miembros de la Real Audiencia, junto con otros altos funcionarios civiles y militares españoles. En virtud de los sucesos ocurridos el 19 de abril de 1810, el poder político quedó así en manos del Cabildo o Ayuntamiento caraqueño, el cual, ampliado con representantes del clero y del pueblo, entre éstos el de los pardos, forma ya "un nuevo gobierno" como se expresa en el mismo documento." (Diccionario de Historia de Venezuela, 1997, 275).

Basta leer con detenimiento los nombres de los mantuanos firmantes del acta para confirmar sin equívocos el carácter ciudadano, el corte civilista de la Revolución por la Independencia de Venezuela que se inició en Caracas el 19 de abril de 1810, para promulgar que: "El mando supremo quédase depositado en este Ayuntamiento muy ilustre."

2. *Religiosa*

Imbuida de religiosidad en sus antecedentes y ejecutorias estuvo la Revolución caraqueña de 1810. La fidelidad a la religión católica fue una constante significativa del proceso de conquista, colonización y administración de las Indias. Diversos analistas de lo acontecido en Caracas en abril de 1810 señalan, en consecuencia, la importancia que la doctrina teológica escolástica tuvo sobre la soberanía en los procesos independentistas latinoamericanos. En efecto, se señala que junto a los postulados de la Revolución Americana o de la Revolución Francesa, la reacción contra el *Regalismo* que en materia religiosa sustentaba la Corona española, debe ser muy tenida en cuenta al momento de analizar las motivaciones de la gesta emancipadora americana. En este orden de ideas, Rodrigo Conde sostiene:

"La palabra regalismo, significa en la historia de la Iglesia la intromisión ilegitima de los gobernantes en materia religiosa. Si los Reyes Católicos, Carlos V y Felipe II, tendían a un cierto centralismo y regalismo, con la llegada de los Borbones se acrecentó la intervención real. Esta dinastía, entendió el Patronato como una parte inherente de su soberanía que como una serie de concesiones papales (…) Con los Borbones, a comienzo del siglo XVIII, el rey tenía en sus manos la regalía del Patronato con el derecho de representación, el uso del exequátur (pase) regio, el del recurso de fuerza, el vicario regio de Indias y una escuela de leguleyos que sostenían tales derechos (…) Contrastando con la complacencia de esos juristas estaban los que apoyaban el origen popular del poder, el derecho a la rebelión contra el soberano que se había precipitado en la tiranía y la necesidad de preservar los derechos de la libertad de la Iglesia (…) Esta mentalidad imperante influyó ciertamente en la mente de los hombres de la primera hora republicana (…) Por esta razón avalarán el derecho de rebelión contra España y justificarán la Independencia." (Febres, 2010, 72 y 73).

María Eugenia Talavera, por su parte, sustenta lo siguiente:

"Es de tomar en cuenta que, la religión y la defensa de la patria estuvieron unidas en el proceso de levantamiento contra el imperio español. En el conflicto bélico la Iglesia y sus ministros tuvieron un papel preponderante como protagonistas del proceso, pues muchos de ellos estuvieron adscritos a favor del régimen republicano, bien participando como soldados directamente en la guerra, bien a través de prédicas públicas (sermones), conversaciones privadas a favor de la causa patriota, asimismo, participaron activamente en la reunión y adoctrinamiento de los feligreses para tomar las armas, proveyendo apoyo logístico a las tropas, donando dinero a la causa entre muchas otras actividades. Igualmente, no dejaron de tener una participación política activa como integrantes del Cabildo de Caracas durante los sucesos del 19 de abril de 1810 y la Junta de defensa de los Derechos del Rey Fernando VII frente a la invasión de Napoleón Bonaparte en España en 1808." (Febres, 2010, 149).

Así, como si la religión católica hubiese ejercido una influencia más allá de las ideas: sobre el tiempo, el Jueves Santo de 1810 tiene lugar la Revolución de Caracas, en la que desempeña un papel fundamental, de manera individual, un conjunto de sacerdotes. En efecto, es harto conocida la intervención del canónigo José Cortés de Madariaga en los hechos y de otros clérigos que también firmarán luego la célebre acta. Castillo Lara, en el ya mencionado discurso, narra:

"Una inspiración sacude a Roscio, quien manda a buscar al Canónigo José Cortez de Madariaga con el Padre José Félix Blanco. O quizás fue éste el de la idea. No falta quien afirme que fue obra de la casualidad al encontrarse Blanco con el Canónigo, y a las preguntas de éste, le dio la información. Sin embargo, Dios debía tener su mano metida allí, inspirando a los hombres. Una versión indica que el Padre Blanco, corriendo apresurado con la sotana al hombro, se dirigió calle arriba a la Iglesia de la Merced, donde estaba el Canónigo confesando. Interrumpió el Sacramento y a toda prisa voló a las Casas del Ayuntamiento. Atraviesa la compacta multitud y junto con el Padre José Francisco Ribas y Herrera se incorporan como Diputados del Clero".

A las deliberaciones del Cabildo caraqueño son llamados a participar los pronuncios de los tres principales conventos de hombres establecidos en Caracas: agustinos, franciscanos y mercedarios, al igual que el Padre Juan Antonio Rodríguez Queipo, Rector del Seminario Arquidiocesano. Sin embargo, la invitación no se hizo extensiva a los representantes del Cabildo Eclesiástico y del Arzobispado.

Por otra parte, es de subrayar que la jerarquía eclesiástica que regía el Arzobispado —en condición de sede vacante desde la muerte del arzobispo Francisco de Ibarra- no estuvo nunca comprometida con la gesta de abril. A su arribo al país, el 31 de julio de 1810, el nuevo Arzobispo designado, Narciso Coll y Prat, antes de subir a Caracas, fue obligado a prestar juramento ante el comandante de la plaza de La Guaira, en el que expresó:

"... no reconocer otra soberanía que la del expresado Señor Fernando VII, representada en la suprema junta erigida en la capital de esta provincia con el título de conservadora de los derechos de S.M. mientras dure el cautiverio de su real persona, ó por el voto espontáneo y libre de sus dominios se establezca otra forma de gobierno capaz de ejercer la soberanía en todas ellas...".

Este reconocimiento de la soberanía de la Junta fue ratificado por el nuevo Arzobispo en Pastoral emitida el 15 de agosto de 1810.

La influencia de la religión sobre la concepción de la nueva República no se hace esperar, son variadas las posiciones que se esgrimen con el fin de conciliar la fe con la ideología. Uno de los más conspicuos revolucionarios de abril, Juan Germán Roscio, católico confeso y liberal a toda prueba, sustenta la posibilidad de establecer un "Republicanismo Cristiano". Sobre esta alianza entre la religión y la política, María Eugenia Talavera señala:

"Según Roscio es posible conjugar el ser cristiano en una sociedad defensora de las libertades individuales, para ello es necesario enlazar la razón y la fe para consumar el matrimonio entre el cristianismo y el liberalismo. Para fundamentar esta idea se apoyó en el Antiguo Testamento para tratar de demostrar que no existía ninguna contradicción entre ser católico y tener una postura política liberal. Considera que es necesario depurar la religión, liberarla de la política para demostrar que es posible hacer una lectura republicana del catolicismo, basándose en el principio necesario para "desmonarquizar" las nuevas sociedades". (Febres, 2010, 151 y 152).

Así lo reconoce también, más contemporáneamente, la Conferencia Episcopal Venezolana, que en Carta Pastoral relativa al Bicentenario de la Declaración de Independencia afirma:

"Tanto el 19 de abril como el 5 de julio fueron dos acontecimientos en los que brilló la civilidad. La autoridad de la inteligencia, el diálogo, la firmeza y el coraje no tuvieron que recurrir al poder de las armas o a la fuerza y a la violencia. La sensatez en el intercambio de ideas y propuestas respetó a los disidentes y propició el anhelo común de libertad, igualdad y fraternidad. Los padres fundadores de la patria, herederos de una tradición cristiana que ya contaba tres siglos en este suelo, reafirmaron esa fe con pública proclamación; deseaban que la República de Venezuela naciera, por tanto, bajo la inspiración de la fe en Jesucristo e imploraron la ayuda divina para la realización de ese sueño de libertad, de unidad, de paz".

Esta influencia de la Religión Católica sobre el proceso emancipador que se gesta el 19 de abril se hace más manifiesta al momento de declararse la Independencia Venezolana y de aprobarse la Constitución de 1811. En efecto, recordemos que el Acta de Independencia comienza invocando a la Divinidad: "en nombre de Dios Todopoderoso".

Por su parte, la primera Constitución venezolana de 1811 declaraba:

"La religión Católica, Apostólica, Romana, es también la del estado, y la única, y exclusiva de los habitantes de Venezuela. Su protección, conservación, pureza e inviolabilidad será uno de los primeros deberes de la Representación nacional; que no permitirá jamás en todo el territorio de la Confederación ningún otro culto público, ni privado, ni doctrina contraria a la de JesuChristo".

Todo ello pues dentro del espíritu expresado en 1810 cuando en su Alocución a los habitantes de Venezuela, la Junta Suprema de Caracas expresó:

"Que la religión santa que hemos heredado de nuestros padres sea siempre para nosotros y para nuestros descendientes el primer objeto de nuestro aprecio y el lazo que más eficazmente pueda acercar a nuestras voluntades".

3. *Antifrancesa*

Históricamente las relaciones entre España y Francia fueron tirantes y dificultosas de acuerdo con los cambiantes intereses imperiales de una u otra nación. Sin embargo, el punto culminante de esta conflictiva relación franco - española se produce en ocasión de la entrada de las tropas de Francia en España con el fin de invadir Portugal y que culmina con la designación de José Bonaparte, el hermano del Emperador Napoleón, como José I, Rey de España, conocido como *El Intruso*. En efecto, en el conjunto de las llamadas guerras hispano – francesas destacan las siguientes: las *Guerras italianas (1494-1559)* (que no pueden considerarse exclusivamente franco-españolas, pero que en varias ocasiones se extendieron por zonas al sur o al norte de los Pirineos); la intervención española en las *Guerras de religión de Francia*, que propiamente fueron una guerra civil en territorio francés (*1562-1598*); la

Guerra franco-española (*1635-1659*), y, por supuesto, la de la Independencia Española (1808 – 1814). En este sentido, Eugenio Bernard – Javaudin señala:

> «*Les relations entre la France et l'Espagne sont "houleuses" depuis toujours. Il est révélateur que bien des rois de France se soient (ou aient été) mariés avec des infantes d'Espagne dans le but de créer des alliances durables... qui très souvent n'ont pas empêché des conflits entre les deux superpuissances. François Ier avait refusé le "partage du monde" entre Espagnols et Portugais et avait combattu Carlos Quinto (Charles Quint), Philippe II d'Espagne a tout fait pour éviter que Henri de Navarre devienne roi de France (Henri IV), de nombreuses guerres opposent les deux pays sous Louis XIII et Louis XIV, bien que ces deux rois français aient épousé des princesses espagnoles. L'épisode napoléonien est une autre période noire entre les deux pays, mais pas la dernière...*» (Cita de Wikipedia).

Los acontecimientos ocurridos en Bayona exacerban el sentimiento antifrancés existente en la Metrópoli y sus provincias. Términos como mosiús, franchutes o gabachos fueron cotidianamente utilizados para ridiculizar y expresar el rechazo a los franceses por parte de los españoles. Un buen ejemplo de esta repulsión xenofóbica lo podemos encontrar en las consideraciones de Francisco Xavier Borbón, un fiscal de la Real Audiencia, quien, en México, se expresaba así de los franceses:

> "A manera de leprosos y de carne llena de contagio y hediondez han infestado todo el orbe, siendo de esta verdad testigos constantes: Nápoles, Roma, Turín, Génova, España y cuantos suelos han pisado. Tal vez si desde el principio se hubiera discurrido que los franceses eran en la perfidia, tan capaces, poderosos y obradores como lo han sido, no hubiera llegado a ser tan universal el desastre".

Y es que para una España tradicionalista, pacata, clerical, monárquica y provinciana la vecindad con un país que era todo lo contrario en creencias y concepción de la sociedad se traducía en una permanente amenaza.

En efecto, los postulados de la Revolución Francesa –a pesar de todas las prohibiciones y decomisos de libros y proclamas– arribaron prontamente a España y a América con toda su carga de conceptos y criterios basados en los derechos del hombre y del ciudadano dentro de una concepción republicana de la soberanía, asentada ahora en el pueblo y no más en Dios o en la nobleza. Ya analizamos la significativa influencia de la Revolución Francesa en los movimientos emancipadores americanos.

Por otra parte, el anticatolicismo francés, además de la siempre presente amenaza de los protestantes galos, tomó también una forma muy temida por los católicos españoles: la Masonería, es decir, una *organización* autodenominada *iniciática, filantrópica y filosófica* basada en los principios de libertad, igualdad y fraternidad, que tiene como objetivo la búsqueda de la *verdad* y el fomento del desarrollo *intelectual* y *moral* del *ser humano*. Los masones jugaron un papel determinante en la independencia americana. En lo que nuestro país se refiere, Edgar Perramón señala:

"La historia de Venezuela está estrechamente ligada a la historia misma de la Masonería. Desde antes de la Independencia, la Masonería viene jugando un papel importante en la libertad y progreso del país. Los orígenes de la Masonería venezolana se encuentran, casi simultáneamente, en La Guaira, en 1797, con la llegada de cuatro masones españoles, de tendencia liberal, que incorporan a varios venezolanos a la actividad masónica, y en Londres, en 1798, con el establecimiento de la Gran Reunión Americana, fundada por el Precursor Francisco de Miranda, a través de la cual --y de las Logias Lautarinas que fueron sus sucursales--, muchos venezolanos se incorporaron a la actividad masónica. Más tarde, entre 1811 y 1818, nacen las primeras Logias en Cumaná, Carúpano y Angostura -- que más tarde, en 1846, se llamó Ciudad Bolívar-- y donde se encuentran las primeras actividades concertadas en torno a los principios libertarios y humanistas de la Masonería. Sin embargo, avanzan los estudios respecto de que las primeras logias habrían funcionado en la Isla Margarita desde 1807, sin que hasta la fecha se haya podido confirmar la valiosa documentación disponible. Desde entonces, la Masonería venezolana juega un papel de primera importancia en la vida nacional, marcada por una lucha continua por las ideas emancipadoras, por un esfuerzo sostenido en pro de la independencia y por sostener el régimen republicano, permanentemente amenazado". (Historia de la Masonería en Venezuela, página Web).

Y, por si fuera poco, las Provincias americanas de España asistieron con temor y rechazo, a los cruentos acontecimientos que acompañaron a la guerra de independencia de Haití, en la que los principios revolucionarios franceses fueron puestos en práctica para alcanzar la independencia y abolir la esclavitud. En este sentido, luego de un prolijo análisis sobre la repercusión de los sucesos de Haití en la América Española, y, en especial, en Venezuela, Alejandro E. Gómez en su artículo *La Revolución Haitiana y la Tierra Firme hispana*, publicado en la Revista Digital *Nuevos Mundos / Mundos Nuevos*, concluye:

> "...a pesar de que la Revolución Haitiana comenzó a influenciar la Tierra Firme hispana desde su comienzo, luego del gran alzamiento del Cabo Francés en agosto de 1790, no fue sino hasta la revuelta en la Serranía de Coro de 1795 que lo hizo de manera directa, aunque en forma conjunta con lo que sucedía en Guadalupe. Sin embargo, no fue sino hasta que en Saint-Domingue se impuso un gobierno liderado por 'gente de color' a comienzos del siglo XIX, que dicho proceso revolucionario comenzó a ser abstraído del contexto franco-caribeño revolucionario, para pasar a transformarse en un epíteto asociado al temor de ver repetir en otros lugares una *"revolución de negros"*; y para algunos 'hombres de color', en el modelo republicano ideal que en lo sucesivo serviría tanto para amedrentar a los elites blancas, como para reflejar las frustraciones de las esclavitudes locales".

A estas realidades históricas, a esta inveterada pugnacidad, se suma la designación de José I, *El Intruso*, como Regente de España que contó con el apoyo de los llamados afrancesados, término que pasó a ser asimilado con el de traidor a la Patria.

No es pues de extrañar el carácter antifrancés que asume la revolución caraqueña de 1810; a Emparan se le acusa de afrancesado; las actas y documentos de la Junta Suprema de Caracas dejan claramente establecido su rechazo a Napoleón y el repudio a Francia, tal como se asienta en el Manifiesto sobre la forma provisional del nuevo gobierno:

> "La España, sea cual haya sido su conducta anterior con sus colonias, no puede ya ofrecerles relaciones de recíproca utilidad que puedan sostener su integridad política con ellas. Dominada por una nación tan pérfida y tan tirana, como poderosa y astuta, no posee otro territorio que unas provincias ocupadas y abandonadas espontáneamente por los Franceses, otras que los han aclamado, algunas que los temen, y la única plaza fuerte que sirve de asilo y antemural a los retos del heroísmo Español es Cádiz".

4. *Pro Fernando VII*

En el Discurso de Orden pronunciado por la historiadora Inés Quintero Montiel con motivo del Bicentenario del 19 de abril de 1810, disponible en la Web de la Academia Nacional de la Historia, se expresa:

> "En los aspectos que destacan los autores que se han ocupado de estos temas está la uniforme lealtad hacia Fernando VII y el rechazo hacia la usurpación francesa que se produjo en América, al conocerse las noticias acerca de las abdicaciones de Bayona. En todos los casos estas manifestaciones de fidelidad fueron relativamente homogéneas, se inscribieron dentro de la tradición ceremonial del reino y pusieron en evidencia la fortaleza, coherencia y unidad del imperio español. A pesar de la disgregación del poder en numerosas juntas y de la inexistencia de poder en numerosas juntas y de la inexistencia de una instancia política que pudiese ser reconocida como la legítima autoridad, no hubo en América ningún movimiento que tuviese como objetivo adelantar la independencia".

En Caracas y demás ciudades y villas venezolanas la situación no fue diferente: el apoyo a D. Fernando VII, *El Deseado*, fue el argumento fundamental esgrimido por los cabildantes y diputados que asumieron la defensa del reino y repudiaron la invasión francesa. El acta del 19 de abril de 1810, reza textualmente:

> "En la ciudad de Caracas a 19 de abril de 1810, se juntaron en esta sala capitular los señores que abajo firmarán, y son los que componen este muy ilustre Ayuntamiento, con motivo de la función eclesiástica del día de hoy, Jueves Santo, y principalmente con el de atender a la salud pública de este pueblo que se halla en total orfandad, no sólo por el cautiverio del señor Don Fernando VII, sino también por haberse disuelto la junta que suplía su ausencia en todo lo tocante a la seguridad y defensa de sus dominios invadidos por el Emperador de los franceses, y demás urgencias de primera necesidad, a consecuencia de la ocupación casi total de los reinos y provincias de España, de donde ha resultado la dispersión de todos o casi todos los que componían la expresada junta y, por consiguiente, el cese de su funciones. Y aunque, según las últimas o penúltimas noticias derivadas de Cádiz, parece haberse sustituido otra forma de gobierno con el título de Regencia, sea lo que fuese de la certeza o incertidumbre de este hecho, y de la nulidad de su formación, no puede ejercer ningún mando ni jurisdicción sobre estos países, porque ni ha sido constituido por el voto de es-

tos fieles habitantes, cuando han sido ya declarados, no colonos, sino partes integrantes de la Corona de España, y como tales han sido llamados al ejercicio de la soberanía interina, y a la reforma de la constitución nacional; y aunque pudiese prescindirse de esto, nunca podría hacerse de la impotencia en que ese mismo gobierno se halla de atender a la seguridad y prosperidad de estos territorios, y de administrarles cumplida justicia en los asuntos y causas propios de la suprema autoridad, en tales términos que por las circunstancias de la guerra, y de la conquista y usurpación de las armas francesas, no pueden valerse a sí mismos los miembros que compongan el indicado nuevo gobierno, en cuyo caso el derecho natural y todos los demás dictan la necesidad de procurar los medios de su conservación y defensa; y de erigir en el seno mismo de estos países un sistema de gobierno que supla las enunciadas faltas, ejerciendo los derechos de la soberanía, que por el mismo hecho ha recaído en el pueblo, conforme a los mismos principios de la sabia Constitución primitiva de España., y a las máximas que ha enseñando y publicado en innumerables papeles la junta suprema extinguida. Para tratar, pues, el muy ilustre Ayuntamiento de un punto de la mayor importancia tuvo a bien formar un cabildo extraordinario sin la menor dilación, porque ya pretendía la fermentación peligrosa en que se hallaba el pueblo con las novedades esparcidas, y con el temor de que por engaño o por fuerza fuese inducido a reconocer un gobierno legítimo, invitando a su concurrencia al señor Mariscal de Campo don Vicente de Emparan, como su presidente, el cual lo verificó inmediatamente, y después de varias conferencias, cuyas resultas eran poco o nada satisfactorias al bien político de este leal vecindario, una gran porción de él congregada en las inmediaciones de estas casas consistoriales, levantó el grito, aclamando con su acostumbrada fidelidad al señor Don Fernando VII y a la soberanía interina del mismo pueblo..."

Y para que no hubiese duda alguna acerca de la motivación e intenciones de la Revolución de Caracas de 1810, la Junta Suprema de Caracas se dirige a la Junta Superior de Gobierno de Cádiz con el fin de exponer "las razones que tuvo la Ciudad de Caracas para establecer su Gobierno propio el 19 de abril". La argumentación caraqueña se inicia evocando los hechos pioneros del 15 de julio de 1808:

"Caracas imitando la conducta de la España ha tomado el partido que ella misma le ha enseñado cuando carecía del Gobierno central, o cuando éste no podía atender a su seguridad, ni dirigir los pasos de su administración y defensa. Cada Provincia, o cada

> Reino resumiendo el ejercicio de la Soberanía, la explicaba por medio de sus Juntas Provinciales o Supremas. Valencia, Cataluña. Extremadura, mucho menos distante de la Central que Venezuela, quedaron separadas de ella y llevaban el por sí mismas las riendas del Gobierno, cuando el centro del poder era insuficiente para cuidar de su conservación y sostener los derechos de su independencia y libertad pérfidamente atacados por el común enemigo. Caracas fue la primera que entre todos los dominios de la Corona Española juró solemnemente obediencia a su adorado Rey el Señor D. Fernando VII en su exaltación al trono, proclamándolo como tal, y gritando en la tarde del 15 de julio de 1808 contra la felonía de Napoleón, contra los emisarios que acababan de introducirse en esta capital con las letras del gobierno francés, y contra todos los demás que seguían las banderas de su perfidia. Vacilante el Gobierno de Caracas con las fórmulas Ministeriales de que venían revestidos los despachos de Murat, y casi inclinado a tributarle la deferencia que exigían sus emisarios, habría quizá manchado la acendrada felicidad de este Pueblo si no oye los gritos decisivos del Reinado de Fernando Séptimo, y sus declamaciones contra los franceses".

En esos términos se proclamaba sin cortapisas el vínculo con nuestro Rey Fernando Séptimo y se reconocía la soberanía popular que debía regir en esta vacío de poder, en esta ausencia de autoridad legítima, en esta terrible orfandad a la que fueron sometidas las Provincias Españolas de ultramar por la pérfida Francia, incluyendo la de Venezuela.

5. *Mantuana*

De acuerdo con Germán Carrera Damas el término mantuano, tan caro a los revolucionarios de antes y de ahora, es:

> "una voz originaria de Caracas, derivada de "manto", que fundada en el uso exclusivo de esa prenda por las señoras de los grandes propietarios y nobles de la Colonia, sirvió para designar a toda una clase social (...) A fines del siglo XVIII los mantuanos de Caracas, que junto con los pocos del interior del país escasamente sobrepasaban un centenar de cabezas de familia, estrechamente vinculados entre sí, se esforzaron por perfeccionar su control de la sociedad intentando convertirse en un "cuerpo de nobles" (...) El hecho es, sin embargo, que al enfrentarse tanto a los funcionarios reales, cuya actuación estimaban que de alguna manera amenazaba sus privilegios, como a los peninsulares que buscaban

fortuna y labrarse una posición social, los mantuanos caraqueños desencadenaron un prolongado y profundo proceso político, militar e ideológico que condujo a la emancipación y a sentar las bases iniciales de una sociedad más igualitaria". (Diccionario de Historia de Venezuela, 1977, tomo 3, 25 y 26).

Manuel Alfredo Rodríguez en su Discurso de Incorporación a la Academia Nacional de la Historia, precisa aún más el origen y circunstancias del término:

"El 11 de febrero de 1571 la Católica Majestad de don Felipe II dispuso desde Madrid se incorporase a las Leyes de Indias una disposición, según la cual, las mulatas, al igual que las negras libres o esclavas, no llevasen oro, seda, mantos ni perlas. Si fueren casadas con español podían usar unos zarcillos de oro con perlas, una gargantilla y en la saya o falda un ribete de terciopelo. En ningún caso podían ataviarse, so pena de confiscación de todas las joyas y ropa de seda que llevasen, de mantos de cualquier tipo de tela. Sólo se les permitía mantellinas o mantillas que llegaran un poco más debajo de la cintura pues los mantos estaban reservados a las señoras de superior condición. No puede estar más claro el origen del calificativo de "mantuanos" aplicado a los miembros de la aristocracia terrateniente".

Guillermo Morón, por su parte, describe las características de esta clase social mantuana, formada básicamente por los blancos criollos:

"Esta clase social dirigente reclama y obtiene todos los derechos; su situación es la una especie de aristocracia que cuida con celo sus prerrogativas frente al poder central y frente a las clases inferiores, más numerosas. Su función rectora es indiscutible, a través de ciertos órganos, como son el Ayuntamiento y la posesión de las tierras. Cada ciudad importante, sea o no cabeza de provincia, constituyó el centro del grupo social en su jurisdicción. Se trataba de grupos familiares y sociales particulares, más que una sola clase u oligarquía capaz de concebir una unidad de tipo nacional. El conjunto de familias radicadas en cada ciudad (…) se atrincheran en el Cabildo para ejercer desde él el poder municipal, una rectoría municipal. La vara de la justicia, el pendón real, el derecho a palio en las procesiones, son los medios de distinguirse (…) Este predominio político – social está avalado por la riqueza sustentada en la posesión de la tierra. En efecto, los grandes hacendados – cacao, tabaco, hatos de ganado – eran los descendientes de encomenderos. En eso radicaba su poder. Cuando la riqueza comienza a diversificarse por la aparición de oficios capaces de rendir y por la extensión de los conuqueros y de los comerciantes, empieza a aflojarse la rectoría *mantuana*. Es cuando los mulatos pretenden ya lograr iguales prerrogativas, y no será raro que Jerónima Garcés, mulata libre, entable pleito con el alcalde ordinario de Coro, José Antonio Gil, para que no se le impida usar manto en punta. Esto es ya en pleno siglo XVIII, hacia 1761". (Morón, 1971, Tomo 4, 609).

El poder en la sociedad colonial giraba pues en torno a tres polos: los blancos peninsulares, los mantuanos o blancos criollos y los pardos que venían incrementando su influencia, tal como aconteció en la fallida Conjura de los Mantuanos.

Recordemos que los pardos fueron el producto de la mezcla de blancos y negros que se inició con la llegada de los esclavos africanos – *Piezas de Indias* – para sustituir a la "ineficiente" obra de mano indígena desconocedora de las tareas de la minería y de la agricultura formal, ese mestizaje dio origen a una nueva casta social conocida como *los pardos* –expresión un tanto imprecisa, generalizada en el Siglo XVII – considerada por la pacata sociedad colonial como "una generación propagada no por la santa alianza de la Ley, sino por las torpes uniones reprobadas por la religión". José Eliseo López analiza el largo periplo que llevó a los pardos de una inicial situación de marginalidad social y económica a constituirse en la *Pardocracia*:

> "De los pardos salieron los artesanos, los pulperos, los arrieros y en general, todos aquellos trabajadores que podían adquirir cierta habilidad a través de de una práctica sencilla y rutinaria. Esa desventajosa situación tendió, sin embargo, a mejorar cuando por situaciones más interesadas que altruistas, surgieron disposiciones que concedían a los pardos libres un importante margen para intentar disminuir las trabas que les impedían su desarrollo social. La conocida real cédula de 1795 de "gracias al sacar" fue uno de los hechos que estimularon sus aspiraciones de promoción. Por ella podían adquirir con cierta cantidad de reales de vellón, la calidad de blanco y supuestamente, los derechos que esa condición implicaba (...) Se permitió también a la "gente de color", desde 1797, ingresar a las escuelas de medicina y ejercer el oficio de médico, en virtud de la escasez de blancos en esta actividad (...) En todas estas ciudades del país, hallábase este grupo, al comenzar el siglo XIX, formando gremios y cofradías, atendiendo a una diversidad de oficios que se habían hecho indispensables en las nuevas magnitudes urbanas. Su número se amplió a tal nivel que se hizo imposible establecer diferencias estrictas entre los variados

estratos de la "gente de color" (…) Es a este tipo de pardo al que se refieren los historiadores que sostienen que alrededor del 80% de la población venezolana de la etapa colonial estaba formada por pardos. A ellos aluden también los escritores que hablan de "pardocracia" para insinuar el predominio numérico de esa capa social". (Diccionario de Historia de Venezuela, 1977, Tomo 3, 490 y 491).

Y Manuel Alfredo Rodríguez, por su parte, en el ya mencionado discurso de incorporación, señala acerca de los pardos libres y su contribución a la sociedad, lo siguiente:

"En vísperas de la Declaración de Independencia era evidente que los pardos libres de Venezuela representaban en la sociedad colonial un papel muy similar al jugado en la contemporánea por la llamada "clase media". Ellos se emanciparon de la servidumbre a la gleba o al suelo, adquirieron la habilidad técnica necesaria para elaborar materias primas, aprovecharon los prejuicios de la época para señorear numéricamente todos o casi todos los gremios artesanales, proveyeron a la comunidad los productos que no eran alimentos y rebasaron el plano de la artesanía para elevarse a la superior categoría de la creación artística. Esa peculiar "clase media" –incipiente burguesía– no era entonces homogénea como no lo ha sido después. Su capa superior la integraban individuos pudientes como los Mexías Bejarano, José Gabriel Landaeta y Domingo Arévalo con capacidad económica para enseñar Latín a sus hijos y afrontar los crecidos gastos del procedimiento administrativo que habría de "blanquearlos", el pintor Juan José Landaeta –homónimo del compositor– quien pudo visitar Londres y los otros pintores, hasta ahora no identificados, a quienes Boulton ubica en Madrid como alumnos de la Real Audiencia de San Fernando. Aún puede darse otro ejemplo con el nombre del "cerero" y próspero propietario de una fábrica de velas y velones Luis Lovera, hermano del pintor Juan. Hubo también un sector menos acaudalado, aunque con recursos como para darse el gusto de tener una buena librería o biblioteca, tal y como lo demuestran los casos del compositor Juan José Landaeta y del retrechero músico, líder en cierne, y aspirante a clérigo Juan Bautista Olivares. La gran mayoría era pobre de solemnidad La burguesía favoreció la urbanización de Europa y los pardos libres de Venezuela contribuyeron de manera considerable al afianzamiento y desarrollo de Caracas y nuestros principales centros urbanos".

Son pues los mantuanos quienes sin vacilar y según su mejor conveniencia lideran la Revolución de Caracas de 1810, aunque ya más experimentados en la búsqueda de apoyos y reconociendo la importancia creciente de esta casta social, incorporan al Cabildo "un representante de los pardos". Mucha razón tiene Carlos Fuentes cuando analiza el difícil y contemporizador rol desempeñado por los blancos criollos en los procesos independentistas americanos:

> "El criollo hispanoamericano, cada vez más enajenado respecto a la metrópoli española, pero respecto también a su propia mayoría nacional, se vio obligado a tomar la iniciativa antes de que la monarquía o el pueblo se la arrebatasen. El criollo se vio obligado a encabezar su propia revolución. Y habría de guiarla en su propio interés, ya no comprometiéndola con España, pero exorcizando al mismo tiempo el peligro de tener que compartirla con mulatos, negros o indios. Este cálculo, frío y desnudo, sería cobijado con el manto tibio de la naciente conciencia nacional, el sentimiento de unidad comprensiva proporcionado por la historia y la geografía, y excluyente tanto del imperialismo español como de la política igualitaria. Esto es lo que se propuso hacer la nación criolla, con la esperanza de que el arco de sus justificaciones morales, políticas, jurídicas, nacionalistas y aun sentimentales, acabaría por abarcar tanto la necesidad continuada de la monarquía española respecto a las colonias, como el creciente clamor de la mayoría de color para obtener libertad con igualdad". (Fuentes, 1987, 345 y 346).

Luego de su defenestración como Gobernador y Capitán General, Vicente Emparan en carta al Ministro de España Luis de Onis, comenta y reconoce el rol jugado por los blancos criollos, por los pelucones, por los mantuanos caraqueños en la rebelión caraqueña de abril de 1810:

> "Me levanté de mi asiento y asomándome al balcón dije en voz alta: si era cierto que el pueblo quería que yo dejase el mando, y los que estaban más inmediatos y a distancia de percibir lo que se les preguntaba, respondieron:"no, señor, no", pero otros más distantes a quien los revolucionarios hacían señas del balcón porque no me podían oír, y era sin duda de la chusma que tenía pagada, dijo que sí: y sobre este sí de un pillo, los mantuanos revolucionarios me despojaron del mando, obligándome a que le transfiriese al cabildo, que hizo cabeza de la rebelión, por más que protesté la nulidad del acto pues no estaba yo autorizado para renunciarlo".

En fin, la Revolución de 1810 fue mantuana, no fue ni militar ni eclesiástica y mucho menos popular, fue una rebelión burguesa encabezada por los oligarcas caraqueños. Brewer – Carías resume el carácter de la misma en los siguientes términos:

"En todo caso, este movimiento revolucionario iniciado en Caracas en abril de 1810, meses antes de la instalación de las Cortes de Cádiz, indudablemente que siguió los mismos moldes de la Revolución francesa y tuvo además la inspiración de la Revolución norteamericana, de manera que, incluso, puede considerarse que fue una revolución de la nobleza u oligarquías criolla, la cual, al igual que el tercer estado en Francia constituía la única fuerza activa nacional (…) No se trató, por tanto, inicialmente de una revolución popular, pues los pardos, a pesar de constituir la mayoría de la población, apenas comenzaban a ser admitidos en los niveles civiles y sociales como consecuencia de la Cédula de <<Gracias al sacar>> vigente desde 1795 (…) Por ello, teniendo en cuenta la situación social pre independentista, sin duda que puede calificarse de <<insólito>> el hecho de que el Ayuntamiento de Caracas, transformado en Junta Suprema, se le hubiera dado representación no solo a estratos sociales extraños al Cabildo, como los representantes del clero, sino a un representante de los pardos". (Brewer, 2008, 217, 218 y 219).

6. *Caraqueña con vocación nacional*

En 1810, como hemos visto, el Ayuntamiento caraqueño se transformó súbitamente en Gobierno Nacional, adoptando primero el ostentoso nombre de Suprema Junta Conservadora de los derechos de Fernando VII en las provincias de Venezuela y luego, el más escueto de Junta Suprema de Caracas para gobernar las provincias de Venezuela. Los nuevos gobernantes decidieron, muy prontamente, enviar sendas representaciones a diversas ciudades –capitales de provincia o no– de la Capitanía General de Venezuela con el fin de que las mismas constituyeran, a su vez, juntas provinciales o locales que se sumarán a los postulados del movimiento libertario emprendido por los mantuanos caraqueños.

Por Real Cédula del 8 de septiembre de 1777, dada en San Ildefonso, el monarca español Carlos III, *El Político*, en virtud de las sesudas recomendaciones formuladas por el Virrey del Nuevo Reyno de Granada y por los Gobernadores de las Provincias de Guayana y Maracaibo, acerca de los inconvenientes que causaba a tales Provincias, así como a las de Cumaná, Margarita y Trinidad, el hecho de continuar unidas al Virreinato de Nueva Granda, decidió:

"la absoluta separación de las mencionadas Provincias de Cumaná, Guayana y Maracaibo e Islas de Trinidad y Margarita del Reyno de Granada y agregarlas en lo gubernativo y militar a la Capitanía General de Venezuela, del mismo modo que lo están en lo respectivo de mi Real Audiencia, a la nueva Intendencia erigida en dicha Provincia, y ciudad de Caracas, su capital."

Sucesivas disposiciones reales sirvieron de complemento a la consolidación jurídica y administrativa de la Capitanía General de Venezuela. De esta forma, el cuadro político territorial de las Provincias de la Capitanía al momento de los hechos acaecidos el 19 de abril de 1810, correspondía aproximadamente a los actuales territorios de la República Bolivariana de Venezuela:

"La *Provincia de Margarita*, a la Isla de Margarita; la *Provincia de Venezuela o Caracas*, los territorios de los Estados Falcón, Lara, Portuguesa, Yaracuy, Cojedes, Carabobo, Aragua, Guárico, Miranda, y el Distrito Capital; la *Provincia de Cumaná o Nueva Andalucía*, los territorios de les Estados Anzoátegui, Sucre, Monagas y parte del territorio de los Estados Bolívar, Amazonas y parte del Delta Amacuro; la *Provincia de Maracaibo*, los territorios de los Estados Zulia, Mérida, Táchira y Trujillo; y la *Provincia de Barinas*, los territorios de los Estados Barinas y Apure". (Brewer – Carías, 2008, Tomo I, 113).

En fin, de acuerdo con Guillermo Morón:

"Las Provincias formaron parte de la Nación española; fueron Provincias del Estado español. Durante trescientos años conformaron una fisonomía propia, con la formación de un pueblo y la creación de un territorio. Unas condiciones sociológicas, económicas y políticas contornearon la imagen popular de lo que va a ser el Pueblo venezolano, el Estado venezolano y la Nación Venezolana (…) Gracias a esos trescientos años de historia será posible asimilar las transformaciones políticas que comienzan en el siglo XIX con el 19 de abril de 1810, pero que se insinúan ya en el siglo XVIII". (Morón, 1971, Tomo V, 101).

Consumados los ya conocidos hechos del 19 de abril de 1810, con su secuela de cambios significativos y reformas modernizadoras, la Junta constituida en Caracas para proteger los derechos de Fernando VII, erigida en Junta Suprema, emulando a la de Sevilla, dispuso el envío de sendos representantes a algunas de las principales poblaciones de la Capitanía General de Venezuela con el fin de promover entre los

Cabildos y autoridades no consistoriales la constitución de las respectivas juntas provinciales o locales, y su adhesión a los postulados del movimiento revolucionario caraqueño. En efecto:

> "El 20 de abril los 2 alcaldes – presidentes José de las Llamozas y Martín Tovar Ponte dirigieron una proclama a los habitantes <<de las Provincias Unidas de Venezuela >>, es decir, de toda la antigua capitanía general (o departamento) de Venezuela. En ese documento después de informarles de lo ocurrido el día anterior en Caracas, de criticar <<…el poder ilegal, fluctuante y agitado…>> de la Regencia de Cádiz y de reafirmar la lealtad <<al amado Fernando VII>>, sumido en <<triste cautiverio>>, les incitaban a hacer causa común con los caraqueños y ofrecían llamarlos a <<…tomar parte en el ejercicio de la Suprema Autoridad con proporción al mayor número de individuos de cada provincia…>> era ya, sin mencionar el nombre, la idea de convocar el Congreso Constituyente de Venezuela". (Diccionario de Historia de Venezuela, Tomo 3, 1997, 913).

De esta forma, la iniciativa caraqueña procuró obtener tener el pronto y necesario respaldo nacional que demandaban sus pretensiones libertarias. Variadas y encontradas fueron, sin embargo, las respuestas de las Provincias Autónomas y de las ciudades venezolanas.

Muy dispar fue, en efecto, la reacción de las provincias y ciudades ante "el ejemplo que Caracas dio".

La más pronta e inmediata se recibió el mismo día de las ciudades, villas y pueblas aledañas a la ciudad de Caracas. En efecto:

> "Si prescindimos de disquisiciones jurídicas y nos atenemos, en cambio, a los hechos y a la cronología, tendremos que darle al César lo que es del César; es decir, tendremos que confesar que fue el altivo o alto pueblo del "Hatillo", el puntero de la cimarronera. El 19 de abril de 1810, a las tres de la tarde, antes de terminar el Ayuntamiento de Caracas la sesión de ese día, prolongada hasta las 6 P.M., el Hatillo, por órgano de su teniente, D. Manuel Escalona, proclamó el nuevo orden (…) Siguieron al Hatillo, el propio día, cerca de la medianoche, la Guaira, y el 20 Maiquetía y Macuto, conforme al Bando Publicado muy de mañana por don Juan de Escalona (…) El 21 en la noche se pronunciaron en Valencia, Don Fernando Rodríguez del Toro y su hermano, el Marqués, mediante Cabildo Abierto y Acta del Ayuntamiento. El día siguiente, al parecer, el Comisionado de los Rodríguez Toro, Pablo Arambarri, en unión del Comandante de Marina Mendoza y del

resentido comerciante catalán D. José Basora, pasando por alto las objeciones de Tízcar, pronunciaron a Puerto Cabello". (Grisanti, 1949, 33).

En lo que respecta a Cumaná, los emisarios fueron dos habitantes de esa villa oriental que se encontraban de paso por Caracas el 19 de abril: José Antonio Illas y Francisco González Moreno. Rápida e incruentamente el Gobernador Eusebio Escudero fue depuesto para dar paso a una Junta Suprema como la caraqueña. En efecto,

"El pronunciamiento de Cumaná fue espontáneo y radical, e indudablemente venía tramitándose, como el de Valencia, desde los primeros días de abril. Gracias al influjo del Distrito Capitular cumanés, adhirieron sin violencia los demás partidos comarcanos." (Grisanti, 1949, 39).

En Barcelona, ciudad perteneciente a la Provincia de Nueva Andalucía se constituyeron varias juntas sucesivas de diferente signo y tenor. La primera de ellas - como respuesta al mensaje de Caracas remitido en la persona de Policarpo Ortiz - decidió erigir a Barcelona en Provincia autónoma, separada de Cumaná y reconocedora de la autoridad temporal de Caracas, Gaspar de Cajigal la presidió. Bajo la presidencia de Cajigal, la junta dio marcha atrás y decidió acatar la autoridad de la Regencia de España. Muerto Cajigal, se constituyó una nueva junta que presidida por el Mariscal Freytes Guevara retiró el reconocimiento a la Regencia española y ratificó el carácter de Provincia Autónoma de Barcelona y seguir el ejemplo de la capital. En referencia a esta dispar, y en apariencia contradictoria, actitud barcelonesa, Grisanti precisa, en esta larga y esclarecedora cita:

"La Nueva Barcelona Americana, o Barcelona Colombiana luego, primordialmente aspiraba a sacudirse la pesada tutela cumanesa. Odiaba a Cumaná con esa tirria, enconada cada día más a causa de los cotidianos dimes y diretes, con que se odia a un vecino intrépido, que fisgonea nuestro hogar e interviene en nuestros conflictos domésticos. Odios de familia quisquillosa, que terminan siempre en jubilosas reconciliaciones. Y a través de Cumaná, alargaba Barcelona su antipatía hacia Caracas, aliada y apoyadora en esos días de la Primogénita del Continente, mientras ansiaba comunicarse con España, de la que esperaba su salvación. La mediatizada y primera adhesión a Caracas y el proyectado sometimiento a la Regencia, según rezaba el acta del 27 de abril, era tanto más sincero por parte de Barcelona, cuanto por remota e inestable, era menos ostensible, menos pesada, y hasta nula, la tutela peninsular. Aún cuando parezca paradoja, Barcelona era realista por amor a su libertad. España se la prometía y renovó varias veces la promesa, y los barceloneses confiaban en la promoción de la patria chica, a más elevada jerarquía política." (Grisanti, 1949, 22 y 23).

En Margarita, por su parte, luego de la llegada del enviado por Caracas, Manuel Plácido Maneiro, se constituyó la junta respectiva bajo la presidencia del teniente coronel Cristóbal Anés.

En Barinas, el Ayuntamiento –enterado por carta de lo acontecido el 19 de abril en Caracas– convocó de inmediato un cabildo abierto que acordó constituir una junta de gobierno propia, autónoma frente a la caraqueña, pero coordinada con ella.

En Angostura, la capital de la Provincia de Guayana, la reacción fue otra. Si bien en un principio se promovió la creación de una junta emulando a la caraqueña que depuso al Gobernador español José Felipe de Inciarte; días después bajo la presión de los blancos europeos, de los criollos realistas y de los misioneros capuchinos del Caroní, se procedió a disolver la fugaz junta guayanesa y se optó por reconocer otra vez a la Regencia de España, adoptándose además una actitud decididamente hostil frente a Caracas.

En el Occidente del país, la situación tuvo un tono mucho más adverso y conflictivo. Los tres emisarios enviados por Caracas a Coro, Maracaibo y Mérida: Vicente Tejera, Diego Jugo y Andrés Moreno fueron prontamente apresados en Coro, enviados luego bajo escolta a Maracaibo desde donde fueron sin mayores contemplaciones exilados a Puerto Rico.

Maracaibo desde un primer momento y por mucho tiempo decidió permanecer fiel al Consejo de Regencia y no alterar la estructura gubernativa provincial. Fueron muchas las razones históricas y de circunstancia que motivaron esta actitud reiterada de sujeción ante España y de marcada rivalidad frente a Caracas. Guillermo Morón explica que en 1777:

"No se ha creado, pues una Capitanía General de Venezuela, que ya existía desde 1528, como existían las cada una de las Provincias desde sus respectivas creaciones: Sencillamente se ha unificado en la Capitanía de Venezuela el comando de las Capitanías de Cumaná, Maracaibo, Guayana, Margarita y Trinidad las cuales – aunque no se dice en la Cédula – pasan a ser Comandancias, el rango militar inmediatamente subalterno. Más aún, continúan de derecho siendo Comandancias, pues desde 1739 lo eran respecto de la Capitanía General de Nueva Granada. Sólo Venezuela recuperó su rango completo en 1742. Las demás Provincias siguieron teniendo gobernadores políticos, pero no capitanes generales, aunque se titularan de ese modo en la práctica y actuaran como tales debido a la lejanía de Bogotá, cuya voz apenas se oía en las Provincias. No era fácil modificar con un decreto real la tradición de más de dos siglos. Es por eso que, en Provincias de tan fuerte personalidad, tan extensas y tan antiguas, como Cumaná y Maracaibo, se resistan, aunque no se sometan". (Morón, 1971, Tomo 5, 51).

El historiador zuliano Ángel Lombardi Boscán, por su parte, en artículo publicado en Noticiero Digital en mayo de 2010, refiriéndose a la conducta de los gobernantes marabinos de tiempos de la Independencia señala:

"Maracaibo, ciudad disidente, vive en el pecado histórico por no seguir el ejemplo que Caracas dio. Los marabinos, rivales económicos / comerciales de la Provincia de Venezuela, aprovecharon la coyuntura de 1808-1820 para obtener una mayor autonomía, además, sus autoridades, tuvieron la responsabilidad de encabezar la contrarrevolución. En el escudo de la municipalidad de Maracaibo, podemos leer aún hoy: "muy noble y leal". Maracaibo y sus habitantes tuvieron la fortuna de no verse afectados por la guerra; el Lago y su geografía contribuyeron a su aislamiento. La "estrella" de Maracaibo aún no ondea en el pabellón nacional."

Así pues, el Gobernador de Maracaibo hizo caso omiso del pedido de apoyo caraqueño que, por escrito en nota del 22 de junio, ampliamente informaba:

"La ilegitimidad de la Regencia que hemos desconocido, son las razones de derecho de nuestro proceder; y la deposición de los empleados emanada de tan ilegitimo origen, son los hechos más notables de nuestra resolución (…) Nuestra administración interior y nuestros reclamos a la superioridad yacían en el entorpecimiento, en la inacción o en el olvido de la distancia, la confusión y desorden que señalaba todos los pasos de la Junta Central: las autoridades enviadas por ella habían ya aclamado de hecho la impunidad y la absoluta independencia de toda soberanía: las leyes no tenían, por consiguiente, otra salvaguarda que nosotros mismos y esto fue lo que resolvimos poner en práctica el 19 de abril, sin otro fin que el de conservar inviolable la constitución española y los derechos del monarca sobre ella".

Sin embargo, con atinado criterio político, la Junta Suprema de Caracas, se vale de la también conocida rivalidad de Maracaibo con Mérida y Trujillo, y del recelo de estas ciudades andinas frente al creciente poder marabino, para intentar cambiar la precaria situación de apoyo a la Revolución de Caracas en el occidente del país. Así desde la capital se envía otro emisario a Mérida, esta vez merideño, Luis María Rivas Dávila, con el fin de que promoviera la disidencia ante Maracaibo y fomentase la creación de una junta independiente en la ciudad. Las gestiones fueron exitosas, el 16 de septiembre se constituyó una nueva junta presidida por Antonio Ignacio Rodríguez Picón, que se comprometió a actuar - como la caraqueña y la cumanesa - en nombre de los legítimos derechos de nuestro Rey Fernando VII, desconociendo además la autoridad y la regencia del gobernador de Maracaibo.

La Grita, la Villa de San Cristóbal y la ciudad de Trujillo, semanas después siguieron esta vez el ejemplo que Mérida dio, y establecieron sendas juntas independientes de la Provincia de Maracaibo, comprometidas como la de Caracas a defender los derechos de nuestro señor Don Fernando Séptimo, el legitimo soberano; igualmente reconocieron a la Junta de Caracas como Suprema.

Por su importancia ideológica, base de la posterior división de Venezuela entre realistas y patriotas, dejamos para el final de nuestro análisis la fecunda querella escrita que protagonizó el Cabildo de Coro con la Junta Suprema de Caracas a objeto de defender y sustentar sus antagónicas posiciones en relación con la Regencia de España. En este sentido, el Cabildo de Coro frente a las pretensiones de la Junta Suprema de Caracas de abrogarse y usurpar el poder soberano:

"reprocha a la Suprema Junta el haber depuesto violentamente a los "Ministros del Rey, que son su "imagen"; el haber enviado mensajeros a diversos países, mandar a buscar al "traidor" Miranda; suprimir el derecho de alcabala; haber alterado la jerarquía civil, militar y económica del Reino; derogado y suprimido el tributo a los indios; dar "sepultura al orden civil igualando a todas las clases y llamándolas para tomar parte en la administración política"; convocar a los extranjeros de todas las naciones sin exceptuar ni a los judíos para que se agencien en la Provincia de Caracas y causando un trastornó general y lamentable de nuestra Constitución." (Garrido Rovira, 2009, 180).

La Junta Suprema de Caracas, por su parte, se dirige por escrito el 1° de junio al Cabildo de Coro, señalándole rotundamente que:

"quiere constituirse en Venezuela en el conservador de los derechos de un gobierno ilegal a costa de la opinión política de Caracas, cuya fidelidad vulnera altamente (…) Es menester prescindir por ahora de las falsas noticias que esparcen los impostores a favor de las tristes reliquias de España: poco, o nada importa demostrar aquí mismo su falsedad, cuando la transformación política de Caracas no tiene por apoyo principal las fatalidades comunes de la guerra en España, sino la justa falta de un monarca reconocido, y de un gobierno que lo represente por el voto general de los españoles americanos y europeos (…) Por más eminente que sea la preponderancia de la Francia, Caracas no reconocerá ni se someterá al intruso gobierno francés: aunque Bonaparte se apodere de toda la Europa, durarán siempre retenidas y menospreciadas en nuestro poder las cédulas y reales órdenes que nos vinieron del Consejo supremo de estas Indias, y del ministro de Gracia y Justicia para que reconociésemos y obedeciésemos a Murat, y a José Bonaparte, al primero por lugarteniente del reino, y al segundo por Soberano de la España y de las Indias".

Entre estos altos y trascendentes dimes y diretes transcurre la polémica escrita, hasta que la junta caraqueña, enervada por la detención y exilio de sus enviados, decide despachar al Marqués el Toro como Comandante del Ejército del Poniente para que alcance con las armas lo que no se obtuvo por la persuasión. Tomás González, en artículo publicado en Cuadernos Unimetanos N° 22, páginas 9 y 10 anota:

<< Marcharon 150 leguas por los imperfectos caminos apenas rasgados desde Caracas hasta Carora, y luego a Siquisique, donde situó el Cuartel General. Desde aquí el Marqués entabla comunicación con el Ayuntamiento de Coro, pidiéndoles que expulsen al Gobernador Ceballos y reconozcan los sagrados derechos de la Nación. Pero, para los corianos la Nación estaba representada en por el Rey y en ausencia de éste por la Regencia; además le manifestaron no tener interés en seguir de seguir sus conversaciones con él por ser su autoridad expresión de un poder que calificaban de espurio. También dejaban bien claro que no se sentían atemorizados, en lo más mínimo por las fuerzas que acompañaban al Marqués. Si la débil España había resistido y derrotado al poderoso Napoleón, los débiles corianos resistirían a la poderosa Caracas y en caso de sucumbir, morirían "como hombres fieles y honrados" >>.

El Regente coriano Heredia comenta las resultas de la acción militar del Marqués del Toro:

"Por fin el Marqués del Toro, después de haber arrollado en el tránsito algunas partidas nuestras, se presentó delante de Coro el 28 de noviembre con más de tres mil hombres bien disciplinados y provistos, cuando en aquella ciudad abierta sólo había seiscientos fusileros, doscientos hombres montados en caballos y mulas, y como mil de flechas y lanzas que para nada servían; el 29, después de una farsa que llamaron ataque, se retiró el Marqués en el mayor desorden, perdiendo hasta los baúles".

La siempre sabia sabiduría popular aportó estos versos para la posteridad de la hazaña militar del Marqués del Toro:

"Desde Caracas el Toro
ha dado un fuerte bramido
y en él nos ha prometido
que ha de acabar con Coro.

Pues, sépase el señor Toro:
nosotros no somos vacas,
pero si fuertes estacas
todos los hijos de Coro.

Ya prevenidos tenemos
toreros, jinetes y sillas
garrochas y banderillas
para que al Toro esperemos.

Que ya bien puede bramar
ese Toro cuando quiera
que salte la talanquera
si se quiere malograr.

Todo el mundo lo espera
en el llano y en el cerro
para ver si es un becerro
o es una triste ternera.

La lengua y los cuernos de oro
Se los hemos de arrancar
Y no volverá a bramar
Desde Caracas el Toro".

Premiadas por las autoridades españolas, entre 1810 y 1813, fueron entonces Guayana, Maracaibo y Coro, por su adhesión a España y su consecuente rechazo al movimiento independista caraqueño. Las Cortes le concedieron a la ciudad de Guayana el adorno de su escudo de armas con trofeos de cañones, balas, fusiles, bandera y demás insignias militares. Igualmente le otorgaron a Coro el título de *"muy noble y leal"* con la distinción de *"Constancia de Coro"*, lo que también le fue otorgado a la muy noble y leal ciudad de Maracaibo con su debida constancia de Maracaibo.

En fin, como bien lo sintetizan los historiadores patrios en relación con las resultas del apoyo solicitado por la Junta Suprema de Caracas a las Provincias Autónomas para que siguieran el ejemplo que la capital dio el 19 de abril de 1810:

"Cuando el 12 de octubre de 1810 la Junta de Barcelona decidió finalmente romper con la Regencia de España, existían en el territorio de la Capitanía General de Venezuela 7 entidades políticas que habían tomado una actitud revolucionaria la cual, en la práctica, las sustraía del dominio español, aun cuando siguieron manteniendo la ficción de su adhesión a la persona de Fernando VII: las Provincias de Caracas, Cumaná, Barcelona, Margarita, Barinas, Mérida y Trujillo. De hecho, 3 de ellas se habían constituido o reconstituido como tales Provincias autónomas a través del proceso revolucionario de las juntas: la de Barcelona, la de Mérida (incluyendo el actual Táchira) y la de Trujillo. En todas esas entidades se realizaron durante los últimos meses de 1810 y a comienzos de 1811 las elecciones para el Congreso Constituyente convocadas por la Junta de Caracas, y todas enviaron diputados a dicho Congreso, que declaró la Independencia el 5 de julio de 1811. En las Provincias de Guayana y de Maracaibo, así como en la circunscripción de la ciudad de Coro, no hubo juntas (o si las hubo, como en Guayana fueron efímeras) y sus territorios se mantuvieron bajo el dominio español hasta muy adelantada la lucha por la Independencia". (Diccionario de Historia de Venezuela, tomo 5, 1988, 618).

Lo anteriormente señalado es en lo que respecta básicamente a las Provincias de la Capitanía General de Venezuela que se sumaron en medio de todos sus avatares de consentimientos y disentimientos al ejemplo que Caracas dio; sin embargo, creemos conveniente también ampliar la información sobre el apoyo al movimiento caraqueño por parte de otras ciudades, villas y aldeas que también se agregaron - inicial o definitivamente - al movimiento libertario iniciado en Caracas el 19 de abril, de 1810, para configurar el cuadro definitivo de los apoyos a Caracas, a saber:

"Hatillo, 19 de abril; La Guaira, 19 de abril; Maiquetía, 20 de abril; Macuto, 20 de abril; Valencia, 21 de abril; Cumaná, 27 de abril; Barcelona, 27 de abril; Cariaco, 30 de abril; Carúpano, 2 de mayo; Río Caribe, 4 de mayo; Margarita, 4 de mayo; Barinas, 5 de mayo; Punta de Piedra (Güiria), 7 de mayo; Guayana, 11 de mayo; Mérida, 16 de septiembre; Trujillo, 9 de octubre; La Grita, 11 de octubre; Bailadores, 14 de octubre; San Antonio (Táchira), 21 de octubre; San Cristóbal, 28 de octubre" (Grisanti, 1949, 38).

7. *Venezolana con vocación internacional*

Además de la convocatoria a las demás Provincias nacionales para la creación de la Confederación venezolana, la Junta Suprema se dirigió prontamente, el 27 de abril, a los cabildos de las capitales de América pidiéndoles que emularan el ejemplo de Caracas, exhortándolos además a que se constituyera una Confederación de la América española.

En efecto, la Junta expresaba, por un lado:

"Caracas debe encontrar imitadores en todos los habitantes de la América, en quienes el largo hábito de la esclavitud no haya relajado todos los muelles morales; y su resolución debe ser aplaudida por todos los pueblos que conserven alguna estimación a la virtud y el patriotismo ilustrado".

Y por el otro lado demandaba a los responsables de los Cabildos:

"V.S. es el órgano más propio para difundir estas ideas por los pueblos a cuyo frente se halla, para despertar su energía, y para contribuir a la grande obra de la confederación Americana Española. Esta persuasión nos ha animado a escribirle, exhortándole encarecidamente a nombre de la Patria común, que no se prostituya su voz y su carácter a los justos designios de la arbitrariedad. Una es nuestra causa, una debe ser nuestra divisa, fidelidad a nuestro desgraciado Monarca; guerra a su tirano opresor: fraternidad y constancia".

De igual manera, con el fin de explicar ampliamente lo acontecido en Caracas, la Suprema Junta envió sendos emisarios, verdaderas misiones diplomáticas, a Inglaterra, Estados Unidos de América, Bogotá, Curazao, Jamaica y Trinidad.

El canónigo José Cortés Madariaga, firmó con el gobierno Nueva Granada un tratado de amistad, alianza y unión federativa. Mariano Montilla y Vicente Salias, por su parte, fueron enviados a tratar con las autoridades de Curazao y Jamaica, tanto para obtener su apoyo como para pedirles, en especial a las de Curazao, que intercedieran ante los gobernantes de Coro, reacios a secundar el proceso revolucionario.

Empero las gestiones diplomáticas más significativos iban dirigidas a los Estados Unidos de América y a Inglaterra, de cuyos gobiernos se esperaba reconocimiento y ayuda material.

Juan Vicente Bolívar, Telésforo de Orea y José Rafael Revenga, fueron enviados a los Estados Unidos, "cuyos sentimientos suponían favorables a las reivindicaciones de las colonias españolas y al desarrollo del comercio bajo régimen liberal". En efecto, en Estados Unidos, el Secretario de Estado, Robert Smith, prometió relaciones de amistad y comercio, sin reconocer expresamente al nuevo gobierno revolucionario. Posteriormente, un agente del gobierno norteamericano; Robert Lowry, llegó a Venezuela con el fin de precisar el alcance de las ofertas.

Por su parte, Simón Bolívar, Luis López Méndez y *Andrés Bello* salieron en junio en misión diplomática ante el gobierno inglés, considerada como la más importante de las misiones concebidas por Roscio. De acuerdo con los documentos relativos a los resultados de esta iniciativa, Blanco y Azpurúa señalan:

> "Conforme a la contestación del Ministerio británico y en la confianza de que Inglaterra había merecido y obtenido la confianza de los contendientes, "España y América del Sur", se creyó conveniente ofrecer una mediación imparcial para verificar la reconciliación general de todos los dominios españoles y reunir de ese modo los esfuerzos de aquella nación poderosa con dirección al grande objeto de repeler los crueles e injustos ataques del implacable enemigo común. La Regencia de España contestó a este ofrecimiento diciendo que estaba pronta a admitir la mediación admitida, pero acompañando su aceptación de unas condiciones que S.A.R. consideró incompatibles con los principios justos e imparciales, bajo los cuales solo consintió en intervenir. Sin embargo, de tales circunstancias tuvo a bien el Gobierno británico orde-

nar el nombramiento de una comisión mediadora que pasase inmediatamente a Cádiz". (Blanco y Azpurúa, 1977, Tomo II, 571).

En relación con las propuestas que se le hacían a la Regencia española, y que fueron totalmente desechadas por los diputados españoles, Garrido apunta que:

> "se trataba de un cambio radical en el régimen de la monarquía en América pero que resultaba altamente favorable para el imperio español por cuanto se aseguraba la vigencia universal de la monarquía en América combinada con un sistema representativo en las Provincias y con la igualdad de derechos de éstas con la Península y de los americanos con los españoles, y con las preferencias comerciales para éstos. Además es claro que si las mencionadas proposiciones hubiesen sido admitidas, lógicamente con modificaciones, las negociaciones entre las partes podrían haber dado los resultados satisfactorios para ambos hemisferios, Pero la historia tomó otro camino: de un lado, porque España no comprendió que la emancipación de América había llegado en parte por vía de revolución, y, de otro lado, porque los dominios americanos, al menos las provincias de Venezuela que se adhirieron al 19 de abril de 1810, no estaban dispuestas a aceptar a ningún precio la continuación de la monarquía absoluta y del gobierno despótico". (Garrido, 2009, 180 y 181).

Sobre la base de los acuerdos logrados con el Gobierno británico, el Coronel Robertson fue autorizado para celebrar el convenio mercantil y para establecer las almonedas públicas a favor del comercio.

Muchos fueron pues los logros políticos y comerciales obtenidos por las misiones diplomáticas enviadas por la Junta Suprema de Caracas, sin embargo, otra lógica se impuso y el bloqueo de la Regencia condujo a la intemperancia para dar base a la Independencia de Venezuela y a la larga y cruenta guerra que hubo de ser librada para alcanzarla.

8. *Revolucionaria en lo político*

Ya Brewer – Carías ha ahondado competentemente en el carácter innegablemente político de la Revolución de Caracas de 1810, ampliamente influenciada por los postulados de libertad, igualdad y fraternidad, y por los derechos del hombre proclamados por las Revoluciones francesa y americana. En este sentido, el jurista asienta:

"Los acontecimientos de Caracas habían sido los de una auténtica revolución política, con un Golpe de Estado dado contra las autoridades españolas por el Cabildo Metropolitano, el cual había asumido el poder supremo de la Provincia, desconociendo toda autoridad en la Península, incluyendo el Consejo de Regencia y las propias Cortes de Cádiz". (Brewer, 2008, 234).

Inés Quintero Montiel, en el dicente y ya citado discurso pronunciado en ocasión del Bicentenario del 19 de abril de 1810, subraya suficientemente el carácter político de la Revolución caraqueña. En este sentido, la historiadora señala:

"La magnitud de los acontecimientos que se produjeron, la diversidad de respuestas que suscitó, los debates que generó, las modalidades de participación y actuación políticas que motivó: el establecimiento de juntas, las demandas autonomistas, la realización de elecciones, la activación de diferentes espacios de actuación pública, dan cuenta de un intenso proceso de transformación, de transición entre las prácticas y principios del Antiguo Régimen a las modalidades propias de la modernidad política cuyo desenvolvimiento tuvo expresiones particulares, ritmos distintos y no está sujeto ni necesariamente vinculado al mantenimiento o ruptura de la lealtad a Fernando VII, a la obediencia o no al Consejo de Regencia, a la declaración o no de la independencia, o reducido a las restricciones que implica analizarlos desde las fronteras nacionales de la actualidad. Se produjo una revolución política de amplio alcance cuyos contenidos y definiciones tuvieron su inicio en el marco de la monarquía y su continuidad o transformación definitiva en la construcción de los proyectos republicanos. La reasunción de la soberanía, transitoria o en depósito, alteró los parámetros de legitimación política del absolutismo, al desplazarse del rey a la sociedad; el discurso pactista propio de la tradición política del reino dio paso a la emergencia de los autonomismos americanos frente a la metrópoli, respecto a los centros de poder internos y en la relación de las provincias entre sí; desapareció la condición de vasallos del rey: los habitantes de América se convirtieron en ciudadanos, unos en ciudadanos españoles bajo el amparo de la constitución de la monarquía, otros en ciudadanos de las repúblicas en ciernes; se produjo una ruptura del sistema de representación corporativo del Antiguo Régimen transformándose en sistemas de representación territorial por provincias o en sistemas de representación proporcional de la población libre; se ampliaron o se modificaron las doctrinas, postulados, conceptos que otorgaban sentido a las prácticas e instituciones políticas antiguas para adaptarlas o transformarlas a las nuevas circunstancias en un esfuerzo inédito de enorme creatividad política".

Garrido Rovira, por su parte, subraya una vez más la trascendental significación de la ruptura del tradicional vínculo con el Rey de España, así como la evolución del pensamiento político en la Provincia de Venezuela que conducirá, en muy corto plazo, a un proyecto claramente independentista basado en la soberanía popular depositada en representantes libremente elegidos por el pueblo. Arguye Garrido:

"Pero, si moral y jurídicamente nada unía a los súbditos con los Reyes que habían renunciado a su soberanía, con lo cal ésta regresaba a la comunidad, donde, por lo demás, siempre había estado por derecho natural, la historia, la política, los hábitos y las costumbres impedían un abrupto traslado de la soberanía al Pueblo o a la Nación. De allí que, dada la complejidad intelectual e histórica del poder soberano, en buena medida la Suprema Junta hubo de acogerse a la doctrina del revolucionarismo peninsular para pasar del despotismo a la liberta y del absolutismo a la representación. En este sentido, la doctrina política de la Suprema Junta en cuanto a la soberanía de Fernando VII va evolucionando, conforma a nuevos principios políticos y atendiendo a las circunstancias, de la defensa del monarca y de la religión y del combate a los franceses y al godoyismo inmoral hacia un enfrentamiento con la tiranía absolutista para luego continuar con lo que fue la postre su gran carta política: la elección de los Diputados del Primer Congreso General de Venezuela". (Garrido, 2009, 161 y 162).

Y para que no quede duda de la intencionalidad de sus acciones en pro de la soberanía popular –solapada indudablemente con el apoyo manifiesto a Fernando VII –, la Junta Suprema de Caracas, en el Manifiesto sobre la forma de gobierno, expresa textualmente:

"El Gobierno constituido merece la confianza de sus constituyentes, es digno de ella, la llena dignamente, tiene la opinión y la confianza interior, cuenta desde luego con la de sus vecinos y nada tiene que temer aun de los extraños; pero conoce que las circunstancias no le han permitido aún darle aquellas formas exactas y meditadas que caracterizan a toda institución civil, que son el garante seguro de la voluntad general y que consolidan y establecen el voto universal de los que han contribuido a formarla. La tranquilidad y el sosiego, que sólo pueden producir estas combinaciones, se ha establecido, y la confusión que impedía la meditación debida a tantos intereses ha cesado. Antes, pues, que la desconfianza vuelva a producirla va a darse el gobierno la forma provisional que debe tener, mientras que una constitución, aprobada por la representación nacional legítimamente constituida, sanciona, consolida y presenta con dignidad política a la faz del universo la provincia de Venezuela organizada de un modo que haga felices a sus habitantes, que pueda servir de ejemplo útil y decoroso a la América, que la haga respetable a las naciones con quien debe establecer relaciones de recíproca utilidad, y que haga ver a la España, que sea cual fuere su suerte, hay en América un pueblo capaz de sostener la gloria del nombre de español, de salvar las reliquias de esta nación noble y generosa y de hacer menos funesta la suerte de su desgraciado Rey, si llegase a obtener la libertad de que se halla negado".

Y la Junta Suprema, el Gobierno Provisorio de la Provincia de Venezuela, cumplió a cabalidad con sus ofertas. Prontamente, el 11 de junio de 1810 se convocó a elecciones para escoger a los diputados del Congreso General de Venezuela; posteriormente siete de las nueve provincias participaron; 44 diputados fueron electos bajo el principio del igualitarismo francés. El 2 de marzo de 1811, los diputados juraron y formaron la Junta General de Diputados de las Provincias de Venezuela, la cual declinó sus poderes en un Congreso Nacional que sustituyó a la Junta Suprema de Caracas. Lo demás es auténtica historia patria:

"El 5 de julio de 1811, el Congreso aprobó la Declaración de Independencia, pasando a denominarse la nueva nación, como Confederación Americana de Venezuela; y en los meses siguientes, bajo la inspiración de la Constitución norteamericana y la Declaración Francesa de los Derechos del Hombre redactó la primera Constitución de Venezuela y la de todos los países latinoamericanos, la cual se aprobó el 21 de diciembre de 1811..." (Brewer, 2008, 238).

Toda esta evolución del despotismo a la libertad, y la cada vez mayor toma de posición política por los protagonistas de la Revolución de Caracas de 1810, era absolutamente previsible. Morón comenta:

"A pesar de la discreción de los gobernantes, desde el 19 de abril se va desplegando la idea independentista con gran rapidez. El lenguaje que se utiliza en los documentos públicos lo va señalando paulatinamente. Las medidas de la Junta Suprema eran actos de soberanía. Este uso de la soberanía va a quedar sellado por la convocatoria de elecciones, para lo que será el primer Congreso de la nación venezolana". (Morón, 1971, Tomo 5, 132).

Y Garrido Rovira sintetiza:

"la condición política de las provincias de Venezuela que se adhirieron al 19 de abril de 1810 era la de un gobierno autónomo que, en medio de la gran incertidumbre política que existía en el imperio español y dada la actitud irreductible de la Suprema Junta y la resolución de la Regencia de reducir a los "insurgentes" por la fuerza, debía proseguir su lucha por un cambio en la condición y el régimen políticos, para todo lo cual se había convocado y elegido el Congreso General de Venezuela. Claramente, la situación política obligaba a la instalación de dicho Congreso". (Garrido, 2008, 214).

9. *Liberal en lo económico*

Recordemos que por largos siglos España fue la mayor promotora del Capitalismo de Estado. En efecto, durante el reinado de los Reyes Católicos primero, el de Carlos V, y en especial el de Felipe II, marcaron al siglo XVI como un hito político-económico medular que propicio el florecimiento de doctrinas y prácticas gubernativas –verdaderas alcabalas, cargas y gabelas– que promovieron un incuestionable Capitalismo de Estado sustentado en un mercantilismo bastante sui géneris, ampliamente criticado por sus negativos y desfavorables resultados para la economía española de la época.

El intenso comercio con las Indias Occidentales, con América, promovió el desarrollo y consolidación del Mercantilismo español, el cual se sustentó en instituciones y prácticas capitalistas de Estado como, en primer término, la imposición de un monopolio comercial. En efecto, mediante el llamado Pacto Colonial, el producto de la exportación de metales preciosos desde las colonias americanas fue la base de la percepción por parte de la monarquía española del llamado *quinto real*, aplicado igualmente a las diversas mercancías o productos –alimenticios, manufacturados, de lujo– que eran enviados a América. A los efectos de la recaudación de este impuesto España constituyó un monopolio comercial controlado por la Casa de Contratación, creada en 1503 y sita en Sevilla. Morales Padrón subraya la importancia de la Casa de Contratación como instrumento primordial del Mercantilismo español:

"El régimen comercial que España implantó en sus posesiones de ultramar estaba de acuerdo con las doctrinas económicas de entonces; es decir, con el mercantilismo, defensor de la total intervención del Estado en las operaciones crematísticas. Monopolio a rajatabla, protección a la marina nacional, prohibición de comerciar a traficantes extranjeros, etc., eso quería decir mercantilismo (…) Nace así la Casa que ya conocemos, la de Contratación, con antecedentes en los *fondaks* árabes y en las *alfândegas* portuguesas. La Casa Sevillana surgió como una Casa de Indias o una Casa de Guinea más, encargada de concentrar el comercio según el régimen observado en Europa desde el siglo XII". (Morales, 1975, 559).

En segundo término, para la protección y defensa de las rutas comerciales, España puso en práctica una política de convoyes armados – flotas de Nueva España y armadas de Tierra Firme– que permitía la protección de los envíos comerciales y el control de la recaudación de los impuestos derivados del comercio con las colonias; aunque la multiplicidad y complejidad de los procedimientos administrativos alargaban los tiempos de navegación. Las flotas que partían anualmente desde Sevilla tenían destinos diferentes: la primera se dirigía al Sur, a Venezuela, Nueva Granada y Diarén, la segunda tomaba rumbo a las grandes islas, Honduras y Nueva España; a partir de esos centros se establecían dos rutas por el Pacífico: el célebre *Galeón de Manila* que partía de Acapulco con productos de inconmensurable valor, y el codiciado enlace con el Perú y Chile.

Durante muchos años este fue el esquema comercial español que fijó sus relaciones económicas con las provincias de ultramar. Conscientes de la inviabilidad de esta concepción de la Economía, las reformas emprendidas por los Borbones establecieron la necesidad de liberalizar y abrir el comercio de las colonias, eliminando el ya nada conveniente monopolio comercial imperante por siglos. Por supuesto que este cambio de política económica tuvo una doble repercusión en las colonias. En este sentido, Fuentes comenta:

"En México, en Caracas o en Buenos Aires, el criollo en su balcón podía quejarse que cada vez pagaba más impuestos, sin recibir adecuada representación política o acceso a la función pública. Aunque las medidas favorables a la libertad de comercio tomadas por la monarquía borbónica aumentaron el apetito criollo para comerciar más, y más directamente, con otras partes del mundo, el hecho es que también abrieron las economías hispanoamericanas a la competencia internacional ". (Fuentes, 1997, 344).

Xabier Lamikitz, Profesor de la Universidad de Londres, en artículo disponible en la WEB: El *impacto del «libre comercio» con América: una revisión desde la microhistoria (1778-1796),* coincide con esta apreciación de Fuentes acerca del doble carácter de la liberación del comercio decretada por los Borbones. A estos efectos señala:

> "Mucho se ha escrito sobre la que es considerada como la cima del programa de reformas económicas borbónicas: la implantación del *Reglamento y aranceles reales para el comercio libre de España a Indias.* Aunque publicado el 12 de octubre de 1778, el reglamento no pudo ser plenamente instaurado hasta la finalización de la guerra con Inglaterra en octubre de 1783. En ese momento 13 puertos peninsulares y 27 americanos recibieron permiso para participar en el comercio transatlántico sin restricciones (la medida no sería extendida a Nueva España y Venezuela hasta 1789). Se trataba, por tanto, de un limitado "libre comercio" (más libre que el anterior en todo caso) que ponía fin al monopolio ostentado por Cádiz. La medida perseguía dos objetivos muy claros: 1) aumentar los ingresos de la monarquía; y 2) promover la agricultura, industria, navegación y comercio de España y sus colonias. Sin embargo, ni los protagonistas contemporáneos ni los historiadores actuales parecen ponerse de acuerdo a la hora de hacer balance de los resultados cosechados. Mientras las autoridades peninsulares y coloniales ensalzaron sus beneficiosos efectos, los comerciantes de Cádiz, Lima y México –que hasta entonces habían disfrutado del monopolio del comercio colonial–, cuando fueron preguntados sobre el tema en octubre de 1787, no se cansaron de asegurar que el libre comercio había tenido ruinosas consecuencias. En igual desacuerdo parecen estar los historiadores que han estudiado el tema desde la estadística".

Imbuidos de este espíritu modernizador, los revolucionarios caraqueños van a tomar prontamente medidas económicas inequívocas dirigidas a promover la apertura comercial y la reducción de los controles estatales. En este sentido, son varias las acciones que toma la Junta Suprema de Caracas con el fin de ir liberalizando la economía de la Provincia, entre las más descollantes destacan:

- Creación de una Sociedad Patriótica de Agricultura y Economía para que: "se fomente cuanto es posible la agricultura del País, se adelanten las artes más compatibles con nuestras necesidades actuales, progrese el comercio, se generalice y perfeccione la educación pública de la juventud de ambos sexos y toquen mejor el objeto de su destino los establecimientos de beneficencia que tenemos o se promuevan otros en alivio de la de la humanidad; ha determinado la Suprema Junta que se forme y establezca una sociedad patriótica de Agricultura y economía que, teniendo por fin principal el adelantamiento de todos los ramos de la industria rural de que es susceptible el clima de Venezuela, se extienda también en sus investigaciones a cuanto pueda ser objeto de un honrado, celoso y bien entendido patriotismo".

- Prohibición de la introducción de esclavos negros con el objeto de "llevar en cuanto sea posible a efecto los filantrópicos designios que han dirigido nuestra patriótica y justa resolución".

- Concesión a la Nación Británica de la rebaja de una cuarta parte de los derechos que se cobran a las exportaciones e importaciones extranjeras. A estos fines, la Junta Suprema argumentó: "La Agricultura y el Comercio, son los dos polos de nuestra prosperidad; pero el sistema político del otro hemisferio, en donde deben consumirse nuestras producciones, ha dado a la Gran Bretaña sobre las relaciones mercantiles una influencia tan poderosa en general, como lo son en particular los deberes que nos impone para con ella nuestra gratitud, nuestra posición geográfica, nuestra adolescencia política, y nuestra industria desalentada por la opresión que hemos sacudido. Tantos obstáculos a nuestra prosperidad no pueden vencerse sin apoyo; y que este no puede obtenerse sin reciprocidad de sacrificios. En vano abriríamos nuestros puertos a las demás naciones, cuando una sola es la que posee el Tridente de Neptuno: en vano cultivaríamos el rico territorio que poseemos; cuando una sola puede conducir, o dejar llegar a los mercados de Europa nuestros frutos: y en vano armaríamos, en fin, nuestros brazos para defender nuestros hogares de la voracidad francesa; cuando una sola puede poner a cubierto la inmensidad de nuestras costas de toda agresión extraña. Una distinción comercial a favor de la Nación que tanto puede y tanto desea favorecer nuestros esfuerzos, es lo que por ahora puede conciliar tan urgentes y complicadas atenciones; y el Gobierno cuando accede a este sacrificio, no lo hace con otro fin que el de merecer con mejores títulos a favor de la España americana iguales sacrificios a los que ha hecho la Inglaterra a favor de la España Europea".

- Promoción de los cultivos de trigo, cebada y centeno y fabricación de harinas: A cuyos fines, la Junta con el fin de sustituir las importaciones que venían de Europa declaró: "que los referidos granos y sus harinas, sean y se entiendan comprendidos en la clase de las subsistencias y objetos de necesario consumo que por la resolución de 20 de abril se libertaron del derecho tiránico de la Alcabala. Y para favorecer más la abundancia y propagación de estas especies, cuya baratura es tan interesante a la comodidad y abasto del público, ha decretado también que las piedras, cedazos y demás utensilios para la construcción de los molinos y máquinas de beneficiar la harina, sean libres de todo derecho a su introducción por nuestros Puertos".

- Declaración de libre importación las herramientas, maquinarias y utensilios para la Agricultura: Así la Junta dispuso que: "todas las herramientas propias para el cultivo de las tierras, los tambores, almas, muñones, fondos, alambiques y espumaderas del uso de los ingenios de azúcar y las demás máquinas y utensilios propios para el beneficio del café, añil, algodón y demás producciones de nuestra cultura, sean libres de todos los derechos al introducirse por nuestros puertos para los expresados destinos".

En septiembre de 1810, la propia Junta Suprema dio cuenta a la comunidad de las medidas comerciales y administrativas tomadas con el fin de liberalizar y agilizar el comercio de la Provincia. En este sentido, resume:

1. Se suprimió la alcabala para los productos de primera necesidad.
2. Se libró a los indios de las contribuciones populares.
3. Se llamó "los extranjeros a nuestros puertos".
4. Se reimplantó el arancel del 7 de octubre de 1808.
5. Se ordenó rebajar los derechos a la situación que tenían en 1808.
6. Se fijó el precio de los principales artículos de exportación para facilitar su aforación.
7. Se "descargó de toda contribución la salida de la harina del país, quina, zarzaparrilla, calaguala, achiote, vainillas, cueros menores, resinas, bálsamos, aceites y maderas".

8. Se removieron "una multitud de embarazos acostumbrados en nuestros puertos que entorpecían el curso de nuestras negociaciones".
9. Se encargó al Consulado la elaboración de un plan general de comercio.
10. Se concedió a los ingleses una rebaja de la cuarta parte de los derechos que se cobrarían en los puertos.

El balance de las decisiones tomadas fue positivo en cuanto a su celeridad, sin embargo, investigadores como Garrido Rovira expresan que las medidas de la Junta no trajeron:

"ninguna novedad <<revolucionaria>> salvo la supresión del impuesto de alcabala para los artículos de primera necesidad. Las reformas se habían limitado por lo común a tomar el viejo modelo colonial y remozarlo con las innovaciones propuestas o llevadas a cabo (hasta que fueron suprimidas) por las autoridades españolas de Caracas. Eran las antiguas reformas de los ilustrados. Trasnochadas para 1808, mucho más para 1810". (Garrido, 2008, 152).

Lucena Salmoral, por su parte, realiza un análisis más *in extenso* de la realidad comercial venezolana luego de transcurrido un convulso trimestre de actuaciones de la Junta Suprema. En este sentido, expresa:

"El balance del trimestre era poco alentador. El comercio marchó a la deriva, sin nuevos impulsos, sobre las directrices señaladas anteriormente y con unos signos alarmantes: El tráfico con la Península estaba a punto de suspenderse y con él las posibilidades de obtener una balanza positiva para los puertos caraqueños. Los británicos habían asumido un papel predominante en la negociación exterior. El mercado hispanoamericano, fuente tradicional de numerario, estaba extinguiéndose igualmente. La disminución del comercio con España e Hispanoamérica coincidió con el aumento de los gastos a consecuencia de las campañas militares. El Estado comenzó a tener dificultades económicas y recurrió a algunas medidas excepcionales, como el empréstito forzoso a los comerciantes. El año se cerró con la perspectiva poco halagüeña de un próximo bloqueo español a las costas de las provincias fieles a la Junta Suprema de Caracas". (Lucena, 1990, 436).

9. *Creadora de un nuevo orden jurídico*

Mediante sendos Bando de Organización Interior y otras actuaciones, la Junta Suprema de Caracas estableció las nuevas instituciones y normas que iban a regir al gobierno revolucionario. En efecto, en solo seis días, ya la Junta había introducido los siguientes cambios fundamentales en el gobierno de la Provincia de Venezuela, que enumeraremos siguiendo la excelente síntesis realizada por Garrido Rovira:

"1° Depuestas las máximas autoridades políticas, militares, judiciales y de hacienda, y acordado el cese de los empleos, la suprema autoridad, con pretensiones de gobierno político sobre todas las Provincias de Venezuela, queda en la Junta, la cual reúne, incorporando el principio de representación, las facultades dispositivas y legislativas, con mandato de formar el plan de gobierno y administración más conforme con la voluntad de los pueblos siguiendo así los pasos revolucionarios peninsulares.

2° El Gobierno Militar pasa del Capitán General a un funcionario designado por la Suprema Junta, separándose así la autoridad militar de la gubernativa y quedando aquélla subordinada a la autoridad de la Suprema junta.

3° El gobierno político de la Provincia queda en la Suprema Junta en lugar del Capitán General Gobernador.

4° La Real Audiencia queda extinguida y con ello sus funciones políticas y de gobierno.

5° Las funciones judiciales de segunda instancia de la Real Audiencia pasan al Tribunal Superior de apelaciones, alzadas y recursos de agravios.

6° Se establecen dos (2) corregidores para la administración de justicia en todas las causas civiles y criminales.

   a) Las funciones judiciales, civiles y criminales, del Gobernador y su teniente y la del Juzgado de Bienes de Difuntos pasan a uno de los Corregidores creados.

   b) Las funciones judiciales, civiles y criminales, de los Alcaldes ordinarios y las del Juez de Provincia a cargo de un Oidor de audiencia, pasan a al otro de los dos corregidores.

7° El Ayuntamiento de Caracas queda extinguido. Con ello, desaparece el cuerpo municipal del antiguo régimen y se abre el campo a las nuevas ideas sobre el régimen municipal ya debatidas en Francia y en la propia España.

8° Se crea un Tribunal de Policía para atender a la administración de la jurisdicción territorial del antes Ayuntamiento de Caracas.

9° Se crean secretarías como órganos ejecutivos de la Suprema Junta y dispositivos, *lato sensu*, en algunas materias.

10° Las funciones de la Intendencia de Hacienda pasan parcialmente a la Secretaría de Hacienda.

11° La designación de los Tenientes Justicia Mayor de la jurisdicción del Ayuntamiento de Caracas, figuras determinantes en el gobierno y administración de justicia de los pueblos, pasan a la suprema junta y son designados a través de la Secretaría de Gracia y Justicia.

12° Se asumen relaciones exteriores.

13° Se crea la Junta de Guerra y defensa de las Provincias de Venezuela.

14° Se expresan las bases para la formación de un solo Estado en el Territorio de la Capitanía General de Venezuela, mediante la Proclama a las Provincias Unidas de Venezuela". (Garrido, 2009, 149, 150 y 151).

10. *Independentista en sus resultas*

Inés Quintero Montiel, en el ya referido discurso de orden sobre el 19 de abril de 1810, subraya también el carácter independentista de la Revolución de Caracas y sin cortapisas señala:

"En el caso específico de Venezuela, el proceso mediante el cual se construye esta valoración uniforme del 19 de abril de 1810 como día inicial de la independencia ha sido descrito y analizado por Carole Leal Curiel. Será en 1877, en el marco del certamen nacional convocado para responder a la pregunta "¿El 19 de abril es o no del día iniciativo de nuestra independencia nacional?" que se fija de manera más firme la versión según la cual el 19 de abril de 1810 debía ser considerado el día inicial de nuestra independencia. En dos de los artículos ganadores del concurso se despoja a los sucesos de abril de cualquier relación directa con la crisis de la monarquía española, se ratifica la intención revolucionaria de sus promotores, se incorpora la argumentación según la cual la declaración de lealtad a Fernando VII había sido una artimaña, astucia o recurso político del momento para no alarmar a los pueblos, y se bolivarianiza la fecha destacando el temprano ideario independentista de Bolívar y su actuación protagónica en la consumación de la gesta que tuvo su inicio aquel 19 de abril en la ciudad de Caracas. Esta misma orientación, estos mismos argumentos están presentes en el dictamen de la Academia, y fueron ratificados por el doctor Cristóbal Mendoza en la celebración de los 150 años del 19 de abril de 1810 La conmemoración del sesquicentenario constituyó así, ocasión propicia para reafirmar el momento iniciativo, el punto de partida de nuestra independencia y de nuestra historia nacional, no sólo en Venezuela sino en muchas de las naciones que, en aquel momento, festejaban sus 150 años de vida independiente".

Y por si alguna duda persiste acerca del carácter independentista de la Revolución de Caracas, el mismo ya había sido reconocido expresamente por el Consejo de Regencia de Cádiz, el 10 de agosto de 1810, al declarar el bloqueo a la Provincia de Venezuela, cuando justificaba la draconiana sanción por haber la Junta Suprema de Caracas:

"cometido el desacato de declararse independientes de la metrópoli, y creando una junta de gobierno para ejercer la pretendida autoridad independiente".

A MANERA DE CONCLUSIÓN

Ya se ve, pues, cómo España y la América Latina son uña y carne, donde la uña es América Latina. Arránquela usted y verá cuanto duele, por mucha anestesia europea que le ponga.

Guillermo Morón

La Revolución de Caracas de 1810 es el inicio del final de una relación secular entre España y Venezuela; es también el comienzo de un largo período de afirmación de la venezolanidad que hoy seguimos propiciando.

A los doscientos años de lo acontecido en Caracas el 19 de abril de 1810, hemos querido demostrar palmariamente los innegables vínculos históricos que acompañaron a la naciente patria con la España Imperial, así como la pluralidad de factores de toda índole que originaron y caracterizaron el proceso revolucionario caraqueño.

Todo ello dentro del espíritu de entender mejor lo que somos como país y porqué lo somos.

APÉNDICE:
ACTA DEL 19 DE ABRIL DE 1810

En la ciudad de Caracas a 19 de abril de 1810, se juntaron en esta sala capitular los señores que abajo firmarán, y son los que componen este muy ilustre Ayuntamiento, con motivo de la función eclesiástica del día de hoy, Jueves Santo, y principalmente con el de atender a la salud pública de este pueblo que se halla en total orfandad, no sólo por el cautiverio del señor Don Fernando VII, sino también por haberse disuelto la junta que suplía su ausencia en todo lo tocante a la seguridad y defensa de sus dominios invadidos por el Emperador de los franceses, y demás urgencias de primera necesidad, a consecuencia de la ocupación casi total de los reinos y provincias de España, de donde ha resultado la dispersión de todos o casi todos los que componían la expresada junta y, por consiguiente, el cese de su funciones. Y aunque, según las últimas o penúltimas noticias derivadas de Cádiz, parece haberse sustituido otra forma de gobierno con el título de Regencia, sea lo que fuese de la certeza o incertidumbre de este hecho, y de la nulidad de su formación, no puede ejercer ningún mando ni jurisdicción sobre estos países, porque ni ha sido constituido por el voto de estos fieles habitantes, cuando han sido ya declarados, no colonos, sino partes integrantes de la Corona de España, y como tales han sido llamados al ejercicio de la soberanía interina, y a la reforma de la constitución nacional; y aunque pudiese prescindirse de esto, nunca podría hacerse de la impotencia en que ese mismo gobierno se halla de atender a la seguridad y prosperidad de estos territorios, y de administrarles cumplida justicia en los asuntos y causas propios de la suprema autoridad, en tales términos que por las circunstancias de la guerra, y de la conquista y usurpación de las armas francesas, no pueden valerse a sí mismos los miembros que compongan el indicado nuevo gobierno, en cuyo caso el derecho natural y todos los demás dictan la necesidad de procurar los medios de su conservación y defensa; y de erigir en el seno mismo de estos países un sistema de gobierno que supla las enunciadas faltas, ejerciendo los derechos de la soberanía, que por el mismo hecho ha recaído en el pueblo, conforme a los mismos principios de la sabia Constitución primitiva de España, y a las máximas que ha enseñando y publicado en innumerables papeles la junta suprema extinguida. Para tratar, pues, el muy ilustre Ayuntamiento de un punto de la mayor importancia tuvo a bien formar un cabildo extraordinario sin la menor dilación, porque ya pretendía la fermentación peligrosa en que se hallaba el pueblo con las novedades esparcidas, y con el temor de que por engaño o por fuerza fuese inducido a reconocer un gobierno legítimo, invitando a su concurrencia al señor Mariscal de Campo don Vicente de Emparan, como su presidente, el cual lo verificó inmediatamente, y después de varias conferencias, cuyas resultas eran poco o nada satisfactorias al bien político de este leal vecindario, una gran porción de él congregada en las inmediaciones de estas casas consistoriales, levantó el grito, aclamando con su acostumbrada fidelidad al señor Don Fernando VII y a la soberanía interina del mismo pueblo; por lo que habiéndose aumentado los gritos y aclamaciones, cuando ya disuelto el primer tratado marchaba el cuerpo capitular a la iglesia metropolitana, tuvo por conveniente y necesario retroceder a la sala del Ayuntamiento, para tratar de nuevo sobre la seguridad y tranquilidad pública. Y entonces, aumentándose la congregación popular y sus clamores por lo que más le importaba, nombró para que representasen sus derechos, en calidad de diputados, a los señores doctores don José Cortés de Madariaga, canónigo de merced de la mencionada iglesia; doctor Francisco José de Rivas, presbítero; don José Félix Sosa y don Juan Germán Roscio, quienes llamados y conducidos a esta sala con los prelados de las religiones fueron admitidos, y estando juntos con los señores de este muy ilustre cuerpo entraron en las conferencias conducentes, hallándose también presentes el señor don Vicente Basadre, intendente del ejército y real hacienda, y el señor brigadier don Agustín García, comandante subinspector de artillería; y abierto el tratado por el señor Presidente, habló en primer lugar después de su señoría el diputado primero en el orden con que quedan nombrados, alegando los fundamentos y razones del caso, en cuya inteligencia dijo entre otras cosas el señor Presidente, que no quería ningún mando, y saliendo ambos al balcón notificaron al pueblo su deliberación; y resultando conforme en que el mando supremo quedase depositado en este Ayuntamiento muy ilustre, se procedió a lo demás que se dirá, y se reduce a que cesando igualmente en su empleo el señor don Vicente Basadre, quedase subrogado en su lugar el señor don Francisco de Berrío, fiscal de Su Majestad en la real audiencia de esta capital, encargado del despacho de su real hacienda; que cesase igualmente en su respectivo mando el señor brigadier don Agustín García, y el señor don José Vicente de Anca, auditor de guerra, asesor general de gobierno y teniente gobernador, entendiéndose el cese para todos estos empleos; que continuando los demás tribunales en sus respectivas funciones, cesen del mismo modo en el ejercicio de su ministerio los señores que actualmente componen el de la real audiencia, y que el muy ilustre Ayuntamiento, usando de la suprema autoridad depositada en él, subrogue en lugar de ellos los letrados que merecieron su confianza; que se conserve a cada uno de los empleados comprendidos en esta suspensión el sueldo fijo de sus respectivas plazas y graduaciones militares; de tal suerte, que el de los militares ha de quedar reducido al que merezca su grado, conforme a ordenanza; que continuar las órdenes de policía por ahora, exceptuando las que se han dado sobre vagos, en cuanto no sean conformes a las leyes y prácticas que rigen en estos dominios legítimamente comunicadas, y las dictadas novísimamente sobre anónimos, y sobre exigirse pasaporte y filiación de las personas conocidas y notables, que no pueden equivocarse ni confundirse con otras intrusas, incógnitas y sospechosas; que el muy ilustre Ayuntamiento para el ejercicio de sus funciones colegiadas haya de asociarse con los diputados del pueblo, que han de tener en él voz y voto en todos los negocios; que los demás empleados no comprendidos en el cese continúen por ahora en sus respectivas funciones, quedando con la misma calidad sujeto el mando de las armas a las órdenes inmediatas del teniente coronel don Nicolás de Castro y capitán don Juan Pablo de Ayala, que obraran con arreglo a las que recibieren del muy ilustre Ayuntamiento como depositario de la suprema autoridad; que para ejercerla con mejor orden en lo sucesivo, haya de formar cuanto antes el plan de administración y gobierno que sea más conforme a la voluntad general del pueblo; que por virtud de las expresadas facultades pueda el ilustre Ayuntamiento tomar las providencias del momento que no admitan demora, y que se publique por bando esta acta, en la cual también se insertan los demás diputados que posteriormente fueron nombrados por el pueblo, y son el teniente de caballería don Gabriel de Ponte, don José Félix Ribas y el teniente retirado don Francisco Javier Ustáriz, bien entendido que los dos primeros obtuvieron sus nombramientos por el gremio de pardos, con la calidad de suplir el uno las ausencias del otro, sin necesidad de su simultánea concurrencia. En este estado notándose la equivocación padecida en cuanto a los diputados nombrados por el gremio de pardos se advierte ser sólo el expresado don José Félix Ribas. Y se acordó añadir que por ahora toda la tropa de actual servicio tenga pret y sueldo doble, y firmaron y juraron la obediencia a este nuevo gobierno.

Vicente de Emparan; Vicente Basadre; Felipe Martínez y Aragón; Antonio Julián Álvarez; José Gutiérrez del Rivero; Francisco de Berrío; Francisco Espejo; Agustín García; José Vicente de Anca; José de las Llamosas; Martín Tovar Ponte; Feliciano Palacios; J. Hilario Mora; Isidoro Antonio López Méndez; Licenciado Rafael González; Valentín de Rivas; José María Blanco; Dionisio Palacios; Juan Ascanio; Pablo Nicolás González, Silvestre Tovar Liendo; Doctor Nicolás Anzola; Lino de Clemente; Doctor José Cortes, como diputado del clero y del pueblo; Doctor Francisco José Rivas, como diputado del clero y del pueblo; como diputado del pueblo, doctor Juan Germán Roscio; como diputado del pueblo, Doctor Félix Sosa; José Félix Ribas; Francisco Javier Ustáriz; fray Felipe Mota, prior; Fray Marcos Romero, guardián de San Francisco; Fray Bernardo Lanfranco, comendador de la Merced; Doctor Juan Antonio Rojas Queipo, rector del seminario; Nicolás de Castro; Juan Pablo Ayala; Fausto Viaña, escribano real y del nuevo Gobierno; José Tomás Santana, secretario escribano.

Publicación del Acta del Ayuntamiento.

En el mismo día, por disposición de lo que se manda en el acuerdo que antecede, se hizo publicación de éste en los parajes más públicos de esta ciudad, con general aplauso y aclamaciones del pueblo, diciendo: ¡Viva nuestro rey Fernando VII, ¡nuevo Gobierno, muy ilustre Ayuntamiento y diputados del pueblo que lo representan! Lo que ponemos por diligencia, que firmamos los infrascritos escribanos de que demos fe.

Viaña, Santana.

BIBLIOGRAFÍA BÁSICA

ACADEMIA NACIONAL DE LA HISTORIA. *La Declaración de Independencia de Venezuela y su Acta*. Caracas, 2005.

Acta del 19 de abril. Documentos de la Suprema Junta de Caracas. Litografía Tecnocolor S.A., Caracas, 1984.

ARCAYA, Pedro Manuel. *El Cabildo de Caracas*. Ediciones del Cuatricentenario. Caracas, 1965.

BASADRE, Vicente. *El 19 de abril de 1810*. Instituto Panamericano de Geografía e Historia. Caracas, 1957.

BLANCO, José Félix y Azpurúa, *Documentos para la historia de la vida pública del Libertador*. Ediciones de la Presidencia. Caracas, 1977.

BREWER-CARÍAS, Allan. *Historia Constitucional de Venezuela.* 2 Tomos. Editorial Alfa, Caracas, 2008.

BRICEÑO I. Mario. *Tapices de Historia Patria.* Ediciones CGR. Caracas, 1999.

CASTILLO LARA, Lucas G. *El 19 de abril: el cumpleaños de la Patria*. Discurso en la Sociedad Bolivariana, Caracas, 1972.

CONDORCET. *Influencia de la Revolución de América sobre Europa.* Buenos Aires, 1945.

DE TOCQUEVILLE, Alexis. *Inéditos sobre la Revolución.* Madrid, 1989.

Diccionario de Historia de España. Ediciones de la Revista de Occidente. Madrid, 1969.

Diccionario de Historia de Venezuela. Fundación Polar. Caracas, 1997.

FEBRES, Laura. *La Religiosidad de los siglos XVIII y XIX.* Universidad Metropolitana, Caracas, 2010.

FELICE CARDOT, Carlos. *La rebelión de Andresote*. Caracas, 1952

FUENTES, Carlos. *El espejo enterrado*. Taurus, Madrid, 1997.

GARRIDO ROVIRA, Juan. *La Revolución de 1810*. Universidad MonteÁvila, Caracas, 2009.

GIL FORTOUL, José. *Obras Completas*. Ediciones del M. E.

GRISANTI, Ángel. *Repercusiones del 19 de abril de 1810*. Editorial Ávila Gráfica, 1949.

------------------ *Emparan y el Golpe de Estado de 1810*. Tipografía Luz S.A, Caracas, 1960.

INCE. *El 19 de abril de 1810*. Ediciones Culturales INCE, N° 21, Caracas, 1974.

QUINTERO, Inés. *Discurso de orden con motivo del Bicentenario del 19 de abril de 1810*. ANH, Caracas. 2010.

MORALES PADRÓN, Francisco. *Manual de Historia Universal*. Espasa, Madrid, 1075.

MORÓN, Guillermo, *Historia de Venezuela*, 5 Tomos, Británica. Caracas, 1971.

NÚÑEZ, Bernardo Enrique. *Juan Francisco de León o el levantamiento contra la Compañía Guipuzcoana*. Ávila Gráfica. Caracas, 1949.

USLAR PIETRI, Arturo. *Medio Milenio de Venezuela*. Cuadernos Lagoven, Caracas, 1986.

VALLENILLA LANZ, Laureano. *Disgregación e Integración*. Caracas, 1930.

VILORIA VERA, Enrique. *Neopopulismo y neopatrimonialismo: Chávez y los mitos americanos*. Coedición del CELAUP / UNIMET y del CEIAS de Salamanca, Caracas, 2004.

SEGUNDA PARTE:
EL DISEÑO CONSTITUCIONAL DE LA REPÚBLICA 1810-1812 COMO OBRA DE CIVILES[*]

Allan Brewer-Carías

El historiador Guillermo Morón, Decano de la Academia Nacional de la Historia y de los historiadores del país, me honró en haber leído esta Ponencia, formulándome el siguiente comentario:

"Pero lo que deseo dejar aquí como testimonio es el agrado, y admiración, con que releí anoche su Ponencia. Si ya algunos historiadores jóvenes comienzan a darse cuenta de su tesis central, la Independencia fue obra de héroes civiles, la República fue creada con constitución por civiles, no se había, que yo sepa, razonado, explicitado, aclarado, tan lúcida y documentalmente, como Usted lo hace. / Tengo sus libros, los he leído. Y agradecido su honestidad como historiador al citar las fuentes y a quienes le precedieron en algunos puntos cardinales de nuestro pasado. / No me sorprende la claridad de sus conclusiones, el conocimiento de lo ocurrido (19 de abril, 5 de julio, primera Constitución) y la filosofía de la Historia que caracterizan toda su obra." (email de 1 de noviembre de 2012).

---

[*] Texto de la Ponencia presentada por Allan R. Brewer-Carías, con el título: "La Independencia de Venezuela y el inicio del constitucionalismo hispanoamericano en 1810-1811, como obra de civiles, y el desarrollo del militarismo a partir de 1812, en ausencia de régimen constitucional," en el *VI Simposio Internacional sobre la Constitución de Cádiz, "Los hombres de Cádiz y de las Américas. Bases de la identidad social y política hispano-americana*", Ayuntamiento de Cádiz, Cádiz 23 de noviembre de 2012. Publicado en Allan R. Brewer-Carías, *El constitucionalismo hispano americano pre-gaditano 1811-1812*, Cuadernos de la Cátedra Fundacional Charles A. Brewer Maucó, Universidad católica Andrés Bello, Editorial Jurídica Venezolana, Caracas 2013, pp. 401-421.

Francisco de Miranda, el 3 de agosto de 1810, se dirigió a la Junta Suprema de Caracas desde Londres dándoles "la enhorabuena por los gloriosos y memorables hechos del 19 de abril de 1810," época que calificó como "la más célebre de la historia de esa Provincia y para los anales del nuevo mundo."[1] Sobre ese acontecimiento, por otra parte, antes, en julio de 1810, el mismo Miranda había manifestado al Richard Wellesley Jr., entonces Embajador británico en España, que la Revolución que había estallado en Caracas, había sido una insurrección contra la casta "de españoles nativos a quienes a quienes ha sido siempre la política de la Madre Patria confiar todo el poder civil y militar" por parte de las otras cuatro clases: "de los criollos, de los negros, que representan una muy pequeña proporción con los blancos y de los indios aborígenes," y de "los llamados cuarterones, producto de un mulato y de un blanco, éstos están representados en la nueva Convención de gobierno."[2]

Con el golpe de Estado que venía de producirse deponiendo a las autoridades españolas, en efecto, la Junta Suprema de Venezuela, a pesar de su denominación inicial de "conservadora de los derechos de Fernando VII," en realidad comenzó a configurar un gobierno muy alejado de los principios monárquicos, y más bien bajo la inspiración de los principios del constitucionalismo moderno que en esos tiempos se estaban construyendo por la influencia de las Revoluciones Francesa y Norteamericana,[3] ocurridas en las décadas precedentes.

Por ello, al asumir el mando de la Provincia, la Junta procedió a retener en forma provisional las funciones legislativas y ejecutivas, definiendo en cambio ya en forma separada en el Bando del 25 de abril de 1810, a los siguientes órganos del Poder Judicial: "El Tribunal Superior de apelaciones, alzadas y recursos de agravios se establecerá en las casas que antes tenía la audiencia"; y el Tribunal de Policía "encargado del fluido vacuno y la administración de justicia en todas las causas civiles y criminales estará a cargo de los corregidores"[4]

---

1 Véase el texto de la carta en Francisco de Miranda, *América Espera* [Ed. J.L. Salcedo Bastardo], Biblioteca Ayacucho, Caracas 1992, pp. 439-440.

2 Véase el texto de la carta en Francisco de Miranda, *América Espera* [Ed. J.L. Salcedo Bastardo], *cit.*, pp. 443-446.

3 Véase José Gil Fortoul, *Historia Constitucional de Venezuela,* Tomo primero, *Obras Completas,* Tomo. I, Caracas, 1953, p. 209.

4 *Textos oficiales de la Primera República de Venezuela,* Biblioteca de la Academia Nacional de la Historia, 1959, Tomo I, pp. 115–116.

El proceso político que originó la rebelión civil, por otra parte, conforme a los moldes de la Revolución francesa, puede considerarse como el producto de una Revolución de la burguesía y de la nobleza u oligarquía criolla, las cuales, al igual que el tercer estado en Francia, constituía la única fuerza activa nacional,[5] que en definitiva asumieron el poder. Por ello, la revolución de independencia en Venezuela fue el instrumento de la aristocracia colonial, es decir, de los blancos o mantuanos, para reaccionar contra la autoridad colonial y asumir el gobierno de las tierras que habían sido descubiertas, conquistadas, colonizadas y cultivadas por sus antepasados.[6] No se trató, por tanto, inicialmente, de una revolución popular, pues los pardos, a pesar de constituir la mayoría de la población, apenas comenzaban a ser admitidos en los niveles civiles y sociales como consecuencia de la Cédula de "Gracias, al Sacar," vigente a partir de 1795, y que, con toda la protesta de los blancos, les permitía a aquellos adquirir mediante el pago de una cantidad de dinero, los derechos reservados hasta entonces a los blancos notables.[7]

---

5   Véase José Gil Fortoul, *Historia Constitucional de Venezuela, op. cit.*, Tomo primero, p. 200; Pablo Ruggeri Parra, *Historia Política y Constitucional de Venezuela,* Tomo I, Caracas, 1949, p. 31.

6   En este sentido, por ejemplo, L. Vallenilla Lanz fue categórico al considerar que "en todo proceso justificativo de la Revolución (de independencia) no debe verse sino la pugna de los nobles contra las autoridades españolas, la lucha de los propietarios territoriales contra el monopolio comercial, la brega por la denominación absoluta entablada de mucho tiempo atrás por aquella clase social poderosa y absorbente, que con razón se creía dueña exclusiva de esta tierra descubierta, conquistada, colonizada y cultivada por sus antepasados. En todas estas causas se fundaba no sólo el predominio y la influencia de que gozaba la nobleza criolla, sino el legítimo derecho al gobierno propio, sin la necesidad de apelar a principios exóticos tan en pugna con sus exclusividades y prejuicios de casta." Véase Vallenilla Laureano Lanz, *Cesarismo Democrático.* Estudio sobre las bases sociológicas de la Constitución efectiva en Venezuela, Caracas 1952, pp. 54 y 55.

7   Sobre el Decreto Real *"Gracias al Sacar"* del 10/02/1795. Véase J. F. Blanco y R. Azpurúa, *Documentos para la Historia de la Vida Pública del Libertador de Colombia, Perú y Bolivia. Puestos por orden cronológico y con adiciones y notas que la ilustran,* La Opinión Nacional, Vol. III, Caracas 1877, Edición facsimilar: Ediciones de la Presidencia de la República, Caracas 1977, 1983, Tomo I, pp. 263 a 275. *Cf.* Federico Brito Figueroa, *Historia Económica y Social de Venezuela. Una estructura para su estudio,* Tomo I, Caracas, 1966, p. 167; and L. Vallenilla Lanz,

Por ello, teniendo en cuenta la situación social preindependentista, sin duda puede calificarse de "insólito" el hecho de que en el Ayuntamiento de Caracas, transformado en Junta Suprema, se le hubiera dado "representación" no sólo a estratos sociales extraños al Cabildo, como los representantes del clero y los denominados del pueblo, sino a un representante de los pardos.[8]

Todos estos actos políticos fueron incluso criticados públicamente por el depuesto y antiguo Capitán General Emparan, mediante un *Manifiesto* que publicó en Filadelfia el 6 de julio de 1810,[9] cuyo contenido fue rebatido en la "Refutación á la Proclama del Ex-capitán General Emparan," publicada en Caracas como "contestación del Gobierno de

---

Cesarismo Democrático, op. cit., pp. 13 y ss. En este sentido, cabe señalar que en la situación social existente en el período anterior a la independencia existían indicios de la lucha de clases entre los blancos o aristócratas que constituían el 20% de la población y los pardos y los negros constituían el 61% de la población. Ello se materializaría más adelante en la rebelión de 1814. Véase F. Brito Figueroa, *op. cit.,* tomo I, pp. 160 y 173. *Cf.* Ramón Díaz Sánchez, "Evolución social de Venezuela (hasta 1960)," en M. Picón Salas y otros, *Venezuela Independiente 1810–1960,* Caracas, 1962, p. 193.

8   Véase José Gil Fortoul, *Historia Constitucional de Venezuela, op. cit.,* Tomo primero, pp. 203, 208 y 254. Es de tener en cuenta, como señala A. Grisanti, que "El Cabildo estaba representado por las oligarquías provincianas extremadamente celosas de sus prerrogativas políticas, administrativas y sociales, y que detentaban el Poder por el predominio de contadas familias nobles o ennoblecidas, acaparadoras de los cargos edilicios...". Véase Ángel Grisanti, Prólogo al libro *Toma de Razón, 1810 a 1812,* Caracas, 1955. El cambio de actitud del Cabildo caraqueño, por tanto, indudablemente que se debe a la influencia que sus miembros ilustrados recibían del igualitarismo de la Revolución Francesa: *Cf.* L. Vallenilla Lanz, *Cesarismo Democrático, cit.,* p. 36. Este autor insiste en relación a esto de la manera siguiente: "Es en nombre de la Enciclopedia, en nombre de la filosofía racionalista, en nombre del optimismo humanitario de Condorcet y de Rousseau como los revolucionarios de 1810 y los constituyentes de 1811, surgidos en su totalidad de las altas clases sociales, decretan la igualdad política y civil de todos los hombres libres," *op. cit.,* p. 75.

9   En la edición del *El Mercurio Venezolano* del 1 de enero de 1811 el Manifiesto de Emparan fue objeto de comentarios y una respuesta al mismo fue ofrecido en el siguiente número de la revista. Véase la edición facsimilar en <http://cic1.ucab.edu.ve/hmdg/bases/hmdg/textos/Mercurio/Mer_Enero1811.pdf>.

Venezuela." Dicha Refutación fue redactada por Ramón García de Sena, hermano de Manuel García de Sena[10] el traductor de las obras de Thomas Paine, quien luego sería el redactor de *El Publicista Venezolano* (órgano del Congreso General de 1811), y después, destacado oficial del Ejercito de Venezuela, Secretario de Guerra y Marina en 1812 y, además, uno de los firmantes de la extensa y completa "Constitución de la República de Barcelona Colombiana," de 12 de enero de 1812.[11]

El éxito inmediato que tuvo la difusión de las ideas revolucionarias originadas en Caracas, provocó que la nueva Junta de Gobierno debiera asumir el diseño de una segunda tarea, que fue la de establecer un poder central constituido, que requería la unión de todas las provincias de la antigua Capitanía General.

Esa tarea surgió del rápido proceso revolucionario de las Provincias de Venezuela, hacia donde se había expandido, de lo que surgió que para junio de 1810 ya se hablara oficialmente de la "Confederación de Venezuela."[12] La Junta de Caracas, además, con representantes de Cumaná, Barcelona y Margarita ya había venido actuando como Junta Suprema pero, por supuesto, sin ejercer plenamente el gobierno en toda la extensión territorial de la antigua Capitanía General. De allí la necesidad que había de formar un "Poder Central bien constituido," es decir, un gobierno que uniera las Provincias, por lo que la Junta Suprema estimó que había "llegado el momento de organizarlo" a cuyo efecto, procedió a convocar:

"A todas las clases de hombres libres al primero de los goces del ciudadano, que es el de concurrir con su voto a la delegación de los derechos personales y reales que existieron originariamente en la masa común."

En esta forma, la Junta llamó a elegir y reunir a los diputados que habían de formar "la Junta General de Diputación de las Provincias de

---

10 Véase el texto en *El Mercurio Venezolano*, N° II, febrero 1811, pp. 1-21, edición facsimilar publicada en <http://cic1.ucab.edu.ve/hmdg/bases/hmdg/textos/Mercurio/Mer_Febrero1811.pdf>.

11 Véase *Las Constituciones Provinciales* (Estudio Preliminar por Ángel Francisco Brice), Biblioteca de la Academia Nacional de la Historia, Caracas 1959, p. 249.

12 Véase la "Refutación a los delirios políticos del Cabildo de Coro, de orden de la Junta Suprema de Caracas" de 1 de junio de 1810, en *Textos Oficiales...*, op. cit., Tomo I, p. 180.

Venezuela," para lo cual dictó, el 11 de junio de 1810, el Reglamento de Elecciones de dicho cuerpo,[13] en el cual se previó, además, la abdicación de los poderes de la Junta Suprema en la Junta o Congreso General, quedando sólo como Junta Provincial de Caracas (Cap. III, art. 4). Este Reglamento de Elecciones, sin duda, fue el primero de todos los dictados en materia electoral en el mundo hispanoamericano.

Paralelamente a la emisión del Reglamento sobre elecciones de la Junta Suprema, como antes se indicó, la Junta nombró a Simón Bolívar y a Luis López Méndez como comisionados para representar al nuevo gobierno ante el Reino Unido, quienes, con Andrés Bello como secretario, viajarían a Londres, mientras la Junta continuaba con la política exterior que había comenzado desde su instalación. Los comisionados tenían la misión de fortalecer las relaciones con Inglaterra y solicitar ayuda inmediata para resistir a la amenaza de Francia. En ello tuvieron éxito, logrando obtener la ayuda expresada específicamente en el compromiso de Inglaterra de defender al gobierno de Caracas de los "contra los ataques o intrigas del tirano de Francia".[14]

Para Francisco de Miranda, los comisionados venezolanos habrían continuado las negociaciones que él había iniciado "desde veinte años a esta parte [...] en favor de nuestra emancipación o i, por independencia."[15] Sin embargo, los Comisionados tenían entre sus Instrucciones la de no entrar en contacto con Miranda, a quien se consideraba como un conspirador nato, quién además había recibido el repudio de toda la aristocracia colonial por su invasión de la Provincia cuatro años antes en 1806. En las instrucciones se decía:

---

13 Véase el texto en *Textos Oficiales..., op. cit.,* Tomo II, pp. 61–84; y en Allan R. Brewer–Carías, *Las Constituciones de Venezuela,* Academia de Ciencias Políticas y Sociales, Caracas 2008, Tomo I, pp. 535-543.

14 Véase el boletín enviado el 7 de diciembre de 1810 por el Secretario de las Colonias de Gran Bretaña a los jefes de las Indias Occidentales Británicas, en el J. F. Blanco y R. Azpurúa, *Documentos para la Historia de la Vida Pública del Libertador..., op. cit.* Tomo II, p. 519. Véase igualmente, el artículo publicado en la *Gaceta de Caracas,* el viernes, 26 de octubre 1810 sobre las negociaciones de los comisionados. Véase en J. F. Blanco y R. Azpurúa, *Documentos para la Historia de la Vida Pública del Libertador..., op. cit.,* Tomo II, p. 514.

15 Véase la carta de Miranda a la Junta Suprema de 3 de agosto 1810, en J. F. Blanco y R. Azpurúa, *Documentos para la Historia de la Vida Pública del Libertador..., op. cit.,* Tomo II, p. 580.

"Miranda, el general que fué de la Francia, maquinó contra los derechos de la Monarquía que tratamos de conservar, y el Gobierno de Caracas por las tentativas que practicó contra esta Provincia en el año 1806 por la costa de Ocumare y por Coro, ofreció 30.000 pesos por su cabeza. Nosotros consecuentes en nuestra conducta debemos mirarlo como rebelado contra Fernando VII, y baxo de esta inteligencia si estuviese en Londres, ó en otra parte de las escalas ó recaladas de los comisionados de este nuevo Gobierno, y si se acercase á ellos sabrán tratarle como corresponde á estos principios, y á la inmunidad del territorio donde se hallase; y si su actual situación pudiese contribuir de algún modo que sea decente á la comisión, no será menospreciado."[16]

Sin embargo, no era concebible que pudieran estar en Londres y no tener contacto con la persona que más relaciones tenía con el mundo inglés a los efectos del propósito de la delegación, lo que ocurrió varios días después de su llegada a Londres. Por otra parte, las Instrucciones dadas a la Comisión eran básicamente para mediar entre la Metrópoli y las colonias, y no para abogar por la independencia. Bolívar, sin embargo, en su exposición verbal ante el Marqués de Wellesley, Ministro de asuntos exteriores, no sólo hizo alusiones ofensivas a la Metrópoli sino abogó por una independencia absoluta. Lo extraño fue que copia de las Instrucciones oficiales a los Comisionados, fueron entregadas a las autoridades del gobierno inglés, junto con las credenciales de los comisionados.[17] Las autoridades inglesas, por tanto, desde el inicio, tomaron nota de la contradicción y además, de la opinión que las nuevas autoridades de la Provincia tenían sobre la persona que ante ellas tanto y durante tanto tiempo había abogado por la independencia.

---

16 Véase el texto en Jules Mancini, *Bolívar y la emancipación de las colonias españolas desde los orígenes hasta 1815*, Librería de la Vda. De C. Bouret, Paris-México, 1914, p. 319.

17 Véase en Ricardo Becerra, *Vida de Don Francisco de Miranda*, Vol. 2, Editorial América, Madrid 1923, p. 156. Por ello se salvaron para la historia. Como lo reportó Jules Mancini en 1914, el documento contentivo de las "Instrucciones de Su Alteza la Junta Suprema de Venezuela a sus Comisionados delegados a la Corte de Londres" dadas en Caracas el 2 de junio de 1810, había permanecido inédito, y se encontraba en el Archivo inglés, *War Office* (Curazao) 1/105. Véase en su libro: *Bolívar y la emancipación de las colonias españolas desde los orígenes hasta 1815*, Librería de la Vda. De C. Bouret, Paris-México, 1914, nota 2, p. 30.

Luego de la breve estancia londinense, Bolívar y Miranda regresaron a Caracas en diciembre de 1810. Bolívar actuó brevemente en la Junta Patriótica, junto con Miranda, pero este último, además, fue electo como diputado por el Pao para formar parte del Congreso General de Venezuela, el cual se instaló el 2 de marzo de 1811.[18]

Andrés Bello, por su parte, permanecería en Londres como Secretario de la Legación de Venezuela, correspondiéndole seguir desarrollando las relaciones establecidas por Miranda con la comunidad inglesa y con los españoles interesados en la suerte de América, y además, tomar a su cargo en 1812, la edición del libro londinense sobre los *Documentos Oficiales Interesantes relacionados con las Provincias Unidas de Venezuela,* el cual, sin duda, debe haber respondido a la iniciativa de Miranda, una vez que los documentos constitucionales de la República se habían completado en diciembre de 1811, habiendo él dejado en Londres toda la red de difusión y publicación de ideas que tan tenazmente allí había construido.

Como se dijo, Francisco de Miranda regresó a Venezuela en diciembre de 1810, ocho meses después de que se había iniciado el proceso de independencia de las provincias de Venezuela a partir de los actos de rebelión del cabildo de Caracas del 19 de abril de 1810, y cuarenta años después de haberse alejado de su tierra natal, la cual dejó en 1771. Regresaba a Caracas, después de haber desarrollado una exitosa carrera militar en el ejército y la marina españolas (1772-1783) y en el ejército francés (1792-1793), y después de haber fracasado en su intento de invasión militar a las Provincias de Venezuela (1806-1807), cuando ya se había retirado a la vida civil; y precisamente como civil, para integrarse al proceso civil de construir un nuevo Estado en lo que habían sido las Provincias de Venezuela.

En su viaje de regreso a Venezuela llevó consigo, como su únicas "armas," las propuestas constitucionales que ya había venido formulado para la organización de Colombia, como llamaba a todo el Continente hispanoamericano, las cuales había comenzado a difundir; y además, los papeles que conformaban su extraordinario *Archivo,* específicamente los destinados a sembrar las ideas y conceptos que pudieran contribuir a la configuración institucional del nuevo Estado que

---

18   Véase C. Parra Pérez, *Historia de la Primera República,* Biblioteca de la Academia Nacional de la Historia, Caracas, 1959, Tomo I, Caracas 1959, pp. 15 y 18.

estaba por constituirse; muchos de los cuales se difundirían regular y sistemáticamente en la *Gaceta de Caracas* entre 1810 y 1811 bajo el nombre de William Burke, y se debatirían en la Junta Patriótica, que presidió.

Miranda fue a Venezuela, por tanto, a integrarse al grupo de civiles que configuró constitucionalmente a la República, y solo asumió la posición militar desesperada de Generalísimo de la República que esta le exigió, dos años después, sustituyendo al Marqués del Toro, para asumir la defensa militar del nuevo Estado independiente ante la invasión militar ordenada por la regencia en España con el apoyo de las Cortes de Cádiz a partir de marzo de 1812.

Lo importante en el proceso de independencia venezolano es que, a diferencia de lo que sucedió en los otros países del Continente, la independencia fue obra única y exclusivamente de civiles, no de militares. Es decir, en Venezuela no hubo una "guerra de Independencia" para lograrla de España; lo que hubo fue después de declarada la independencia y constituido el Estado, una "guerra de liberación" llevada a cabo a partir de 1813, con Simón Bolívar a la cabeza, para liberar a un país de la invasión española, que ya era independiente desde 1810.

Ese proceso civil de conformación de un nuevo Estado en el territorio de unas provincias españolas en América, que desde 1777 había conformado la Capitanía General de Venezuela, estuvo desde el inicio signado por la idea fuerza de estructuración de dicho Estado con la forma federal, la cual había sido recién "inventada" en los Estados Unidos de Norteamérica, y ello fue lo que se materializó entre 1810 y 1811, antes incluso de que las Cortes de Cádiz sancionaran la Constitución de la Monarquía española de marzo de 1812. Dicho nuevo Estado además, se organizó conforme a los principios del constitucionalismo moderno cuyas ideas como se dijo, ya se habían venido expandiendo en el mundo occidental luego de las revoluciones norteamericana y francesa de finales del siglo XVIII.[19]

Y el órgano responsable para todo ello, fue un cuerpo representativo de las provincias, integrado luego de que se efectuaron elecciones

---

19 Véase Allan R. Brewer-Carías, *Reflexiones sobre la revolución norteamericana (1776), la revolución francesa (1789) y la revolución hispanoamericana (1810-1830) y sus aportes al constitucionalismo moderno*, 2ª Edición Ampliada, Universidad Externado de Colombia, Editorial Jurídica Venezolana, Bogotá 2008.

para elegir los diputados de las mismas conforme al Reglamento adoptado en julio de 1810, denominado Congreso General de las Provincias Unidas de Venezuela, el cual fue el que adoptó, el 1° de julio de 1811, la Declaración de Derechos del Pueblo; el 5 de julio de 1811, la declaración formal de Independencia, y procedió a la creación formal del nuevo Estado de Venezuela con la sanción el 21 de diciembre de 1811, de la Constitución Federal de los Estados de Venezuela. Dicho proceso constituyente, además, se completó después de la aprobación de varias Constituciones provinciales, con la sanción el 31 de enero de 1812 de la Constitución para el Gobierno y Administración de la Provincia de Caracas, que era la Provincia más importante del nuevo Estado federal.[20]

En todo ese proceso constituyente, como se dijo, fueron civiles, la mayoría de ellos abogados y políticos quienes, como hombres de ideas, la mayoría habían egresado del Colegio Santa Rosa, origen de la Universidad Central de Venezuela, y quienes fueron los que participaron en todos los actos políticos que siguieron a la rebelión de Caracas, concibiendo y redactando los actos y documentos constitutivos del nuevo Estado. Como ideólogos y, además, como hombres de acción, esos creadores estuvieron presentes y participaron en todos los acontecimientos políticos que ocurrieron en esas fechas, comprometiéndose personalmente con los mismos, habiendo suscrito todos ellos los actos constituyentes subsiguientes. Fueron, en fin, los hombres que en Venezuela tuvieron un rol histórico equivalente al que en la historia de los Estados Unidos de América se conocen como los "padres fundadores" (G. Washington, J. Adams, T. Jefferson, J. Madison, B. Franklin, S. Adams, T. Paine, P. Henry, A. Hamilton, G. Morris, entre otros).[21]

En Venezuela, esos próceres o padres fundadores de la República, todos civiles ilustrados, fueron entre otros, Juan Germán Roscio, Francisco Javier Ustáriz, Francisco Isnardi y Miguel José Sanz; y quienes, junto con Lino de Clemente, Isidoro Antonio López Méndez, Martín Tovar y Ponce, invariablemente participaron en los más importantes actos de la independencia. La mayoría de ellos, en efecto, formaron

---

20 Véase Allan R. Brewer-Carías, *Los inicios del proceso constituyente hispano y americano. Caracas 1811 – Cádiz 1812*, bid & co. Editor, Caracas 2011, pp. 75 ss.

21 Véase Joseph J. Ellis, *Founding Brothers. The Revolutionary Generation*, Vintage Books, New York, 2000.

parte de la Junta Conservadora de los Derechos de Fernando VII el 19 de abril de 1810, como funcionarios que eran del Cabildo o como diputados por el pueblo que se incorporaron al mismo (Roscio); fueron miembros como Vocales de a la Junta Suprema de gobierno que se organizó días después, por el bando del 23 de abril de 1810, y en la misma Roscio fue quien redactó del Reglamento para la elección de los diputados al Congreso General; fueron electos como diputados al Congreso General, conforme al Reglamento de Elecciones dictado por la Junta Suprema el 11 de junio de 1810; participaron en el acto de instalación del Congreso General de diputados el día 3 de marzo de 1811; suscribieron la Ley sobre los Derechos del Pueblo sancionada por el Congreso General en la Sección Legislativa para la Provincia de Caracas el 1 de julio de 1811; suscribieron el Acta de la Independencia del 5 de julio de 1811; suscribieron la Constitución Federal de los Estados de Venezuela de 21 de diciembre de 1811; y suscribieron la Constitución de la Provincia de Caracas del 31 de enero de 1812.

A ese grupo se unió Francisco de Miranda a partir de diciembre de 1810, habiendo pasado a promover la Junta Patriótica y a participar activamente en el Congreso donde fue electo como diputado por El Pao, participando en la emisión del Acta de la Independencia del 5 de julio de 1811; suscribiendo la Constitución Federal de los Estados de Venezuela de 21 de diciembre de 1811, en la cual consignó uno de los pocos votos salvados respecto de la misma. Miranda, sin embargo, aun cuando creía que todo el proceso de independencia ocurrido en Caracas se debía a su tesonera labor en Europa de difusión de las ideas libertarias del Continente, nada tuvo que ver con la gestación inicial del proceso en Venezuela, donde los líderes de la insurrección todos mucho menor que él, tenían otra visión de su persona, más lejana y distante.

En todo caso, por haber sido parte de ese grupo de fundadores del Estado, junto con todos ellos pasó a engrosar el grupo a quienes Domingo Monteverde, el jefe español invasor del territorio a comienzos de 1812, calificó como los "monstruos, origen y raíz primitiva de todos los males de América,"[22] grupo en el cual, después de que Miranda fue ignominiosamente entregado a Monteverde por algunos de sus subalternos, entre ellos Bolívar, Las Casas y Peña, estuvieron otros ilustres diputados que fueron apresados por Monteverde, estuvieron Juan

---

22 Véase la referencia en J. F. Blanco y R. Azpurúa, *Documentos para la Historia de la Vida Pública del Libertador...*, op. cit., Tomo II, p. 700.

Germán Roscio, Francisco Isnardi, Juan Paz del Castillo y Díaz, Juan Pablo Ayala, José Cortés de Madariaga, José Mires, Manuel Ruiz y Antonio Barona.

Entre todos ellos, sin embargo, hay un pequeño grupo que deben recordarse específicamente, al cual correspondió el peso de concebir la República. Entre ellos destaca, ante todo, Juan Germán Roscio (1763-1821), experimentado abogado, conocido en la Provincia por haber protagonizado una importante batalla legal para su aceptación en el Colegio de Abogados de Caracas, luego de haber sido rechazado por su condición de *pardo*. Roscio, además, había sido Fiscal en la Administración colonial, y en tal carácter incluso, perseguidor judicial de los miembros de la expedición de Francisco de Miranda en 1806, que fueron infortunadamente apresados en el intento de desembarco en las costas de Ocumare. Como abogado, sin embargo, Roscio fue uno de los que en abril de 1810 se rebeló contra la autoridad colonial, habiendo sido uno de los "representantes del pueblo" incorporados en la Junta Suprema el 19 de abril de 1810. En la Junta fue luego designado como Secretario de Relaciones Exteriores, por lo que se lo considera como el primer Ministro de Relaciones Exteriores del país; y en tal carácter designó a los Comisionados que fueron a Londres para buscar el apoyo inglés al proceso de independencia, cuyas Instrucciones sin duda elaboró directamente. En la misma Junta, como secretario de Estado, Roscio fue quien firmó el 14 de agosto de 1810 la orden de la Junta Suprema de constitución de la "Sociedad Patriótica de Agricultura y Economía"[23] o sea la Junta patriótica de la cual Miranda llegó a ser su Presidente. Posteriormente, en los momentos del funcionamiento del Congreso General, Roscio además, fue nombrado como Ministro de Gracia, Justicia y Hacienda.[24]

Roscio, por otra parte, fue el redactor del muy importante *Reglamento para la elección y reunión de diputados que han de componer el Cuerpo Conservador de los derechos del Sr. D. Fernando VII en las Provincias de Venezuela* de 11 de junio de 1810, considerado como el

---

23 Véase *Textos Oficiales de la Primera República de Venezuela,* Biblioteca de la Academia de Ciencias Políticas y Sociales, Caracas 1982, Tomo I, pp. 215-216.

24 De ello se da cuenta en la sesión del Congreso del 17 de julio de 1811. Véase Ramón Díaz Sánchez, "Estudio Preliminar," *Libro de Actas del Segundo Congreso de Venezuela 1811-1812,* Academia nacional de la Historia, Caracas 1959, Tomo I, p. 220.

primer Código Electoral de América Latina,[25] y conforme al mismo, fue electo diputado al Congreso General por el partido de la Villa de Calabozo. Roscio, por tanto, fue redactor de la importante *Alocución* que presidió a dicho Reglamento, donde se sentaron las bases del sistema republicano representativo.[26]

Junto con Francisco Isnardi, Secretario del Congreso, Roscio fue figura clave en la redacción del *Acta de la Independencia* del 5 de julio de 1811; así como en la redacción del *Manifiesto que hace al mundo la Confederación de Venezuela en la América Meridional*, que se adoptó en el Congreso General el 30 de julio de 1811, explicando "las razones en que se ha fundado su absoluta independencia de España, y de cualquiera otra dominación extranjera, formado y mandado publicar por acuerdo del Congreso General de sus Provincias Unidas."[27]

Roscio fue también comisionado por el Congreso, junto con Gabriel de Ponte, Diputado de Caracas, y Francisco Javier Ustáriz, diputado por partido de San Sebastián, para colaborar en la redacción de la *Constitución Federal de las Provincias de Venezuela* de 21 de diciembre de 1811, y fue incluso miembro suplente del Ejecutivo Plural de la Confederación designado en 1812. Era fluente en inglés, e incluso fue el traductor de trabajos que Miranda había llevado a Caracas en su *Archivo*, preparados por sus colaboradores Campomanes y Antequera, y que bajo el nombre de William Burke fueron publicados en la *Gaceta de Caracas*, de la cual fue Redactor en sustitución de Andrés Bello. Roscio, además, fue uno de los pocos venezolanos que mantuvo a par-

---

25   Véase sobre la primera manifestación de representatividad democrática en España e Hispanoamérica en 1810, es decir, la elección de diputados a las Cortes de Cádiz conforme a la *instrucción* de la junta central gubernativa del reino de enero de 1810, y la elección de diputados al Congreso General de Venezuela conforme al *reglamento* de la Junta Suprema de Venezuela de junio de 1810, en Allan R. Brewer-Carías, los *inicios del proceso constituyente hispano y americano Caracas 1811- Cádiz 1812*, bid & co. editor, Caracas 2011, pp. 9 ss.

26   Véase Ramón Díaz Sánchez, "Estudio Preliminar", *Libro de Actas del Segundo Congreso de Venezuela 1811-1812, op. cit.*, Tomo I, p. 91.

27   Véase el texto en *Libro de Actas del Segundo Congreso de Venezuela 1811-1812*, Academia Nacional de la Historia, Caracas 1959, Tomo I, p. 82. Véanse los comentarios de Luis Ugalde s.j., *El pensamiento teológico-político de Juan Germán Roscio*, Universidad Católica Andrés Bello, Bid & Co. Editor, Caracas 2007, pp. 30, 39.

tir de 1810 directa correspondencia con Andrés Bello cuando ya este estaba en Londres, y con José M. Blanco White, el editor en Londres del periódico *El Español*.[28]

En agosto de 1812 fue apresado por Domingo Monteverde, y fue finalmente enviado junto con Francisco de Miranda a la prisión de La Carraca, en Cádiz, como uno de los mencionados monstruos origen "de todos los males de América." Después de ser liberado en 1815, gracias a la intervención del gobierno británico, llegó a Filadelfia donde publicó en 1817 su conocido libro *El triunfo de la libertad sobre el despotismo, En la confesión de un pecador arrepentido de sus errores políticos, y dedicado a desagraviar en esta parte a la religión ofendida con el sistema de la tiranía,* en la Imprenta de Thomas H. Palmer.[29]

Por todo ello, Juan Germán Roscio sin duda puede considerarse como "la figura más distinguida del movimiento de independencia desde 1810,"[30] y como "el más conspicuo de los ideólogos del movimiento" de independencia;[31] es decir, el más destacado de los próceres de la independencia, el cual como todos los otros fue olvidado como tal.

Otros de los destacados próceres civiles de la independencia, también olvidados, fue el mencionado Francisco Isnardi, de origen italiano (nació en Turín en 1750), quien después de haber vivido en Trinidad, pasó a las provincias de Venezuela donde por sus amplios conocimientos de física, astronomía y medicina, por encargo del entonces Gobernador del golfo de Cumaná, Vicente de Emparan, elaboró el mapa de la costa de dicho golfo. Ello produjo sospechas y acusado de trabajar para los ingleses, fue perseguido por las autoridades coloniales de Venezue-

---

28 Andrés Bello y López Méndez entregaron a Blanco White la carta de Roscio de 28 de enero de 1811, la cual fue contestada por éste último el 11 de julio de 1811. Ambas cartas se publicaron en *El Español,* y reimpresas en José Félix Blanco and Ramón Azpurúa, *Documentos para la historia de la vida pública del Libertador,* Ediciones de la Presidencia de la República, Caracas 1978., Tomo III, pp. 14-19.

29 La segunda edición de 1821 fue hecha también en Filadelfia en la Imprenta de M. Carey e hijos.

30 Véase Ramón Díaz Sánchez, "Estudio Preliminar", *Libro de Actas del Segundo Congreso de Venezuela 1811-1812, op. cit.,* Tomo I, p. 61.

31 Véase Manuel Pérez Vila, "Estudio Preliminar," *El Congreso Nacional de 1811 y el Acta de la Independencia,* Edición del Senado, Caracas 1990, p. 6.

la, confiscándoseles sus bienes. Luego de ser absuelto en Madrid, regresó a Margarita en 1809, donde ejerció la medicina, pasando luego a Caracas donde entabló amistad con Andrés Bello. Para 1810 trabajaba como cirujano del cuerpo de artillería, y junto con Bello se encargó de la redacción de la *Gaceta de Caracas*. Participó activamente en los eventos que siguieron a la revolución del 19 de abril de 1810, habiendo sido, entre 1811 y 1812, el editor de los más importantes periódicos republicanos como *El Mercurio Venezolano*, la propia *Gaceta de Caracas* y *El Publicista de Venezuela*. Si bien no fue diputado, tuvo la importantísima posición de Secretario del Congreso General durante todo su funcionamiento, a quien el Congreso General encomendó, junto con Roscio, la redacción del *Acta de la Independencia* del 5 de julio de 1811.[32] Igualmente fue co-redactor de importante *Manifiesto* al Mundo del Congreso General. Isnardi fue también uno de los "ocho monstruos" patriotas encarcelados por Monteverde, habiendo sido también enviado a prisión a Cádiz.

Además, en ese proceso fundacional estuvo Francisco Javier Ustáriz, (1772-1814) también distinguido jurista, quien igualmente fue incorporado en 1810 a la *Junta Suprema* como "representante del pueblo." También fue electo diputado al Congreso General por el partido de San Sebastián, habiendo sido, junto con Roscio, uno de los principales redactores de la *Constitución Federal* de 1811, y de la Constitución de la Provincia de Caracas de enero de 1811.

El otro distinguido jurista prócer de la independencia fue Miguel José Sanz (1756-1814), quien también tuvo una destacada actuación en la capitanía General durante el periodo colonial. Fue relator de la Audiencia de Caracas, decano del Colegio de Abogados de Caracas, y uno de los promotores de la Academia de Derecho Público y Español que se instaló en 1790. En 1793, fue uno de los miembros del Real Consulado de Caracas, y asesor jurídico del mismo; y entre 1800 y 1802 redactó las Ordenanzas para el gobierno y policía de Santiago de León de Caracas. Por diferencias con miembros del Cabildo fue expulsado en 1809 a Puerto Rico, regresando meses después de la rebelión civil de abril de 1810. Junto con José Domingo Díaz, fue redactor entre 1810 y 1811 del *Semanario de Caracas*. Amigo de Francisco de Miranda,

---

32 Véase *Libro de Actas del Segundo Congreso de Venezuela 1811-1812*, cit., Tomo I, p. 201; Luis Ugalde s.j., *El pensamiento teológico-político de Juan Germán Roscio*, Bid & Co. editor, Caracas 2007, p. 30.

Sanz ocupó brevemente la Secretaría del Congreso de 1811, cargó que abandonó para ocupar la Secretaría de Estado, Guerra y Marina. Como tal, firmó la orden del Ejecutivo para la publicación del *Acta de la Independencia*. También actuó como Presidente de la Sección Legislativa de la provincia de Caracas, y debió sin duda haber sido uno de los propulsores de la adopción de la *Declaración de Derechos del Pueblo* de 1811. Tras la Capitulación de 1812 fue encerrado en los calabozos de Puerto Cabello.

A todos estos políticos y juristas, como se dijo, fue que se unió como también prócer fundamental de la Independencia, Francisco de Miranda (1750-1816), el hombre más universal de su tiempo, y quien una vez que regresó a Caracas a finales de 1810, no sólo se incorporó al Congreso como diputado, sino que participó activamente en las discusiones de la Junta Patriótica, habiendo sido el más importante suministrador de ideas y escritos, que eran parte de su Archivo, para la configuración del nuevo Estado. Tuvo un rol protagónico en todos los sentidos, habiendo sido llamado a hacerse cargo de la República como Generalísimo, luego de la invasión del territorio de la provincia por los ejércitos españoles al mando de Monteverde. La pérdida del Castillo de Puerto Cabello comandado por Simón Bolívar, a quien no sin cierta reticencia le había encomendado el mando, y con ello, la pérdida del arsenal de la República, lo obligó a negociar un armisticio con Monteverde en julio de 1812. Después de haber sorteado durante varias décadas, persecuciones, juicios y amenazas de prisión, terminó siendo vilmente apresado por sus subalternos y entregado a Monteverde a los pocos días de la firma de la capitulación de San Mateo, falleciendo prisionero en Cádiz en 1816.

En el grupo de los próceres se debe también mencionar a Andrés Bello, el más destacado humanista de América, quien al contrario de Miranda quién regresó a Venezuela, más bien abandonó Caracas formando parte como Secretario, de la delegación oficial de la Junta Suprema de Caracas ante el gobierno inglés, no regresando más a Venezuela. Bello había ocupado en la administración colonial la importante posición de Oficial Mayor de la Capitanía General y redactor de la Gaceta de Caracas, lo que explica su alejamiento de la nueva República. Por ello, después de coincidir unos meses con Miranda en Londres en 1810, no sólo fijó su residencia en su casa de Grafton Street, sino que heredó toda la red de contactos que éste había tejido en Inglaterra en pro de la independencia americana.

Todos esos próceres de la independencia, en una forma u otra, como se ha dicho, se habían nutrido de las ideas que derivaron del proceso revolucionario francés y de la revolución de independencia de los Estados Unidos de Norteamérica, las cuales penetraron por supuesto habían penetrado en la Capitanía General no sólo a partir de 1810 con los papeles del *Archivo* de Miranda, sino con anterioridad por el trabajo que venían realizado varios venezolanos en el exterior. Es así, por ejemplo, que ya en 1810, al comenzar la revolución en Venezuela, Joseph Manuel Villavicencio, natural de la Provincia de Caracas, publicó la primera traducción de la *Constitución de los Estados Unidos de América*,[33] la cual circuló profusamente en América Hispana, a pesar de la prohibición que la Inquisición había impuesto a ese tipo de publicaciones.

Además, las obras de Thomas Paine,[34] conocidas por la elite venezolana, también fueron traducidas y publicadas numerosas veces desde 1810 distribuyéndose copiosamente por Hispano América, destacándose la traducción realizada por Manuel García de Sena, quien desde 1803 había fijado su residencia en Filadelfia. Esa traducción de denominó como: *La Independencia de la Costa Firme justificada por Thomas Paine treinta años ha. Extracto de sus obras*,[35] y fue publicada en 1811 en la imprenta que T. y J. Palmer. Este libro contenía la primera traducción al castellano del famoso panfleto de Pain: "*Common Sense*" (Philadelphia, 1776), de dos de sus principales disertaciones: *Dissertations on the Principles of Government*, y además, de la Declaración de Independencia (4 de julio de 1776), de los artículos de la Confederación (1778), del texto de la Constitución de los Estados Unidos y Perpetua Unión (8 de julio de 1778) y de sus primeras Doce Enmiendas (1791, 1798, 1804); del texto de las Constituciones de Massachusetts

---

33 *Constitución de los Estados Unidos de América*, editado en Filadelfia en la imprenta Smith & M'Kennie, 1810.

34 Véase sobre el significado de la obra de Paine en la Independencia de los Estados Unidos, por ejemplo, Joseph Lewis, *Thomas Paine. Author of the declaration of Independence*, Freethouht Press, New York 1947.

35 Una reimpresión de esta obra se realizó por el Ministerio de Relaciones Exteriores de Venezuela en 1987, como Edición conmemorativa del Bicentenario de la Constitución de los Estados Unidos de América, Caracas 1987.

(1780), de New Jersey (1776), de Virginia (1776), y de Pennsylvania (1790); así como la relación de la Constitución de Connecticut.[36]

Posteriormente, García de la Sena también publicó en 1812, en la misma casa de T. and J. Palmer en Filadelfia, la traducción al castellano de la tercera edición (1808) del libro de John M'Culloch, *Concise History of the United States, from the Discovery of America, till 1807*, con el título *Historia Concisa de los Estados Unidos desde el descubrimiento de la América hasta el año 1807*.

En 1811, por tanto, todos esos trabajos y documentos eran piezas esenciales para explicar en la América hispana el significado y alcance de la revolución norteamericana, proceso en el cual los trabajos de Paine tuvieron una importancia destacada, moldeando e influenciando en la redacción de los documentos constitucionales de la independencia. Por ello, entre los primeros actos del gobierno de Domingo Monteverde en 1812, fue la incautación de los ejemplares de la referida traducción de Manuel García de Sena.

Esta traducción de García de Sena, como él mismo lo expresó, tenían el propósito de "ilustrar principalmente a sus conciudadanos sobre la legitimidad de la Independencia y sobre el beneficio que de ella debe desprenderse, tomando como base la situación social, política y económica de los Estados Unidos." Sus obras, como se dijo, tuvieron una enorme repercusión en los tiempos de la Independencia Venezuela y en América Latina en general,[37] circulando de mano en mano. Incluso, en la *Gaceta de Caracas*, que se inició en 1808 con la introducción de la imprenta en la Provincia, en los números de los días 14 y 17 de enero de

---

36 Una moderna edición de esta obra es *La Independencia de la Costa Firme, justificada por Thomas Paine treinta años ha*. Traducido del inglés al español por don Manuel García de Sena. Con prólogo de Pedro Grases, Comité de Orígenes de la Emancipación, núm. 5. Instituto Panamericano de Geografía e Historia, Caracas, 1949.

37 Véase en general, Pedro Grases, *Libros y Libertad,* Caracas 1974; y "Traducción de interés político cultural en la época de la Independencia de Venezuela," en *El Movimiento Emancipador de Hispano América, Actas y Ponencias,* Academia Nacional de la Historia, Caracas 1961, Tomo II, pp. 105 y ss.; Ernesto de la Torre Villas y Jorge Mario Laguardia, *Desarrollo Histórico del Constitucionalismo Hispanoamericano,* UNAM, México 1976, pp. 38–39.

1812 se publicó parte del libro de García de Serna contentivo de la traducción de la obra de Paine.³⁸

En la *Gaceta de Caracas*, además, a partir de noviembre de 1810 comenzaron a aparecer una serie de editoriales bajo el nombre de William Burke, nombre que en definitiva resultó ser un pseudónimo utilizado fundamentalmente bajo la dirección de Francisco de Miranda y sus colaboradores inmediatos Campomanes y Antepara, para difundir algunos los papeles y escritos que formaban parte de su *Archivo* personal, con escritos por ejemplo de James Mill que se referían a las ideas constitucionales de entonces, especialmente las originadas en el sistema norteamericano.³⁹ Todos esos editoriales, publicados entre noviembre de 1810 y marzo de 1812, fueron incluso recogidos en un libro de William Burke en dos tomos con el título de *Derechos de la América del Sur y México*,⁴⁰ publicados por la propia *Gaceta de Caracas* a finales de 1811.

Con todo ese arsenal de ideas, los próceres fundadores de la República que participaron en la rebelión independentista del 19 de abril de 1810; conformaron el nuevo gobierno de Caracas en sustitución de lo que había sido el gobierno de la Capitanía General y de la Provincia de Caracas; organizaron y participaron en la elección de los diputados al Congreso General de las provincias de dicha Capitanía a partir de junio de 1810; declararon solemnemente la Independencia el 5 de julio

---

38 Véase Pedro Grases "Manual García de Sena y la Independencia de Hispanoamérica" en la edición del libro de García de Sena que realizó el Ministerio de Relaciones Interiores, Caracas 1987, p. 39.

39 Véase los comentarios sobre los trabajos atribuidos a "William Burke," en Allan R. Brewer-Carías, "Introducción General" al libro *Documentos Constitucionales de la Independencia/ Constitucional Documents of the Independence 1811*, Colección Textos Legislativos N° 52, Editorial Jurídica Venezolana, Caracas 2012, pp. 59-299.

40 Véase en la edición de la Academia de la Historia, William Burke, *Derechos de la América del Sur y México*, 2 vols., Caracas 1959. Quizás por ello, José M. Portillo Valdés, señaló que "William Burke" más bien habría sido, al menos por los escritos publicados en Caracas, una "pluma colectiva" usada por James Mill, Francisco de Miranda y Juan Germán Roscio. Véase José M. Portillo Valdés, *Crisis Atlántica: Autonomía e Independencia en la crisis de la Monarquía Española*, Marcial Pons 2006, p 272, nota 60. En contra véase Karen Racine, *Francisco de Miranda: A Transatlantic Life in the Age of Revolution*, SRBooks, Wilmington, 2003, p 318.

de 1811; redactaron la Constitución Federal de los Estados de Venezuela de 21 de diciembre de 1811[41] y la Constitución de la Provincia de Caracas de 31 de enero de 1812;[42] estos últimos textos, modelos acabados de lo que podían ser textos constitucionales de un nuevo Estado republicano de comienzos del siglo XIX, influidos por todos los principios del constitucionalismo moderno. Esa fue la "república aérea" a la que un año después se refirió Simón Bolívar, quien no participó en forma alguna en ese proceso constituyente, calificando a los próceres civiles solo como sofistas y filántropos.

Esas Constituciones fueron sancionadas por el Congreso General de la Confederación de Venezuela, destacándose la *Constitución federal* de 21 de diciembre de 1811, con la cual se integró el nuevo Estado nacional con siete Estados provinciales (Caracas, Barcelona, Cumaná, Margarita, Barinas, Trujillo, Mérida) que habían resultado de la transformación de las antiguas Provincias que habían formado la antigua Capitanía General de Venezuela. A dicha Constitución le siguió la Constitución provincial de enero de 1812 sancionada por la "Sección Legislativa de la Provincia de Caracas del mismo Congreso General de Venezuela," es decir, por los diputados electos en la Provincia que integraban dicho Congreso General, en enero de 1812.

La elaboración de ambos textos constitucionales Federal y Provincial de Caracas, se realizó en paralelo en las sesiones del Congreso General, lo que se evidencia, por ejemplo, del encargo hecho en la sesión del 16 de marzo de 1811, recién instalado el propio Congreso, a los diputados Francisco Javier Uztáriz, Juan Germán Roscio y Gabriel de Ponte, Diputados los tres por la Provincia de Caracas por los partidos capitulares de San Sebastián de los Reyes, Calabozo y la ciudad de Caracas, como comisionados para redactar la Constitución Federal de Venezuela[43]; y del anuncio efectuado en la sesión del Congreso Gene-

---

41 Véase en Allan R. Brewer-Carías, *Las Constituciones de Venezuela*, Academia de Ciencias Políticas y Sociales, Caracas 2008, Tomo I; *Historia Constitucional de Venezuela*, Editorial Alfa, Caracas 2008, Tomo I.

42 Véase sobre esta Constitución provincial, Allan R. Brewer-Carías, *La Constitución de la Provincia de Caracas de 31 de enero de 1812*, Academia de Ciencias Políticas y Sociales, Caracas 2012.

43 En la despedida de la Sección Legislativa de la Provincia de Caracas al concluir sus sesiones y presentar la Constitución provincial 19 de febrero de 1812. Véase *Textos Oficiales de la Primera República de Venezuela*,

ral diez días después, el 28 de marzo de 1811, cuando se informó además, que se había encomendado a los mismos mencionados diputados Francisco Javier Uztáriz y Juan Germán Roscio la elaboración de "la Constitución provincial de Caracas, con el objeto de que sirviese de modelo a las demás provincias del Estado y se administrasen los negocios uniformemente."[44].

Por ello, en la sesión del Congreso General del 19 de julio de 1811 se dejó constancia de que era un mismo grupo de diputados los "encargados de trabajar la Constitución Federal y la Constitución particular de la provincia de Caracas."[45] Además, en la sesión del Congreso General del 20 de julio de 1811, el mismo Ustáriz decía que el Congreso le había encomendado junto con Roscio y de Ponte, "para que formase la Constitución federal de los Estados Unidos de Venezuela."[46]

En cumplimiento de tales encargos, Ustáriz comenzó a presentar pliegos del proyecto de Constitución en la sesión del Congreso General del 21 de agosto de 1811,[47] dejándose constancia en la sesión del Congreso del 26 de julio de 1811, por ejemplo, de la presentación de un importante "Proyecto para la Confederación y Gobiernos provinciales de Venezuela,"[48] donde se formulaba un ensayo de distribución de las competencias que debían corresponder al nivel del Estado federal, y al nivel de los Gobiernos provinciales.[49]

Se trató, por tanto, de un proceso constituyente tanto nacional como provincial que se desarrolló en paralelo en el seno del mismo cuerpo de diputados, por una parte, para la conformación de un Estado federal en todo el ámbito territorial de lo que había sido la antigua Ca-

---

Biblioteca de la Academia de Ciencias Políticas y Sociales, Caracas 1982, Tomo II, p. 216.

44 *Idem*, Tomo II, p. 216.
45 *Idem*, Tomo II, p. 109.
46 Véase Ramón Díaz Sánchez, "Estudio Preliminar", *Libro de Actas del Segundo Congreso de Venezuela 1811-1812*, Academia Nacional de la Historia, Caracas 1959, Tomo I, p. 230.
47 *Idem*, Tomo I, p. 317.
48 Véase el texto en *El pensamiento constitucional hispanoamericano hasta 1830*, Biblioteca de la Academia nacional de la Historia, Caracas 1961, Tomo V, pp. 41-44.
49 Véase *Textos Oficiales de la Primera República de Venezuela, cit.*, Tomo II, pp. 111-113.

pitanía General de Venezuela, con la participación de todos los diputados del Congreso de todas las provincias; y por la otra, para la conformación del marco constitucional de gobierno para una de las provincias de dicha Federación, la de Caracas, incluso, como se dijo, para que el texto sirviera de modelo para la elaboración de las otras Constituciones provinciales. De todas esas tareas, Simón Bolívar se había excluido completamente, retirado en buena parte, después de haber participado en las críticas al nuevo gobierno desde la Junta Patriótica, a sus propiedades en San Mateo.

Por otra parte, otro grupo de diputados que también debe mencionarse dentro de los próceres de la independencia, fueron aquellos que si bien no participaron en los hechos de la Revolución de 19 de abril de 1810, fundamentalmente porque no eran vecinos de Caracas, sin embargo sí estuvieron presentes en todos los hechos y actos políticos posteriores antes mencionados, como fueron además de Francisco de Miranda quien no estaba en ese entonces en Caracas, los siguientes diputados, todos por otros partidos de la Provincia de Caracas: Felipe Fermín Paúl, por San Sebastián de los Reyes; Fernando de Peñalver, Luis José de Cazorla y Juan Rodríguez del Toro, por Valencia; Juan José de Maya, por San Felipe; Gabriel Pérez de Págola, por Ospino; José Ángel Álamo, por Barquisimeto; y José Vicente de Unda, por Guanare. Otros distinguidos civiles y abogados, además, tuvieron participación activa en el gobierno, particularmente en el Poder Ejecutivo plural, donde estuvieron Juan de Escalona, Cristóbal Mendoza y Baltazar Padrón, o como Secretarios de Estado, como fue el caso del mismo Miguel José Sanz.

A todos les correspondió desarrollar un intenso trabajo para el diseño y construcción constitucional del nuevo Estado, inspirado en las mejores ideas constitucionales de la época; proceso que como se dijo terminó en la elaboración de la primera Constitución republicana del mundo moderno después de la Constitución de los Estados Unidos de América de 1787, y a la Constitución de la Monarquía Francesa de 1791,[50] como fue la Constitución Federal para las Provincias de Venezuela de 21 de diciembre de 1811.

---

50 El texto la declaración francesa de derechos del hombre y del ciudadano se conocía en Venezuela por la publicación que quedó de la Conspiración de Gual y España, *Derechos del Hombre y del Ciudadano con Varias Máximas Republicanas y un Discurso Preliminar dirigido a los Americanos*, con la traducción que Juan Bautista Picornell y Gomilla hizo de la

Pero lamentablemente, todo ello fue destruido en pocos meses, por fuerza de la guerra y sobre todo, por fuerza de la incomprensión de los nuevos líderes producto de la misma, lo que produjo que Venezuela, muy pronto entrara en un proceso histórico que fue marcado por el síndrome del "olvido de los próceres,"[51] producto de la fuerza bruta del militarismo que a partir de 1812 se apoderó del país y de su historia, arraigándose en el suelo de la República.

El primer síntoma de ello fue la sustitución del régimen constitucional de 1811, sucesivamente, primero por la "ley de la conquista" impuesta por el invasor español Domingo Monteverde, y segundo, por la "ley marcial" impuesta por Simón Bolívar; proceso que comenzó a manifestarse, precisamente, a partir del momento en el cual el país que encontraba preparándose para celebrar el primer aniversario formal de la independencia, a comienzos de julio de 1812.

A partir de entonces, el país entró en una guerra que se prolongó por casi una década, en medio de la cual no sólo desapareció el constitucionalismo, habiendo legado al país la mayor expedición militar jamás enviada antes por España a América (al mando del general Pablo Morillo y Morillo, 1814) sino que al final de la misma, en 1821, incluso el país mismo llegó a desaparecer como Estado, quedando el territorio de lo que había sido la federación de Venezuela como un "departamento" más de otro nuevo Estado creado contra toda lógica histórica por Simón Bolívar, como fue la República de Colombia, establecida con la Constitución de Cúcuta de ese año, luego de que Simón Bolívar hubiera

---

declaración Francesa de 1793, texto que además, fue publicado de nuevo en Caracas en 1811, en la Imprenta de J. Baillio, libro considerado por Pedro Grases como "digno candidato a 'primer libro venezolano'." Véase en Pedro Grases, "Estudio sobre los 'Derechos del Hombre y del Ciudadano'," en el libro *Derechos del Hombre y del Ciudadano* (Estudio Preliminar por Pablo Ruggeri Parra y Estudio histórico-crítico por Pedro Grases), Academia Nacional de la Historia, Caracas 1959. Véase, además, en Allan R. Brewer-Carías, *Las Declaraciones de Derechos Del Pueblo y del Hombre de 1811* (Bicentenario de la Declaración de "Derechos del Pueblo" de 1º de julio de 1811 y de la "Declaración de Derechos del Hombre" contenida en la Constitución Federal de los Estados de Venezuela de 21 de diciembre de 1811), con Prólogo de Román José Duque Corredor, Academia de Ciencias Políticas y Sociales, Caracas 2011.

51 Véase Giovanni Meza Dorta, *El olvido de los próceres*, Editorial Jurídica Venezolana, Caracas 2012.

propuesto al Congreso de Angostura la sanción de la Ley de Unión de los Pueblos de Colombia en 1819.[52]

Ese entierro de la obra de los próceres de la independencia que construyeron la República mediante sus ejecutorias civiles entre el 19 de abril de 1810 con la constitución de la Junta Suprema de Caracas y marzo de 1812 con la instalación del Congreso en la ciudad federal de Valencia, en todo caso, como siempre acaece en la historia, se produjo por la conjunción de varios hechos, en este caso, sin embargo, todos ellos de carácter estrictamente militar. Esos hechos fueron: *primero*, la invasión del territorio nacional en febrero de 1812 por una fuerza militar extranjera comandada por Domingo Monteverde, dirigida desde Puerto Rico, donde la Regencia de España y luego, las propias Cortes de Cádiz, había situado el cuartel general español para la pacificación de las provincias de Venezuela; *segundo*, el fracaso militar ocurrido en el novel ejército venezolano, específicamente, como consecuencia de la pérdida del arsenal de la República, al caer el Castillo de Puerto Cabello en manos realistas, en los primeros días del mes de julio de 1812, el cual estaba al mando del coronel Simón Bolívar, quien hubo de abandonar la plaza con los pocos oficiales que le quedaron leales; *tercero*, la consecuente Capitulación del ejército republicano que estaba comandado por Francisco de Miranda, a quien el Congreso le había otorgado plenos poderes para enfrentar la invasión militar de la provincia, y que se materializó con la aprobación de todos los poderes públicos el 25 de julio de 1812 en la firma de un Armisticio entre los enviados de Miranda y Monteverde, mediante el cual se le aseguró la ocupación militar española de las provincias; *cuatro*, la decisión militar, injustificada, inicua y desleal, adoptada en la noche del 30 de julio de 1812 por un grupo de oficiales del ejército republicano al mando del mismo Simón Bolívar, e inducidos por oficiales traidores que ya habían negociado con Monteverde, de apresar a su superior, el general Francisco de Miranda, acusándolo a la vez de traidor, y quien luego de salvarse de ser fusilado in situ como pretendía Bolívar, fuera entregado inmisericordemente a Monteverde, para no recobrar más nunca su libertad; *quinto*, la violación sistemática del tratado militar que se había suscrito, por parte de Monteverde, quien persiguió a todos los que habían participado en la creación de la República, estableciendo en la provin-

---

52 Véase los textos en Allan R. Brewer-Carías, *Las Constituciones de Venezuela*, Academia de Ciencias Políticas y Sociales, Caracas 2008, Tomo I.

cia una dictadura militar y sometiendo al país, no a la Constitución de Cádiz recién sancionada, sino a la "ley de la conquista," lo que se prolongó hasta 1814 en medio de la más espantosas represión militar; *sexto*, por la nueva invasión del territorio venezolano en 1814 por la que sería históricamente la mayor fuerza militar que hubiese enviado jamás la Corona española a América al mando del general Pablo Morillo, con quien Bolívar llegaría a firmar un Armisticio para regularizar la guerra; *séptimo*, la también invasión militar del territorio de Venezuela desde la Nueva Granada en 1813, esta vez por un ejército autorizado por el Congreso de Nueva Granada, al mando de Simón Bolívar, y los contundentes triunfos del ejército republicano de liberación que llevaron a proclamar a Bolívar como El Libertador, quien por la fuerza militar ocupó intermitentemente los territorios de las provincias de Venezuela hasta 1819; y *octavo*, la ausencia de régimen constitucional alguno en los territorios de Venezuela desde 1813 hasta 1819, por el sometimiento efectivo de los mismos por los ejércitos republicanos, no a la Constitución de 1811, la cual lamentablemente nunca más se puso en vigencia como tal, sino que más bien fue estigmatizada, imponiéndose en su lugar la "ley marcial," lo que se extendió hasta 1819 cuando Bolívar buscó, aun cuando efímeramente, reconstituir el Estado venezolano con una nueva Constitución (Angostura).

En particular, de todos esos hechos deben destacarse los de orden "constitucional" que se produjeron, de entrada, como consecuencia de la ocupación militar de las Provincias por el ejército español, luego de la Capitulación de julio de 1812. Monteverde y sus nuevas autoridades, una vez que desconocieron la Constitución federal republicana de diciembre de 1811, de hecho, obviaron poner en vigencia régimen constitucional alguno.

La pretendida publicación de la recién sancionada Constitución de Cádiz, que era a lo que debían proceder, en efecto, llevó al nuevo Capitán General de Venezuela, Fernando Mijares, quien recién había sido nombrado para un cargo que nunca llegó a ejercer efectivamente pues el mismo fue asumido y usurpado por Monteverde; a enviarle a éste, el 13 de agosto de 1812, unos días después de la detención de Miranda, unos ejemplares del texto constitucional monárquico con las correspondientes órdenes y disposiciones que habían dado las Cortes para su publicación y observancia.⁵³ Sin embargo, lo que ocurrió fue que Monteverde retrasó de hecho la jura de la Constitución, aclarándole incluso posteriormente a la Audiencia que si se había diferido su publicación no había sido por descuido, ni omisión ni capricho, sino por "circunstancias muy graves," que impedían su aplicación en Provincias como las de Venezuela, "humeando todavía el fuego de la rebelión más atroz y escandalosa," considerando a quienes la habitaban como "una sociedad de bandoleros, alevosos y traidores," indicando que si publicaba la Constitución no respondería "por la seguridad y tranquilidad del país."⁵⁴

Es decir, como Monteverde no estimaba a "la provincia de Venezuela merecedora todavía de que participase de los efectos de tan benigno código"⁵⁵ solo llegó a publicar y jurar la Constitución de Cádiz "a la manera militar," el 21 de noviembre de 1812, y luego, en Caracas, el 3 de diciembre de 1812, asumiendo sin embargo un poder omnímodo contrario al texto constitucional gaditano mismo.⁵⁶ Monteverde además, desconoció la exhortación que habían hecho las propias Cortes de Cádiz, en octubre de 1810, sobre la necesidad de que en las provincias de Ultramar donde se hubiesen manifestado conmociones (sólo era el caso de Caracas), si se producía el "reconocimiento a la legítima autoridad soberana" establecida en España, debía haber "un general olvido de cuanto hubiese ocurrido indebidamente"⁵⁷. Nada de ello ocurrió en las Provincias de Venezuela, donde la situación con posteriori-

---

53 Véase José de Austria, *Bosquejo de la Historia Militar de Venezuela*, Biblioteca de la Academia Nacional de la Historia, Tomo I, Caracas 1960, p. 364.

54 Véase carta de Monteverde a la Audiencia de 29 de octubre de 1812. Citada en Alí Enrique López y Robinzon Meza, "Las Cortes españolas y la Constitución de Cádiz en la Independencia de Venezuela (1810-1823)," en José Antonio Escudero (Dir.), *Cortes y Constitución de Cádiz. 200 Años*, Espasa Libros, Madrid 2011, Tomo III, pp. 613, 623.

55 Véase José de Austria, *Bosquejo de la Historia militar...*, op. cit., Tomo I, p. 370.

56 Véase Manuel Hernández González, "La Fiesta Patriótica. La Jura de la Constitución de Cádiz en los territorios no ocupados (Canarias y América) 1812-1814," en Alberto Ramos Santana y Alberto Romero Ferrer (eds), *1808-1812: Los emblemas de la libertad*, Universidad de Cádiz, Cádiz 2009, pp. 104 ss.

57 Véase el Decreto V, 15-10-10, en Eduardo Roca Roca, *América en el Ordenamiento Jurídico de las Cortes de Cádiz*, Granada 1986, p. 199

dad a la firma de la Capitulación de julio de 1812 fue de orden fáctico, pues el derrumbamiento del gobierno constitucional fue seguido en paralelo, por el desmembramiento de las antiguas instituciones coloniales, bajo la autoridad militar.

A esa inundación militar inicial de la República, invadida por los ejércitos españoles, siguió la también invasión militar republicana de los territorios de las Provincias, desde la Nueva Granada, la cual tampoco restableció el orden constitucional republicano.

En efecto, desde que Simón Bolívar llegó a Cartagena de Indias a finales de diciembre de 1812, gracias al salvoconducto que le había suministrado Monteverde, en retribución "a los servicios prestados" a la Corona, entre sus primeras manifestaciones públicas que hizo por ejemplo en el llamado Manifiesto de Cartagena, calificó la construcción institucional de la República reflejada en la Constitución federal de diciembre de 1811, como propia de una "república aérea" atribuyéndole a dicha concepción y a sus autores la caída misma de la República, lo que, posteriormente originaría en la Nueva Granada el despectivo calificativo de la "patria boba" para referirse a ese período de nuestra historia.[58] Simón Bolívar, en efecto, diría a los seis meses de haber detenido y entregado a Miranda al invasor Monteverde, quizás cuando buscaba explicar su conducta, que:

> "los códigos que consultaban nuestros magistrados no eran los que podían enseñarles la ciencia práctica del Gobierno, sino los que han formado ciertos buenos visionarios que, imaginándose *repúblicas aéreas*, han procurado alcanzar la perfección política, presuponiendo la perfectibilidad del linaje humano. Por manera que tuvimos filósofos por Jefes, filantropía por legislación, dialéctica por táctica, y sofistas por soldados."[59]

---

58 Véase, por ejemplo, por lo que se refiere a la Nueva Granada, el empleo del término en el libro *La Patria Boba*, que contiene los trabajos de J.A. Vargas Jurado (*Tiempos Coloniales*), José María Caballero (*Días de la Independencia*), y J.A. de Torres y Peña (Santa Fé Cautiva), Bogotá 1902. El trabajo de Caballero fue publicado con los títulos *Diario de la Independencia*, Biblioteca de Historia Nacional, Bogotá 1946, y *Diario de la Patria Boba*, Ediciones Incunables, Bogotá 1986. Véase también, José María Espinosa, *Recuerdos de un Abanderado, Memorias de la Patria Boba 1810-1819*, Bogotá 1876.

59 Véase Simón Bolívar, "Manifiesto de Cartagena," en *Escritos Fundamentales,* Caracas, 1982 y en *Itinerario Documental de Simón Bolívar.*

No es de extrañar con semejante apreciación, que Bolívar pensase que como las circunstancias de los tiempos y los hombres que rodeaban al gobierno en ese momento eran "calamitosos y turbulentos, [el gobierno] debe mostrarse terrible, y armarse de una firmeza igual a los peligros, sin atender a leyes, y constituciones, ínterin no se restablece la felicidad y la paz."[60] Por ello concluía afirmando tajantemente que:

> "entre las causas que han producido la caída de Venezuela, debe colocarse en primer lugar la naturaleza de su constitución que, repito, era tan contraria a sus intereses, como favorable a los de sus contrarios."[61]

Debe mencionarse, sin embargo, que apenas iniciada su "Campaña Admirable" desde Nueva Granada para la recuperación del territorio de la República, una vez liberada la provincia de Mérida en mayo de 1813, Bolívar proclamó, desde allí, "el establecimiento de la Constitución venezolana, que regía los Estados antes de la irrupción de los bandidos que hemos expulsado;" y que al mes siguiente, desde Trujillo, al tomar conciencia del sesgo social de la guerra que se estaba ya librando, el 15 de junio de 1813, en su proclama de guerra a muerte, Bolívar también anunció que su misión era "restablecer los Gobiernos que formaban la Confederación de Venezuela" indicando que los Estados ya liberados (Mérida y Trujillo) se encontraban ya "regidos nuevamente por sus antiguas Constituciones y Magistrados."[62]

Sin embargo, esa intención duró poco, no sólo por el contenido del mismo decreto de Guerra a Muerte donde se ordenó pasar por las armas (*"contad con la muerte"*) a todo aquél, español o americano que "aun siendo indiferente" no obrara "activamente en obsequio de la libertad de Venezuela,"[63] sino por su declaración y proclamación desde Caracas, al año siguiente, el 17 de junio de 1814, de la *ley marcial*,

---

Escritos selectos, Ediciones de la Presidencia de la República, Caracas 1970, pp. 30 ss. y 115 ss.

60   *Idem.*
61   *Idem.*
62   "Discurso a la Municipalidad de Mérida, 31 de mayo de 1813, en Hermánn Petzold Pernía, *Bolívar y la ordenación de los Poderes Públicos en los Estados Emancipados*, Caracas 1986, p. 32.
63   "Decreto de guerra a muerte," de 13 de junio de 1813 (versión facsimilar) en Hermánn Petzold Pernía," *Bolívar y la ordenación de los Poderes Públicos en los Estados Emancipados*, Caracas 1986, p. 33.

entendiendo por tal "la cesación de toda otra autoridad que no sea la militar," con orden de alistamiento general, anunciando para quienes contravinieran la orden que "serán juzgados y sentenciados como traidores a la patria, tres horas después de comprobarse el delito."

A partir de entonces, la ley militar rigió completamente en el bando republicano en los territorios de Venezuela, sumándose así a la "ley de la conquista" que ya había impuesto Monteverde en el bando realista desde que había ocupado el territorio de la República, violado la Capitulación que había suscrito con Miranda, y había recibido a éste preso entregado por sus propios subalternos. Ello le permitió a Monteverde, en representación que dirigió a la Audiencia de Caracas el 30 de diciembre de 1812, afirmar que si bien Coro, Maracaibo y Guayana, que habían sido las provincias de la Capitanía que no habían participado en la conformación del Estado federal de 1811, "merecen estar bajo la protección de la Constitución de la Monarquía," es decir, de la de Cádiz que había pretendido jurar en Caracas bajo rito militar, en cambio afirmaba que "Caracas y demás que componían su Capitanía General, no deben por ahora participar de su beneficio hasta dar pruebas de haber detestado su maldad, y bajo este concepto deben ser tratadas por la ley de la conquista; es decir, por la dureza y obras según las circunstancias; pues de otro modo, todo lo adquirido se perderá."[64]

Así quedaron los territorios del Estado de Venezuela sumidos bajo la ley militar, la ley marcial o la ley de la conquista, barriéndose con todo lo que fuera civilidad, contribuyendo desde entonces, con el militarismo resultante, con el desplazamiento, secuestro y sustitución de los próceres de la independencia, quienes fueron apresados y entregados a los españoles, como Francisco de Miranda, o fueron perseguidos y detenidos por ellos (Roscio, Isnardi, Ustáriz) a raíz de los acontecimientos de la noche del 30 de julio de 1812,

Con el abandono del constitucionalismo inicial de la República, primero por el invasor español, y luego por los republicanos que salieron en su defensa, pero que lamentablemente lo despreciaron por provenir de "filósofos" y "sofistas," se inició el proceso que condujo a que los verdaderos próceres de la independencia fueran olvidados, pero no

---

64 "Representación dirigida a la Regencia el 17 de enero de 1813", en J.F. Blanco y R. Azpurúa, *Documentos para la historia de la vida pública del Libertador,* Ediciones de la Presidencia de la República, Caracas 1978, Tomo IV, pp. 623–625.

por ingratitud de los venezolanos, sino porque históricamente, en definitiva, fueron secuestrados por el militarismo que en desdeño el civilismo republicano, culparon a los próceres de la independencia por el fracaso de la propia República de 1811-1812. De ello resultó que, además, de hecho, fueran posteriormente suplantados por los nuevos héroes militares, a quienes incluso la historia comenzó a atribuir la propia independencia de Venezuela, cuando lo que los militares hicieron con Bolívar a la cabeza fue, mediante una extraordinaria campaña militar, liberar a un país que ya era independiente y que estaba ocupado militarmente por fuerzas enemigas.

Ese proceso de secuestro y suplantación de los próceres y de los hacedores de la institucionalidad republicana, y el olvido subsiguiente en el cual cayeron, en todo caso, fue inducido, no tanto por los militares que liberaron el territorio, sino por quienes escribieron la historia, que fueron los que hicieron pensar que los próceres habían sido los héroes militares libertadores, atribuyéndoles el rol de "próceres de la independencia" que no tuvieron. Y a los secuestrados por la historia les ocurrió lo que por ejemplo le pasa, a medida que transcurre el tiempo, inexorablemente, a toda persona privada de su libertad por secuestro o prisión, o que ha sido extrañada de su país, y es que en el mediano plazo y a la larga, inevitablemente cae en el olvido.

Solo ese efecto del tiempo, combinado con la suplantación histórica, explica, por ejemplo, que una vez que Francisco de Miranda fuera apresado por sus subalternos, y fuera entregado al invasor español, al desaparecer en vida de la escena por su prisión en La Guaira, Puerto Cabello, Puerto Rico y Cádiz hasta 1816 cuando murió, hubiera caído rápidamente en el olvido al ser enterrado en vida por el pensamiento, la escritura y la acción de los héroes militares, incluyendo entre ellos a Bolívar quien después de tildarlo de cobarde (1812, 1813), de atribuir a su conducta el haber "sometido a la República venezolana a un puñado de bandidos" (1813), pasó 14 años sin siquiera nombrarlo.[65] En ello,

---

65 Después de 1813, en sus escritos, Bolívar solo llegó a mencionar a Miranda, incidentalmente, en una carta dirigida a Sucre en 1826 donde lo califica como el "más ilustre colombiano," y luego en una nota de respuesta a una carta de presentación de Leandro Miranda que en 1828 le había enviado Pedro Antonio Leleux, Secretario que había sido de Miranda. Véase las referencias a los documentos en Tomás Polanco, *Simón Bolívar. Ensayo de interpretación biográfica a través de sus documentos*, morales i torres, editores, Barcelona 2004, pp. 209-210.

sin duda, jugaron papel preponderante los apologistas de los nuevos líderes que salieron de las cenizas de las guerras posteriores.

Pero nunca es tarde para volver la mirada hacia el pasado y hacia nuestros orígenes como país, y así tratar de identificar realmente quienes fueron los verdaderos próceres de la independencia de Venezuela, lo que nos permite no sólo buscar rescatarlos del olvido, poniendo en su respectivo lugar en la historia a aquellos a quienes se los puso a suplantarlos indebidamente; sino para entender el origen mismo de nuestras instituciones constitucionales.

Para ello lo que debe quedar en claro, en todo caso, es que en Venezuela, contrariamente a lo que se piensa y se celebra, la independencia fue un proceso político y civil, obra del antes mencionado grupo de destacadísimos pensadores e intelectuales que la concibieron, diseñaron y ejecutaron durante un período de menos de dos años que se desarrolló entre abril de 1810 y enero de 1812, logrando la configuración de un nuevo Estado Constitucional en lo que antes habían sido antiguas colonias españolas, inspirado en los principios fundamentales del constitucionalismo moderno que recién se habían derivado de las Revoluciones Americana y Francesa de finales del Siglo XVIII, y que entonces estaban en proceso de consolidación. La independencia, por tanto, no fue obra de militares, quienes a partir de 1813 libraron importantes batallas para buscar la liberación del territorio de la nueva y recién nacida República, después de que había sido invadido por el ejército español en febrero de 1812.

Las importantes batallas militares desarrolladas a partir de 1813 al mando de Simón Bolívar, por tanto, no fueron realmente batallas por la independencia del país que ya antes se había consolidado, sino por la liberación de su territorio invadido. La República nació a partir del 19 de abril de 1810, y se consolidó constitucionalmente con la declaración de Independencia del 5 de julio de 1811 y la sanción de la Constitución Federal para los Estados de Venezuela de 21 de diciembre de 1811. La República, en consecuencia, no nació ni con la Constitución de Angostura de 1819, ni mucho menos con la Constitución de Cúcuta de 1821 con la cual, más bien, desapareció como Estado al integrarse su territorio a la naciente República Colombia. Tampoco nació la República con la Constitución de 1830, con la cual, en realidad, lo que ocurrió fue la reconfiguración del Estado de Venezuela al separarse de Colombia.

Entre todas esas Constituciones, sin duda, la Constitución Federal de los Estados de Venezuela de 21 de diciembre de 1811, en el marco de la cual se dictó la Constitución provincial de Caracas, obra ambos de aquellos destacados juristas próceres de la independencia, tuvo la importancia histórica de que fue la tercera Constitución de ámbito nacional que se sancionó en el mundo moderno, después de la Constitución Francesa y de la Constitución norteamericana.

La Constitución de la Provincia de Caracas de 31 de enero de 1812, tiene también la importancia de ser parte del segundo grupo de Constituciones provinciales que se sancionaban en la historia del constitucionalismo moderno, después de las que se habían adoptado a partir de 1776 en las trece antiguas Colonias inglesas en Norteamérica y que luego formaron los Estados Unidos de América, y que fueron las Constituciones o Formas de Gobierno de New Hampshire, Virginia, South Carolina, New Jersey Rhode Island, Connecticut, Maryland, Virginia, Delaware, New York y Massachusetts.[66] Venezuela fue, así, el segundo país en la historia del constitucionalismo moderno en haber adoptado la forma federal de gobierno a los efectos de unir como un nuevo Estado, lo que antes habían sido antiguas Provincias coloniales, y adoptar también Constituciones provinciales.

Esos textos como se dijo, fueron producto de la imbricación de Legislaturas en un mismo Cuerpo de representantes, la del Congreso General y la de la Sección Legislativa de la Provincia de Caracas, lo que explica que en la sesión del Congreso General del 31 de enero 1812 se diera cuenta formalmente de que la Constitución provincial de Caracas iba a firmarse ese mismo día;[67] hecho del cual además se dio

---

[66] El texto de casi todas estas Constituciones se conocía en Caracas a partir de 1810 por la traducción que hizo Manuel García de Sena, en la obra *La Independencia de la Costa Firme, justificada por Thomas Paine treinta años ha*, editada en Filadelfia en 1810. Véase la edición, con prólogo de Pedro Grases, del Comité de Orígenes de la Emancipación, núm. 5. Instituto Panamericano de Geografía e Historia, Caracas, 1949. El texto de la Constitución de los Estados Unidos de América también se conocía por la traducción contenida en dicho libro, y por la que hizo en Joseph Manuel Villavicencio, *Constitución de los Estados Unidos de América*, editado en Filadelfia en la imprenta Smith & M'Kennie, 1810. Además, amplios estudios sobre el sistema norteamericano americano, su constitución y la federación salieron publicados entre 1810 y 1811 bajo el nombre de William Burke en la *Gaceta de Caracas*, y recogidos todos y publicados en 1811, por la misma imprenta como William Burke, *Derechos de la América del Sur y México*, 2 vols., Caracas 1811.

[67] Véase *Libro de Actas del Segundo Congreso de Venezuela 1811-1812*, Academia Nacional de la Historia, Caracas 1959, Tomo II, p. 307.

anuncio en la sesión del mismo Congreso General del día siguiente, del 1 de febrero de 1812.[68]

La concepción y conducción del proceso constituyente venezolano, que en ese momento era a la vez el inicio del proceso constituyente de toda la América hispana fue, por tanto, insistimos, obra, no de militares, sino de esos destacados e ilustrados diputados y funcionarios, juristas y políticos que lo integraban,[69] casi todos formados a finales del siglo XVIII en la Universidad de Caracas, y muchos de ellos con experiencia en funciones de gobierno, antes de la Revolución de abril de 1810, en las instancias de administración y gobierno coloniales de la Capitanía General de Venezuela.

Es lamentable, por ello, que todos esos próceres de nuestra independencia hayan caído en el olvido, lo que se debió, sin embargo, lamentablemente a la necesidad de buscar un culpable en los acontecimientos políticos, tan arraigado en la idiosincrasia venezolana.

Para ello, aquellos próceres, fueron estigmatizados de todos los males por ser los culpable o responsables de la caída de la primera República, por haberla diseñado como una "República aérea," cuando dicha caída sólo se debió a una conjunción de factores devastadores, entre otros, la invasión del territorio por Monteverde en febrero de 1812; los efectos del terremoto del 23 de marzo de 1812 que destruyó físicamente la provincia de Caracas hasta los Andes; las deserciones políticas y militares que afectaron las filas republicana tempranamente, y la pérdida del Castillo de Puerto cabello, donde estaba el arsenal de la nueva República, a manos de Simón Bolívar.

---

68 Véase *Libro de Actas del Segundo Congreso de Venezuela 1811-1812, cit.,* Tomo II, p. 309. Como se dijo, con posterioridad, el 19 de febrero de 1812 luego de haberse promulgado la Constitución de la Provincia de Caracas, la Sección Legislativa para la Provincia del Congreso General dirigió una "despedida a los habitantes de Caracas al terminar sus sesiones y presentar la Constitución," (firmada por los diputados Felipe Fermín Paúl, Martín Tovar, Lino de Clemente, Francisco Xavier Ustáriz, José Ángel Alamo, Nicolás de Castro, Juan Toro, Tomás Millano." Véase en *Textos Oficiales de la Primera República de Venezuela, cit.,* Tomo II, p. 216.

69 Véase la lista y nombres de todos los diputados en Manuel Pérez Vila "Estudio Preliminar," *El Congreso Nacional de 1811 y el Acta de la Independencia,* Edición del Senado, caracas 1990, pp. 7-8; Juan Garrido, *El Congreso Constituyente de Venezuela,* Universidad Monteávila, Caracas 2010, pp. 76-79.

Además, al ser dichos próceres, los "responsables" de todos los males de la naciente República, ello fue así tanto para los mismos republicanos según lo comenzó a difundir Simón Bolívar a fines del mismo año 1812, como para los españoles, para quienes además fueron "los monstruos, origen y raíz primitiva de todos los males de América." De todo ello, era obvio que terminarían rápidamente secuestrados por quienes desde las trincheras militares hicieron la guerra para la recuperación del territorio de la República, y por quienes desde ese ángulo contaron la historia.

Por eso, incluso, la celebración del día de la independencia en Venezuela aún en nuestros días no es un acto que sea puramente civil, como en cambio lo fue la sanción misma y firma del Acta en el seno del Congreso General el 5 de julio de 1811; sino que es un acto esencialmente militar; y la independencia en sí misma, lejos de identificarse con los actos civiles desarrollados en los orígenes de la República entre 1810 y 1812, se confunde con las guerras de liberación del territorio, ya independiente, de la ocupación española que culminaron con la batalla de Carabobo en 1821, que se engloban bajo la denominación de las guerras de independencia.

Ciertamente, en esos años efectivamente se libraron verdaderas "guerras de independencia" incluso por el mismo Ejército y bajo el mismo liderazgo de Bolívar, pero ello fue en la Nueva Granada, en Ecuador, en el Perú y en Bolivia. No en Venezuela, que era territorio independiente desde 1810-1811, donde las guerras que a partir de 1813 lideró Bolívar fueron guerras de liberación de un Estado ya independiente, invadido por los españoles. Estado independiente en el cual, precisamente se inició el constitucionalismo moderno o liberal de la América Hispana en 1810-1811.

TERCERA PARTE
EL OLVIDO DE LOS PRÓCERES*

Giovanni Meza Dorta

PRESENTACIÓN

Los trabajos que el lector tiene en sus manos constituyen diversas conferencias que ofrecimos en la Universidad Central de Venezuela y en la Universidad Simón Bolívar. "Francisco de Miranda y la Constitución de 1811"; "Miranda y Bolívar: Republicanismo, Liberalismo y Dictadura"; "El Olvido de los Próceres", fueron dictadas el 18/10/2007/, 13/10/2009/ y 31/05/2011/ respectivamente, gracias a los auspicios de los profesores José Luis Ventura y Gabriel Morales de la escuela de filosofía de la UCV. "La Política y la Guerra de la Independencia" fue una conferencia que dimos el 24/11/2011/ en la Universidad Simón Bolívar, gracias al patrocinio de la profesora Carolina Guerrero. "Otra lectura de Marx y Bolívar", ha sido un ensayo preparado para este libro.

Todos estos trabajos fueron realizados, en el marco de la conmemoración del Bicentenario de la Independencia en el 2011. Su propósito es reivindicar lo acontecido desde 1810, como el inicio de la deliberación civil y democrática. Deliberación que no cejará, a pesar de la guerra cruenta que se desarrolla desde 1812 hasta 1824, cuando se produce la última batalla por la independencia de la corona española. El Olvido de los Próceres refiere a aquella dirigencia que realiza sus

---

* Publicado en el libro: Giovanni Meza Dorta, *El Olvido de los Próceres. La filosofía constitucional de la Independencia y su distorsión producto del militarismo*, Editorial Jurídica Venezolana, Caracas 2012.

ideas en los inicios republicanos de 1810-1811: configura un programa de acción con periódicos, pasquines y reuniones; diseña un modelo de sociedad republicano y democrático a través de la primera constitución democrática de Suramérica. Pero la realiza con la mayor suma de representatividad entre electores y diputados jamás conocida hasta entonces, inclusive, si la comparamos con eventos parecidos posteriormente. Adicionalmente, aquella constitución se discutió en paz, es decir, a pesar de que había comenzado la guerra, sus decisiones no se aprobaron con la presión de las bayonetas o a favor de un estamento armado, al contrario, fue una constitución para los ciudadanos. El Olvido de los Próceres alude a estos héroes civiles, la mayoría de ellos muertos por la guerra y sus secuelas, otros la sobrevivieron, y algunos más reflejaron sus ideas en los debates lustrosos de la reunión de Ocaña o como respuesta a las consecuencias deletéreas de la constitución de Bolivia. Desde 1825 hasta 1830, se intensifica el conflicto entre centralistas-federalistas, y se utilizan las armas y las bayonetas para condicionar la disputa política de entonces. Los intentos de construir civilmente la república por parte de los primeros próceres, fue una constante a pesar de los avatares de la guerra. Es por lo tanto una versión equivocada, suponer que sólo hubo guerras con éxitos y fracasos. Mostramos que hubo un proceso civil y democrático, sumamente significativo, encabezado principalmente por esos próceres civiles

Empero, no podemos dar de éstos una versión innominada, hubo nombres y aunque no tuvieron las estatuas que la tradición mesiánica nos ha acostumbrado, podemos decir que sus doctrinas deambulan por estos espacios cuando requerimos desembarazarnos de los autoritarismos. Sus nombres están en las bibliotecas y en los periódicos de la época, en Colombia la grande. En Nueva Granada, en un primer período: Camilo Torres, Miguel Pombo, José Tadeo Lozano, Antonio Nariño, Joaquín Camacho y José María Salazar, por Venezuela: Francisco de Miranda, Juan Germán Roscio, Francisco Javier Ustáriz, Francisco Espejo, Francisco Javier Yanes, Martín Tovar Ponte, Miguel José Sanz y Manuel Palacio Fajardo. La mayoría de ellos murieron como consecuencia de la guerra, pocos la sobrevivieron. Sin embargo, sus ideas prendieron contra la dictadura y sus formas monocráticas, así surgieron otros nombres que con sus mismas banderas resistieron las formas autoritarias. En Nueva Granada: Vicente Azuero, Florentino González y Francisco Soto, en Venezuela: Andrés Narvarte, Tomás Lander, Martín Tovar Ponte y Francisco Javier Yanes. Las ideas monárquicas que se pasearon por la Gran Colombia, más el golpe de estado del General Urdaneta en Nueva Granada, fueron desmanteladas por el accionar civil de estos próceres, entre cuyos postulados estaba la oposición a la monarquía española, pero también a la monarquía sin corona o la presidencia vitalicia, que era su equivalente.

***

> Ni las revoluciones del otro hemisferio, ni las convulsiones de los grandes imperios..., han venido a detener la marcha pacífica y moderada que emprendisteis el memorable 19 de abril de 1810. El interés general de la América, puesto en acción por vuestro glorioso ejemplo...han sido los agentes que han dirigido vuestra conducta para dar al mundo el primer ejemplo de un pueblo libre, sin los horrores de la anarquía, ni los crímenes de las pasiones revolucionarias

Francisco Isnardi:
21 de diciembre de 1811

EL OLVIDO DE LOS PRÓCERES

Pasear hoy por la plaza cubierta del Aula Magna de la UCV, es un gran tonificante espiritual. Allí se encuentran unos pendones con los rostros de los veintiún ucevistas firmantes del acta de la independencia, también redactores de la primera constitución democrática suramericana. Se dice rápido, pero recordemos que los firmantes del acta fueron cuarenta y uno, de ellos veinte y uno cursaron estudios en la Universidad Santa Rosa de Lima de Caracas, que como sabemos cambió su nombre por el de Universidad Central de Venezuela. Todo ello nos llena de orgullo a los venezolanos, particularmente, a los ucevistas.

Empero, los rostros de esos pendones nos interpelan, cualquiera de ellos, por ejemplo, Juan Germán Roscio nos podría preguntar:

¿Por qué hubo de esperar 200 años para que reconocieran nuestro esfuerzo?

¿Se les olvida que la primera constitución suramericana la realizamos nosotros?

¿Se les olvida también, que eso que ustedes llaman padres fundadores, nos corresponde –modestia aparte- a nosotros?

Esta sería una interpelación natural, que podría hacernos cualquiera de esos próceres.

Intentemos responderles. La sociología y la antropología política le han dado vuelta al tema de la identidad política. Entendemos como tal, el pensamiento de los líderes que le dieron inicio a la nación, más las ideas principales e imaginarios que la población de ese país se hace acerca de su fundación. Nos interesa, particularmente, la denominación de "Padres fundadores". Pongamos dos ejemplos en que el liderazgo es reconocido: O'Higgins en Chile y Camilo Torres en Colombia. Obviamente, no sucede lo mismo en Venezuela. Bastaría con preguntarle a cualquier ciudadano de a pié, por Francisco Javier Ustáriz o Roscio, por respuesta tendríamos perplejidad. La pregunta no está hecha para reprobar a nadie. El punto es que debería haber una información mínima acerca de los padres fundadores y no la hay. Tenemos entonces una crisis de identidad política, por cuanto no reconocemos a nuestros fundadores y sus ideas. Esta crisis se hace mayor, cuando se produce una asimetría entre la propuesta política de los próceres y el desconocimiento por parte de los ciudadanos. Nos toca informar las consideraciones políticas mínimas de los primeros republicanos, más sus alcances y logros. Se propusieron:

- Liberar al país de la colonia para asumir la soberanía popular: la de los ciudadanos y sus ideas; y la soberanía nacional: la que establece los límites geográficos de la nación por parte de los ciudadanos o de sus representantes.
- Acabar con la sociedad jerarquizada y estamentista colonial y sustituirla por una igualitaria y democrática.
- Construir un nuevo estado republicano.
- Reestructurar la vida civil y eliminar la tradición autoritaria.
- Diseñar y construir un estado federal en sus dos vertientes. Distribución horizontal del poder público, la consabida separación ejecutiva, legislativa y judicial. Distribución vertical del poder público: el poder nacional (la confederación), el poder de los estados (las provincias) y el poder de los municipios.
- A partir del punto anterior, se pretende eliminar el despotismo y sus diversas modalidades: personalismo, caudillismo y autoritarismo. Este es un nuevo aporte a la política por parte de América (norte y sur), sobre lo que volveremos luego.

Ahora bien, como puede verse en los puntos anteriores no es poca cosa lo realizado por los dirigentes de la primera república. Por ello es que nos interpelan, por ello es que vamos a responder cómo se originó el olvido de estos próceres y sus logros políticos.

I

Debió suceder algo sumamente significativo, para que el proyecto inicial republicano fuera prácticamente sepultado. Ese hecho fue realizado principalmente por Simón Bolívar, desde sus inicios políticos con el Manifiesto de Cartagena (1812) hasta la Constitución de Bolivia (1826). La propuesta del Libertador tuvo entre sus propósitos, la confrontación contra el régimen federal.

Los pasos democráticos de la república, se inician con la Constitución de 1811 y las respectivas Constituciones provinciales. Este sistema orgánico, pretendía enlazar horizontal y verticalmente los poderes públicos que comenzaban a crearse. Contra todo esto arremete el Manifiesto de Cartagena de Bolívar. Lo hace, aunque en su crítica no distingue las causas específicamente militares de la caída republicana y la nueva organización democrática y federal que daba sus primeros pasos. Él las mete todas en un mismo saco, las descalifica: "república aérea", "clemencia criminal", "facciones intestinas", etc.

Inicia así el Libertador, sus primeros esbozos hacia una república centralizada con prevalencia militar y personalista, que desdeña a las bases populares y en consecuencia se aparta de las propuestas federales, las cuales proponían acercar las instituciones al pueblo. Este proceso del Libertador hacia la centralización, se perfeccionará en la Carta de Jamaica, el Discurso de Angostura y la Constitución de Bolivia.

Lo más curioso en el contenido del Manifiesto de Cartagena, es la omisión solemne de la pérdida de Puerto Cabello. Como sabemos, ésta fue una de las razones que obligó al armisticio y posterior capitulación del gobierno republicano. En el primer convenio, se dice explícitamente, que entre las causas para llegar a acuerdos con los realistas se encuentra, precisamente, la pérdida de Puerto Cabello. Como ya dijimos, Bolívar omitió en el Manifiesto, este detallazo.

Hubo otro evento de gran importancia, relacionado con el anterior. El mismo explica, el por qué del olvido de la primera república y sus fundadores. Se dijo –peor aún se dice- que la capitulación de Miranda fue la que ocasionó la caída de la primera república. Argumento falaz, porque elude otros elementos. La treta argumental pretendió congelar lo sucedido con frases como ésta: "El 31 de julio fue hecho prisionero Miranda y se acabó la primera república".

Ahora bien, esta fotografía tiene otras revelaciones. Se ha reflexionado poco, que fue la entrega de Miranda a los españoles, por sus compañeros de armas, lo que acabó con la primera república. Inmediatamente después del apresamiento del Precursor, cae todo el gobierno de entonces, se apresan en Caracas y en La Guaira a 1000 patriotas, que ejercían responsabilidades administrativas y liderazgo republicano. En suma, no fue la firma de la capitulación la que destruye la primera república, sino las consecuencias inmediatas de la prisión de Miranda, como lo fue el encarcelamiento y exilio de la mayoría de sus dirigentes. Con todo esto, la república quedó agraviada moralmente y desmantelada política y civilmente. Desaparecieron o murieron en los años próximos: Roscio, Sanz, Palacio Fajardo, Espejo y otros. Sobrevivieron muy pocos a aquellos eventos: Yanes, Tovar, Lander y unos más, aunque con largos años de ostracismo. No cabe duda, que esta diáspora forzada a que fueron sometidos estos próceres, ha contribuido en mucho a su olvido histórico.

II

Hasta el momento hemos analizado el proceso inicial de ruptura con la primera república. Pero ese procedimiento se extiende e intensifica en los propios argumentos del Libertador, en sus escritos fundamentales.

Dos argumentos, indistintamente, manejó para oponerse a la propuesta federal. El primero hacía referencia a la incapacidad de los ciudadanos colombianos, para autogobernarse, en consecuencia, era necesario el tutelaje de un líder para conducirlos hacia una república civilizada. Razonamiento débil, por cuanto toda sociedad que se propone cambios políticos, entiende que los mismos nunca están previamente consolidados, se necesita del ensayo y el error para mejorarlos. Se muestra el pensamiento del Libertador, sumamente conservador. De acuerdo con él, jamás se hubiera pasado de la monarquía a la república.

El segundo argumento era que el régimen federal, producía anarquía, desorden y caudillos locales, sin reparar que fue la guerra de independencia la que desarrolló y consolidó aquellos caudillos. La muestra más patente de ello, fue la ejecución de la ley Secuestros del 16 de junio de 1819, que tuvo como propósito las confiscaciones de las propiedades de los españoles y realistas, a favor de los militares patriotas.

Aunque los secuestros comienzan con Monteverde en 1812, el paroxismo del despojo tiene su clímax el 23 de mayo de 1822, cuando se instala la comisión de repartimientos de bienes nacionales. Resultado: desarticulación total de la sociedad civil, por destrucción y abandono de las haciendas y hatos de ganados en el país; creación de un nuevo poder militar y económico, expresado en los jefes patriotas que se convierten en caudillos. De modo que fue la guerra de independencia quien los consolidó y no el régimen federal, como decía Bolívar. Precisamente, la falta de instituciones políticas facilitó el caudillismo. La preocupación de los constituyentes de 1811 y de Ocaña de 1828, era que no bastaba la sustitución de la monarquía por la república, sino también, prevenir el desarrollo de tiranías producto de la ausencia de instituciones locales o federales.

Antes de continuar un breve inciso. Es usual decir que el Libertador fue traicionado. El objeto de esta treta es eliminar la discusión. Porque si fue traicionado, sus contradictores nunca tuvieron razón, por consiguiente, no hay nada que discutir. Ahora bien, quienes así piensan subestiman a centralistas y federales, que propiciaron excelentes debates en el Congreso de Cúcuta en 1821 y en la Convención de Ocaña de 1828.

Prosigamos. En 1830 se disuelve Colombia. La ley de secuestros de 1819 había legitimado el caudillismo. El constituyente de Valencia aprueba un decreto el 04 de agosto aboliéndola, sin embargo, el daño estaba hecho. Este decreto produce un doble efecto, por un lado, los viejos propietarios y sus descendientes reclaman la ilegalidad de las confiscaciones y la devolución de sus bienes; por el otro, la improductividad de las haciendas confiscadas y la incapacidad de los militares en su manejo, produce una caída en el valor de los certificados de los haberes militares que respaldaban esos bienes. Esta doble circunstancia, permitió un contubernio entre los propietarios despojados y los militares en el poder, en consecuencia, les arrebataron en recompras los haberes a los soldados de menor grado. Se produjo una nueva burguesía: Páez, Monagas, Mariño y sus acólitos.

La discusión política que se vivió hasta 1830 comenzó a degradarse. La idea federal se pervirtió, encubrió el poder de los caudillos que se hizo nacional. No se elimina la tiranía, que era el propósito del federalismo inicial, por el contrario, se regionalizan los déspotas locales. Así pasa el siglo XIX. El envilecimiento de la discusión política, lo ofrece la cínica frase de Antonio Leocadio Guzmán en 1867: "porque si los contrarios hubieran dicho federación, nosotros hubiéramos dicho centralismo". Hubo de transcurrir 179 años, para que en 1989 la élite política de entonces, se convenciera de que la idea federal no era un pretexto político. Se asumió la descentralización político-administrativa del país, como una expresión residual del federalismo.

III

Uno de los hechos más notables al final del XIX es la consolidación del régimen centralista. Se convierte sin más, en la idea fuerza en el siglo XX. La influencia de Laureano Vallenilla Lanz para este propósito, es decisiva. Una de sus tesis que tuvo y tiene relevancia, es la de que la independencia fue una guerra civil entre hermanos. Su argumento se apoyaba en que hasta 1815 la lucha de la independencia fue entre criollos, sólo a partir de esa fecha es que llegan los españoles con Morillo y se convierte en una guerra internacional. Por supuesto, el análisis conduce inexorablemente a la necesidad del hombre fuerte, al gendarme necesario, que elimine la lucha entre hermanos.

No obstante, presenciamos un argumento falaz: no había necesidad de que hubiera españoles como ejército regular, para que los criollos lucharan por ideas distintas. Más sencillo: había criollos que defendían el absolutismo y otros que defendían la república, no eran los "malos hijos de la patria" que se confrontaban sin propósitos, sin ideas. El punto que se le escapa a Vallenilla, más bien el que oculta, es el inicio de la democracia deliberativa en Venezuela, que comienza en 1810 y se interrumpe en 1812. El congreso constituyente logra elegir sus diputados, con base a un representante por cada 20.000 habitantes, para un total de 45 diputados. Representación que jamás se igualó en ese siglo.

La revolución civil en Venezuela se produce con bandos, tertulias y periódicos: la Gaceta de Caracas, el Mercurio, el Publicista, el Patriota y el Semanario. Esto no lo ve Vallenilla, lo esconde. Le interesa sólo la "guerra entre hermanos", porque le interesa la dictadura que silencie las acciones civiles. Se elaboraba así, uno de los primeros mitos políticos venezolanos: sólo la guerra podría producir la independencia, no así la reflexión deliberativa del 05 de julio y el congreso constituyente de 1811. El mentís más contundente a ese mito, lo constituyen (a decir de Antonio Arráiz) las 166 revoluciones y alzamientos que se producen entre 1830-1903, sin que, no obstante, haya un desarrollo civil y democrático. Lamentablemente, esta idea hizo fama entre conservadores y marxistas. En los primeros, se ratificaba la propuesta, que sólo un hombre fuerte podría meter en cintura a un pueblo anárquico. Esta fue la opinión del Libertador en la constitución de Bolivia y en su propósito de la presidencia vitalicia. Los marxistas vieron con simpatía el concepto de guerra civil entre hermanos, porque se la relacionaba con la lucha de clases, con la diferencia de que el escritor del gomecismo, la veía para un período determinado de la independencia. Así se conformaba un anillo infranqueable entre conservadores y marxistas, que dejaba una vez más en el olvido a los próceres de la independencia.

IV

Dejamos para el final, un punto de la mayor relevancia y que ha sido omitido por la teoría política actual. Nos referimos a la idea federal de los próceres de la primera república, en cuyo propósito, insistimos, no ha habido suficiente reflexión. El federalismo tiene una carga semántica decisiva para cualquier proyecto democrático serio. ¿Cuál era el alcance teórico del federalismo para los primeros republicanos?

- Entendieron los constituyentes de 1811, que era insuficiente criticar el modelo del absolutismo monárquico. El Estado unitario y centralista era el modelo dominante, pero expresaba controles asfixiantes. No se podía pasar del absolutismo monárquico para caer en el absolutismo secular. La revolución francesa, con sus postulados republicanos, había manifestado nuevas expresiones de tiranía a la que había que oponerse.

- La soberanía a la sazón era indivisible, era atribución de los estados unitarios y centrales. Los constituyentes de 1811, postulan que la soberanía sea cedida a otros componentes del estado: las provincias y los municipios, de tal modo que estas instancias subnacionales delimiten y acoten el poder del estado federal. Este es un cambio significativo.

- Por consiguiente, se invierte la relación de la soberanía. Ya no es el estado el que le define la soberanía a los ciudadanos, son éstos los que definen al estado y a las leyes, no sólo en el momento constituyente, sino a través de los órganos subnacionales de las provincias y municipios y sus correspondientes instituciones locales.

- El federalismo contiene una organización político-administrativa en dos niveles: un nivel horizontal, que es el tradicional de Montesquieu el cual produce la separación de los poderes ejecutivo, legislativo y judicial; el otro, vertical que separa las funciones del estado federal y los demás componentes de las provincias (o estados) y los municipios. Se garantiza así, la independencia y no subordinación, esto es, se consolida el autogobierno más el gobierno compartido. Se aleja cualquier forma de tiranía nacional o local, porque prevalecen las instituciones sobre los hombres.

En esto pensaron los primeros republicanos y es un honor en este bicentenario recordarlo. Con la calma del deber cumplido, podemos volver a pasear por la plaza cubierta de la UCV.

***

Esto se pierde si yo me voy; y no aseguro que se salve estando yo aquí, sin embargo; es bien difícil que se pierda mientras yo conservo la energía de mi carácter.

Bolívar:
06/12/1822/

LA POLÍTICA Y LA GUERRA DE LA INDEPENDENCIA

Es de suma importancia establecer algunos conceptos, para discurrir adecuadamente en la exposición.

Una cosa fue la guerra de la independencia y otra la revolución política de la independencia[1]. La confusión de estos dos conceptos, ha dado origen a grandes equivocaciones en la historia de las ideas de los inicios republicanos, y en consecuencia, de los períodos políticos subsiguientes. Así, aclarar aquella confusión se nos presenta como el gran dilema a superar.

---

1   El Dr. Germán Arciniega, desarrolla una tesis parecida, sin embargo, para él la diferencia ocurre entre el campo de las ciencias, las artes, y el derecho, por un lado, y la guerra de la independencia, por el otro. Para nosotros, aunque le damos relevancia a lo anterior, puntualizamos la diferencia entre la política y la guerra. Entendemos la política, de acuerdo con Aristóteles, como un acto fundamentalmente deliberativo, que ha sido desarrollada y ampliada por autores como H. Arendt y J. Habermas.

I

Más allá de algunas diferencias en la táctica militar, la guerra de la independencia unificó el pensamiento patriota. Lo cierto es que prevaleció una constante que lo unificó, a saber: la derrota del ejército realista. Por otro lado, con la revolución política comenzó la divergencia entre patriotas. Recordemos el Manifiesto de Cartagena y su diatriba contra la primera república. Inclusive, en una época temprana, cuando la guerra alcanza tonos mayores, hay expresiones de aquella divergencia política. Lo muestra la carta dirigida por Bolívar, el 12 de agosto de 1813, al gobernador de Barinas Manuel Antonio Pulido. Allí El Libertador contradice los conceptos federales del magistrado.

Con el desarrollo de la guerra aumentó la idea de orden y mando en los jefes militares, al igual que en otros sectores de la sociedad. La contradicción entre los criterios civiles y militares, que se había iniciado al final de la primera república seguía latente. Dentro de esa lógica, los persuadidos por los conceptos de la guerra se ubican en el bando centralista y los civiles en el federal. Sin embargo, para que estas contradicciones afloraran de manera clara, se requería del foro correspondiente. Habrá que esperar hasta el Congresillo de Cariaco en 1817, para que se note el mar de fondo que ocurre entre las fuerzas patriotas. Esta asamblea restableció, aunque de manera pasajera, el gobierno federal caído en 1812. Este solo hecho, dice mucho de lo que acontecía entre los republicanos.

II

Aunque la primera república desaparece en 1812, sus propósitos doctrinarios seguían en pie y eran inalienables. Esa revolución política sustituye la monarquía por la república; la aristocracia por la democracia; y el estado imperial colonial por un estado soberano. Este conjunto programático, configura un modelo construido por la deliberación civil, que la constitución de 1811 pretendió ampliar y desarrollar. Los comienzos antidemocráticos datan de la eliminación de la confederación de Venezuela de 1811 y sus constituciones provinciales. Todo este cuerpo teórico-civil fue sustituido, a solicitud de Bolívar, por el "Proyecto de un gobierno provisorio para Venezuela", que en frase de él aunque para otro caso "…ha durado tanto como casabe en caldo caliente". La sustitución definitiva de aquella confederación, fue realizada por el decreto de guerra a muerte y luego, por la ley de confiscación y secuestros de 1817, conformando así la expresión más patente de la intromisión de la guerra en la política.

Puntualicemos. Trasladar la guerra a muerte a la política significó: exclusión, confiscación, atropello, orden y mando y violación del orden legal. La ley de secuestros de 1817 significó: confiscación, invasión a la propiedad, nepotismo militar, abandono de fundos e improductividad y segregación de la sociedad civil. Todos los protocolos, enunciados y conceptos de la guerra pasaron a la política y se impusieron. El triunfo de la guerra condujo sólo a la independencia del dominio español, mas no indicó la creación de instituciones que aseguraran las libertades civiles. En Bolívar fue natural la confusión de estos aspectos. Para él la libertad, en la mayoría de los casos, correspondía a la independencia del imperio español, en cambio, la libertad de los civiles la asimilaba a la anarquía y en consecuencia a la tiranía. Como resultado de lo anterior, se hizo moneda común la conocida frase de Carl von Clausewitz: "La guerra es la continuación de la política por otros medios". Con el añadido de otra del mismo autor: "La guerra es un acto de violencia que intenta obligar al enemigo a someterse a nuestra voluntad"

Ahora bien, puede verse claramente que estos conceptos de la guerra, conducían inexorablemente a la dictadura, como acaeció en 1828. No fue un accidente histórico, como algunos pretenden hacer ver.

III

A decir verdad, El Libertador vio este escenario, pero lo omitió. Reunido el congreso de Colombia para la redacción de la constitución, Bolívar declina a la presidencia en estos términos: "no soy yo el presidente de esta república, porque no he sido nombrado por ella: porque no tengo los talentos que ella exige para la adquisición de su gloria y bienestar: porque mi oficio de soldado es incompatible con el de magistrado" (01 de mayo de 1821). Discurso civilista. Contrapone la guerra (el soldado) a la política (el magistrado). El escenario del debate en Cúcuta, exigía este pronunciamiento. El punto es que los contradictores del Libertador le exigían que ese discurso fuera permanente, sin embargo, los defraudó. Inmediatamente después, cuando el debate en Cúcuta aflora las tendencias opuestas, el 13 de junio de 1821, le escribe a Santander: "Esos señores (los civiles de Bogotá) piensan que la voluntad del pueblo es la opinión de ellos, sin saber que en Colombia el pueblo está en el ejército, porque es el pueblo que quiere, el pueblo que obra y el pueblo que puede: todo lo demás es gente que vegeta, sin ningún derecho a ser otra cosa que ciudadanos pasivos".

Esta cita nos ahorra palabras, de lo que venimos comentando, acerca del discurso de la guerra (el pueblo está en el ejército) y el discurso de la política (ciudadanos pasivos). Esta será la opinión del Libertador en sus momentos estelares: la constitución de Bolivia y los decretos de la dictadura en 1828.

Esta doctrina de la guerra de la independencia, permeabilizó a distintos sectores de la sociedad. Fue la promotora de la revolución de las reformas, la revolución de marzo, la guerra federal y la revolución azul. Se sustentó en el golpe de mano que un caudillo podía dar para alzarse con el poder. Desde otro lado, la revolución política comienza con el congreso de 1811, continúa con la constitución de Cúcuta y la convención de Ocaña. Debe añadirse el debate propuesto por la Gaceta de Colombia, El Venezolano (1822-1824), El Observador Caraqueño (1824-1825), y El Fanal (1829-1831). Vemos pues, dos formas de ver el país, que se inicia desde el momento en que se decide romper con la corona española.

IV

Aunque El Libertador es derrotado políticamente en Ocaña y en el congreso admirable de 1830, con el añadido de que la constitución boliviana fue finalmente rechazada, aún así, sus ideas se impusieron. ¿Cómo fue posible este prodigio? La única explicación posible, es que un sector importante de la sociedad haya asumido sus posiciones y así ocurrió.

Como consecuencia de la guerra, las pocas instituciones civiles habían desaparecido o subsistían precariamente. Los militares habían asumido un gran poder, no eran sólo capitanes de montoneras, su influencia había crecido y más personas dependían de sus mandos. Había que añadir las resultas de la ley de secuestros de 1817. Producto de esas confiscaciones, los militares se hicieron de grandes extensiones de tierra. Apareció la oligarquía de los Páez, Mariño y Monagas y con ella, la unión en una sola mano del ejército y grandes propietarios. En fin, los militares y sus políticas (con las excepciones de siempre) coincidían con la frase de Bolívar que ya vimos: "el pueblo está en el ejército…todo lo demás es gente que vegeta, sin ningún derecho a ser otra cosa que ciudadanos pasivos". Así se garantizó la permanencia de los conceptos de la guerra en la política. Triunfó, no obstante, la doctrina del Libertador. Pruebas al canto: de los 200 años de república, 154 han sido presididos por un militar, y sólo 46 años por un civil. ¡Qué curiosidad histórica!

A pesar de que la mayoría del congreso de Valencia de 1830 se opone a las ideas de Bolívar, no obstante, que algunos de sus miembros más prominentes son los que escriben a favor de los civiles y de la federación, en El Venezolano, El Observador Caraqueño y El Fanal, a pesar de todo lo anterior, el congreso de Valencia no pudo eludir la influencia de los militares y sus representantes, a favor del centralismo y redacta una ley centro-federal. Diría otro prócer: "arroz con pollo sin pollo".

V

En este recorrido hemos expuesto, dos maneras de ver la construcción de la república: la subordinada a los conceptos propios de la guerra y la condicionada por la política deliberativa. La primera se alineó dentro del centralismo y la segunda dentro del federalismo. Queremos recordar que, mutatis mutandi, ese conflicto no se ha disipado, sino que ha adquirido nuevos rostros y otros momentos. Recordamos igualmente, que sólo fue en 1989 cuando se propuso la descentralización política, una forma derivada del federalismo. Nuestros primeros próceres no se equivocaron en el congreso de 1811, ni en Ocaña en 1828, ni en Valencia en 1830. Ha transcurrido mucho tiempo, pero todavía queda tiempo.

***

... ¡Trabajemos pues con la perseverancia y rectas intenciones en esta noble empresa! Que cuando no nos resultare...más gloria que la de haber trazado el plan y echado los primeros fundamentos de tan magnífica empresa, harto pagado quedaremos; delegando a nuestros virtuosos y dignos sucesores, el complemento de esta estupenda estructura, que debe si no me engaño, sorprender a los siglos venideros

Miranda a Gual:
10 de octubre de 1800.

FRANCISCO DE MIRANDA Y LA CONSTITUCIÓN DE 1811

RESUMEN

Usualmente, Francisco de Miranda es conocido como el Precursor de la Independencia de América Latina. Sin entrar a detallar esta aseveración, podemos afirmar que su accionar estuvo orientado por su pensamiento político. Pensamiento poco conocido hasta entonces. No obstante, en él se encuentran elaboradas unas ideas que podemos señalar, sin lugar a dudas, de originales, tanto por el contexto político en que las realizó, como por su actualidad.

En este sentido, su labor desplegada en Venezuela a su regreso de Londres, (sólo un año y ocho meses) fue más productiva de lo que se conoce. Tal es el caso, de su participación en los actos preparativos de la independencia el 05 de julio de 1811, como los resultados de la Confederación de 1811, que se originan por la aprobación de la Constitución de ese mismo año el 21 de diciembre. Pretendemos analizar la actuación de Miranda en ese evento, al igual que revisar el alcance de sus opiniones con relación a aquella Constitución. Ello nos permitirá evaluar el pensamiento político de Miranda, en correspondencia con lo acaecido en la primera república.

INTRODUCCIÓN

Desde nuestro trabajo de Miranda y Bolívar[2], hemos venido expresando una tesis que puede resumirse de la siguiente manera: el proceso emancipador creó dos momentos diferenciados, por un lado, la revolución política de la independencia y, por el otro, la guerra de la independencia. La primera fundó las bases para una república liberal democrática; la segunda, prácticamente la anuló.[3]

---

2   Giovanni, Meza Dorta, *Miranda y Bolívar. Dos Visiones,* bid&co editor, 2007. pp. 5-7

3   Germán Arciniegas plantea una tesis parecida, sólo que para él la contraposición se produce entre la filosofía moderna de la ilustración y la tradicional española y como consecuencia de esta disyuntiva, se produce la guerra de la independencia. Nosotros, aunque valoramos a la modernidad en todo este evento, hacemos énfasis en la revolución política de la independencia, que en muchos casos tuvo propósitos políticos distintos a la guerra que prosiguió. Ver Germán Arciniegas, *El pensamiento vivo de Andrés Bello*, Ed. Losada, Buenos Aires, 1946, pp. 9-11.

El haber confundido estos dos momentos, ha sido causa de grandes distorsiones en el análisis político de la independencia. La revolución política, tuvo como sustento la creación de opciones deliberativas que tuvieron como propósito la creación de una nueva institucionalidad democrática. La guerra de la independencia consolidó hombres y caudillos y no formas democráticas. Venezuela suspenderá sus momentos deliberativos (con la excepción de algunas municipalidades) por más de 17 años, hasta 1830, cuando se instala el congreso constituyente de entonces. Obviamente eludimos al congreso de Angostura, por representar sólo a dos provincias de la naciente Colombia. De modo que no es forzoso expresar, que la guerra interrumpió el proceso pacífico de la institución democrática. Cuando se analizan ambos procesos, como si el uno fuera el desarrollo natural del otro, se tiende a degradar a la política y hacerla incomprensible. A este lamentable resultado nos ha acostumbrado la historiografía actual.

En este sentido, la política de la independencia no culmina con el triunfo de patriotas sobre realistas (la guerra), sino que continúa entre federalistas y centralistas, a través de la convención de Ocaña, o los congresos de Colombia y Venezuela en 1830. Nos toca aquí el análisis del período inicial de la independencia, tal vez, el más rico y menos estudiado.

I

Diversas interpretaciones se han dado, acerca de la participación política del Precursor en su regreso a Venezuela, la historiografía que criticamos pretende refrendar que Miranda, a pesar de todo, fracasó. Con esta orientación se pregona su impopularidad. Esta afirmación traiciona los hechos. Veamos. Hasta donde conocemos, sólo hay cuatro referencias escritas sobre la popularidad de Miranda. La primera, fue su llegada a La Guaira el 10 de diciembre de 1810, cuyos detalles aparecen en la Gaceta de Caracas del 21 de diciembre de 1810, donde se describe que el recibimiento fue todo un acontecimiento desde La Guaira a Caracas, siendo acompañado por Simón Bolívar y Martín Tovar Ponte. Asimismo, cuando Rodríguez Domínguez declara solemnemente la independencia de Venezuela el 5 de julio a las 3 pm, se formó una manifestación popular encabezada por Miranda y Francisco Espejo con la Sociedad Patriótica..., *que dicho señor Don Francisco de Miranda en ese acto de la publicación de la independencia tomó la bandera en la mano, se enderezó para la plaza mayor, y en el mismo sitio donde el verdugo quemó y pisó su retrato...acompañado del pueblo que clamaba ¡vivas! tremoló la bandera de la libertad e independencia como teniente general de las tropas caraqueñas...*[4]

Otro momento fue el 14 de julio de 1811, cuando le tocó enarbolar la bandera nacional en la hoy llamada Plaza Bolívar, para lo cual cedió el honor a los hijos del insigne patriota José María España. Fue un gran acto de masas donde Miranda fue ovacionado junto con la Sociedad Patriótica. También hay referencia en la Gaceta de Caracas el 16 de julio de 1811.

Por último, y lo más significativo fue el recibimiento que le dieron a Miranda el 29 de octubre de 1811[5], cuando el pueblo lo vitoreó en su entrada a Caracas, luego de la victoria militar contra los realistas en Valencia. Además, se le presentaron honores a través de una alocución del poder ejecutivo de entonces, representado por: Baltazar Padrón, Cristóbal Mendoza y Juan Escalona; en fin, pueblo y gobierno respaldando las acciones del General.

Con esto queremos dejar claro el falso criterio de la supuesta impopularidad de Miranda. Él tuvo desavenencias con líderes del proceso independentista, pero no precisamente con los sectores populares, más adelante veremos este asunto.

De ser cierta la impopularidad de Miranda, no se explicaría la fuerte y decisiva presencia de la sociedad patriótica en todos los acontecimientos previos y posteriores a la declaración de la independencia el 05 de julio de 1811. La importancia de esta sociedad puede verse en la carta que Roscio envía a Bello el 09 de junio de 1811[6]. Allí aparte de cargarle la mano a Miranda, no deja de reconocer lo que él llamaba "la tertulia patriótica".

En todo caso, Miranda fue su presidente el mes de junio, precisamente la antesala del 05 de julio. Esa sociedad era el movimiento político-intelectual más importante del país, tenía sus filiales en Valencia, Puerto Cabello, Barcelona y Barinas. La pregunta inevitable ¿Va a ser

---

4   Juan Antonio, Navarrete, *Arca de Letra y Teatro Universal,* Academia Nacional de la Historia, tomo 2, p. 94.
5   *El Patriota de Venezuela* N° 3, Testimonios de la Época Emancipadora, BANH. Colección Sesquicentenario de la Independencia, p. 410-412.
6   *Obras completas de Andrés Bello*, Tomo XXV, 2a. Edición, Fundación la Casa de Bello. Caracas, 1984, Epistolario, pp. 27-39.

impopular el Presidente de la Sociedad Patriótica que promueve desde la calle la declaración de la independencia?

II

Lo que intentamos explicar, es que desde la caída de la primera república se comenzó a tejer un discurso, cuyo único propósito fue justificar lo actuado inmediatamente después, para tales fines se inventó la historia de la impopularidad de Miranda. Todo lo anterior está relacionado con una ideología, que pretendió justificar su doctrina en la supuesta anarquía y desorden de la sociedad venezolana, cuya conclusión obligada es el caudillismo o gendarme necesario de L. Vallenilla Lanz, pero no sólo de él, veremos más adelante como esa teoría irradió a corrientes de izquierda y derecha.

Esa idea llevaba otra aparejada, según la cual el movimiento del 05 de julio no tenía apoyo popular, por consiguiente, se necesitaba un jefe (Bolívar o Boves no importa) que pusiera orden en los asuntos públicos. Ahora entendemos que esta doctrina reclamaba jefes y no la democracia deliberativa que se instala desde 1810 en las principales ciudades de Venezuela.

Pero salgámosle al paso a esa falsa idea de la desaprobación a la *patria boba*, o sea, al 19 de abril y al 05 de julio. A tal efecto nos sirve un excelente argumento que nos propone Augusto Mijares. El supuesto prejuicio por parte del pueblo a la causa patriota.

> *Se debe al hecho de que la caballería predominó en forma casi absoluta sobre la infantería de aquellos años, y como la caballería se formó especialmente con las masas rurales...que Boves y otros jefes movieron contra las ciudades, la impresión agobiadora que quedó en el ánimo de todos fue que la República había sido aplastada por una insurrección del pueblo inculto.*
>
> *Pero pueblo era también –y al mismo título que el otro- el que en las ciudades se agrupó alrededor de los dirigentes revolucionarios –que no mantuanos- para defender las vacilantes banderas de la reciente nacida patria[7].*
>
> *Pero se olvidaba así un punto capital. La resistencia desesperada que opuso el pueblo patriota de las ciudades a aquel alud devastador, sin armas, sin alimentos, sin tráfico terrestre ni marí-*

---

7 Augusto Mijares, *Obras Completas*, Tomo VI, Monte Ávila Editores Latinoamericana, Caracas, 2000, p. 301.

timo, con jefes que sólo muy poco antes habían comenzado a aprender cómo dirigirlo[8].

Pero además de lo anterior, Mijares reflexiona de manera logística y militar del por qué de aquella situación

> *...el pueblo de las ciudades, aparte de cambiar las costumbres de una vida relativamente cómoda por las fatigas y privaciones de la guerra tenía que pelear sin armas. El hombre de los campos no necesitaba para ser un buen soldado sino su caballo y su chuzo, que usaba como lanza ¿y qué podía oponerles el infante de las ciudades? Hasta el año 1816, en que Bolívar logró de Petión su estupendo auxilio, aquellos ciudadanos que apresuradamente aprendían algunos elementos de formación militar, se batían con armas heterogéneas, arrebatadas al enemigo o adquiridas de ocasión*[9].

A partir de la situación narrada por Mijares, se puede entender más fácilmente el por qué de la capitulación del General Miranda, no obstante, tener en aquel momento mayoría de fuerza militar a su lado.

Retomemos otro aspecto. La significación histórica del 05 del julio. Lo que Miranda y los patriotas de ese momento logran, tiene una trascendencia poco comentada por los narradores de la epopeya militar cursilona, que además se han salido con la suya, por cuanto la conmemoración de esa fecha en Venezuela, todavía es una fiesta exclusivamente militar. Paradójicamente, el 19 de abril y el 05 de julio constituyen en el sentido exacto del término, la Revolución civil de Venezuela. Revolución que tuvo una proyección continental sin igual, no sólo por ser el primer proceso de su tipo en América Latina, sino por ser una revolución en las ideas, desestimada por todo el caudillismo que la sucedió.

A título ilustrativo indicaremos: ya a mediados y finales del siglo XVIII, aparece una importante conciencia nacionalista que se expresa en por lo menos tres movimientos claramente identificados, a saber: la revolución de Juan Francisco de León en 1749 y 1751, contra el monopolio de la compañía guipuzcoana, movimiento que incluía no sólo a la incipiente burguesía productiva y comercial, sino a sus empleados y esclavos, que se sentían sustituidos en sus condiciones de vida por aquella compañía.

---

8   *Ob. cit.*, p. 358.
9   *Ob. cit.*, p. 302.

La conspiración de Gual y España que a decir del Dr. Salcedo Bastardo, es el más...*perfecto y completo de los proyectos revolucionarios preparados en Venezuela*[10]. Con una teoría política ya acabada en sus ordenanzas, máximas republicanas y derechos del hombre y del ciudadano, además, con un fuerte apoyo popular que se demuestra con el enjuiciamiento a 95 personas comprometidas en la conspiración, en una ciudad como Caracas de apenas 20.000 habitantes.

Y por último, la actividad realizada por Miranda no sólo en el desembarco de 1806, en costas venezolanas, sino toda su red de comisarios que llegaba a Venezuela y tuvo como consecuencia el 19 de abril de 1810. De modo, que la conciencia de la Nación y de la patria se tejió antes del 05 de julio de 1811. Así es claro que nuestra declaración de independencia no fue algo azaroso y sin fines específicos, por el contrario, se establece primero la idea de patria y de Nación, después vino la guerra y todo tipo de personalismo.

Lo que ha estado siempre en juego, son dos maneras de entender el proceso histórico venezolano: una opción dice, la independencia fue un proceso lento pero firme, que desató sus amarras el 19 de abril y el 05 de julio, en cuyo contenido están los presupuestos básicos de una democracia republicana. Otra opción dice: en Venezuela se creó una "Patria Boba", sus líderes eran unos improvisados, no entendieron la guerra civil, la situación llamó a los líderes verdaderos, o sea, a los caudillos. Esta última tesis es la que ha predominado en historiadores y políticos en ejercicio. Lo más grave es su consecuencia para el país. Por ejemplo: suponer que la independencia fue producto de unos hombres con unas "cualidades especiales".

> *...venía a reforzar la ingenua creencia de que los problemas de nuestra reorganización republicana se resolverían del mismo modo: mediante la lucha feral y por la aparición de la personalidad irresistible de otro héroe, el cual debía remediar todos los males que la negligencia o los errores colectivos dejaban en espera de esa redención providencial y gratuita*[11].

No es necesario explicar que esta es una tesis reaccionaria, que no permite la reorganización política desde sus propias bases, esto es, Democracia, República, Cabildos, Derechos Humanos, Libertad, etcétera, de cara a los nuevos tiempos, es decir, con una reinstitucionaliza-

---

10   Salcedo Bastardo, J. L., *Historia Fundamental de Venezuela*. p. 198.
11   Augusto, Mijares, *Ob. cit.*, p. 106.

ción de sus propios fundamentos. Por eso es importante el estudio de lo sucedido en la primera república y su remate en el 05 de julio de 1811. De allí que no dudemos en señalar el éxito rotundo de esa fecha. Dicho de otro modo, el éxito del 05 de julio está vinculado a la trascendencia de sus propias ideas. Revisemos.

Podemos sintetizar los fundamentos mínimos de la independencia que confluyen en la propuesta del 05 de julio: a) liberarse de la colonia para asumir la soberanía, no sólo territorial (como se ha malentendido), sino soberanía de los ciudadanos y sus ideas. b) sustituir la Monarquía por la República para formar a los ciudadanos como eje plural de construcción de la nueva sociedad. c) la consecuencia necesaria de las dos proposiciones anteriores, debe conducir a una reconstrucción de la vida civil y eliminar la tradición autoritaria. d) acabar con la sociedad jerarquizada y estamentista por una igualitaria y democrática. e) declarar la caducidad del derecho colonial en las costumbres y su expresión personalista y de castas. f) se debía construir un Estado diferente, inédito, por su estructura política y filosófica, cuyo marco de referencia era la República.

Estos fueron los aportes del 05 de julio de 1811, en cuya actividad jugó Miranda un papel fundamental. De modo que el éxito de las ideas y su culminación en un proceso pacífico no están en dudas. Lo que pasó posteriormente, lo cual significa una negación de lo señalado, escaparía de nuestro propósito en este momento.

III

Después de este recorrido en el análisis del movimiento del 05 de julio y de Miranda, se presentan unos asuntos puntuales de sus proyectos constitucionales. Debemos convenir que la mayoría de los autores no los han valorado suficientemente. Esto explica la descuidada calificación que se le ha hecho a Miranda como centralista, no obstante, existir abundante documentación que afirma lo contrario, por ejemplo, las notas sobre Caracas para Richard Wellesley Jr., de julio de 1810[12], en cuyo contenido, Miranda resume lo acordado con Bolívar, López Méndez y Andrés Bello:

Los diputados esperan que los diversos Virreinatos y provincias de Norte y Suramérica se dividirán en diferentes estados de

---

12　Miranda. *La Aventura de la Libertad,* Monte Ávila Editores, 1991, Tomo 1. p. 212.

acuerdo con sus límites físicos o políticos; pero ellos proyectan un sistema federal, que dejando a los respectivos estados una independencia de gobierno pueda formar una autoridad central y combinada, como la de los anfictiones de Grecia

Todo esto lo conocemos ya en Miranda, desde el Acta de París de 1797, sin embargo, él lo pone en boca de los jóvenes que lo visitaron en Londres. Veamos de dónde procede la versión del Miranda centralista, que ya hemos comentado. Insistimos en la lectura descuidada de sus proyectos constitucionales, particularmente, los de 1801 y 1808, allí no hay dudas en la defensa de un proyecto federal para el continente, inclusive, en el debate de la constituyente de 1811, insistió –sin suerte– en sus proyectos, como demuestran comunicaciones de Roscio y Ustáriz, que el límite de esta ponencia nos hace prescindir.

Debemos reparar en lo siguiente: cuando Miranda habla de federalismo, no supone una relación dilemática con el poder central, sino complementaria. Aquí hay una influencia del constitucionalismo originario de Estados Unidos, cuyo período de 1776-1787, Miranda lo conoció de primera mano, a través de sus amigos Jefferson, Hamilton, Madison, Adams, etcétera. Lo que Miranda defiende es un poder central consolidado en algunos campos donde su eficacia es clara: la defensa, el comercio externo, derechos humanos...sin embargo, defendía la gestión local y su descentralización en aquellas áreas donde ese gobierno tenía intereses en sus asuntos particulares.

El aspecto más conocido y que refiere una propuesta centralista de Miranda, fueron los reparos que realizó al momento de la aprobación de la Constitución de 1811, allí expresó:

Considerando de que en la presente Constitución los poderes no se hallan en un justo equilibrio, ni la estructura u organización general suficientemente sencilla y clara para que pueda ser permanente; que por otra parte no está ajustada con la población, usos y costumbres de estos países, **de que puede resultar que en lugar de reunirnos en una masa general o cuerpo social, nos divida y separe, en perjuicio de la seguridad común y de nuestra independencia;** *pongo estos reparos en cumplimiento de mi deber*[13].

---

13 *La Constitución Federal de Venezuela de 1811 y documentos afines*, BANH, N° 6, p. 223. (subrayado nuestro)

Esta es la referencia que han tomado la mayoría de los autores para afirmar la tendencia centralista de Miranda, inclusive, un autor tan prevenido como Gil Fortoul[14], observa lo contradictorio de los reparos de Miranda con su proyecto de gobierno federal, que no podemos analizar aquí, sin embargo, Gil Fortoul no da detalles de la eventual contradicción de que es objeto Miranda, pretendemos a continuación explicar lo sucedido.

Al momento de la aprobación de la Constitución el 21-12- 1811, se producen los reparos de algunos diputados, entre otros, los de Miranda, lo que ocasionó que:

*...se opusieron los señores Delgado, Cova, Briceño y otros a la del señor Miranda, **ya porque no se contraía a un artículo, como porque su autor jamás había manifestado semejantes opiniones durante la lectura y discusión del proyecto de Constitución, a lo que** reclamó el referido señor Miranda el derecho de emitir su opinión con toda libertad y la circunstancia de habérsele concedido esta facultad a los eclesiásticos en el día en que se trató acerca de los fueros*[15].

El Precursor objeta y exige que se le dé oportunidad de realizarlos, no obstante tener fundadas razones sus contradictores.

Lo contradijo el señor Álamo creyéndola como una medida capciosa y arbitraria, respecto a que se censuraba toda la constitución en unos términos vagos e indeterminados y hacer muy reparable esta conducta de parte de un diputado del Congreso de cuya boca jamás habían salido las observaciones que ahora aparecían en la protesta[16].

Las objeciones de los oponentes de Miranda eran consistentes, en cuanto a la generalidad de sus observaciones como también, a que en el Congreso no había manifestado opinión al respecto. Sin embargo, hay otras circunstancias demasiado importantes como para ser obviadas.

Ya había comenzado la guerra, además Miranda había sido nombrado el 19 de julio de 1811 General en Jefe y ese mismo día salía para

---

14 José, Gil Fortoul, *Historia Constitucional de Venezuela*, Tomo 1. p. 269.
15 *Congreso Constituyente de 1811-1812*, Ediciones conmemorativas del Bicentenario del Natalicio del Libertador, Tomo 1, pp. 215-216. (subrayado nuestro).
16 *Ibíd.*

Valencia a confrontar a los rebeldes. Su presencia se prolongó hasta el 22-10-1811, fue en ese período cuando se convenció de la situación militar de su ejército, el cual no estaba preparado para afrontar una guerra como la que sobrevino. La plaza de Valencia se rinde el 13-08-1811, Miranda solicita seguir con sus fuerzas para rendir a Coro y Maracaibo y el Congreso rechaza esta propuesta el 22-08-1811[17].

Precisamente, los reparos de Miranda están ligados a esta situación que él reclama de una forma desesperada como ya veremos. Aunque ya lo dijimos, tenían razón los diputados que le objetaban que sus reparos eran genéricos, no debemos olvidar que en la sesión de 1° de julio, en la víspera de la declaración de la independencia expuso:

> *El señor Miranda apoyó vigorosamente la necesidad de medidas enérgicas de seguridad, probó oportunamente la absoluta urgencia de unidad de acción en el Poder Ejecutivo; y creyendo la salud general de Venezuela la suprema ley, opinó que la gran mayoría de sus provincias podía obligar coercitivamente a las que resistiesen con su cooperación a la felicidad de las demás, alegando el ejemplo de los Estados Unidos en que las nueve provincias unidas obligaron a las dos que quisieron separarse; y concluyó presentando una moción escrita para pedir al Ejecutivo los datos que en ella se contienen[18].*

Ahora vemos más claramente el propósito de los reparos realizados por Miranda, entiende que la guerra es inevitable y exige unidad de acción al poder Ejecutivo, además practica la idea del principio de subsidiariedad, en el sentido de que la mayoría de las provincias obliguen coercitivamente a las demás con el objeto de la salud general de la patria, asimismo, invoca el ejemplo de Estados Unidos que es una confederación, pero que tiene un poder central federal, que asume las competencias de defensa de la Nación.

Por supuesto, esta solicitud hecha por Miranda el 1° de julio, le fue negada por la mayoría del congreso constituyente, aunque al final le concedieron la razón, cuando le dieron la autoridad suprema el 26 de abril de 1812. Además, eran tan fuertes los argumentos de Miranda en el punto que comentamos, que dirigentes tan influyentes como Roscio

---

17 Caracciolo, Parra Pérez, *Historia de la Primera República,* Ed. Biblioteca Ayacucho, Caracas, Venezuela, 2000, p. 324.
18 *Congreso Constituyente de 1811-1812,* Tomo 1, p. 91.

y Peñalver, en los inicios federalistas en extremo, cambiarán su posición radicalmente en 1813.

Volvamos a Miranda y al asunto de sus reparos a la Constitución el 21 de diciembre de 1811. Por si hiciera falta, hay un documento más explícito este asunto y es una carta dirigida por el Precursor a Francisco Espejo, presidente en turno de la naciente República.

> *Puesto que nuestro grande y único objeto es formar un ejército, es necesario que los principios y sistema de gobierno sean análogos y dirigidos a él; es preciso que todos los ramos de la administración cooperen a ello principalmente, y en una palabra es preciso que el gobierno mismo, en su economía y en su forma tome el carácter militar* **que le dan las circunstancias**[19].

Se ratifica lo dicho, la guerra era una circunstancia que obligaba a un proceso centralizador en aquellas áreas que le sirvieran al propósito eficiente de triunfar sobre el enemigo, no otra es la razón de la supuesta postura centralista de Miranda, con ello respondemos a la conjetura que dejó abierta Gil Fortoul anteriormente citada.

En todo caso, hay un dato adicional donde Miranda respalda a la confederación y sus propósitos, en la proclama que realiza el 21 de mayo de 1812, luego de explicar el origen de las facultades ilimitadas que le confirió el poder ejecutivo el 26 de abril, aclaradas el 04 de mayo, y extendidas, ampliadas y perfeccionadas el 19 de mayo, Miranda no duda en clarificar que:

> *La república de Venezuela se gobernará tranquilamente por sus constituciones momentáneamente suspendidas y alteradas por las circunstancias y peligros actuales, y yo estaré siempre pronto a consagrar mi vida y mi reposo por conservarlas y defenderlas*[20].

Concluyente esta cita, por cuanto Miranda se muestra a favor de la confederación, solo que hay una circunstancia de causa mayor, que obliga a su suspensión momentánea. Creemos desvanecer la idea de un Miranda centralista, que por lo demás sería traicionar los principios democráticos por los que luchó desde 1795, cuando escribió aquel monumento a la democracia y al pueblo francés.

---

19 *Archivo del General Miranda*, Tomo XXIV, p. 269.
20 *Miranda. La aventura de la Libertad*, Monte Ávila editores, Tomo 1, p. 139.

Huelga decir, que pese a la resistencia inicial que tuvo para lograr el apoyo necesario en la proposición que comentamos, en definitiva, obtuvo el respaldado decidido de Sanz, Espejo, Coto Paúl, Yánez, Lander, Narvarte, Tovar, Palacio Fajardo, y el mismo Roscio, en fin, los líderes más connotados de la primera república se convencieron de las bondades de la propuesta de Miranda y lo apoyaron.

Sin embargo, sucede un hecho inesperado: las constituciones suspendidas, según Miranda, por las circunstancias de la guerra se prolonga en el tiempo y en el espacio, no sólo por la continuidad de las batallas, sino aún después de la paz (que resulta de la victoria de Ayacucho en 1824), en virtud de la aparición en escena de la doctrina centralista, esta vez sustentada por Bolívar en distintos escritos.

De modo que aquellos líderes y los discípulos de 1811, que apoyaron a Miranda, se encuentran con una suspensión definitiva de las constituciones provinciales y de la Confederación de 1811, hasta 1830 cuando vendrá la revancha póstuma de aquellos primeros próceres a partir de este año, pero esa es otra historia.

El punto es, que el discurso bolivariano, en particular el que comienza con el *Manifiesto de Cartagena*, usó a Miranda como comodín para su justificación política; por un lado, lo acusó de débil con lo cual justificó la acción proferida contra el líder de la primera república; por otro, se dice que Miranda apoyó el centralismo, compartiendo así criterio con Bolívar contra los líderes fundadores que respaldaron el federalismo. En ambos casos, se fortalece al Libertador y se destruye ideológicamente a Miranda y a la primera república. Lo más curioso, es que las dos tesis no soportan un análisis detenido.

Todo este asunto que hemos analizado, proviene de una confusión extendida la cual pretende equiparar el pensamiento de Bolívar con el de Miranda, lo que abordaremos con detalle en otro momento.

***

Por eso la historia debe escribirse siempre de nuevo, ya que el presente nos define.

Comprender el pasado significa percibirlo en aquello que quiere decirnos como válido.

H. G. Gadamer.

MIRANDA Y BOLÍVAR: REPUBLICANISMO, LIBERALISMO Y DICTADURA

RESUMEN

Aparecen aquí Miranda y Bolívar con algunas ideas fundamentales, que nos permiten visualizar las consecuencias políticas de sus postulados. Nos proponemos analizar algunos conceptos básicos del período de la independencia, a saber: liberalismo, republicanismo y dictadura, pero enmarcados y relacionados con otros que le fueron afines: centralismo y federalismo. Los defensores de estos últimos elaboraron sus ideas con el propósito de definir formas de gobierno acordes con las nuevas naciones, sin embargo, esas elaboraciones trajeron consecuencias políticas decisivas para afirmar formas autoritarias o democráticas, según los criterios y modelos asumidos.

LIMINAR

El presente trabajo constituye parte de una conferencia que dictamos en la escuela de filosofía, el segundo semestre, octubre del 2007. La invitación la formuló el profesor Gabriel Morales para su curso *Del culto a Bolívar a la teología bolivariana*. El contenido de dicha conferencia refirió en lo fundamental acerca de nuestro libro *Miranda y Bolívar. Dos Visiones*[21]. Una primera parte consta de una visión general de los contenidos del libro, y una segunda parte contiene, los encuentros y desencuentros con otros autores que han desarrollado la misma temática. Ha sido revisada y ampliada por el autor para esta publicación.

LA INVESTIGACIÓN INICIAL

La metodología de la investigación que iniciamos con (M y B), tuvo las siguientes características. Comenzamos, como es usual, con un arqueo bibliográfico comparando textos y documentos, con el objeto de encontrar camino para nuestras inquietudes iniciales. Procedimos con preguntas no realizadas por otras investigaciones, o por respuestas incompletas efectuadas por otros estudios. En nuestro caso observamos que no había publicaciones acerca de Miranda y Bolívar que hubiesen

---

[21] Todas las citas del libro corresponden a la segunda edición de julio del 2007 de bid & co.editor, en adelante (M y B).

comparado sus ideas políticas. Esto nos ofreció un contexto nuevo para la investigación.

De manera resumida presentamos nuestra propuesta así. La teoría política y la historiografía que le acompañó, siempre privilegió en su análisis de la independencia venezolana, el conflicto entre los patriotas y los realistas, creyendo que de esta forma podían dar respuestas a nuestros inicios republicanos. Nosotros entendimos que ese procedimiento era limitado, ya que dejaba muchas preguntas sin respuestas, las cuales no podían ubicarse en el dominio colonial español que había terminado definitivamente en 1824. Además, este análisis referido sólo al dominio colonial, omitía los distintos proyectos políticos independentistas en la región suramericana, que comenzaron a hacerse efectivos a partir de 1810. Así llegamos a la conclusión que se debía estudiar también las distintas ideas que manifestaron inicialmente los patriotas, además de los conflictos políticos que se les presentaron.

Este último punto nos llevó a que este conflicto, en algunos casos, era más importante que la separación con la corona española, tal es el caso de las concepciones democráticas que tuvieron los próceres que iniciaron la independencia. En correspondencia con lo enunciado, pudimos descifrar dos tesis políticas antagónicas, que perduraron hasta la separación de Colombia en 1830. Más aún, se han extendido hasta nuestros días, aunque en algunos casos aparezcan con otros nombres: autoritarismo, militarismo, centralismo, caudillismo, por un lado, y federalismo, descentralización, alternabilidad, democracia, por el otro.

Así nos encontramos que, en los inicios republicanos, se presentan dos tesis. Una, es la de los hacedores de la primera república, cuyas ideas aparecen en los periódicos de la época y se concretan en la constitución de 1811 y en las constituciones provinciales. Significa una tesis de inclusión social y de gradual desarrollo de la democracia. Esa inclusión, se presenta a través de la relación institución y pueblo, creando un sentido de pertenencia por intermedio de: división de poderes, el municipio, la tolerancia, libertad de pensamiento y culto, derechos humanos y otros. La otra tesis es la representada por Bolívar y que se inicia con el Manifiesto de Cartagena contra la primera república, que con distintas descalificaciones: *república aérea, clemencia criminal, facciones intestinas,* comienzan los pasos hacia una república centralizada con preponderancia militar y personalista, que subestima a las bases populares y por consiguiente se aparta de las propuestas federales, las cuales pretendían acercar sus instituciones al pueblo.

Ahora bien ¿por qué no se vio esto anteriormente? Nuestra respuesta se encuentra en la mitología política venezolana del *padre de la patria, prócer máximo del continente, fundador de la nación,* y otros calificativos que no permitieron a nuestros principales intelectuales observar críticamente los pasos políticos del Libertador.

CUÁL REPÚBLICA, CUÁL LIBERTAD

Los estudios de historia de las ideas políticas en Latinoamérica, pueden dividirse en dos grandes áreas[22]: la primera es la que se inicia con la apología a los héroes y grandes batallas, es la historia que comienza al final de la guerra independentista y continúa hasta los inicios del siglo XX; podríamos denominarla como la historia romántica de la independencia. La segunda, la cual se ha extendido hasta nuestros días, es la que describe el conflicto entre patriotas y realistas, por supuesto, es la más rica por cuanto que la lucha por la emancipación confrontó a los independentistas y a los defensores de la corona española. Sin embargo, la línea de investigación que iniciamos se diferencia de las anteriores, en tanto le damos prevalencia al conflicto de ideas que se produjo en el bando de los patriotas. Los motivos son los siguientes:

El conflicto entre los patriotas ha sido subestimado, se lo ha visto como un hecho accidental referido a la voluntad por el poder político o también como un suceso subalterno de la propia guerra de independencia. Se creyó, equivocadamente, que los patriotas o republicanos siempre tuvieron una única idea: desembarazarse de la corona española, con lo cual se dejaba de lado, uno de sus propósitos fundamentales, la propia noción de democracia y el concepto de república con sus correspondientes instituciones iniciales, las cuales estaban prestas a sustituir al establecimiento español en América. Sin embargo, fue esto último, la sustitución de las instituciones absolutistas por otras democráticas, lo que derivó en dos tendencias antagónicas: centralistas y federalistas. Éstas adquirieron fuerza propia en el congreso de Cúcuta y la convención de Ocaña, para nombrar sólo dos eventos trascendentes. El centralismo y el federalismo tuvieron sus expresiones republicanas y liberales, pero ubicaron de una manera más puntual la relación del ciudadano con sus instituciones.

---

22 La división es independiente de si la metodología es positivista, marxista u otra, debido a que lo que significamos es el área contextual de estudio, o si se prefiere, la problemática de estudio.

Nos interesa precisar el párrafo anterior. Los estudios políticos e históricos de las últimas décadas en Latinoamérica, han tenido la influencia de la llamada Escuela de Cambridge[23], la cual ha defendido la influencia neorromana en la constitución de los estados modernos. Esta influencia les había llegado a los ingleses por los pensadores clásicos romanos: Tácito, Séneca, Tito Livio. Así, la noción de libertad en Inglaterra desarrolló las bases del estado liberal, contaminando la revolución norteamericana y los eventos similares que sucedieron posteriormente. Como colofón de esta propuesta, la Escuela de Cambridge y sus seguidores le han dado prevalencia al republicanismo sobre el liberalismo en las ideas que conformaron a estos nuevos estados.

Escapa al propósito de este estudio, extenderse más allá de este breve resumen. Sólo nos resta afirmar, que esta concepción neorepublicana, en el caso de la independencia venezolana, adolece de graves fallas. Por ejemplo.

- Las ideas sobre la república de nuestros próceres, contenían las siguientes características: una teoría de la soberanía popular donde el poder político surgiría del pueblo y las propuestas del gobierno estarían sujetas a leyes que promoverían el bien común. También la república establecería una forma de estado que diferiría con la monarquía, donde la soberanía popular se expresaría en forma directa, o por medio de estructuras representativas. En suma, la idea básica de república, para nuestros próceres, se ajustaba a la de Rousseau en el Contrato Social (Libro II, Cap. VI), según la cual se trata de un estado que se rige por leyes, siendo éstas su principio general. A la par de Montesquieu, en El Espíritu de las leyes (Libro II, cap. 1 y 2), para quien el gobierno republicano es aquel en que el pueblo tiene el poder soberano. Como vemos, estas ideas básicas, aunque no menos importantes, difieren del humanismo cívico respaldado por los representantes del pensamiento neorrepublicano.

- Adicionalmente a lo anterior, hubo un aspecto que no vislumbraron los neorrepublicanos. Y fue el aporte a la teoría política, tanto de la revolución norteamericana, como la que

---

23 Se le llama también neorromana o neorrepublicana, entre sus principales representantes se encuentran: Pocock, J.G.A y Skinner, Q. Véase al final bibliografía mínima.

se inicia con la independencia de Venezuela. Hasta entonces la república sólo tenía sentido en espacios territoriales pequeños, para cuyo propósito se adecuaba la participación política de los ciudadanos. Así lo había entendido la tradición republicana clásica.

- Ahora bien, el aporte de América fue la ampliación político-geográfica de la república, porque, en definitiva, la discusión contra la tiranía no era sólo conceptual: construir la libertad individual y las virtudes cívicas, sino también político-administrativa: cuántos gobiernan, cómo gobiernan y en qué espacio geográfico se distribuye la soberanía y el gobierno. Prevalecieron así, los intereses de la nación y no los particulares; las leyes y las instituciones y no, exclusivamente, las virtudes ciudadanas. En consecuencia, la libertad promovida por liberales o republicanos, no era producto de una virtud cívica superior, sino de la organización armónica del estado. En fin, se añadía la pluralidad de la libertad por intermedio de la organización descentralizada y federal.

- Pero esta propuesta federal no habría sido posible, sin los antecedentes correspondientes. En la América meridional ya había arraigado una suerte de federalismo colonial. España diseñó y ejecutó un sistema de gobierno descentralizado con virreinatos, gobernaciones, capitanías generales, provincias y corregimientos[24]. Ocurrido el año 1811, los próceres se encuentran con una capitanía general organizada en provincias, la forma de unirlas preservando su autonomía, era con el sistema federal

- Más aún, este sistema era casi un imperativo político-administrativo, si atendemos a los llamados de funcionarios borbónicos influidos por el despotismo ilustrado, tales como la representación del Intendente Ábalos (1781), la memoria secreta del Conde de Aranda (1783) y la de Godoy (1804). Pretendían crear diversas monarquías, con autonomía del imperio español, para enfrentar el poder centralizador de la burocracia española o hacerle frente a la motivación insurreccional promovida por las trece colonias norteamericanas. Igual propósito tenía Miranda desde 1797 (Acta de

---

24 Ver Infra: "Bentham o la revolución norteamericana"

París), más los proyectos constitucionales: 1790, 1801, 1808, todos los cuales propendían a formas federales de organización política para los cabildos y provincias. Lo importante a señalar, es que esos proyectos fueron promovidos por los agentes mirandinos en toda Suramérica. Así la idea federal es anterior a la independencia y no al contrario.

- Por si aún los precedentes argumentos se considerasen insuficientes, veamos lo que a nuestro juicio ha sido fundamental, para un análisis ajustado a la historia conceptual de la época.

- El Libertador desde su primer escrito en el Manifiesto de Cartagena, establece una diatriba contra el sistema federal, igualmente en la Carta de Jamaica, Discurso de Angostura, Cúcuta y en la Constitución de Bolivia. En todos esos escritos, el propósito fundamental de Bolívar fue su ataque al sistema federal de gobierno. De modo, que fue ineludible para la época y para sus contradictores, la discusión entre centralismo y federalismo. Ese debate encuentra su clímax en la Convención de Ocaña. Entre otras razones, porque aún existía para los nacientes estados, la vieja preocupación colonial de reorganización eficiente de las instituciones políticas. Además, la lucha por la independencia había recaído, principalmente, en manos militares, que, a su vez, reclamaban preeminencia en la jefatura de gobierno. Jefatura, que dada su forma natural de mando, debía ser centralizada y vertical. En resumen, la reunión de Ocaña ajustó las propuestas que venían discutiéndose desde 1811: república y libertad, pero en un ámbito geográfico considerablemente extenso: la gran Colombia, para lo cual era ineludible la controversia de la forma de gobierno: central o federal. Entonces, el debate centralismo-federalismo condicionó las expresiones republicanas y liberales y no al contrario. Este es un aspecto novedoso, en la teoría política que se inicia con la independencia a la cual se le ha dado poca importancia. Por supuesto, este debate de gran relevancia para la conformación de los nuevos estados, fue descalificado por los caudillos de la época, pero ello escapa al análisis de este estudio. Sólo recordemos la frase cínica de Antonio Leocadio Guzmán en 1867: *porque si los contrarios hubieran dicho federación, nosotros hubiéramos dicho centralismo.*

LAS IDEAS

Por lo dicho queda claro, que la idea de democracia comienza explícitamente en 1810, en un proceso continuo que culminará en 1811 con la constitución de ese año y sus respectivas constituciones provinciales. Precisamente, el creer que los patriotas tenían un solo proyecto político, el victorioso con características militaristas y personalistas, fue lo que no permitió a nuestros intelectuales revisar en detalle el conflicto de ideas que tuvo su primera manifestación entre centralistas y federalistas. Puntualizamos la frase primera manifestación, porque hubo otras de mayor contenido, a saber, el modelo de constitución que se requería, la participación civil en las instituciones públicas, los fueros al clero y a los militares, los derechos humanos, etcétera.

El análisis de las ideas entre patriotas a partir de 1810 no es arbitrario, por el contrario, debemos recordar que a partir de allí es cuando se inicia la sustitución de las instituciones coloniales por otras, llamadas republicanas, por consiguiente, es pertinente que sea desde ese momento cuando se revise el pensamiento patriota y sus referentes teóricos.

La omisión en el análisis de estas ideas, ha contribuido a la incomprensión sociopolítica de las nuevas naciones. Muchos de los nuevos conceptos y otros que tienen antecedentes coloniales, como el caudillismo, se refuerzan desde y después del proceso independentista. Desde otro ángulo, no se puede entender suficientemente la extensa actividad personalista y militarista en Latinoamérica, si no se conocen las primeras ideas que sustituyen a las nacientes instituciones democráticas por los liderazgos monocráticos. La falta de instituciones estables y democráticas fue lo que produjo la constante de anarquía y desorden que tanto preocupó a Bolívar. Para acabar con esa inestabilidad El Libertador propuso un jefe, un caudillo o un presidente vitalicio (las consecuencias eran las mismas), produciendo así un círculo vicioso: anarquía-desorden-caudillo-anarquía…hasta el infinito, sin percatarse que el factor de inestabilidad era el propio caudillo o jefe.

Visto lo cual es necesario afirmar, que la democracia no comienza en el siglo XX, semejante afirmación convalida sin beneficio de inventario, lo actuado por el personalismo del siglo XIX, no se ha entendido suficientemente que los dictadores de ese período y los posteriores, no fueron un accidente histórico, sino el producto de un proyecto político centralizador que condujo inexorablemente a las formas personalistas de gobierno. Si desde el siglo XIX y XX hubiésemos entendido cabalmente que hubo un proceso democrático abortado que debimos rescatar, como lo pretendió con limitaciones la democracia de 1830, sin duda estuviésemos hoy en un mejor momento. No lo hicimos, porque nunca tuvimos el coraje de revisar al principal ideólogo del centralismo y la dictadura: Simón Bolívar. Por eso tuvimos el desconcierto de llamar padres de la democracia a López Contreras, Medina Angarita o Rómulo Betancourt, con el debido respeto que nos puedan merecer, decimos que ninguno de ellos tiene equivalencia con Francisco de Miranda, Juan Germán Roscio o Francisco Javier Ustáriz, los cuales no tuvieron esguinces militaristas, fueron demócratas completos en teoría y acción, cuya demostración convalidamos en (M y B). El hecho de que sus propuestas hayan sido abortadas, no las invalida, como tampoco valida la propuesta militarista, el hecho de que, de los 200 años de nuestra historia republicana, sólo 46 hayan sido de presidentes civiles. Todo lo contrario, una verdadera democracia civil, pasa por una revisión exhaustiva de nuestro pasado, por la sencilla razón de que el futuro no se adivina, sino que se construye sobre la base de lo que fuimos y de lo que somos.

LA DEMOCRACIA DEL 19 DE ABRIL Y DEL 05 DE JULIO

Nuestro libro *Miranda y Bolívar. Dos Visiones*, tiene entre otros propósitos, reafirmar el espíritu genuinamente democrático que tuvieron los eventos del 19 de abril de 1810 y el 05 de julio de 1811. En estos momentos en que entramos en los umbrales de la conmemoración de sus bicentenarios, es oportuna la siguiente reflexión.

El llamado período de la primera república, no es tan sólo el de la génesis de nuestra independencia como colonia del imperio español. Esta versión limitada es la que ha aparecido en los rituales conmemorativos de esas fechas patrias. Ello ha sido así, por dos grandes influencias a las que la intelectualidad venezolana no ha sabido sobreponerse. En primer término, el predominio militarista, que ha equiparado los festejos de aquellas dos fechas con los de la batalla de Carabobo o el natalicio del Libertador. No encontrará el observador imparcial ninguna diferencia entre las ceremonias de una batalla militar y el 05 de julio. Y todo ello porque se olvida o no se ha querido ver, el carácter estrictamente democrático y civil del período de la primera república El otro aspecto al cual nuestra intelectualidad no ha sabido sobreponerse, es al peso descomunal que ha tenido la crítica de Bolívar a esa primera etapa. Nos referimos particularmente al Manifiesto de Cartagena, en cuyo contenido se descalifica moral y políticamente los inicios republicanos, recordemos las frases: "repúblicas aéreas", "clemencia criminal", "facciones intestinas", con lo que se pretendía desacreditar todo lo actuado en aquel momento. Olvidando en su análisis su fracaso en Puerto Cabello, causa fundante de la capitulación que el gobierno de la primera república y Miranda se ven obligados a ofrecer a sus contrarios.

Pero más allá de este incidente, se encuentra la confusión que inicia el Libertador, entre los motivos estrictamente militares de la pérdida de la república y las características democráticas y civiles de ese gobierno. Esta confusión la llevará el Libertador hasta sus últimos días y será el motivo de su fracaso, desde 1826 hasta 1830. Lo grave es que nuestra intelectualidad, ha avalado este discurso del Manifiesto de Cartagena y con él ha condenado a priori a la primera república, esto es, el inicio democrático de Venezuela.

Veamos a que hacemos referencia. Con el inicio del 19 de abril de 1810 hasta los finales de la primera república en 1812, se producen un conjunto de eventos políticos y administrativos, en cuyo contenido no hemos reflexionado suficientemente. Se dio comienzo al nuevo gobierno de la suprema junta de gobierno, se le adhirieron las juntas provinciales, se realizó el reglamento para las elecciones, así como la instalación del congreso constituyente de 1811, se produjo un reglamento para la separación de poderes, se declaró la independencia, se sancionó la constitución nacional y las respectivas constituciones provinciales. Un esfuerzo titánico de poco más de dos años creó las bases para una república democrática y federal. Todos aquellos instrumentos jurídicos y políticos permitieron a la joven nación: a) liberarse de la colonia para asumir la soberanía, o sea, la soberanía de los ciudadanos y sus ideas. b) reestructuración de la vida civil y eliminación de la tradición autoritaria. c) acabar con la sociedad jerarquizada y estamentista, y sustituirla por una igualitaria y democrática. d) construir un nuevo estado republicano. e) eliminación del despotismo y sus diversas modalidades: personalismo, caudillismo, autoritarismo, que han sido el gran lastre de las sociedades latinoamericanas. Nada más y nada menos. A todo ello se le llamó (se le sigue llamando) "la patria boba". Por supuesto de allí nuestro desvarío democrático. Adicionalmente, hay una producción teórico-política sin igual, desde la sociedad patriótica y sus filiales en Valencia, Puerto Cabello, Barcelona y Barinas. Todo lo anteriormente narrado no hubiera sido posible, sin lo realizado por la Gaceta de Caracas, el Semanario de Caracas, el Patriota de Venezuela y el Mercurio venezolano, en una ciudad de apenas 40.000 almas. Inclusive todas las ideas fundadoras de la democracia están allí: división de poderes, derechos humanos, tolerancia, libertad de pensamiento y de culto, de cuyo contenido tratan los escritos de Sanz, Roscio, Miranda, Isnardi, William Burke, Ustáriz y otros.

De modo que con los bicentenarios no conmemoramos sólo la llegada de la independencia sino también la presencia de la democracia. Proceso similar se producirá con el acta federal de las provincias unidas de la Nueva Granada en 1811. Precisamente hacia allá enviará el gobierno de turno a Cortés de Madariaga, con el propósito de acordar la federación de las repúblicas nacientes.

No se podrá comprender cabalmente la crisis de representación del congreso de Angostura y de Cúcuta, la cosiata, los conflictos generados por la constitución de Bolivia y la convención de Ocaña, sin conocer la influencia latente que siempre tuvo la democracia federal en los distintos dirigentes de la antigua Colombia.

LA CRISIS DE LA DEMOCRACIA Y EL INICIO DEL MILITARISMO

Ahora bien, ¿por qué aquellas primeras ideas se disiparon y cuáles fueron las consecuencias de su olvido para la república? La salida de la escena política de los próceres que redactaron y discutieron los inicios democráticos de la república, se produjo por dos acontecimientos prácticamente simultáneos. Con la llegada de Monteverde unos dirigentes republicanos murieron, otros fueron presos o huyeron y al regreso victorioso del Libertador en 1813, se sustituye la casi totalidad de aquel primer gobierno, entre otras razones porque eran los representantes de la *república aérea* que decía Bolívar, motivo por el cual fueron desplazados.

La caída de la primera república por el acoso feroz de Monteverde y la llegada del Libertador, obstruye las ideas democráticas de la primera generación, produciendo consecuencias decisivas para los principios deliberativos que se habían forjado desde 1808 hasta 1812. Hubo que esperar hasta 1830, para que algunos líderes acompañados por el azar sobrevivieran a la tragedia política de 1812-1813. Así aparecen reclamando el lustre del diálogo y la riqueza deliberativa: Francisco Javier Yánez, Martín Tovar Ponte, Tomás Lander y otros. Estos héroes civiles se aferraban al patrimonio democrático preterido por las circunstancias, comprendieron que el espíritu civil de 1811 fue sustituido por el diálogo de las armas... Así fue como ellos y otros más, nos advirtieron respecto al procedimiento militar en la selección de los representantes al congreso de Angostura de 1819. Sus avisos de entonces se hicieron realidad con el fracaso y separación de la Gran Colombia. Creyeron ellos, equivocadamente, que esa experiencia era suficiente para no repetir errores en los métodos democráticos de los gobiernos subsiguientes.

No obstante, nos encontramos hoy con una reversión de la historia política sólo posible en la narrativa de ficción a la que nos han acostumbrado las mejores letras de estas tierras latinoamericanas. El esfuerzo de aquellos precursores no tuvo la suficiente atención del pueblo y de sus líderes en los años posteriores, por el contrario, de los 200 años transcurridos desde la epopeya de 1810 hasta hoy, 154 han sido de gobiernos militares. Esto es, más de las tres cuartas partes de nuestra historia republicana, ha sido presidida por una figura castrense. No es un detalle menor, no es pues, una simple cifra estadística, es algo peor: el triunfo de la conciencia militar y autoritaria contra la civil y democrática, o si se prefiere del despotismo contra la libertad. La situación que se nos presenta no es simple ni sencilla, se trata de rescatar la labor pionera, civil y democrática de aquellos próceres; recordar pertinazmente que Venezuela tuvo un momento precursor en la independencia suramericana, y que la misma dejó en ideas lustrosas las bases democráticas que les tocaba a los hombres de aquella época. Pero desde ese mismo momento, dos concepciones dicotómicas perturbaron las conciencias de los principales líderes: absolutismo y liberalismo. Basta recordar como Bolívar, San Martín e Iturbide, pasaron de una doctrina a otra, según las circunstancias y los intereses, con el agravante de que siempre se privilegió una manera absolutista: llámesela monarquía, dictadura o cualquier derivación del personalismo. Los trescientos años de dominio español hacían su aparición, pero con otro ropaje. Un enorme espejo se colocaba al frente de la sociedad, el cual sólo le permitía ver las formas absolutistas del pasado colonial. Las primeras instituciones liberales requeridas de discusión y debate para su perfeccionamiento, fueron aplastadas por la "eficacia militar" bajo el pretexto del desorden y la anarquía. Los criollos que obtuvieron la independencia con sus armas, propusieron gobiernos autoritarios para resolver los conflictos que las libertades adquiridas reclamaban.

DEMOCRACIA O DICTADURA. LA DISCUSIÓN

Con semejante paradoja nos presentamos desde el siglo diez y nueve hasta el siglo veinte y uno. De allí la premura por el rescate de las ideas precursoras de la independencia, no se trata de una nostalgia difusa, sino la convicción de unos fundamentos políticos claros, que ya fueron anticipados. Los bicentenarios de nuestra independencia comienzan con la conmemoración de 1810, no desperdiciemos la oportunidad que aún nos reclaman sus definitivos y principales próceres. Oigamos con atención a Miranda en su comunicación a Manuel Gual:

Mi objeto siempre es y será el mismo...La felicidad e independencia de nuestra amada patria, por medios honrosos y para que todos gocen de una justa y sabia libertad. Trabajemos pues con la perseverancia y rectas intenciones en esta noble empresa...Que cuando no nos resultare más gloria que la de haber trazado el plan y echado los primeros fundamentos de tan magnífica empresa, harto pagado quedaremos; delegando a nuestros virtuosos y dignos sucesores, el complemento de esta estupenda estructura, que debe si no me engaño, sorprender a los siglos venideros.[25]

Tarea pendiente la asignada por Miranda. En ocasión a la aprobación de la constitución el 21 de diciembre de 1811, el congreso le solicita a Francisco Isnardi escribir una Alocución a los venezolanos, allí dice:

Ni las revoluciones del otro hemisferio, ni las convulsiones de los grandes imperios que lo dividen, ni los intereses opuestos de la política europea, han venido a detener la marcha pacífica y moderada que emprendisteis el memorable 19 de abril de 1810.

El interés general de la América, puesto en acción por vuestro glorioso ejemplo...han sido los agentes que han dirigido vuestra conducta para dar al mundo el primer ejemplo de un pueblo libre, sin los horrores de la anarquía, ni los crímenes de las pasiones revolucionarias.[26]

Exultantes palabras que pintan ajustadamente el espíritu patriota de aquella época, trastocada por los demagogos que sustituyeron las ideas por la fuerza. Todavía en la ruta hacia los bicentenarios podemos reivindicar el tiempo perdido. Depende sólo de nosotros.

---

25   AGM, Vol. XVI, pp. 77, 78.
26   Textos Oficiales de la primera República, BANH, Tomo 2, p. 140.

DE VUELTA A MIRANDA Y BOLÍVAR

En correspondencia con el punto anterior, entramos de lleno al análisis comparativo de la política en Miranda y Bolívar, nos encontramos aquí con una de las circunstancias más curiosa de la historiografía venezolana. El asunto es que siempre se dio por sentado que ambos próceres disponían de un instrumental teórico-político similar. Se cansará el lector acucioso de buscar en libros y documentos y jamás encontrará un análisis resaltante que manifieste una diferencia fundamental entre los dos líderes de la independencia suramericana. Son varias las razones. Un primer aspecto ya lo señalamos, cuando destacamos la omisión de la historiografía venezolana al pretender un criterio homogéneo en las ideas de sus principales líderes; un segundo aspecto relacionado con el anterior, es la desaparición de los argumentos que cuestionen explícitamente el ideario bolivariano. Otro evento resaltante, y poco estudiado en sus consecuencias, fue la capitulación de 1812, siempre se la vio como un hecho de política administrativa y militar. Se dijo que la aprobación de aquel tratado por el precursor, fue lo que acabó con el primer intento republicano. Nunca se revisó que fue la entrega de Miranda a los españoles por sus compañeros de armas, lo que acabó con la primera república. Verbigracia. Con la entrega de Miranda cae todo el gobierno de entonces y se apresan a 1.000 patriotas, que tenían responsabilidades administrativas y liderazgo político republicano. En estos hechos tiene responsabilidad fundamental Simón Bolívar, de allí su Manifiesto de Cartagena en donde calumnia a los dirigentes de la primera república, cuando confunde los sucesos civiles y democráticos con la crisis militar ocasionada por la impericia militar que todos los capitulantes reconocieron. Con un agravante adicional, Bolívar no reconoce en el manifiesto su responsabilidad en la caída de Puerto Cabello, factor fundamental de aquella capitulación. Este episodio culmina unas diferencias de forma y de fondo entre Miranda y los líderes de la primera república, por un lado, y Bolívar por el otro. Diferencia que Bolívar arreciará con su constitución de Bolivia, factor disparador de los conflictos de Colombia.

La mayoría de las reflexiones de la historiografía convencional, que narran estos episodios, tratan de justificar el papel de Bolívar, así se inventó, entre otras, la especie de la oposición a Miranda de los dirigentes de la primera república. Como es natural, cuando el precursor llega a Caracas, después de ausentarse por 40 años, se presenta una resistencia hacia su liderazgo por líderes que se consideraban con razón, competentes para dirigir el proceso independentista. Esta situación se fue revirtiendo a favor de Miranda: diputado a la constituyente de 1811, presidente de la sociedad patriótica, y Generalísimo de las fuerzas republicanas. Inclusive, la argumentación comúnmente señalada en la cual Roscio critica a Miranda, en carta enviada a Andrés Bello el 09 de junio de 1811, omite otra del 31 de julio de 1811 en la que habla favorablemente del precursor. Además, veremos a los jefes republicanos trasladarse a Maracay a respaldarlo, nos referimos a Francisco Espejo, Juan Germán Roscio, Francisco (Coto) Paúl, José Sata y Bussy, Miguel José Sanz y otros. El punto es el siguiente: como Miranda tenía oposición, así se argumenta, es natural que haya sido entregado por sus propios compañeros, con lo cual se excusa la responsabilidad de Bolívar.

PRECURSOR DE LA CONFEDERACIÓN DE NACIONES SURAMERICANAS

Uno de los logros más resaltantes de Miranda, fue la creación de una red de agentes que colaboraron en acciones políticas para la emancipación suramericana[27]. Sabemos por él que la denominó en 1797 *la gran reunión americana*. A partir de allí, pero seguramente desde antes, comienza a tejer un conjunto de reuniones, en lo que resultó la red mirandina para la emancipación suramericana. Este es el trabajo político más importante realizado por él, pero el de más difícil aclaración, debido a sus características clandestinas. Hoy sabemos de su funcionamiento por la lectura de su archivo, en el que aparecen comunicaciones entre los agentes y Miranda. Esta circunstancia en la que se entrelazan reuniones entre agentes y sus respectivas regiones suramericanas con el precursor, debió influir en sus primeros pensamientos hacia una confederación en la América meridional. Propósito que culmina en la confederación venezolana de 1811.

Retomemos sólo algunos nombres involucrados con él antes de llegar a Caracas, ello nos permite reconstruir una faceta desconocida, como fue su participación a distancia del movimiento de Gual y España en 1797. Se añade a Miranda dentro de su prolija participación por la emancipación, esta acción muy significativa dentro del movimiento liberador del continente. Adicionalmente, la vinculación con Antepara, Cortes Campomanes, Bolívar y Bello, entre 1809 y 1810, dan nueva

---

27 AGM, Tomo XV, p. 104.

luz sobre la política mirandina que la hacen peculiar en toda la región y lo hacen precursor también del proyecto de confederación de naciones suramericanas.

En el capítulo XI y XII de (M y B), en el que hacemos referencia a la constitución de 1811 y a la confederación que resultó de aquélla, tenemos un ejemplo claro de dos posiciones que conceptualizan de la mejor manera el criterio bolivariano de la Gran Colombia y el propósito de los constituyentistas de la unión confederada de las provincias de 1811. Igualmente revelamos, en los capítulos antes mencionados, que Miranda respaldó el criterio general de esa confederación, como lo demuestra la inclusión de los vocablos *Colombia, colombianos, congreso general de Colombia*, todos los cuales eran de su paternidad y fueron incluidos en la constitución de 1811 con el propósito de la unión colombiana.

Prosigamos con la diferencia entre los patriotas, en el proyecto de confederación. Como se sabe, la Gran Colombia resultó de las resoluciones del congreso de Angostura, no obstante, fue una decisión que se propuso la unión de países bajo la tutela de las bayonetas, sea como fuere no fue una decisión democrática y creó malestar en aquellas provincias que no participaron en dicho evento. Caso contrario sucedió con la confederación de Venezuela, para cuya asistencia se proponía la representación democrática. Ejemplo emblemático fue el de Cortés de Madariaga, que por instrucciones de Miranda y de Martín Tovar se le solicita trasladarse a la Nueva Granada para adelantar los protocolos para la futura confederación entre Colombia y Venezuela, procedimiento que cumplió cabalmente.

Ahora bien, allí tenemos dos concepciones políticas que incidirán en la manera de constituirse los gobiernos futuros. La idea centralizadora y forzosa de fusión de países propuesta por Bolívar, y la otra, consultiva, electiva y democrática de unión de provincias propuesta por los líderes de la primera república. Aquí se establece el clímax de las diferencias entre Miranda y Bolívar. Resulta inconcebible que este episodio decisivo para la comprensión democrática de los inicios republicanos de Venezuela, no haya sido analizado detenidamente.

CONVERGENCIAS Y DIVERGENCIAS

Cualquier libro, y en particular los que refieren a la historia de las ideas, contienen unos antecedentes, pero también convergencias y divergencias con esos mismos antecedentes. Con respecto a nuestro libro responderemos en dos instancias. Una primera está orientada a los libros propiamente mirandinos y una segunda, a algunos autores de las ideas políticas de Venezuela, que incluyen a Bolívar como tema principal.

Ya advertimos en la introducción de nuestro libro (Págs. 11-18), los problemas que se presentan con el estudio de Miranda, por lo tanto, no repetiremos lo allí expresado. Haremos referencia a algunos textos importantes para su comprensión[28], en primer lugar se encuentra la biografía de Miranda de W.S. Robertson. *Vida de Miranda,* no creemos equivocarnos al afirmar que constituye el mejor trabajo sobre el precursor, tanto en el contenido como en las fuentes documentales consultadas. Se encuentran también otros trabajos más recientes como los de Antonio Egea López[29], Carmen Bohórquez[30], y Christian Ghymers[31], todos los cuales muy valiosos, ofrecen una visión panorámica del precursor desde distintas facetas políticas y filosóficas, no obstante, debemos señalar la diferencia temática planteada por ellos y la nuestra. La orientación de nuestro estudio difiere en por lo menos, tres puntos: nos proponemos una visión política comparada entre Miranda y Bolívar; los autores mencionados no incorporan con suficiente detenimiento, el último período de Miranda en Venezuela desde 1810 a 1812, aspecto clave para tener una mejor comprensión de su pensamiento; adicionalmente y como último punto, tal vez el más sustantivo es el siguiente.

Desde nuestro trabajo de Miranda y Bolívar[32], hemos venido expresando una tesis que puede resumirse de la siguiente manera: el pro-

---

28 No aludo a la Colombeia o al Archivo de Miranda (AGM), por cuanto refiero a autores que tratan de Miranda.

29 Antonio, Egea-López, *El pensamiento filosófico y político de Francisco de Miranda*, ANH, Caracas, 1983.

30 Carmen L. Bohórquez Morán, *Francisco de Miranda. Precursor de las independencias de América latina*, UCAB, 2002.

31 Christian, Ghymers, "Miranda y el federalismo en América Latina: gobernabilidad, integración regional y subsidiaridad" en *El papel de Miranda y su generación en la emancipación latinoamericana: identidad, integración regional y gobernabilidad*, Ministerio del poder popular para la cultura, Caracas, 2006, pp. 317-345.

32 Giovanni, Meza Dorta, *Miranda y Bolívar. Dos Visiones,* bid&co editor, 2007, pp. 5-7.

ceso emancipador creó dos momentos diferenciados, por un lado, la revolución política de la independencia y, por el otro, la guerra de la independencia. La primera fundó las bases para una república liberal democrática; la segunda, prácticamente la anuló.[33]

El haber confundido estos dos momentos, ha sido causa de grandes distorsiones en el análisis político de la independencia. La revolución política, tuvo como sustento la creación de opciones deliberativas cuyo propósito manifiesto fue la creación de una nueva institucionalidad democrática. Por el contrario, la guerra de la independencia consolidó hombres y caudillos y no formas democráticas. Venezuela suspenderá sus momentos deliberativos (con la excepción de algunas municipalidades) por más de 17 años, hasta 1830, cuando se instala el congreso constituyente de entonces.

Obviamente eludimos al congreso de Angostura, por representar sólo a dos provincias de la naciente Colombia. De modo que no es forzoso expresar, que la guerra interrumpió el proceso pacífico de la institución democrática. Cuando se analizan ambos procesos, como si el uno fuera el desarrollo natural del otro, se tiende a degradar a la política y hacerla incomprensible. A este lamentable resultado nos ha acostumbrado la historiografía actual.

En este sentido, la política de la independencia no culmina con el triunfo de patriotas sobre realistas (la guerra), sino que continúa entre federalistas y centralistas, a través de la convención de Ocaña, o los congresos de Colombia y Venezuela en 1830.

Ahora nos toca desarrollar el segundo punto: la reseña de algunos autores de las ideas políticas en Venezuela, cuyas reflexiones se ubican en el período de la independencia.

---

33 Germán Arciniegas plantea una tesis parecida, sólo que para él la contraposición se produce entre la filosofía moderna de la ilustración y la tradicional española y como consecuencia de esta disyuntiva, se produce la guerra de la independencia. Nosotros, aunque valoramos a la modernidad en todo este evento, hacemos énfasis en la revolución política de la independencia, que en muchos casos tuvo propósitos políticos distintos a la guerra que prosiguió. Ver Germán, Arciniegas, *El pensamiento vivo de Andrés Bello*, Ed. Losada, Buenos Aires, 1946. pp. 9-11.

LAUREANO VALLENILLA LANZ Y AUGUSTO MIJARES

Con relación a Vallenilla ya realizamos algunas observaciones en (M y B) Págs. 82 a 95. Sin embargo, es necesario volver sobre algunas de sus tesis principales. Precisemos lo siguiente. Como recordamos, Vallenilla propone que lo sucedido en Venezuela entre 1811 a 1815 fue una guerra civil entre hermanos, y que es a partir de esta última fecha cuando el ejército español, bajo las órdenes de Pablo Morillo, se incorpora de lleno a la lucha, produciendo así el enfrentamiento entre españoles y patriotas. Obviamente, lo afirmado por Vallenilla es un dato de la realidad, por cuanto para 1810, según censo de la capitanía general de Venezuela[34], el total de la población era de 800.000 habitantes, de los cuales sólo 12.000, eran españoles europeos (así se los denominaba).

El planteamiento de Vallenilla es sencillo, en los inicios de la independencia, desde 1811 a 1815, no hubo enfrentamiento entre realistas y patriotas porque en territorio venezolano la cantidad de españoles era insignificante. Lo que inexplicablemente olvida Vallenilla, es que habían criollos o españoles americanos, que defendían tanto la causa del rey como la de la república. Igualmente olvida los 300 años de dominio colonial con sus instituciones políticas y culturales, recordemos que a los criollos se les calificaba como súbditos o vasallos del rey. Tres casos significativos podemos traer como muestra del cambio de ideas por personajes representativos de la época. El de José de las Llamozas alcalde de primera elección en los eventos del 19 de abril de 1810, lo vemos sólo dos años después atizando la sublevación de los esclavos contra la república. Baltasar Padrón electo para el triunvirato del poder ejecutivo republicano, se pasó a las órdenes realistas con la llegada de Monteverde y por último, Reyes Vargas, quien peleó bajo las órdenes realistas y republicanas. Todo lo cual significa, que para defender la idea realista no era necesario ser español europeo. El peso de los 300 años de dominio colonial, cubría la conciencia de diversos sectores de la población, independientemente de su origen étnico o social. No fue pues, un hecho congénito biológico lo que hizo que algunas ciudades se opusieran a la independencia. Más bien, habría que adentrarse en el significado cultural de aquel dominio colonial. Hurgar en la representación de la espada y la cruz en las mentalidades de los poblados americanos

---

34 Laureano, Vallenilla Lanz, *Cesarismo democrático y otros ensayos*, Biblioteca Ayacucho, Caracas, 1991, p. 34.

La tesis de Vallenilla pretendía confirmar que no hubo ideas en la primera república, sino guerra civil entre hermanos, la cual había que aplacar con mano dura bajo los procedimientos ejecutados por Bolívar con su jefatura. El razonamiento tenía una premisa y una conclusión: si continúa la lucha entre hermanos, se hace indispensable el gendarme necesario. Nuestra tesis se encuentra en las antípodas de la analizada. Consideramos que con la primera república se constituyen las bases doctrinarias de la república democrática, las cuales influirán y estarán latentes en los episodios políticos más relevantes: congreso de Angostura y de Cúcuta, la Cosiata, conflicto con la constitución de Bolivia, convención de Ocaña, y la definitiva fractura de Colombia.

Otro autor que a nuestro juicio muestra un aporte valiosísimo para la comprensión del período analizado, es Augusto Mijares[35], en estos dos textos se presentan una reivindicación definitiva del período que analizamos. Se ofrecen propuestas que desbaratan, sin mencionar, la tesis comentada de Vallenilla. El mérito es mayor si advertimos el ambiente intelectual de su época, favorable a las respuestas centralistas y militaristas.

LUIS CASTRO LEIVA

Con dos de sus trabajos, el de la Gran Colombia y el de la teología bolivariana[36] debemos realizar el siguiente comentario. Son muy sugerentes las reflexiones que realiza, lo cual nos obligaría a una exposición más larga que la aquí ofrecida. Entre los distintos méritos que tiene su obra, debemos mencionar su análisis de la Gran Colombia, si entendemos que en nuestro país no existe una obra sistemática sobre ese período, es decir, una obra de contexto como la de Restrepo o la de Groot. Aunque nuestro autor tampoco realiza un estudio sistemático, lo plantea desde la filosofía política, lo cual como ya advertimos, es sumamente meritorio.

Ahora bien, desbrocemos los caminos diferentes que toma la investigación realizada por él y la nuestra.

---

35 Augusto, Mijares, *La interpretación pesimista de la sociología hispanoamericana y lo afirmativo venezolano*, tomos II y IV respectivamente de las Obras completas, Monte Ávila Editores, Caracas. 1998.
36 Luis, Castro Leiva, *Obras*, Vol. I. Fundación Polar y Universidad Católica Andrés Bello, 2005.

En primer término, Castro Leiva utiliza la frase "patria boba"[37], con una connotación estrictamente descriptiva, sin caer en cuenta que fue y es una expresión fundamentalmente peyorativa, que alude a la inviabilidad de la democracia inicial de la república. No se percata que cuando se habla de "patria boba", se afirma invariablemente la oposición a la constitución de 1811 y sus postulados consustanciales: división de poderes, derechos humanos, tolerancia, libertad de pensamientos, entre otros. O si se prefiere, la propuesta del Libertador desde el Manifiesto de Cartagena en adelante, es una ruptura con aquellos principios y la opción por otros, entre cuyas características aparece un régimen central y autoritario. En suma, Castro Leiva describe desde la filosofía política la postura de la primera república y la de Bolívar, pero no saca las consecuencias inevitables de su misma descripción.

Algunos ejemplos: *liberales y bolivianos comparten un campo común de argumentación legitimadora liberal y republicano-legalista. Para ambos no hay libertades públicas sin gobierno de leyes; difieren en lo relativo a la interpretación histórica de las condiciones referenciales del poder en Colombia*[38]. No ve Castro Leiva, la diferencia sustancial entre las dos posiciones, para nosotros esa diferencia será capital para entender el futuro de la calidad democrática que se establecerá posteriormente.

Más adelante, en el texto que comentamos hace más explícita su exposición. Propone que hay *republicanismo cívico moderado*, representado por los primeros próceres, luego, con el Manifiesto de Cartagena se concreta...*una nueva vertiente del republicanismo, el auspiciado por el contrato social de Rousseau*[39], cuya base de sustentación se encuentra en *la virtud que ya no depende de la razón ni de la naturaleza de las cosas racionalmente estructuradas, dependerá cada vez más de la fuerza de la voluntad. Así el programa libertario* (el de la primera república), *por vía de un voluntarismo, hará que se despidan o cedan su espacio discursivo las máximas moderadas y las máximas del derecho natural del programa de libertad cívico-republicano original*[40].

---

37 *Op. cit.*, pp. 185, 206, 218 y 227.
38 *Op. cit.*, p. 149.
39 *Op. cit.*, p. 218.
40 *Op. cit.*, p. 219.

Anticipamos nuestro criterio expresando: nos parece insuficiente que la diferencia entre las dos concepciones republicanas sea la propuesta voluntarista de Bolívar, motivada por la influencia del contrato social de Rousseau. Continuemos.

Sigue argumentando nuestro autor, que *la radicalización política y su prolongación en la guerra a muerte* validaron el modelo jacobino sustentado por Bolívar, en contra del anterior modelo federal[41]. Así la proposición bolivariana se presentaría de manera inevitable, en donde la "patria boba" sería sobrepasada por las circunstancias (la guerra) y la voluntad ilustrada de Bolívar se impondrá para mantener cohesionada la nación. Sin embargo, este argumento falla en el siguiente sentido. Bolívar manifiesta su propuesta centralista desde el Manifiesto de Cartagena y le da mayor contenido y sustento con la constitución de Bolivia a partir de 1826, fecha en la cual ya se había liberado la Gran Colombia de España, no había pues, guerra generalizada en su territorio, excepto conflictos internos al sur, en Quito y Perú. Como puede verse, bajo ningún pretexto se podría argumentar que la guerra justificó la propuesta bolivariana. Efectivamente, Bolívar desde 1812 defendió una concepción doctrinaria centralista, que socavó la propuesta liberal de la primera república y sus bases democráticas. Lo que afirmamos es que la doctrina que tejió El Libertador, con el propósito de mantener a la Gran Colombia desde un poder centralizado, no podía conducir sino a la dictadura, en adición, es mucho más que una orientación liberal ilustrada como sugiere nuestro autor[42].

En fin, ¿podría denominarse liberal al Libertador cuando desde la dictadura en Colombia reformó los estudios en la Universidad de Bogotá, eliminando las cátedras de derecho público, constitucional y político; eliminando la libertad de imprenta y las municipalidades? A nuestro juicio, sería extender demasiado el concepto de liberal[43].

---

41 *Op. cit.*, p. 225.
42 *Op. cit.*, pp. 137, 140 y 190.
43 El profesor Castro Leiva, reconoce la influencia de Arendt, H., y su libro *Sobre la revolución*, en el análisis que realiza para comprender el modelo republicano moderado de la primera república y el liberal jacobino de Bolívar. Sin embargo, mientras la filósofa alemana reafirma el fracaso del modelo jacobino, el profesor Castro Leiva no valora negativamente el de Bolívar. *Op. cit.*, pp. 225, 227.

DICTADURA DE BOLÍVAR

Castro Leiva realiza una crítica fundamentada, al modelo jacobino asumido por Bolívar como *el ejercicio omnímodo e ilusorio de una voluntad triunfal o la muerte, también la voluntad general como voluntad exclusiva y excluyente de los partidos*[44]. Pero cuando nuestro autor le toca analizar la dictadura de Bolívar, la matiza a tal grado que la justifica. Al asumir la dictadura lo hace todavía bajo la legitimidad contractualista, pues el pueblo de Bogotá, inspirado por la providencia, en un Acta, le confirió su soberanía[45].

Dudosa *legitimidad contractualista*, ya que las actas fueron realizadas de una manera fraudulenta[46], por cuanto aún se encontraba vigente la constitución de 1821, la cual no contemplaba ese procedimiento y menos para formalizar una dictadura.

Se utilizó y se utiliza el eufemismo de dictadura comisoria, con el propósito de legitimar la dictadura del Libertador. Se pretende establecer equivalencia entre la dictadura romana republicana con la de Bolívar. Pero yerra la argumentación, por cuanto la primera tenía un conjunto de características de las cuales carecía la segunda, a saber: a) la dictadura romana era una magistratura extraordinaria, ajustada a la república de entonces, b) el senado romano, en caso de emergencias o guerras establecía poderes absolutos (la dictadura) por un lapso de seis meses, pero sin derogar el orden político-jurídico existente. En Colombia, la constitución de Cúcuta, en su art. 128, estableció los poderes de emergencia en casos de insurrección interna o invasión extranjera en determinados lugares y tiempos necesarios; pero debían de aprobarse en el Consejo de estado y en el congreso y si éste no estaba en sesiones, el presidente debía convocarlo de inmediato. Ahora bien, la dictadura de Bolívar no cumplió estos requisitos.

LA DICTADURA, EL CONGRESO Y LA CONVENCIÓN DE OCAÑA

Ha sido el doctor Germán Carrera Damas, quien ha defendido en distintos trabajos, la supuesta dictadura comisoria del Libertador. En su más reciente publicación, razona sus argumentos.

---

44 *Op. cit.*, pp. 365-367.
45 *Op. cit.*, p. 117.
46 Ver (M y B). p. 123.

> *La soberanía popular estuvo secuestrada desde 1828, cuando Simón Bolívar estableció una dictadura muy cuestionable en sus orígenes, pero no en el fin: consolidar y proteger la independencia. No emanó de un cuerpo que representaba la voluntad de la soberanía popular. El congreso estaba disuelto, la convención de Ocaña no funcionó. Bolívar consultó a los jefes militares y de allí sacó el mandato del pueblo, de dudosa o cuestionable legitimidad. Sin embargo, Bolívar cumplió, a los dos años entregó el poder al congreso*[47].

Sí pero no, El Dr. Carrera la acepta, pero no la acepta, *cuestionable en sus orígenes, pero no en el fin*.

Precisamente, ese ha sido el error al estudiar ese período, buscar salvar la memoria del Libertador a como dé lugar. Analicemos.

El Dr. Carrera Damas afirma: *El congreso estaba disuelto*. Dicho así no habría alternativas, se debía proponer medidas extraordinarias e inconstitucionales. Sin embargo, las cosas no sucedieron así. El congreso no estaba disuelto, había suspendido sus actividades por solicitud del Libertador al congreso el 21 de septiembre de 1827 y ratificada por éste mediante decreto el 24 de septiembre de 1827. La suspensión se realizaba por la convocatoria a la convención de Ocaña para el 02 de marzo de 1828. Se argumentaba en el decreto a tal efecto: *Que sería irregular, complicada y embarazosa la existencia de dos cuerpos deliberantes y representativos de la nación, cuyas resoluciones pudieran estar en disonancia, y las del uno dejar sin efecto las del otro*[48].

De modo que la dictadura se consumó violentando todo el ordenamiento legal: solicitud de la dictadura a través de actas fraudulentas, inexistentes en el ordenamiento legal de entonces; no se consultó al congreso como se requería, para la aprobación de los poderes extraordinarios enmarcados en el art. 128 de la constitución de 1821.

El argumento según el cual *la convención de Ocaña no funcionó*, elude un aspecto fundamental, a saber: el sector bolivariano –minoritario en la convención– rompe el quórum, ante la eventual aprobación de una constitución federal, propuesta por la mayoría de santanderistas y algunos venezolanos. La disolución de la convención fue el pretexto para la dictadura. Sin embargo, era obvio que la suspensión de la convención no invalidaba el ordenamiento legal sustentado por la constitu-

---

47 Germán, Carrera Damas, *El Asedio Inútil*, Ed. Libros marcados, 2009, p. 7.
48 Blanco y Azpurúa. *Documentos*…Tomo XI. Núm. 3339. p. 595.

ción de 1821. Pues bien, el Libertador promovió la crisis de la convención de Ocaña y desconoció la constitución de 1821, conformando a través de estos dos eventos la síntesis de su dictadura.

LA DICTADURA ¿UN ERROR O UNA POLÍTICA?

Algunos críticos bolivarianos reconocen estos hechos y los llaman *errores de los acontecimientos*. Ahora bien, esta frase no se ha detenido lo suficiente en un conjunto de acciones, que constituyen el procedimiento legal hacia la dictadura de Bolívar. Comenzando por la constitución de Bolivia, para cuya primera magistratura se propuso la presidencia vitalicia, que al negar la alternancia presidencial ya manifestaba expresiones dictatoriales. Después se produjeron un conjunto de decretos presidenciales, que basándose en el art. 128 de la constitución de 1821, le otorgaban a Bolívar poderes extraordinarios, más allá del propio marco constitucional. Decretos del año 1828; del 23 y 26 de febrero; del 13 de marzo y 13 de junio; más el del 27 de agosto donde se formaliza la dictadura, con un complemento contra los conspiradores el 25 de septiembre de 1828[49].

Pues bien, no fue una situación sobrevenida la que permitió al Libertador ejecutar su dictadura, hay dos cartas que validan esta afirmación.

Mucho antes de los acontecimientos de Ocaña, exactamente el 14 de septiembre de 1826, cuando el Libertador regresaba del Perú, se percata de que el coronel Mosquera, jefe de Guayaquil, se había rebelado contra la constitución de 1821, ello le satisfizo y escribió a Briceño Méndez: *Los departamentos de Guayaquil, Azuay y Ecuador me han aclamado dictador, quizás harán otro tanto el Cauca y los demás. Esta base apoyará mis operaciones y me presentará medios para organizarlo todo*[50].

Más aún, las actas que pedían la dictadura de Bolívar, fueron recogidas en sectores de la población y enviadas a la convención de Ocaña. A tal efecto, le escribe Bolívar a Páez: Tunja, 19 de marzo de 1828. *Convendría, pues, querido general, que usted procurase influir entre esos habitantes para que unan sus súplicas a las de estas provincias, sobre todo en la provincia de Carabobo, donde lo harán cierta-*

---

49 Véanse tomos XI y XII de Blanco y Azpurúa.
50 Bolívar, Simón: Obras completas. Tomo II. Núm. 1189. Pg. 471.

mente. Espero, pues, que usted dará estos pasos antes de mi llegada para que no se crea que es obra mía[51].

Queda claro entonces, que no fueron hechos sobrevenidos los que obligan al Libertador a una dictadura. Puede verse con mayor propiedad, que ante el avance del federalismo liberal -cuyo punto culminante es la convención de Ocaña- el Libertador crea las condiciones para su dictadura.

Se ha pretendido comparar la dictadura de Bolívar en 1828, con la de Miranda en 1812. Mala suerte la del Precursor, la mitología bolivariana siempre encuentra una excusa, para atenuar los fallos del Libertador. La mejor es siempre aquella donde Miranda queda al desamparo. Recordemos el proceso hacia la dictadura de Bolívar, narrado en los dos capítulos anteriores y examinemos a continuación lo sucedido con Miranda.

Desde el 01 de julio de 1811, cuando ya había comenzado la guerra, Miranda solicita formalmente en el congreso constituyente, la aprobación *de medidas enérgicas de seguridad..., la urgencia de unidad de acción en el poder ejecutivo,* así como la colaboración de la mayoría de las provincias con el objeto de someter a aquéllas que se oponían a la unidad nacional[52]. El Congreso deliberó, pero omitió la solicitud del General Miranda. Son muchas las razones que se han dado para entender esta negativa del congreso y del poder ejecutivo. Sin embargo, somos de la opinión, que la explicación debe buscarse, principalmente, en la inexperiencia de funcionarios noveles, en unos asuntos ante los cuales no estaban preparados, sobre todo con la guerra. Con la excepción, por supuesto, de Miranda, no en balde fue casi el único que solicita medidas extraordinarias. Fue entonces la inexperta nación, producto de sus dudas e irresoluciones, la que no encuentra respuestas a la crisis de la república. No es casualidad que idéntica situación se haya presentado en la primera república de Colombia. Más aún, en los inicios del año 1813, después del triunfo del Libertador sucederán errores similares, que acabarán rápidamente con la segunda república.

Prosigamos con la primera república. La situación irá cambiando de conformidad con las nuevas urgencias y peligros. Miranda comienza a tener más apoyo, pero la situación político-militar se agrava. Es

---

51 *Op. cit.,* Tomo II. Núm. 1612. Pp. 795, 796. (énfasis nuestro)
52 *Congreso Constituyente de 1811-1812,* p. 91.

sumamente ilustrativo el tomo XXIV del Archivo de Miranda, para comprender el proceso aquí enunciado, en consecuencia, nos eximimos aquí de los detalles. Prosigue el año 1811 con gran inestabilidad, hasta la aprobación el 21 de diciembre de la constitución federal. El año de 1812 Miranda exige la unidad de mando y la colaboración de las provincias, sucede para males mayores, el terremoto del 26 de marzo. Sólo en abril del mismo año, comienza un cambio formal de la situación desesperada de la república. En la última reunión del congreso, el 04 de abril de 1812, se procede a promulgar un decreto en donde le confieren al poder ejecutivo de la confederación, las facultades del congreso para gobernar la unión, allí se lee: ...*de que las circunstancias naturales y políticas en que se halla Venezuela exigen providencias cuya rapidez y energía son incompatibles con la calma y meditación propia de mejores tiempos*...y que la salud de la patria es la suprema ley, se propone al poder ejecutivo para que ejerza absolutamente la plenitud de facultades que el congreso le confiere, hasta el nuevo día cinco de julio[53].

Detengámonos un momento para el análisis del decreto: el contenido es el mismo que reclama Miranda desde el año anterior, no es casual que hayan sido sus aliados, Francisco (Coto) Paúl y José Sata y Bussy, los proponentes. El congreso se cuida en guardar las formas democráticas, señalando la situación extraordinaria para la delegación del poder al ejecutivo, pero con una condición, hasta el próximo 05 de julio, fecha en que se reevaluaría la situación para prorrogar o no la delegación. Este procedimiento será necesario para lograr el propósito que estaba en curso: que el poder ejecutivo ya con todas las atribuciones bajo su mando, se las delegara al General Miranda, el 26 de abril de 1812, con las siguientes características: ...*General en jefe de las armas de toda la Confederación venezolana, con absolutas facultades para tomar cuantas providencias juguéis necesarias a salvar nuestro territorio invadido por los enemigos de la libertad colombiana*...en tal sentido, *os delega el poder de la unión sus facultades naturales, y las extraordinarias que le confirió la representación nacional por decreto de 04 de este mes*...[54]. Estas atribuciones al generalísimo, fueron aclaradas el 04 de mayo y ampliadas el 19 de mayo. No obstante, las últi-

---

53 F.J. Yanes, *Relación documentada de los sucesos ocurridos en Venezuela desde que se declaró estado independiente hasta el año 1821,* Tomo II, p. 131.

54 *Ibíd.*

mas no modificaron en lo sustancial a la primera que se realizó el 26 de abril.

Lo que nos interesa retener es el procedimiento seguido para la dictadura de Miranda. Se cubrió la legalidad establecida en la propia constitución, cuando los diputados proponentes del decreto solicitan suspender, temporalmente, el artículo 71, más otros, con el propósito de facilitar las facultades extraordinarias que delegaban. El decreto tenía vigencia hasta el 05 de julio, cuando se procedería a reevaluarlo, lo que no pudo realizarse, porque entre otras razones, había caído Puerto Cabello, factor fundamental para la capitulación que sobrevino. Podríamos decir, que se trataba de una dictadura comisoria, en la que no se violentaba la legalidad. Caso distinto a la dictadura de Bolívar, para cuyo fin se utilizaron elementos heterodoxos, como las actas firmadas en las comandancias militares y oficinas públicas. Dichas actas, como sabemos "pedían la dictadura", pretexto para saltarse la aprobación del congreso, tal y como exigía la constitución de Cúcuta de 1821.

Más que lo relatado, nos interesa la opinión de Miranda. En fecha cercana a los poderes extraordinarios asignados, él los comenta en esta proclama: *La república de Venezuela se gobernará tranquilamente por sus constituciones momentáneamente suspendidas y alteradas por las circunstancias y peligros actuales, y yo estaré siempre pronto a consagrar mi vida y mi respiro por conservarlas y defenderlas*[55].

Es suficiente esta cita para comprender lo que Miranda pensaba de la dictadura: fueron *las circunstancias y peligros actuales,* las que lo obligaron a asumirla.

BENTHAM O LA REVOLUCIÓN NORTEAMERICANA

Un aspecto por demás significativo y que ha contribuido con la crítica al inicio republicano, ha sido la supuesta influencia de la revolución norteamericana en sus propósitos doctrinarios. Esta situación pretendimos aclararla en (M y B), Cap. XII *La Confederación de 1811*. No obstante, el comentario anterior ha sido respaldado por distintos autores, incluyendo al profesor Castro Leiva, quien plantea la influencia norteamericana[56] y la de Bentham[57] en los primeros pasos de la

---

55 *Miranda. La aventura de la Libertad,* Monte Ávila Editores, Tomo I, p. 139.
56 *Op. cit.* pp. 225, 227.
57 *Op. cit.,* pp. 355, 356.

república. Nos informa el aporte de éste tanto en la Nueva Granada como en Venezuela. *...lo importante es tener presente para nuestro propósito que el pensamiento político emancipador y gran colombiano se encontraron ligados, de un modo u otro, con el desarrollo de Bentham por lo menos desde 1810 y quizás antes*[58]. Nos permitimos realizar una corrección a la anterior afirmación. No sólo Bentham, también Mill y sobre todo Miranda influyeron en los inicios republicanos. Podemos ver comunicación de los tres en el Archivo de Miranda, tomos XXI, XXII y XXIII. Allí se encuentran distintas cartas en las que se percibe entre ellos, influencia doctrinaria en algunos temas, incluso, Mill y Miranda escriben a cuatro manos artículos en el Edimburg Review. En 1809 aparece uno en el libro de Antepara sobre la emancipación suramericana, el cual comentamos en (M y B).

Sin embargo, la influencia de Bentham y los sistemas legales con base en los principios utilitaristas, deben ubicarse en Colombia a partir de 1821. Los problemas que se plantearon la primera república colombiana (Nueva Granada y Venezuela), fueron de otra índole político-filosófica. Aquí hacen su aparición Francisco de Miranda, Antonio Nariño, Pedro Fermín de Vargas y toda la red continental tejida en los años anteriores. Brevemente, podemos comentar algunos pasajes del primero:

- Testamento de 1805, en el cual se encuentran manuscritos y planes de gobierno...*para el establecimiento de una sabia y juiciosa libertad civil en las colonias hispanoamericanas...*[59]. Estos papeles fueron difundidos por sus comisionados por toda Suramérica y luego presentados por él a su llegada a Caracas en diciembre de 1810.

- La difusión por parte de Miranda, de la carta de Viscardo a los españoles americanos, primero en francés en 1799 y luego en castellano en 1801, fue repartida entre los círculos independentistas, convirtiéndose en un factor de agitación contra el dominio colonial español. Igualmente sucedió con el periódico dirigido por Miranda *El Colombiano*. Debe añadirse el libro de Antepara que comentamos más arriba, cuyo contenido abarca la actividad político-militar de Mi-

---

58 *Ibíd.*
59 (M y B), p. 20.

randa los últimos 25 años, circunstancia la cual promovió las ideas emancipadoras en Suramérica.

- Las distintas comunicaciones enviadas por Miranda, en particular las del 20 y 24 de junio de 1808, dirigidas a Caracas, Chile, Lima y Buenos Aires, proponiendo que ante la abdicación del rey de España, se constituyera un cuerpo municipal para asumir funciones de gobierno, fue una sugerencia que se realizó casi sincrónicamente en toda Suramérica, después del 19 de abril de 1810 en Caracas. Sin duda, la red mirandina en la región cumplió un papel decisivo.
- Finalmente, la decisión de la Suprema Junta y de Miranda, de enviar a Cortés de Madariaga a la Nueva Granada el 22 de enero de 1811, para sentar las bases de una confederación, entre las nuevas repúblicas, cuyo tratado se concluyó el 28 de mayo de 1811.

Todos los puntos anteriores y otros que omitimos por razones de espacio, constituyen un entramado de propuestas políticas y filosóficas, entre cuyos primeros líderes deben mencionarse a Miranda, Sanz, Tovar, por Venezuela, y a Camilo Torres, Miguel de Pombo, Lozano y Nariño por Nueva Granada. Pues bien, Bentham, a pesar de lo sugerido por algunos autores, no aparece en los presupuestos políticos enumerados.

Con la misma orientación se hace referencia a la influencia norteamericana en los inicios republicanos de Venezuela. Sin embargo, los que afirman lo anterior olvidan un hecho fundamental: la estructura política descentralizada del gobierno colonial en Suramérica, aspecto que fue tomado muy en cuenta por los proponentes de la confederación de 1811. Podemos resumirla de la siguiente manera: los cabildos y ciudades gozaron de autonomía durante siglos. Adicionalmente, las gobernaciones que en 1810 integraron el territorio venezolano, habían vivido independientes unas de otras con sujeción sólo a las audiencias de Santo Domingo y Santa Fe, hasta 1777, año de la creación de la capitanía general de Venezuela. Pues bien, estos últimos 33 años de unión, no podían evitar la influencia ancestral de más de dos siglos y medio de federación, descentralización y localismo.

Por consiguiente, se habló de federación y confederación mucho antes que de independencia, más aún, el intendente de la real hacienda era independiente en sus funciones fiscales en relación con los gobernadores y capitanes generales, asimismo, en los contratos entre el fisco y los privados intervenía sólo el intendente. De la misma forma, aún con pocos recursos, las poblaciones de Venezuela se levantaron con el apoyo de su sociedad civil y la administración de sus cabildos.

Había un deslinde riguroso de atribuciones entre el municipio, la intendencia de la real hacienda y la capitanía general, por un lado, y desde otro ángulo, sucedía lo mismo con los tribunales eclesiásticos, militares, los de hacienda y la real audiencia. Debe añadirse, cómo las diferencias geográficas de las provincias de Venezuela producían automáticamente la descentralización, igualmente contribuía a todo ello la lejanía del monarca de América.

Así tenemos que las reformas borbónicas que emprendió la corona española con el objeto de centralizar las autonomías locales, produjo un efecto contrario en las provincias autónomas, siendo un factor coadyuvante para la independencia, por cuanto treinta y tres años de unión en la capitanía general de Venezuela, no podían evitar la influencia ancestral de más de dos siglos de federación, descentralización y localismo[60].

Con la destitución de las autoridades españolas y la autonomía de los cabildos que se erigieron en provincias confederadas, a partir del 19 de abril de 1810, se ratificó el federalismo de siglos anteriores.

Adelantamos la siguiente conclusión: la federación fue anterior a la independencia, en consecuencia, no pudo haber copia de lo que ya existía. Caso distinto es la influencia de las nuevas ideas modernas, que fueron tomadas para moldear aquella federación existente, a ello nos referimos a continuación.

LA BÚSQUEDA DEL PARAÍSO TERRENAL

La crítica a la primera república se fundamenta en que no fue un proceso original y que tuvo antecedentes externos (revolución norteamericana). Estos antecedentes, se decía y se dice aún, no se correspondían con la sociología política y cultural de las provincias venezo-

---

60 Con respecto a los orígenes de la federación, véanse L. Vallenilla Lanz: "Disgregación e Integración", en *Cesarismo Democrático y otros ensayos*, Biblioteca Ayacucho, Caracas, Venezuela, 1991; C. Parra Pérez, Introducción en *La Constitución Federal de Venezuela de 1811 y documentos afines*, (BANH), R. Díaz Sánchez, Boletín de la Academia Nacional de la Historia, Nº 16, Caracas, 1960.

lanas. Ciertamente, hubo un proceso de modernización política, entre cuyos componentes se encuentra la idea de república, división de poderes y otras, que tomaron impulso con la revolución norteamericana y francesa, obviamente, los próceres venezolanos admitieron estos conceptos por cuanto eran los que se oponían al absolutismo colonial español. Sin embargo, no fue una copia, sino la inserción de estas nuevas ideas ilustradas en el contexto de las provincias federadas que habían resultado del período colonial.

En definitiva, lo que permitió a pensadores como Miranda y Roscio, diseñar una propuesta con características propias para las nacientes repúblicas de Venezuela y Nueva Granada, fue la síntesis entre las nuevas ideas ilustradas y las estructuras político-administrativas de la federación de las provincias venezolanas.

No hay pues, procesos políticos originales, inéditos, como sugieren algunos intelectuales, lo que ha sucedido son sincretismos, en donde las viejas estructuras políticas son sustituidas por otras, a través de ensayo y error. Conservando y sustituyendo instituciones políticas, con retrocesos y avances, es algo más parecido a la idea de superación dialéctica hegeliana. Téngase en cuenta que no hablamos de progreso unilineal o del espíritu absoluto del filósofo alemán, que es otra cosa.

Precisamente, el gran error en América Latina es la búsqueda permanente de una identidad original, de un proyecto ab ovo. Es la influencia de la religión en la modernidad, por ejemplo, la doctrina revolucionaria de vuelta a los inicios, la sociedad sin clases, las soluciones finales, que no son sino las mismas propuestas redentoristas y salvacionistas de la religión, que pretenden el reino de Dios en la tierra o el paraíso terrenal aquí entre nosotros. De allí que el análisis de la política como síntesis de diversos movimientos, haya sido de tan difícil comprensión.

***

La revolución social del siglo XIX no puede sacar su poesía del pasado, sino solamente del porvenir. No puede comenzar su propia tarea antes de despojarse de toda veneración supersticiosa por el pasado.

El dieciocho Brumario de
Luis Bonaparte

OTRA LECTURA DE MARX Y BOLÍVAR

I

Charles Dana, editor de The New American Cyclopedia, le solicita a Marx un artículo sobre Bolívar, el mismo fue publicado en el tomo III de esa edición, en enero de 1858. Se ha derramado mucha tinta sobre este escrito, no es para menos. Carlos Marx ha sido el pensador más influyente en el siglo XX. Bolívar lo ha sido en Suramérica, por lo menos en el siglo XIX. Si a ello añadimos, que uno de ellos realiza una biografía sobre el otro, la situación es propicia, inevitablemente, para la polémica. El punto de ésta ha sido lo que Marx dijo de Bolívar, además de cómo lo dijo. Marx es de los primeros que confronta el mito Bolívar, antes que él, nadie había atacado al Libertador en todos los aspectos de su vida pública: su ideario político, civil y militar. Hubo otros que lo confrontaron, pero Marx lo realiza en breve espacio y de modo sistemático.

II

De igual modo, se ha pretendido descalificar el escrito de Marx en virtud de sus imprecisiones, al estilo de: "confundió el apellido de su padre, Bolívar y Ponte, con el que le correspondía a él, Bolívar y Palacios"; "confundió fechas como el decreto de la dictadura" y otras por el estilo. Si nos ponemos exigentes, no podríamos leer biografías de Bolívar como las de Larrazábal o Mosquera, plagadas de mentiras. En consecuencia, nos interesa lo sustantivo de aquel escrito y no los aspectos adjetivos. En suma, debemos intentar averiguar por qué Marx hizo aquellas afirmaciones: ¿Cuáles fueron sus motivaciones? ¿Hubo un pensamiento político en Marx, que lo llevó a efectuar aquellas consideraciones? Intentemos dar respuesta.

III

El pensamiento político del filósofo alemán, está disperso en muchos de sus escritos, pero hay algunos de ellos que nos ayudarán a establecer una relación con la biografía de Bolívar. Adelantamos el criterio, que aspectos fundamentales de la crítica de Marx a Bolívar se sustentan en lo que aquél había concebido en sus reflexiones políticas. Vayamos al grano. En el Manifiesto Comunista, afirma: "La burguesía ha desempeñado un papel altamente revolucionario... Una revolución continua en la producción, una incesante conmoción de todas las condiciones sociales, una inquietud y un movimiento constantes distinguen la época burguesa de todas las anteriores. Todas las relaciones estancadas y enmohecidas, con su cortejo de creencias y de ideas veneradas durante siglos, quedan rotas…la burguesía arrastra a la corriente de la civilización a todas las naciones, hasta las más bárbaras. En su lugar se estableció la libre concurrencia, **con una constitución social y política adecuada a ella** y con la dominación económica y política de la clase burguesa"[61].

La cita in extenso pretende dejar claro, que para Marx la revolución burguesa trae consigo una revolución política y ésta se encuentra enmarcada en la libre concurrencia y las distintas libertades que le son propias. De modo que, para Marx, con la revolución económica y política de la burguesía, las distintas expresiones feudales y sus maneras monárquicas quedan atrás.

Empero, hay otro texto del pensador alemán, en que este planteamiento se hace más claro: "La Burguesía y la Contrarrevolución". En el mismo, Marx intenta una comparación entre las distintas revoluciones. Las verdaderas y las falsas. Veamos. "Conviene no confundir la revolución de marzo en Prusia con la revolución inglesa de 1648 ni con la francesa de 1789. Las revoluciones de 1648 y 1789…eran la proclamación de un régimen político para la nueva sociedad europea. En ellas había triunfado la burguesía, pero la victoria de la burguesía significaba entonces el triunfo de un nuevo régimen social…, de la concurrencia sobre los gremios…, de la ilustración sobre la superstición…, del derecho burgués sobre los privilegios medievales. La revolución de 1648 fue el triunfo del siglo XVII sobre el XVI, la revolución de 1789 fue el triunfo del siglo XVIII sobre el XVII".

Concluye su argumentación con una crítica a la revolución de marzo en Prusia."Mientras las revoluciones de 1648 y 1789 rebosaban infinito orgullo por hallarse en la cima de la creación, la ambición de los berlineses de 1848 consistía en ser un anacronismo"[62].

Queda claro entonces, que para Marx había una diferencia significativa entre las revoluciones liberales burguesas y las que daban un paso atrás, las anacrónicas, que defendían las formas monárquicas, despóticas o dictatoriales. Esto fue lo que él detalló en sus libros "La

---

61 Marx-Engels, *Obras escogidas*, Tomo I, Editorial Progreso, Moscú, 1971, pp. 22 a 24, (subrayado nuestro)
62 *Op. cit.* 52 a 54.

lucha de clases en Francia" y en "El dieciocho Brumario de Luis Bonaparte", que por razones de espacio no podemos extendernos aquí. Sólo añadimos, que en el primero de ellos, para reafirmar su conducta contra cualquier forma despótica, defiende el sufragio universal, porque incorpora a las diversas capas intermedias en la lucha de clases y desenmascara a la clase explotadora, mientras que la monarquía poseía un censo electoral restringido[63].

De todo ello resulta su crítica al Bonapartismo, o sea, a Napoleón Bonaparte y a su sobrino Napoleón III.

IV

Después de estas reflexiones de Marx, podemos leer sin prejuicios, sus afirmaciones sobre la política de Bolívar. Refiriéndose a la nueva república de Bolivia, dice: "...Bolívar dio curso libre a sus tendencias al despotismo y proclamó el Código Boliviano remedo del Code Napoleón. Proyectaba trasplantar ese código de Bolivia al Perú y de éste a Colombia, y mantener a raya a los primeros estados por medio de tropas colombianas, y al último mediante la legión extranjera y soldados peruanos"[64].

La referencia que hace Marx, entre la similitud del código boliviano y napoleónico, es a la institución del consulado de 1802, en donde Napoleón se proclama cónsul único y vitalicio, con derecho a nombrar a su sucesor. Lo mismo hizo Bolívar con la constitución de Bolivia, la figura fue la de la presidencia vitalicia, en donde el presidente nombra al vicepresidente. Lo demás, que Bolívar intentaba imponer a Colombia la constitución de Bolivia, es un hecho irrefragable, que está suficientemente documentado. Además, fue causa fundamental de la disolución de Colombia. Aspecto éste, que no le gusta discutir a la cohorte bolivariana.

Con respecto a la Convención de Ocaña, que como recordamos tenía el propósito de reformar la constitución, Marx afirma: "Habiéndose evidenciado, sin embargo, que el proyecto de reforma constitucional diferiría esencialmente del previsto en un principio, los amigos de Bolívar abandonaron la convención dejándola sin quórum, con lo

---

63 *Op. cit.* p. 143.
64 Marx-Engels, *Materiales para la Historia de América Latina*, Cuadernos de Pasado y Presente, Córdova, 1972, p. 90.

cual las actividades de la asamblea tocaron a su fin"[65]. Como consecuencia de estos acontecimientos "Bajo la presión de sus bayonetas, cabildos abiertos reunidos en Caracas, Cartagena y Bogotá, adonde se había trasladado Bolívar, lo invistieron nuevamente con los poderes dictatoriales"[66]. Una precisión antes de continuar. Se equivoca el traductor, no fueron Cabildos abiertos, sino asambleas populares que solicitaban las firmas de actas para la dictadura en los cuerpos de guardia, en las comandancias militares y en las oficinas públicas.

Marx se refiere (aunque algunos lo llaman desinformado) a estos dos aspectos: la constitución de Bolivia y la convención de Ocaña, más las actas para la dictadura que le siguieron. Estos eventos configuran un momento político decisivo para Colombia. Vemos, por tanto, por qué el pensador alemán no coincidía con Bolívar, su pensamiento se encontraba en las antípodas de las formas bonapartistas, como ya vimos en el aparte III. No podía avalar ni la constitución de Bolivia ni los acontecimientos de Ocaña.

En suma, Marx fundamenta su tesis en una crítica al capitalismo liberal, pero se trata de una superación dialéctica, por ello habla de "asociación de productores libres" como un sistema superior al capitalismo liberal. Que lo haya logrado o no, escapa discutirlo aquí. El punto en discusión es, que jamás pensó superar el capitalismo y su forma política con ideas absolutistas ya anacrónicas.

Para concluir este apartado, hacemos referencia a la prisión de Miranda, en la que Marx responsabiliza, entre otros, a Bolívar. El tema nos interpela directamente, ya que en otro lugar lo expusimos extensamente[67]. Puntualicemos lo siguiente: la objeción fundamental que se le realiza a Marx, es que utilizó para este punto la versión de Ducoudray Holstein[68], enemigo declarado de Bolívar. De conformidad con este argumento, tampoco se podría leer a Felipe Larrazábal quien coloca a Monteverde pidiéndole perdón al Libertador, para que acepte el pasaporte y se marche a Curazao, en una escena patética y de falsificación histórica sublime. O a Vicente Lecuna, que tuvo el olvido necesario

---

65 *Op. cit.,* p. 91.
66 *Ibid.*
67 Giovanni, Meza Dorta, *Miranda y Bolívar. Dos Visiones,* bid&co.editor. 2da edición, Cap. XIV, El final en La Guaira, 2007.
68 Holstein, Ducoudray, H.L.Y. *Memoirs of Simon Bolívar. President Liberador of the republic of Colombia,* London, 1830.

para no leer a los actores principales de este hecho. De modo que por esta vía, en la búsqueda del cronista impoluto no llegamos a ningún lugar, sólo satisfacemos a los intolerantes y a los que se conforman con la evidencia de hechos oscuros.

Volvamos a Ducoudray, lo que no dicen sus críticos, es que su versión coincide, casi literalmente, con los que participaron en este evento y pudieron hablar. ¿Quiénes? Pedro Gual, Antonio Leleux, Luis Delpech, Manuel Palacio Fajardo y otros, todos amigos de Bolívar, con lo cual se elimina la posibilidad de calumnia de parte de aquéllos. Además, el vocero de la historia oficial, como dijo Gil Fortoul, fue José de Austria, el cual ha sido repetido por todos los detractores de Miranda. Sucede que este militar, también se valió para su versión de Ducoudray Holstein, pero la cortó, dijo lo que le convenía y ocultó otros aspectos. ¿Por qué? ¡Ah sorpresa! Porque su hermano era Manuel María de Las Casas, jefe militar de La Guaira, jefe del complot, colaborador de Monteverde, extorsionador frustrado de Miranda. No son afirmaciones al vuelo, todo está documentado, con ello contribuimos en la aclaración de estos hechos. Marx no estaba descaminado en sus afirmaciones sobre el incidente Miranda y Bolívar. Ha habido, lamentablemente, más descalificaciones y menos análisis en este asunto.

V

Marx no pudo detenerse en muchos aspectos de la vida política del Libertador, el escrito no lo permitía, le estaba vedada mucha información, pero produjo una visión general sumamente útil para la historia republicana de la época. Lo importante es que obliga a una discusión sin fetiches de ese período, porque, a fin de cuentas, pone de relieve un aspecto primordial: saca a la discusión la etapa 1825-1830. Período sumamente rico en contenido político: la constitución de Bolivia y la réplica que opusieron los federales; los proyectos constitucionales de Ocaña, los de Azuero y Castillo y Rada. Lo que hoy somos y dejamos de ser se le debe mucho a la discusión de entonces. Aquel debate fue abortado por intereses distintos a la deliberación democrática. El mérito definitivo de ese y otras disputas, les tocó a los protagonistas: Bolívar, Sucre, Lamar, Santander, Azuero, Castillo y Rada, los Mosquera, Yanes, Mendoza, Tovar y tantos otros, la mayoría olvidados en cualquier recodo de archivo o biblioteca. No obstante, están las publicaciones que trataron estos temas: la Bandera tricolor, la gaceta de Colombia y de Caracas, el Observador Caraqueño, El Fanal, etcétera. Personalidades y publicaciones fueron referencia ineludible del período de 1825-1830, lapso en que se define la república posterior.

Para culminar este apartado, algunos puntos que tocan a marxistas y políticos con Bolívar y su dictadura. Esta fase del Libertador es la más rica en propuestas y contrapropuestas, como la mencionada constitución de Bolivia y convención de Ocaña, que se encuentran entrelazadas con su dictadura. Paradójicamente, la menos analizada en su ideario político. Es que la propia dictadura ha llenado de perplejidad a los propios bolivarianos. ¿Cómo se justifica? ¿Por qué se justifica? Preguntas incómodas para los defensores del prócer. Sin embargo, la mayoría de los marxistas la avalan. Contradiciendo los propios argumentos, ya vistos, del hijo de Tréveris. El apoyo ha venido desde la moral, más que de la política. Veamos. "murió pobre", "defendió al pueblo", "Bolívar fue traicionado". Siempre la dilemática moral: malos contra buenos. ¿Acaso Yanes, Lander, Narvarte, Tovar, Mendoza, eran agentes del mal? Maniqueísmo puro en estas reflexiones. Repárese, que no hay juicio político alguno, no aparecen ni la constitución de Bolivia ni la convención de Ocaña, escenarios políticos por excelencia.

El caso venezolano es elocuente en lo que estamos narrando. Desde el lado conservador, el escritor Vallenilla Lanz fue un defensor del ideario del Libertador, pero le añadió dos características especiales al proceso independentista, con el propósito de dar una nueva visión de aquella gesta. Afirmó que la misma había sido una guerra civil entre venezolanos, esta idea fascinó a los marxistas porque veían allí la lucha de clases. Vallenilla le agregó el gendarme necesario como corolario de aquella guerra civil. Obviamente, según Vallenilla, para acabar con el conflicto entre hermanos era necesario un gendarme. Ahora bien, lo que no se ha explicado suficientemente es que este era el planteamiento central de Bolívar. Manifestó siempre el peligro de la anarquía y el liberticidio de los pueblos, cuyo único antídoto era un gobierno central, con presidente vitalicio, o sea, el gendarme necesario. Pero marxistas y demócratas atacaron a Vallenilla por gomecista, supusieron equivocadamente, que había elaborado un discurso para favorecer únicamente a Gómez. No se percataron, que el discurrir fundamental del periodista fue el tiempo histórico de la independencia, es decir, el tiempo de Bolívar. Inclusive, políticos como Betancourt y Caldera, atacaron a Vallenilla Lanz porque el gendarme necesario representaba a Gómez. Descuidaron que también representaba a Bolívar. La estatua de mil batallas del prócer, pudo más que la reflexión política.

BIBLIOGRAFÍA

Archivo del General Miranda. 24 tomos. Editorial Lex. La Habana. 1950.

ARCINIEGAS, Germán: *El Pensamiento vivo de Andrés Bello*. Buenos Aires. Ed. Losada. 1946.

BELLO, Andrés: Obras completas. Fundación La Casa de Belo. 2ª. Edición. 25 vols. Caracas, Venezuela.

BLANCO, J.F; AZPURÚA, R: *Documentos para la historia de la vida pública del Libertador*. XV tomos. Ediciones de la Presidencia de la República de Venezuela.

BOHÓRQUEZ MORÁN, Carmen L.: *Francisco de Miranda. Precursor de las Independencias de América Latina*. U.C.A.B. 2002.

BOHÓRQUEZ, Carmen L y Ghymers, Ch: *El papel de Miranda y su generación en la emancipación de Latinoamérica: identidad, integración regional y gobernabilidad*. Ministerio del poder popular para la cultura. Caracas. 2005.

BOLÍVAR, Simón: *Obras completas*. Compilación y notas de Vicente Lecuna. Ed. Lex. 3 tomos. La Habana. 1950.

CARRERA DAMAS, Germán: *El Asedio Inútil*. Ed. Libros Marcados. Caracas. 2009.

CASTRO LEIVA, Luis: *Obras*. Vol. 1. Fundación Polar y Universidad Católica Andrés Bello. 2005

Congreso Constituyente de 1811-1812. Ediciones Conmemorativas del Bicentenario del Natalicio del Libertador Simón Bolívar. Publicaciones del Congreso de la República de Venezuela. Caracas. 1983.

DUCOUDRAY HOLSTEIN, H.L.Y. *Memoirs of Simon Bolivar*. President Liberador of the republic of Colombia. London. 1830.

DÍAZ SÁNCHEZ, R. *Boletín de la Academia nacional de la Historia, N° 16*. Caracas.

EGEA-LÓPEZ, Antonio: *El pensamiento filosófico y político de Francisco de Miranda*. A.N.H. Caracas. 1983.

GIL FORTOUL, José: Historia Constitucional de Venezuela. 4 tomos. México. 1978.

MARX-ENGELS. *Obras escogidas*. Dos Tomos. Editorial Progreso. Moscú. 1971.

MARX-ENGELS. *Materiales para la historia de América Latina*. Cuadernos de Pasado y Presente. Córdova. 1972.

MEZA DORTA, Giovanni: *Miranda y Bolívar. Dos Visiones*. Bid & co. Editor. 2da. Edición. Julio. 2007.

MIJARES, Augusto: *Obras Completas*. 6 tomos, Monte Ávila Editores Latinoamericana. Caracas, Venezuela. 2000.

Miranda La Aventura de la Libertad. 2 tomos. Monte Ávila Editores. 1991.

NAVARRETE, Juan Antonio: *Arca de Letra y Teatro Universal*. Academia nacional de la Historia. 2 tomos. 1993.

PARRA PÉREZ, Caracciolo: *Constitución Federal de Venezuela y documentos afines*. (BANH). 1960.

PARRA PÉREZ, Caracciolo: *Historia de la Primera República de Venezuela*. Biblioteca Ayacucho. Caracas. Venezuela. 1992.

POCOCK, J.G.A: *The Machiavellian Moment, Florentine Political Thought and the Atlantic Republican tradition*. Princeton University Press. 1975.

SALCEDO BASTARDO, J. L: *Historia Fundamental de Venezuela*. U.C.V. 1979.

SKINNER, Q: *Los fundamentos del pensamiento político moderno*. F.C.E. 1993.

SKINNER, Q: *La libertad antes del liberalismo*. Ed. Taurus. 2004.

Sociedad Bolivariana de Venezuela. *Decretos del libertador*. 3 tomos. Imprenta Nacional. Caracas. 1961.

Testimonio de la Época Emancipadora. Colección Sesquicentenario de la Independencia. B.A.N.H. 1960.

Textos oficiales de la Primera República. Colección Sesquicentenario de la independencia. 2 tomos B.A.N.H. Caracas. 1960.

VALLENILLA LANZ, Laureano: *Cesarismo democrático y otros textos*. Biblioteca Ayacucho. Caracas, Venezuela. 1991.

YÁNEZ, Francisco Javier: *Relación documentada de los principales sucesos ocurridos en Venezuela desde que se declaró estado independiente hasta el año 1821*. 2 tomos. Editorial Élite, 1943.

CUARTA PARTE
Y ENTRE LOS PRÓCERES OLVIDADOS: JUAN GERMÁN ROSCIO, FRANCISCO JAVIER YANES, CRISTÓBAL MENDOZA

SECCIÓN PRIMERA:
EL PENSAMIENTO CONSTITUCIONAL DE JUAN GERMÁN ROSCIO Y FRANCISCO JAVIER YANES[*]

José Ignacio Hernández

> *Es un tirano cualquiera que haga pasar por ley irresistible e inviolable su voluntad / Anyone that causes his will to be an irresistible and inviolable law is a tyrant*
>
> Juan Germán Roscio

---

[*] Texto del trabajo de José Ignacio Hernández, publicado, "A manera de Prólogo," al libro de Allan R. Brewer-Carías, *Documentos constitucionales de la Independencia/ Constitutional Documents of the Independence 1811*, Colección Textos Legislativos N° 52, Editorial Jurídica Venezolana, Caracas 2012 (Con la edición facsimilar del libro "*Interesting Documents relating to Caracas/ Documenbtos Interesantes relativos a Caracas; Interesting Official Documents relating to the United Provinces of Caracas, viz. Preliminary Remarks, The Act of Independence. Proclamation, Manifesto to the World of the Causes which have impelled the said provinieses to separate from the Mother Country; together with the Constitution framed for the Administration of their Government. In Spanish and English,*" Londres 1812.

Se han rasgado ya los velos misteriosos con que el despotismo tenía cubiertos y ahogados los sacrosantos derechos del hombre, y la ilustración ha disipado las densas tinieblas de la ignorancia / The mysterious veils that with despotism were covering and drowning the sacred rights of the men have been torn and the enlightenment has dissipated the thick darkness of ignorance

Francisco Javier Yanes,
Sesión del 30 de julio de 1811.
Supremo Congreso de Venezuela

INTRODUCCIÓN

La comprensión de nuestra Independencia, no como una gesta militar, sino como un complejo proceso encaminado a construir una República Liberal en el contexto de una "nueva mentalidad"[1], justifica analizar cuáles fueron los fundamentos políticos y jurídicos de esa República Liberal que comenzamos a edificar en 1810.

Por ello, la iniciativa del Profesor Allan R. Brewer-Carías, de publicar –doscientos años después de su aparición en Londres– una edición de la obra *Interesting Official Documents Relating to the United Provinces of Venezuela* es sin duda un acontecimiento que debe celebrarse. Se trata de la primera edición en Venezuela[2] de un Libro orientado a explicar las razones y fundamentos nuestro proceso de Independencia, a través de los actos jurídicos que conformaron al gobierno republicano, represento y federal[3].

---

[1] En general, *vid.* Pino Iturrieta, Elías, *La mentalidad venezolana de la emancipación,* Eldorado Ediciones, Caracas, 1991, pp. 13 y ss. Véase también a Grases, Pedro, compilador, *Pensamiento político de la emancipación venezolana,* Biblioteca Ayacucho, Caracas, 2010.

[2] Como aclara el Profesor Brewer-Carías en la Introducción "el texto completo de la versión en español de los documentos se publicaron también en 1959 en el libro titulado: *La Constitución Federal de Venezuela de 1811 y Documentos Afines* ("Estudio Preliminar" por Caracciolo Parra-Pérez), Biblioteca de la Academia Nacional de la Historia, Sesquicentenario de la Independencia, Caracas 1952, 238 pp. (Reimpreso en 2009)".

[3] Además de la Introducción general aquí incluida, sobre esta obra puede verse, del Profesor Brewer-Carías, los siguientes *"The connection between the United States Independence and the Hispanic American Indepen-*

Pues no debe olvidarse –como puso en evidencia en su momento Tomás Polanco Alcántara[4]- que nuestra Independencia fue ante todo un proceso jurídico, orientado a organizar al naciente Estado venezolano como una República Liberal, a través de un conjunto de actos jurídicos de los cuales, la Obra que nos presenta el Profesor Brewer-Carías contiene una importante selección.

Sin embargo, en la historiografía convencional, la historia *patria y nacional*, en fin, *historia oficial* de nuestra República[5], el 19 de abril de 1810 marca el inicio de la gesta independentista, caracterizada además –*sobre todo, en los actuales momentos*[6]- como una gesta militar, en la cual los héroes militares han predominado sobre los héroes civiles.

Entendemos, por el contrario, que la Independencia fue un proceso procurado con la intención de asegurar la viabilidad de la República Liberal, que fue el Proyecto Nacional bajo el cual los venezolanos de

---

dence movement, and the role of some key Books published at the beginning of the 19th century", Washington DC, 2011 y "Las causas de la Independencia de Venezuela explicadas en Inglaterra, en 1812, cuando la Constitución de Cádiz comenzaba a conocerse y la República comenzaba a derrumbarse", Cádiz, 2010. Fundamental referencia es además su obra, *Historia Constitucional de Venezuela*, Tomo I, Editorial Alfa, 2008, pp. 97 y ss. De muy reciente data, también, su trabajo *Los inicios del proceso constituyente hispano y americano. Caracas 1811–Cádiz 1812*, Editorial bid & Co. Editor, Colección Historia, Caracas, 2012.

4 Polanco, Tomás, *Las formas jurídicas en la independencia*, Instituto de Estudios Políticos, Facultad de Derecho, Universidad Central de Venezuela, Caracas, 1962.

5 La expresión "historia oficial" pretende describir el análisis histórico convencional que ha privado en Venezuela, y que se ha traducido incluso en premisas sociales y culturales tácitamente aceptadas. Sobre esta expresión, vid. Carrera Damas, Germán, "Sobre la historiografía venezolana", en *Historia de la historiografía venezolana (textos para su estudio)*, Universidad Central de Venezuela, Ediciones de la Biblioteca, Caracas, 1996, pp. 517 y ss.

6 Por ejemplo, vid. Bohórquez, Carmen, "El 19 de abril de 1810. Papel de Trabajo para la discusión", tomado de http://www.bicentenario.gob.ve/no-ticias/wp-content/uploads/2010/04/EL-19-DE-ABRIL-DE-1810-carmenbo-horquez.pdf [consulta:10.11.10]. Se afirma allí que: "Hoy, que la espada de Bolívar campea de nuevo victoriosa por América Latina, estamos obligados a completar la magna obra de nuestra independencia y a construir esa sociedad justa y de iguales, fundamento de toda libertad y de toda prosperidad".

entonces decidieron organizar al naciente Estado, siguiendo de cerca los principios derivados de las revoluciones que desarrollaron poco antes de nuestro proceso de emancipación. Así, la formación de nuestra República Liberal apareció influenciada por las dos grandes revoluciones liberales del momento, como son la Revolución Americana y la Revolución Francesa[7]. No obstante, nuestra emancipación no puede ser entendida simplemente como consecuencia lineal de aquellas revoluciones. Por el contrario, la formación de la República Liberal estuvo marcada por varias características cuya enumeración conviene tener presente, en tanto ello nos permitirá ubicarnos mejor en el contexto dentro del cual se pensó y concibió, jurídicamente, a esa República Liberal.

-En *primer* lugar, la formación de nuestra República Liberal debe enmarcarse dentro de un proceso de mayor envergadura, cual es la crisis política y filosófica de la Monarquía Española, cuyos signos visibles pueden apreciarse ya para 1808. La revolución de la emancipación de la América Española –escribe Chust– "sólo se comprende desde la perspectiva hispánica. Es más, desde la trilogía especial europea-peninsular-americana"[8].

-En *segundo* lugar, como apunta Germán Carrera Damas, el 19 de abril de 1810 debe ser interpretado en ese contexto de crisis de la Monarquía española y, por ello, teniendo en cuenta que la preocupación primera era, entonces, restablecer y mantener las estructuras internas de poder propias del nexo colonial[9]. Ello explica los signos de ruptura y continuidad que se aprecian entre la Monarquía y la República, y que jurídicamente se exterioriza en la continuidad jurídica de instituciones

---

7   Sobre ello, vid. Brewer-Carías, Allan, *Reflexiones sobre la Revolución Norteamericana (1776) y la Revolución Francesa (1799) y la Revolución Hispanoamericana (1810-1830) y sus aportes al constitucionalismo moderno,* Universidad Externado de Colombia, Editorial Jurídica Venezolana, Bogotá, 2008, pp. 29 y ss.

8   Chust, Manuel, "Un bienio trascendental: 1808-1810", en *1808. La eclosión juntera en el mundo hispano,* Fondo de Cultura Económica-El Colegio de México, México, 2007, pp. 11 y ss.

9   Carrera Damas, Germán, *De la abolición de la monarquía hacia la instauración de la República,* Fundación Rómulo Betancourt, Caracas, 2009, pp. 9 y ss.

regias en el nuevo contexto republicano (Tomás Polanco Alcántara, Juan Garrido Rovira)[10].

-En *tercer* lugar, la República Liberal, además, tenía que implantarse en una sociedad como la venezolana de comienzos del Siglo XIX, esto es, una sociedad colonial y por ende desigual. Nuestra República Liberal debía cobrar vida en una sociedad mixta y diacrónica, con rasgos propios y diferenciables a los europeos, según ha expuesto Graciela Soriano[11].

Como puede entreverse, no era fácil la tarea de darle forma jurídica al nuevo Estado que nacería de nuestro proceso de emancipación iniciado aquel 19 de abril de 1810. De los debates del Supremo Congreso, durante todo el año 1811, prevalecería la tesis plasmada en la Constitución de 1811, de acoger la forma del gobierno republicano, representativo y federal, a fin de organizar jurídicamente al naciente Estado, organizado, así como República Liberal. Sin embargo, esa solución no gozó de consenso, como lo acreditan las duras críticas que a tal modelo formulara Simón Bolívar luego de 1812, tal y como quedó resumido en dos textos, que han marcado la interpretación de la llamada Primera República en la historia patria y oficial[12].

Así, en el *Manifiesto de Cartagena o Memoria dirigida a los ciudadanos de la Nueva Granada por un caraqueño,* de 15 de diciembre de 1812, Bolívar calificó al sistema republicano, representativo y federal de 1811 como *"sistema tolerante", "sistema improbado como débil e ineficaz"* que dio lugar a una *"república área"* en la cual tuvimos *"filósofos por jefes".* Luego de enumerar los muchos vicios de ese, nuestro primer Gobierno, Bolívar señala que *"lo que debilitó más el*

---

10 Polanco, Tomás, Tomás, "La continuidad jurídica durante la independencia", en *Libro homenaje a la memoria de Joaquín Sánchez Covisa,* Facultad de Ciencias Políticas y Jurídicas de la Universidad Central de Venezuela, Caracas, 1975, pp. 1055 y ss. También, véase a Garrido, Juan, *Independencia, Derecho Nacional y Derecho Español,* Universidad Monteávila, Caracas, 2011, pp. 9 y ss.

11 Soriano, Graciela, *Venezuela 1810-1830. Aspectos desatendidos de dos décadas,* Fundación Manuel García-Pelayo, Caracas, 2003, pp. 33 y ss.

12 Los textos y un análisis integral sobre su contenido, en Brewer-Carías, Allan, "Ideas centrales sobre la organización el Estado en la Obra del Libertador y sus Proyecciones Contemporáneas"), en *Boletín de la Academia de Ciencias Políticas y Sociales,* N° 95-96, enero-junio 1984, Caracas, pp. 137-151. Véase también a Rozo Acuña, Eduardo, *Simón Bolívar. Obra política y constitucional,* Tecnos, Madrid, 2007.

Gobierno de Venezuela, fue la forma federal que adoptó, siguiendo las máximas exageradas de los derechos del hombre, que autorizándolo para que se rija por sí mismo rompe los pactos sociales y constituye a las naciones en anarquía". Sistema federal juzgado como el *"más opuesto a los intereses de nuestros nacientes estados"*, pues los venezolanos, para Bolívar, *"carecen de las virtudes políticas que caracterizan al verdadero republicano"*. La solución pasaba entonces por *"centralizar nuestros gobiernos americanos"*. El juicio final es severo, ciertamente: la Constitución de 1811 *"era tan contraria a nuestros intereses como favorables a los de sus contrarios"*.

El segundo documento de Bolívar que queremos comentar, en relación con el sistema de gobierno republicano, representativo y federal, es el *Mensaje al Congreso de Angostura de 15 de febrero de 1819*. Allí se retoma la idea ya expuesta en 1812: *"cuanto más admiro la excelencia de la Constitución Federal de Venezuela, tanto más me persuado de la imposibilidad de su aplicación a nuestro Estado"*. Esa crítica es formulada a partir de la comparación del modelo de gobierno de la Constitución de 1811 con el modelo de gobierno surgido de la Revolución Americana. Es un prodigio –señala Bolívar– que el *"modelo en el Norte de América subsista tan prósperamente y no se trastorne al aspecto del primer embarazo o peligro"*. Tal prodigio es explicado en función al carácter único del Pueblo de Estados Unidos, todo lo cual hacía inaplicable esa fórmula al Pueblo de Venezuela. Pues *"no era dado a los venezolanos"* gozar *"repentinamente"* del sistema federal *"al salir de las cadenas"*, ya que *"no estábamos preparados para tanto bien"*. En resumen, para Bolívar *"nuestra Constitución Moral no tenía todavía la consistencia necesaria para recibir el beneficio de un Gobierno completamente representativo y tan sublime cuando que podía ser adaptado a una República de Santos"*.

Las críticas de Bolívar se enfocaban a un aspecto principal: la debilidad del Poder Ejecutivo. En el *Discurso de Angostura* Bolívar aclara que *"un Gobierno republicano ha sido, es y debe ser el de Venezuela; sus bases deben ser la soberanía del Pueblo (y) la división de poderes"*. Empero, requiere Venezuela de un Poder Ejecutivo central y fuerte, a usanza del Gobierno Británico, pues *"en las Repúblicas el Ejecutivo debe ser el más fuerte, porque todo conspira contra él"*. La debilidad del Poder Ejecutivo signo visible de la Constitución de 1811 según Bolívar, no podía justificarse para la búsqueda de una libertad absoluta, pues ello degenera-ría en la tiranía, dado que *"de la libertad absoluta se desciende siempre al Poder absoluto"*.

Entre 1811 y 1830, podríamos decir –a riesgo de simplificar en exceso la temática– que nuestros sucesivos ensayos para organizar al naciente Estado venezolano giraron en torno al modelo de 1811 y a la visión de Bolívar, es decir, entre un gobierno federal y moderado y un gobierno central y fuerte. La Constitución de 1819, como la Constitución de Cúcuta de 1821, serían consideradas centrales, partícipes de un Gobierno fuerte. La Constitución de 1830, en contra, se decantaría por un modelo centro-federal, aun cuando en realidad, desde 1830, la República Liberal degeneró en la práctica en un régimen autocrático. Con lo cual, al margen de la solución planteada en nuestras Constituciones, el Gobierno de Venezuela fue central, fuerte y autocrático[13]. Esto es, lo que Germán Carrera Damas denomina la República Liberal Autocrática[14].

No era ésa la intención, ciertamente, de quienes pensaron a la República Liberal en 1811, según se evidencia de los documentos que fueron expuestos al mundo en la Obra que hoy nos presenta el Profesor Brewer-Carías, editada en Londres en 1812. Esos documentos acreditan que la intención formal fue organizar una República Democrática fundada en la representación popular y en la federación, como forma de Gobierno más ajustada para la preservación a la libertad. Lo que sucedió es que esas ideas fueron desviadas para dar paso a un régimen autocrático. Siguiendo a Luis Castro Leiva, "solamente un liberalismo autoritario y militar podía canalizar el sentimiento popular y transformar unas huestes casi feudales vagamente inspiradas por las ideas republicanas que se entregaban, por así decirlo, a escaramuzas de guerrilla, en un ejército del pueblo (...) fue así como se tergiversó el concep-

---

13   Para un análisis de las Constituciones de 1811, 1819, 1821 y 1830, desde esta perspectiva, vid. *Reflexiones sobre la Revolución Norteamericana (1776) y la Revolución Francesa (1799) y la Revolución Hispanoamericana (1810-1830) y sus aportes al constitucionalismo moderno, cit.*, pp. 203 y ss.

14   Además del trabajo antes citado, *vid.* Carrera Damas, Germán, *Colombia, 1821-1827: Aprender a edificar una República Moderna*, Fondo Editorial de Humanidades y Educación, Universidad Central de Venezuela, Academia Nacional de la Historia, Caracas, 2010, pp. 117 y ss.

to de libertad bajo la influencia conjunta de una teoría de la voluntad general y de la dictadura militar"[15].

¿Cuáles eran las ideas de quienes pensaron a la República Liberal en 1811, según los documentos que hoy se editan por vez primera en Venezuela, según la selección publicada en Londres hace doscientos años? ¿Cuáles fueron sus fuentes filosóficas? Para tratar de responder a estar preguntas hemos realizado esta introducción al pensamiento constitucional de dos de los grandes pensadores del siglo XIX venezolano, como lo son Juan Germán Roscio y Francisco Javier Yanes. La escogencia de esos dos pensadores se justifica por las dos obras escritas por ellos, que son, sin duda alguna, piezas claves para tratar de comprender a nuestra primera República Liberal. Nos referimos a *El triunfo de la libertad sobre el despotismo* (1817)[16], de Roscio y *Manual Político del Venezolano* (1839), de Yanes[17].

Por ello, nuestro análisis se centrará fundamentalmente en sintetizar, de esas dos obras, el pensamiento de esto dos autores, destacando su impronta en los documentos jurídicos fundamentales de nuestra Independencia contenidos en la Obra que hoy podemos apreciar en Venezuela gracias a la iniciativa del Profesor Brewer-Carías.

I. BREVE APROXIMACIÓN A LAS OBRAS DE ROSCIO Y YANES

Juan Germán Roscio y Francisco Javier Yanes están relacionados por más de un punto en nuestra historia republicana[18]. Ambos fueron

---

15 Castro Leiva, Luis, "Las paradojas de las revoluciones hispanoamericanas", en *Luis Castro Leiva. Obras. Volumen II. Lenguajes republicanos,* UCAB-Fundación Empresas Polar, Caracas, 2009, pp. 97 y ss.

16 Hemos manejado la edición Yanes de la Biblioteca de la Academia Nacional de la Historia, 1959.

17 Hemos manejado la edición de la Biblioteca Ayacucho, Caracas, 1996.

18 Para una aproximación a la vida y obra de Roscio, véase fundamentalmente a los trabajos de Augusto Mijares y Pedro Grases en las *Obras* de Roscio (1953). En especial, vid. Ugalde, Luis, *El pensamiento teológico-político de Juan Germán Roscio,* UCAB bid & co editor, Caracas, 2007, pp. 27 y ss. En cuanto a Yanes, para lo aquí expuesto, es fundamental la remisión al trabajo de Carrera Damas, Germán, "El modelo republicano, representativo y federal norteamericano y la formación del régimen republicano, representativo y liberal venezolano", en *Fundamentos históricos*

abogados, y Yanes trabajó como pasante en el escritorio de Roscio[19]. En los sucesos del 19 de abril de 1810 Roscio tuvo protagonismo especial, al haberse incorporado como "Diputado del Pueblo" a la Junta Suprema creada ese día, correspondiéndole la redacción, entre otros, del importante *Reglamento de elecciones y reunión de diputados de 1810*[20]. Roscio y Yanes fueron miembros del Congreso de 1811 y, en tal condición, firmantes de la Declaración de Independencia y de la propia Constitución (incluidos en la obra que nos presenta el Profesor Brewer-Carías) textos en cuya confección participara también activamente Roscio, autor también del *"Manifiesto que hace al mundo la Confederación de Venezuela en la América Meridional"* que se incluye en la Obra que nos presenta el Profesor Brewer-Carías. La principal conexión, en todo caso, es que ambos juristas escribieron dos obras que exponen los fundamentos de nuestra República Liberal, como dijimos: *El triunfo de la libertad sobre el despotismo*, de Roscio, y *Manual Político del Venezolano*, de Yanes[21].

Se trata, en todo caso, de dos obras escritas con propósitos muy distintos. La obra de Roscio fue escrita con la deliberada intención de evidenciar cómo las Sagradas Escrituras fundamentaban la teoría de la soberanía popular y se oponían al despotismo propio del derecho divino de los Reyes. La principal debilidad de la emancipación, para Roscio, radicaba en el temor del pueblo hacia las nuevas ideas y su incompatibilidad con la fe católica, lo que llevó a Roscio a combinar un pul-

---

    de la sociedad democrática venezolana, Fondo Editorial de Humanidades, Universidad Central de Venezuela, Caracas, 2002, pp. 87 y ss.

19 *Diccionario de Historia de Venezuela,* Tomo 4, Fundación Polar, Caracas, 1997, pp. 309 y ss.

20 *Juan Germán Roscio. Escritos representativos,* Edición conmemorativa del sesquicentenario de la Batalla de Carabobo, Caracas, 1971, pp. 9 y ss.

21 Como aclara Brewer-Carías en la Introducción a esta Obra, Roscio colaboró en la redacción de los textos allí incluidos, junto a otros juristas. De acuerdo con esa Introducción *"Los otros co-redactores de los Documentos Oficiales Interesantes fueron Francisco Javier Ustáriz, Francisco Isnardy, y Miguel José Sanz, todos miembros activos del Congreso General en Caracas, y todos ellos, junto con Roscio y Miranda, considerados por Monteverde después de la capitulación firmada por este último, como parte del grupo de los "monstruos" de América, responsables de todos los males de las antiguas colonias".* Roscio, como nos señala el Profesor Brewer-Carías, colaboró en la confección de la Obra que se nos presenta.

cro manejo de las Escrituras con los principios básicos de la doctrina liberal. Ello llevó a Roscio a cuestionar, incluso, ciertos abusos del poder eclesiástico de entonces, lo que explicaría el influjo que su obra tuvo en Benito Juárez y sus Leyes de Reforma[22]. De acuerdo con Ugalde, el público al cual Roscio quiso orientar su libro nos serían tanto los venezolanos –en aquella época, inmersos en el fragor de la guerra- sino más bien una exposición dirigida a rebatir los argumentos teológicos del debate español del momento[23].

La obra de Yanes, por el contrario, fue escrita mucho después, en 1839, con lo cual ella se basa, entre otros textos, en el propio libro de Roscio[24]. Se trata de un texto de sólida estructura que resume los fundamentos jurídicos y políticos del gobierno republicano, representativo y federal, y de los cuatro bienes que éste debe tutelar: la libertad, la igualdad, la propiedad y la seguridad. En esa obra, Yanes insiste en las bondades del sistema federal, invocando con constancia a los pensadores de la Revolución Americana.

Tanto *El triunfo de la libertad sobre el despotismo* como *Manual Político del venezolano* sorprenden por la erudición de las fuentes, muy presentes en esta última obra, confeccionada más como un texto doctrinal y no tanto confesional, como el trabajo de Roscio. De esa manera, Rousseau, Montesquieu, Constant, Bentham, Madison, Hamilton, Jefferson, Vattel, son algunos de los textos que pueden apreciarse en estas dos obras[25]. En ellas se expone el principio del origen popular de la soberanía y, por ende, el carácter limitado de todo Gobierno por la Ley, expresión de la voluntad general, y se realza el valor de la libertad, advirtiéndose que ha de tratarse de una libertad de acuerdo con la

---

22 Véase el trabajo preliminar Domingo Miliani en la edición de *El triunfo de la libertad sobre el despotismo* de la Biblioteca Ayacucho, Caracas, 1996.

23 Ugalde, Luis, *El pensamiento teológico-político de Juan Germán Roscio*, cit., p. 106.

24 Ramón Escovar Salom, en la presentación a la obra de 1959, indica una fecha anterior de publicación. Sin embargo, coincidimos con Carrera que tal fecha no luce plausible, pues la Constitución que cita Yanes es la Constitución de 1830 y no la Constitución de 1821, con la cual probablemente Yanes tenía cierta discrepancia.

25 Como explica Ugalde, la obra de Roscio está influencia también por Locke, entre otros. *El pensamiento teológico-político de Juan Germán Roscio, cit.*, pp. 93 y ss.

Ley, aun cuando ambos autores niegan la existencia de una obediencia ciega a la Ley. Ambas obras exponen las virtudes y riesgos del gobierno representativo y popular, basado en la separación de poderes. Es decir, en esas obras encontramos la justificación conceptual de la República Liberal fundada en 1811, y que tan duramente fue criticada por Bolívar. Sin duda, dentro de los "filósofos" que concibieron "repúblicas aéreas" deberíamos ubicar a Roscio y Yanes, no sólo firmantes de la Constitución de 1811 sino, además, defensores de su modelo en dos obras de sólida fundamentación conceptual.

Aquí puede ubicarse una suerte de bifurcación en las obras y vidas de estos dos pensadores. Luego de la caída de la Primera República, Roscio permaneció muy relacionado a Bolívar, al punto que participa como Diputado en la Constitución de 1819, que supuso la revisión de ciertos aspectos del modelo federal de la Constitución de 1811. Morirá en 1821, ocupando el cargo de Vicepresidente de la República de Colombia[26]. Yanes igualmente participó en el Estado fundado bajo la Constitución de 1819, aun cuando no formó parte del Congreso que promulgó esa Constitución. Sí participaría como Presidente en el Congreso que promulgó la Constitución de 1830, que retoma ciertos aspectos del federalismo de la Constitución de 1811, lo que acredita un distanciamiento con la concepción de Bolívar, como ha estudiado Carrera Damas. Yanes muere en 1842, es decir, cuando ya la República Liberal había alcanzado importantes logros en su formación jurídica, como ha estudiado Elena Plaza[27].

En atención a la participación de Yanes en la Constitución de 1830, Germán Carrera Damas[28] ha observado, con agudeza, la contradicción conceptual entre Bolívar y Yanes, ante la fuerte crítica al modelo federal en el primero y la defensa de ese modelo en el segundo. Yanes aludiría, en tal condición, a los "*males de todo género*" que han enseñado a Venezuela a ser prudente y que "*ve en el General Simón Bolívar el origen de ellos*". La diferencia sustancial entre el pensa-

---

26 Ugalde, Luis, *El pensamiento teológico-político de Juan Germán Roscio, cit.*, pp. 35 y ss.

27 Vid. Plaza, Elena, *El Patriotismo ilustrado, o la organización del Estado en Venezuela,* Universidad Central de Venezuela, Caracas, 2007, pp. 245 y ss.

28 Carrera Damas, Germán, "El modelo republicano, representativo y federal norteamericano y la formación del régimen republicano, representativo y liberal venezolano", pp. 95 y ss.

miento político de Bolívar y Yanes es en cuanto al modelo federal americano, en tanto Yanes no cuestiona su viabilidad en Venezuela, según fue recogido en la Constitución de 1811, exponiendo incluso las razones por las cuales tal modelo puede devenir en un sistema protector de la libertad. Carrera acota, en este punto, que no hay en Yanes un cuestionamiento a los riesgos de ese modelo como sí puede observarse en la obra de Alexis de Tocqueville, *La Democracia en América,* cuya primera edición (1835) es incluso anterior a la obra de Yanes[29].

Otra diferencia entre ambos libros pude encontrarse en la finalidad que bajo la cual fueron escritos. *El triunfo de la libertad sobre el despotismo* fue escrito con la intención de justificar el proceso de emancipación desde las Escrituras. El libro comenzó a ser escrito por Roscio en la prisión de Ceuta, y será publicado en 1817, en plena guerra. Por ello, su tono es, además de confesional, claramente defensivo de los fundamentos de la Independencia. Ello obliga a entresacar, de la obra de Roscio, las máximas del Gobierno republicano, representativo y federal.

En contraposición, el *Manual Político del Venezuela* fue escrito en 1839, fuera del fragor de la Guerra de Independencia. Su objetivo no fue justificar los fundamentos de la emancipación, que ya para ese momento estaba consolidada con la separación de Venezuela de Colombia de acuerdo con la Constitución promulgada nueve años antes. Además, es un libro de lo que se llamaría *Derecho Político,* mucho más extenso y detallado que la obra de Roscio.

Conviene tener presente que se trata de dos obras con propósitos distintos, escritas en momentos históricos separados. Ello puede justificar diferencias de matices. Pero hay, en el fondo, un pensamiento común, compartido por dos de los actores relevantes del proceso de formación jurídica de nuestra República Liberal. Con sus diferencias y semejanzas, esas obras permiten analizar conjuntamente el pensamiento de Roscio y Yanes, a fin de comprender cuáles fueron las razones y propósitos perseguidos para organizar al naciente Estado venezolano como República Liberal, a través de un régimen republicano, representativo y federal.

---

29 Tocqueville, Alexis de, *La democracia en América,* Fondo de Cultura Económica, México, 2009, pp. 266 y ss.

II. LA SOBERANÍA POPULAR Y EL CARÁCTER LIMITADO DEL PODER PÚBLICO. LA IDEA DE LA SUPREMACÍA CONSTITUCIONAL

El fundamento de la nueva mentalidad desarrollada en la Venezuela de finales del siglo XVII fue el origen popular de la soberanía, como superación del Derecho Divino de los Reyes. Como ha señalado Juan Carlos Rey, esta nueva concepción está muy presente en los fundamentos de la llamada Conspiración de Gual y España. Incluso, la propia crisis de la Monarquía Española, exteriorizada en 1808, atendió a la crisis filosófica derivada de la nueva concepción de la soberanía[30].

En *El triunfo de la libertad sobre el despotismo*, Roscio nos confiesa cuál era la visión predominante de la soberanía. En el Capítulo IV de esa obra nos dice Roscio: *"imaginaba yo que la soberanía era una cosa sobrenatural e invisible, reservada desde la eternidad para ciertos individuos y familias, e íntimamente unida con la palabra Rey"*. De inmediato, Roscio llama la atención sobre el error de tal premisa, apoyándose en las Escrituras para deducir que la soberanía, en realidad, reside en el pueblo como expresión de la voluntad general.

Así lo señala Roscio en el Capítulo V, una de las piezas más importantes de su obra: *"llamar soberanía al resultado de la voluntad general del pueblo, al resumen de sus fuerzas espirituales, me parecía un sueño"*. Roscio concreta la idea de la voluntad general en la Ley, pero advierte al mismo tiempo, como veremos, que el ciudadano no debe obediencia ciega a la Ley. Un punto relevante de este Capítulo V, destacado por Ugalde, es que Roscio reconoce que el cambio de pensamiento devino de la lectura de un libro sobre Derecho natural, cuya identificación no ha sido lograda a la fecha[31]. Lo particular, en todo caso, es que Roscio describe el cambio de paradigma, desde el dogma del Derecho divino de los Reyes hasta el dogma de la soberanía popular y, como derivación, del carácter limitado del Gobierno.

En efecto, al residir la soberanía en el pueblo, los representantes no ejercen un mandato propio, sino un mandato confiado por los pro-

---

30 Rey, Juan Carlos, "Pensamiento político en España y sus Provincias americanas durante el despotismo ilustrado (1759-1808")", en *Gual y España. La independencia frustrada,* Fundación Empresas Polar, Caracas, 2007, pp. 43 y ss.

31 Ugalde, Luis, *El pensamiento teológico-político de Juan Germán Roscio, cit.*, pp. 93 y ss.

pios ciudadanos. Yanes, en el *Manual Político del Venezolano*, nos recuerda esta idea desde el propio *Preliminar*: "*el gobierno, pues, se ha instituido para la protección y seguridad, y para la felicidad común de los miembros que componen la sociedad; y no para beneficio, honor y utilidad de algún hombre, de alguna familia, o de alguna clase de hombres en particular*". El Gobierno representativo –escribe Yanes en el Capítulo I– "*es el más conforme a los verdaderos principios. Todos los hombres tienen el derecho de gobernarse por sí mismos, y en virtud de este propio derecho cada uno tiene un derecho igual en la formación del gobierno y de las leyes que deben regirlo y juzgarlo*". El Gobierno representativo es *electivo, representativo, colectivo, alternativo y responsivo*. Se diferencia así la titularidad de la soberanía –que reside en el pueblo- del ejercicio de la soberanía –que reside en las personas en quienes la nación delega tal ejercicio.

Al comentar –y elogiar– la Constitución de 1830, Yanes explica que las bondades del Gobierno representativo derivan en la conjunción de las tres formas de gobierno conocidas: "*es el sistema representativo, el mayor y más benéfico descubrimiento de la política moderna*", pues "*une a la libertad de la democracia, la sabiduría de la aristocracia y la energía de la monarquía; y de este modo es que en él la mayor suma de poder se une a la más grande suma de libertad*".

De acuerdo con esta posición, la soberanía popular participa en el *origen del poder* –base democrática del sistema representativo- pero también en el *ejercicio del poder* –carácter limitado del poder e incluso, de la propia Ley. En este punto, Yanes introduce la distinción entre la Constitución y la Ley, aclarando que la Constitución es la norma suprema que condiciona la forma y contenido de la Ley e incluso, condiciona a la propia soberanía popular, pues para Yanes, como veremos, la tiranía y la democracia ilimitada constituyen riesgos ciertos para la libertad.

En el desarrollo de la idea de Constitución como norma suprema, Yanes muestra la influencia notable del sistema jurídico de Estados Unidos de Norteamérica, precisamente, pues uno de los grandes aportes al Derecho Público derivado de la Revolución de Norteamérica fue la tesis de la supremacía constitucional[32]. Por ello, como señala el Profe-

---

32 Brewer-Carías, Allan, *Reflexiones sobre la Revolución Norteamericana (1776) y la Revolución Francesa (1799) y la Revolución Hispanoamericana (1810-1830) y sus aportes al constitucionalismo moderno*, cit., pp. 83 y ss.

sor Brewer-Carías en la Introducción, *"el nuevo Estado constitucional creado en Venezuela hace doscientos años, puede decirse que siguió las tendencias generales del proceso constitucional que se había desarrollado en los Estados Unidos"*. Esa influencia es determinada por el Profesor Brewer-Carías, además, a partir de los trabajos de "William Burke", en los cuales se emplearon expresiones propias del sistema de Estados Unidos, como "derechos del pueblo" y "soberanía del pueblo"[33].

III. LA LEY, EXPRESIÓN DE LA VOLUNTAD GENERAL

A partir del origen popular de la soberanía, Roscio se encarga de definir a la Ley como *"la expresión del voto general"*, es decir, *"la misma razón reducida a escrito, o conducida por la tradición, único código conocido antes de la invención de la escritura"* (Capítulo V). Es la Ley, como expresión de esa voluntad general, el acto que puede incidir sobre la libertad y la propiedad, dado que *"todos deben tener parte en lo que a todos toca"* (Capítulos XVI y XXXV).

La voluntad general asociada al concepto de Ley es la tesis desarrollada igualmente por Yanes. En el Capítulo I de su *Manual* escribe que la iniciativa directa para el establecimiento de las leyes no corresponde a ninguna otra corporación o individuo que no sea al pueblo. La Ley, para Yanes, *"es la expresión libre de la voluntad general, o de la mayoría de los ciudadanos, manifestada por el órgano de sus representantes legalmente constituidos"*.

Pero no basta con ese origen popular, en tanto Yanes, al igual que Roscio, añade otra característica a la Ley: ella debe ser una Ley justa y equitativa. O en palabras de Yanes, del Capítulo I, la Ley *"debe fundarse sobre la justicia y la igualdad, ha de proteger la libertad pública e individual contra toda opresión o violencia y su objeto es la utilidad común"*. A partir de esa acotación, tanto Roscio como Yanes desarrollan las críticas a la tesis de la obediencia ciega a la Ley.

Este concepto de Ley de Roscio es el que ha permitido señalar la influencia de Rousseau en su obra[34]. Lo cierto es que el énfasis de Ros-

---

33 Como recuerda el Profesor Brewer-Carías en la Introducción, lo probable es que Burke haya sido el seudónimo empleado, entre otros, por el propio Roscio en algunos trabajos de la *Gaceta de Caracas*.

34 En especial, *vid.* Willwoll, Guillermo Emilio, "Sesquicentenario de Juan Germán Roscio. Suárez-Rousseau y Roscio", *Separata de la Revista de*

cio estriba en aclarar que la libertad se protege en tanto se trate de una libertad bajo la Ley, subordinada a la Ley, idea presente también Yanes, como luego se verá. De allí que el concepto de libertad que puede deducirse de las obras comentadas aparece indisolublemente asociado al de Ley como expresión de la voluntad general, que en el marco del sistema representativo era, en realidad, expresión de la mayoría, como acota Yanes y como acotó, en su momento, la Constitución de 1811, según veremos. De allí surge una discrepancia respecto a la tesis de Rousseau, por sus reparos al modelo representativo, según veremos más adelante.

IV. LA OBEDIENCIA A LA LEY: UNA OBEDIENCIA RACIONAL

Como hemos visto, en Roscio la libertad aparece vinculada a la Ley como expresión de la voluntad general. Entiende Roscio que el ciudadano debe obediencia a la Ley y al Gobierno. Pero entiende también que esa obediencia no puede ser ciega. Para ello, complementa el concepto de Ley con un elemento esencial: *"no es ley el acto de la voluntad de un individuo: no es legítima, sino tiránica, la autoridad que no viene del pueblo"* (Capítulo XVI). Así, *"no puede ser derecho, ni ley, lo que carece de justicia y equidad"*.

De allí la máxima de su Capítulo XVII: *"bien entendido el genuino sentido de la palabra derecho en la definición de la libertad, se deja ver que donde reina el poder arbitrario son sinónimos el derecho y la fuerza"*. Por ello, la Ley o el Gobierno pueden devenir en tiranía, o en "invasor de la libertad", cada vez que *"injustamente priva al hombre del ejercicio de este derecho"*, al hacer *"de sus semejantes una propiedad, reduciéndolos a la esclavitud o perpetuándolos en ella"* (Capítulo XVII).

La obediencia ciega a la Ley conduce a la tiranía, según podemos leer en el Capítulo XXIX. Pues *"la ley que carece de esa bondad intrínseca, no tiene jurisdicción en el fuero interno ni merece denominarse Ley"*. Obediencia ciega —nos escribe— *"no puede ser sino el resultado de una conciencia ciega que sin discernir entre lo bueno y lo malo, ciegamente abraza cuanto se le propone"* (Capítulo XXX). La Ley debe expresar no sólo la voluntad general, sino además, la *"razón*

la Facultad de Derecho N° 49, Universidad Central de Venezuela, Caracas, 1974.

natural". Sobre estas ideas, Roscio formula una de las principales conclusiones de su obra: *"una obediencia ciega, una obediencia obscura, bien presto abriría el camino a la tiranía y destruiría la libertad"*. Leemos también en el Capítulo XXXVI: *"nadie tiene derecho para mandar otra cosa, ni para ser obedecido en las ilícitas"*.

Yanes complementa esa idea de Roscio, al recordar, en el *Preliminar*, que *"la sociedad no ha querido, ni podido conferir a sus representantes, jefes o mandatarios el derecho de ser injustos, ni de someterse a sus caprichos, ni tampoco dándoles facultad de ofender a sus miembros, a quienes debe seguridad, protección y equidad"*. Mostrando la influencia del pensamiento norteamericano en su obra, Yanes señala que *"aunque la voluntad de la mayoría debe prevalecer en todos los casos, esta voluntad, dice Jefferson, debe ser racional para ser justa"* (Capítulo I). La Ley debe ser racional, pues *"el principal motor, o el que hacer obrar este gobierno, es la razón, pues está fundado sobre los derechos de los hombres"*. En resumen, *"si las leyes no se cimentan en la justicia y la equidad, lejos de ser el fundamento de la libertad, ellas serán el apoyo y sostén de las más dura y odiosa tiranía, pues no hay tiranía más detestable que la que se ejerce a la sombra de la ley y so color de justicia"*.

Roscio y Yanes definen a la Ley, de esa manera, a partir de dos elementos, uno formal y el otro material. Formalmente la Ley es expresión de la voluntad general o, más en concreto –según acotación de Yanes- expresión de la mayoría. Además, debe tratarse de una Ley justa y equitativa, lo que entendemos equivale a señalar que debe tratarse de una Ley basada en la promoción y protección de la libertad. De lo contrario, las Leyes derivarán en la peor tiranía.

Hay aquí un punto de conexión con los reparos que Tocqueville dispuso al sistema de gobierno de los Estados Unidos de Norteamérica, que al basarse en la representación democrática podría derivar en la "tiranía de la mayoría"[35]. Por ello, como adelantamos, hay aquí una separación con la tesis de Rousseau, quien no admitía la idea de una

---

35 Tocqueville, Alexis de, *La democracia en América, cit.*, pp. 254 y ss. Una explicación de ello en García de Enterría, Eduardo, *Democracia, jueces y control de la Administración,* Thomson-Civitas, Madrid, 2005, pp. 179 y ss. En general, vid. Carrera Damas, Germán, "El modelo republicano, representativo y federal norteamericano y la formación del régimen republicano, representativo y liberal venezolano", *cit.*

representación[36]. Sin embargo, Roscio y Yanes se encargan de establecer garantías contra esa tiranía legal, al reconocer que la obediencia a la Ley no es una obediencia ciega, lo que supone el derecho a la desobediencia a la Ley que no sea justa y equitativa e incluso, el derecho a derrocar al Gobierno que devenga en tiránico.

V. LA LIBERTAD Y LA LEY. LA PROPIEDAD, IGUALDAD Y SEGURIDAD EN LA OBRA DE YANES

Non bene pro toto libertas venditur auro. No hay tesoros que contrapesen la pérdida de la libertad, nos recuerda Roscio en el Capítulo V de su obra. En el *Triunfo de la Libertad sobre el Despotismo*, Roscio aporta un concepto de libertad asociado a la Ley: *"el derecho que el hombre tiene de no someterse a una ley que no sea el resultado de la voluntad del pueblo de quien él es individuo, y para no depender de una autoridad que no se derive del mismo pueblo, es lo que ahora entiendo por libertad"* (Capítulo XVI). Libertad, *"madre y nodriza de las virtudes sociales"*, es como tal *"irreconciliable con el despotismo, cuya duración sería efímera sin el socorro de la ignorancia, de la esclavitud y de sus otros vicios consecuentes"* (Capítulo XVIII).

La libertad se encuentra sujeta a la Ley, como explica Roscio en el Capítulo XVII, pues *"no hay libertad para ir contra sus estatutos, mientras que no sea la del cuerpo legislativo que trate de alterarlos o corregidos por la misma vía y forma que fueron sancionados"*. La libertad es *"el poder para ejecutar todo aquello que no está prohibido por ley natural y divina, o por la voluntad general del pueblo"*. Sin embargo, no puede la Ley disponer de la libertad, pues *"todo hombre es inviolable y sagrado, mientras sea justo, mientras respete, y no ataque el carácter inviolable y sagrado de la ley. Pero violarla, y pretender conservar al mismo tiempo su inviolabilidad personal, es una pretensión intolerable"*.

En Roscio podemos notar la insistencia por situar a la libertad en el marco del respeto a la Ley. Una idea presente también en Yanes, como se comprueba al leer, en el Capítulo I de su *Manual*, dedicado a los fundamentos del gobierno representativo, lo siguiente: *"la libertad*

---

36 Así lo advirtió Ramón Escovar Salom en la presentación a la edición de la obra de Yanes que hemos citado. En general vid. García de Enterría, Eduardo, *La lengua de los derechos. La formación del Derecho Público europeo tras la Revolución Francesa*, Civitas, Madrid, 2001, pp. 97 y ss.

legal o civil es la que deben procurar y defender los ciudadanos y consiste en la conformidad de sus acciones con lo que las leyes mandan y permiten". Sobre estas consideraciones, Yanes estudia, en el Capítulo III dos tipos de libertades. La libertad en sentido negativo, como el *"poder hacer todo lo que no está prohibido por las leyes"* y la libertad en sentido positivo, como *"la facultad de hacer todo aquello que debe sernos permitido hacer"*[37].

Yanes aclara, en este sentido, que la libertad no es un fin sino el medio para alcanzar la felicidad. Citando a Jeremías Bentham, afirma Yanes que *"si la felicidad se pudiera lograr sin la libertad, nada importaría, pues con tal que se logre el fin, no importa mucho por qué medios se logre. Lo que interesa, verdadera y esencialmente no es que un pueblo sea libre, sino que sea feliz"*. Por lo tanto, *"cuando la libertad está en oposición con la felicidad debe ser sacrificada a ésta"*.

Esta expresión de Yanes resulta polémica, pues pareciera admitir que la felicidad puede alcanzarse sin libertad, o sea, en despotismo. No puede ser ésa la interpretación, ciertamente, cuando toda la obra de Yanes es un fundamento teórico contra el despotismo. Además, el propio Yanes reconoce, con Roscio, que la obediencia a la Ley no puede ser ciega.

Por ello, creemos que Yanes quiso aludir en este pasaje que la libertad individual puede ser limitada a favor de la felicidad del pueblo, en tanto la libertad es, en el Gobierno representativo, un derecho que puede ser limitado en función al bien común, pero sólo –acotamos– por Leyes justas y equitativas.

El estudio de Yanes se extiende a tres principios más, relacionados con la libertad, que no son objeto de un especial tratamiento en la obra de Yanes. Nos referimos a la propiedad, la igualdad y la seguridad.

Comencemos por la propiedad, estudiada en el Capítulo V. Allí nos dice Yanes: *"de los derechos del hombre social parece debe ser el primero en el orden y en importancia"*, es decir, que la propiedad ocupa incluso un orden preferente a la libertad, pues en definitiva *"la libertad es la propiedad de sí mismo"*. Continua así: *"la propiedad es tan esencial y necesaria para la prosperidad del Estado, que conviene absolutamente protegerla y fomentarla por todos los medios posibles,*

---

37 En general, *vid.* Blanco Valdés, Roberto, *La construcción de la libertad*, Alianza Editorial, Madrid, 2010, pp. 17 y ss.

asegurando a todos los individuos el pleno y completo dominio de todo lo que les pertenece legítimamente".

En Yanes, la violación a la propiedad conduce a la violación de la libertad, pues *"la arbitrariedad respecto de la propiedad casi siempre es seguida de la arbitrariedad sobre las personas".* Con lo cual, aclaramos, no niega la posibilidad de limitación sobre la propiedad, admitida incluso al reconocerse la expropiación. La garantía relevante es que esa limitación debe ser resultado de una Ley justa y equitativa y, además, de una indemnización satisfactoria.

Al tratar la igualdad, en el Capítulo IV, Yanes la conecta con la propiedad, al señalar que *"la igualdad cede a la propiedad cuando ambas están en oposición y se excluyen mutuamente, porque la propiedad es el más sagrado de todos los derechos del hombre, el fundamento necesario de toda asociación política".* Con lo cual Yanes rechaza toda idea de una igualdad real, en tanto *"la igualdad extrema llama al despotismo".* La igualdad relevante es la igualdad legal, o sea, la igualdad ante la Ley o igualdad de derechos, pues la desigualdad real es condición inseparable a la condición humana. El único medio admisible para Yanes, a fin de enfrentar tal desigualdad es la promoción de la libertad y, con ello, de la propiedad.

Quizás con esta advertencia pretendía Yanes salvar el escollo de aplicar el principio de igualdad a una sociedad como la venezolana de entonces, desigual al haberse fundado en las bases coloniales de las clases, castas y estamentos[38]. En realidad, la existencia de tal desigualdad no es relevante para Yanes, en tanto y en cuanto todo ciudadano pueda participar en la formación de la Ley y en el ejercicio de cargos públicos. Y aquí surge otra contradicción, ahora, con el sistema sentado con la Constitución de 1811, que reconoció dos categorías de ciudadanos, los unos, pasivos y sin derecho al voto; los otros, activos y con derecho al voto asignado, entre otras razones, por el patrimonio, de acuerdo con el régimen censitario establecido. No hay allí igualdad de derechos, siendo que la base de la desigualdad era, precisamente, la propiedad, lo que puede explicarse como uno de los signos de ruptura y

---

38 El punto es abordado por Garrido Rovira, Juan, en "La tensión entre la libertad y la igualdad en la revolución de la Independencia y la República", *Seminario de Profesores de Derecho Público,* Centro de Estudios de Derecho Público de la Universidad Monteávila, Caracas, 2010.

continuidad entre la Monarquía y la República. No hay, en la obra de Yanes, explicación a esta aparente antinomia.

La seguridad, por último, es el fin esencial del gobierno representativo, según se explica en el Capítulo VI, es decir, promover el derecho del hombre a la conservación de su propiedad y libertad, y por ello, la conservación misma de la sociedad *"pues que ésta se formó para asegurar y proteger las propiedades"*. Y de nuevo, nos recuerda Yanes los peligros del Gobierno en manos del *"prepotente ambicioso"* que invoca los derechos del pueblo para socavar la propiedad y la libertad. Y sentencia: *"el patriotismo ha causado la ruina de muchas naciones"*.

VI. EL CARÁCTER LIMITADO DEL GOBIERNO Y EL CONCEPTO DE TIRANÍA

Roscio diferencia la Ley del Gobierno. La primera es la expresión de la voluntad general, mientras que el Gobierno está conformado por los representantes del pueblo encargados de cuidar la observancia de la Ley. Roscio se muestra desconfiado del Gobierno, al acotar que no es *"el ramo más excelente de la soberanía"*, aun cuando es *"el más eficaz para contener a los díscolos"* (Capítulo V). Por ende, advierte los riesgos del Gobierno que, incluso de origen popular, deviene en despótico: *"depender de un hombre sólo"* –nos escribe Roscio– *"es esclavitud"*.

Esta idea es desarrollada por Roscio cuando analiza el carácter vicarial o servicial del Gobierno, es decir, que el Gobierno debe ser ejecutor de la Ley de acuerdo con la voluntad de los ciudadanos, quienes mantienen su soberanía superior sobre el Gobierno. Luego, el Gobierno representativo deviene en tiranía cuando el gobernante impone su voluntad convirtiendo al ciudadano en esclavo. A esa tiranía Roscio le denomina, también, *arbitrariedad* (Capítulo XXI).

Roscio –y aquí debemos situarnos en el momento histórico de la obra– enuncia algunos remedios frente al Gobierno representativo que deviene en despótico. En el Capítulo XXXI nos habla del derecho del ciudadano de separarse del pacto social frente al Gobierno que lejos de protegerle, le ataca en sus más caros intereses, pues *"sometimiento sin patrocinio es una monstruosidad"*, ya que no puede el Gobierno *"quitarle al hombre hasta la esperanza de ser libre"*. Asimismo, alude Roscio al derecho a la resistencia (Capítulo XXXII) y al regicidio y tiranicidio (Capítulos XLV, XLVII y XLVIII).

Yanes, en su *Manual,* coincide y complementa estas consideraciones. El déspota –escribe en el Capítulo I– *"no reconoce otra ley que su voluntad y una voluntad limitada por las leyes no sería ya una voluntad despótica".* El carácter limitado del Gobierno es, pues, la primera garantía contra el despotismo. Yanes, en este sentido, concibe a las limitaciones del Gobierno en dos niveles: el constitucional y el legal, según vimos. Es indispensable –nos escribe en el citado Capítulo– que las atribuciones del gobernante estén definidas y sean limitadas. Tal es *"el objeto de las leyes constitucionales o fundamentales, y sólo las constituciones de esta clase son las que legitiman al gobierno representativo y hacen justa y válida la delegación de la soberanía".* E insiste en esa idea: *"ningún poder, ninguna autoridad en la tierra puede ser ilimitada",* pues incluso *"la soberanía del pueblo no es ilimitada".* Con lo cual, el Gobierno es limitado por la Constitución y por las Leyes.

VII. EL GOBIERNO AL SERVICIO DE LOS CIUDADANOS

Tanto Roscio como Yanes establecen garantías contra el Gobierno que, teniendo origen democrático, deviene en tiranía, cuando el poder resulta del mando de un solo hombre no subordinado a la Ley.

Así, en el *Triunfo de la Libertad sobre el Despotismo,* Roscio caracteriza al Gobierno por su función vicarial, es decir, por estar al servicio de todos los ciudadanos, quienes consecuentemente participan políticamente en el control de su gestión. En el Capítulo XIX Roscio señala que *"la nación nunca es súbdita de sus mandatorios, que ella misma elige y autoriza por la administración de sus derechos".* Niega así que el Gobierno pueda degenerar en el mando de un solo hombre, insistiendo que *"sujetarse a la voluntad de sus propios mandatarios, sería lo mismo que dejar de ser soberano",* enfatizando de esa manera la *"superioridad del pueblo".*

Si los gobernantes ejercen la soberanía lo hacen sólo por delegación de los ciudadanos, con lo cual el mandatario sólo es el *"primer administrador de una nación, constituido por el voto general de ella"* (Capítulo XLIX). Por ello, los ciudadanos mantienen siempre el poder de controlar al Gobierno, como explica Roscio en otra de las piezas básicas de su obra, el Capítulo L. A los ciudadanos toca la elección del gobierno y a ellos corresponde *"fiscalizar su conducta, removerlos o conservarlos, prorrogarles el tiempo de su servicio, tomarles cuenta y razón de su administración: en una palabra, todo cuando conduzca a la salud del pueblo, que es la suprema ley, a precaver y remediar todo lo que sea detrimento suyo"*, dado que *"la nación como soberana es el juez único y privativo de sus funcionarios, de su elección, revocatoria, vacantes, caducidad, incidencias y consecuencias de su oficio"*. Ello se conecta con el concepto de obediencia en el pensamiento de Roscio: debe tratarse de una obediencia racional, derivada de la Ley justa y equitativa.

Yanes coincide con esta idea, al recordar en el Preliminar que *"el gobierno, pues, se instituyó por la sociedad para su seguridad, perfección y bienestar"*. Para añadir luego: *"la sociedad fue primero: ella es independiente y libre en su origen: por ella y para ella fue que se instituyó el gobierno, que no es sino instrumento suyo. A la sociedad corresponde mandar, al gobierno servir"*. Por ende, el pueblo puede poner o quitar a los gobernantes. Así, nos resume esta máxima: *"los gobiernos son hechos para los gobernados y no los gobernados para los gobiernos"*. Y con una frase que es en realidad de Adams, nos recuerda que el fin último es la existencia de un gobierno de Leyes, no un gobierno de hombres.

Tanto Roscio como Yanes entienden que la delegación de la soberanía no priva a los ciudadanos del ejercicio de la libertad política para controlar la actuación del Gobierno. En el Capítulo I de su *Manual*, Yanes asigna un rol relevante a la libertad de expresión en este sentido. Así, *"el fundamento de todo gobierno representativo es la opinión pública, la cual debe venir siempre de fuera del gobierno, es decir, que va del público al gobierno y no al revés"*. Y agrega, en el Capítulo III, *"cuando el supremo poder de un estado se halla en manos de una o muchas personas cuya conducta no puede ser inspeccionada por el pueblo, el goce de la libertad civil e individual es débil, incierto e insubsistente"*.

En este punto, tanto Roscio como Yanes demuestran su desconfianza hacia el Gobierno, por la propensión a degenerar en despotismo. Esa desconfianza es muy acusada en Yanes, quien nos recuerda, en el Capítulo III, que *"los hombres que han ejercido un poder de esta especie y se han hecho los primeros hombres del estado"*, naturalmente desean *"retener el poder por más tiempo que el que la ley les permite y aun por toda la vida (...) el espíritu del hombre es tan naturalmente sospechoso que apenas un ciudadano se eleva sobre sus compatriotas, cuando se le supone el deseo de hacerse absoluto"*.

Este principio, en el pensamiento de Roscio y Yanes, permite apreciar la desconfianza de éstos hacia el Gobierno, pues por la propia naturaleza del hombre, el gobernante tenderá a abusar de su poder. Para evitar ello establecen un conjunto de limitaciones al Gobierno que constituyen las bases fundamentales de nuestro Derecho Público. Así, el Gobierno debe estar sujeto a la Constitución y a la Ley, y debe orientar su actividad al servicio de los ciudadanos. Además, los ciudadanos mantienen la libertad política para controlar al Gobierno, lo que evidencia que la concepción del régimen representativo no se hacía en menoscabo de tal libertad de participación. De allí la relevancia dada a la opinión pública, y por ende, a la libertad de expresión como instrumento contralor del Gobierno.

VIII. LA SEPARACIÓN DE PODERES

Aun cuando la doctrina de la separación de poderes no tiene, en la obra de Roscio, un extenso desarrollo, está muy presente en las consideraciones que efectúa sobre las distintas funciones del Gobierno y la Ley, lo que presupone la separación del Poder Ejecutivo y del Poder Legislativo. En el Capítulo XLIX refiere a la independencia del Poder Judicial, cuando nos dice: *"nunca faltan en las monarquías absolutas, testigos y jueces que sirvan gustosamente a los Reyes en semejantes empresas"*, en alusión a los desmanes de los Reyes. En el Capítulo L, al enunciar lo que podríamos considerar las "máximas" del régimen republicano, Roscio insiste sobre esta idea, al aludir a que *"el bien común es la única mira de todo gobierno"* y que *"este interés exige que los poderes legislativos, ejecutivo y judicatario sean distinguidos y definidos y que su organización asegure la libre representación de los ciudadanos"*[39].

En el *Manual Político del Venezolano,* por su propia temática, sí hay un desarrollo extenso de este principio, cuyo fundamento para Yanes es el carácter representativo del Gobierno. Así, nos dice en el *Preliminar* que *"la mejor organización social consiste en hallar la mejor distribución posible de los poderes políticos. El gobierno repre-*

---

39 Como puede evidenciarse del Reglamento de 1810, Roscio concebía a la separación de poderes como garantía de la libertad frente a la tiranía derivada de la concentración de poderes. Podemos leer en ese Reglamento: *"habitantes de Venezuela: buscad en los anales del género humano las causas de las miserias que han minado interiormente la felicidad de los pueblos y siempre la hallaréis en la reunión de todos los poderes"*

sentativo reconoce la división de los poderes públicos en tres ramales que son: el deliberativo, el ejecutivo y el judicial". Separación de poderes que se justifica como medida para prevenir el despotismo, según puede leerse en el Capítulo I: *"aunque en el régimen representativo la soberanía de ejercicio reside en el poder legislativo, debe cuidarse que ni el ejecutivo ni el judicial sean un ciego instrumento de aquél".*

IX. EL RÉGIMEN FEDERAL EN LA OBRA DE YANES Y EL SISTEMA AMERICANO

El Capítulo II del *Manual del Político del Venezolano* de Yanes se dedica enteramente al régimen federal, aspecto que no es tratado en la obra de Roscio. Ello puede responder a la intención con la cual *El triunfo de la libertad sobre el despotismo* fue escrito, y el énfasis dado en justificar el régimen representativo, como ya hemos señalado.

Yanes no cesa en elogios al régimen federal. Entre todas las formas de gobierno conocidas –escribe- *"ninguna puede asegurarse es más perfecta que la representación federal, porque encierra los menos inconvenientes; porque produce la mayor suma de bienes y felicidad, y contiene la mayor porción de garantías para gozar los ciudadanos, con seguridad, en la vida privada, de sus derechos naturales..."*. La bondad del régimen federal radica en que él protege en mejor medida a la libertad, *"preservándola de la anarquía a que propenden los gobiernos populares".*

En este Capítulo II puede apreciarse la notable influencia del sistema político de Estados Unidos de Norteamérica, y en especial, de los escritos de Hamilton y Madison en *The Federalist,* que son citados por Yanes. De acuerdo con Hamilton y Madison[40], la democracia pura –democracia directa– es la más propensa a que predomine una facción, mientras que en una República, al operar la delegación, tal facción tiene menos probabilidades de sobresalir. Yanes asume estos planteamientos para enfatizar que el gobierno republicano basado en una *federación*, es decir, el gobierno fundado en la unión de un "conjunto de estados perfectos" que conservan cierta porción de su soberanía, es el modelo que plantea las *"curas para las enfermedades a que más frecuentemente está expuesto el gobierno republicano".* Así lo demuestra

---

40 En concreto, Yanes cita los números 9 y 10, de Hamilton y Madison, respectivamente. *The Federalist. A commentary on the Constitution of the United States,* The Modern Library, 2000, pp. 47 y ss.

la fundación de Estados Unidos de Norteamérica, que *"fue un acontecimiento enteramente nuevo"*.

Yanes entiende que los riesgos del Gobierno representativo por él advertidos (riesgos que pueden degenerar en una tiranía) son atenuados en la medida en que se asuma la forma federal, pues ello debilitará el poder del Gobierno central e incrementará sus controles. Esa fue, recordamos, la fórmula que asumida en la Constitución de 1811 fue duramente criticada por Bolívar. Como asoma Carrera Damas[41], podríamos encontrar, en este Capítulo II del *Manual* de Yanes una réplica a la crítica que Bolívar formulara al Gobierno federal, en especial, con ocasión al discurso de Angustura de 1819. Así, en su Capítulo III, puede leerse: *"el despotismo ilimitado y la democracia sin freno son igualmente contrarios a la libertad civil; en cualquier forma de gobierno en que se conceda un poder ilimitado, o excesivo (...) la libertad civil será necesariamente imperfecta"*.

Esta reflexión nos lleva a un punto relevante, que nos limitamos a asomar. Hemos dicho que no hay, en la obra de Roscio, una defensa tan explícita al modelo federal. Asimismo, habíamos señalado que Roscio –a diferencia de Yanes– participó activamente en la Constitución de 1819, que tal y como ha recordado Irene Loreto, replantea el modelo federal[42]. Esa participación podría marcar un punto de diferencia importante en el pensamiento de Roscio y Yanes, el primero, favorable a un régimen centralista, mientras que el segundo, defensor firme del sistema federal.

En todo caso, la admiración del sistema americano, en Yanes, no es "admiración ciega", pues Yanes advierte que ese sistema pudo ser exitoso gracias a la constitución natural de los ciudadanos americanos, frase que basada en la obra Tomas Paine difundida en aquélla época[43],

---

41 Carrera Damas, Germán, "El modelo republicano, representativo y federal norteamericano y la formación del régimen republicano, representativo y liberal venezolano", *cit.*, pp. 98 y ss.

42 Loreto, Irene, *Algunos aspectos de la historia constitucional venezolana*, Academia de Ciencias Políticas y Jurídicas, Caracas, 2010, pp. 151 y ss.

43 En concreto, la cita es de Paine, Thomas, *Common sense,* Dover-Thrift-Editions, New York, 1997. Como recuerda el Profesor Brewer-Carías en la Introducción, Manuel García De Sena publica en 1812 una traducción en español de las obras de Paine, incluyendo ésta. Se trató de un conjunto de libros traducidos y publicados en Filadelfia en español que "fueron concebidos como instrumentos para explicar a los suramericanos el signi-

recuerda las observaciones –ya comentadas– de Tocqueville sobre la democracia en América. Pero no analiza Yanes las razones por las cuales la constitución natural de los venezolanos permitiría la subsistencia del régimen representativo, republicano y federal, siendo que tal fue, como indicamos, la principal objeción puesta por Bolívar.

X. LA INTERPRETACIÓN DE LOS DOCUMENTOS HISTÓRICOS RECOPILADOS A TRAVÉS DEL PENSAMIENTO DE ROSCIO Y DE YANES

Los documentos que se incluyen en *Interesting Official Documents Relating to the United Provinces of Venezuela* evidencian la influencia de Roscio, en especial, pues como indica el Profesor Brewer-Carías en la Introducción general preparada para esta primera edición venezolana, participó en la redacción de esos textos. La soberanía popular y la idea de Ley como expresión de la voluntad general; el carácter limitado del Gobierno y la idea de libertad, entre otras, están presentes en estos documentos. Sobre esos documentos, y teniendo en cuenta la Constitución de 1830, fue que Yanes escribió su Manual. Conviene efectuar algunos comentarios a tales documentos, de acuerdo con lo que hemos expuesto hasta ahora.

Antes incluso que la Independencia, declarada el 5 de julio de 1811, el 1 de julio la Sección Legislativa de la Providencia de Caracas, presidida por Yanes, realizó la solemne declaración de *Derechos de los Pueblos,* incluida en la obra presentada por el Profesor Brewer-Carías, siguiendo así las formas de las Revoluciones liberales[44].

En el texto de la *Declaración de Derechos de los Pueblos* de 1 de julio de 1811 (artículo 3), se señala que la Ley "se forma por la expresión libre y solemne de la voluntad general que se expresa por los apoderados del pueblo para que representen sus derechos. Ley que, en los términos del artículo 5, impone reglas comunes que coartan a los ciudadanos, quienes ya no obrarán por su opinión o voluntad, sino por el

---

ficado, alcance y fundamentos constitucionales de la Revolución Americana, habiendo sido utilizados para la redacción de varios de los documentos oficiales de la Independencia publicados en el libro de Londres".

44 Brewer-Carías, Allan, *La Constitución de la Provincia de Caracas de 31 de enero de 1812,* Academia de Ciencias Políticas y Sociales, Caracas, 2011 y *Las Declaraciones de Derechos del Pueblo y del Hombre de 1811,* Academia de Ciencias Políticas y Sociales, Caracas, 2011.

deber de obediencia a la Ley, que aparece expresamente refrendado en el artículo 6. El ciudadano obedece a la Ley por la "razón común", en tanto la Ley no "atenta contra la libertad, sino cuando se aparta de la naturaleza y de los objetos, que deben estar sujetos a una regla común". Como se observa, ello coincide con el planteamiento que, tiempo después, defenderían Roscio y Yanes en cuanto a la Ley como expresión de la voluntad general y la existencia de un deber de obediencia racional. Por ello, como acota la *Declaración* en su artículo 12, todo acto jurídico ejercido contra un ciudadano sin las formalidades de la Ley es arbitrario y tiránico.

También encontramos en esa Obra la "Declaración de Independencia", que recoge las motivaciones de la decisión a favor de la *independencia absoluta* aprobada el 5 de julio de 1811, de acuerdo con el texto redactado por Roscio e Isnardy y aprobada el 7[45]. La Independencia ha sido valorada entre nosotros como una "gesta militar". En realidad, entendemos que la *absoluta independencia* de España fue asumida como condición necesaria para la realización del gobierno republicano, representativo y federal, como se evidencia luego del estudio de los debates del Supremo Congreso, durante ese mes de julio de 1811[46].

Así se evidencia también del texto de la Constitución de 1811, incluido igualmente en esta Obra. La *Constitución Federal para los Estados Unidos de Venezuela* recogió los principios del régimen republicano, basado en la separación de poderes ("el ejercicio de esta autoridad confiada a la Confederación no podrá jamás hallarse reunido en sus diversas funciones", de acuerdo con su preámbulo), e incluye, en sus artículos 141 y siguientes, normas inéditas que, más bien, parecen declaraciones sobre principios políticos. En efecto, ese artículo 141 señala que al constituirse los hombres en sociedad ellos renuncian a la "libertad ilimitada y licenciosa a que fácilmente los conducían sus pasiones, propias sólo del estado salvaje". Asimismo, el artículo 144 define a la soberanía como el "supremo poder de reglar o dirigir equitativamente los intereses de la comunidad", y ella reside en la "masa general de los habitantes", ejerciéndose por medio de sus representan-

---

45 Véase el relato de estos hechos en Gil Fortoul, José, *Historia constitucional de Venezuela, Tomo primero, cit.*, pp. 206 y ss.

46 *Libro de actas del Supremo Congreso de Venezuela, Tomo I*, Academia Nacional de la Historia, 1959, pp. 149 y ss. La *absoluta independencia* aprobada el 5 de julio es el resultado inmediato del debate iniciado dos días antes.

tes (pero nunca por un individuo, como acota el artículo 145). De esa manera, "la ley es la expresión libre de la voluntad general o de la mayoría de los ciudadanos", y debe proteger "la libertad pública e individual contra toda opresión o violencia", con lo cual, la tiranía vuelve a ser definida en referencia a los actos ejercidos contra cualquier persona "fuera de los casos y contra las formas que la Ley determina".

Nótese que la voluntad general se equipara a la voluntad de la mayoría como defenderían Roscio y Yanes. Por ello, la libertad es concebida dentro de los límites a la Ley, reconociéndose que "no se puede impedir lo que no está prohibido por la Ley y ninguno podrá ser obligado a hacer lo que ella no prescribe". Por consiguiente, la Ley es vinculante –artículo 227– salvo cuando esté en contradicción con el tenor de la Constitución, pero sin preverse un específico mecanismo de control judicial[47]. Roscio y Yanes, como vimos, insistieron en que la obediencia a la Ley no era ciega, con lo cual el ciudadano podía apartarse de la Ley.

XI. A MODO DE RECAPITULACIÓN. LA REPÚBLICA LIBERAL EN ROSCIO Y YANES

Como se acredita de los documentos históricos recopilados hace doscientos años en Londres, nuestra Independencia fue, antes que nada, un proceso orientado a perfeccionar la existencia de la República Liberal, y por ello, un proceso de lucha contra el despotismo, a partir de la concepción civil del poder. Entre quienes explicaron la nueva concepción del poder, formando un nuevo Derecho Público para la libertad, sin duda, Juan Germán Roscio y Francisco Javier Yanes han de ocupar lugar central, del cual es preciso rescatarlos ante la insistencia de exaltar sólo a nuestros héroes militares.

Para ello, es preciso emprender iniciativas como la que ha asumido el Profesor Allan R. Brewer-Carías, de difusión de los documentos históricos que delinean a nuestra República Liberal, y que permiten entender el carácter civil de nuestro proceso de Independencia, como un proceso hacia la libertad. En la Introducción preparada por el Profesor Brewer-Carías para esta edición se insiste en este punto:

---

47 Por el contrario, se prefirió un control político. Tovar Tamayo, Orlando, *La jurisdicción constitucional,* Academia de Ciencias Políticas Sociales, Caracas 1983, pp. 84 y ss.

> "con todo ese peso militar inicial, la construcción civil de los primeros años de la República y el extraordinario esfuerzo cívico para establecer una república democrática enmarcada en la Constitución Federal de Venezuela de diciembre de 1811 y en todos los otros documentos publicados en el libro de Londres 1812, desafortunadamente fueron enterrados con la peyorativa e absolutamente injusta calificación que se utilizó en aquella época como de la "Patria Boba," con el sólo propósito de descalificar la democracia, vendiendo la idea de la necesidad de gobernantes militares o autoritarios en nuestros países"

Al publicar este trabajo en la Colección de Textos Legislativos, quiso el Profesor Brewer-Carías contribuir a su mayor difusión, en especial, entre los estudiantes. Ojalá todo estudiante de derecho –escribe– "se aproxime a los mismos, y tome conciencia de la importancia que tuvo el proceso jurídico que marcó el nacimiento del Estado venezolano hace doscientos años, y de los principios siempre válidos de constitucionalismo y democracia que contienen".

Nos sumamos plenamente a esta aspiración del Profesor Brewer-Carías, y también, nos sumamos a las palabras con las que finaliza las Observaciones Preliminares que los editores incluyeron en la Obra de 1812:

> "El ejemplo que da Venezuela al resto de la América Española es como la Aurora de un día sereno. ¡Ojalá que ninguna ocurrencia siniestra retarde o impida los progresos de una causa, que tiene por objeto esparcir los beneficios de una regeneración civil hasta los últimos confines de aquella hermosa porción de la tierra!"

No ocurrió así, pues como nos relata el Profesor Brewer-Carías en la Introducción General, *"las ironías políticas del destino de los pueblos quisieron que esas "siniestras ocurrencias" o eventos desafortunados acaecieran, y trágicamente, para el momento en el cual el libro que explicaba el proceso de independencia de Venezuela contentivo de los Documentos Oficiales Interesantes comenzara efectivamente a circular en Inglaterra, el gobierno de la República independiente era ya una cosa del pasado. Esto provocó que después que su edición se completó, el libro cayó en el más absoluto olvido, al menos durante un siglo"*.

Tampoco parece que fueron afortunadas las obras de Roscio y de Yanes en cuanto a su impronta en aquella República. De la obra de Roscio, nos comenta Ugalde que lo más probable es que haya tenido poca difusión en la época[48]. Straka opina, además, que la fundamentación teológica y política de Roscio no fue necesaria para convencer a los nacientes "republicanos", quienes admitían la validez del sistema republicano-liberal de Estados Unidos[49]. Por su parte, el *Manual* de Yanes, que no tenía como propósito justificar la Independencia, no parece haber tenido tampoco trascendencia relevante dentro de nuestro Derecho Público. Nuestros principios básicos republicanos –o la "tradición republicana" a la cual alude el artículo 350 de la Constitución de 1999- en cierto modo quedaron a un lado. A ese olvido contribuyó, sin duda, el tradicional culto militar y militarista de nuestra historia patria y oficial.

De allí la importancia de difundir nuestros principios republicanos, como ha hecho el Profesor Brewer-Carías al presentarnos la primera edición venezolana de *Interesting Official Documents Relating to the United Provinces of Venezuela*. Con este breve ensayo hemos querido dar algún aporte, también, a la difusión de esos principios, a través del estudio de dos obras que se concibieron para explicar, a los venezolanos, en qué consiste ser republicanos y cuál es la importancia de oponerse al despotismo y la tiranía, como patologías que socavan nuestra libertad.

La Unión, (Venezuela), abril de 2012

---

48   Ugalde, Luis, *El pensamiento teológico-político de Juan Germán Roscio*, cit., pp. 85 y ss.

49   Straka, Tomás, "De la *república aérea a la república monárquica:* el nacimiento de la república venezolana 1810-1830", *Las independencias de Iberoamérica,* Fundación Empresas Polar, Universidad Católica Andrés Bello, Fundación Konrad Adenauer, Universidad Michoacana de San Nicolás de Hidalgo, Caracas, 2011, pp. 424 y ss.

SECCIÓN SEGUNDA:
LA DOMINACIÓN ESPAÑOLA EN EL TRIUNFO DE LA LIBERTAD SOBRE EL *DESPOTISMO* (1817) DEL VENEZOLANO JUAN GERMÁN ROSCIO[*]

Carmen Ruiz Barrionuevo

Resumen: La obra del venezolano, Juan Germán Roscio, apenas estudiada hasta el momento, recoge el pensamiento vigente en los comienzos de la emancipación y analiza los problemas fundamentales que impedían la total libertad de los países de América de la dominación española. *El triunfo de la libertad sobre el despotismo* concentra su ideario en el estudio de las Escrituras para establecer la soberanía del pueblo y rechazar el poder divino de los monarcas, así como, en último extremo, el apoyo del regicidio como derecho de los pueblos frente a gobiernos tiránicos y despóticos. Roscio registra las características de la dominación española, encarnada en el absolutismo del poder real que legitima la Iglesia con el monopolio y exclusivismo de la interpretación de los textos sagrados.

En 1817 apareció en Filadelfia una de las obras más importantes y sorprendentes de la emancipación venezolana, *El triunfo de la libertad sobre el despotismo*. Era su autor Juan Germán Roscio (1763-1821) y

---

[*] Texto del estudio de la profesora Carmen Ruiz Barrionuevo, de la Universidad de Salamanca, "La dominación española en El triunfo de la libertad sobre el despotismo (1817) del venezolano Juan Germán Roscio," publicado en *Anales de Literatura Hispanoamericana,* Vol. 40 (2011) (Literatura de la emancipación y formación de las nacionalidades: la idea de España), Universidad Complutense de Madrid, Madrid, 2011, pp. 21-37.

en ella condensaba de excepcional y original forma su pensamiento acerca de los problemas fundamentales que impedían la total libertad de los países de América de la dominación española. Hijo de milanés y de mestiza, ingresó en la Universidad de Caracas, gracias a la protección de doña María de la Luz Pacheco, hija del Conde de San Javier, ya que su origen social le hubiera impedido el ingreso directo. Consiguió así ser bachiller y doctor en Cánones, y luego brevemente, catedrático de Instituta en la misma Universidad en 1798, para doctorarse en Derecho Civil en 1800. Roscio contempló en primera fila los acontecimientos que prepararon la emancipación venezolana, como la conspiración de Gual y España en 1797 y sobre todo el movimiento del 19 de abril de 1810, donde fue designado Diputado por el Pueblo y Secretario de Relaciones Exteriores de la Junta Suprema de Caracas. Poco más tarde redactará con Francisco Isnardi el acta de independencia del 5 de julio de 1811, "Manifiesto que hace al Mundo la Confederación de Venezuela"[1]. Es a partir de este momento en el que empieza a desplegarse su pensamiento a través de escritos varios, cartas y textos breves hasta desembocar en su magna obra *El triunfo de la libertad sobre el despotismo*.

La ideología de Roscio se comienza a manifestar en estos textos iniciales y sobre todo en el titulado "Patriotismo de Nirgua y abuso de los reyes" publicado en el *Gaceta de Caracas*[2,] que Domingo Miliani considera "el antecedente conceptual y estructural inmediato de *El triunfo de la libertad sobre el despotismo*" pues en él se aprecia su ideario basado en "la refutación del poder divino de los monarcas" y apoyo del regicidio, así como también la "revocabilidad como derecho de los pueblos frente a gobiernos que no cumplen con sus obligaciones de conceder protección, y bienestar" a sus pueblos (Miliani en Roscio: XXI). Desde luego que, considerando la estructura del texto que adopta la forma de una carta oficial, Roscio parte del mismo hilo conductor que después, con más extensión y profundidad, desarrollará en su magna obra: el arrepentimiento del pecador que ha enderezado su camino para dirigirse a la verdad. En esa línea constatará que Nirgua,

---

[1] El texto puede consultarse en *Pensamiento*: 261-294. Es evidente que varios de los argumentos esgrimidos, apoyados en textos bíblicos, coinciden con los del libro que comentamos.

[2] Juan Germán Roscio, "El Patriotismo de Nirgua y abuso de los Reyes", está datado en el Palacio Federal de Venezuela, a 18 de septiembre de 1811.

"desengañada por la ilustración y patriotismo de su vecina la ciudad de San Felipe, volvió al camino de la verdad, juró su independencia con demostraciones muy distinguidas" *(Pensamiento:* 66). El texto adopta por tanto la forma de una comunicación administrativa en la que se exalta el comportamiento del pueblo que arrojó en la plaza pública "el retrato y armas de Fernando, el hijo de María Luisa, y el pendón que, como monumentos de ignominia y servidumbre, permanecían en la sala de ese cuerpo capitular" *(Pensamiento:* 67). Tal gesto capitaliza el rechazo a la idolatría de los reyes auspiciada por el clero antiliberal, tanto en España como en América, y se propone en el texto del autor como centro de la diana y mal a combatir contra la imposición de los eclesiásticos que ocultaban el "vicioso origen de los reyes, langostas del género humano" *(Pensamiento*: 67). El problema radicaba en la arraigada convicción existente en los pueblos hispanos, de la inevitable y necesaria sumisión a los monarcas, que encarnaban un poder divino fomentado y acrecido interesadamente por la Iglesia[3]. Por tanto para Roscio la España del momento está encarnada en ese absolutismo que legitima la Iglesia con el monopolio y exclusivismo de la interpretación de los textos sagrados, que al mismo tiempo dan cobertura al poder real. El venezolano establece aquí ya su método futuro: demostrar que tanto en el Antiguo Testamento como en los pueblos de Grecia y Roma no fueron necesarios los reyes en la mayor parte de su historia, aún más, "El pésimo ejemplo de los gentiles dominados todos por reyes y a la sombra de la idolatría inficionaba muchas veces a los hebreos y los inducía a este pecado" *(Pensamiento:* 71), y de modo opuesto, "El gobierno republicano fue el primero porque es más conforme a la naturaleza del hombre" *(Pensamiento:* 68), ya que además de ello se deriva una idea de suma importancia, la igualdad de los hombres, "Dios no crió reyes ni emperadores, sino hombres hechos a imagen y semejanza suya" *(Pensamiento:* 68), para quien como Roscio, ilustrado pero creyente, defendió como abogado las desigualdades de la sociedad[4].

---

3 Este ambiente de credulidad y fanatismo religioso existente a fines del siglo XVIII, no muy lejano del que se vivía en España, es descrito por Pino Iturrieta (24-47) con el apoyo de los testimonios de viajeros como J. J. Dauxion Lavaysse, Francisco Depons y Humboldt.

4 "Roscio actúa contra el Cabildo de Valencia, como defensor de la mestiza Isabel María Páez, esposa de Juan José Ochoa, a quien se niega el derecho de usar alfombra para arrodillarse en el templo, pues era éste un

De este modo en este primer texto, la España del momento, dominada por un pensamiento absolutista, contradice para el autor las mismas Escrituras porque la doctrina de Jesucristo "era una declaración de los derechos del hombre y de los pueblos" *(Pensamiento:* 73) y ha sido tergiversada en su sentido por una Iglesia que apoyaba a los reyes en sus tiranías, aún más, se han silenciado los textos que en la Biblia defienden la soberanía del pueblo, como el discurso del profeta Samuel contra los reyes, y en cambio la propia Iglesia ha elaborado decretos y censuras a favor de una monarquía despótica haciéndolos valer ante sus fieles en la enseñanza y en la predicación.

Coincidiendo con estas fechas y los dos años subsiguientes, de 1810 a 1812, Roscio mantiene relación epistolar desde Caracas con Andrés Bello residente entonces en Londres, y algunas de las cartas que se conservan resultan significativas en relación con este pensamiento. Así el 29 de junio de 1810 reflexiona sobre las noticias que llegan de España y que sin embargo no repercuten en la resuelta decisión emancipadora de sus conciudadanos, pues con una península dominada por las tropas francesas todavía algunos intrigan a favor de la sumisión al rey y se niegan a reconocer otra autoridad que la que emana de la península. Justo en esa carta el jurista venezolano expone dos temas que le interesan relacionados con el momento de la independencia: el tema de la donación papal y el de la temida cesión de los territorios del continente a los monarcas franceses. En efecto, Roscio recuerda la bula de Alejandro VI y el título 1°, libro 3 de la *Recopilación de Indias*[5], y con gran ironía deduce que "su concesión es limitada a los reyes don Fernando y doña Isabel, a sus descendientes y sucesores legítimos; no comprende el donativo a los peninsulares, ni a la Península, ni a la isla de León, ni a los franceses", con lo que saca una lógica

---

    privilegio reservado sólo a las mujeres mantuanas" (Citado por Miliani en Roscio: 265).

5   En efecto en el Libro 3, Título 1°, "Del dominio y jurisdicción real de las Indias" se dice: "Por donación de la Santa Sede Apostólica y otros justos y legítimos títulos, somos Señor de las Indias Occidentales, Islas y Tierra Firme del mar Océano, descubiertos, y por descubrir, y están incorporados en nuestra Real Corona de Castilla. Y porque es nuestra voluntad, y lo hemos prometido y jurado, que siempre permanezcan unidas para su mayor perpetuidad y firmeza, prohibimos la enajenación de ellas". *(Recopilación de leyes de los Reynos de las Indias,* mandadas imprimir y publicar por la Magestad Católica del Rey Don Carlos II Nuestro Señor, En Madrid, por Julián de Paredes, 1681, 4 vols.)

consecuencia que favorece sus intereses: "Por consiguiente, faltando ellos y sus legítimos herederos y sucesores, queda emancipada y restituida a su primitiva independencia", (Bello: 9), y en todo caso, añade, los sucesores están "representados ahora en nosotros". En cuanto a la segunda posibilidad, la de la enajenación de esas tierras a dominio francés, Roscio reprocha la vileza de los reyes españoles que cedieron con actos contrarios a derecho en las abdicaciones de Bayona, considerando además que proceden de una dinastía, la de los Borbones, que obtuvo el privilegio del reino en la guerra de Sucesión con el apoyo del pueblo español, ante el que adquirieron responsabilidades de defensa y seguridad. Y, sin embargo, en vez de sacrificar su vida ante la opresión francesa, su actuación ha sido tan vil e inepta que no debieran "contribuir de ningún modo a cedernos y adjudicarnos al imperio de Francia, como si nosotros fuésemos ganados y bestias vendibles y comerciables a discreción y voluntad del propietario que las posee" (Bello: 37). De ahí que por semejantes actuaciones de los monarcas españoles los americanos deberán quedar libres cuanto antes de cualquier juramento de fidelidad al rey y "formar el Gobierno que más importase a nuestra felicidad" (Bello: 38).

La segunda carta dirigida a Bello que tiene que ver con este tema, precede a la anterior, pues está fechada el 10 de septiembre de 1810, y comienza haciéndose eco de las noticias que difunden los dos primeros números de *El Español,* periódico que José María Blanco White (1775-1841) editaba en Londres: "Ese periódico trae muy buenas cosas en favor de nuestra causa" (Bello: 14) anota con decisión[6], luego pasa a describir alguno de los contenidos, sobre todo el dictamen de la Universidad de Sevilla y el manifiesto de la Junta Central de Aranjuez[7], acerca de los cuales afirma que si el pueblo español se ha reconquistado a sí mismo, en ausencia del poder real y de sus autoridades, "estaba

---

6 Refiriendo la importancia del periódico de Blanco White, Juan Goytisolo comenta: "*El Español* reflejaba así las diversas opciones y doctrinas políticas del momento, del pragmatismo liberal de Juan Germán Roscio, afín a su redactor, hasta las posiciones más próximas al populismo democrático de Miranda y Bolívar" (Goytisolo: 40). A partir de estas fechas Blanco White y Roscio tendrían una amistad que se nos evidencia en algunas misivas y en textos de *El Español.*

7 El número 2 de *El Español,* aparecido el 30 de mayo de 1810, se abría con el "Dictamen sobre el modo de reunir las Cortes de España" que Roscio comenta; también se refiere a las noticias que aparecen en el apartado "Noticias de España" (Blanco White: 67-79; 118-129).

en libertad para establecer el sistema de Gobierno que más le conviniese" (Bello: 14). Es evidente que Roscio establece enseguida el paralelismo con la situación americana, para insistir en los altibajos y veleidades de los reyes que en 1795 firmaron la paz de Basilea con alianzas con el invasor francés al ceder la isla de Santo Domingo. Recordemos que en aquella ocasión se entregó también la Luisiana, pero a Roscio le preocupa en mayor medida la isla caribeña, con la que los venezolanos de la época tenían mayor relación, por lo que comenta: "Entonces contra la ley 1ª título 1° libro 3° de la Recopilación Indiana fue cedida la isla española de Santo Domingo en lugar de las plazas conquistadas en la península; y nadie reclamó la transgresión de esta ley" (Bello: 15). Este tema de la impunidad con la que los reyes y los papas, confundiendo el altar y el trono, habían dispuesto desde la llegada de Colón del territorio americano aparece como obsesivo en sus obras. Es evidente que para el autor venezolano es un acto contrario, no sólo a los *Derechos del hombre y del ciudadano* difundidos por la Revolución francesa, sino al Derecho natural y a la propia razón crítica esgrimida por los ilustrados. Ya en "El patriotismo de Nirgua" se advertía un intento de rebatir el procedimiento de la "donación papal" como justificación del derecho de propiedad de los territorios por descubrir ("en el siglo XV [hubo] un Papa que se atrevi[ó] a donar a los reyes de Castilla un mundo que no era suyo, ni de la silla apostólica" en lugar de continuar el legado de Jesucristo. *Pensamiento:* 77). Debate pues Roscio el derecho de conquista ejercido con violencia a los pueblos bárbaros que se había instaurado en una época, como el siglo XVI, en la que se imbricaban los temas jurídicos y los teológicos, y acerca de lo cual surgieron algunas controversias entre juristas y teólogos[8]. En todo caso tal derecho, insiste, sólo puede durar el tiempo que los usurpadores ejercen esa fuerza, ya que cuando "los conquistados adquieren suficientes fuerzas o coyunturas con que recuperar la carta de sus derechos usurpados, ellos pueden y deben restituirse a su primitivo estado de independencia y libertad" (*Pensamiento:* 79).

Es lógica la deducción de que ante la incierta situación histórica, Roscio temiera el hábito que los españoles americanos tenían por la antigua servidumbre y cedieran por la fuerza al capricho y antojo de

---

[8] Las discusiones y polémicas en torno a este derecho han sido estudiados especialmente por Silvio Zavala en varios de sus trabajos, como *Ensayos sobre la colonización española en América* y *Por la senda hispana de la libertad* (Véase Zavala, 1944: 27-61; 1992: 17-69).

sus gobernantes rindiéndose al intruso gobierno francés, con lo que, siguiendo la misma suerte que España, "serían más esclavos los españoles americanos, porque tenían dos señores a quien servir: señores franceses, y señores españoles" (Bello: 15).Y llega a concluir cobrando nuevos bríos y seguridad en el rechazo de cualquier dominación francesa: "En cualquiera de estos casos serán frustrados los designios del Tirano, y aunque vuelva Fernando no será admitido, siempre que venga bajo el influjo, alianza, o dependencia de Napoleón" (Bello: 16). En realidad bajo tales cavilaciones subyacía una de las convicciones más arraigadas entre los ilustrados que era la importancia de la educación para todo ser humano y como consecuencia, que la falta de información conllevara esos peligros. Su pensamiento en este apartado estaba ligado a su indudable lectura de Rousseau, que sin duda había circulado ampliamente entre los criollos americanos, aunque como es sabido, había sido perseguida en todo el ámbito hispánico[9], y una de cuyas obras cita en carta a Bello. Por tanto para Roscio, como buen ilustrado, la falta de educación producía ignorancia en el ciudadano, lo sumía en el error, el fanatismo y en el temor, en este caso aceptando cualquier sumisión a decisiones arbitrarias de los monarcas a los que se creía infundidos de carácter divino.

Todos estos temas aquí esbozados aparecen concentrados en su libro *El triunfo de la libertad sobre el despotismo* en el que formalmente se exhibe una deliberada escisión del sujeto para marcar, con la pauta de las *Confesiones* de san Agustín, un antes y un después de su vida[10].

---

9   En carta a Andrés Bello le dice: "Acuérdese usted de que Londres fue el lugar donde escribió el padre Viscardo su *Legado*, y donde obtuvo la mejor apología el *Contrato Social* de Rousseau" (Bello: 10). Abrió los estudios acerca de este tema el libro ya clásico de Jefferson Rea Spell, *Rouseau in the Spanish World Before 1833*, Austin, University of Texas Press, 1938.

10 "Adopté el método de confesión, imitando las de San Agustín, por haberme parecido el más propio y expresivo de la multitud de preocupaciones que me arrastraban en otro tiempo" (Roscio: 5) Más adelante dirá: "Menos por malicia que por ignorancia, abusaba de la Religión para sostener la servidumbre de mi patria. Yo fui uno de los que en 1806, tomaron armas y pluma para destruir a los buenos que intentaban conquistar mi libertad y la de mis hermanos [...] Me avergüenzo del servicio especial que hice yo entonces y del mérito que contraje en la opinión del déspota y sus satélites [...] A mucho honor tenía ser esclavo y muy adicto al tirano" (Roscio: 234).

La retórica *petitio benevolentiae* esboza una conexión tanto con las guías de pecadores como con los libros de pecadores arrepentidos, en los que se elabora una conversación directa con Dios. Esta aproximación es muy visible en el subtítulo: "En la confesión de un pecador arrepentido de sus errores políticos, y dedicado a desagraviar en esta parte a la religión ofendida con el sistema de la tiranía", pues por un lado existe un juego dialogante con el Salmo 50 de David[11], ("Misericordia, Dios mío, por tu bondad, / por tu inmensa compasión borra mi culpa; / lava del todo mi delito, / limpia mi pecado") con un desplazamiento laico hacia otro ámbito, el político, en neta confluencia con el religioso, tal y como hemos visto en el anterior texto, pero que se explicita aún más en esta obra. Así Roscio hace alusión a la situación de España en torno a 1814 después del fracaso de la Constitución al mismo tiempo que expresa sus ideas teóricas acerca de la emancipación.

El libro puede considerarse, entonces, de origen confesional según el modelo religioso, pero traspuesto al terreno laico, en tanto que el autor aprovecha su convicción realista al servicio de la Corona hasta 1809, y el posterior arrepentimiento, al que se refiere con alguna ironía empleando el correlato religioso de las *Confesiones*. En el fondo el venezolano asumía y ejemplificaba el proceso de la mayor parte de los criollos ante la situación por la que atravesaba la corona española pues en principio no dejaron de apoyarla para separarse, en vista de la situación, progresivamente de ella. Por eso en el Prólogo se hace eco del fracaso de la Constitución y cómo no existe otra posibilidad que la emancipación, ya que España "Liberal, sin duda, con el territorio de la Península, con las islas Baleares y Canarias, era muy mezquina con los países de ultramar en cuanto al derecho de representación" (Roscio: 3). Prólogo e Introducción son dos textos que tienen parecida funcionalidad. Su objetivo es plantear la defensa de la libertad y el derecho de los pueblos a su emancipación prescindiendo del origen divino de los reyes. Para ello se fundamenta en los libros religiosos al igual que lo practicaban los clérigos absolutistas y antiliberales en sus escritos y sermones. Pero en este caso haciendo ver que, al contrario, en estos

---

11 Precisamente Diego José de Cádiz (1743-1801), al que el autor citará en su obra, es autor de *Afectos de un pecador arrepentido en místicas décimas formadas con los soliloquios, que ante Jesús Crucificado acostumbra hacer en sus Misiones...*, Fr. Diego Joseph de Cádiz, Misionero Apostólico Capuchino, para excitar las almas á contrición de sus culpas. Sevilla- Jaén, Pedro Doblas, 1791-1974.

libros sagrados se defiende la soberanía del pueblo, que la lectura ha sido manipulada por la tradicional interpretación de la iglesia. Es así como en la misma lectura de la Biblia encontrará argumentos sólidos para rebatir las tesis establecidas. Para ello establece un método riguroso que mucho tiene que ver con su formación académica, aunque infundiendo distinto sesgo, pues incluía una lectura muy proclive a la practicada por los protestantes. Esa interpretación es percibida por González Ordosgoitti (210-216) al hablar de cómo el autor realiza una interpretación "hermenéutica de la Biblia" que contradecía la vigente en el catolicismo de su época. En efecto, las palabras del prócer venezolano en su libro lo dejan bien claro:

> Me dediqué al estudio de la Vulgata, no en los indigestos y dolosos comentarios que me llenaron el tiempo, mientras yo cursé la cátedra de escritura, sino como debieron estudiarla los autores de ellos, y como la estudia quien no está consagrado en cuerpo y alma al servicio de la tiranía (Roscio: 4).

Es así como Roscio, convencido cristiano, adelantará su conclusión: que no hay ninguna "ley del nuevo y viejo Testamento que favoreciese la opresión" (Roscio: 4) porque los usos de la monarquía absoluta y despótica no pueden conciliarse con el cristianismo. Sin embargo, ello no impide que el "pecador arrepentido" capitalice los errores de todos asumiendo su "pecado" y concentrándolo en la frase que lo resume: "mientras yo seguía las banderas del despotismo" (Roscio: 7) ya que

> Yo desconocía el idioma de la Razón. La práctica de los pueblos ilustrados y libres era en mi concepto una cosa propia de gentiles, y ajena de cristianos: detestaba como heréticos los escritos políticos de los filósofos. Por los malos hábitos de mi educación yo no conocía otro derecho natural que el despotismo, otra filosofía que la ignorancia, ni otra verdad que mis preocupaciones" (Roscio: 7).

Se aprecia cómo el prócer venezolano es partidario de la interpretación libre de las Escrituras y niega como fraudulenta la interpretación impuesta que ha permitido el triunfo de los regímenes despóticos, en los que se han seleccionado algunos libros, sobre todo el Nuevo Testamento, olvidando otros que, como los libros de Moisés, Josué, Jueces, Reyes, Paralipómenon, Esdras, Nehemías y los Macabeos se referían a temas políticos, canonizando así "la más escandalosa usurpación" (Roscio: 8). Por eso se preguntará creyendo siempre en los fines espirituales de Jesucristo, "¿Por qué recurrir a preceptos o consejos evangélicos para defender y santificar la tiranía de los monarcas absolutos?" (Roscio: 9). Es así como entiende que con estas interpretaciones llegó a venerarse al tirano y llegaron a calificarse de irreligiosos a todos los que rechazaban esa imposición. Con ello se ha construido "el triple yugo de la monarquía absoluta, del fanatismo religioso y de los privilegios feudales" porque en la situación actual quien obedece al rey obedece a Dios, aunque él mismo se confesara parte de esta situación: "Yo mismo incurrí en esta infamia en 1797 y 1806" (Roscio: 10). Como bien ha señalado Morales Pino, Roscio insistirá en los desplazamientos semánticos de los términos y hará valer la múltiple interpretación, de tal modo que su propuesta no deja de tener matices de subversión:

> El enfoque crítico con el que Roscio aborda el texto sagrado da lugar a una lectura subversiva y contestataria de las Escrituras, pues a través de esta innovadora aproximación al discurso bíblico le es posible alcanzar un significado contrario al establecido por el poder en su autolegitimación (Morales Pino: 12)

Los cincuenta y un breves capítulos del libro dan nuestra del excelente manejo que el autor venezolano tenía de las Escrituras pues su apoyatura exclusiva la constituirán muy especialmente los libros sagrados, de los que extraerá una serie de conceptos políticos que además coincidirán con algunas de las máximas de los *Derechos del hombre y del ciudadano*[12]. De los Proverbios de Salomón el autor deduce que "El hombre es naturalmente libre; no puede ser privado de su libertad sin justa causa" (Roscio: 15), e irá pasando a otros libros como el de la Sabiduría, o el capítulo 14 de los Proverbios del que se infiere que "En la muchedumbre del pueblo está la dignidad del Rey, y en su pequeñez la ignominia del príncipe" (Roscio: 23). Pero la principal idea que desea sustentar es el concepto de soberanía, fundamento de la capacidad de autogobierno de los nacidos en América. Advertimos que son mu-

---

12 El texto lo tradujo Juan Bautista Picornell y es probable que se publicara en Guadalupe en 1797, fue un impreso perseguido que los mantuanos volvieron a publicar en 1811 (Véase Pino Iturrieta: 139-146). Varias veces se alude a la libertad en estos Derechos, así en el apartado IX, "La ley debe proteger, así la libertad pública como la de cada individuo en particular, contra la opresión de los que gobiernan"; XXV, "La soberanía reside en el Pueblo: es una e indivisible, imprescriptible e inalienable" *(Pensamiento: 32-35).*

chos los capítulos encadenados que le dedica al tema, del tres hasta el quince, y que siguiendo la misma pauta de la conversión religiosa, el concepto se introduce con alguna ironía: "Imaginaba yo que la soberanía era una cosa sobrenatural e invisible, reservada desde la eternidad para ciertos individuos y familia, e íntimamente unida con la palabra Rey" (Roscio: 24), con lo cual ciertas personas adquirían una cualidad espiritual y de origen divino, de manera que ese carácter los exoneraba del cumplimiento de las leyes a la vez que podían dispensarlas a su voluntad. Es evidente que esta idea troncal de su libro la recoge Roscio de fuentes ilustradas, no sólo, como hemos indicado de los *Derechos del hombre y del ciudadano,* sino de su lectura apasionada de Rousseau: "Soberanía es el resultado del poder y de la fuerza moral y física de los hombres congregados en sociedad" (Roscio: 27), pues el hombre no es un ser solitario sino libre y racional que necesita la comunidad: los hombres se reúnen y acompañan, y "cada socio pone por capitales aquellas virtudes intelectuales y corporales, que sirven de materia al contrato social" (Roscio: 28). Consciente de que la soberanía es algo propio de todos los hombres, necesitará fundamentarla con solidez para destruir la exclusividad del poder real de España en América.

Hoy día pueden resultar enfadosas tantas argumentaciones de las Escrituras en un libro que persigue un fin político y laico, pero sin duda que su autor las creyó oportunas en su momento, no sólo por la formación escolástica y teológica que había recibido, sino por sus creencias y convicciones. En todo caso sorprende que "Lejos de apelar a argumentos racionales para desmontar el discurso absolutista y el derecho divino de los reyes, Roscio acude a la Biblia en la medida en que entiende que ha sido ésta la fuente primordial empleada en la legitimación de tal sistema político" (Morales Pino: 33). Por eso no evita interpretaciones de diversos apartados del Génesis, de las historias de Abraham y Jacob, de Moisés ("Sacando del Egipto a los Hebreos, los reintegró a su soberanía" Roscio: 39). En definitiva, es en el pueblo en el que reside la soberanía, algo que no admite la Iglesia y cuya voz capitalizan los clérigos absolutistas y antiliberales como el autor de un folleto aparecido en 1814 al que alude la primera vez sin nombrarlo que "enseñaba ser peculiar de los Reyes el poder y la fuerza" (Roscio: 116). Páginas más adelante concretará más los datos:

> Este impreso es uno de los muchos que han salido de las prensas de Madrid después del 4 de mayo de 1814, en apoyo de la tiranía. Es un volumen compuesto de varias cartas, que se dicen es-

critas por Fr. Diego de Cádiz a un sobrino suyo, que militaba en la Península contra los ejércitos de la República Francesa instruyéndole él las obligaciones de un soldado cristiano (Roscio: 197).

Es relevante la cita porque Roscio, con gran acierto y conocimiento, se refiere a Fray Diego José de Cádiz (1743-1801), como representante del clero reaccionario de la época. Misionero capuchino, recorría los lugares de España aferrado a la intransigencia en materias de doctrina y moral. Su influyente oratoria, en una sociedad carente de educación, defendía el absolutismo frente a cualquier asomo liberal en ideas y costumbres. Muy difundido en su época por su predicación y con gran ascendiente en las multitudes, debía ser harto conocido para el venezolano que además pasó algún tiempo preso en Cádiz y Ceuta entre 1813 y 1815. Fray Diego atacó, tanto a las instituciones de la Corona, como a las que asumían algún progreso, que pensaba contagiado de los revolucionarios franceses a los que consideraba "hijos de Lucifer". Fue, en definitiva, un excelente representante del clero absolutista y reaccionario de la época, y aunque fue perseguido por los mandatarios también salió triunfante y fue apoyado por sus seguidores. No se engañaba Roscio al indicar "Yo no sé por qué causa han estado inéditas estas cartas desde 93 o 94 del siglo pasado hasta 1814" (Roscio: 198). En efecto, Fray Diego escribió el texto que comenta en la guerra franco-española del Rosellón (1793-1795) que terminó degradantemente para España con la Paz de Basilea, para ella escribió este libro *El soldado católico en guerra de religión*[13], Barcelona, 1794 (dirigido en forma de carta a su sobrino Antonio, enrolado como voluntario). Recuperado posteriormente por su actualidad será esgrimido por sus partidarios de 1808 a 1814 en la lucha contra los ejércitos napoleónicos.

Muchas de las ideas del libro debieron ofender al venezolano pues en él se exhibe una total confusión entre la misión bélica y política del soldado y su relación con la fe, así, en un momento determinado se señala que la deserción se parangona con la apostasía de la fe religiosa,

---

13 Las primeras ediciones aparecieron en 1794 en Écija y Barcelona. Fue recuperado en la guerra de la independencia y al menos se conservan ediciones de los años 1813 en Cádiz, 1814 en Madrid, y 1815 en Córdoba. Hemos consultado la siguiente edición: *El soldado católico en guerra de religión*. Carta instructiva ascética-histórico-política. Reimpreso en Málaga por los Herederos de D. Francisco Martínez de Aguilar, Reimpreso en Cádiz en la Casa de Misericordia, Año 1813.

pero Roscio únicamente extrae una de las frases en las que se enfatiza la relación con el rey desde esa perspectiva de su carácter divino: "No quedará sin castigo (dice el texto), quien ofendiere al Rey, aunque no sea más que con el pensamiento" (Roscio: 198), ya que afectaba directamente al tema de la soberanía del pueblo que el autor sustentaba en su libro. Que el folleto le había impactado lo prueba el que vuelva a citarlo en el artículo titulado "Catecismo" que publica en el *Correo del Orinoco* en 1819 y cuyo texto fue rescatado por Pedro Grases[14]. Y siguiendo con el mismo pensamiento recuerda otros libros especialmente nefastos que difundían las mismas ideas como es el caso de un manual de estudio del que no quiere recordar el autor: "en materia de su contenido adolecía yo de un error que aprendí en cierta obra titulada *Derecho público de las naciones*. Bajo esta corteza no había en ella más que dogmas del poder arbitrario" (Roscio: 210)[15].

A partir del capítulo XVI del libro se despliegan otros conceptos como el de libertad, derecho y ley, palabras que Roscio considera adulteradas en el presente de las monarquías absolutas y que cree necesitadas de un mayor centramiento en su significado, a la vez que se ha ido creando otro vocabulario pervertido para inmovilizar y oprimir al pueblo. Frecuentemente, ante la ausencia de libros que avalen estas experiencias, aduce la propia confesión según la cual se difundía la veneración al rey como "Señor de vidas y haciendas". Y aclara: "Desde la cocinera de mi casa, hasta el cura de mi parroquia era tan trivial esta doctrina, que no podía menos de llegar muy luego al conocimiento de niños. 'Al Rey y la inquisición, chitón'" (Roscio: 224). Es así como advierte que se organiza un engranaje que se superpone a la sociedad: "Todo el mecanismo de la tiranía se llama administración paternal, y divina" (Roscio: 123) dice con convicción, porque para Roscio consciente ilustrado, la ley no puede derivar de un único individuo, porque

---

14 En este breve texto Roscio reflexiona: "Son innumerables los impresos que salían de la Corte y demás prensas filiales contra la libertad nacional. Parecía que las cartas del P. Cádiz deberían cerrar la feria de estos escritos" (Grases: 17).

15 Roscio ingresó en 1798 en la Academia de Derecho Público que muy pronto se intentó convertir en Cátedra. "A partir del segundo año se estudiarían los textos legales, especialmente tratadistas de Derecho procesal. Debían consultar la Curia Filípica de don Juan Hevia de Bolaños y las obras de don Ignacio Jordán de Asso y del Río y don Manuel y Rodríguez para adquirir un conocimiento bastante completo de la legislación castellana" (Leal, 1963: 199).

carece de legitimidad, y si se da tal situación se produce esclavitud, con lo que todo hombre debe resistirse a una ley que no sea el resultado de la voluntad del pueblo y en ello se fundamenta la libertad. En cambio, "La libertad, madre y nodriza de las virtudes sociales es irreconciliable con el despotismo (Roscio: 76), incluso los israelitas buscaron recobrar su libertad. Hasta tal punto que, si en el antiguo régimen se juzgaba criminal el resistir al déspota, en cambio ello no es censurable en situación de esclavitud porque se puede ejercer la fuerza contra el rey para obtener la libertad. Todo es lícito para los ciudadanos a la hora de romper la tiranía pues el rey no posee ese carácter divino; "lícito es quitar la vida al injusto agresor, rechazar la fuerza con la fuerza, salvar con ella a los que se hallan en angustia y peligro indebidos" (Roscio: 133), para ello se apoya en la Escritura y Santo Tomás como se explicita en el Capítulo XLVII, "Continúa la materia del regicidio y tiranicidio", y en el siguiente titulado "Se concluye la materia del regicidio y tiranicidio".

En cambio, el autor apoya a los reyes constitucionales y al presidente de Estados Unidos: "Los amo, los honro y reverencio como representantes de una nación soberana" (Roscio: 226) porque, como buen ilustrado, no encuentra más fundamento para la excelencia de los individuos que el talento y la virtud. De estos mandatarios legales emanan leyes y cartas constitucionales, así como las contribuciones o impuestos que no pueden promulgarse sino por aprobación de la nación misma o de sus representantes. Del mismo modo, las leyes deben ser claras, precisas y uniformes para todos los ciudadanos y mucho más teniendo en cuenta que los espíritus serviles interpretan la Escritura aplicándola a lo político y a lo militar, deduciendo de ella leyes inamovibles, haciendo bandera de esas interpretaciones, según las cuales, para ganar su defensa inexpugnable, se inventaron que el poder real viene de Dios con el fin de la total impunidad frente a los ciudadanos. Es significativo por eso que una vez abordados otros varios temas, el libro retorne al tema fundamental en el último capítulo, el LI, "El quasi religioso del dogma político de la soberanía del pueblo" (Roscio: 237), es decir, que si antes se evaluaba esta premisa para defenderla en los textos sagrados, en el capítulo final emerge el mismo concepto casi como dogma en la teoría del libro: "De muchos de los que siguen la trompeta del despotismo, podré yo deciros: Perdónalos Señor, porque no saben lo que hacen" (Roscio: 243) y siguiendo la misma pauta religiosa concluirá: "Ahora, Señor (diré yo), dejarás ir a tu siervo en paz, porque mis ojos han visto la libertad saludable de mi país, y de todos mis semejantes" (Roscio: 243).

Esta parte teórica del libro se entrevera con una serie de consideraciones acerca de la España que vivió y sufrió, en la que la imbricación iglesia y del estado dominaban las estructuras de poder. Por eso, y dado el carácter del libro, Roscio hablará a la vez de la iglesia y del estado despejando el diagnóstico para la situación histórica actual. Entiende que el funcionamiento de la España del momento es deudora de una Iglesia que abandonó la pobreza evangélica por el oro y las riquezas y llegó a tal poder que "Lo que al principio fue mera condescendencia con aquellos monarcas de quienes esperaban y recibían mercedes, y beneficios, fue después elevado a la clase de derecho pontificio" (Roscio: 170), de tal modo que ciertos reyes reunieron en su persona el poder del cielo y el poder de la tierra, confundiendo los valores espirituales y los temporales, haciendo uso de la presión inquisitorial y despojando al hombre de su libertad civil. Así uno de los iniciales poderes que el rey de España obtuvo, y que vuelve a recordar, es el poder sobre las tierras recién descubiertas mediante la ley de donación por parte de Alejandro VI. A este injusto procedimiento le sigue la instauración Inquisición, "que desviándose de su primitivo instituto, también metió la mano en los negocios de gobierno para reagravar las cadenas de la esclavitud" (Roscio: 172). Roscio da muestras de conocer y haber reflexionado en profundidad acerca de la historia de España, al dar cuenta de las desavenencias entre aragoneses y castellanos respecto a la Inquisición y cómo esa forma de gobierno se ha mantenido tanto en la península como en los territorios de América hasta hace pocos años en que las Cortes de Cádiz declararon la soberanía del pueblo. En cambio, las cadenas de la esclavitud no se rompieron tan fácilmente en América y ofrece el testimonio de cómo "los Obispos e Inquisidores de México calificaban de herejes, y excomulgados a los que defendiesen este dogma político, o creyesen que el pueblo era soberano" (Roscio: 172). Algo que confiesa haber tenido noticia por un periódico de Londres, tal vez por *El Español* de su amigo Blanco White.

La España del pasado estaría representada en su obra, tanto por su propia cultura, adquirida con provecho en las instituciones coloniales, y cuyas lecturas deben mucho a su formación teológica y escolástica[16],

---

16 La Universidad de Caracas presentaba, según señala Ildefonso Leal, bastantes limitaciones y factores negativos en las enseñanzas, como la presencia tardía de los estudios de Medicina, el escaso número de Cáte-

así como por la admiración que siente por ciertos momentos históricos en los que los españoles fueron capaces de hacer valer su independencia y libertad. Por eso en algunos lugares de su libro insta a recorrer esa historia y procesar la diferencia de trato entre las actuaciones del pueblo español y la progresiva imposición de sus reyes, que fueron adquiriendo muy pronto, con la ayuda de la Iglesia un poder absoluto. España fue dominada por fenicios, cartagineses, romanos, y a ellos juraron vasallaje en el pasado, pero sus habitantes no dudaron en aliarse con los bárbaros en el momento de la invasión para deshacerse de ese yugo, así como más tarde combatirían la dominación musulmana para declarar de nuevo su libertad e independencia. Roscio destaca la formación de los otros reinos peninsulares y cómo Portugal acabó consiguiendo la separación de España, así como otros territorios adquirieron su libertad de los reyes castellanos. Como consecuencia nada extraño resulta que los territorios de América deseen materializar esa libertad: "Señalen los fanáticos y supersticiosos cuál es el lugar de las Santas Escrituras, del Nuevo y Viejo Testamento, donde haya Dios despojado al continente colombiano de aquel deber universal, inspirado a todos los hombres por su innata constitución" (Roscio: 80).

De este modo Roscio percibe el mal solapado que ha producido el desgobierno de los territorios españoles, al instituir una educación que coaccionaba las voluntades, que abusaba del procedimiento de las autoridades, que manipulaba los textos para consolidar el poder divino de los reyes, impidiendo así el ejercicio de la razón y de la libertad, en definitiva, la soberanía del pueblo. En efecto un mismo procedimiento educativo se impuso en la totalidad del imperio español del que fue víctima el propio autor que se introduce confesionalmente en el libro: "yo cursaba los estudios de la sagrada Escritura en las aulas permitidas por el gobierno opresivo de mi país", y continúa matizando, "La luz de la razón, los conocimientos del derecho natural y divino, eran el hilo de que todos carecíamos" (Roscio: 38). Es así como la alianza entre la

---

dras de Leyes, la ausencia de cátedras de física experimental y matemáticas y un exclusivo dominio de la filosofía aristotélica y tomista, aunque "a finales del siglo XVIII, [hacia el año 1788] gracias a los esfuerzos de Baltasar Marrero, Francisco Pimentel, Alejandro Echezuría, Juan Agustín de la Torre y otros, la enseñanza universitaria se vio un tanto modernizada y ya el estudiantado comenzó a familiarizarse con las obras de Locke, Condillac, Malebranche, Lavoisier, Newton, Leibnitz, Cullen, Feijoo" (Leal, 1963: 84) Véase también Leal, 1983: 31).

teología y la jurisprudencia da lugar a una impunidad a ultranza de la monarquía que es defendida en los mismos estatutos universitarios:

> Para los de España fue tan placentera esta condenación que, aceptándola en todas sus partes, la mandaron observar en las universidades y colegios, como punto cardinal de sus estatutos, ordenando que ninguno pudiese obtener cátedra ni grado literario sin que antes jurase no defender, ni aún como probable, la opinión del regicidio y tiranicidio que antes de Wiclef había enseñado el célebre Francisco Juan Petit, y sostuvieron posteriormente los jesuitas (Roscio: 76)[17].

Con todo, la crítica directa a la historia de España es más frecuente, desde la censura a los conquistadores que llegaron a América "escudados de falsas doctrinas nacidas en los siglos de oscuridad y desorden" (Roscio: 73) pasando por ese oscurantismo que se prolongó en la educación, pues solo se admitían los libros marcados dentro de esa pauta religiosa, y se los seleccionaba para condenar "la introducción y lectura de los que enseñaban la verdad. Era género de contrabando muy punible cualquier obra luminosa de política" (Roscio: 86). Como siempre en estos casos Roscio acumula sus experiencias y explicita sus percepciones y sus opiniones ("Yo hablo por experiencia propia" 95):

> En lugar de esto, mientras yo cursaba las aulas llamadas de filosofía, teología, y derecho, oía con frecuencia defender en ellas, y en el teatro de las disputas solemnes, que el mejor de todos los gobiernos era el monárquico, tal como el que nos oprimía arbitrariamente. Ni de los libros de la Razón, ni de los Macabeos se tomaba jamás un argumento [...] y salía siempre triunfante la monarquía absoluta (Roscio: 100).

---

17 Esta idea del tiranicidio fue debatida en la escolástica medieval a partir de la lectura de Santo Tomás, posteriormente fue defendida en el siglo XVI por una parte de los juristas del momento, sobre todo los jesuitas, como Francisco Suárez y Juan de Mariana en *De rege et regis institutione* (1598), según el cual un ciudadano puede con justicia quitar la vida al rey que se convierte en tirano. Tal y como señala Roscio otros antecedentes conocidos están en John Winclef o Wynclif (1320-1384) antecesor del pensamiento reformista de Lutero, y Jean Petit que en 1408 justifica públicamente la muerte del duque de Orleans por parte del duque de Borgoña. Roscio, como otros hombres de su época cree que la expulsión de los jesuitas se debe a la defensa de ese pensamiento.

Bien veía el autor que el problema radicaba en la confusión deliberada de los poderes religioso y civil con lo que se hacía ver que cuanto ordenaba el rey era de voluntad divina y siempre lo más conveniente para la salud corporal y la salvación espiritual de los súbditos, pues con esa obediencia se conseguiría "el bien y prosperidad de la monarquía" (Roscio: 62). Y sin embargo, y en flagrante contradicción y doble moral, esa misma corona había recibido impuestos de las casas de prostitución:

> En España eran derechos de la corona las contribuciones impuestas sobre casas públicas de meretrices: se arrendaba, se administraba este ramo de prostitución como cualquier otro de real hacienda. Duró este torpe ingreso hasta el reinado de Felipe IV en que fueron abolidos los lupanares españoles, cuyos derechos reales en cierta manera se recompensaron con los estancos introducidos en el mismo reinado (Roscio: 70)[18].

Si las críticas a España y su dominación menudean, también hay ejemplos de admiración. Para el prócer venezolano no todo es censurable, sino que ciertos ejemplos del pueblo español resultan aleccionadores para el momento actual, así recuerda la fórmula que se acostumbraba entre los antiguos aragoneses, cuando investían a sus reyes: "Nos que valemos tanto como vos, y que todos juntos podemos más que vos, os hacemos Rey, si guardáredes nuestros fueros, franquezas y libertades; y si non, non" (Roscio: 40). Y en otro momento trae a su texto la rebelión de las Comunidades de Castilla y cómo las cortes castellanas negaron subsidios a los reyes ("¿No nos enseña la historia de Castilla, que aun cuando ya su constitución había sido herida por sus dos primeros monarcas Austríacos, todavía tuvieron bastante virtud sus Cortes para negarles subsidios que en la opinión de ellas no eran necesarios, ni útiles al procomunal del reino?", Roscio: 154). En este sentido se percibe que ha revisado la historia de España para hacer ver que su pasado antiguo y moderno presenta suficientes ejemplos en favor de los derechos del pueblo. En efecto, esta tendencia recala en el amplio capítulo XLIII, "Majestad del pueblo en antiguas leyes de España y en ciertos hechos de su historia", en el que hace gala de un amplio conocimiento

---

18 En efecto, la Pragmática, *Prohibición de mancebías y casas públicas de mugeres en todos los pueblos de estos reynos,* fue dictada por Felipe IV en 1623 aunque tuvo corta duración y eficacia (Véase, Jean-Louis Guereña, *La prostitución en la España contemporánea*, Madrid, Marcial Pons, 2003, pp. 25-28).

de la historia de España y de sus leyes, empezando por las Partidas, de lectura obligatoria en los estudios de Leyes de la Universidad de Caracas, y donde se proclama, nos dice, que el rey no puede disponer de la hacienda de los súbditos: "Aquí se halla declarada la soberanía del pueblo, sin disputa, ni contradicción. En ninguna de las siete partidas se controvertió [sic] este dogma" (Roscio: 184). Añadiendo algo que le importaba mucho para demostrar el pervertimiento de la legalidad en el presente a causa de la confusión entre el trono y el altar: "Cuando los españoles formaban sus Leyes de Partida, gozaban del ejercicio de esta soberanía, como individuos de la misma especie que los Romanos" (Roscio: 184). Es cierto que la revisión que a partir de ese momento realiza de la historia de España, de la que saca conclusiones que favorecen la autoridad del pueblo, adolece de los tópicos de la época acerca de los visigodos y de reyes como Alfonso X, Enrique IV e Isabel I, pero favorece el pensamiento de ver cómo el autor valora las instituciones de esos primeros reinos que antecedieron al descubrimiento de la América, los Concilios de Toledo y las Cortes de Castilla y de Aragón, "Ninguna ley pasaba sin el otorgamiento espontáneo y libre de sus representantes" (Roscio: 186). Muy en especial valora el gobierno establecido en el reino de Aragón y la actitud de su pueblo que reclama la reparación de las injusticias y el reestablecimiento de la Inquisición porque para "los antiguos Aragoneses, toda la sangre del monarca irritado es insignificante e incapaz de intimidarlos" (Roscio: 187), con lo que recuerda los episodios relacionados con la muerte del inquisidor Pedro de Arbués en 1485 que, al contrario, trajeron nuevos males para los aragoneses. El descubrimiento del nuevo continente habría sido un acontecimiento nefasto para los reinos peninsulares y es a partir de entonces, con la entrada del oro y la plata del Nuevo Mundo, cuando la situación política empieza a pervertirse y da comienzo el despotismo monárquico.

A todo ello se añade la reflexión sobre la guerra de sucesión y la llegada de los Borbones, así como la guerra de la independencia, como hechos que marcan su presente y acerca de los que reflexiona con cuidado señalando los momentos de alarma y resistencia ante la tiranía extranjera, y, explotando el carácter testimonial del libro, hace énfasis en su credulidad acerca de unos reyes, que restituidos al trono, volvieron las cosas al estado anterior en que se hallaban: "Yo fui testigo del acontecimiento y fui también engañado en la perpetuidad de la reforma" (Roscio: 189); sobre todo después del tratado firmado en París en

1803 en que se reconoce la soberanía de los cantones suizos y no de la nación española. Todo ello lo corrobora el autor palpando el ambiente a través de los impresos de los clérigos absolutistas que alegando "los capítulos 8 de los Proverbios, 6 de la Sabiduría y 13 de la Carta de S. Pablo a los Romanos" (Roscio: 190) impedían el poder soberano de la nación española. Ello no haría sino reflejar la intromisión del papa en los asuntos políticos y seculares al convertir a seres ambiciosos en mandatarios plenipotenciarios o tiranos deificados que se consideran ungidos por Dios, de tal modo que se asemejan en su soberbia a la serpiente de Paraíso terrenal. Para terminar el análisis, Roscio aduce el que considera testimonio definitivo, el de la sucesión de Carlos II y el dictamen del papa favoreciendo al infante de Francia, nieto de Luis XIV, lo que provocó que el propio rey en su testamento lo apoyara en detrimento del Archiduque de Austria, de su propia casa reinante. Esta actitud desemboca en una guerra cruenta en la que, expresa con ironía, lo único que hará valer la soberanía del pueblo serán las armas. Roscio es por tanto absoluto partidario de la separación de la Iglesia y del Estado, porque ello va en detrimento de la soberanía del pueblo a uno y otro lado del mar. Por ello termina su reflexión llamando a la desconfianza a los conciudadanos: "¿Qué os podrán enseñar en este orden de cosas unos vasallos abyectos del tirano, unos declamadores y hechuras suyas?" (Roscio: 194).

Como puede percibirse la obra del autor venezolano adquiere un verdadero sentido en el momento de la emancipación, sus argumentos son fruto del momento y contienen un diagnóstico de importancia de la pugna entre absolutistas y liberales que marcaron ese comienzo pero también el resto del siglo.

BIBLIOGRAFÍA

BELLO, Andrés:

    1984 *Epistolario*, prol. de Oscar Sambrano Urdaneta. Caracas, La Casa de Bello, 2ª ed., 2 vols.

BLANCO WHITE, José:

    2007 *Obra Completa. I Periódicos políticos, vol. segundo. El Español*, Antonio Garnica Silva Ed. Granada, Editorial ALMED.

GONZÁLEZ ORDOSGOITI, Enrique Alí:

2007 "Juan Germán Roscio: Razones cristianas para la secesión de España" en AAVV, *Miranda, Bolívar y Bello. Tres tiempos del pensar latinoamericano. VI Jornadas de Historia y Religión,* Caracas, Universidad Católica Andrés Bello.

GOYTISOLO, Juan:

2010 *Blanco White. El Español y la independencia de Hispanoamérica*, Madrid, Taurus.

GRASES, Pedro:

1964 El 'Catecismo religioso político' del Doctor Juan Germán Roscio" Caracas, Ediciones del Ministerio de Educación, *Revista Nacional de Cultura* (Separata del n° 161).

LEAL, ILDEFONSO:

1963 *Historia de la Universidad de Caracas (1727-1827)*. Caracas: Universidad Central de Venezuela-Ediciones de la Biblioteca.

1983 La Universidad de Caracas en los años de Bolívar. Caracas: Eds. del Rectorado de la UCV.

MORALES PINO, Luz Ainai:

2008 *Juan Germán Roscio: La subversión de la palabra*, Caracas: Universidad Católica Andrés Bello.

PINO ITURRIETA, ELÍAS:

2007 La mentalidad venezolana de la emancipación 1810-1812. Caracas: Bid. & Co. Editor, 3ª edc.

ROSCIO, Juan Germán:

1996 *El triunfo de la libertad sobre el despotismo*. Prol., cron. y bib. de Domingo Miliani. Caracas: Biblioteca Ayacucho.

VVAA:

1988 *Pensamiento político de la emancipación venezolana*, (Comp., prol. y cron. Pedro Grases). Caracas: Biblioteca Ayacucho

ZAVALA, Silvio.

1944 Ensayos sobre la colonización española en América. Buenos Aires: Emecé.

1992 Por la senda hispana de la libertad. Madrid: Editorial Mapfre

SECCIÓN TERCERA:
CRISTÓBAL MENDOZA: PRIMER PRESIDENTE DE VENEZUELA

Enrique Viloria Vera

Por lo que toca a Mendoza, nadie podría en Venezuela, disputarle el saber ni la virtud pública y privada.

Rafael María Baral

Los Mendoza fueron unos hijosdalgo, hidalgos españoles, dispuestos a ascender socialmente aprovechando las luchas, los casamientos y el favor real. Diego López de Mendoza era nieto de Gonzalo López de Mendoza e hijo de Lope González de Mendoza, que murió en Arrato (hacia 1200) cuando su hijo tenía sólo unos cinco años de edad. Este señor de Mendoza y de las Hermandades de Álava fue llamado "mantolucea" por el largo manto con el que arribó –ya hecho hombre– de vuelta a Álava con profundos ánimos de venganza. Acosó hasta su muerte a Iñigo de Guevara; se cuenta que una noche frente al castillo de su enemigo, empezó a golpear la puerta del castillete. Guevara –indignado– le replicó: "me parece justo que me queráis matar para vengar a vuestro padre pero esa no es razón para que me rompáis la puerta a golpes, que no soy hombre para morir escondido". Y salió con tanto furor a lomo de su caballo para atacar al rencoroso Mendoza que chocó su cabeza con el dintel de la puerta, muriendo en el acto. Diego le cortó la cabeza y la llevó al mercado de Vitoria. Para hacer más notoria su venganza, plantó en su escudo familiar las panelas del escudo de los Guevara.

Según una versión ampliamente difundida fue llamado "Hurtado" porque fue robado en su infancia y llevado a Álava para su protección.

De aquí viene, de acuerdo con esta leyenda, el apellido "Hurtado de Mendoza". Otra versión más creíble dice que el apellido Hurtado viene por su esposa Leonor de Hurtado, señora de Mendívil y Martioda e hija de Fernán Pérez Hurtado, del que contaban que descendía de Fernando Hurtado, llamado así por ser el hijo de un matrimonio secreto de la reina Urraca de Castilla y Pedro González, Conde de Lara, en los inicios del Siglo XII. En todo caso, no se ponen de acuerdo los cronistas del linaje de los Mendoza sobre sus orígenes, dando pie a leyendas y a especulaciones genealógicas.

En la ciudad de Trujillo del estado del mismo nombre en Venezuela, nace el 23 de junio de 1772 un niño, hijo de Luis Eduardo Hurtado de Mendoza y de Gertrudis Eulalia Montilla Briceño, que llevará por nombre José Cristóbal Hurtado de Mendoza y Montilla, Cristóbal de Mendoza, o más republicanamente Cristóbal Mendoza, como bien apunta Guillermo Morón.

Cristóbal recibe una muy cuidada educación tanto en su ciudad natal como en Caracas, a donde se dirige, a sus dieciséis años, para proseguir estudios en la universidad, donde se titula como bachiller en artes (filosofía), y luego como licenciado y maestro. Parte a Santo Domingo, en cuya universidad obtiene en 1794 el título de doctor en ambos derechos: canónico y civil, el reconocido *doctor utriusque iure*.

A su regresó al país, Mendoza ejerce su profesión de abogado tanto en su ciudad natal como en Mérida de los Caballeros, donde también y por un escaso tiempo funge como profesor de Filosofía en el colegio seminario de San Buenaventura. Posteriormente, luego de haber ejercido la abogacía en prominentes bufetes andinos, se traslada a la capital para completar su formación académica y profesional. En julio de 1797, la Real Audiencia de Caracas le confiere el título de abogado.

Se traslada a Barinas donde practica exitosamente su profesión de abogado y se destaca como protector de los indios, e invierte juiciosamente sus ganancias en varias propiedades agrícolas. En los albores del año 1807, es electo como Alcalde de primer voto del Cabildo de Barinas, sin embargo, esta elección fue impugnada por el coronel Ungaro y Dusmet, quien alegaba el parentesco del nuevo alcalde con los miembros del cabildo barinés como causa fundamental de su objeción a la designación de Mendoza. La Real Audiencia falló finalmente a favor del Alcalde Mendoza.

Cristóbal Mendoza se suma prontamente al movimiento insurgente del 19 de abril de 1810, iniciado por los mantuanos caraqueños. En mayo de ese año es nombrado secretario vocal de la Junta de Gobierno local, y lidera un movimiento entre los acaudalados ciudadanos de la ciudad llanera y lanza la reiterada consigna: "Paz y tranquilidad son nuestros deseos. Morir o ser libres es nuestra divisa". Junto a su hermano Luis Ignacio Mendoza es elegido, entre otros patriotas, para representar a la Provincia de Barinas en el Congreso Constituyente de 1811.

Sin embargo, Mendoza no llega a formar parte del Congreso, ya que mientras continuaba cumpliendo con sus funciones en la recién creada Junta de Gobierno y se disponía a viajar prontamente a la capital, se le otorga la distinción de ser designado, el 5 de marzo de 1811, como cabeza del recién nombrado Triunvirato que regiría los destinos de la República en ciernes.

A estos efectos, en el Libro de Actas del Cabildo de Caracas quedó asentado lo siguiente:

"En la ciudad de Caracas, a once de marzo de mil ochocientos once, los señores del Tribunal de Policía en el ordinario de este día, visto el oficio que ha manifestado el señor Presidente, que le ha dirigido el señor Ministro de Gracia y Justicia don Rafael González en que comunica que el Supremo Congreso de la Confederación de Venezuela ha hecho el nombramiento de los señores don Cristóbal Mendoza, don Juan Escalona y don Baltazar Padrón, y de que ha dado principió a sus funciones en la tarde del seis, supliendo la falta del primero el señor Don Manuel Moreno de Mendoza, uno de los segundos electos al intento…"

El historiador Guillermo Morón, en su libro *Los Presidentes de Venezuela*, (Planeta, Caracas, Cuarta Edición, p. 27) señala:

"Así, pues, fue el día 5 de marzo de 1811 cuando el Primer Congreso nombra al primer Poder Ejecutivo. Se instala el *Primer Triunvirato* en la tarde del 6 de marzo, bajo la Presidencia de Manuel Moreno Mendoza, suplente de Cristóbal de Mendoza, ausente el principal en su Provincia de Barinas, Es Cristóbal Mendoza el primero en la lista de tres y también el primero en la historia. Por eso está aquí, como de costumbre en la Historia de Venezuela, con esa distinción de Primer Presidente de Venezuela".

Mendoza, puestos en orden sus asuntos barineses, llega a Caracas para encargarse, el 25 de abril, de la Presidencia rotatoria compartida con los otros dos triunviros Juan Escalona y Baltazar Padrón, a fin de ejercer cada uno su turno semanalmente sin poder pasar de un mes, todo de acuerdo con la Proclama de la Suprema Junta del Pueblo de Venezuela. Bajo el ejercicio de su presidencia, le tocó refrendar el acta de la sesión en la que el Congreso de Venezuela declaró la Independencia de Venezuela, y que fue presentada a la Troika presidencial el 8 de julio por una Comisión especial del Congreso.

De acuerdo con la Constitución en marzo de 1812, el Congreso - sito ahora en la ciudad de Valencia - designó un Segundo Triunvirato compuesto por Fernando Toro, Francisco Javier Ustáriz y Francisco Espejo, poniendo fin al Ejecutivo plural presidido por Cristóbal Mendoza, pero no a su carrera de hombre público que prestó valiosos servicios a la República en construcción.

En efecto, a la caída de la Primera República, Mendoza se refugia en la Nueva Granada, y al tener conocimiento de los planes de Simón Bolívar para la independencia de Venezuela del yugo español, se une, en 1813, al proyecto libertador. Es nombrado por Bolívar como gobernador político de Mérida, ciudad afecta a la causa republicana. A la llegada de Bolívar a la ciudad andina, Mendoza se suma entusiastamente a la campaña libertadora y es designado, esta vez, como gobernador político de la Provincia de Caracas, acompañado de un Bolívar vencedor en la denominada Campaña Admirable, hace su entrada a Caracas el 6 de agosto de 1813.

Pero no todo fue fácil para el ahora gobernador, durante el cruento período de la llamada Guerra a Muerte establecida precedentemente por Bolívar en la ciudad de Trujillo el 15 de junio de 1813, en decreto contentivo de la célebre sentencia: "españoles y canarios, contad con la muerte, aun siendo indiferentes, si no obráis activamente en obsequio de la libertad de la América. Americanos, contad con la vida, aun cuando seáis culpables", Mendoza se convierte en un funcionario polivalente que atiende la administración política, pertrechos y uniformes para la soldadesca, hospitales, víveres y vituallas, contraespionaje y la protección de la ciudadanía con el denominado patrullaje cívico.

A Mendoza le corresponde el honor de proponer formalmente al Cabildo Abierto celebrado en Caracas el 14 de octubre de 1813 que se le otorgue a Simón Bolívar el título de Libertador, su apoyo al ahora Libertador es inquebrantable y en la asamblea popular de Caracas del 2 de enero de 1814, propone que se le ratifique a Bolívar el mando supremo del Ejército Libertador.

Con la entrada arrolladora de Boves a la capital, Mendoza y su familia se dirigen a Trinidad, donde el Ex presidente continúa colaborando con la causa republicana mediante el envío de artículos de prensa, de talante cívico y democrático, al *Correo del Orinoco* con el seudónimo "Un Patriota". A su regreso a Caracas a fines de 1821, es nombrado presidente de la Corte Superior de Justicia del Departamento de Venezuela; profundiza sus conocimientos jurídicos e históricos, y prosigue con su actividad periodística, editando en compañía de Francisco Javier Yanes, *El Observador Caraqueño*. Luego de su renuncia a la presidencia de la Corte en 1825, Mendoza se dedica de nuevo al ejercicio profesional y a una no muy exitosa actividad empresarial, Mendoza, a pesar de no haber sido candidato, resulta el más votado para ejercer la Vicepresidencia del Departamento de Venezuela.

Posteriormente, Mendoza –en esta ocasión por la voluntad del Vicepresidente Francisco de Paula Santander– es nombrado, desde Bogotá, Intendente del Departamento de Venezuela en los tiempos aciagos del movimiento separatista La Cosiata. En vano intentó, el ahora Intendente, calmar los ánimos de los bandos contrapuestos, y esperar la llegada del Libertador con el fin de evitar una cruenta e innecesaria guerra civil en un país ya diezmado por la independentista; defendió sin éxito que Caracas no se sumara al plan insurreccional que tenía como propósito disolver la Gran Colombia, el proyecto político más preciado del Libertador. Es expulsado de Venezuela por decisión del general José Antonio Páez y se dirige nuevamente al exilio, esta vez en la isla de Saint Thomas. Bolívar, luego de restablecida la paz entre las facciones rivales, elogia a su fiel colaborador y lo invita a regresar rápidamente al país para que retome de nuevo la Intendencia del Departamento.

En 1828, es invitado por el Libertador para que se incorpore como representante por Mérida a la Convención Nacional y para demostrar su inalterable lealtad con Bolívar, Mendoza piensa separarse del cargo de intendente, sin embargo, paradójicamente, es ahora el propio Páez quien se opone la partida de Mendoza a Ocaña, y en carta enviada al Libertador, expresa esta especie de desagravio: "...dejando Mendoza el puesto, se abre la puerta a la corrupción y mala fe de los empleados; este hombre les impone respeto por su saber, probidad y severidad, y tiene también a los godos en continúas zozobras..."

Muy quebrantado de salud, Cristóbal Mendoza –el jurisconsulto, el protector de los indios, el gobernador, el periodista, el tribuno, el Primer Presidente de la República,– renuncia, a mediados de 1828, a su condición de intendente para, finalmente, luego de largas décadas dedicadas a la construcción de Venezuela como República soberana e independiente, morir en Caracas el 8 de febrero de 1829, siendo enterrado en la Iglesia de Altagracia, donde de acuerdo con Guillermo Morón:

"...deben estar sus huesos, perdida curiosamente la señal que debía identificarlos; no se han pasado al Panteón, como quiso hacerlo ya Guzmán Blanco el que pretendió acabar con los godos hasta como núcleo social, pero el nombre de Cristóbal Mendoza está en su mejor panteón, el de la memoria histórica que es la memoria del pueblo".

QUINTA PARTE:
SOBRE LOS ORÍGENES DEL CONSTITUCIONALISMO AMERICANO Y PRE-GADITANO

SECCIÓN PRIMERA:
GÉNESIS DEL PENSAMIENTO CONSTITUCIONAL DE VENEZUELA[*]

Asdrúbal Aguiar
A Mariela, como siempre

I. LOS ORÍGENES DEL PENSAMIENTO CONSTITUCIONAL VENEZOLANO, EN LAS INVESTIGACIONES DE PEDRO GRASES

> *"Yo soy y seré perpetuamente acérrimo defensor de los derechos, libertades e independencia de nuestra América, cuya honrosa causa defiendo y defenderé toda mi vida, tanto porque es justa y necesaria para la salvación de sus desgraciados habitantes, como porque interesa además en el día a todo el género humanos".*
>
> F. de Miranda,
> Londres, 1ro de mayo de 1809

---

[*] Texto de las dos primeras partes del libro: Asdrúbal Aguiar, *Génesis del pensamiento constitucional de Venezuela*, Real Academia Hispanoamericana de Ciencias, Artes y Letras, Cádiz, España, Editorial Jurídica Venezolana International, New York/Cádiz 2018.

El maestro Pedro Grases, polígrafo, bibliógrafo, historiador, hombre de letras y también de leyes, formado en su originaria Barcelona, España, con cuyo bagaje intelectual viaja hacia América para hacerlo crecer y darle utilidad duradera con la mirada puesta en las generaciones futuras, no reclama de presentación en Venezuela; tampoco en los países de Iberoamérica que son objeto igual de su curiosidad y el estudio cuidadoso de sus luces. Su nombre se encuentra atado de un modo inescindible a la memoria del país. A él debemos, las generaciones actuales, la documentación escrupulosa y contrastada –suerte de guía de navegación– de la historia de nuestras ideas, sobre todo, las de nuestros padres fundadores. Tanto es así, que Arturo Uslar Pietri dice bien y al respecto que "no se podrá escribir sobre las letras y el pensamiento venezolanos sin mencionar a Grases, sin servirse de Grases, sin seguir a Grases en toda la asombrosa variedad de sus pesquisas y hallazgos".

Su preferencia por el estudio de don Andrés Bello, al que dedica dos (2) de los volúmenes que forman parte de los veintiuno (21) integrantes de su extensa y acuciosa obra escrita que aún no cesa de ser inventariada después de su fallecimiento, en 2005, es elocuente. La Fundación que lleva su nombre, en efecto, edita dos volúmenes más con sus documentos para el estudio de las Obras Completas del primer humanista de América; pero ello no le hace arredrar en su esfuerzo paralelo de consecución, revisión y análisis del patrimonio bibliográfico e intelectual patrio, en lo particular y entre otras líneas de investigación que a propósito se traza –o sobre el mismo puente de su devoción bellista– en cuanto a los orígenes de nuestro pensamiento constitucional.

A este último aspecto, a título introductorio o de mero bosquejo, dedicamos las páginas que siguen. Son un homenaje a don Pedro, quien nos honra en vida con su aprecio: "Con sincera amistad y profunda gratitud", reza la última dedicatoria que nos dispensa en el penúltimo libro de su obra: El viaje se termina, en 1998; que temíamos, equivocadamente, sería el último de su fructífera tarea intelectual. No descansa, por lo visto, siquiera en su hora nona.

Sin ser la única, pues toda la obra de Grases tiene como línea transversal a las ideas fundacionales de Venezuela, resulta de vital significación su estudio a profundidad de los documentos de la conspiración de Gual y España. Ellos influyen, como aquél lo sugiere, en el diseño social y político –dogmático y orgánico– de la república que aún aspiramos forjar los venezolanos y no logra ser en lo constitutivo, por obra de una realidad de factura épica que fatalmente se sobrepone y hasta desfigura la trama de nuestra nacionalidad, condenándola al mito de Sísifo: "llamo desde ahora la atención al asombroso hecho de que los impresos publicados en 1797..., reaparezcan en 1811 con tal pujanza que sostienen desde el armazón doctrinal de las primeras Constituciones..., hasta la literatura populachera que iba a ser coreada por las calles, plazas y campos de la nueva República de Venezuela".[1]

Lo cierto es que la tarea de elaboración constitucional pionera que tiene su primer anclaje en tales documentos y el contexto intelectual que los acompaña, permite a Grases afirmar que "Venezuela tiene un lugar de honor en el recobramiento a la vida de la civilización americana de todo el ámbito de Nuevo Mundo". "A fines del siglo XVIII y comienzos del XIX –señala– se produjo la rotunda afirmación y con ella el esfuerzo necesario para entrar en la vida del espíritu y de la cultura con características americanas. En el orden político, en el cultural, en el sociológico, y en la lucha, en el combate, el centro de acción y de pensamiento partió de Venezuela, el país situado en la cabecera Sur, y en el mismo corazón del mediterráneo americano: el Caribe..."[2], escribe el maestro.

Obviamente que en favor de tal juicio no abona, únicamente, el hecho insurreccional frustrado pero que logra trascender en cuanto a su narrativa o motivación intelectual, sino la constatación de la emergencia, durante ese tiempo germinal de Venezuela, de una sólida corriente humanista propia y diferenciada en sus bases "del [hombre] que había sido modelo en las comunidades hispánicas desde el Renacimiento".[3] Sin que ello signifique, como cabe subrayarlo, su distancia o lejanía del paradigma que la inspira y encuentra, entonces, anclaje cierto en el pensamiento pre-liberal y liberal español.

La razón que esgrime Grases para su afirmación no es baladí, y cabe tenerla muy presente al momento de ponderar los alcances del ideario constitucional fundacional venezolano y sus traspiés posteriores: "El siglo XVIII nos ofrece otra perspectiva y posiblemente sean los sucesos acaecidos durante esa centuria los que nos den la clave para

---

1 Pedro Grases, *Pre independencia y emancipación*, Caracas-Barcelona-México, Editorial Seix Barral, 1981, Obras completas 3, p. 85.
2 *Loc. cit.*, p. 24.
3 Pedro Grases, *La tradición humanística*, Caracas-Barcelona-México, Editorial Seix Barral, 1981, *Obras completas* 5, p. XVII.

explicarnos el desenvolvimiento de los trazos fundamentales de la nacionalidad venezolana".[4]

EL SIGLO XVIII

Cabe tener presente que el tiempo durante el que logra su textura propia e identidad la que más tarde habrá de ser y constituirse como república de Venezuela, coincide con el advenimiento de los Borbones en España y la afirmación del llamado despotismo ilustrado; cuyo primer signo centralizador lo representa –obviamente originado en un tratamiento discriminatorio frente a quienes no apoyan a la nueva Casa reinante durante la Guerra de Sucesión– la eliminación del *foralismo*, con perjuicio particular del reino de Aragón; doctrina política, la foral, que significa la reivindicación por los distintos territorios españoles de sus autonomías administrativas y que, en el caso del citado reino, la ascensión de Felipe V y el dictado de los Decretos de Nueva Planta, le implican la pérdida o el cierre de sus Cortes representativas en 1707.

Las Cortes y sus brazos, encargadas de las funciones legislativas, existen desde el siglo XIII hasta entonces, y están fundadas en la existencia o predica de un pacto o consentimiento entre el rey y el reino, a cuyo tenor y como efecto se "justificaba la resistencia al monarca cuando éste incumpliese el pacto que, según juristas y cronistas, se hallaba en la base del régimen político aragonés".[5]

Es de añadir, en tal orden, que la foralidad, de origen consuetudinario, no es sólo propia de Aragón sino también de Navarra y se extiende hacia otros territorios hispanos hasta cuando ocurre la mencionada Guerra de Sucesión: "En varios textos del inicio del siglo XV aparecen, con nitidez, unos fueros de las montañas pirenaicas como leyes fundacionales anteriores a los reyes. Con ellos se comienza a desarrollar y fundar una doctrina política alternativa a la entonces hegemónica, a la cual sólo podían oponer opiniones e ideas no estructuradas (o la fuerza y la rebelión). Frente a la perfeccionada configuración del poder del rey traída del derecho romano y canónico pontifical, frente a ese emperador en su reino, investido de plena potestad, los fueros de Sobrarbe comienzan a articular una construcción teórica del

---

[4] Obras 3, p. 5.
[5] Jesús Gascón Pérez, "Los fundamentos del constitucionalismo aragonés. Una aproximación", Manuscrits 17, 1999, pp. 253-275.

poder regio limitable, en la línea de las constituciones históricas que se invocarán en otros territorios europeos", refiere Morales Arrizabalaga.[6]

Los fueros del Sobrarbe, titulados míticos, los formulan cristianos sitos en las montañas del mismo nombre (vertiente sur de los Pirineos) desde el instante de la invasión musulmana a España y los imponen a su rey, y según la fuente original que consultamos se resumen así:[7]

I. En paz y justicia regirás el reino, y nos darás fueros mejores.

II. Cuanto a los moros se conquistare, divídase no solo entre los ricos hombres, si también entre los caballeros e infanzones; pero nada perciba el extranjero.

III. No será lícito al rey legislar sin oír el dictamen de los súbditos.

IV. De comenzar guerra, de hacer paz, de ajustar tregua, o de tratar otra cosa de grande interés te guardarás, o rey, sin anuencia del consejo de los séniores.

V. Y para que no sufran daño o menoscabo nuestras leyes o libertades, velará un Juez medio, al cual sea lícito y permitido apelar del Rey, si dañase a alguien, y rechazar las injurias si tal vez las infiriese a la república.

VI. Si contra los fueros o libertades llegara él en lo sucesivo a tiranizar el reino, quedase éste en libertad para elegir otro rey, siquiera fuese pagano.

El absolutismo borbónico, por ende, fija un parteaguas constitucional de significación, que ejercerá su influencia en la posteridad y en las distintas vertientes del pensamiento constitucional de Hispanoamérica. Y es contra tal absolutismo o despotismo, o en el tiempo durante el que se afirma, que son direccionados los distintos movimientos conspiradores y de emancipación tanto en España como en la América hispana.

No por azar, como más tarde lo hacen constar los redactores de la Constitución liberal de 1812, la Constitución de la Monarquía Española que sancionan las Cortes Generales y Extraordinarias reunidas en Cádiz en plenitud de la invasión francesa y firman tres venezolanos –

---

6   Apud. *Loc. cit.*, p. 261
7   Jerónimo Blancas (Ieronomi Blancae), *Aragonensium rerum commentarii*, Aragonij Regni Typographos,1588, pp. 25, 26 y 28.

Esteban de Palacios, y Fermín de Clemente, y José Domingo Ruz de Maracaibo, desautorizados los dos primeros– siendo rechazada por nuestros primeros repúblicos hasta cuando la invoca en su ostracismo el Precursor, Francisco de Miranda, sus normas, sin negar que en algo reflejan la realidad revolucionaria precedente, la americana y la francesa de finales del siglo XVII, encuentran o tienen como su fuente primaria la referida "constitución primitiva" española foral.[8]

La lectura *in extensu* de una parte del discurso preliminar leído en las Cortes –por Agustín de Argüelles– al presentar la Comisión de Constitución el proyecto de ella es al respecto concluyente:

> "Nada ofrece la Comisión en su proyecto que no se halle consignado del modo más auténtico y solemne en los diferentes cuerpos de la Legislación española, sino que se mire como nuevo el método con que ha distribuido las materias, ordenándolas y clasificándolas para que formasen un sistema de ley fundamental y constitutiva, en la que estuviese contenido con enlace, armonía y concordancia cuanto tienen dispuesto las leyes fundamentales de Aragón, de Navarra y de Castilla en todo lo concerniente a la libertad e independencia de la Nación, a los fueros y obligaciones de los ciudadanos, a la dignidad y autoridad del Rey y de los tribunales, al establecimiento y uso de la fuerza armada, y al método económico y administrativo de las provincias. Estos puntos van ordenados sin el aparato científico que usan los autores clásicos en las obras de Política, o tratados de Derecho público, que la Comisión creyó debía evitar por no ser necesario, cuando no fuese impropio, en el breve, claro y sencillo texto de la ley constitutiva de una monarquía. Pero al mismo tiempo no ha podido menos de adoptar el método que le pareció más análogo al estado presente de la Nación, en que el adelantamiento de la ciencia del Gobierno ha introducido en Europa un sistema desconocido en los tiempos en los que se publicaron los diferentes cuerpos de nuestra legislación; sistema del que ya no es posible prescindir absolutamente, así como no lo hicieron nuestros antiguos legisladores,

---

8   Al respecto, *vid*. Asdrúbal Aguiar, *Libertades y emancipación en las Cortes de Cádiz de 1812*, Editorial Jurídica Venezolana, Caracas, 2012, pp. 175 y ss.

que aplicaron a sus reinos de otras partes lo que juzgaron útil y provechoso".⁹

Y agrega, a mayor abundamiento y para precisar, lo siguiente:

"La Comisión, señor, hubiera deseado que la urgencia con la que se ha dedicado a su trabajo... y la falta de auxilios literarios en que ha hallado, le hubiesen permitido dar a esta obra la última mano que necesitaba..., presentando en esta introducción todos los comprobantes que en nuestros códigos demuestran haberse conocido y usado en España cuando comprende el presente proyecto. Éste trabajo, aunque ímprobo y difícil, hubiera justificado a la Comisión de la nota de novadora en el concepto de aquellos, que poco versados en la historia y legislación antigua de España, creerán tal vez tomado de naciones extrañas, o introducido por el prurito de la reforma, todo lo que no ha estado en uso de algunos siglos a esta parte, o lo que se oponga al sistema de gobierno adoptado entre nosotros después de la guerra de Sucesión".¹⁰

No obstante la afirmación del absolutismo y su centralidad política e institucional, el siglo XVIII, como lo recuerda Grases ofrece una perspectiva distinta en el hombre americano, en lo particular, el habitante de Venezuela, visto que "la imprecisa fisonomía" que tiene ésta "para los años postreros del siglo XVII" muda en "un cuadro radicalmente distinto, pues en su gente, en sus instituciones, en sus obras y en sus manifestaciones de cultura, nos hallamos ya con los elementos constitutivos de nuestro gentilicio, en tal forma que el pensamiento de sus escritores, su modo de vivir y la gesta que llevarán a término en el primer tercio del siglo XIX, tienen el sello inconfundible de lo venezolano". Sin que ello signifique, como lo creemos en lo personal y dentro de las limitaciones de la formación intelectual predominantes, una falta de raíces o la ausencia de raíces tributarias del pensamiento constitucional primitivo español, apagado en la circunstancia.

Durante el siglo XVIII ocurre, es verdad, un proceso de forja de identidad y maduración que acaso lo propulsan distintas circunstancias institucionales y nuestro acercamiento a las fuentes de la Ilustración y la filosofía moderna; justamente, las que permiten el juicio crítico y

---

9   Discurso preliminar leído en las Cortes al presentar la Comisión de Constitución el proyecto de ella, Imprenta Tormentaria, Cádiz: 1812 (Edición facsimilar), pp. 2 y 3.

10 *Ídem*, pp. 3 y 4.

ponderado sobre el régimen al que había que ponerle un término, sustituirlo en su momento apropiado, y redescubrir las formas propias del autogobierno.

Se trata del tiempo que marca la primera separación de Venezuela de Santa Fe. Hasta entonces, para 1742, dependemos del Virreinato sito en la actual Colombia, y ha lugar a la autonomía de las provincias venezolanas –Caracas, Maracaibo, Cumaná, Margarita y Guayana– y su sujeción plena a la autoridad de su gobernador y Capitán General, Don Gabriel de Zuloaga. Y la razón es de peso, ya que "la capital de Caracas dista de esa de Santa Fe cerca de cuatrocientas leguas, cuyos pasos en más de la mitad del año son intransitables y en el resto de él sumamente penosos y arriesgados, como se verifica de la poca o ninguna comunicación que tienen entre sí esas Provincias, porque cuando más, se reciben cartas de esa ciudad en la de Caracas una vez al año, al tiempo que bajan esos naturales a vender mulas y que si a algún particular se le ofrece dependencia en que necesite despachar propio o correo, le cuesta de 400 a 500 pesos, y esto, con la incertidumbre de que llegue...", reza la disposición real otorgada en 12 de febrero de dicho año.

Dos décadas antes, además, el 22 de diciembre de 1721, el Rey firma la Cédula de erección, en Caracas, de la Real y Pontificia Universidad de Santiago de León de Caracas sobre la experiencia del Colegio Seminario de Santa Rosa, constante de nueve cátedras y para que pueda otorgar grados, hasta entonces dispensados a los muy pocos venezolanos que excepcionalmente y superando riesgos viajaban al efecto hacia las universidades de Santo Domingo y Santa Fe.

Grases apunta, en cuanto a lo anterior, un elemento de juicio autorizado:

> "Del seno de la Universidad saldrán educados muchos de los hombres representativos de la historia nacional. No es posible ni oportuno entrar en la disquisición valorativa de nuestra Universidad colonial, que tantos encontrados pareceres ha suscitado. Básteme citar unas palabras para mí suficientemente representativas, como son las que estampó Francisco de Miranda, el Precursor, en su primer testamento de 1805, reiteradas en el segundo de 1810...: A la Universidad de Caracas se enviarán a mi nombre los libros clásicos griegos de mi Biblioteca, en señal de agradecimiento y respeto por los sabios principios de Literatura y Moral Cristiana con que administraron mi juventud, con cuyos sólidos fun-

damentos he podido superar felizmente los graves peligros y dificultades de los presentes tiempos".[11]

Sea de mencionar, a título ilustrativo y para el cometido que nos hemos propuesto, que José Ignacio Moreno, quien fue rector de dicha Universidad entre 1787 y 1789, participa de la conspiración de Gual y España en 1797. Juan Germán Roscio (1763-1821), es profesor de Cánones en la misma, y de él recuerda Grases, es uno de los hombres fundamentales –"la necesaria minoría dirigente, que supo encontrar el camino que en la historia conduce a la gloria"– del 19 de abril de 1810.[12] Tanto como para esa fecha, según lo reseña Don Andrés Bello en su *Calendario Manual y Guía Universal de Forasteros en Venezuela para el año de 1810*,[13] integran el Claustro general de Doctores de la Real y Pontificia Universidad caraqueña, autorizada también con Bula de Inocencio XIII y puesta "bajo el patrocinio de la Inmaculada Concepción de Santa Rosa de Lima, y del Angélico Maestro Santo Tomás de Aquino", los nombres, entre otros, de quienes serán nuestros padres fundadores, como José Vicente Unda, Manuel Vicente Maya, Pedro Gual, doctores en teología; Juan Germán Roscio, doctor en Cánones; Andrés Narvarte y Miguel Peña, doctores en Derecho civil; José María Vargas, doctor en Medicina; Cristóbal Mendoza, doctor en Artes.[14]

En ese siglo XVIII también es creada en Caracas la Intendencia de Ejército y Real Hacienda (Real Cédula de 8 de diciembre de 1766); la Real Audiencia, que separa nuestros negocios judiciales de Santo Domingo y reúne bajo la autoridad caraqueña las apelaciones de las Provincias de Venezuela, Cumaná, Maracaibo, Trinidad y Guayana (Real Cédula de 8 de agosto de 1786); y el Real Consulado, para resolver judicialmente sobre los negocios mercantiles y atendiendo el Rey a que, por obra de la libertad de comercio concedida por su augusto padre, "en el estado presente de las cosas y según la multitud y frecuencia de las expediciones que salen para distintos puertos, podrían no bastar los dos únicos consulados establecidos en Lima y México" (Real

---

11 Obras 3, pp. 7 y 8.
12 Obras 5, p. 77.
13 Edición facsimilar tomada del original (Caracas, En la Imprenta de Gallager y Lamb) y publicada con Estudio preliminar de Pedro Grases, Banco Central de Venezuela, Caracas, 1968.
14 *Ídem*, pp. 60-63.

Cédula de 3 de junio de 1793). ¡Y es que, desde 25 de septiembre de 1728, sean cuales fueren las valoraciones históricas realizadas acerca de ella y su actuación en Venezuela, a la sazón se firma contrato entre la Corona Española y la Compañía Guipuzcoana!

El decaimiento de la relación económica entre Caracas y la metrópoli, vía Cádiz, en lo particular en cuanto hace a la exportación de Cacao y sus precios exorbitantes, sumado al incremento de los fraudes y el comercio ilícito, da lugar a la inicial autorización de viaje de dos navíos al año de la señalada compañía, como medio formal para la actividad mercantil, que cargados con frutos españoles pudiesen ser permutados por el mismo cacao, "y los demás de aquellos parajes", en Caracas y a través del puerto de La Guaira, en Puerto Cabello, y para que puedan "*los Factores del Registro traficar libremente, y sin impedimento alguno todos los efectos del Registro, internar sus mercaderías, frutos y géneros por mar y tierra, y Ríos de Yaracuy, y otros, y a todos los puertos y lugares de la jurisdicción de la Provincia de Caracas, y traficar y conducir así mismo desde tierra adentro, y sus costas y ríos, a Puerto Cabello, y al de La Guaira, los frutos que recogieren, compraren en ellas, sin obligar a los Navíos, o embarcaciones de la Compañía, que los condujeren y tuvieren que proseguir el viaje a España, a la descarga de ellos en La Guaira.... [y] podrán entenderse en su navegación, a todas las que intermedian desde la del Río Orinoco, hasta el de la Hacha...*".[15]

En suma, volviendo a Grases, él cita a Mario Briceño Iragorry, para poner sobre la mesa su tesis en cuanto a que, "la Real Cédula de 1777, que permitió al Gobernador y Capitán General de Caracas, dictar órdenes que se cumplían uniformes desde el Roraima hasta el Río de Oro", constituye el momento en que "se echaron los cimientos político-geográficos del gran hogar venezolano y de entonces arranca el proceso formativo del país como nacionalidad determinada en el conjunto de los pueblos civilizados". Pero a renglón seguido, observando el conjunto de las disposiciones reales que le dan armazón institucional, política y económica, a Venezuela, prefiere sostener que ellas "son generalmente consagratorias de un estado de hecho, más que causa de una evolución posterior". A cuyo efecto, propone el estudio de dicho siglo XVIII, como hito en la mudanza de la sociedad venezolana y "como

---

15 Santos Rodulfo Cortés, *Antología documental de Venezuela (1492-1900)*, Caracas, s/e, 1960, pp. 126 y ss.

término de una profunda evolución desde los comienzos del siglo hasta sus postrimerías".[16]

Destaca, incluso así, el papel que, en ese proceso de formación del ser nacional y la fijación de una cultura en forja progresiva, cumplen la citada Compañía Guipuzcoana y, en efecto, como lo escribe Ramón Ezquerra, "a bordo de los buques de la Compañía..., los «navíos de la Ilustración», en conocida frase de Basterra", entran al país "muchos de los más conspicuos autores dieciochescos... [tanto como de la Universidad] "salieron muchas figuras de la Emancipación, lo que atestigua no ser un centro inútil ni atrasado, y mereció la gratitud de Miranda y el elogio de su más brillante alumno, Andrés Bello...".[17] Y a la sazón, Grases, por su parte, prefiere apoyarse, para validar lo indicado, en el testimonio de Don Andrés y en su Resumen de la Historia de Venezuela,[18] en la que da noticia extensa del efecto propulsor que sobre toda la geografía venezolana y su dinámica social ejerce la Compañía:

"a la que tal vez podrían atribuirse los progresos y los obstáculos que han alternado en la regeneración política de Venezuela, ... no podrá negarse nunca que él fue el que dio impulso a la máquina que planteó la conquista, y organizó el celo evangélico... La actividad agrícola de los vizcaínos vino a reanimar el desaliento de los conquistadores, y a utilizar bajo los auspicios de las leyes la indolente ociosidad de los naturales".[19]

Causa de lo sucesivo o realidad en ebullición, en suma, ese siglo XVIII venezolano es el punto de partida necesario para el descubrimiento y la comprensión del pensamiento constitucional fundacional de Venezuela.

Grases, al respecto, hace dos referencias vertebrales. Una, la toma del mismo Bello y su citado resumen de historia: "Venezuela tardó poco en conocer sus fuerzas, y la primera aplicación que hizo de ellas, fue procurar desembarazarse de los obstáculos que le impedían el libre uso de sus miembros".[20] Por lo pronto, ya conocía la importancia de la libertad de comercio para el desarrollo social y político. Otra, la con-

---

16 Obras 3, pp. 11 y 12.
17 Varios autores (José Tudela, director), *El legado de España a América*, vol. I, Ediciones Pegaso, Madrid, 1954, p. 226.
18 Obras 3, p. 12.
19 Bello, *Calendario Manual...*, cit., p. 47.
20 Obras 5, p. 76.

creta en lo que de otra forma no se explicaría, a saber, que en el período correspondiente a las últimas décadas del siglo en cuestión, antes de iniciarse nuestra Independencia, el suelo patrio ve nacer a Francisco de Miranda, Andrés Bello, Simón Rodríguez, Simón Bolívar, Juan Germán Roscio, José Luis Ramos, Cristóbal Mendoza, Francisco Javier Ustáriz, Vicente Tejera, Felipe Fermín Paul, Francisco Espejo, Fernando Peñalver, Manuel Palacio Fajardo, José Rafael Revenga, Pedro Gual, el Padre Fernando Vicente Maya, Miguel José Sanz, Mariano de Talavera, Manuel García de Sena, Carlos Soublette, entre otros.[21] Se trata del conjunto de nuestra primera Ilustración, parteros de nuestra tradición humanista, hacedores de nuestra emancipación, guías del pensamiento político inaugural de la patria; hijos, a fin de cuentas, del siglo XVIII venezolano y de su mixtura hispano-americana.

Los escritos e investigaciones de Grases, fundamentalmente los tres volúmenes que llevan por títulos Preindependencia y emancipación (Volumen 3), Estudios Bolivarianos (Volumen 4) y La tradición humanista (Volumen 5), bastan para comprender el significado de todo lo anterior y encontrar en sus páginas los textos fundamentales o las referencias que perfilan el pensamiento inaugural de la república.

PRE-INDEPENDENCIA Y EMANCIPACIÓN

"El cambio de la vida colonial a la vida independiente en Hispanoamérica no radica únicamente en los hechos políticos y bélicos que determinan el paso del poder público, de manos de la metrópoli a los nuevos gobernantes de las nacionalidades constituidas en Estado a comienzos del siglo XIX", escribe Grases. Así, pone el dedo sobre la llaga de nuestra tradición nacional: "El esfuerzo del héroe militar, o el genio del estadista se estrellarían infaliblemente en el vacío, sino marcharan al unísono con la transformación de las conciencias"; es decir, según sus propias palabras, "mucho más profundo que el traspaso del dominio, es la conversión de los principios actuantes en las antiguas sociedades coloniales", como ocurre en Venezuela.[22] Justamente, es lo relevante y lo que nuestra memoria olvida, bajo la recurrencia y afirmación del César democrático o gendarme necesario durante el curso

---

21 *Obras 3*, pp. 1 y 2. Así mismo, Pedro Grases, *Pensamiento político de la emancipación venezolana* (Compilación, prólogo y cronología), Biblioteca Ayacucho, Colección clásica 33, Caracas, pp. IX-X.

22 *Obras 3*, p. 33.

de los siglos XIX, la primera mitad del siglo XX e incluso, durante las dos primeras décadas del siglo XXI; cuyas narrativas –¡qué duda cabe!– anclan en la vertiente del despotismo que rige en España para el momento de nuestra Emancipación y se disfraza al apenas mudar nuestro modelo, luego de la Independencia, y al hacernos república.[23]

Las circunstancias históricas de entonces, las del siglo XVIII venezolano, determinan un estado de conciencia o lo modelan –en el último caso, el malestar social con la Guipuzcoana dada su tendencia monopolizadora de la vida económica y política, siendo que llega, en efecto, bajo las ideas imperantes del libre comercio desconociéndolas; el desarrollo intelectual de los criollos y su afecto por el suelo en el que nacen, que los opone a los peninsulares; las noticias sobre la revolución americana y la revolución francesa; la invasión de Napoleón a España y la amenaza de su extensión hacia las colonias de ésta– y aquéllas, las circunstancias históricas mencionadas, propulsan la acción que sólo espera que el todo se concrete en una idea movilizadora, que para Grases se resume en la Declaración de los Derechos del Hombre y del Ciudadano proclamados en Francia; declaración de filiación norteamericana y británica –la Declaración de Derechos y el Bill of Rights– y la emergencia, como fundamento de aquélla, de la filosofía liberal de los siglos XVII y XVIII: "Los renovadores conceptos filosófico-políticos del liberalismo habrán de constituir el nervio y la razón de conducta de los hombres públicos"[24] de la época, señala el autor.

Su primera fuente de estudio la representan, por lo mismo, los textos de la citada conspiración de Gual y España, en lo particular, las denominadas Ordenanzas, constantes de 44 artículos y que son instrucciones prácticas para la acción revolucionaria imaginada; el alegato emocional que soporta a la insurrección y a la vez evoca, entre muchas líneas, el alzamiento reivindicatorio de Juan Francisco de León de

---

23 Véase de Giovanni Meza Dorta, *El olvido de los próceres: La filosofía constitucional de la Independencia y su distorsión producto del militarismo*, Editorial Jurídica Venezolana, Caracas, 2012, *passim*; en lo particular, la referencia que toma de Bolívar, en carta que dirige a Santander el 13 de junio de 1821 (*ídem*, p. 32): "Éstos señores [los civiles de Bogotá] piensan que la voluntad del pueblo es la opinión de ellos, sin saber que en Colombia el pueblo está en el ejército, porque es el pueblo que quiere, el pueblo que obra y el pueblo que puede: todo lo demás es gente que vegeta, sin ningún derecho a ser otra cosa que ciudadanos pasivos".

24 Obras 3, *loc. cit.*

1749 en protesta contra la Compañía Guipuzcoana, titulado Habitantes libres de la América Española; las canciones –la Canción Americana y la Carmañola Americana– propuestas para animar y exaltar al pueblo no educado con vistas a la jornada insurreccional que se le propone; el texto de los Derechos del Hombre y del Ciudadano –que es la traducción del texto francés de 1793, constante de 35 artículos– y las Máximas Republicanas, como enunciado de principios y virtudes ciudadanas. Se trata, lo refiere Grases, de un "código de moral y política por el que debe guiarse un buen republicano"[25]; suerte de decálogo de deberes, contrapartida de los derechos que se esgrimen.

De todo ello, no obstante, lo de especial interés para el entendimiento de nuestro pensamiento constitucional originario es el Discurso preliminar que antecede al mencionado texto de los derechos del hombre.

El Discurso preliminar dirigido a los americanos, es obra, según Grases, de Juan Bautista Picornell, quien en 1797 llega a La Guaira junto a Manuel Cortés Campomanes, Sebastián Andrés y José Lax, todos reos de Estado, condenados por la frustrada Conspiración de San Blas en España que estallaría el 3 de febrero de 1796, y es quien lo introduce. Del mismo, se afirma –como consta en el propio texto– haber sido impreso en Madrid, en la Imprenta de la Verdad, en el año primeramente indicado, pero del que la Real Audiencia de Caracas sostiene existen "muchos ejemplares" en la Isla de Guadalupe.[26]

Hace parte Picornell del movimiento pre-revolucionario liberal español. Algunos hasta disminuyen su importancia intelectual, no obstante que, "exaltado, apasionado, orador de fácil palabra, había hecho exclamar al fiscal de su causa en España: ¡...el hombre que tenemos presente en esta audiencia o es un santo o es un demonio!"[27]. Sus elaboraciones o reflexiones en el discurso –distintas de su preferencia intelectual conocida por la pedagogía, anclada en su formación salmantina– algunos las tachan, además, por radicales o jacobinas, ora por predicar el establecimiento de una república democrática, ora por orientarlas hacia la idea de una monárquica constitucional.[28] Pero, más

---

25 *Ídem*, p. 56.
26 *Ib.*, p. 45.
27 *Id.*, p. 39.
28 María Jesús Aguirrezabal y José Luis Comellas, "La conspiración de Picornell", Universidad de Sevilla, s/f, pp. 10 y ss.

allá de las inevitables influencias cruzadas a que las somete su tiempo y el contexto –las mencionadas revoluciones americana y francesa– su ideario o propuesta política queda tamizado por la condición que tiene como hispano y tributario del mundo ilustrado que conoce. Mas, lo importante es que, al fin y al cabo, el aporte de Picornell ejerce una influencia de no poca importancia en las tareas constitucionales que han de acometer luego los padres civiles de nuestra emancipación e independencia.

Entre los grupos o "grandes talentos del país" –del llamado liberalismo conservador español– quienes avanzan incluso de concierto con la propia monarquía en las ideas de una reforma prudente, que fuese congruente con los tiempos nuevos; y la constatación, así mismo, de la repulsa general que causan entre los españoles de bajos estratos las noticias de la incontenible violencia revolucionaria francesa -"opuestos por su espíritu religioso y tradicional a cuanto oliese a revolución"- se afirma, de nuestro personaje, que integra "el grupo de los intelectuales de segunda fila, pretensiosos o resentidos, que se lanzaron al campo del activismo político sin pensarlo más".[29]

El molde del liberal hispano es, antes bien, Manuel José Quintana. En sus cartas a Lord Holland –testigo inglés del proceso español desde el reinado de Carlos III hasta Fernando VII y la posterior afirmación constitucional del liberalismo– señala que "el estado de libertad es un estado continuo de vigilancia y frecuentemente de combates", pero separándose del fenómeno francés señala que aquel, en todo caso, ha de alcanzarse "sin hacer derramar a nadie una gota de sangre, ni una lágrima siquiera".[30]

Lo importante de subrayar es que Grases constata, no solo que los papeles de la conspiración de Gual y España, en específico, el de los Derechos del hombre y del ciudadano, son reeditados posteriormente en Caracas, en 1811 y 1824, en Bogotá en 1813, y en Cumaná en 1848. Sus prescripciones pasan, en efecto, a los Derechos del Pueblo aprobados por la sección legislativa de la Provincia de Caracas el 1º de julio de 1811; a la Constitución Federal para los Estados Unidos de Venezuela, de 21 de diciembre de 1811, elaborada por Francisco Javier de Ustáriz, con la colaboración de Juan Germán Roscio y Gabriel de Pon-

---

29 *Loc. cit.*
30 Apud. Manuel Moreno Alonso, "Lord Holland y los orígenes del liberalismo español", s/f, p. 181, y Aguirrezabal, *cit.*, p. 11.

te; y a la Constitución de Barcelona colombiana de 12 de enero de 1812, en la que trabajan Francisco Espejo y Ramón García de Sena.[31]

En la indagación que realiza nuestro homenajeado, si bien su estudio se limita a "la influencia y las ideas de la redacción del texto de 1797 en los primeros códigos constitucionales de la república", quedan trazas del mismo, según aquél, en las constituciones subsiguientes: la de Cúcuta de 1821, la de Venezuela de 1830, e incluso en la controversial Constitución de Bolivia de 1826, obra de Simón Bolívar. De allí que no carezca de significado el detalle que a la par constata Grases en las Actas del Congreso Constituyente de Venezuela de 1811: "en el Salón de Sesiones del Supremo Congreso de Caracas entró con previo permiso D. Juan Picornell, a ofrecer sus servicios en favor de la patria, al restituirse a Venezuela de la persecución sufrida por el Gobierno anterior".[32]

¿Qué enseñanzas constitucionales deja, así las cosas, el estudiado *Discurso preliminar*[33] dirigido a los americanos y que puedan juzgarse de relevantes para la configuración de un pensamiento venezolano propio?

Lo primero que destaca en el orden dogmático constitucional es el fundamento que le atribuye a los derechos del hombre, que considera "sagrados e imprescriptibles" y mal pueden ser desconocidos "sin una infracción de las leyes más sagradas de la naturaleza, y por un feroz abuso de la fuerza armada"; con lo cual, si bien Picornell traduce para ilustración de los americanos el texto francés que encabeza con su discurso, se separa de su cosmovisión revolucionaria y roussoniana e incluso de la jacobina –salvo que se le acuse como tal, y eso ocurre en su momento, por su apelación última al recurso de la fuerza o acaso al proponer la fórmula del gobierno colectivo[34] como se verá más adelan-

---

31   Obras 3, pp. 85 y ss.
32   *Ídem*, p. 169.
33   Véase el texto, *in extensu*, en Obras 3, pp. 189 y ss., o del mismo autor, en *Pensamiento político de la emancipación*, cit., pp. 9 y ss.
34   La administración general de la República, en la Constitución francesa de 1793, es confiada a un Consejo Ejecutivo de 24 miembros, electos por el cuerpo legislativo, y aquél, a su vez, nombra, fuera de su seno, los agentes en Jefe de la administración general de la República y los agentes exteriores, conforme a los artículos 62 y ss. *Cfr*. Ferdinan Mélin-Soucramanien, *Les constitutions de la France de la Révolution á la IV République*, Paris, Dalloz, 2009, pp. 63 y ss.

te– recordando, como buen español, que bebe de la fuente milenaria, del Evangelio.

Dado ello predica la disposición necesaria que se requiere para sustituir con "el imperio de una ley razonable y justa, a la fuerza arbitraria y desmedida, la dulce fraternidad que el Evangelio ordena, al espíritu de división y de discordia que la detestable política de los Reyes ha introducido entre nosotros".

Tal construcción, que es basa de la acción insurreccional de Gual y España, plantea, dos exigencias conceptuales y complementarias, incluso políticamente operativas, a saber, uno, la de restituirle al pueblo su *soberanía* para que pueda hacer valer el poder de sus derechos y determine la formación de un "gobierno paternal"; otro, la creación de una conciencia colectiva sobre los derechos, que prevenga al pueblo del engaño, de la mentira como política de Estado: "Ningún hombre puede cumplir con una obligación que ignora, ni alegar un derecho del cual no tiene noticia", es la oración inaugural del discurso preliminar.

En cuanto a lo primero, se trata de una premisa que tiene largo arraigo en la tradición hispana, según lo refiriésemos supra, y que conceptúa Picornell en su unidad, sobre la que descansa la misma soberanía y que se entiende como el "producto del concurso general de sentimientos y de esfuerzos hacia un objeto único: "el goce común de los derechos del hombre, que constituye el bienestar de cada individuo". Y en cuanto a lo segundo, se abre un abanico constitucional de importancia, que explica, por una parte, la precedencia que se le da a las declaraciones de derechos, previas o anteriores a las formulaciones orgánicas y garantistas del poder en el respectivo texto constitucional, para atar las segundas a las primeras en calidad de sirvientes –así ocurre en Francia, en 1789, 1791, 1793 y 1795, y en Venezuela, en 1811– y, por otra parte, determinan la significación de la educación pública dentro del nuevo entramado constituyente; como lo refleja el artículo 22 de la Declaración francesa de 1793 –fijando como deber de la sociedad favorecer la "razón pública"– y, más tarde, el artículo 368 de la Constitución de Cádiz de 1812 . En otras palabras, se propone "cimentar, y construir de nuevo el edificio, poner en acción la moral, y darla por basa a la política, así como a todas las operaciones del Gobierno", reza el discurso.

Otros dos párrafos del mismo son aleccionadores, al respecto:

> "No habrían abusado tanto los Reyes de España, y los que en su nombre gobiernan nuestras provincias, de la bondad de los Americanos, si hubiésemos estado ilustrados en esta parte. Instruidos ahora en nuestros derechos y obligaciones, podremos desempeñar éstas de modo debido, y de defender aquéllos con el tesón que es propio".

> "Así, hacer de un vasallo, o de un esclavo, que es lo mismo, un Republicano, es formar un hombre nuevo, es volver todo al contrario de lo que era... no es suficiente establecer otro sistema político, es necesario, además, poner el mayor estudio en regenerar las costumbres para volver a todo ciudadano el conocimiento de su dignidad, y mantenerla en el estado de vigor y entusiasmo, en el que le ha puesto la efervescencia revolucionaria, si pasada la crisis no estuviese sostenido por un conocimiento positivo de sus derechos".

La Constitución, por consiguiente, así como reclama –para ser tal y por fundada en los principios de la razón y de la justicia –estar al servicio de los derechos del hombre y del ciudadano, según Picornell ha de ser además de suficiente y garantista, oportuna, pues ha de formularse y publicarse sin dilación una vez como se alcanza la conciencia de la gente acerca de sus derechos.

Es una cuestión de indudable importancia, en medio de todo proceso emancipador:

> "Si la reforma no se ejecuta en ese instante, la imaginación se enfría, las ofensas se olvidan, el entusiasmo se pierde, y la malignidad alentada recobra su audacia, principia a maquinar, y no pocas veces consigue malograr la revolución". (...) "Entonces, el espíritu de discordia se introduce, inflama los corazones, y hace que se combatan, despedacen, y destruyan mutuamente los partidos".

El sentido señalado de la oportunidad constitucional adquiere para los legisladores igual relevancia que la proclamación de los derechos: ya que las disensiones no se frenan "sino publicando inmediatamente su nueva forma de gobierno; y Picornell agrega, por ende, que "en medio de este contraste –el señalado y advertido y que llega por pérdida del sentido del tiempo– los mejores ciudadanos suelen ser víctimas de la perfidia: como su carácter enérgico se opone a toda transacción de los derechos, no es muy difícil al maquiavelismo, pintarlos como los solos obstáculos para el restablecimiento de la tranquilidad general".

La Constitución, en orden seguido, al instante de formular su andamiaje y para asegurar las garantías orgánicas de los derechos, ha de "combinar sus partes de tal modo, que la necesidad de la obediencia de las leyes, y de la sumisión de las voluntades particulares a la general, deje subsistir en toda su fuerza y extensión, la soberanía del pueblo". Y reduciéndose el entramado de los citados derechos a los principios de "igualdad entre los ciudadanos, y el ejercicio de la libertad natural", no cabe duda que ello sólo es posible –así lo confirma el discurso– en una república democrática.

Acaso es, esta afirmación, la que explica la referida acusación que se le hace a Picornell de jacobino, si se la mira no desde la óptica que muestra el trágico desenlace de la Revolución Francesa, sino por la postulación que hacen los girondinos en su Constitución de 1791 de una "monarquía parlamentaria" y constitucional –que limita las atribuciones del Rey y es consistente, incluso, con la perspectiva de los liberales españoles doceañistas, de cultura reformadora– a la que se oponen quienes se reúnen en el Convento de los frailes dominicos: esencialmente republicanos, defensores de la soberanía popular, del voto universal, de la unidad de la nación y del Estado centralizado pero de organización colectiva, como cabe repetirlo.

Picornell, incluso así, precisa mejor su perspectiva y la matiza, apuntando al principio de la distribución, contención y balances del poder, como antecedente del constitucionalismo venezolano:

"es necesario crear una autoridad vigilante y firme, una autoridad sabiamente dividida entre los poderes, que tenga sus límites invariablemente puestos, y que ejerzan el uno sobre el otro una vigilancia activa, sin dejar de estar sujetos a contribuir a un mismo fin".

De modo que, a la visión francesa contractualista, apoyada en el criterio *pro statum o imperium* y su centralidad, opone éste la visión hispana, iusnaturalista y teleológica *pro homine et libertatis*, asegurada por la mencionada división de los poderes y la sujeción de éstos a la ley.

Mejor se entiende lo así dicho, leyendo al propio autor del discurso:

"Con esta medida, la jerarquía necesaria, para arreglar y asegurar el movimiento del cuerpo social, conserva su fuerza equilibrada en todas sus partes... Esta proporción tan exacta nace principalmente de los elementos bien combinados de las autoridades... Nada más funesto para un Estado, que la creación de funciones públicas que no son de una utilidad positiva; no es sino una profunda ignorancia, y más frecuentemente la ambición, el orgullo y el amor propio, quien propone tales funciones; ...ellos [los empleos] impiden el curso del gobierno por su inutilidad, y apuran el Estado consumiéndole su substancia [la garantía de todos los derechos para todos]".

Varios principios rigen para una república democrática así concebida, que han de entenderse como los fundamentales del constitucionalismo venezolano emergente y que propugna el discurso, encontrando, éste, aliciente propicio en el momento crucial de nuestra emancipación:

"Muchos pueblos se ocupan en el día en recobrar su libertad: en todas partes los hombres ilustrados y de sano corazón, trabajan en esta heroica empresa... las circunstancias de la Europa presentan la ocasión más favorable", dice.

Mas, el punto de partida en cuanto a los primeros, es impedir se configure otro gendarme o de un Estado gendarme en defecto de la monarquía.

"En donde todo el poder reside en una sola mano privilegiada, solamente se asciende a fuerza de bajezas, adulando las pasiones...", ajusta Picornell; lo que ha de ser evitado mediante una metodología que propugne, ora la señalada distribución del poder, ora su origen estrictamente electoral.

En efecto, al predicar el carácter colectivo del ejercicio del poder, advierte el autor del discurso que ello no es suficiente, sino que "es necesario también que sea electivo. Éste es, uno de los principios fundamentales de la democracia", concluye Picornell categóricamente.

La reflexión, en cuanto a lo primero e *in extensu* es ilustrativa:

"Conferir a un hombre solo todo el poder, es precipitarse en la esclavitud, con intención de evitarla, y obrar contra el objeto de las asociaciones políticas, que exigen una distribución igual de justicia entre todos los miembros del cuerpo civil".

Quizás prefigurando, así, la formación de una república parlamentaria y/o de gobierno colegiado a la manera de la Constitución francesa de 1793[35], explica el discurso, que ello obliga o provoca de suyo la publicidad de la deliberación, esencial en la república democrática:

---

35   *Vid*. Supra.

"No puede jamás existir, ni se pueden evitar los males del despotismo, si la autoridad no es colectiva; en efecto, cuanto más se la divide, tanto más se la contiene... ninguno puede tomar resolución sin el consentimiento de los otros; cuando en fin la publicidad de las deliberaciones, contiene a los ambiciosos o descubre la perfidia, se halla en esta disposición una fuerza, que se opone constantemente, a la propensión que tiene todo gobierno de una sola, o de pocas personas, de atentar contra la libertad de los pueblos, por poco que se le permita extender su poder".

La razón, en cuanto a lo segundo, a lo electoral, no se hace esperar. Se le considera no sólo como el acto principal de la soberanía del pueblo sino, asimismo, parte esencial de los derechos de igualdad –de allí el carácter universal del voto– y la mayor garantía de la libertad pública.

Entiende Picornell, incluso así, que "no todos nacen con las mismas disposiciones, tienen un mismo mérito, y poseen las cualidades necesarias para desempeñar debidamente las funciones públicas"; por lo que previene, no tanto en cuanto a lo relativo a las condiciones que constitucionalmente se le deben fijar al elegido, sino en lo atinente al desconocimiento que de tal premisa y los males que ocurren en los pueblos "que se dejan gobernar por autoridades hereditarias".

Precisa, en igual orden, que el pueblo, al mismo tiempo, no puede ser representante y representado, y al efecto sostiene que, junto a la separación de los poderes electos y delegados, "es necesario que [el pueblo] tenga perpetuamente bajo su dependencia, aquellos a quienes delega el ejercicio de su poder".

Le elección, en suma, otorga un mandato, y el nombramiento que confiere el pueblo, dentro de la más añeja tradición hispana, en modo alguno restringe o prosterna en ningún momento o circunstancia el "derecho de supremacía" de éste, es decir, conserva y ejerce en unidad la soberanía como principio vertebral, reafirmando su consideración inicial.

El carácter electoral del poder delegado, su división y distribución, su carácter colectivo que le obliga a la deliberación y su publicidad, el control permanente por el pueblo sobre todos los mandatos que confiere, su carácter temporal –"los funcionarios, que lo son por toda su vida, o por un largo espacio de tiempo, rompen el equilibrio de la democracia", reza el discurso– y la naturaleza participativa de la misma democracia –"el ocioso en una democracia, es despreciado del público, como un ser inútil, y castigado por la ley, como un ejemplo escandaloso", agrega éste– expresan el conjunto de principios o postulados fundamentales de un orden constitucional que se proponga, como sistema, sustituir al despotismo.

El texto de Picornell sintetiza lo anterior así:

> "La verdadera esencia de la autoridad, la sola que la puede contener es sus justos límites, es aquella que la hace colectiva, electiva, alternativa y momentánea".

Cabe, a todo evento, volver e insistir en ese elemento que viene atado, necesariamente, al ejercicio colectivo del poder y a su carácter electivo, a saber, el de la publicidad, que apunta a la idea de la transparencia en la democracia; que no se reduce a la mera cuestión de la publicidad –también mencionada en el discurso– del acto constitucional y su oportunidad.

> *"La publicidad de las opiniones, y de las deliberaciones, es absolutamente necesaria en una República: no se debe hacer jamás uso, sino del escrutinio verbal. Malhaya aquél, que teme dar su voto, su parecer, o dictamen en alta voz; sus intenciones no pueden ser buenas; no hay sino la maldad que pida la oscuridad y el silencio"*, afirma Picornell *antes de fijar su enseñanza al respecto: "La publicidad es la más fuerte columna de la libertad"*.

Otro elemento, ya avanzado y de subrayar, es la identidad de la república democrática con el Estado de Derecho y su principio de la legalidad, que a la vez se funda, como exigencia, en el principio de la alternabilidad en el ejercicio del poder y en leyes –"será imposible que haya jamás un buen gobierno, ni una sabia legislación" [sin que todas las leyes sean recopiladas]– que sean objeto de sanción popular:

> "La habitud *[o larga duración del goce de los poderes por los funcionarios]* los identifica insensiblemente con su empleo, de suerte que acaban por hacerse señores, y en lugar de seguir la legislación, que se les ha prescrito, mandan sólo según su capricho".

De modo que, tal y como lo refiere el discurso, "la justa limitación de los poderes y del ejercicio de las funciones públicas", llega al punto de hacer incompatible con la vigencia del mismo Estado de Derecho, a la clásica dictadura constitucional de origen romano o el conocido, en la actualidad, estado de emergencia o excepción. En modo alguno –es la tesis del discurso– una crisis constitucional puede conllevar a la suspensión del orden constitucional:

"Aun en los peligros más inminentes de la Patria, aun en las circunstancias más desgraciadas que pueden presentarse en medio de una crisis revolucionaria, no se debe cometer semejante exceso. Toda excepción de la ley común, hecha en favor de un individuo, es un atentado cometido contra los derechos de los demás".

Ahora bien, el imprescindible ejercicio del poder conforme al Estado de Derecho y a su principio de la legalidad, apareja otro principio clave para la república democrática, a saber, el de la responsabilidad, según Picornell:

"Es necesario, pues, que los límites a la autoridad sean tan positivos, que aquellos a quienes esté confiada, no puedan de manera alguna, engrandecer, ni estrechar su circunferencia, sin sufrir la pena impuesta a cualquiera que cometa un atentado contra la seguridad pública, que reside particularmente en la integridad de la Constitución".

Finalmente, una Constitución sabia y justa además de permanente, como la dibuja Picornell para los americanos, en lo particular para los venezolanos, en procura de una república democrática, es extraña a la mera radicalidad racionalista o histórica que imponga arbitrariamente un grupo, al margen de la realidad y circunstancia que sean propias del grupo humano al que haya que reivindicar en su dignidad y darle un estatus ciudadano. Se trata, en efecto, de una labor de armonía, con miras a la idea del Bien Común, encomendada a los legisladores, pero cimentada en lo invariable, es decir, en el carácter anterior y superior al Estado que tienen los derechos del hombre y condicionan el carácter sirviente de toda la ingeniería constitucional.

Ello obliga, justamente, al reconocimiento constitucional de "la naturaleza de las cosas, y el carácter de los hombres"; no tanto como para subestimarlos y sujetarlos a la tutela del autoritarismo, tal y como lo predicarán los despotismos ilustrados, sino para que haya lugar a una tarea compleja y de moderación en los mismos legisladores, para que a los hombres del pueblo:

"sepan atraerlos por la fuerza de los principios y no por la violencia; que conozcan la influencia del clima, sobre lo moral y lo físico, y la influencia aún más grande de los usos antiguos… que miren solamente la masa del pueblo, sin distinguir los individuos; que caminen entre la sabiduría y el vigor, la justicia y la razón, la estabilidad y los principios… [y] mirar exclusivamente en sus trabajos el bien general".

Si hubiese que traducir todo lo anterior a la luz de los estándares contemporáneos de la democracia, no sólo de aquéllos que se hacen espacio luego de las revoluciones de la libertad de finales de los siglos XVIII y XIX en Occidente, cabría decir que el Discurso preliminar de Picornell entiende a la república, por fundada sobre el reconocimiento y respeto de los derechos humanos, como una organización del ejercicio del poder político guiada por los principios de legitimidad de origen popular de los mandatos; ejercicio parlamentario representativo; alternabilidad, carácter momentáneo y colegiado de la función pública, con lo que se proscribe la reelección inmediata; división y distribución del poder junto a sus equilibrios (*check and balance*); sujeción del poder a la legalidad constitucional y su teleología *pro homine et libertatis*; transparencia en el ejercicio del poder e información pública; deliberación libre; responsabilidad funcionarial; sujeción de las armas a la primacía de los derechos civiles y ciudadanos; estabilidad e integralidad constitucional, como garantía de los derechos; participación ciudadana; en fin, primacía inicial y final de la voluntad popular soberana.

LA TRADICIÓN HUMANISTA

Grases dedica un tomo de su larga obra al estudio de los humanistas –*La tradición humanística*–[36] que hacen tradición en Venezuela y son, en esencia, integrantes de la ilustración pionera, la de nuestro siglo XIX, como los casos del Precursor Francisco de Miranda, Miguel José Sanz, Juan Germán Roscio, Simón Rodríguez, Andrés Bello, Manuel Palacio Fajardo, José María Vargas, Domingo Navas Spínola, Juan Manuel Cagigal, Fermín Toro, Juan Vicente González, Rafael María Baralt, y Cecilio Acosta. Ellos ocupan la atención intelectual de Grases. No obstante, cabe decir que Navas Spínola y quienes le siguen, nacidos a inicios del citado siglo, despliegan sus luces sobre la república una vez independiente y ya separada de la Gran Colombia.

Son las ideas de Miranda, Sanz, Roscio, y Bello, en efecto, las relevantes y que han de ser tomadas en cuenta para el estudio del pensamiento constitucional venezolano germinal, antes de que sufra un giro o alcance ser severamente matizado por la obra constitucional de Simón Bolívar, a quien Grases dedica un libro aparte que precede a los

---

36 Obras 5, *cit. Supra*.

de los humanistas –*Estudios Bolivarianos*–[37] a fin de relevar en él, más allá de su condición militar, "la singular altura de una ideología y la capacidad de expresarla en un idioma limpio" sobre Venezuela, sin que pueda precisarse "el tiempo y lugar de su formación intelectual".

Todos a uno, o acaso los primeros diferenciándoseles Bolívar, son portadores de una suerte de pensamiento humanista liberal propio, de textura americana, que Grases acusa "con rasgos diferenciadores respecto a las perspectivas de la cultura en Europa".[38] Las premisas compartidas entre ellos son, según su criterio, "a) El derecho al gobierno de las cosas públicas; y b) La necesidad de construir las bases propias americanas con las peculiaridades singulares, idóneas a las nuevas Repúblicas"; objetivos, éstos, que, en el juicio de aquéllos no pueden alcanzarse sino mediante una "nueva educación".[39]

Incluso, así, ese pensamiento constitucional en cierne, Grases lo advierte frustrado "por la fuerza de los acontecimientos socio-políticos que dominan la escena del siglo XIX en casi toda la América hispana", a saber y como lo precisa éste, "dada la aparición de caudillos o gobiernos autocráticos".

Interesa, para este escrito puntual –susceptible de ser ampliado– y dada su sucesión cronológica, auscultar de modo particular y en líneas gruesas el pensamiento mirandino, por ser el inaugural dentro del conjunto de sus contemporáneos y sin mengua de alguna brevísima reseña acerca de éstos.

A. *El licurgo venezolano*

Sin embargo, cabe decir, brevemente, en cuanto a Miguel José Sanz, nacido en 1756, quien fuera consejero de mismo Miranda y decano de los juristas caraqueños; considerado el "Licurgo de Venezuela"[40] por François Depons y editor que es del primer periódico no oficial que circula en plena emancipación e Independencia, el *Semanario de Caracas*, amén de secretario del Congreso que sanciona nuestra primera Constitución, que es el autor de las ordenanzas municipales

---

37 Pedro Grases, *Estudios bolivarianos*, Barcelona-Caracas-México, Seix Barral, 1981, Obras completas 4, *passim*.
38 Obras 5, p. XVIII.
39 *Loc. cit.*
40 Grases, *El pensamiento político...*, *op. cit.*, p. 380.

para el gobierno de Caracas cuya redacción le encomienda el Capitán General Guevara y Vasconcelos y que finaliza en 1802. Las mismas, al igual que su historia de Venezuela se extravían, y de las primeras queda, en buena hora, la parte educativa: *Informe sobre la Educación Pública durante la Colonia*.[41]

Una de sus preocupaciones fundamentales es, sin exagerar, la educación para la democracia; lo que se aprecia al leer su afirmación, en cuanto a que la "prosperidad pública" sólo será posible gracias a "magistrados sabios" y "ciudadanos ilustrados" que alejen de la sociedad "la hipocresía y la superstición"[42]; educación que la entiende en su carácter laico, y la funda en la igualdad de trato y no discriminación, tal y como se desprende de sus comentarios al respecto: "Pocos niños hay en Caracas que no se crean más nobles que todos los demás y no se precien de tener un abuelo Alférez, un tío Alcalde, un hermano Monje o un Sacerdote pariente (...)".[43]

Sanz, más tarde, es consultado sobre el proyecto de gobierno provisorio que imagina para Venezuela Simón Bolívar en 1813, elaborado a su pedido por Francisco Javier Ustáriz. Y, al efecto, téngase presente que ese mismo año y antes, en reproche que hace al gobernador de la provincia de Barinas, Manuel Antonio Pulido, en evidente discrepancia con el pensamiento de los repúblicos de 1811, Bolívar expresa lo siguiente y con ello traza las primeras líneas concretas –no matizadas– de su pensamiento constitucional:

"Lamento ciertamente que en el oficio de V.S. de 27 de julio se reproduzcan las viciosas ideas políticas que entregaron a un débil enemigo una República incomparablemente más poderosa en proporción. Recorra V.S. la presente campaña y hallará que un sistema muy opuesto ha restablecido la libertad. Malograríamos todos los esfuerzos y sacrificios hechos si volviésemos a las embarazosas y complicadas formas de la administración que nos perdió. Vea V.S. cómo no son naciones poderosas y respetadas sino las que tienen un gobierno central y enérgico. La Francia y la Inglate-

---

41 Mariano Nava Contreras, "Ilustración venezolana y Paideia colonial", *Presente y Pasado. Revista de Historia*. ISSN: 1316-1369. Año 15, N° 30, julio-diciembre, 2010, p. 310.

42 *Ídem*, p. 314.

43 *Obras 5, cit.* Así mismo, cita por F. Depons, *Voyage a la partie orientale de la terre-ferme dans l'Amérique Méridionale*, F. Buisson Libraire, París, 1806, p. 188.

rra disponen hoy del mundo, nada más que por la fuerza de su gobierno, porque un Jefe sin embarazos, sin dilaciones, puede hacer cooperar millones de hombres a la defensa pública. ¿Cómo pueden ahora pequeñas poblaciones, impotentes y pobres, aspirar a la soberanía y sostenerla? Me objetará V.S.: las soberanías de los Estados Unidos; pero primero estas soberanías no se establecieron sino a los doce años de la revolución, cuando terminada la guerra aquella Confederación estaba reconocida de sus propios opresores y enemigos; hasta entonces los mismos vencedores habían sido los jefes superiores del Estado, y a sus órdenes todo salía sin réplica: ejércitos, armas y tesoro. Segunda, que las provincias de los Estados Unidos, aunque soberanas, no lo son más que para la administración de la justicia y la política interior. La hacienda, la guerra, las relaciones exteriores de todas las soberanías, están enteramente bajo la autoridad del solo Presidente de los Estados. Ninguna provincia tampoco es soberana, sin una población y riqueza bastante para hacerla respetar por sí sola."[44]

Sanz responde de modo elocuente al pedido que se le hace. Adhiere a la citada concepción de la organización bolivariana del poder, pero justificándola en tanto y en cuanto es igual a la forma de dictadura constitucional que ejerce Miranda en plena crisis de la Primera República, por mandato del Congreso. La entiende, pues, como un estado de excepción transitorio –de origen romano– que tiene lugar para asegurar la misma libertad; lo que al paso hace inconveniente, lo dice Sanz, la división del territorio en corregimientos como lo propone Ustáriz:

"Sería, pues, contrariar la naturaleza de las cosas desviarse o apartarse de la ruta y senda, que ella nos ha ofrecido para que recuperemos y consolidemos nuestra Libertad e Independencia. Seguirla puntualmente, auxiliándola por nuestra parte cuanto nos sea posible, es lo que aconsejan la razón, la conveniencia y la justicia. El General Bolívar debe, por todas estas consideraciones, reunir en sí los poderes legislativos y ejecutivo y gobernar el Estado hasta concluir y perfeccionar la grande y gloriosa obra que ha comenzado, destronando a los tiranos, limpiando la tierra de enemigos y asegurando nuestro sistema por medio de la unión con la Nueva Granada".

---

44 Grases, *Pensamiento político...*, cit., pp. 96 y ss.

Incluso así, al profundizar en el asunto y proponer hacia octubre unas *Bases para un gobierno provisional de Venezuela*, en cuyo discurso preliminar, justamente, consta la mención que hace de Miranda – a quien señala de hombre "extraordinario" y advierte de torpeza imaginar siquiera su reposición al poder– Sanz precisa que superada la guerra cabe formar un gobierno representativo, originado en comicios, lejos del esquema bolivariano:

> "Más reflexionada la materia, opinaría yo que no es conveniente que el General Bolívar extienda la autoridad que le corresponde a todos los ramos de Administración. Esto seguramente le sería muy embarazoso y le distraería del principal y casi único objeto a que debe dirigirse, que es expeler a los enemigos interiores y exteriores de la Patria. En los asuntos de Estado, de Guerra y de Hacienda, debe tener omnímodas y absolutas facultades, porque no pudiendo hacerse la guerra sin noticias exactas y sin rentas, es preciso que intervenga y disponga arbitrariamente de todas, y que respecto de estos ramos sea Legislador y Ejecutor, sólo con dependencia del Congreso de Nueva Granada, hasta que pacificadas las Provincias, esparcidas y afianzadas las verdaderas ideas, extirpadas las falsas y los pueblos instruidos, nombren sus Representantes en concurrencias libres y legítimas, y éstos formen la Constitución permanente y estable de que partan leyes justas, equitativas y acomodadas a la naturaleza del país, carácter y clases de sus habitantes".[45]

B. *El teorizador católico*

De Roscio, nacido en 1763, cabe referir lo que afirma de él Grases y que no es de menor importancia, dada la raizal adhesión al cristianismo por los españoles –y criollos– de ambos continentes y como tal condicionante de sus valoraciones políticas:

> "[Se trata del] mayor teorizador de Hispanoamérica, quien dedicó principalmente su vida a desvanecer el último escrúpulo de sus conciudadanos. Tal fue la misión de Juan Germán Roscio, excelente jurista, profesor de cánones en la Universidad de Caracas, a quien debemos la continua prédica desde 1811 para apaciguar la preocupación de los cristianos que pudiesen temer que fuese pecado el ser republicano".

---

45 *Ídem*, pp. 115-116.

Agrega el maestro, al respecto, que:

> "En numerosos escritos [Roscio] explica y desvanece la supuesta antinomia hasta dedicarle un libro de notable dimensión: El triunfo de la libertad sobre el despotismo (1817), en el que confiesa sus antiguos errores acerca del derecho divino de los monarcas, como pecador arrepentido. [Y] fundado en los mismos textos (particularmente la Biblia) con que se había edificado la caduca teoría del derecho divino de los reyes, construye la nueva doctrina".

Dos principios, claramente republicanos, extracta Grases en su estudio de los papeles de Roscio, en lo particular de su *Homilía sobre del Cardenal Chiaramonti* (1817):

> "Muy lejos de ser repugnante al cristianismo la forma popular de gobierno, ella es la más conforme a la igualdad, libertad y fraternidad recomendadas en el Evangelio".

> "Son sin duda las virtudes cristianas el mejor apoyo de una República".

C. *El primer humanista de América*

Bello, quien nace en 1781 y hace parte de la primera misión diplomática de Venezuela en Londres, junto a Simón Bolívar y Luis López Méndez, todos huéspedes de Miranda, sus contertulios y ávidos usuarios de su biblioteca, más tarde, hacia 1826, como redactor del *Repertorio Americano* hará constar su fe en la libertad de expresión como columna de la vida social y política; tanto como lo hiciesen los liberales en las Cortes españolas de 1812, al señalar, a propósito de aquélla, que: "amamos la libertad, escribimos en la tierra clásica de ella, y no nos sentimos dispuestos a adular al poder, ni a contemporizar con preocupaciones que consideramos perniciosas".

Predica el Primer Humanista, de suyo y en línea con el pensamiento constitucional liberal conservador, un gobierno moderado, hijo, sí, de la ilustración:

> "que civilizado el pueblo americano por las letras y las ciencias, sienta el benéfico influjo de las bellas creaciones del entendimiento, y recorra a pasos gigantescos el vasto camino abierto al través de las edades por los pueblos que le han precedido; hasta que llegue la época dichosa, en que la América, a la sombra de gobiernos moderados, y de sabias instituciones sociales, rica, floreciente, libre, vuelva con usura a la Europa el caudal de luces que

hoy le pide prestado, y, llenando sus altos destinos, reciba las bendiciones de la posteridad".

D. *El precursor de la emancipación*

Miranda, autor intelectual de primer orden de la Emancipación americana, de sólida formación a través de lectura decantada, en especial de los clásicos y sus contemporáneos, quien la soporta sobre los primeros conocimientos adquiridos en la Universidad Caracas, endosa, para los fines de su acción revolucionaria, el libelo y las reflexiones de un sacerdote jesuita peruano quien fallece en 1798, Juan Pablo Viscardo y Guzmán. Los papeles de éste los recibe de manos del ministro norteamericano Rufus King. Tanto que, se afirma, en concreto, que el documento que en 20 de marzo del mismo año envía el Precursor al ministro Pitt, titulado Vista Política de la América Española, lo forma sobre los papeles de Viscardo o acaso es una tesis de éste; circunstancia que es refutada por Merle E. Simmons.[46] Pero lo incuestionable es que su proclama de Coro de 2 de agosto de 1806 llega acompañada con la Carta del mencionado sacerdote, que traduce al español,[47] si bien la crítica contemporánea busca restarle significado.[48]

(1) *Los proyectos constitucionales*

Es cierto, como lo hace constar José Gil Fortoul, es que Miranda, cuando negociaba en Londres la emancipación, presenta al Ministro Pitt, en 1790, un proyecto de Constitución que considera el establecimiento en América o Colombia de un Poder Ejecutivo a imitación del británico –diluido con evocaciones indígenas– y que ha de ejercerlo un Emperador hereditario llamado Inca; de una Cámara alta de senadores o caciques vitalicios y de un Poder Judicial con altos magistrados igualmente vitalicios, nombrados éstos y aquéllos por el Inca; y de una

---

46 Merle E. Simmons. *Los escritos de Juan Pablo Viscardo y Guzmán, Precursor de la independencia hispanoamericana*, Universidad Católica Andrés Bello/Instituto de Investigaciones Históricas, Caracas, s/f, p. 18.

47 Georges L. Bastin y Elvia R. Castrillón. "La «Carta dirigida a los españoles americanos», una carta que recorrió muchos caminos". *Hermeneus*, n. 6, 2004, pp. 276-290.

48 A. Owen Aldridge. "Las ideas en la América del Sur sobre la Ilustración Española". *Revista Iberoamericana*, pp. 288-289.

Cámara de los Comunes integrada por diputados electos de duración quinquenal.

En emulación de la experiencia de la antigua república romana, para atender las funciones de administración y dirección política establece una suerte de magistratura integrada, en primer lugar, por Censores, elegidos por el pueblo y con la autoridad para velar por las costumbres, en especial de los senadores, con potestad para expulsarlos de su seno; por Ediles de mandato quinquenal elegidos por el Senado y confirmados por el Inca, encargados de las obras y servicios públicos; y por Cuestores, nombrados por la Cámara de los Comunes y encargados de las finanzas.

El orden jurídico, en esa suerte de simbiosis monárquico-republicana, siguiendo la experiencia inglesa, lo vendrían a integrar normas reglamentarias –no legales– de la propia Constitución, consideradas como emanación de la misma; ello, a objeto de que los tribunales puedan considerarlas nulas y no aplicables en lo inmediato, de advertirlas contrarias al orden constitucional y ejerciendo al efecto el control respectivo. Y la reforma de tal orden reclama de votos calificados y concurrentes entre dichas cámaras, los presidentes de los Altos Tribunales y el propio Inca.[49]

Lo relevante, más allá de lo anterior y del juicio de valor que concita al propio Grases –el producir Miranda proyectos "irrealizables"[50], "casi napoleónicos" en el criterio de Picón Salas[51]– es que hacia marzo de 1798, el Generalísimo, llamado "príncipe de los proyectistas visionarios", se anticipa en doce años a la fragua de los principios jurídicos que esgrimen para la Independencia los próceres venezolanos y que no son distintos, en esencia, de los que luego también sirven de molde a la Cortes gaditanas de 1812 para fundar la idea de la soberanía nacional: Hacia el 20 de marzo del primer año citado éste considera que la ruina del poder central de la monarquía extingue los vínculos de sujeción de las colonias españolas, las que al efecto deben de darse una nueva forma de gobierno.[52]

---

49 José Gil Fortoul, *Historia Constitucional de Venezuela*, Ediciones Sales, Caracas, 1964, Tomo primero, p. 173.

50 Grases, *Pensamiento político, op. cit.*, p. XXIV.

51 Mariano Picón Salas, *Francisco de Miranda*, UCAB, Caracas, 2009, p. 221.

52 Parra-Pérez, *cit.*, pp. 65 y 95.

Pero, además, los testimonios escritos de Miranda indican –he aquí lo palmario para la definición de su pensamiento– sobre su frustración con la Revolución Francesa, pero aguas abajo, en su deriva dictatorial y jacobina; misma que le lleva a quejarse de la ingratitud del gobierno francés, que mal paga sus servicios, le viola sus derechos en Fructidor y le persigue a manos del Directorio.[53] Tanto que, en sus instrucciones secretas a Pedro José Caro, de 6 de abril de 1798, encomendándole entregar correspondencia al Presidente norteamericano Adams y al Secretario Hamilton, Miranda condena a la susodicha revolución, en cuyo concepto su influencia es funesta para la tranquilidad y progreso de nuestras naciones.[54]

Todavía más, habla de la necesidad de personas prudentes e instruidas que lleven por buen camino a la revolución hispano americana y le "permitan formar un gobierno estable sobre bases diametralmente opuestas al sistema francés [jacobino] y a sus principios anárquicos y subversivos", a la vez que eviten la pureza de los principios de dicha revolución como lo pretenden los girondinos.[55] "De prolongarse un tiempo más el combate entre la libertad y sus opositores –agrega– bien podrían verme participar activamente... defendiéndola sin Bastillas, sin guillotina, sin saqueo y sin proscripciones".[56]

El proyecto constitucional de 1790, tanto como el Acta de Paris de 22 de diciembre de 1797, suscrita entre Miranda y los diputados de la América meridional –*"Instrucciones de los Comisarios, diputados de villas y provincias de las colonias hispanoamericanas"*– no tienen otro propósito, cabe subrayarlo, que impetrar el auxilio de Inglaterra y de los Estados Unidos a favor de la empresa emancipadora americana para "salvar la libertad audazmente ultrajada por las máximas detestables de la revolución francesa": Es, como lo señala Picón Salas, "el gran cebo

---

53 *Vid.* al respecto e *in extensu* los capítulos VI (Al servicio militar de Francia) y VII (Acontecimientos en Francia) de la obra de William Spence Robertson, *La vida de Miranda* (Edición revisada por Pedro Grases), Banco Industrial de Venezuela, Caracas, 1967, pp. 98-128. La referencia de Miranda corresponde a Caracciolo Parra-Pérez, constante en su célebre y ya clásica *Historia de la Primera República de Venezuela*, Tomo I, Tipografía Americana, Caracas, p. 66.

54 *Ídem*, pp. 62 y 66.

55 Parra Pérez, *op. cit.*, pp. 38, 65, 76.

56 Giovanni Meza Dorta. *Miranda y Bolívar, dos visiones*. Bid & Co, editor, Caracas, 2007, p. 100.

que levanta Miranda a ver si pica el siempre astuto y evasivo ratón de mister Pitt"; "textos de persuasión política" los llama Grases.[57]

¿Cuál es, entonces, el ideario precursor venezolano, en lo particular el ideario propio de Miranda?, es la pregunta que se hace e intriga al mismo premier británico cuando interroga al ex gobernador Ponwall – quien media por Miranda y al que conoce en las Antillas hacia 1781– "sobre los principios políticos del general y el sistema de gobierno que propone para la América española".[58]

El Proyecto de Constitución Americana que sucesivamente elabora Miranda hacia 1798 –lo apunta Grases en su compilación del pensamiento político de la emancipación–[59] y, de modo particular, al diseñar como partes del mismo el proyecto de Gobierno provisorio y el de Gobierno Federal, afinca el orden político a ser sostenido, una vez como cesen las autoridades españolas, sobre los Cabildos y Ayuntamientos y sus relegitimaciones por la vía electoral, tal y como lo propone Viscardo, según lo veremos; y en forma ascendente, la estructura orgánica constitucional esperada, fragua desde los cabildos, que formarán electivamente la Asamblea Provincial "encargada del gobierno general de toda la provincia hasta que se establezca el gobierno federal" y que, a la sazón, también procura la formación de su respectivo cuerpo legislativo, integrado por la misma mediante elección de representantes, con ejercicio limitado a 5 años, y quienes, por su parte, escogen a dos ciudadanos encargados del Poder Ejecutivo provincial con el nombre de Curacas.

Así formada la organización pública, por cabildos y asambleas provinciales, los cuerpos legislativos de cada provincia organizan, con representantes venidos de su seno y llamados Amautas, el Cuerpo Legislativo federal o Concilio Colombiano; cuya actividad legislativa, en lo relativo a reformas o cambios constitucionales para toda la federación, se soporta sobre una suerte de diálogo entre el Concilio y las Asambleas Provinciales, que logra sobreponerse a los vetos eventuales que oponga el Poder Ejecutivo. Éste, nombrado por el Concilio Colombiano, con mandato decenal y prohibición de reelección inmediata, salvo ocurrido el transcurso de un decenio, lo integran dos ciudadanos

---

57 Picón Salas, p. 72, y asimismo Grases, *Pensamiento político…*, op. cit., p. XXIII.
58 *Ibíd.*, pp. 69 y 88.
59 Grases, *Pensamiento político de la emancipación*, cit. p. 43.

del Imperio colombiano, uno de los cuales ha de haber tenido experiencia de grandes cargos anteriores, y llamados, los dos, con el título de Incas.

Tal forma de gobierno, suerte de monarquía constitucional electiva pero de corte federal, poco segura para los británicos que apoyan a Miranda: inspirada en la de los Estados Unidos, según lo entiende Picón Salas y compuesta, además, por funcionarios que, en categorías distintas vienen tomadas –al igual que en el proyecto que conoce Pitt– de la república romana, como cuestores, ediles y censores, queda sujeta al principio de la responsabilidad, a pesar de la inmunidad de la que gozan los Incas, según lo prescribe el proyecto mirandino. Allí se dispone, en efecto, que "los Incas serán responsables ante la nación de todos sus actos... [y] podrán ser, terminadas sus funciones públicas, acusados o juzgados ante la Alta Corte Nacional".

Si bien es cierto que el Poder Ejecutivo responde ante dicha Alta Corte, cuyos jueces éste los designa, no puede hacerlo sino dentro del conjunto de jueces nacionales, elegidos en comicios provinciales, que si acaso pueden ser rechazados por los Incas, cede el veto ante la imposición del Concilio colombiano; en una Justicia cuyos miembros son vitalicios y quienes pueden ser juzgados y removidos por prevaricación, pero sólo previa autorización del Concilio y juicio posterior ante la Alta Corte Federal.

Se trata, en suma, como bien lo anota Gil Fortoul, de un proyecto "que difiere en puntos esenciales del que propuso Miranda a Pitt en 1790".

(2) *La carta a los españoles americanos*

Viscardo (1748-1798), en sus dos escritos fundamentales: "*Proyecto para independizar la América española*" (1791) y la "*Lettre aux Espagnols Americains. Par un de Leurs Compatriotes*" (1799) que Miranda le publica post mortem, sin obviar su propósito final –como lo es la defensa de la legitimidad de las posesiones de la Compañía de Jesús en Paraguay confiscadas por la monarquía– esgrime inteligente su pensamiento en cuanto al necesario apoyo inglés a la Independencia americana. Y acuña que no es España sino los españoles quienes crean los establecimientos americanos. Se apoya el mismo, para decir lo que dice, en las antiguas "libertades" históricas que condenan desde antiguo sujetar al individuo y sus derechos inalienables a la ley arbitraria del Estado o del monarca; de donde, según lo entienden sus intérpretes, la mención de Viscardo a Montesquieu es un soporte adicional y no principal de sus argumentos.

A la luz de lo anterior, cabe precisar dos datos de especial relevancia, que indican o sugieren el encadenamiento o la identidad, sin solución de continuidad, entre el ideario constitucional de Picornell, al que sigue el de Viscardo y de suyo el de Miranda.

Grases, sin planteárselo así, marca los pasos en su escrito sobre Miranda, al destacar la relación intelectual que traba con éste Manuel Cortés Campomanes, "principal colaborador de Mariano (*sic*) Picornell" en la conspiración de San Blas y su compañero de cárcel en La Guaira, instigadores de la conspiración de Gual y España de 1797. A la sazón, aquél introduce ante Miranda a José María Antepara, integrando todos, de conjunto, las tareas de redacción de *El Colombiano*: "Antepara fue el mayor colaborador de Miranda en esta empresa", precisa Grases, y destaca, además, el documento escrito por Antepara que da cuenta del nacimiento de dicha publicación y del grupo de comprometidos: "Me convencieron absolutamente... soy ya del mismo modo de pensar".

Sea lo que fuere, una vez como Miranda, durante su invasión a través de Coro, en 1806, presenta su Proclama a los Pueblos de Colombia como justificación política constituyente y de su acción revolucionaria, al fin justifica todo ello en "la Epístola adjunta de J. Viscardo de la Compañía de Jesús, dirigida a sus compatriotas".

Añade Miranda:

"Hallarán en ella irrefragables pruebas, y sólidos argumentos en favor de nuestra causa, dictados por un varón-santo, y a tiempo de dejar el mundo, para parecer ante el Criador del Universo".[60]

¿Qué narrativa, entonces, puede extraerse de la célebre Carta a los Españoles Americanos que hace propia nuestro Precursor y la asume dentro de su pensamiento constitucional?

Luego de razonar, según lo ya avanzado, sobre la noción de la patria como el suelo en el que se nace y desde allí, justificar los derechos propios y de quienes nos suceden, que parten del derecho habido, incluso, por los conquistadores de América –"a lo menos mejor que el que tenían los antiguos godos de España, para apropiarse el fruto de su valor y de sus trabajos"– y, después de señalar que "nada debemos, de

---

60 *Ídem*, p. 56.

quien no dependemos y del cual nada podemos esperar" para subsistir; a cuyo efecto mal puede considerarse una traición defender el suelo "donde somos nacidos y que nos suministra el alimento necesario para nosotros y nuestros hijos"; y advirtiendo que "nuestra veneración a los sentimientos afectuosos de nuestros padres por su primera patria es la prueba más decisiva de la preferencia que debemos a la nuestra", pasa Viscardo a darle fundamento natural a la idea de la libertad y los derechos:

> "Debérnoslo a nosotros mismos por la obligación indispensable de conservar los derechos naturales, recibidos de nuestro Creador, derechos preciosos que no somos dueños de enajenar, y que no pueden sernos quitados sin injusticia, bajo cualquier pretexto que sea; ¿el hombre puede renunciar a su razón o puede ésta serle arrancada por fuerza? La libertad personal no le pertenece menos esencialmente que la razón. El libre uso de estos mismos derechos es la herencia inestimable que debemos dejar a nuestra posteridad. Sería una blasfemia el imaginar, que el supremo Bienhechor de los hombres haya permitido el descubrimiento del Nuevo Mundo, para que un corto número de pícaros imbéciles fuesen siempre dueños de desolarle, y de tener el placer atroz de despojar a millones de hombres, que no les han dado el menor motivo de queja, de los derechos esenciales recibidos de su mano divina".

Destaca previamente, al efecto, la paradoja de que quienes nos oprimen y las demás naciones europeas, también luchan en la hora por la misma libertad que nos niegan:

> "Esta [la verdad] nos enseña que toda ley que se opone al bien universal de aquellos para quienes está hecha, es un acto de tiranía, y que el exigir su observancia es forzar a la esclavitud; que una ley que se dirigiese a destruir directamente las bases de la prosperidad de un pueblo sería una monstruosidad superior a toda expresión; es evidente también que un pueblo a quien se despojase de la libertad personal y de la disposición de sus bienes, cuando todas las otras naciones, en iguales circunstancias, ponen su más grande interés en extenderla, se hallaría en un estado de esclavitud mayor que el que puede imponer un enemigo en la embriaguez de la victoria".

Viscardo advierte, sin lugar a dudas, que tal entendimiento o prédica tiene sus raíces en la llamada Constitución primitiva –la hemos citado antes– de España, abandonada y negada posteriormente por los Borbones; y su negación, según él, se explica en el destierro que se nos impuso "de todo el mundo antiguo, separándonos de una sociedad [la española] a la cual estamos unidos con los lazos más estrechos; añadiendo a esta usurpación sin ejemplo de nuestra libertad personal, la otra igualmente importante de la propiedad de nuestros bienes".

La reversión de tal estado de cosas pertenece, por ende, a la soberanía, que es popular, no sólo según la tradición liberal sino, sobre todo, por remisión a la Constitución española primitiva:

"Los intereses de nuestro país, no siendo sino los nuestros, su buena o mala administración recae necesariamente sobre nosotros, y es evidente que a nosotros solos pertenece el derecho de ejercerla, y que solos podemos llenar sus funciones, con ventaja recíproca de la patria, y de nosotros mismos".

A lo que agrega:

"Después de la época memorable del poder arbitrario y de la injusticia de los últimos reyes godos, que trajeron la ruina de su imperio y de la nación española, nuestros antepasados, cuando restablecieron el reino y su gobierno, pensaron en premunirse contra el poder absoluto a que siempre han aspirado nuestros reyes. Con este designio concentraron la supremacía de la justicia y los poderes legislativos de la paz, de la guerra, de los subsidios y de las monedas, en las Cortes que representaban la nación en sus diferentes clases y debían ser los depositarios y los guardianes de los derechos del pueblo. A este dique tan sólido los aragoneses añadieron el célebre magistrado llamado el Justicia, para velar en la protección del pueblo contra toda violencia y opresión, como también para reprimir el poder abusivo de los reyes".

De consiguiente, en la misma perspectiva de Picornell, salvando las distancias y diferentes narrativas, Viscardo sitúa los derechos del hombre como fundamento de la sociedad y justificación de la organización pública, sea cual fuere la forma que adopte:

"La conservación de los derechos naturales y, sobre todo, de la libertad y seguridad de las personas y haciendas, es incontestablemente la piedra fundamental de toda sociedad humana, de cualquier manera, que esté combinada. Es pues una obligación indispensable de toda sociedad, o del gobierno que la representa, no solamente respetar sino aun proteger eficazmente los derechos de cada individuo".

En igual orden, la organización pública y del poder queda soportada sobre la idea del Estado de Derecho, en lo particular por la seguridad jurídica, que impone el ejercicio del mismo poder dentro de los límites de la legalidad y su responsabilidad. El razonamiento es claro, si bien lo discierne a partir del hecho de la expulsión que sufren los jesuitas por orden de la Corona:

> "El gobierno ha violado solemnemente la seguridad pública, y hasta que no haya dado cuenta a toda la nación de los motivos que le hicieron obrar tan despóticamente, no hay particular alguno que en lugar de la protección que le es debida no tenga que temer opresión semejante, tanto cuanto su flaqueza individual le expone más fácilmente que a un cuerpo numeroso que en muchos respetos interesaba la nación entera. Un temor tan serio, y tan bien fundado, excluye naturalmente toda idea de seguridad. El gobierno culpable de haberla destruido en toda la nación, ha convertido en instrumentos de opresión y de ruina los medios que se le han confiado para proteger y conservar los individuos. Si el gobierno se cree obligado a hacer renacer la seguridad pública y confianza de la nación en la rectitud de su administración, debe manifestar, en la forma jurídica más clara, la justicia de su cruel procedimiento respecto de los cinco mil individuos de que se acaba de hablar. Y en el intervalo está obligado a confesar el crimen que ha cometido contra la nación, violando un deber indispensable y ejerciendo una implacable tiranía. Mas si el gobierno se cree superior a estos deberes para con la nación, ¿qué diferencia hace pues entre ella y una manada de animales, que un simple capricho del propietario puede despojar, enajenar y sacrificarla?"

De modo que, separándose el monarca o gobernante de su servicio al bien común, el propio pueblo, en ejercicio de su soberanía y, lógicamente, a través de elección puede sustituirle, conforme a la remisión que hace Viscardo a la enseñanza aragonesa:

> "Era pues un artículo fundamental de la Constitución de Aragón que, si el rey violaba los derechos y privilegios del pueblo, el pueblo podía legítimamente extrañarlo, y en su lugar nombrar otro, aunque fuese de la religión pagana".

Sin que expresamente lo afirme Viscardo, queda en su entendimiento de la cuestión la prédica que exige, para la organización del poder, además, su conveniente división, a fin de argüir sobre la razón u origen del despotismo borbónico:

> "La reunión de los reinos de Castilla y de Aragón, como también los grandes Estados que al mismo tiempo tocaron por heren-

cia a los reyes de España, y los tesoros de las Indias, dieron a la corona una preponderancia imprevista y tan fuerte, que en muy poco tiempo trastornó todos los obstáculos que la prudencia de nuestros abuelos había opuesto para asegurar la libertad de su descendencia. La autoridad real, semejante al mar cuando sale de sus márgenes, inundó toda la monarquía, y la voluntad del rey y de sus ministros se hizo la ley universal. Una vez establecido el poder despótico tan sólidamente, la sombra misma de las antiguas Cortes no existió más, no quedando otra salvaguardia a los derechos naturales, civiles y religiosos de los españoles que la arbitrariedad de los ministros o las antiguas formalidades de justicia llamadas vías jurídicas. Estas últimas se han opuesto algunas veces a la opresión de la inocencia, sin estorbar por eso el que se verificase el proverbio de que allá van leyes donde quieren reyes".

No por azar, Viscardo apela a los textos de Montesquieu, de cuya fuente bebe, sobre todo para destacar lo paradójico, a saber, que América había ganado en institucionalidad lo que pierde la metrópoli; de donde, su libertad y el rescate de sus derechos, asegurados sobre la base inicial de su organización histórica primitiva –la de los Cabildos y sus comicios– igualmente servirá a la causa de los españoles liberales y les ofrecerá un refugio propicio:

"A pesar de los esfuerzos multiplicados de una falsa e inicua política nuestros establecimientos han adquirido tal consistencia que Montesquieu, aquel genio sublime ha dicho: "Las Indias y la España son potencias bajo un mismo dueño; mas las Indias son el principal y la España el accesorio. En vano la política procura atraer el principal al accesorio; las Indias atraen continuamente la España a ellas".

En síntesis cabe decir que los principios ordenadores constitucionales en Viscardo, que endosa Miranda e incorpora en sus proyectos de 1798 e incluso en el de 1801, réplica del proyecto anterior de gobierno provisorio hecho para la transición revolucionaria y antes de que se forme el gobierno federal, implican, en primer término, el reconocimiento del carácter natural de los derechos del hombre y como basamento de la sociedad política, y a renglón seguido, la asociación entre la idea de la soberanía y el ejercicio de las libertades como fundamento y límites del ejercicio del poder público, siempre sujeto a revocatoria y elección, y apalancada aquella, la asociación sobre un orden representativo –dada la remisión que hace a los fueros aragoneses– y parlamentario:

> "Una vez establecido el poder despótico tan sólidamente, la sombra misma de las antiguas Cortes no existió más, no quedando otra salvaguardia a los derechos naturales, civiles y religiosos de los españoles que la arbitrariedad de los ministros o las antiguas formalidades de justicia llamadas vías jurídicas".

El discurso de Viscardo, en su cierre, evoca el contexto internacional favorable y es a la vez una interpelación a la conciencia de los americanos españoles, cuya negligencia denuncia:

> "El valor con que las colonias inglesas de la América, han combatido por la libertad, de que ahora gozan gloriosamente, cubre de vergüenza nuestra indolencia. Nosotros les hemos cedido la palma, con que han coronado, las primeras, al Nuevo Mundo de una soberanía independiente. Agregad el empeño de las Cortes de España y Francia en sostener la causa de los ingleses americanos. Aquel valor acusa nuestra insensibilidad. Que sea ahora el estímulo de nuestro honor, provocado con ultrajes que han durado trescientos años".

Llama la atención, y es cuanto importa relevar y repetir en esta exposición, la identidad entre el pensamiento esbozado por Viscardo y Miranda, en sus elementos principistas, más allá de la fórmula federal que este propugna y que a la sazón no niega, en su proyecto, la variada inspiración que le ofrecen otras experiencias, como la relativa a los juicios por jurado que éste propone y demanda sean conformes con "lo estatuido en Inglaterra y en los Estados Unidos de América".[61]

Hago cuenta, más allá de los principios electorales y representativos, fundados en la idea de la soberanía de la nación y de mandatos sujetos a la ley, alternativos y responsables, en dos aspectos que los hacen coincidir obligadamente –por la misma adhesión expresa de Miranda al manifiesto del primero– y revelan la sustancia de sus pensamientos constitucionales: a) Reenviar a la idea de la soberanía y de los fueros inscritos en la Constitución primitiva española; b) Son liberales reformistas; y c) de suyo, proponen un cambio político y constitucional que implique salvaguardar la organización pública primaria e histórica, la municipal, sobre la que se sobrepone el absolutismo monárquico.

Antepara, héroe ecuatoriano, colaborador de Miranda, quien de concierto a éste publica documentos de su archivo –South American

---

61 Grases, *Pensamiento político...*, cit., p. 50.

Emancipation: Documents, Historical and Explanatory, shewing the Designs witch have been in Progress, and the Exertions made by General Miranda—[62] en modo de informar sobre su pensamiento político y acerca del esfuerzo que realiza para la emancipación americana, aquél los introduce con la amplia exégesis que, comenzando con el discurso de Viscardo, hace James Mill para la revista británica Edinburgh Review en enero de 1809 y que dicho escritor realiza, asimismo, en consulta con el Precursor.

En los párrafos pertinentes, Mil observa lo siguiente:

"En el momento en que cese la autoridad española en América del sur... ¿qué elementos de organización y gobierno quedan aún en el país, a los cuales se podría oportunamente recurrir para prevenir el desorden, y sobre los cuales podría construirse, con casi ningún riesgo de confusión, una superestructura de gobierno y Libertad?... Los Cabildos, por ejemplo, o lo que quizás debiéramos llamar las corporaciones municipales, permiten una organización tan completa que los mismos reyes de España les han confiado, en ocasiones, todo el gobierno de provincias enteras. Los cabildos de la España fueron constituidos más o menos en la misma época y con los mismos propósitos para los cuales instituciones semejantes se constituían a todo lo largo y ancho de la Europa bajo el nombre de corporations o communautés en Francia, burgs en Holanda, etc.

En ningún país, sin embargo, fue la constitución de esas municipalidades más libre que en España; y en ningún otro país parecen haber adquirido una influencia tan grande sobre el gobierno general".

Una reflexión de fondo si hace Mill y podemos verla como propia de Miranda, obra de su preocupación a la vez que justificativa de sus proyectos constitucionales:

"Es evidente... que en un país de extensión tan vasta como América del Sur [a diferencia de Holanda, que posee 7 municipalidades], y tomando en cuenta sus grandes divisiones, esto es impracticable [la confederación de municipios para integrar una nación]. Sólo el sistema representativo, puede, en circunstancias como éstas, permitir alguna vez un buen gobierno. Así pues, en lo

---

62 J.M. Antepara, London, R. Juigné, 1810, publicado por Biblioteca Ayacucho con prólogo de Carmen Bohorquez (José María Antepara, *Miranda y la emancipación suramericana*, Colección Claves Políticas de América, 1, Caracas, 2006).

que respecta a la América del sur, el problema es cómo puede ser insertado el sistema representativo en el de los cabildos, y en el sistema de organización que ya está enraizado en el país".

¿Qué principio se esgrime, entonces?:

"Hay un peligro en el caso de hacer demasiado amplia la base de la representación. Hay otro riesgo en hacerla muy estrecha. Si se la hace muy amplia, uno incurre en las inconveniencias de las ignorantes y precipitadas pasiones de los poco educados. Si se la hace muy estrecha, uno incurre en algo que es todavía peor: los males del soborno y la corrupción... La dificultad, no obstante, podría superarse estableciendo asambleas provinciales, para la elección de cuyos miembros podrían votar casi todos los habitantes, mientras que la grande legislatura nacional sería elegida sólo por los miembros de los cabildos".

Y en cuanto al nombramiento del primer magistrado, la enseñanza, consistente con el pensamiento mirandino es clara:

"llámese rey, cónsul, inca, o cualquier nombre que prefiera el gusto público, [es a él] a quien le serían confiados aquellos asuntos que requiriesen decisión inmediata, y que una asamblea numerosa no podría llevar a cabo".

Sea en Picornell, en Viscardo, o en Miranda, en fin, consta en la misma nota que éste dirige a los holandeses en calidad de Teniente General y comandante de las tropas francesas en Maestricht, explicándoles, en 1793, la razón de su acción militar y que es, justamente, "restablecer la soberanía nacional y los derechos sagrados e imprescriptibles del pueblo"; misma que reafirma en 1794 al dirigirse a la Convención Nacional quejándose de su detención: "¿Va a tolerar que los derechos imprescriptibles del hombre y de la humanidad, así como los derechos de las gentes, sean violados en nombre del pueblo francés?". O la que, en 1795, esboza ante el Consejo de los Quinientos, en Francia, en protesta contra el jacobinismo: "el establecimiento de la tiranía siempre comienza por los ataques contra la libertad individual y aquí no importa quién sea el culpable, pero lo cierto es que mis derechos y el acta constitucional han sido violados".

No es otro, en efecto, el objeto liberal que esgrime en su proclama citada de Coro, a la que anexa el discurso de Viscardo: "La recuperación de nuestros derechos como ciudadanos y de nuestra gloria nacional como americanos colombianos serán acaso los menores beneficios que recojamos de esta tan justa como necesaria determinación". O la que, finalmente, dirige al marqués del Toro y al Cabildo de Caracas, en 1808, imponiéndoles de la necesidad de avanzar hacia la emancipación y previéndoles sobre las dificultades que acusan los españoles de la metrópoli en su lucha por la libertad y por defecto de una adecuada organización representativa [las juntas provinciales no fueron elegidas por sus ciudadanos]; en error que también logra advertir entre los franceses, a pesar de ser, según el propio Miranda, más prácticos y sabios. De donde, le envía su bosquejo –asumimos que se trata de sus citados proyectos constitucionales de 1798 y el de 1801, que escribe en Londres– "de organización representativa y de gobiernos para nuestra América, ...formado aquí hace algunos años, y ha merecido la aprobación de varones doctos en la materia, que lo han examinado después, tanto en Inglaterra como en los Estados Unidos de América".

No pierde ocasión Miranda, en este orden, de expresar ante los munícipes de Caracas, su solidaridad intelectual con quienes, como lo hemos expresado y sin menospreciar matices, mantiene identidad constitucional sin solución de continuidad:

"¿Qué diremos, pues, de esa provincia [Venezuela] bajo el yugo de Guevara Vasconcelos, a quien persuadieron sus cooperadores de que unos ciudadanos como Gual, España y otros, por querer reclamar para su patria los derechos y las reformas que todo el pueblo español reclama hoy día con aplauso general, merecían una muerte indigna?".

Lo que es más importante, les recuerda que la separación ideológica constitucional no existe con la metrópoli, sino con el despotismo que hace presa, por igual, de todos los españoles, los de allá y los de acá:

"Procuremos reparar nuestros males trabajando unánimes y con empeño en el particular, siguiendo el buen ejemplo que hoy nos da el pueblo español; y ya que por tanto tiempo le hemos servilmente copiado en sus vicios, imitémoslo ahora con complacencia en sus virtudes, reformando nuestro gobierno americano, y reclamando con dignidad y juicio nuestros derechos e independencia, puntos en mi concepto indispensables y sine qua non".

A MANERA DE EPÍLOGO

Grases, en revisión sucinta de los indicados antecedentes de nuestro primer pensamiento constitucional, el de los Padres Fundadores, hace precisiones de inestimable valor, aun cuando en modo alguno apunten hacia la probable identidad intelectual entre los distintos actores de ese tiempo previo a nuestra Emancipación; que no sea, obviamente, la de todos a uno, alcanzarla como objetivo primordial.

Sobre el discurso de Picornell advierte que, sin el mismo, los derechos del hombre y del ciudadano que introduce, y es "aclaración de causas y motivos, caerían [tales derechos] en terreno impreparado, serían ineficaces".

Sobre los proyectos de Miranda, que los aprecia en su finalidad persuasiva ante la Corte inglesa y para alcanzar el apoyo a su acción emancipadora de América, sin ir más allá, los tilda de poco prácticos, incluso fantasiosos, pero "conformado en cierto modo a las doctrinas derivadas del enciclopedismo de la época". No obstante, visionario y Precursor como lo ve, opina que su gesto simbólico, como la frustrada invasión de Coro, "ha adquirido enorme significación en la evolución de Hispanoamérica hacia su libertad", tanto como su manifiesto a propósito de ésta, lo nutre "con ideas expresadas en su segundo proyecto de bases constitucionales, aunque adaptadas a las circunstancias de una acción expedicionaria".

Al término, recoge la importancia del trabajo de Picornell antes explicitado, ya que sus papeles –los de la Conspiración de Gual y España– sí "tuvieron enorme repercusión posterior en la organización de la Independencia" de Venezuela. Según Grases, en efecto, aquellos son estimados entonces, llegada la hora crucial, como el "precedente histórico inmediato, como el antecedente heroico de la liberación del país"; sin que por ello pueda afirmarse, como lo creemos y a la luz de lo antes expuesto, sean el único antecedente intelectual de relevancia en el plano de las ideas y en la sincronía de unas y de otras en su progresividad histórica.

La Constitución Federal para los Estados de Venezuela –nuestro texto inaugural– hecha por los representantes de Margarita, de Mérida, de Cumaná, de Barinas, de Barcelona, de Trujillo y de Caracas, reunidos éstos en Congreso General y otorgada aquélla el 21 de diciembre de 1811, sin mengua de su ideario federal inspirado en la Constitución norteamericana –que en cierta forma refleja el texto mirandino de 1798 y a pesar de que el Precursor se reserva la firma de aquélla– revela en sus aspectos medulares "la ortodoxia revolucionaria francesa, condicionada por el control del poder político por la burguesía, el igualitarismo civil, la supremacía de la ley, la separación de los poderes, y la noción de soberanía", como lo advierte Allan R. Brewer Carías[63].

Pero cabe decir, a modo de colofón, que los patriotas venezolanos propulsores de la emancipación, de conjunto, salvo excepciones, acusan terror a la anarquía y así como auscultan en las leyes primitivas españolas para afirmar la esperanza de libertad que los anima, en otro orden apuestan por la moderación, y en este aspecto el ideario constitucional de Miranda es aleccionador. "Ni bajo el pretexto de la libertad, [quiero] ver introducidas allá [en el Continente sur-americano] la anarquía y la confusión", escribe el 10 de enero de 1808. "La revolución de Caracas hará época en los fastos de todas las del mundo por la moderación y la filantropía", reza a su vez el Manifiesto que suscriben a nombre de la Junta de Caracas, en 1810, José de las Llamozas y Martín Tovar Ponte.[64] Las luces, sin embargo, en poco tiempo y por un largo tiempo, serán sustituidas en Venezuela por las espadas.

II. EL PENSAMIENTO CONSTITUCIONAL DE VENEZUELA Y EL FACSÍMIL DE LA CONSTITUCIÓN DE 1811

La publicación, por segunda vez, del facsimilar de nuestra primera Constitución, la de 1811, que lleva por nombre –ésta– Constitución Federal para los Estados de Venezuela y cuya edición original se le encomienda al impresor Juan Baillío, a quien Pedro Grases denomina "el impresor de la Independencia", puede significar, para algunos, un hecho sólo importante para bibliófilos. Se trata, en efecto, de un valioso incunable venezolano.[65]

---

63 Allan Randolph Brewer Carías. "Estudio preliminar" a *Las Constituciones de Venezuela*. Coedición de la Universidad Católica del Táchira (Venezuela) y del Centro de Estudios Constitucionales, Madrid, 1985, p. 18

64 Francisco Javier Yanes. *Compendio de la historia de Venezuela, desde su descubrimiento y conquista hasta que se declaró Estado independiente*. Academia Nacional de la Historia/Edito-rial Élite, Caracas, 1944, pp. 255-257.

65 Constitución Federal de Venezuela, 1811. / Estudio preliminar por Pedro Grases. Compañía Shell de Venezuela, [Caracas]: 1958. - 23, 40 p.: il.;

El mismo, editado en su momento para conmemorar el Sesquicentenario de nuestra imprenta pionera y constante de un Estudio preliminar elaborado por el mismo Grases, corresponde al texto original que produjera el propio Baillío en el año segundo de nuestra Independencia, en 1812, en su calidad, como reza al pie de su primera página, de impresor del Supremo Congreso de los Estados-Unidos de Venezuela; nombre éste, el último, el de Estados-Unidos, sugerente, pues los hacedores intelectuales de la Constitución y quien como editor la pone a circular se muestran, probablemente, convencidos de que ella es hija legítima o copia de otra con título similar, la de los Estados Unidos de América.

Pero, he aquí la cuestión, la que hace trascender a este documento que fija los orígenes constitucionales de Venezuela y cuyo conocimiento, es decir, la exacta valoración de sus líneas maestras intelectuales, resulta imprescindible para una clara determinación de nuestra identidad nacional. Porque, al fin y al cabo, toda Constitución es un ser sin mengua del deber ser que contiene, en sus aspectos programáticos. Y algunos tachan a la de 1811 señalándola de mero reflejo normativo de moldes constitucionales ajenos y refundidos, el americano y el francés de finales del siglo XVIII.

¿Somos acaso, como lo diría Octavio Paz, hijos de una mentira constitucional?

"Nuestras mentiras reflejan, simultáneamente, nuestras carencias y nuestros apetitos, lo que no somos y lo que deseamos ser. Simulando, nos acercamos a nuestro modelo...", dice el eximio escritor mexicano fallecido, quien fuera Premio Cervantes (1981) y Premio Nobel (1990); que lo hace también para diferenciar entre un actor y un simulador, pues el primero asume la ficción para luego abandonarla, en tanto que, tratándose de éste, en palabras del mismo Paz "la mentira se instala en su ser y se convierte en el fondo último de su personalidad".

Y si somos una mentira desde la hora de nuestros orígenes republicanos, ¿cómo explicar que desde otros puntos fuésemos observados como modelo luego de que nosotros mismos lo enterrásemos con vesania?

---

24 cm. Reproducción facsimilar de la edición de 1812 en conmemoración del Sesquicentenario de la Independencia de Venezuela, 1811-1961.

El maestro Grases, a manera de ejemplo, antes de recordar la influencia que, según Parra Pérez, ejerce el movimiento de las Provincias venezolanas sobre el Continente y que se explica en haber formado los próceres de 1810 y 1811 [con sus documentos oficiales] "el cuerpo de la doctrina revolucionaria", señala que la Constitución de 1811 es reimpresa en Guatemala hacia 1923, en texto que conoce por "amabilidad del excelente amigo coronel don Tomás Pérez Tenreiro" [66]. Sus palabras son indicativas:

"La reproducción de un texto legal histórico obedecería, sin duda, a un propósito patriótico en el ánimo de los políticos y gobernantes centroamericanos: el de informar a los legisladores acerca de una Constitución que podía servir de antecedente en la historia de las ordenaciones legales del Continente en vías de emancipación", explica.

ENTRE LAS LUCES Y LAS SOMBRAS

Una vez como cae la Primera República y ocurre la célebre traición al Precursor Francisco de Miranda, desde Cartagena de Indias, Simón Bolívar, titulado El Libertador, escribe su Manifiesto del 15 de julio de 1812. Mientras la ley de la conquista militar busca, así, abrogar nuestra obra constitucional pionera y de base confederada, adoptada por el Congreso General el 21 de diciembre anterior como realizada por hombres de levita: diputados en buen número egresados de la Real y Pontificia Universidad de Santa Rosa de Lima y Santo Tomás de Aquino[67], Bolívar, en su panfleto, se ocupa de prosternarla:

---

66 Grases, Pedro, 1909-2004.: *La imprenta en Venezuela* II. *Estudios y monografías*. / Pedro Grases. - 1a. ed. - Caracas: Editorial Seix Barral, Caracas – Barcelona – México. 1982. - 1 v.: il.; 23 cm. - Obras / Pedro Grases; 9. - Grases, Pedro, 1909-2004. Obras; 9. Incluye índices de ilustraciones y de personas, lugares, instituciones y títulos, p. [473]-502.; y Referencias Bibliográficas. ISBN: 8432295612 (Rústica) 8432295620 (Tela) 843229 5671 (Rústica) 843229568X (Tela). Véase: pp. 247-249.

67 *Vid.*, *Calendario manual y guía universal de forasteros en Venezuela, para el año 1810*. Estudio preliminar por Pedro Grases, p. X-XIII.- Banco Central de Venezuela, Caracas: 1968. - xxix, 64 p.: facsím.; 17 cm. Edición Facsimilar de la hecha en Caracas por la Imprenta de Ghallager y Lamb. Homenaje del Banco Central de Venezuela al periódico Correo del Orinoco, al cumplirse el sesquicentenario de haber iniciado su publicación en la ciudad de Angostura, el 27 de junio de 1818.

"Pero lo que debilitó más el Gobierno de Venezuela, fue la forma federal que adoptó, siguiendo las máximas exageradas de los derechos del hombre, que autorizándolo para que se rija por sí mismo rompe los pactos sociales, y constituye a las naciones en anarquía. Generalmente hablando, todavía nuestros conciudadanos no se hallan en aptitud de ejercer por sí mismos y ampliamente sus derechos; porque carecen de las virtudes políticas que caracterizan al verdadero republicano: virtudes que no se adquieren en los gobiernos absolutos, en donde se desconocen los derechos y los deberes del ciudadano... Es preciso que el gobierno se identifique, por decirlo así, al carácter de las circunstancias, de los tiempos y de los hombres que lo rodean. Si éstos son prósperos y serenos, él debe ser dulce y protector; pero si son calamitosos y turbulentos, él debe mostrarse terrible, y armarse de una firmeza igual a los peligros, sin atender a leyes ni constituciones, ínterin no se restablecen la felicidad y la paz...Yo soy de sentir que mientras no centralicemos nuestros gobiernos americanos, los enemigos obtendrán las más completas ventajas; seremos indefectiblemente envueltos en los horrores de las disensiones civiles, y conquistados vilipendiosamente por ese puñado de bandidos que infestan nuestras comarcas. Las elecciones populares hechas por los rústicos del campo, y por los intrigantes moradores de las ciudades, añaden un obstáculo más a la práctica de la Federación entre nosotros... El espíritu de partido decidía en todo y, por consiguiente, nos desorganizó más de lo que las circunstancias hicieron. Nuestra división y no las armas españolas, nos tornó a la esclavitud", afirma.

Nuestra doctrina es conteste en cuanto a la influencia intelectual inevitable que ejercen en su tiempo las revoluciones americana y francesa, de 1776 y 1789, respectivamente, sobre la conformación constitucional de nuestra primera república liberal[68]; sea, en cuanto a la primera, para su ingeniería institucional, sea, desde la segunda, en el

---

68 *Vid. in extensu* a José Ignacio Hernández, "A manera de prólogo: El pensamiento constitucional de Juan Germán Roscio y Francisco Javier Yanes", en la obra Documentos constitucionales de la independencia de Venezuela 1811 = Constitutional documents of the independence of Venezuela 1811: documentos oficiales interesantes relativos a las provincias unidas de Venezuela = Edición facsimilar de Interesting official documents relating to the united provinces of Venezuela & Co., London 1812 / Estudio Preliminar y edición a cargo de: Allan R. Brewer-Carías. - 1a. ed. Editorial Jurídica Venezolana, - Caracas: 2012 - 637 p. Colección Textos legislativos; 52. ISBN: 9789803651770. Véase: pp. 1-57.

enunciado de su parte dogmática o relativa a los derechos y libertades. Ha lugar, de tal modo y como lo precisa Allan R. Brewer Carías, a "la primera Constitución republicana del mundo moderno después de la Constitución de los Estados Unidos de América de 1787, y de la Constitución de la Monarquía Francesa de 1791".[69]

¡Y es que tal influencia era inexcusable para la época y en quienes, desde distintas partes del mundo, beben de las fuentes de la Ilustración!

"A pesar de todo el desencuentro que acompañó el proceso constituyente venezolano y gaditano [se refiere al de 1812 que da origen a la Constitución liberal española, llamada La Pepa], sin embargo, lo cierto fue que estuvieron influidos por los mismos principios del constitucionalismo moderno que habían derivado de las Revoluciones francesa y americana", precisa Brewer Carías.[70]

En efecto, incluso dentro de su modelo monárquico, la Constitución Política de la Monarquía Española adoptada en sede de las Cortes Generales y Extraordinarias reunidas en el puerto citado, admite lo señalado por voz de Agustín de Argüelles. Su Discurso Preliminar es revelador:

"Nada ofrece la Comisión en su proyecto que no se halle consignado del modo más auténtico y solemne en los diferentes cuerpos de la legislación española... Pero al mismo tiempo no ha podido menos de adoptar el método que le pareció más análogo al estado presente de la nación, en que el adelantamiento de la ciencia del Gobierno ha introducido en Europa un sistema desconocido en los tiempos en que se publicaron los diferentes cuerpos de nuestra legislación, sistema del que no es ya posible prescindir absolutamente...".[71]

---

69 Allan R. Brewer Carías, "La independencia de Venezuela y el inicio del constitucionalismo hispanoamericano en 1810-1811, como obra de civiles, y el desarrollo del militarismo a partir de 1812, en ausencia de régimen constitucional", en *Historia Constitucional*, n. 14, 2013, p. 416 (http://www.historiaconsti-tucional.com.)

70 Allan R. Brewer-Carías, "Crónica de un desencuentro: Las provincias de Venezuela y las Cortes de Cádiz (1810-1812), en: *Revista de Derecho Público*, n. 84, UNED, Mayo-Agosto de 2012, p. 221.

71 Constitución política de la monarquía española promulgada en Cádiz a 19 de marzo de 1812 (Edición facsimilar), Imprenta Real, Cádiz, 1812, pp. 2-3

El cuestionamiento bolivariano –que ancla en lo coyuntural, a saber y como lo creemos, la necesaria organización militar para la defensa de la Independencia, en tesis de defensa de la fuerza del Poder Ejecutivo que, se afirma[72], comparte El Libertador con el Precursor– parece sugerir ese ánimo copista señalado de nuestro primer constituyente, junto a su divorcio supuesto con las realidades dominantes:

> *"Los códigos que consultaban nuestros magistrados no eran los que podían enseñarles la ciencia práctica del gobierno, sino los que han formado ciertos buenos visionarios que, imaginándose repúblicas aéreas, han procurado alcanzar la perfección política, presuponiendo la perfectibilidad del linaje humano"*, sostiene Bolívar.

Dos preguntas, pues, son cruciales y han de encontrar una respuesta precisa, si, en efecto, de diluir nuestra mentira existencial como nación se trata: Una, relativa a la fatalidad de la centralización autoritaria de nuestros gobiernos –como lo pide el propio Bolívar y se hace vicio a lo largo de toda nuestra historia dictatorial, en medio de intersticios de libertad– haciéndole perder a la Independencia, en la práctica, su legitimidad y razón de ser; otra, concerniente a la falta o ausencia de "contradicción", vale decir, de decantación de las enseñanzas de la Ilustración recibidas e inevitables y su posterior inserción en la cultura dominante o en fragua hasta hacerla inherente, encarnada, anclaje de una nacionalidad reconducida y con fines de apropiación legítima.

Cristóbal L. Mendoza, en su estudio introductorio de la obra de Parra-Pérez (*Historia de la Primera República de Venezuela*), sin mengua de señalar que en el trabajo de redacción normativa nuestros constituyentes pioneros apelan a las enseñanzas de Norte América – "[l]os legisladores venezolanos fundieron en uno solo los tres textos fundamentales de la Constitución de los Estados Unidos, dándoles

---

[72] "Miranda se aferraba aun tenazmente a su proyecto, que ponía la suprema autoridad ejecutiva en manos de dos incas y preveía un dictador en caso de necesidad extrema. Es muy probable que Bolívar alentara ya [durante los debates constituyentes] la idea de que la Constitución Federal de los Estados Unidos no era adecuada para Venezuela". Robertson, William Spence, 1872-1955.: La vida de Miranda / William Spence Robertson; traducción original de Julio E. Payró. Edición revisada y compulsada por Pedro Grases. - Banco Industrial de Venezuela, Caracas: 1967. - 491 p., [24] p. de láms.: il., facsíms., planos, retrs.; 25 cm. Incluye referencias bibliográficas e índices. Bibliografía: p. [453]-468. Véase: p. 362.

nueva estructura"– admite, no obstante, que no se trataba de un ensayo sobre una realidad impermeable al sistema federal. Muy por el contrario.

El propio Mendoza, antes de elogiar el centralismo bolivariano, señala que:

> *"Aparte de los peligros que veían en el desproporcionado poderío de la provincia de Caracas, los representantes de las demás reclamaban con vehemencia su propia autonomía. En esto los representantes regionales no hacen sino continuar la tradición colonial, aun cuando se haya dicho, sin fundamento, que el federalismo de los constituyentes de 1811 era tan solo una imitación de los Estados Unidos. Ningún sentimiento, ninguna aspiración, tuvieron un carácter más genuinamente autóctono que ese de los diputados de las Provincias del interior cuando se negaron a todo avenimiento que entrañase el predominio de Caracas".*[73]

A. *Somos federales, desde antes*

Ciertamente, desde cuándo se funda el primer cabildo venezolano en Coro, en 1527, y a medida en que se expande la vida municipal hacia las otras ciudades del país y se forman como organizaciones territoriales de mayor portada y adscripción de éstas a las Provincias, la primera de las cuales nace en 1527 –la de Margarita– Venezuela apenas alcanza su unidad y centralización hacia 1777, bajo la Capitanía General de Venezuela.

Hasta entonces, las provincias de Margarita, Caracas o Venezuela, Trinidad, Guayana, Nueva Andalucía o Cumaná, Maracaibo, la última de las cuales es fundada en 1676, todas a una disfrutan de una autonomía de hecho; más allá de la convergencia en el idioma y la legislación de Indias que comparten, y dado que sus centros de poder y adscripción se mantienen distantes: la Real Audiencia de Santo Domingo y el Virreinato de la Nueva Granada, alternativa o conjuntamente.[74]

---

73 En: Parra-Pérez, Caracciolo: *Historia de la primera República de Venezuela* / Caracciolo Parra-Pérez; Estudio preliminar, Cristóbal L. Mendoza. - Biblioteca Ayacucho, Caracas: 1992. - li, 623 p.; 24 cm. - Biblioteca Ayacucho; 15. Incluye bibliografía, cronología e índice. ISBN: 9802761931 (empastada). Véase: p. XXVII.

74 *Calendario manual...*, *Op. cit.*, pp. 20-21 (Texto atribuido a don Andrés Bello).

Así, cuando prende el espíritu emancipador, la experiencia del control hegemónico sobre esas realidades humanas en forja es extraño y apenas dura, si acaso, una generación y algo más –apenas 31 años– en medio de las tres centurias recorridas bajo el gobierno de la Península.

Andrés Bello hace crónica en 1810, al escribir sobre nuestra historia de conquistas y colonias, incluso sobre el desigual crecimiento de unas entidades que adquieren consistencia progresiva mirándose ellas a sí mismas y hacia adentro, entre tanto otras son apenas meras promesas:

> *"Mientras los gobernadores y los ayuntamientos de las gobernaciones de Caracas y Cumaná entendían en los medios para dar a sus jurisdicciones una consistencia política...; se hallaba todavía en su infancia al sur de ambas provincias una que debería formar algún día la porción más interesante de la Capitanía General de Caracas".*[75]

En consecuencia, carece de asidero sociológico e histórico –por lo visto– la explicación del Padre de la Patria en cuanto a que los diputados de 1811 son unos "buenos visionarios" que imaginan "repúblicas aéreas" y olvidan que los gobiernos han de adecuarse "al carácter de las circunstancias, de los tiempos y de los hombres que lo rodean". El conocimiento vital de éste, a la par de encontrarse condicionado desde antes –es lo que lo determina– por la urgencia sobrevenida, a saber, la unidad para la guerra y lo imprescindible de que se forme una organización militar tutelar para la república que se espera formar, lo llena sólo la memoria de la Capitanía General; pero es, como cabe repetirlo, un instante no mineralizado sobre la realidad disuelta, territorial y de poder establecidos, incluso con sus castas y privilegios señoriales característicos de los siglos que corren desde la hora misma de nuestra Conquista.

No se trata de una conclusión filatera. Yajaira Freites, investigadora de la Venezuela colonial, afirma, en consonancia con lo señalado, que esta tuvo "su particularidad. Por una parte, no se puede hablar en *stricto sensu* de una sociedad colonial venezolana, sino de varias, por lo menos de seis, correspondientes a las provincias de Maracaibo, Guayana, Margarita, Trinidad (hasta 1793), Nueva Andalucía o Cu-

---

75 *Ídem*, p. 39.

maná y Venezuela o Caracas que se organizaron y existieron de forma independiente en el territorio de Tierra Firme, entre 1492 y 1776".[76]

Y en igual línea de pensamiento ajusta, que:

"las seis provincias en tanto parte del imperio español eran colonias periféricas (Burkholder & Johnson[77], 1994). La primera de las particularidades, la segmentación territorial ha dejado su impronta en la escritura de una historia nacional que pretendió –hasta hace poco– inventar la unidad de Venezuela... una creación ilustrada".[78]

No solo ella, el propio Vallenilla Lanz, –apologeta del pensamiento centralista bolivariano– declara sin reservas que "se sigue diciendo que los Constituyentes de 1811, obraron sólo por afán de imitar la Constitución de los Estados Unidos [siendo que] no solo en Venezuela, sino en casi toda la América española, se habló de *federación* y de

---

76 Freites, Yajaira: "Conocimiento y técnica en la Venezuela de la Ilustración: Una aproximación", p. 141-161. / En: Soto Arango, Diana; Miguel Ángel Puig-Samper; Luis Carlos Arboleda (Editores): La Ilustración en América Colonial: bibliografía crítica / editores, Diana Soto Arango, Miguel Ángel Puig Samper y Luis Carlos Arboleda (editores).- Madrid: Consejo Superior de Investigaciones Científicas (CSIC). Ediciones Doce Calles, Colciencias. D.L. 1995. 238 p.: il.; 24 x17 cm. Colección Actas (Ediciones Doce Calles). Incluye bibliografía, referencias bibliográficas e índice. ISBN: 978-84-87111-64-8. Contiene: Ilustración, ciencia y técnica en Amé   . / Las expediciones botánicas al nuevo mundo durante el siglo XVIII, Miguel Ángel Puig-Samper y Francisco Pelayo. / La enseñanza de las primeras letras ilustradas en Hispanoamérica, Olegario Negrín Fajardo. / La enseñanza ilustrada en las universidades de América colonial: estudio historiográfico, Diana Soto Arango. / La ilustración americana en la historiograf   . / Conocimiento y técnica en la Venezuela de la ilustración, Yajaira Freites. / El desarrollo de las ciencias ilustradas en Cuba, / Armando García González. / Fuentes para la historia de la ciencia peruana en Lima, 1700-1821, Marcos Cueto. / Ciê   , /Silvia Figueirôa y Marcia Ferraz.

77 Burkholder, Mark A. (1943-).: Colonial Latin America / Mark A. Burkholder, Lyman L. Johnson. 2nd ed. -New York: Oxford University Press, 1994. VIII, 360 p.: il., mapas; 24 cm. Burkholder, Mark A.; Lyman L. Johnson.: Colonial Latin Amé-rica, Oxford University Press, New York. 436 p. Incluye referencias bibliográficas e índices. ISBN: 9780199340484.

78 *Loc. cit.*

confederación mucho antes de hablarse abiertamente de Independencia"; lo que no le impide confesar, siguiendo a Bolívar e incluso admitiendo que lo anterior corresponde "a nuestras tradiciones españolas y coloniales", que es un error seguir dicha tendencia constitucional. Pero el debate es otro, no así el que sugiere El Libertador al denunciar que nuestras constituyentes obraron al margen de las realidades.

Dice Vallenilla, sin embargo, lo que debió repararse al momento de hacérsele crítica injusta a nuestros Padres Fundadores, quienes miran más allá de las circunstancias:

> "*[Y] a la voz sonora de federación, que en la mentalidad rudimentaria de nuestros pueblos se confundía con una tendencia igualitaria y comunista, casi toda la América, desde México hasta el Plata, arropó con aquella bandera, los impulsos disgregativos, el parroquialismo bárbaro de masas primitivas, en las cuales no había podido surgir aún la de idea de Patria, el sentimiento nacional, que no ha sido en toda la historia del género humano sino el resultado de un lento proceso de integración y de solidaridad social y económica*" (Cursivas nuestras).[79]

B.   *Somos demócratas e hispanos, desde los orígenes*

En otro orden, la experiencia democrática, para mencionar otro elemento de juicio, se cuece a fuego lento, pero sostenido en el territorio que formará a Venezuela, desde antes de nuestra aurora constitucional.

La Ilustración que se decanta a lo largo del tiempo entre nosotros y se hace presente en 1810, ya argumenta y razona acerca de la nación como depositaria de la soberanía y en defecto de las enseñanzas contenidas en el derecho divino de los reyes. Tal soberanía balbucea desde que, durante la segunda mitad del período colonial, se eligen los cargos de los cabildos entre los hombres libres de cada ciudad[80]. Son esas,

---

[79] Vallenilla Lanz, Laureano, 1870-1936.: *Cesarismo democrático y otros textos*. Prólogo, notas, cronología y bibliografía: Nikita Harwich Vallenilla. - Biblioteca Ayacucho, Caracas: 1991, xxxvii + 382. Incluye bibliografía. p. 234

[80] Con la salvedad que bien hace Arturo Sosa A. S.J., al señalar que "[e]l Cabildo colonial era, entonces, "democrático" en un sentido muy distinto al que hoy podemos entender y aspirar. Era "democrático" en el mismo sentido que podían serlo las Ciudades-repúblicas antiguas o del renacimiento, en las que sólo ejercían derechos los estamentos superiores, man-

junto a la vida propia de las provincias, en efecto, las bases que le sirven de apoyo al edificio constitucional que levantan nuestros Padres Fundadores civiles –entre quienes cuentan Juan Germán Roscio, Miguel José Sanz, Francisco Javier Ustáriz, Francisco Javier Yanes, entre otros tantos[81]– y que si bien dura poco, sus principios ordenadores encuentran terreno fértil luego, en la primera Constitución de la República de Venezuela que se dicta en 1830, siendo la segunda en mayor vigencia después de la Constitución de 1961, inaugural de la república civil que fenece en 1999.

No huelga reseñar, al respecto, que el Acta del Ayuntamiento de Caracas que proclama la Independencia venezolana se anticipa al discurso del propio Argüelles y hace constar tanto como él que quienes la suscriben, en primer término, el renunciante Capital General Vicente de Emparan, reivindican los "derechos de la soberanía… conforme a los a los mismos principios de la sabia constitución primitiva de la España…".[82]

Todavía no se reúnen las Cortes de Cádiz, pues, cuando desde Caracas, al instalarse la Junta Suprema de Venezuela el 19 de abril de 1810 y hacerlo para la conservación de los derechos de Fernando VII, el acta ya referida que levanta el Ayuntamiento[83] se justifica en el cautiverio del monarca y "por haberse disuelto la junta que suplía su ausencia en todo lo tocante a la seguridad y defensa de sus dominios invadidos por el Emperador de los franceses". Textualmente, en sus partes pertinentes, argumenta su decisión así:

---

    teniendo otras clases en absoluta subordinación como esclavos o plebeyos". En "El poder municipal en el proceso histórico venezolano", *Revista SIC*, Volumen 42, n. 415, 1979, pp. 203-204.

81 *Vid.* supra.

82 *Vid. in extensu*, en cuanto a esto y lo que sigue nuestro libro: Aguiar, Asdrúbal, 1949.: *Libertades y emancipación en las Cortes de Cádiz de 1812* / Asdrúbal Aguiar. Editorial Jurídica Venezolana, Caracas: 2012. - 211 p. 23 cm. (Cuaderno de la Cátedra Fundacional Dr. Charles Brewer Maucó sobre *Historia del Derecho en Venezuela*, Universidad Católica Andrés Bello; n. 3). Incluye referencias bibliográficas. ISBN: 9789803651671. Véase: pp. 182 y ss. En cuanto a lo indicado, véase *Textos oficiales de la primera República de Venezuela*. Presidencia de la República, Caracas: 1983. vol. 1.: facsíms.; 23 cm. "Bicentenario del natalicio del Libertador". Véase: pp. 99-103

83 *Loc. cit.*

> *"Y aunque, según las últimas o penúltimas noticias derivadas de Cádiz, parece haberse sustituido otra forma de gobierno con el título de Regencia, sea lo que fuese de la certeza o incertidumbre de este hecho, y de la nulidad de su formación, no puede ejercer ningún mando ni jurisdicción sobre estos países, porque ni ha sido constituido por el voto de estos fieles habitantes, cuando han sido ya declarados, no colonos, sino partes integrantes de la Corona de España, y como tales han sido llamadas al ejercicio de la soberanía interina, y a la reforma de la constitución nacional; y aunque pudiese prescindirse de esto, [omissis] no pueden valerse a sí mismos los miembros que compongan el indicado nuevo gobierno".*

A juicio de los actores del 19 de abril, la circunstancia de suyo impone una vuelta al derecho natural, que funda la acción conservadora y de defensa que en su beneficio ejercen al momento las colonias americanas, que dejan de ser tales por reconocerlo la misma Junta Central española disuelta y su derivado, la Regencia.

En el acta de proclamación sus suscriptores dejan constancia de fidelidad a D. Fernando VII y reivindican para el pueblo una llamada "soberanía interina", que entienden así:

> *"[E]l derecho natural y todos los demás dictan la necesidad [omissis] de erigir en el seno mismo de estos países un sistema de gobierno que supla las enunciadas faltas, ejerciendo los derechos de la soberanía, que por el mismo hecho ha recaído en el pueblo, conforme a los mismos principios de la sabia constitución primitiva de la España, y a las máximas que ha ensenado y publicado en innumerables papeles la junta suprema extinguida".*

No es del caso reiterar cuanto arguyen los patriotas venezolanos para sostener su separación de los gobiernos constituidos en España y que en lo inmediato recalan en Cádiz con vistas a la celebración de las Cortes Generales y Extraordinarias. Varios documentos de la época son ilustrativos y reveladores.

El que dirige la Junta Suprema de Venezuela a los cabildos de las capitales de América el 18 de mayo recuerda que "si el pueblo español ha creído necesario recobrar sus antiguas prerrogativas, y la augusta representación nacional de sus cortes para oponer una barrera a la desordenada y progresiva arbitrariedad del ministerio... –se refieren al fracaso de la Junta Central de la península– [i]guales son nuestros motivos para imitar las nobles tentativas de nuestros hermanos de Europa". Seguidamente, el 3 de mayo expone a la Regencia y a la Junta

Superior de Gobierno de Cádiz, por separado, una vez como la primera pide de Caracas reconozca el nombrado tribunal de Regencia como "*legítimo depositario de la soberanía española*", su criterio en cuanto a la legitimidad con la que pretenden presentarse.

Al respecto, el argumento contestatario es preciso y lo fundan sus redactores en la misma legislación española: "unas y otras, [de tales diversas corporaciones] sólo se asemejan en atribuirse, todas, una delegación de la soberanía que, no habiendo sido hecha ni por el Monarca reconocido, ni por la gran comunidad de españoles de ambos hemisferios, no puede menos de ser absolutamente nula, ilegal, y contraria a los principios sancionados por [aquélla]...".

De allí que, más tarde, se pregunte a sí y ante los venezolanos la Junta caraqueña, en los mismos términos en que lo hace la Junta de Cataluña: ¿quién había concedido a la Junta Central el privilegio de trasmitir la autoridad a las manos que quisiese?, ¿dónde se hallaba la voluntad expresa de la nación que se lo permitía?[84]

En cuanto la Regencia, la Junta de Caracas vuelve y le pregunta otra vez: "¿Han precedido las cortes nacionales, en quienes únicamente reside el poder legislativo necesario para establecer la constitución provisoria, que debe administrar la nación en los interregnos?"

A la par, invitada como es la Junta mencionada a la elección de individuos para completar la Junta Central y también para formar Cortes, vuelve a preguntarse "¿[q]ué sufragio libre, qué representación pueden imaginar VV.EE. que exista jamás en unos diputados elegidos por los cabildos americanos, estos cuerpos que el ministerio español se ha empeñado siempre en vejar, en deprimir, en despojarlos de la confianza pública y en someterlos a la vara ignominiosa de sus agentes?"[85]

Las quejas las sintetiza la Junta venezolana esgrimiendo que la Junta Central, que carece del poder legislativo de la nación, mal puede usurpar a las Cortes erigiendo en su defecto un Consejo de Regencia; que la Regencia, en todo caso, es propia, según la ley de partida, para el gobierno en el supuesto de un rey menor o demente; que la América no tiene representante ni en dicha Junta ni en la Isla de León, aun encontrándose expedita para celebrar la asamblea nacional junto a sus hermanos.

---

84. *Textos oficiales, op. cit.*, pp. 130 y 239.
85. *Ídem*, pp. 131-132.

Lo que es más importante y revela la Junta de Caracas en su bando de 8 de noviembre dirigido a los habitantes de Venezuela, es que si acaso adhiere en un principio a la Junta Central de Aranjuez, a pesar de su ilegitimidad por ser desconocida su figura en la constitución española, habiéndole reconocido ésta y luego la Regencia a los españoles americanos igualdad de derechos frente a los españoles peninsulares, mal pueden aceptar aquéllos verse en minusvalía al invitárseles a la formación de Cortes: "[E]l nuevo Consejo –se lee en el manifiesto caraqueño en cuestión– …os convida a las Cortes: la Junta os hizo el propio convite… Él promete unas Cortes imaginarias…, él inclina la balanza de poder a los diputados de Europa".

La queja no es vana. En efecto, los venezolanos advierten que una vez como se les reconoce igualdad desde Aranjuez, sucesivamente se les prohíbe leer los documentos que conoce y llegan a la España peninsular, se les impide dirigir sus propias operaciones y reglar sus asuntos, y se les obstaculiza un comercio más liberal.[86]

En su citada representación a la Regencia, de 3 de mayo, en fin, la Junta rechaza se le humille al reconocérsele "el derecho de nombrar sus representantes para las Cortes de la nación", y la vez "reducirlo en la América…; a establecer una tarifa para los diputados europeos y otra diferentísima para los americanos, con la sola mira de negarles la influencia que se debe a su actual importancia y población".[87]

No obstante, lo que cabe subrayar, por una parte, es la exigencia por los caraqueños de derechos –soberanía nacional, igualdad, libertad de comercio– que luego consagra paladinamente la Constitución de 1811 y la Constitución de Cádiz de 1812; y por la otra, que en abono de su reclamo hacen propia y de modo anticipado la tesis gaditana que propone, como consecuencia del vacío del poder monárquico y en defecto del absolutismo, una vuelta a las antiguas constituciones españolas, de neta estirpe democrática y representativa.

"Entre los pueblos y el jefe de su Gobierno hay un mutuo contrato al cual, si contraviene alguna de las partes contratantes puede la otra separarse justamente. No es necesario manifestar la verdad de esta proposición –explican los juntistas de Caracas– analizando menuda-

---

[86] Ibíd., p. 245. En el bando de 1° de mayo de 1810 la Suprema Junta de Caracas acuerda la libertad de agricultura y comercio con los países amigos y neutrales, ídem, pp. 124-125.

[87] Ib., pp. 132-133.

mente los principios de este establecimiento social y sólo bastará dar un recuerdo sobre la antigua Constitución española, sobre la fórmula del memorable y sagrado juramento de Aragón y, lo que, es más, sobre la de aquél con que los Centrales recibieron la investidura de representantes y jefes de la nación el 25 de septiembre de 1808". "Vínculos más estrechos –continúa el relato– ligaban a la nación con el anterior gobierno y todos se rompieron cuando, abandonada de sus autoridades, se recató a sí misma de las manos de un usurpador extranjero y empezó a existir de nuevo".[88]

Mendoza, en fin, en su Estudio Preliminar citado es igualmente conteste y concluyente en cuanto a lo anterior, al referirse al pensamiento constitucional dominante para 1811, en cuanto el apoyo que aún buscan en las fuentes hispanas nuestros ilustrados a fin de apuntalar su labor constituyente:

"[S]e ha proclamado y sostenido la autonomía de la Provincia fundándola en la soberanía inmanente del pueblo alegada a la propia faz del Soberano, como un principio irrenunciable e imprescindible; se ha implantado, por último, un sistema de Gobierno representativo, federal, electivo, alternativo y responsable, basado en el sufragio de todas las clases libres de la población y en la elegibilidad de todos los ciudadanos, sistema que ha quedado solemnemente sancionado con la instalación del mismo Congreso. Dentro de la fórmula del reconocimiento de la soberanía utópica del monarca español, indispensable para dar un fundamento estrictamente jurídico al Gobierno y desvanecer los temores y los escrúpulos de muchos, la desconfianza de las Provincias celosas de su autonomía y las posibles reacciones en el seno de las masas misoneístas y temerosas del predominio de los blancos criollos, dentro de esa fórmula, decimos, se habían expuesto y practicado, con una precisión ejemplar, las más democráticas doctrinas y teorías constitucionales que, aunque basadas en parte en las propias tradiciones hispanas, eran radicalmente incompatibles con el régimen absolutista de la Monarquía borbónica".[89]

---

88 *Ib.*, pp. 239-240.
89 Cristóbal L. Mendoza, "Estudio preliminar", en la obra de Caracciolo Parra Pérez, *Historia de la Primera República de Venezuela*, Biblioteca Ayacucho, Caracas, 1992, p. XVIII.

LA CONSTITUCIÓN FEDERAL PARA LOS ESTADOS DE VENEZUELA

El texto constitucional de 1811, que en facsimilar ahora es reimpreso, consta de 227 disposiciones, divididas en nueve capítulos, precedidos de un Preliminar, a saber, el de la religión, sobre el poder legislativo, el poder ejecutivo, el poder judicial, las provincias, la revisión y reforma de la Constitución, su sanción o ratificación, los derechos del hombre, y las disposiciones generales.

Gil Fortoul, a pesar de lo señalado por nosotros, sostiene que "el nuevo régimen que ella [la Constitución] implanta no es realmente desarrollo necesario ni perfeccionamiento armónico de la organización social y política que se mantuvo aquí durante los tres siglos de dominación española."[90] Lo cual es cierto, pero matizada tal afirmación –la de Gil Fortoul quien agrega que "no es en sus partes esenciales una etapa lógica en el movimiento político del pueblo venezolano"– visto que, por una parte, si bien Francisco Xavier Ustáriz dice (según el acta de 20 de julio)[91] que desde que fuera designado para redactar la Constitución junto a los diputados Gabriel de Ponte y Juan Germán Roscio[92], no encontraba asidero para tirar sus primeras líneas, las encuentra en la declaratoria de la Independencia[93], y por la otra, como también lo admite el autor, el constituyente "al combinar los principios de una [la

---

90 Gil Fortoul, José, 1861-1943.: *Historia constitucional de Venezuela* / José Gil Fortoul. - 5a. ed. Ediciones Sales, Caracas: 1964. - 3 vol.: il.; 22 cm. Incluye índice. vol. 1 *La colonia. La independencia. La gran Colombia*- vol. 2 *Reconstitución de la República. La oligarquía conservadora*- vol. 3 *La oligarquía liberal*. Véase: I, 1964, p. 252.

91 *Vid*. Venezuela. Congreso: *El libro nacional de los venezolanos: actas del Congreso Constituyente de Venezuela en 1811: orígenes de la República*. Tip. Americana, Caracas: 1911. - xiii, 436 p. il. 31 cm. Publicación oficial acordada por el general Juan Vicente Gómez, presidente de Venezuela. Véase: p. 115.

92 Parra Pérez, Caracciolo, 1888-1964.: *Historia de la primera República de Venezuela* / C. Parra-Pérez. Tipografía Americana, Caracas: 1939. - 2 vol.: [1] mapa pleg.; 24 cm. Incluye referencias bibliográficas e índice y referencias bibliográficas. vol. 1 *Miranda y los orígenes de la revolución. La Junta de abril* - vol. 2 *El Congreso Federal. El generalísimo*. En esta obra Caracciolo Parra-Pérez señala, en defecto de lo dicho, que "para trabajar en la Constitución reuniéronse Miranda, Sanz, Paúl, Ponte, Roscio y Uztáriz, nombrados a tal fin en la sesión del 16 de marzo".

93 José Gil Fortoul, *op. cit*., p. 255.

Constitución norteamericana] y otra [la declaración francesa de los derechos del hombre] en la carta venezolana, más de una vez los modifica sustancialmente".[94]

A. *Los principios compartidos*

La cuestión, entonces, no es la relativa a las incidencias que tienen en nuestra Constitución pionera las enseñanzas extranjeras. Como Brewer los resume y cabe anotarlo, son comunes a los procesos constituyentes de la época –los que tienen lugar en Caracas y en Cádiz, a manera de ejemplos, ambos iniciados en 1810, concluyendo el primero en 1811 y el último en 1812– los siguientes principios:[95]

a) "En primer lugar, la idea de la existencia de una Constitución como carta política escrita, emanación de la soberanía popular, de carácter rígida, permanente, contentiva de normas de rango superior, inmutable en ciertos aspectos y que no sólo organiza al estado, es decir, no sólo tiene una parte orgánica, sino que también tiene una parte dogmática, donde se declaran los valores fundamentales de la sociedad y los derechos y garantías de los ciudadanos. Hasta el tiempo de las Revoluciones, esta idea de Constitución no existía".

b) "En segundo lugar, de esos dos acontecimientos surgió también la idea política derivada del nuevo papel que a partir de esos momentos históricos se confirió al pueblo, es decir, el papel protagónico del pueblo en la constitucionalización de la organización del estado. Con esas Revoluciones la Constitución comenzó a ser producto del pueblo, dejando de ser una mera emanación de un Monarca".

c) "En tercer lugar, de esos dos acontecimientos políticos resultó el reconocimiento y declaración formal de la existencia de derechos naturales del hombre y de los ciudadanos, con rango constitucional, y, por tanto, que debían ser respetados por el estado. La libertad se constituyó, con esos derechos como un freno al estado y a sus poderes, produciéndose, así, el fin del estado absoluto e irresponsable".

d) "En cuarto lugar, además, dentro de la misma línea de limitación al Poder Público para garantizar la libertad de los ciudadanos, las

---

94 *Ibíd.*, p. 254.
95 Allan Brewer Carías, "Crónica de un desencuentro...", *cit.* supra, pp. 221-225.

Revoluciones francesa y americana aportaron al constitucionalismo la idea fundamental de la separación de poderes".

e) "En quinto lugar, de esos dos acontecimientos políticos puede decirse que resultaron los sistemas de gobierno que han dominado en el mundo moderno: el presidencialismo, producto de la Revolución americana; y el parlamentarismo, como sistema de gobierno que dominó en Europa después de la Revolución francesa, aplicado en las Monarquías parlamentarias".

f) "En sexto lugar, las Revoluciones americana y francesa trastocaron la idea misma de la función de impartir justicia, la cual dejaría de ser administrada por el Monarca y comenzaría a ser impartida en nombre de la nación por funcionarios independientes".

g) "En séptimo lugar, de esos dos acontecimientos revolucionarios surgió una nueva organización territorial del estado, antes desconocida. en efecto, frente a las Monarquías absolutas organizadas conforme al principio del centralismo político y a la falta de uniformismo político y administrativo, esas Revoluciones dieron origen a nuevas formas de organización territorial del estado, antes desconocidas, que originaron, por una parte, el federalismo, particularmente derivado de la Revolución americana con sus bases esenciales de gobierno local, y por la otra, el municipalismo, originado particularmente como consecuencia de la Revolución francesa".

B. *Los contenidos normativos*

Al invocar el nombre de Dios Todo Poderoso, los constituyentes fijan como bienes que han de asegurarse constitucionalmente, en consecuencia: la soberanía, la mejor administración de justicia, la procura del bien general, la tranquilidad interior, la defensa exterior, la libertad e independencia política, la conservación de la religión de los mayores; que han de sostenerse teniendo como principio la unión a través de la confederación y un modelo compartido de gobierno y administración para "los Estados de Venezuela".

La religión es la católica, como religión del Estado y de los habitantes; el régimen legislativo es bicameral –un Congreso general con una cámara de representantes elegida popularmente por los electores de cada provincia y otra de senadores designados por las legislaturas provinciales– con plenos poderes para "levantar y mantener ejércitos"; su poder ejecutivo es colegiado –triunvirato– con duración de cuatro años y electos popularmente mediante listas elaboradas en cada Provincia, conteniendo ellas un candidato habitante de otra distinta, teniendo aquél a su cargo el mando supremo de las armas "cuando se hallen al servicio de la Nación"; el poder judicial confederado queda depositado en una Corte Suprema de Justicia residente en la ciudad federal y los demás tribunales subalternos y juzgados inferiores que el Congreso estableciere "temporalmente en el territorio de la unión", siendo competente para todos los asuntos contenciosos civiles o criminales que se deriven del contenido de la misma Constitución; las provincias han de darse –bajo aseguramiento y garantía del gobierno de la Unión– la forma de gobierno republicano, sin que sus constituciones puedan afectar los principios liberales y francos de representación admitidos para la Confederación ni cambiar a otra forma de gobierno, quedando obligadas unas para con las otras en la defensa contra toda invasión o violencia doméstica; la iniciativa de reforma constitucional la tienen tanto las cámaras del Congreso como las legislaturas provinciales, siempre que cada una de aquéllas y éstas, en sus respectivos niveles, alcancen el voto de las dos terceras partes de sus integrantes; y la sanción o ratificación de la Constitución queda en manos del pueblo de cada provincia, que se expresará a través de sus electores.

En cuanto a los Derechos del pueblo, el texto cita como el primero la "soberanía del pueblo", al que siguen los "derechos del hombre en sociedad", los "deberes del hombre en sociedad", y los "deberes del cuerpo social", todos los que a su vez quedan, como "cosas constituidas", exentas y fuera "del alcance del Poder general ordinario del Gobierno". El argumento normativo es concluyente y reza así en la disposición 199:

> *"Conteniendo o apoyándose [aquéllos o tales cosas constituidas] sobre los indestructibles y sagrados principios de la naturaleza, toda ley contraria a ellas que se expida por la Legislatura federal, o por las Provincias, será absolutamente nula y de ningún valor".*

Cierra la Constitución con varias disposiciones reivindicativas de los indios, abolicionistas del comercio de negros, anulatorias de leyes que imponen la degradación civil de los pardos, abrogatorias de títulos de nobleza y distinciones hereditarias.

Asimismo, tanto como excluye de la función pública e inhabilita por veinte años a quienes participen de actos de corrupción electoral, la Constitución de 1811 dispone que "ningún individuo o asociación particular podrá hacer peticiones a las autoridades constituidas en nombre del Pueblo, ni menos abrogarse la calificación de Pueblo Soberano", bajo pena de ser criminalizado y visto que éste "sólo se expresa por la voluntad general" a través del voto o por órgano de "sus representantes legítimos en las legislaturas".

Finalmente, así como la disposición 224 revela que partes de la misma Constitución tienen carácter programático y han de ser desarrolladas a través de leyes [constitucionales], la 227 define un bloque constitucional que integran la propia Constitución, sus leyes de ejecución y los tratados "que se concluyan bajo la autoridad del Gobierno de la Unión", todos los que, de conjunto, "serán la ley suprema del Estado en toda la extensión de la Confederación".

C. *La diatriba de Miranda*

Cabe observar, a todas éstas, que a pesar de que el Precursor Francisco de Miranda firma con reserva nuestra primera Constitución Federal, a buen seguro por convenir en la misma idea bolivariana de la urgencia de una organización militar que sostuviese la Independencia declarada, más allá del edificio constitucional en forja y para asegurarlo, lo veraz es que resulta fuera de todo contexto y engañoso el debate en el que al efecto se cruza con Roscio y que dice sobre lo impertinente de la queja de aquél: "Bajo los reparos que se expresan al pie de esta acta Nº 2, [yo] firmo esta Constitución", pues nada habría dicho ni aportado al texto final de Constitución como para tacharlo como lo hizo.

Es célebre, al efecto, lo que a propósito afirman los diputados Briceño (Antonio Nicolás) y Alamo (José Ángel del), sucesivamente: "su autor jamás había manifestado semejantes opiniones durante la lectura y discusión" y es "muy reparable esta conducta de parte de un diputado del Congreso de cuya boca jamás habían salido las observaciones que ahora aparecen en la protesta".

Parra Pérez considera que el laconismo de la protesta mirandina –tratándose de un hombre de ordinario prolijo– acaso significa anhelo de salvar su responsabilidad o desdén por la obra de sus colegas:

"Considerando que en la presente Constitución los poderes no se hallan en un justo equilibrio; ni la estructura u organización general suficientemente sencilla y clara para que pueda resultar que, en lugar de reunirnos en una masa general o cuerpo social, nos divida y separe, en perjuicio de la seguridad común y de nues-

tra independencia, pongo estos reparos en cumplimiento de mi deber", reza el contenido de ese pie de acta al que alude su autor.[96]

La respuesta de Ustáriz –al fin y al cabo– como primer doliente de la Constitución y redactor que fue de la misma no se hizo esperar:

"Aquello de que los poderes no están en un justo equilibrio, quiere decir que el Poder Ejecutivo sea sagrado e inviolable y por diez años, como fue propuesto. Lo de que la estructura y organización general no está suficientemente sencilla y clara, quiere decir que él no la entiende (o no la quiere entender); porque ya se le ha notado que cuando una cosa no está clara para él, aunque lo esté para los demás, se atribuye el defecto a la cosa misma. Lo de que no está ajustada con la población, usos y costumbres de estos países, quiere decir que, como ellos estaban bajo un gobierno monárquico con todos sus accesorios, a saber: nobleza, títulos, cruces y privilegios de una parte, y bajeza y abnegación, al parecer original, perpetua e injuriosa de la otra, es preciso que no salgamos de aquel sistema jamás, y acaso que busquemos un suplente de Fernando VII".[97]

Pero importa subrayar lo esencial, a saber y a riesgo de repetirnos, que Bolívar y Miranda confunden la coyuntura, la amenaza, la exigencia militar inminente para sostener la Independencia, con el modelo apropiado o propicio para darle forma a una república naciente y a partir de un pacto social de largo aliento que la asegurase como proyecto democrático común compartido, en el sentir del Congreso y de los llamados Padres Fundadores. Que esa emergencia se haya tornado después en regla, en un vicio secular dentro de la historia constitucional venezolana, es algo distinto y es nuestro actual problema, probablemente la mentira constitucional que oculta nuestra verdadera personalidad originaria de Nación.

Mendoza, citando a Parra-Pérez parece confirmar dicha tesis:

"Sea lo que fuere, Miranda expresa entonces, en términos generales, su temor de las consecuencias del pacto que los próceres acaban de redactar. Sus preocupaciones, que serán también las de Bolívar, con los matices correspondientes a la inteligencia y al diverso temperamento de ambos personajes, provienen de la debili-

---

96 Caracciolo Parra Pérez: *Historia...*, *op. cit.* (1939), p. 143.
97 Cristóbal L. Mendoza, *cit.* supra, p. XXXII.

> *dad del poder ejecutivo, la dispersión de fuerzas de las provincias, lo complicado de la administración federal, cuyo mecanismo requería abundancia de elementos de toda índole escasísimos en Venezuela. Era su deber establecer, con el régimen central, un gobierno firme y vigoroso. Sobre todo, inquiétale la lucha social en perspectiva provocada por la aplicación, según él inconsiderada, de los principios democráticos absolutos en un país de castas y colores"*.[98]

Sólo así puede entenderse, no de otra manera, la oblicua crítica de Miranda –que Ustáriz califica de "capciosa y vaga"[99]– al sistema federal adoptado, pues, de ser cierto, como lo afirma Brewer Carías, que William Burke es un pseudónimo que comparten en la *Gaceta de Caracas* tanto aquél como el propio Roscio, sería un contrasentido lo que el irlandés citado escribe en sus páginas a fin de convencer a la opinión pública venezolana de las bondades del sistema federal receptado en su Constitución por los norteamericanos.

"Muchas de las ideas de Burke –dice el historiador Mario Rodríguez, según el catedrático en cuestión– fueron reflejadas en la Constitución de diciembre de 1811". Son "sus artículos en la Gaceta de Caracas, la fuente más importante de influencia de los principios constitucionales norteamericanos en la nueva República de Venezuela", ajusta éste. Y el caso es que los trabajos de Burke, quien publica en año y medio (1810-1812) más de ochenta editoriales en la Gaceta de Caracas:

> *"se basaron en documentos que habrían sido escritos por [James] Mill, [Jeremy] Bentham y Miranda, en muchos casos, utilizando los documentos contenidos en el Archivo de Miranda. Además, puede incluso decirse que Juan Germán Roscio, como editor de la Gaceta de Caracas, y Francisco Xavier Ustáriz y Miguel José Sanz también publicaron unos editoriales bajo el nombre de Burke en la Gaceta".*[100]

Grases, al escribir una cédula sobre William Burke, en el libro de compilación que dedica al pensamiento político de la Emancipación, afirma, por el contrario, la existencia real del escritor de la Gaceta de

---

98 *Loc. cit.* y p. XXXIII.
99 *Ídem*, supra, cita 18.
100 *Vid.* Introducción general de Brewer-Carías (Editor), en *Documentos constitucionales...*, *Op. cit.*, p. 268.

Caracas, a quien describe como un irlandés fallecido en Jamaica el 12 de noviembre de 1812, llegado a Caracas para conocer los eventos del 19 de abril de 1810; no obstante, pone de relieve –es lo importante– su admiración por Miranda.[101]

Pues bien, el propio Gil Fortoul –lo que confirma nuestra apreciación en cuanto a que domina en el Precursor y en el instante la visión de coyuntura, como en Bolívar–también advierte la contradicción mirandina; pues si, en efecto, anota que "durante la discusión del proyecto, Miranda en el Congreso, y en la Sociedad Patriótica Bolívar y Muñoz Tébar –corifeos los tres de la tendencia centralista, adversaria de la tendencia federalista– se esfuerzan en contrariar como inoportuna la imitación del federalismo norteamericano, aconsejando antes bien la imitación de ciertas doctrinas del régimen inglés", al término y en nota de pie ajusta que "esto parece contradictorio con lo que años antes habían escrito Miranda en su Proyecto de Gobierno Federal". Advierte, incluso así, que el Precursor habla de una "Federación Americana", o sea, una confederación que formasen "todas las colonias españolas representadas en un Concilio Colombiano".[102]

Es una paradoja, a todo evento, que el epílogo del texto constitucional de Venezuela contenga un largo párrafo que, antes bien, consagra como aspiración la de Miranda sobre el "Continente Colombiano"; lo que indica que los diputados eran sabedores cabales de su ideario y de suyo les influía. La Constitución, en efecto, reza que, si los demás habitantes de éste "que quieran asociársenos para defender nuestra Religión, nuestra Soberanía natural, y nuestra Independencia…" así lo disponen, queda abierta la posibilidad de alterar o mudar sus disposiciones en cualquier tiempo, una vez lo "confirme a la mayoría de los Pueblos de Colombia que quieran reunirse en un cuerpo nacional para la defensa y conservación de su libertad, e Independencia política". Así, se imagina desde entonces nuestro constituyente la reunión de legítimos representantes de las provincias que aún no integran la Confederación, "en un Congreso General de la Colombia".

---

101   Pedro Grases (Compilación, prólogo y cronología), *Pensamiento político de la emancipación venezolana*, Fundación Biblioteca Ayacucho, Caracas, 1988, p. 376.
102   José Gil Fortoul, *op. cit.*, pp. 254-255.

LO PROPIO DE NUESTRA ILUSTRACIÓN

Siguiendo las pistas de investigación que suministra el maestro Grases en su Estudio preliminar a la Constitución Federal de Venezuela, 1811, reimpreso ahora y otra vez junto al facsímil de ésta, importa subrayar el amplio y sugerente acervo doctrinal, quizás decantación de lo aprendido pero propio del pensamiento de nuestros primeros constituyentes y en las más variadas nociones que contiene o inspira a esa partida de nacimiento de nuestra venezolanidad; y que, salvado los tiempos, ha de ser conservado como el verdadero o genuino hilo conductor intelectual y político de la república.

En *El Publicista de Venezuela*, primera publicación que aquél, el maestro, advierte con el sello editorial exclusivo de Baillío sin su Compañía, visto que –Juan Baillío– pasa a ser el Impresor del Congreso General de los Estados Unidos de Venezuela como consta en el memorial que, redactado por éste y a objeto de que se le reconozca como tal, llega a oídos de la Constituyente el 19 de agosto de 1811[103], se recogen los debates realizados por sus diputados a propósito de ésta.

Son de un valor testimonial muy grande y probatorio de la existencia de un criterio constitucional patrio, el germinal de nuestro pensamiento, como podrá apreciarse seguidamente, a la luz de los distintos temas que son objeto de consideración. Y es eso lo que cabe rescatar, pues al fin y al cabo el texto formal constitutivo de nuestro primer pacto social acaso no tuvo vigencia. Éste, en efecto, requería según sus disposiciones ser sometido a la aprobación, no de las Provincias, sino del pueblo de éstas en una suerte de referéndum, como lo estable el artículo 137:

> *"El pueblo de cada Provincia por medio de convenciones particulares, reunidas expresamente para el caso, o por el órgano de sus Electores capitulares, autorizados determinadamente al intento, o por la voz de los Sufragantes parroquiales que hayan formado las Asambleas primarias para la elección de Representantes, expresará solemnemente su voluntad libre y espontánea de aceptar, rechazar, o modificar en todo, o en parte esta Constitución."*

---

103 Pedro Grases, *Estudio preliminar*..., cit. supra, p. 10.

El Publicista de Venezuela tiene como redactor a Francisco Ysnardy (1750-1820), gaditano de origen[104] y a la sazón, luego de colaborar con Andrés Bello y editar junto a éste la revista cultural El Lucero, es nombrado secretario del Congreso constituyente y asimismo designado para que cooperase con Roscio en la redacción del Acta de la Independencia. Y es quien propone, como consta en el acta de la sesión de 25 de junio, "la utilidad de un Periódico peculiar al Congreso, que insertase y divulgase sus Sesiones, y tratase otras materias análogas a los principios políticos de nuestro actual estado".[105] De allí su extraordinario valor como fuente primaria documental.

De modo que es Ysnardy una suerte de notario que le da autenticidad al pensamiento que recogen los debates constituyentes y luego son llevados de su mano a las prensas de Baillío. Y su obra, al caso, es vigilada por Francisco Javier Yanes y Nicolás Briceño, nombrados, sucesivamente, en primeras y en segundas, como censores de "*El Publicista de Venezuela* cuya redacción está afecta a la Secretaría del mismo Congreso", según reza el acta de 18 de julio.[106]

En el mencionado semanario constan nuestras raíces y ellas confirman lo que valora Grases a partir de sus pesquisas bibliográficas memorables:

---

104 Recientemente la historiadora Marisa Vannini de Gerulewicz demostró como un detective, que va de pista en pista, que existieron varias personas con el mismo nombre y por esta coincidencia, se le atribuyó a un mismo Isnardi la identidad de tres individuos distintos. El primer Francisco Isnardi, el piamontés, fue expulsado de los dominios españoles luego de un largo juicio. El segundo, Enrico Iznardi, era provenzal o francés, llegó a ser Secretario de la Junta de la isla de Margarita en 1810 y fue fusilado por las fuerzas patriotas en esa ciudad hacia 1814, y el último, Francisco José Vidal Isnardi, médico gaditano, quien fue el Secretario del Congreso y corredactor del Acta de Independencia de la Constitución de 1811. De esta manera, la profesora Vannini logra aclarar un error existente en la historiografía nacional que siempre mezcló a los tres personajes como si fuera uno solo. Elías Pino Iturrieta, Guillermo Meneses, Joaquín Gabaldón Márquez, entre muchos otros, en sus trabajos, repitieron ese error. Véase Vannini de Gerulewicz, Marisa, 1928-2017: El misterio de Francisco Isnardi / Marisa Vannini de Gerulewicz. - 1a. ed. - Fundavag Ediciones, Caracas: 2014. - 224 p. - Colección Calle real; 10. ISBN: 9789807581066.

105 Vid. *El libro nacional de los venezolanos...*, op. cit., p. 3.

106 Ídem, p. 108.

> *"Todos [los miembros de la generación de la Independencia] dejaron sus pensamientos en textos valiosos para comprender la madurez del razonamiento que les impulsó a la acción, decididos, si era preciso, a sacrificar su propia vida en aras de la libertad".*[107]

A. *Sobre el pacto constituyente y la representación popular*[108]

Dos cuestiones esenciales ocupan el debate del primer Congreso General de Venezuela, a saber, por una parte, la atinente a la naturaleza de la misma confederación –preservando la igualdad real y el equilibrio de fuerzas entre sus partes, lo que motiva el pedido de división de la Provincia de Caracas– y al entenderse aquella, por algunos, como una inédita federación entre partes no constituidas y en su *statu quo*, a cuyo efecto, cualquier decisión al respecto, ora exige del previo y libre ucase de la parte correspondiente, vale decir, ora de todos sus representantes, ora del pueblo del que son mandatarios, sea que basta la pluralidad de votos de los constituyentes; y por la otra, la relativa a los alcances de la representación del diputado constituyente, limitado o no en su mandato por los electores.

Electos los diputados que integran el Congreso y apoderados al efecto por sus mandantes –quienes los eligen– para el cometido de "confederarse", de modo sobrevenido se abre en el seno de éste, justamente lo dicho, un debate sobre la preponderancia que ejercía, geográficamente y económicamente, la Provincia de Caracas, en lo particular su capital sobre el resto de los distritos que la componen; dado lo cual los representantes de las provincias del interior –Valencia en lo particular como distrito de Caracas– reclaman la previa división de ésta. Se trata de la primera manifestación constituyente en contra del centralis-

---

107 Pedro Grases, *Pensamiento político...*, op. cit., p. XXVI.
108 El Publicista de Venezuela. -Ed. facsím.- Academia Nacional de la Historia, Caracas: 1959 - 22 v. (lxxxiv, 212 p.); 23 x 17 cm. – n. 1 (4 jul. 1811)-n. 22 (28 nov. 1811). - Biblioteca de la Academia Nacional de la Historia; 8. Lema: "Quod omnes tangit ad omnibus debet aprobari". Estudio preliminar por Joaquín Gabaldón Márquez. Incluye índice onomástico, geográfico y sumario del periódico elaborado por Clementina Hernández. Véase: n. 1, 4 de julio de 1811, p. 2-7; n. 3, 18 de julio de 1811, p. 17-19; n. 20, 14 de noviembre de 1811, p. 153-155; n. 21, 21 de noviembre de 1811, p. 161-162.

mo, pues al paso evoca la experiencia monárquica que se proponían superar como sistema político.

La cuestión, que cubre distintas sesiones desde el 12 de junio hasta 21 de noviembre de 1811, se ve impedida en su resolución final por argumentos de principio que ilustran bien sobre el arraigado pensamiento democrático de la mayoría de los congresistas.

Unda (José Vicente) va al fondo de la cuestión y en su crítica del centralismo caraqueño, observa que "Guanare conoce que nada puede influir Caracas en su prosperidad territorial: sus caudales, y los productos de su cultivo forman una parte muy considerable de las rentas públicas, que traídas a Caracas imposibilitan a los habitantes de Guanare de tener ningún establecimiento benéfico, industrial, ni de educación, llegando su miseria, hasta carecer de una escuela de primeras letras un distrito que cuenta 25 mil almas de población" (12 de junio).

Peñalver (Fernando de), de Valencia, acompaña la tesis: "Inútil es la regeneración que hemos adquirido, si la preponderancia política de Caracas, concentrándola en sí misma, deja a los demás Pueblos en la ignorancia, apatía, y miseria en que los tenía el anterior despotismo, y expuestos a ser dominados despóticamente por una sola Provincia...". De modo que, ajusta este que: "La naturaleza del contrato que va a celebrarse reclama la igualdad y equilibrio de las fuerzas de todos los contratantes; y para esto se necesita arreglar los límites de la Provincia, que toca exclusivamente a la confederación" (12 de junio).

Hacia el 14 de octubre el tema parece quedar desplazado bajo el argumento, que se repite, del objeto del Congreso, a saber, crear una confederación entre provincias inconstituidas: "las provincias en el estado actual se hallaban lo mismo que el hombre antes de entrar en sociedad" redarguye el diputado Cabrera (José Luis) –lo que sería una novedad– en defecto de la experiencia federativa que ha lugar entre soberanías establecidas. Yanes, a su vez, señala que mal puede decidirse al respecto mediante la pluralidad, sin que previamente haya tenido lugar el pacto federativo "pues ningún pacto se celebra sino es por mutuo consentimiento de las partes". Pero Roscio contesta que, ya instalado el congreso, cabe diferenciar entre un pacto y un contrato, siendo que para decidir sobre aspectos del primero basta que los aprueben las dos terceras partes; haciendo excepción de lo relativo a la división de Caracas, que mal puede decidirse sin la presencia de sus legisladores.

Sea lo que fuere, "la Confederación era la unión contra enemigos extranjeros" con lo que, en principio, la cuestión de debate quedaría fuera de las competencias del Congreso, según el diputado (José María) Ramírez (14 de octubre). El diputado Méndez (Ramón Ignacio), en similar línea de argumentación esgrimida desde antes, el 13 de junio, precisa que "la materia no competía de ningún modo al Congreso General y mucho menos podían resolver sobre ella los Diputados de Caracas, cuando todos sus distritos convinieron en venir a la confederación, sin condición de dividir a Caracas... no podía ponerse la división como un requisito previo a la confederación", concluye.

En lo concerniente a los límites de la representación constituyente, el 1° de agosto plantea Roscio, replicado por Peñalver al respecto, que cuando las Provincias determinaron seguir a la Junta de Caracas, el 19 de abril, cada una advirtió sobre la conservación respectiva en manos de aquéllas del gobierno interior de sus Distritos; constando ello en sus credenciales de entonces.

Paul (Felipe Fermín), el 12 de junio, apunta lo esencial, a saber, que sus representantes mal pueden decidir *legibus solutus* sin antes regresar a la fuente de sus propios mandatos. "La división propuesta –argumenta– aún tomada en consideración por los representantes de Caracas, no pueden ellos mismos resolverla, sin consultar la voluntad de sus constituyentes en tan ardua innovación, y meditar detenidamente los medios de ejecutarla, y los inconvenientes, y ventajas que debe producir: además de que, si para todo debe consultarse la opinión pública, mucho más debe hacerse en una materia en que tengo por cierto no está a su favor" (12 de junio).

La cuestión la fija el 18 de junio adecuadamente Yanes, al pretextar sobre lo dicho por Toro (Juan) –"el abuso escandaloso que él creía habían cometido los electores, arrogándose la representación del Pueblo"– y afirmar que de su debate "saldrá de la oscuridad en que estamos acerca del verdadero origen de la representación y de las condiciones que de él deben emanar". Su opinión también la ha adelantado, al afirmar sobre la "usurpación que hacían los electores, arrogándose la representación del Pueblo, cuando es evidente que sus funciones cesan luego que han elegido los Diputados, y que para esto sólo les dieron facultad los que los nombraron".

El tema viene al caso dada la aceptación que se contesta de los representantes de la Provincia de Barcelona, a quienes el gobernador les niega el pago de sus dietas por no ser "adicto... a la representación popular", como lo denuncia Toro; a cuyo efecto se propone aceptar la legitimidad de sus elecciones, sin perjuicio de la facultad del Congreso de "examinar y calificar sus credenciales", como lo señala Maya, dado que las mismas proceden del propio gobernador. "Las formas son la esencia del gobierno representativo", aduce Sata y Bussy (José), pues de lo contrario, estaría el Congreso nombrando diputados "a su placer".

Álamo (José Ángel del), al respecto, precisa que de admitirse una credencial emanada de gobernador –que no de una Junta como en las otras provincias– llevaría al absurdo de que fuesen los tenientes de los pueblos quienes escogiesen a sus representantes; a menos que, como lo explica Bermúdez (Juan), el acto de dicha autoridad sea la mera certificación de la elección ocurrida.

En 14 de octubre Sata observa que, hay quienes, dentro de ellos, "se crea diputado sólo de su pueblo, y quien se crea que lo es de toda su Provincia: juzgo que los que crean comprometidos los particulares intereses de su Pueblo podrán separarse, y los demás deben sucumbir a la pluralidad: un partido capitular no puede nunca mirarse como Soberano para una confederación". A lo que Méndez responde que, "no debía obligarse a un partido por la pluralidad de una Provincia, y que, así como su Pueblo es libre para revocarle los poderes, él creía que lo era para no sucumbir a la pluralidad y retirarse". La cuestión esencial, no obstante, vino resuelta desde antes, el 19 de junio, cuando a propósito de las elecciones que otras Provincias hacían de diputados electos y en posesión de mandatos por otras, se observa por Mendoza (Luis Ignacio), en primer lugar, que es imposible anular el "contrato solemne entre el S. Toro, y Valencia" por su elección superviniente por Barcelona, y en segundo lugar, por Peñalver, al destacar que en la representación "eran preferentes los intereses de la Confederación a los particulares del Distrito".

B.   *Uti possidetis iuris*[109]

A guisa del debate que ocupa muchas sesiones del Congreso, a saber el de la planteada división de Caracas como premisa para avanzar hacia la Confederación –rechazada por unos, apoyada por otros, y dentro de éstos quienes la consideran necesaria pero posterior, sujeta al primer acto necesario, como lo es alcanzar la federación– y argüida, fundamentalmente, por el diputado Peñalver de Valencia, su argumen-

---

109   *Ibíd.,* n. 4, 25 de julio de 1811, p. 25-29

to en cuanto a que se estaba en presencia de pueblos inconstituidos que requerían de constituirse antes de asociarse, emerge con fuerza inusitada y clarividente el argumento de Sata.

El mismo desvanece la incoherencia del debate y fija de modo pionero, para el constitucionalismo venezolano, el principio del *Uti Posidetis Iuris* que se conserva hasta el presente como fundamento de nuestros límites republicanos. Sus palabras bastan y rezan así *in extensu*:

> *"Debo mirar la materia bajo los dos aspectos que acaba de presentarla el anterior orador; por el del señor Peñalver queda destruida originariamente la federación; esta no es otra cosa que la reunión de muchos Estados soberanos e independientes, para proveer bajo ciertos pactos a su seguridad general; y creer que pueda haber federación sin esta Soberanía, es una contradicción bien chocante: los que miran a Venezuela bajo el otro respecto suponen esta Soberanía; cuando insisten en que debe ser la confederación uno de sus primeros actos: esta oposición de principios, debe fijarse antes que todo: es decir decídase si Venezuela se divide en secciones departamentales, bajo un gobierno común, o en Estados federativos independientes. A pesar de que yo veo la salud general en el primer caso, respeto la opinión pública que está por el sistema federativo, y por consiguiente insisto en que debe prevalecer la opinión de los que creen que debe preferirse, a todo, la confederación; pero también creo necesaria una decisión clara, terminante e irrevocable del Congreso sobre este particular. Ni una sola expresión puede alegarse por la que se infiera que los pueblos propendieron al estado de masa inconstitucional en que se ha supuesto a Venezuela desde el 19 de abril; por consiguiente, no puede ser la división y trastorno de límites existentes, la basa de la confederación. Hay, por el contrario, actos muy positivos de la Soberanía de los Pueblos, cuando enviaron en uso de ella sus representantes a confederarse con los límites y fuerzas con que se hallaban: los Pueblos respetaron, conocieron, y sancionaron la inviolabilidad del principio statu quo con esta conducta; y los que promueven la división, desconocen unas de los más útiles principios del derecho público de las Naciones. Uti possidetis fue el canon político de la nueva institución de Venezuela; y sin él, tal vez hubiera aventurado sus heroicos y laudables esfuerzos: destruir este saludable axioma es pretender que no haya confederación: es incurrir en una contradicción palpable: es decir, quiero que Caracas no sea ahora lo que era cuando la admití a mi contrato de sociedad. No soy partidario ciego de la federación, porque tal vez veré abultados los inconvenientes a que la considero expuesta;*

pero la hallo sancionada por el Congreso, cuando dio un solo voto a las Provincias en los asuntos generales; por consiguiente, no puede ya admitirse el principio de asociación, informe e indivisa en que se supone a Venezuela: sus Provincias son y deben tenerse por Estados soberanos e independientes, y bajo este aspecto debe precisamente discutirse la cuestión. Concluyo, pues, que la confederación es, según esto, la más preferente atención que debe ocuparnos; la división será útil, necesaria y hacedera; pero toca exclusivamente a las Provincias".

C. *Imparcialidad de los jueces*[110]

En noviembre 19 de 1811 nuestro primer congreso adopta una Ley de recusaciones, a objeto de garantizar la confianza de los ciudadanos en sus magistrados al momento en que éstos deban decidir sobre los derechos de aquéllos y mientras se llegue a adoptar el juicio por jurados. Al efecto, se trata de una proposición libre que no pide pruebas al ciudadano quien solicita la respectiva inhibición, salvo su juramento de no proceder con malicia.

No obstante, a objeto de impedir la degeneración del instituto, la Ley en cuestión fija límites personales a la misma –no más de tres ministros por cada parte, quienes pueden ser sustituidos por otros corregidores quienes hayan concurrido a elecciones como tales– nombrados no por el recusado sino por el Supremo Poder Ejecutivo Provincial y sigan en votos a los recusados, debiendo la parte o ambas partes, según los casos, sufragar las dietas de los sustitutos, "como que por su propio interés no se aprovecha éste de los ministros que tiene dotados la Provincia".

D. *Transparencia y rendición de cuentas*[111]

El principio de la rendición de cuentas y responsabilidad de quienes ejercen la función pública, es vertebral al nacimiento de Venezuela como república independiente y democrática, a la vez que exigencia de todo "pueblo libre y virtuoso".

El Supremo Congreso de 1811, dicta al efecto el decreto el 5 de noviembre a fin de establecer el llamado juicio de residencia de magis-

---

110 *Ibíd.*, n. 21, 21 de noviembre de 1811, p. 160.
111 *Ibíd.*, n. 22, 23 de noviembre de 1811, p. 175.

trados y funcionarios, con una motivación precisa, construida a la vez desde lo afirmativo a lo negativo, a saber:

> *"Den cuenta de sus operaciones públicas al fin de su comisión en un juicio formal, pues de este modo se harán acreedores al reconocimiento de todos sus ciudadanos, si hubiesen desempeñado debidamente su comisión, al paso que la execración pública descenderá sobre los que hubiesen faltado a tan sagrados deberes".*

El decreto tiene particularidades relevantes, como el ser un mecanismo de control judicial y político compartido entre los órganos parlamentario y judicial –3 diputados y 2 magistrados de la Alta Corte, o en defecto de éstos 2 letrados designados por el Congreso– tanto de las actuaciones como las inversiones del tesoro realizadas desde el 19 de abril de 1810 hasta el 5 de marzo de 1811; encontrarse dirigido y dictarse a pedido de quienes ejercieran en calidad de miembros de la Junta Conservadora de los Derechos de Fernando VII que se instala en 1810; quedar abierto a las quejas de todos los particulares quienes se sintiesen agraviados por las decisiones de éstos; y no admitirse juicio por aquellas quejas relativas a la vida privada u opiniones particulares de los integrantes de la misma.

E. *Unidad democrática federal*[112]

Durante los debates constituyentes de 1811, en particular los tenidos el 3 de septiembre, más allá de las fórmulas orgánicas adquiridas al término, la cuestión central o el debate acerca de la naturaleza de la confederación a ser constituida como Venezuela, pone de relieve –de allí que no se le llame federación– que se trata de reunir a Estados "constituidos", que luego habrán de federarse y no, como es lo normal, de Estados constituidos que se determinan a formar una federación.

La naturaleza del gobierno o régimen a ser establecido, por ende, es lo que preocupa como elemento vertebral a los diputados, a cuyo efecto, al considerarse el artículo primero de la Constitución, se parte de la idea de que la definición del gobierno a ser constituido tiene carácter constitucional, es decir, que se adopta a fin de "evitar que en lo sucesivo se altere la constitución por falta de esta expresión que debe mirarse como constitucional". De modo que, como lo hace ver el diputado Sata "[e]l Congreso debe pues establecer bases generales de

---

112 *Ibíd.*, n. 22, 23 de noviembre de 1811, p. 169.

las cuales no puedan separarse las Provincias sin producir un conjunto monstruoso e incapaz de formar una asociación regular y permanente".

Dado ello, salvando "la libertad que tienen de adoptar el gobierno interior que quieran" las Provincias, como lo intima el diputado Méndez de Guasdualito, el diputado Briceño (Antonio Nicolás o José Ignacio ¿?) precisa, al efecto, que "las Provincias no pueden ni deben separarse de los principios esenciales del gobierno democrático, como son la división de poderes, representación popular, y elección de empleos en los que deben estar conformes todos los Estados de Venezuela". Y, en consecuencia, como lo ajusta el diputado Sata, "la garantía federal estaba cifrada en la uniformidad de las bases constitucionales de los Estados confederados".

F. *Democracia y derechos del hombre*[113]

La aprobación por el Supremo Congreso, el primero de julio, en su sección legislativa para la Provincia de Caracas, antes de declararse la Independencia por aquél, de una Declaración de los Derechos del Hombre, explica a cabalidad y de manera anticipada al dictado de la Constitución, que se hará hacia el 24 de diciembre, el modelo político democrático en que se afirma la ingeniería constitucional naciente y la sujeción cabal de sus expresiones orgánicas –y sus competencias– a los principios ordenadores y superiores de la soberanía popular y del respeto y garantía de los derechos del hombre.

En la primera parte de la Declaración, que contiene a los artículos 1 a 7, claramente se prescribe (1) la residencia de la soberanía en el pueblo, que es imprescriptible, inajenable e indivisible, como que, a la par de que la representación expresa un mandato de suyo revocable y temporal, la misma pertenece a todo el pueblo en su conjunto y no a sus partes o corporaciones, individuos o ciudades que pretendan usurparla; (2) la voluntad del pueblo es la que otorga legitimidad y legalidad al gobierno, que es temporal; y (3) la legalidad se funda en la igualdad ante la ley y en la compatibilidad de los actos del gobierno y los magistrados con el respeto ora de la soberanía, ora de los derechos del hombre, como lo ajustan con amplitud el preámbulo de la misma

---

[113] *Gazeta de Caracas*, N° 42, del martes 23 de julio de 1811. Así mismo, J. F. Blanco, *Documentos para la historia de la vida pública del Libertador*, La Opinión Nacional, Caracas, 1876, pp. 122 a 125

Declaración y el artículo 1 de su apartado sobre Derechos del hombre en sociedad:

"El Supremo Congreso de Venezuela en su sesión legislativa, establecida para la provincia de Caracas, ha creído que el olvido y desprecio de los Derechos del Pueblo, ha sido hasta ahora la causa de los males que ha sufrido por tres siglos: y queriendo empezar a precaverlos radicalmente, ha resuelto, conformándose con la voluntad general, declarar, como declara solemnemente ante el universo, todos estos mismos Derechos inanejables, a fin de que todos los ciudadanos puedan comparar continuamente los actos del Gobierno con los fines de la institución social: que el magistrado no pierda jamás de vista la norma de su conducta y el legislador no confunda, en ningún caso, el objeto de su misión".

Artículo 1. El fin de la sociedad es la felicidad común, y el Gobierno se instituye al asegurarla.

Y siendo la felicidad común, como idea integradora, en el goce del derecho a los derechos y sus garantías, a saber, de la libertad, la seguridad, la propiedad, y la igualdad de derechos ante la ley, sus límites son aquéllos –dicho con expresiones de actualidad– que se derivan del Bien Común en una sociedad democrática, según lo reza el artículo 1 del apartado Derechos del hombre en sociedad:

Artículo 1. Los derechos de los otros son el límite moral y el principio de los derechos, cuyo cumplimiento resulta del respeto debido a estos mismos derechos. Ellos reposan sobre esta máxima: haz siempre a los otros el bien que querrías recibir de ellos, no hagas a otro lo que no quieras que te hagan a ti.

G. *Proscripción de la tortura*[114]

El 17 de agosto de 1811, el Congreso General dicta una Ley aboliendo la tortura, que puede decirse complemento de la Declaración de los Derechos del Hombre, ya sancionada por la misma sección legislativa de éste para Caracas, fundándola en la necesidad de "sostener la dignidad del hombre contra los ultrajes de la tiranía".

En su encabezamiento se ilustra al respecto, recordando la misma como atributo de la barbarie durante la conquista de América, al ser ello "tormento detestado por la humanidad" y "superfluo a la justicia".

---

114 *El Publicista de Venezuela*, cit., n. 8, 22 de agosto de 1811, p. 63-64.

Al efecto, en su parte dispositiva y como instrucción al Supremo Poder Ejecutivo, la legislatura dispone en cuanto a lo prescriptivo la derogatoria de las leyes que prevean torturas y una medida reparatoria o memoriosa ejemplarizante, a saber, la destrucción de los implementos de su práctica:

> *Se proscribe, destruye, y anula el uso del tormento, bajo cualquier acepción, caso, y circunstancia en que estuviese indicado por las leyes anteriores, que quedan derogadas y sin valor en esta parte; y que para hacer más solemne y notoria esta declaración, se quemen públicamente, por mano del verdugo en la plaza pública, cuantos instrumentos existan por desgracia entre nosotros para tan execrable uso; en desprecio de la humanidad y de la libertad civil del virtuoso pueblo de Caracas".*

H. *Derogación de la infamia trascendente*[115]

En 19 de junio el Congreso, en su sección legislativa para Caracas, adiciona mediante ley a la Declaración de los Derechos del Ciudadano, una derogatoria de la infamia trascendental, que ha de tenerse como parte del artículo 14 de los Derechos del hombre en sociedad. Queda así proscrita como tacha de las personas la memoria criminal de sus mayores, con fundamento en el principio de presunción de inocencia.

En lo particular, en su numeral 3, a la vez se consagra la purificación de la infamia personal de los conspiradores y traidores que hayan sido condenados a una pena extraordinaria, siempre que, cumplida que sea la condena y de regresar al país lleven una buena conducta opuesta a la de su pasado delito; y pudiendo extenderse tal beneficio a otros delitos distintos de los mencionados pero que igualmente causen la citada infamia personal.

I. *Indultos*[116]

Mediante ley de 21 de noviembre el Congreso legisla en materia humanitaria, al acordar el indulto como una medida que reúne extremos varios, a saber, como "testimonio de su beneficencia en cuanto sea compatible con la seguridad general, y con la justicia", todo lo cual ha de ser objeto de su ponderación.

---

115 *Ibíd.*, n. 5, 1° de agosto de 1811, p. 40.
116 *Ibíd.*, n. 21, 21 de noviembre de 1811, p. 163-164.

Se atendía con ello a los efectos causados por la guerra civil provocada por Valencia para impedir "la emancipación de la América", en lo particular "la más espantosa anarquía, la aniquilación del orden y de toda subordinación, la desesperación de sus habitantes, la dolorosa muerte de muchos americanos, la marcha de un ejército para contener estos males..." obra de "perversos seductores enemigos del sistema".

Los diputados, al efecto, valoran, por una parte, la necesidad del castigo "con sus personas e intereses" de los sedicentes y sus cooperadores, y por la otra, la naturaleza complicada de lo ocurrido, la importancia de olvidarlo y el retraso de su causa, en modo de que se alcance "el sosiego, la tranquilidad y la confianza en Valencia".

El indulto o perdón alcanza a todos los reos de la conmoción popular, incluidos los sentenciados y bajo cumplimiento de condenas; pero se excluyen "a las cabezas y reos principales que promovieron y agitaron la conmoción, con ánimo decidido de subvertir el sistema de gobierno de Venezuela".

Los beneficiados, no obstante, quedan sujetos a dos cargas inexcusables y también excepciones al perdón o indulto dictado mediante ley:

(1) la de extrañamiento para quienes su presencia en el territorio de la Unión pueda ser perjudicial, como lo indica el inciso 6 de la ley, y

(2) la de "resarcimiento de las erogaciones que ha causado al Estado" el crimen motivo de indulto.

J. *La independencia de poderes y el control de constitucionalidad y legalidad*[117]

Del registro que se hace de las actuaciones del Supremo Congreso, tiene especial relevancia el conflicto de poderes que le somete a su conocimiento el Supremo Poder Ejecutivo con relación a las decisiones del Poder Judicial.

El razonamiento del Ejecutivo, por voz de su presidente de turno, [Juan] Escalona, dice apoyarse en los que son principios generales aceptados por las Naciones, si bien pretenden fijar como potestad del gobierno suspender la ejecución de las sentencias judiciales bajo de-

---

117 *Ibíd.*, n.: 14, 3 de octubre de 1811, p. 110; n. 15, 10 de octubre de 1811, p. 113-114; n. 17, 24 de octubre de 1811, p. 137; n. 18, 31 de octubre de 1811, p. 139-143; n. 10, 5 de septiembre de 1811, p. 75.

terminados supuestos; siendo lo relevante su remisión al parlamento para que decida como órgano de la soberanía popular.

Dice Escalona, en su oficio de 13 de septiembre, lo siguiente:

"Si el Poder Legislativo dictase una ley, y el Poder Ejecutivo no administrase ni gobernase por ella, no negaría el Poder Judicial, que éste se excede. De la misma manera si el Poder Judicial aplica mal esa ley a los casos, o en su aplicación hay una manifiesta contradicción, o implicancia, no se excederá el Poder Ejecutivo en suspender la sentencia, y exigir explicación y reforma, tanto más cuanto que ésta es una de las principales funciones de este Poder, a quien se confían las armas con el preciso fin de que mantenga el orden, que no consiste en otra cosa que en procurar el exacto cumplimiento de las leyes, y en que a nadie se haga agravio, ni se atente contra la seguridad común e individual".

El Poder Ejecutivo, al introducir su argumento, en la práctica se pregunta ¿quién controla a los jueces?, con lo que formula una cuestión que será agonal para el definitivo perfil de nuestra experiencia democrática como lo es el control de la constitucionalidad.

Agrega Escalona, de modo reflexivo, que:

"A pesar de esa independencia con que efectivamente deben obrar los tres Poderes en sus respectivos ramos, están recíprocamente sujetos a la observación de sus operaciones, para que ninguno traspase la línea de su autoridad; y si como quiere el Poder Judicial, no pudiesen los demás censurarle sus juicios, y contenerle, sería el más déspota de los tres, y el Ejecutivo un Alguacil que ejecutase sus resoluciones...".

Es de observar, a todo evento, que la remisión a la práctica conocida, a pesar de la final sujeción que admite el Poder Ejecutivo alternativo frente al Supremo Congreso, pidiéndole decidir al respecto, es lo que justifica su reclamo de preeminencia final:

"Está asimismo muy equivocado el Poder Judicial, en el concepto de que sólo pasa sus sentencias al Poder Ejecutivo para que las ejecute, pudiera decirse que está muy distante de conocer el carácter del Poder Ejecutivo, y que los mismos ejemplos que trae, como debiera traer el de todas las naciones, le convencen de que una de las preeminencias de este Poder, es que no se ejecute ninguna sentencia sin que la sancione, y dé el pase".

El planteamiento del Ejecutivo al Congreso llega precedido de dos pronunciamientos anteriores desde los poderes conflictuados.

El Ministerio Fiscal, en 27 de agosto recuerda en su representación, apelando a la doctrina extranjera, que:

> *"Tan cierto es que todo gobierno representativo, en que el orden, libertad, y seguridad del Ciudadano son el objeto principal de su instituto, que el Poder Judicial debe estar absolutamente separado e independiente del Ejecutivo, que en Londres donde este último le tiene el Rey con toda la extensión posible en su esfera, jamás ha podido suspender la ejecución de las sentencias, aunque sean de muerte, pronunciadas por los Jurados, o por la Cámara de los Pares en sus respectivos casos, cuanto menos hacerlas reformar o revocar, como ha indicado el Ejecutivo de Venezuela".*

La Alta Corte de Justicia, a su vez, en acuerdo de 31 de agosto siguiente, recordando que la diferencia surge con motivo de las condenas impuestas a los reos Domingo Ramos, D. Miguel de la Portilla y otros, y pretextando que las pretendidas facultades del Poder Ejecutivo no encuentran base en el derecho público, declara que:

> *"Éstas no se han entendido, por los Publicistas de las determinaciones judiciales, sino de las grandes deliberaciones capaces de destruir la libertad civil, como la imposición de subsidios o exacciones de dineros públicos, la formación o arreglo de fuerzas de tierra, y demás que importan se confíen y dependan del Poder Ejecutivo".*

Dado ello, los jueces supremos concluyen lo siguiente:

> *"Que esta Alta Sala permanece en las ideas que se ha formado de su profesión, no circunscritos precisamente al derecho privado, sino comprehensiva también del común y de gentes; y que reposando sobre el concepto de que desempeña los deberes de su instituto procediendo en los términos que hasta ahora lo ha hecho en la decisión de las causas de su resorte, y comunicándolas del propio modo al Poder Ejecutivo para su cumplimiento, continuará sin variación esta conducta, mientras otra cosa no se establezca en la Constitución de Gobierno por el Supremo Congreso".*

Cabe decir que el mismo Poder Ejecutivo se expresa preocupado, desde antes, en representación que dirige al Supremo Congreso, sobre los límites de sus actuaciones para asegurar la paz pública y la seguridad de la nación, tal y como lo expresa Miguel José Sanz, el 22 de agosto:

> *"Quisiera el Poder Ejecutivo que el Congreso se penetrase de veras del peligro que proviene de la falta de Constitución y que se dedicase a formarla sin intromisión, asegurando de que el Poder Ejecutivo vela sobre la existencia de la Patria, conservando por todos los medios posibles su tranquilidad interior y exterior, y que si no hace más, es porque sin las bases de Gobierno, no puede extenderse sin evidente riesgo de las resultas de los proyectos, y empresas que considera de suma necesidad, para afirmar nuestra independencia, consolidar nuestra libertad, solicitar que las potencias del mundo reconozcan la Soberanía del Pueblo venezolano, y establecer el comercio".*

La preeminencia, en fin, que reclama el Poder Ejecutivo, tiene su origen explicable en la habilitación que recibiera para el ejercicio de la dictadura el día 13 de julio, pues en Decreto del Supremo Congreso se dispone la autorización de aquél "para concluir sentencias y ejecutar todo cuanto sea relativo a estos importantes objetos, sin limitación alguna, eligiendo para ellos todos los miembros del Supremo Congreso, y Alta Corte de Justicia, que sean necesarios para llenar cualquiera función Judicial, Militar o Política a beneficio de la seguridad del Estado, único fin por ahora de todos sus poderes".

Pero la cuestión no se queda allí, pues otro tanto ocurre en lo relativo a la preeminencia que el Congreso ejerce sobre el Poder Ejecutivo y que, a ciencia cierta, es lo que preocupa a Miranda al punto de, como se indicara supra, firmar con reservas el texto de la Constitución.

En la sesión del 2 de julio se expresa el Precursor in *extensu* sobre el tema de la necesaria separación y equilibrio entre los poderes –el célebre *check and balance*– advirtiendo, al efecto, que incluso un cuerpo colegiado representativo puede mutar en despótico. Su exposición es ilustrativa:

> *"Es falsa la opinión que se ha propagado de que el Congreso en la América del Norte tuvo todos los poderes, y que dio el Ejecutivo en comisión a Washington: yo quiero que se me citen las fechas y los hechos. Presente estaba yo mismo, cuando el jefe de las armas entregó su autoridad al Congreso al concluirse la guerra: ninguna otra autoridad tuvo sino la militar en el conflicto de la guerra... Nuestros argumentos deben apoyarse sobre hechos verdaderos: hemos dividido los poderes, porque lo hemos creído ne-*

cesario: debemos ser muy cautos en sostener esa división. Con ella no hubiera abusado César de la libertad de Roma, y Atenas hubiera peligrado antes si hubiese sido menos severa: es pues necesario tener los ejemplos pasados, y los de nuestros vecinos. Los cuerpos colegiados pueden ser tiranos, cuando no hay una exacta división de poderes".

K. *Control democrático de la opinión pública*[118]

En el registro de actas del Supremo Congreso de 1811 tiene relevancia la que recoge el debate del 2 de julio, previo a la consideración de la Independencia de Venezuela, pues, a propósito de una moción para trasladar la sede del Congreso a otra ciudad del interior, el argumento que al término domina para su negativa y es rechazado por los proponentes, hace relación con el papel de censura o control que ha de ejercer la opinión pública sobre la vida parlamentaria; en otras palabras, no se explicaría la misma alejada de la opinión pública, menos realizando sesiones privadas o secretas.

Los argumentos de Sata, que encuentran apoyo sin reservas en Miranda, se pueden resumir en sus lapidarias frases:

"Todos somos hombres, y yo mismo ignoro aún, si estoy calculado para ser un tirano, luego que me falte el freno de la censura pública...".

El razonamiento es concluyente:

"Débiles y aventuradas serían nuestras resoluciones en lo interior, si llegando a Caracas, que ignoraba las razones de nuestro proceder, que conservaba el criterio de la opinión pública que no tuvimos nosotros [en cuenta], y que abusaría quizás de él, hallasen nuestras leyes un Demagogo que tergiversase su sentido, y concitase a la multitud contra su observancia y reconocimiento".

Miranda al apoyar a Sata y rechazar el argumento de otros preopinantes quienes, ora afirman que la opinión pública de Caracas no es la de Venezuela o que la misma es la que causa problemas a la estabilidad de la Confederación que se forma, ora consideran imposible que el despotismo tome espacios en cuerpos colegiados donde todos debaten, respecto de esto recuerda, categórico, que:

---

118 *Ibíd.*, n. 10, 5 de septiembre de 1811, p. 73-78.

"[N]o puedo permitir que se diga en esta Asamblea, que es imposible que puedan cuarenta hombres abusar de la autoridad... Hasta los niños que han leído la historia saben que, 1.200 hombres escogidos en Francia, como los hemos sido nosotros, se arrogaron todos los poderes, se volvieron unos malvados, e inundaron de sangre, de luto y de desolación a su patria. Nadie ignora que hubo treinta tiranos en Atenas, y que el largo Parlamento inglés, ese antemural del despotismo, fue el que dio la autoridad a Cromwell, para tiranizar a la nación: esa ignorancia de la historia no puede ser muy ventajosa a un legislador; y si se oyese mejor la opinión pública, y se atendiese a la de esa Sociedad Patriótica, tan injustamente denigrada, se vería que no se incurría allí en semejantes errores".

Maya, como diputado, casi al cierre del debate, que concluye con pluralidad de votos negando el traslado del Congreso, habla de la relación del trabajo legislativo con la censura de la opinión:

"Dos especies de leyes son del resorte del Supremo Congreso: las puramente Constitucionales, y las gubernativas. En cuanto a las primeras, no debemos temer que el pueblo las censure, cuando el mismo habrá de sancionarlas: y en cuando a las segundas, tampoco debe alarmarnos la opinión contraria de algunos ciudadanos, cuando éstos están autorizados para contradecirlas, en virtud de la libertad de imprenta, que la Sección Provincial declarará en el día de mañana".

BREVÍSIMO EPÍLOGO

El colofón de lo expuesto hasta aquí no puede ser otro que la confirmación de un pensamiento constitucional propio en quienes, en calidad de Padres Fundadores, le otorga a Venezuela su primer texto o pacto social de nación independiente; que, como obra de diálogo y legislación serenas e ilustradas, le hace honor a la admiración que concita nuestra modesta realidad de la época en el criterio de los más ilustres visitantes. La palabra de Grases es cabal y no solo descriptiva al respecto:

"La pobre y escasa vida colonial, en Tierra Firme que en los dos primeros siglos de dominación había llevado una modestísima existencia, sólo recordada por los actos de heroísmo y violencia, la vemos convertida a fines del siglo XVIII en una entidad vigorosa, capaz de dar al mundo un grupo de personalidades de primer

orden. El desarrollo y afianzamiento de su economía han corrido parejos con el robustecimiento de sus instituciones y con el desenvolvimiento de la educación ciudadana. Su población mezcla de las tres razas que se funden en el crisol del Nuevo Mundo en esta región del Caribe está ordenada en la típica sociedad colonial de casi toda la América: mantuanos, blancos, pardos y esclavos. Si no pueden ostentar la brillantez de otras partes del Imperio español, ofrecen no obstante rasgos distintivos de fina cultura y perspicaz acuidad, que llama la atención de los viajeros como Humboldt, quien al comparar las distintas porciones americanas reconoce para Caracas la particular sensibilidad por los problemas políticos de la época y un elevado nivel en la educación pública. La más desmantelada, otrora, de las colonias hispánicas en América está preparada para llevar a cabo, con extraordinaria pujanza en sus decisiones, el papel de avanzada, definidora, de la gesta de Emancipación del Continente".[119]

No podría ser de otro modo.

Saludamos, pues, la reedición del facsimilar de la "edición príncipe de la primera Constitución elaborada en Hispanoamérica por un Estado libre"[120], nuestra Constitución Federal para los Estados de Venezuela de 1811 y que, con estudio preliminar suyo, preparase para su época don Pedro Grases; la que ahora adquiere mayor y mejor relieve dado el momento crucial que vive Venezuela y en horas que indican su proximidad hacia otro parto republicano, que reclama de memoria para que con miras al presente puedan los venezolanos imaginar un porvenir posible y más prometedor que su actual y penosa circunstancia. Y es que esta Constitución, como lo recoge Gil Fortoul, "fue, sobre todo, obra de un grupo de hombres superiores... convencidos todos, sin embargo, de que su obra, por incompleta que fuese, contenía ya las bases perfectibles de la futura república democrática".[121]

---

119 Pedro Grases, *Pensamiento político...*, *op. cit.*, pp. XXV y XXVI.
120 Pedro Grases, *La imprenta...*, *op. cit.*, p. 247.
121 José Gil Fortoul, *op. cit.*, p. 252.

SECCIÓN SEGUNDA:

LAS PRIMERAS MANIFESTACIONES DEL CONSTITUCIONALISMO EN LAS TIERRAS AMERICANAS: LAS CONSTITUCIONES PROVINCIALES Y NACIONALES DE VENEZUELA Y LA NUEVA GRANADA EN 1811-1812[*]

Allan R. Brewer-Carías

I. ALGO SOBRE LOS PRINCIPIOS DEL CONSTITUCIONALISMO MODERNO EN LA VÍSPERA DE LA REVOLUCIÓN HISPANA Y AMERICANA

El trastrocamiento del Estado Absoluto y del constitucionalismo monárquico imperante del Antiguo Régimen se produjo como consecuencia de las dos grandes revoluciones que se sucedieron a finales del siglo XVIII, la norteamericana de 1776 y la francesa de 1789. Sus postulados y efectos sentaron las bases del constitucionalismo moderno que se consolidaron tanto en los Estados Unidos de América como en la Francia republicana, los cuales tuvieron su primer campo de experimentación en Hispanoamérica, a partir de 1810, como consecuencia de la Revolución que se produjo al iniciarse la independencia de las antiguas colonias de España en América, lo que originó la necesidad de

---

[*] Texto del estudio de Allan R. Brewer-Carías, sobre "Las primeras manifestaciones del constitucionalismo en las tierras americanas: las Constituciones provinciales y nacionales de Venezuela y la Nueva Granada en 1811-1812," elaborado para el Seminario sobre *Dos siglos de municipalismo y constitucionalismo iberoamericano: la construcción de la civilidad democrática*, organizado por la Organización Iberoamericana de Cooperación Intermunicipal (OICI), Cádiz, 4-6 de octubre de 2011; publicado en *Revista de Derecho Político*, N° 84, Universidad Nacional de Educación a Distancia, Madrid, mayo-agosto 2012, pp. 231-323.

constituir nuevos Estados nacionales. Además, dichos principios tuvieron, paralelamente, campo de experimentación en España, también a partir de 1810, con la convocatoria de las Cortez de Cádiz que condujeron al comienzo de la transformación de una Monarquía del Antiguo Régimen, en una Monarquía constitucional moderna.

Esos principios fundamentales derivados de aquellos dos acontecimientos del siglo XVIII, que originaron el Estado moderno,[1] y que se siguieron en la Revolución Hispana y Americana, en resumen, fueron los siguientes:

En primer lugar, la idea de la existencia de una Constitución como una carta política escrita, emanación de la soberanía popular, de carácter rígida, permanente, contentiva de normas de rango superior, inmutable en ciertos aspectos y que no sólo organiza al Estado, es decir, no sólo tiene una parte orgánica, sino que también tiene una parte dogmática, donde se declaran los valores fundamentales de la sociedad y los derechos y garantías de los ciudadanos. Hasta ese momento, esta idea de Constitución no existía, de manera que las Constituciones que habían sido dictadas no eran más que cartas otorgadas por los Monarcas a sus súbditos.

En segundo lugar, el nuevo papel que se confirió al pueblo como titular de la soberanía en la constitucionalización de la organización del Estado, y que se materializó en Norteamérica en la asunción por las Asambleas coloniales de la representación de dicha soberanía, y en Francia, luego de que la soberanía se trasladara del Monarca al pueblo y a la Nación, la asunción por parte de la Asamblea Nacional de la representación de dicha soberanía. De allí surgieron, además, las bases políticas de la democracia, de la representación y del republicanismo, frente al régimen monárquico.

En tercer lugar, el reconocimiento y declaración formal con rango constitucional de la existencia de derechos naturales del hombre y de

---

1 Véase en general sobre los estos principios derivados de las Revoluciones norteamericana y francesa en Allan R. Brewer-Carías, Reflexiones sobre la Revolución Americana (1776) y la Revolución Francesa (1789) y sus aportes al constitucionalismo moderno, Editorial Jurídica Venezolana, Caracas 1992. Una segunda edición ampliada de este estudio se publicó como Reflexiones sobre la Revolución Norteamericana (1776), la Revolución Francesa (1789) y la Revolución Hispanoamericana (1810-1830) y sus aportes al constitucionalismo moderno, 2ª Edición Ampliada, Universidad Externado de Colombia, Bogotá 2008.

los ciudadanos que debían ser respetados por el Estado, configurándose como un freno al Estado y a sus poderes y con ello, el fin del Estado absoluto e irresponsable.

En cuarto lugar, la constitucionalización del principio de la separación de entre el poder legislativo, el poder ejecutivo y el poder judicial como mecanismo para asegurar esa limitación al poder del Estado, que derivó en la fórmula de control mutuo (pesos y contrapesos) que se plasmó en la Constitución norteamericana; y en la fórmula francesa de la soberanía del Legislador, con los principios de la supremacía del Ley como expresión de la voluntad general. Esto originó en el constitucionalismo norteamericano, el desarrollo del rol asumido por la Corte Suprema para ser el garante de la separación de poderes y contralor de la supremacía constitucional; y en cambio, en el constitucionalismo francés, en la prohibición impuesta a los jueces de interferir en cualquier forma en el ejercicio de las funciones legislativas y administrativas.

Por otra parte del principio de la separación de poderes derivaron los sistemas de gobierno propios del constitucionalismo moderno, que son el sistema presidencial que se concibió en Norteamérica; y el sistema parlamentario que a partir de la fórmula de las Monarquías parlamentarias, se desarrolló en Europa.

Y en quinto lugar, el desarrollo de una nueva organización territorial de los Estado, antes desconocida, contraria al centralismo monárquico y a los fueros y privilegios territoriales, que dieron origen a nuevas formas de descentralización política de distribución territorial del poder del Estado como fue, por una parte, la fórmula de la Federación norteamericana, y por la otra, el municipalismo que derivó tanto de la tradición del gobierno local desarrollado en las Colonias norteamericanas como de la reforma municipal que implantó la Revolución francesa, estableciendo en cada villa, burgo o ciudad una Comuna.

Estos principios, producto de esas las Revoluciones Norteamericana y Francesa, por supuesto, se configuraron conforme al proceso político específico que en cada caso las acompañó, y que fueron, en el caso de los Estados Unidos de Norte América, el proceso de construcción de un Estado nacional nuevo, sobre la base de lo que habían sido antiguas colonias inglesas situadas la Américo del norte muy lejos de la Metrópoli y de su Parlamento soberano, y que durante más de un siglo, se habían venido desarrollado independientes entre sí, por sus propios medios y gozando de cierta autonomía; y en el caso de Francia, el proceso de transformar un viejo Estado monárquico, unitario y centralizado, que durante siglos había conformado la Monarquía Absoluta, en un régimen político totalmente distinto, de de un Estado de carácter constitucional, y luego republicano.

Como se dijo, estos principios del constitucionalismo moderno, tuvieron una repercusión inmediata en la Revolución Hispana y Americana que se inició a partir de 1810, primero, con motivo del proceso constituyente que marcó el inicio del constitucionalismo español moderno, con la elección de los diputados a las Cortes que sancionaron la Constitución de Cádiz de marzo 1812; y segundo, en paralelo, con motivo del proceso constituyente que marcó el inicio del constitucionalismo hispanoamericano, con la declaración de independencia de las antiguas Colonias españolas en la América Hispana, y en particular con la adopción, entre 1811 y 1812, de Constituciones provinciales tanto en las Provincias de la Capitanía General de Venezuela como en las del Nuevo Reino de Granada, e inmediatamente después, mediante la elección de diputados provinciales en las Provincias de la Capitanía General de Venezuela para la constitución de un Congreso General, con la sanción de la Constitución Federal de los Estados de Venezuela del 21 de diciembre 1811,[2] que fue la primera Constitución nacional sancionada en el mundo hispanoamericano; y de la sanción del Acta de la Confederación de las Provincias Unidas de la Nueva Granada de 27 de noviembre de 1811.

De ello resulta que en la conformación constitucional inicial que se produjo de los Estados nacionales en Venezuela y en la Nueva Granada, no se recibió – no pudo recibirse – influencia alguna de las instituciones constitucionales españolas de 1812;[3] influencia que, en cambio, si se recibió en otros países del Continente americano. Para cuando se dictaron las primeras Constituciones Provinciales y Nacionales americanas, en 1811-1812, España todavía era una Monarquía, invadida por las tropas napoleónicas, que se encontraba en plena guerra de independencia frente al invasor francés; habiendo sido sólo a partir de

---

2   Véase el texto en Allan R. Brewer-Carías, *Las Constituciones de Venezuela*, Academia de Ciencias Políticas y Sociales, Tomo I, Caracas 2008, pp. 553 ss.

3   Véase nuestro estudio Allan R. Brewer-Carías, "El paralelismo entre el constitucionalismo venezolano y el constitucionalismo de Cádiz (o de cómo el de Cádiz no influyó en el venezolano)" en Libro *Homenaje a Tomás Polanco Alcántara, Estudios de Derecho Público*, Universidad Central de Venezuela, Caracas 2005, pp. 101-189.

1812, con la Constitución de Cádiz, cuando España comenzó a recibir los aportes del constitucionalismo moderno. Dicha Constitución, sólo estuvo en vigencia hasta mayo de 1814, cuando Fernando VII la anuló por Real decreto de 4 de mayo de 1814, declarándola "de ningún valor ni efecto, ahora ni en tiempo alguno, como si no hubiesen pasado jamás tales actos, y se quitasen de en medio del tiempo," de manera que sus principios sólo comenzaron a influir en Europa y en la América Hispana, en realidad, con ocasión de su juramento por el Rey a partir de 1820.[4]

Estas notas están destinadas a analizar la recepción de los principios del constitucionalismo moderno derivados de las Revoluciones Francesa y Norteamericana en esas primeras Constituciones de la América Hispana que fueron adoptadas antes de la sanción de la Constitución de Cádiz de 1812, entre 1811 y 1812, en las Provincias de Venezuela y de la Nueva Granada; con alguna referencia final al régimen del municipalismo en las mismas.

II. LOS INICIOS DEL PROCESO CONSTITUYENTE HISPANOAMERICANO EN LAS PROVINCIAS DE VENEZUELA Y DE LA NUEVA GRANADA: 1810-1811

El proceso constituyente de los nuevos Estados hispanoamericanos que surgieron a comienzos del siglo XIX, puede decirse que se inició, luego del fallido levantamiento de Quito del 10 de agosto de 1809, con el exitoso golpe de Estado que se produjo en la Provincia de Caracas el 19 de abril de 1810,[5] cuando el Cabildo Metropolitano de la Provincia de Caracas que presidía el Gobernador y Capitán General de la Capitanía General de Venezuela, Vicente de Emparan, lo depuso de su cargo junto con todas las autoridades españolas coloniales, conformándose entonces una "Junta Suprema Conservadora de los Derechos de

---

4 Véase lo que hemos expuesto en Allan R. Brewer-Carías, "La Constitución de Cádiz y los principios del constitucionalismo moderno: Su vigencia en Europa y en América," en Asdrúbal Aguiar (Coordinador), La Constitución de Cádiz de 1812, fuente del derecho Europeo y *Americano. Relectura de sus principios fundamentales. Actas del IV Simposio Internacional Unión Latina*, Ayuntamiento de Cádiz, Cádiz 2010, pp. 35-55

5 Véase, por ejemplo, Daniel Gutiérrez Ardila, *Un Nuevo Reino. Geografía Política, Pactísmo y Diplomacia durante el interregno en Nueva Granada (1808-1816),* Universidad Externado de Colombia, Bogotá 2010, pp. 157 ss.

Fernando VII,"[6] en lo que se puede considerar el primer acto constitucional de un nuevo gobierno, y el inicio de la conformación jurídica de un nuevo Estado en la América Hispana.[7]

Dicho proceso revolucionario tuvo un rápido proceso de expansión con motivo de su inmediata divulgación y comunicación a todos los demás Cabildos de las Provincias de la Capitanía General de Venezuela, lo que originó que se constituyeron Juntas en Cumaná (27 de abril), Barcelona (27 de abril), Margarita (1 de mayo), una Junta Superior de Gobierno y Conservación, en Barinas (5 de mayo), y la Junta Superior de Guayana (11 de mayo).[8] Posteriormente, el 16 de septiembre, el Cabildo de la ciudad de Mérida proclamó la Revolución del 19 de abril y se erigió en Junta Suprema de Gobierno, a la cual se adhirieron, el 11 de octubre, la ciudad de la Grita; el 14 de octubre, la Parroquia de Bailadores; el 21 de octubre, la parroquia de San Antonio del Táchira, y el 28 de octubre, la ciudad de San Cristóbal. Además, el 9 de octubre de 1810, el Ayuntamiento de Trujillo instaló la Junta Patriótica de Trujillo.[9]

Como ya se ha analizado, luego de convocadas elecciones para representar las diversas provincias en un Congreso General, de las Provincias de Venezuela, que se instaló en 2 de marzo de 1811 adoptando expresamente el principio de la separación de poderes para organizar el nuevo gobierno, procediendo a designar mientras se sancionaba la Constitución del Estado, a un Poder Ejecutivo plural, y de una Alta Corte de Justicia.

Desde su instalación se comenzó a hablar en todas las Provincias de la necesidad de la constitución de una "Confederación de las Provincias de Venezuela," en la cual las provincias debían conservar sus peculiaridades políticas propias, a cuyo efecto, a finales del mismo mes de marzo de 1811, el Congreso procedió a nombrar una comisión para redactar la Constitución de la Provincia de Caracas, la cual debía servir

---

6   Véase el libro *El 19 de abril de 1810*, Instituto Panamericano de Geografía e Historia, Caracas 1957.

7   Véase en general Tomás Polanco, "Interpretación jurídica de la Independencia" en *El Movimiento Emancipador de Hispanoamérica, Actas y Ponencias*, Caracas, 1961, Tomo IV, pp. 323 y ss.

8   Véase en Daniel Gutiérrez Ardila, *Un Nuevo Reino...* cit., p. 211

9   Véase Tulio Febres Cordero (Compilador), *Actas de Independencia. Mérida, Trujillo, Táchira en 1810*, El Lápiz Ed., Mérida 2008.

de modelo para que las demás Provincias de la Confederación dictasen la suya, a cuyo efecto, al mes siguiente, en abril de 1811, procedió a exhortar a las diversas "Legislaturas provinciales" a que acelerasen la formación de las respectivas Constituciones Provinciales.[10]

El 1° de julio de 1811, la sección del Congreso General por la Provincia de Caracas, procedió a proclamar una "Declaración de los Derechos del Pueblo,"[11] que fue la primera declaración de derechos fundamentales con rango constitucional que se adoptó en la historia constitucional luego de las dictadas después de la Revolución Francesa y de la Revolución Norteamericana. A los pocos días, el 5 de julio de 1811, el Congreso General aprobó la "Declaración de Independencia de Venezuela," pasando a denominarse la nueva nación, como "Confederación Americana de Venezuela";[12] y el 21 de diciembre de 1811, procedió a sancionar la que sería la primera Constitución de Venezuela y de todos los países hispanoamericanos, la Constitución Federal de los Estados de Venezuela,[13] directamente inspirada en los principios del constitucionalismo revolucionario de Norteamérica y de Francia.

Antes de la sanción de la Constitución Federal de diciembre de 1811, pero después de que la Provincia de Caracas que ya hubiese iniciado en 1810 el proceso constituyente al transformarse su Cabildo en la Junta Suprema Conservadora de los Derechos de Fernando VII, otras Provincias de la antigua Capitanía General de Venezuela también habían iniciado sus procesos constituyente, habiendo incluso sancionado

---

10 Véase *Libro de Actas del Supremo Congreso de Venezuela 1811-1812*, Biblioteca de la Academia Nacional de la Historia, Caracas, 1959, Tomo II, p. 401.

11 Véase Allan R. Brewer-Carías, *Las Constituciones de Venezuela, op. cit.,* Tomo I, pp. 549-551.

12 Véase el texto de las sesiones del 5 de julio de 1811 en *Libro de Acta*s... cit., pp. 171 a 202. Véase el texto Acta de la Declaración de la Independencia, cuya formación se encomendó a Juan Germán Roscio, en P. Ruggeri Parra, *Historia Política y Constitucional de Venezuela*, Tomo I, apéndice, Caracas, 1949, pp. 79 y ss. Asimismo en Francisco González Guinán, *Historia Contemporánea de Venezuela,* Caracas, 1954, Tomo I, pp. 26 y ss.; y el Allan R. Brewer-Carías, *Las Constituciones de Venezuela, cit.*, Tomo I, pp. 545-548.

13 Véase el texto de la Constitución de 1811, en *La Constitución Federal de Venezuela de 1811 y Documentos afines* (Estudio Preliminar de C. Parra Pérez), Caracas, 1959, pp. 151 y ss., y en Allan R. Brewer-Carías, Las Constituciones de Venezuela, cit., Tomo I, pp. 553 ss.

sendas Constituciones provinciales, como ocurrió en las Provincias de Barinas, Mérida y Trujillo.[14] Otras Provincias dictarían sus Constituciones con posterioridad, en 1812, como ocurrió en Barcelona y en Caracas.

En el caso de las provincias de la Nueva Granada, es decir, del antiguo Virreinato de Nueva Granada, después de la declaración de independencia adoptada en la ciudad del Socorro el 11 de julio de 1810, y unos días después, en Vélez, el proceso constituyente puede decirse que se inició el 20 de julio de 1810, cuando se declaró la independencia de la Provincia de Santafé (Cundinamarca) por un Cabildo Extraordinario que designó una Junta a cargo del Supremo Gobierno. A la misma también se le mandó a elaborar un Reglamento de elecciones para convocar a todas las provincias del reino de Nueva Granada para elaborar una "Constitución de Gobierno sobre bases de libertad e independencia respectiva de ellas, ligadas únicamente por un sistema federativo."

En el Acta respectiva de ese Cabildo Extraordinario, en todo caso, la Junta Suprema reconoció la autoridad de Fernando VII, sujetándose el nuevo Gobierno a la Superior Junta de Regencia de España, lo cual, sin embargo, fue inmediatamente revisado y rechazado en sesión de la misma Junta Suprema de 26 de julio de 1810.[15] Con posterioridad durante los meses siguientes del año 1810, también se instalaron gobiernos revolucionarios en casi todas las provincias del Nuevo Reino, como sucedió en Tunja donde se instaló una Junta el 26 de julio, y una Junta Suprema, el 18 de diciembre; en Neiva, el 27 de julio; en Girón, el 30 de julio; en Pamplona, donde se instaló una Junta Gubernativa el 31 de julio; en Santa Marta, donde se instaló una Junta Superior Provincial el 10 de agosto; en Popayán, donde se instaló una Junta Provisional y de Seguridad Pública el 11 de agosto; en Cartagena, donde se instaló una Junta Suprema el 14 de agosto; en Antioquia, donde se instaló un Congreso provincial el 30 agosto; en Casanare, donde se instaló una Junta Superior Provincial el 13 de septiembre; en Quito, donde se instaló una Junta Superior de Gobierno el 19 de septiembre;

---

14 Véase en general, Carlos Restrepo Piedrahita, *Primeras Constituciones de Colombia y Venezuela 1811–1830*, Universidad Externado de Colombia, Bogotá 1996, pp. 37 y ss.

15 Véase Carlos Restrepo Piedrahita, *Primeras Constituciones ...*, pp. 22-26.

en Ibarra, donde se instaló una Junta provincial el 27 de septiembre; en Mompox, donde se instaló una Junta el 11 de octubre; y en Zipaquirá, donde se instaló una Junta, en diciembre de 1810. Al año siguiente, en 1811, además, se estableció la Junta de las Ciudades Amigas del valle del Cauca, el 1 febrero; y además, se instaló la Junta Suprema de Popayán, el 26 de junio.[16]

Las elecciones para el Congreso de las Provincias de Nueva Granada se comenzaron a realizar en las diversas provincias, en las cuales, además, en paralelo, se comenzaron a dictar Constituciones provinciales, de manera que antes de que se formara el Estado "Provincias Unidas de la Nueva Granada" mediante Acta de la Federación de 27 de noviembre de 1811, se habían dictado las Constituciones de Socorro (1810) y de Cundinamarca (1811), esta última de carácter Monárquico, habiéndose dictado después del Acta de la Federación, las Constituciones de Tunja (1811), Antioquia (1812) Cartagena de Indias (1812), Popayán (1814), Pamplona (1815), Mariquita (1815) y Neiva (1815).

Antes de que se sancionara la Constitución Monárquica de Cádiz de 19 de marzo de 1812, por tanto, en la América Hispana ya se había iniciado un muy importante proceso constituyente inspirado directamente en los principios del constitucionalismo moderno, que fue el que originó la sanción de las antes mencionadas diversas Constituciones provinciales y, además, la constitución de dos nuevos Estados nacionales en la historia constitucional, con la sanción de la Constitución Federal para los Estados de Venezuela de 21 de diciembre de 1811 y el Acta de Confederación de las Provincias Unidas de la Nueva Granada de 27 de noviembre de 1811.

Ese proceso constituyente fue el que dio inicio el constitucionalismo Hispanoamericano, habiendo servido luego, de fuente fundamental de inspiración, para el desarrollo del constitucionalismo posterior, al menos en Venezuela y en Colombia, sin influencias de la Constitución de Cádiz de marzo de 1812.

Este estudio está destinado, precisamente, a analizar ese proceso constituyente inicial hispanoamericano y sus manifestaciones constitucionales ocurridas entre 1810 y 1812, precisamente antes de que se sancionara la Constitución de Cádiz de 19 de marzo de 1812.

---

16 Véase en Daniel Gutiérrez Ardila, *Un Nuevo Reino...* cit., pp. 211-213

III. EL CONSTITUCIONALISMO EN LAS PRIMERAS CONSTITUCIONES PROVINCIALES EN 1811: BARINAS, MÉRIDA, TRUJILLO, SOCORRO, CUNDINAMARCA

Como se dijo, el efecto inmediato de la declaración de independencia de las provincias que formaban la antigua Capitanía General de Venezuela y el antiguo Virreinato de la Nueva Granada, fue que los antiguos Cabildos provinciales, convertidos en Juntas Supremas provinciales procedieran a dictar Constituciones provinciales, apuntando en ambos casos a un sistema federal o confederal que eventualmente uniese a las diversas provincias. Ese proceso de sanción de Constituciones provinciales ocurrió, en Venezuela antes de que se dictase la Constitución Federal de los Estados de Venezuela de diciembre de 1811 y en Colombia, antes de que se firmase el Acta de la Confederación de las Provincias Unidas de Nueva Granada de 27 de noviembre de 1811.

1. *Las primeras Constituciones provinciales en Venezuela antes de la constitución de un Estado nacional mediante la Constitución Federal de los Estados de Venezuela en 21 de diciembre de 1811*

En efecto, después de que se efectuó la elección de los diputados provinciales representantes al Congreso o Junta General de las Provincias de Venezuela, y conforme a la misma exhortación que este hizo a las Legislaturas Provinciales para que dictasen sus propias Constituciones, en las Provincias de Barinas, Mérida y Trujillo se sancionaron las Constituciones o documentos constitutivos de nuevos gobiernos que se indican a continuación[17]

A. *El Plan de Gobierno Provisional de la Provincia de Barinas de 26 de marzo de 1811*

A los 24 días de la instalación del Congreso General, y cuatro días antes del nombramiento de la Comisión para la redacción de lo que sería el modelo de las Constituciones Provinciales, la Asamblea Provincial de Barinas, el 26 de marzo de 1811, adoptó un "Plan de Go-

---

17 Véase Allan R. Brewer–Carías, *Instituciones Políticas y Constitucionales*, Tomo I, Evolución histórica del Estado, Editorial Jurídica Venezolana, Caracas 1996, pp. 277 y ss.

bierno"[18] de 17 artículos, conforme al cual se constituyó una Junta Provincial o Gobierno Superior compuesto de 5 miembros a cargo de toda la autoridad en la Provincia, hasta que el Congreso de todas las Provincias venezolanas dictase la Constitución Nacional (art. 17).

En este Plan de Gobierno, sin embargo, no se estableció una adecuada separación de poderes en cuanto al poder judicial, que se continuó atribuyendo al Cabildo al cual se confió, además, la atención de los asuntos municipales (art. 4). En el Plan, se regularon las competencias del Cabildo en materia judicial, como tribunal de alzada respecto de las decisiones de los Juzgados subalternos (Art 6). Las decisiones del Cuerpo Municipal podían ser llevadas a la Junta Provincial por vía de súplica (art. 8).

B. *La Constitución Provisional de la Provincia de Mérida de 31 de julio de 1811*

En Mérida, el Colegio Electoral formado con los representantes de los pueblos de los ocho partidos capitulares de la Provincia (Mérida, La Grita y San Cristóbal y de las Villas de San Antonio, Bailadores, Lovatera, Egido y Timotes), adoptó una "Constitución Provisional que debe regir esta Provincia, hasta que, con vista de la General de la Confederación, pueda hacerse una perpetua que asegure la felicidad de la provincia."[19]

El texto de esta Constitución, con 148 artículos, se dividió en doce capítulos, en los cuales se reguló lo siguiente:

En el Primer Capítulo, se dispuso la forma de "gobierno federativo por el que se han decidido todas las provincias de Venezuela" (art. 1), atribuyéndose la legítima representación provincial al Colegio Electoral, representante de los pueblos de la Provincia (art. 2). Para la organización del gobierno éste se dividió en tres poderes: Legislativo, Ejecutivo y Judicial, correspondiendo el primero al Colegio Electoral; el segundo a un cuerpo de 5 individuos encargados de las funciones ejecutivas; y el tercero a los Tribunales de Justicia de la Provincia (art. 3). La Constitución declaró, además, que "Reservándose esta Provincia la plenitud del Poder Provincial para todo lo que toca a su gobierno,

---

18 Véase *Las Constituciones Provinciales* ("Estudio Preliminar" de Ángel Francisco Brice), Academia Nacional de la Historia, Caracas 1959, pp. 334 y ss.

19 *Idem.*, pp. 253-294.

régimen y administración interior, deja en favor del Congreso General de Venezuela aquellas prerrogativas y derechos que versan sobre la totalidad de las provincias confederadas, conforme al plan que adopte el mismo Congreso en su Constitución General" (art. 6).

En el Segundo Capítulo se reguló la Religión Católica, Apostólica y Romana como Religión de la Provincia (art. 1), prohibiéndose otro culto público o privado (art. 2). Se precisó, en todo caso, que "la potestad temporal no conocerá en las materias del culto y puramente eclesiásticas, ni la potestad espiritual en las puramente civiles, sino que cada una se contendrá dentro de sus límites" (art. 4).

En el Tercer Capítulo se reguló el Colegio Electoral, como "legítima representación Provincial" con poderes constituyentes y legislativos provinciales (arts. 1, 2 y 35); su composición por ocho electores (art. 3) y la forma de la elección de los mismos, por sistema indirecto (arts. 3 a 31), señalándose que se debía exigir a los que fueran a votar, que "depongan toda pasión e interés, amistad, etc., y escojan sujetos de probidad, de la posible instrucción y buena opinión pública" (art. 10). Entre las funciones del Colegio Electoral estaba el "residenciar a todos los funcionarios públicos luego que terminen en el ejercicio de su autoridad" (Art 36).

En el Cuarto Capítulo se reguló al Poder Ejecutivo, compuesto por cinco individuos (art. 1), en lo posible escogidos de vecinos de todas las poblaciones de la provincia y no sólo de la capital (art. 2); con término de un año (art. 3); sin reelección (art. 4); hasta un año (art. 5). En este capítulo se regularon las competencias del Poder Ejecutivo (arts. 14 a 16) y se prohibió que "tomara parte ni se introduciera en las funciones de la Administración de Justicia" (art. 20). Se precisó, además, que la Fuerza Armada estaría "a disposición del Poder Ejecutivo" (art. 23), correspondiéndole además "la General Intendencia de los ramos Militar, Político y de Hacienda" (art. 24).

El Capítulo Quinto de la Constitución Provisional de la Provincia de Mérida, dedicado al Poder Judicial, comenzó señalando que "No es otra cosa el Poder Judicial que la autoridad de examinar las disputas que se ofrecen entre los ciudadanos, aclarar sus derechos, oír sus quejas y aplicar las leyes a los casos ocurrentes" (art. 1); atribuyéndose el mismo a todos los jueces superiores e inferiores de la Provincia, y particularmente al Supremo Tribunal de apelaciones de la misma (art. 2), compuesto por tres individuos, abogados recibidos (art. 3). En el capítulo se regularon, además, algunos principios de procedimiento y las competencias de los diversos tribunales (arts. 4 a 14).

En el Capítulo Sexto se reguló el "Jefe de las Armas" atribuyéndose a un gobernador militar y comandante general de las armas sujeto inmediatamente al Poder Ejecutivo, pero nombrado por el Colegio Electoral (art. 1) y a quien correspondía "la defensa de la Provincia" (art. 4). Se regularon, además, los empleos de Gobernador Político e Intendente, reunidos en el gobernador militar para evitar sueldos (art. 6), con funciones jurisdiccionales (arts. 7 a 10), teniendo el Gobernador Político el carácter de Presidente de los Cabildos (art. 11) y de Juez de Paz (art. 12).

El Capítulo Séptimo se destinó a regular "los Cabildos y Jueces inferiores"; se atribuyó a los Cabildos, la "policía" (art. 2); y se definieron las competencias municipales, englobadas en el concepto de policía (art. 3). Se reguló la Administración de Justicia a cargo de los Alcaldes de las ciudades y villas (art. 4), con apelación ante el Tribunal Superior de Apelaciones (art. 5).

En el Capítulo Octavo se reguló la figura del "Juez Consular", nombrado por los comerciantes y hacendados (art. 1), con la competencia de conocer los asuntos de comercio y sus anexos con arreglo a las Ordenanzas del consulado de Caracas (art. 3) y apelación ante el Tribunal Superior de Apelación (art. 4).

En el Capítulo Noveno se reguló la "Milicia," estableciéndose la obligación de toda persona de defender a la Patria cuando ésta sea atacada, aunque no se le pague sueldo (art. 2).

El Capítulo Décimo reguló el "Erario Público", como "el fondo formado por las contribuciones de los ciudadanos destinado para la defensa y seguridad de la Patria, para la sustentación de los ministros y del culto divino y de los empleados de la administración de Justicia, y en la colectación y custodia de las mismas contribuciones y para las obras de utilidad común (art. 1). Se estableció también el principio de legalidad tributaria al señalarse que "toda contribución debe ser por utilidad común y sólo el Colegio Electoral las puede poner" (art. 3), y la obligación de contribuir al indicarse que "ningún ciudadano puede negarse a satisfacer las contribuciones impuestas por el Gobierno" (art. 4).

El Capítulo Undécimo está destinado a regular "los derechos y obligaciones del Hombre en Sociedad", los cuales también se regulan en el Capítulo Duodécimo y Último que contiene "disposiciones generales". Esta declaración de derechos, dictada después que el 1º de julio del mismo año 1811 la Sección Legislativa del Congreso General para la Provincia de Caracas había emitido la Declaración de Derechos del Pueblo, sigue las mismas líneas de ésta, conforme al libro "Derechos del Hombre y del Ciudadano con varias máximas republicanas y un discurso preliminar dirigido a los americanos" atribuido a Picornel, y que circuló en la Provincia con motivo de la Conspiración de Gual y España de 1797.[20]

C. *El Plan de Constitución Provisional Gubernativo de la Provincia de Trujillo de 2 de septiembre de 1811*

Los representantes diputados de los distintos pueblos, villas y parroquias de la Provincia de Trujillo, reunidos en la Sala Constitucional aprobaron un "Plan de Constitución Provincial Gubernativo"[21] el 2 de septiembre de 1811, constante de 9 títulos, y 63 artículos, en la siguiente forma:

El Primer Título está dedicado a la Religión Católica, como Religión de la Provincia, destacándose, sin embargo, la separación entre el poder temporal y el poder eclesiástico.

El Título Segundo reguló el "Poder Provincial", representado por el Colegio de Electores, electos por los pueblos. Este Colegio Electoral se reguló como Poder Constituyente y a él corresponderá residenciar a todos los miembros del Cuerpo Superior del Gobierno.

El Título Tercero reguló la "forma de gobierno", estableciéndose que la representación legítima de toda la Provincia residía en el prenombrado Colegio Electoral, y que el Gobierno particular de la misma residía en dos cuerpos: el Cuerpo Superior de Gobierno y el Municipal o Cabildo.

El Título Cuarto reguló, en particular, el "Cuerpo Superior de Gobierno", integrado por cinco (5) vecinos, al cual se atribuyeron funciones ejecutivas de gobierno y administración.

El Título Quinto, reguló el "Cuerpo Municipal o de Cabildo" como cuerpo subalterno, integrado por cinco (5) individuos: dos alcaldes

---

20 Véase la comparación en Pedro Grases, *La Constitución de Gual y España y el Ideario de la Independencia*, Caracas, 1978, pp. 71 y ss.

21 Véase *Las Constituciones Provinciales*, cit., pp. 297-320.

ordinarios, dos Magistrados (uno de ellos Juez de Policía y otro como Juez de Vigilancia Pública), y un Síndico personero.

El Título Sexto, relativo al "Tribunal de Apelaciones", atribuyó al Cuerpo Superior de Gobierno el carácter de Tribunal de Alzada.

El Título Séptimo reguló las "Milicias", a cargo de un Gobernador y Comandante General de las Armas de la Provincia, nombrado por el Colegio Electoral, pero sujeto inmediatamente al Cuerpo Superior de Gobierno.

El Título Octavo, reguló el Juramento que deben prestar los diversos funcionarios; y el Título Noveno, relativo a los "Establecimientos Generales", reguló algunos de los derechos de los ciudadanos.

2. *Las primeras Constituciones provinciales en La Nueva Granada anteriores a la constitución mediante Acta de la Confederación de las Provincias Unidas de Nueva Granada en 27 noviembre de 1811*

Como se dijo, luego de la declaración de independencia adoptada por el Cabildo de Santa Fe el 20 de julio de 1810, en las provincias de la Nueva Granada también se inició un proceso de elección de diputados al Congreso de las Provincias, que en noviembre de 1811 se constituirían, mediante un Acta de la Confederación, en el Estado nacional denominado "Provincias Unidas de Nueva Granada." Antes, sin embargo, se adoptaron Constituciones o formas de gobierno en el Estado del Socorro (1810) y en Cundinamarca (1811), siendo ésta última, sin embargo, una Constitución provincial Monárquica.

A. *Acta de la Constitución del Estado libre e independiente del Socorro de 15 de agosto de 1810*

El 15 de agosto de 1810, "el pueblo del Socorro, vejado y oprimido por las autoridades del antiguo Gobierno," desconociendo expresamente la autoridad del Consejo de regencia, consideró que había sido restituido "a la plenitud de sus derechos naturales e imprescriptibles de la libertad, igualdad, seguridad y propiedad," depositando el gobierno provisional en el Cabildo de la Villa del Rosario, el cual convocó a los Cabildos de la ciudad de Vélez y de la Villa de San Gil para que enviasen diputados para formar una Junta; considerándose revestido "de la autoridad pública que debe ordenar lo que convenga y corresponda a la sociedad civil de toda la Provincia, y lo que cada uno debe ejecutar en ella." La Junta del Socorro estimó, además, que "es incontestable que a cada pueblo compete por derecho natural determinar la clase de gobierno que más le acomode; también lo es que nadie debe ponerse al ejercicio de este derecho sin violar el más sagrado que es el de la libertad."

En consecuencia, de estos principios, la Junta del Socorro, "representando al pueblo que la ha establecido," sentó las "bases fundamentales de su Constitución"[22] definidas en 14 artículos así:

Primero, se reconoció a la Religión cristiana (art. 1).

Segundo, de declararon varios derechos fundamentales, como la libertad y seguridad personales y de los bienes (art. 2), el derecho al trabajo (art. 3); y el derecho a la tierra y a la propiedad (art. 4). En el acta, además, se declaró que los indios, libres de tributo, entraban en sociedad "con los demás ciudadanos de la Provincia a gozar de igual libertad y demás bienes que proporciona la nueva Constitución."

Tercero, se reconoció la remuneración a los servidores de la patria (art. 5), y la rendición de cuentas del Tesoro (art. 6).

Cuarto, se estableció el principio de la alternabilidad del gobierno, declarándose que "Toda autoridad que se perpetúa está expuesta a erigirse en tiranía" (art. 7); y el carácter representativo del gobierno, cuyos agentes debían ser elegidos anualmente (art. 8).

Quinto, el gobierno se organizó conforme al principio de la separación de poderes, correspondiendo el Poder Legislativo a una Junta de Representantes con potestad de dictar las "leyes del nuevo Gobierno" (art. 9); el Poder Ejecutivo a los Alcaldes Ordinarios (art. 10).

Sexto, se garantizó el reconocimiento de la autoridad por el pueblo (art. 11), no pudiendo éste ejercer su soberanía sino por convocatoria de la Junta (art. 12).

Séptimo, se garantizó que el territorio de la Provincia del Socorro jamás podría "ser aumentado por derecho de conquista" (art. 13), declarándose que el Gobierno del Socorro daría auxilio y protección a todo Pueblo que quisiera reunírsele "a gozar de los bienes que ofrecen la libertad e igualdad que ofrecemos como principios fundamentales de nuestra felicidad" (art. 14).

---

22 Véase el texto en Jorge Orlando Melo, *Documentos constitucionales colombianos*, 1810-1815, en http://www.jorgeorlandomelo.com/bajar/documentosconstitucionales1.pdf

Por último, el gobierno de la provincia declaró que sólo depositaría en un Congreso Nacional, "la parte de derechos que puede sacrificar sin perjuicio de la libertad que tiene para gobernarse dentro de los límites de su territorio, sin la intervención de otro Gobierno."

B. *La Constitución Monárquica de Cundinamarca de 30 de marzo de 1811*

En marzo de 1811 se conformó en Santa Fe de Bogotá, como asamblea constituyente, el "Colegio Constituyente y Electoral de la Provincia de Cundinamarca" que sancionó, el 30 de marzo de 1811, la Constitución de Cundinamarca,23 la cual con 321 artículos, fue la primera Constitución Provincial colombiana propiamente dicha,24 la cual fue promulgada el 4 de abril de 1811.

Esta Constitución, sin embargo, no fue una constitución republicana, sino más bien una Constitución Monárquica que no sólo fue adoptada en nombre de Fernando VII, sino que en ella se lo proclamó "Rey de los cundinamarqueses," recogiéndose sin embargo los principios fundamentales del constitucionalismo moderno organizando al Estado provincial como una Monarquía Constitucional. En efecto, como lo dice el Decreto de promulgación, firmado por el Presidente del Estado, Jorge Tadeo Lozano de Peralta en su carácter de "Viceegerente de la Persona del Rey," la Constitución se adoptó por el Rey "Don Fernando VII, por la gracia de Dios y por la voluntad y consentimiento del pueblo, legítima y constitucionalmente representado," mediante el Colegio Constituyente que representaba "la soberana voluntad del pueblo cundinamarqués, expresada libre y solemnemente en dicha Constitución." La Constitución estuvo dividida en los siguientes Títulos:

En el Titulo I sobre la forma de Gobierno y sus Bases, se hizo mención al carácter de la representación que adoptó la Constitución, como "libre y legítimamente constituida por elección y consentimiento del pueblo de esta provincia, que se estimó había recuperado su soberanía, pero como "parte de la Monarquía española" (art. 1). En conse-

---

23 Véase el texto en Jorge Orlando Melo, *Documentos constitucionales colombianos*, 1810-1815, en http://www.jorgeorlandomelo.com/bajar/documentosconstitucionales1.pdf

24 Carlos Restrepo Piedrahita no consideró el Acta de Constitución de la Provincia de Socorro de 1810 como un verdadero texto constitucional. Véase *Primeras Constituciones* ..., pp. 26-27.

cuencia, en el artículo 2 se "ratifica su reconocimiento a Fernando VII" aún cuando en la forma establecida en la Constitución; y en el artículo 4 se declara que "la Monarquía de esta provincia será constitucional, moderando el poder del Rey una Representación Nacional permanente." Por tanto, con excepción del Rey que era vitalicio, todos los funcionarios de la Representación Nacional, que era "la reunión de los funcionarios de los tres Poderes" (art. 12), debían ser "electivos por tiempo limitado" (art. 11).

En la Constitución se adoptó el principio de la separación de poderes entre los Poderes Ejecutivo, Legislativo y Judicial disponiéndose que debían ejercitarse "con independencia unos de otros; aunque con el derecho de objetar el Poder Ejecutivo lo que estime conveniente a las libertades del Legislador en su caso y lugar" (art. 5); declarándose que "la reunión de dos o tres funciones de los Poderes Ejecutivo, Legislativo y Judicial en una misma persona, o corporación, es tiránica y contraria por lo mismo a la felicidad de los pueblos" (art. 12). En esta forma, el Poder Ejecutivo se atribuyó al Rey (art. 6), el Poder Legislativo se atribuyó a un Cuerpo legislativo (art. 7), y el Poder Judicial se asignó a los Tribunales de la provincia (art. 8). Se estableció, además, un alto Tribunal que se denominó "Senado de Censura", "para sostener esta Constitución y los derechos del pueblo, a fin de que de oficio o requerido por cualquiera ciudadano, reclame cualquiera infracción o usurpación de todos o cada uno de los tres Poderes Ejecutivo, Legislativo y Judicial que sea contra el tenor de la Constitución" (art. 9).

En materia de derechos fundamentales, en el artículo 16 se garantizó "a todos sus ciudadanos los sagrados derechos de la Religión, propiedad y libertad individual, y la de la imprenta, siendo los autores los únicos responsables de sus producciones y no los impresores, siempre que se cubran con el manuscrito del autor bajo la firma de éste, y pongan en la obra el nombre del impresor, el lugar y el año de la impresión." Además, se garantizó la inviolabilidad de la correspondencia (art. 17), y la "libertad perfecta en su agricultura, industria y comercio" (art. 18).

En la Constitución, por otra parte, "la provincia Cundinamarquesa, con el fin de efectuar la importante y deseada unión de todas las provincias que antes componían el Virreinato de Santafé, y de las demás de la Tierra Firme que quieran agregarse a esta asociación y están comprendidas entre el mar del Sur y el Océano Atlántico, el río Amazonas y el Istmo de Panamá," convino en "el establecimiento de un

Congreso Nacional compuesto de todos los representantes que envíen las expresadas provincias" (art. 19); en el cual la provincia cundinamarquesa dimitiría "aquellos derechos y prerrogativas de la soberanía que tengan, según el plan general que se adopte, íntima relación con la totalidad de las provincias de este Reino en fuerza de los convenios, negociaciones o tratados que hiciere con ellas, reservándose, como desde luego se reserva, la soberanía en toda su plenitud para las cosas y casos propios de la provincia en particular, y el derecho de negociar o tratar con las otras provincias o con otros Estados." (art. 20).

En el Título II sobre la Religión, se declaró que "la Religión Católica, Apostólica, Romana es la Religión de este Estado" (art. 1), no permitiéndose otro culto público ni privado (art. 2); regulándose las bases para la negociación de un Concordato con la Santa Sede (art. 3).

En el Título III sobre la Corona, se declaró formalmente que la Provincia de Cundinamarca se erigía "en Monarquía constitucional para que el Rey la gobierne según las leyes, moderando su autoridad por la Representación Nacional que en esta Constitución se expresa y determina" (art. 1); destinándose varias normas a regular la figura y función del Rey (arts. 2 a 9), declarándose que "la Corona de Cundinamarca es incompatible con cualquiera otra extraña que no sea de aquellas que al principio del año de 1808 componían el Imperio español" (art. 10). .

En el Título IV sobre la Representación Nacional, se ratificó que la misma "se compone del Presidente y Vicepresidente, Senado de Censura, dos consejeros del Poder Ejecutivo; los miembros del Legislativo y los tribunales que ejercen el Poder Judicial" (art. 1); considerándose al Rey como el "Presidente nato de la Representación Nacional, en su defecto, el presidente nombrado por el pueblo" (art. 2). En este Título, además, se reguló la forma de revisar la Constitución que corresponde al Colegio Electoral (arts. 4 a 13); las condiciones para ser miembro de la Representación nacional (arts. 14 a 15); y los signos distintivos y tratos a sus cuerpos (arts. 16 a 1).

En el Título V sobre el Poder Ejecutivo se ratificó que su ejercicio en la provincia "corresponde al Rey, cuando se halle dentro de su territorio y no esté impedido" por alguno de los motivos expresados en la Constitución (art. 8, Título III); disponiéndose que "a falta del Rey, entra en el ejercicio del Poder Ejecutivo el Presidente de la Representación Nacional" (art. 3), asistido de dos secretarios (arts. 17 a 20). En el artículo 10 se precisó que al Poder Ejecutivo correspondía el ejercicio "de todas las funciones relativas al gobierno político, militar y económico de esta provincia, en todo aquello que no sea legislativo o contencioso, y sujetándose al tenor de las leyes, para cuya ejecución podrá publicar bandos, proclamas y decretos;" disponiéndose, en particular, la competencia en materia de la fuerza armada (art. 11); de recaudación inversión y custodia de los caudales públicos(art. 12); de provisión de todos los empleos civiles, militares, económicos y de hacienda (art. 14).Además, se le asignó al poder Ejecutivo, la "protección todos los establecimientos públicos destinados a la instrucción de la juventud, al fomento de la industria, a la prosperidad del comercio y al bien general de toda la Provincia" (art. 16). Por último, se asignó al Poder Ejecutivo la potestad de promulgar y hacer poner en práctica las leyes que dicte el Poder Legislativo (art. 21), con el derecho a poder objetarlas (art. 23) y devolverlas por inconstitucionales (art. 24), en cuyo caso, el Poder legislativo si estimaba que las objeciones eran fútiles o arbitrarias, debía someter la cuestión al Senado (art. 26). En el Título se estableció una detallada regulación sobre el ejercicio de las funciones ejecutivas (arts. 27 a 56).

En el Título VI sobre el Poder Legislativo, se reafirmó el carácter representativo del mismo, cuyos miembros debían ser nombrados por el pueblo (art. 1), estableciéndose una detallada regulación sobre la forma de elección y evocación de los miembros; sobre el ejercicio de la función legislativa (arts. 2 a 13); sobre el procedimiento de formación de las leyes (art. 14 a 19); reservándose al Poder Legislativo la "facultad de interpretar, ampliar, restringir, o comentar las leyes," al punto de indicarse que "el Poder Ejecutivo y el Judicial deberán seguirlas a la letra; y en caso de duda consultar al Cuerpo Legislativo"(art. 20). En el Título, además, se garantizó la irretroactividad de la ley (art. 20) y se regularon detalladamente las diversas competencias del Poder Legislativo (arts. 22 a 41).

En el Título VII sobre el Poder Judicial, se definió el rol del Poder Judicial (art. 1) especificándose que correspondía a los tribunales superiores de la provincia y a los Tribunales de apelación y de primera instancia (art. 33-51), los jueces subalternos y las municipalidades (art. 52-54), garantizándose la separación de poderes al disponerse que "por ningún caso podrá entrometerse en lo relativo a los Poderes Ejecutivo y Legislativo, aunque sea de un asunto contencioso" (art. 2). Se estableció, además, al Senado integrado por cinco senadores electos, como el primer Tribunal de la Provincia preferente a todos los demás (arts. 3-

32), con la función de "velar sobre el cumplimiento exacto de esta Constitución e impedir que se atropellen los derechos imprescriptibles del pueblo y del ciudadano" (art. 4). En el Título sobre el Poder Judicial, además, se regularon derechos fundamentales en los enjuiciamientos como la limitación de la confiscación (art. 41), la seguridad de las personas detenidas (art. 42), la detención sólo mediante decisión judicial motivada (art. 43) y en el lugar acordado (art. 45), la limitación a la incomunicación del detenido (art. 44), la inviolabilidad del hogar doméstico, considerándoselo como asilo inviolable por la noche (art. 47).

En el Título VIII sobre las Elecciones, se dispuso el detallado régimen de las elecciones primarias, parroquiales o de apoderados, en forma indirecta, correspondiendo a los parroquianos listados en el padrón de la localidad, elegir a los electores de la parroquia (art. 1-28), a razón de un apoderado por cada 500 almas (art. 9), cuando obtuviese "la pluralidad absoluta [de votos], esto es, uno sobre la mitad de todos los sufragios" (art. 16). Los apoderados entonces, convocados por el Corregidor, debían ser convocados a las elecciones secundarias o de partido, a los efectos de elegir un sujeto por cada 5.000 almas para que en la capital procedieran a elegir los electores de partido (art. 40), que formaban el Colegio Electoral (art. 41). Estos debían concurrir a la capital de Cundinamarca, ante el Presidente de la Provincia (art. 41), para elegir a los miembros del Cuerpo Legislativo (art. 62), en razón de un representante por cada 10.000 almas. (art. 43), en votos públicos y escritos (art. 49); para Presidente (art. 52, 53), con el voto de más de la mitad de los sufragios de todos los electores (art. 54), y para Vicepresidente (art. 59), consejeros (art. 61). En cuanto a la elección de los individuos del Senado y del Tribunal de apelaciones los mismos se debían elegir en los mismos términos y por las mismas reglas establecidas para la elección de los miembros del Cuerpo Legislativo (art. 63). Al Colegio Electoral también correspondía la elección de los representantes de la Provincias para el Congreso General del Reino (art. 69).

En el Título IX sobre la Fuerza Armada, se definió su objeto de "defender al Estado de todo ataque y toda irrupción enemiga, evitar conmociones y desórdenes en lo interior, y celar el cumplimiento de las leyes" (art. 1), considerándosela como "esencialmente obediente, y por ningún caso tiene derecho de deliberar, sino que siempre debe estar sumisa a las órdenes de sus jefes" (art. 9). Todo individuo se consideró como soldado nato de la patria (art. 2) regulándose el alistamiento obligatorio para todos los ciudadanos (art. 7); para los casos comunes y la policía interior se previó la existencia de tropas veteranas (art. 4); para evitar que los jefes abusasen de su autoridad en perjuicio de los derechos del pueblo y en trastorno del Gobierno, se dispuso la división de las tropas en muchas porciones, independientes unas de otras (art. 10); y se prohibió absolutamente y sin la menor dispensa, el que la totalidad de la fuerza armada de la provincia se pusiera a las órdenes de un solo hombre (art. 11).

En el Título X sobre el Tesoro Nacional, se reguló la obligación de los ciudadanos de "contribuir para el culto divino y la subsistencia para los Ministros del Santuario; para los gastos del Estado, la defensa y seguridad de la patria, el decoro y la permanencia de su Gobierno, la administración de justicia y la Representación Nacional" (art. 1); regulándose los impuestos, y contribuciones (art. 2) como competencia del Cuerpo Legislativo (art. 3).

En el Título XI sobre la Instrucción Pública, destacándose el valor de la misma para el hombre (art. 1), e imponiéndose la obligación de todos los poblados de establecer "escuelas de primeras letras y dibujo, dotadas competentemente de los fondos a que corresponda, con separación de los dos sexos" (art. 2). Se garantizó el derecho de cualquier ciudadano de abrir escuela de enseñanza pública sujetándose al examen del Gobierno, con la calidad de obtener su permiso y estar bajo la inspección de la Sociedad patriótica (art. 6). Los colegios y la Universidad quedaron bajo la inspección y protección del Gobierno (art. 8).

En el Título XII sobre los derechos del hombre y del ciudadano, siguiendo el texto de la Declaración Francesa de 1789, se declaró que "los derechos del hombre en sociedad son la igualdad y libertad legales, la seguridad y la propiedad" (art. 1); regulándose la libertad y sus límites (arts. 2- 4) y el respeto a los demás (art. 7); el carácter de la ley como "la voluntad general explicada" por el pueblo mediante sus "representantes legítimamente constituidos"(art. 5); la igualdad (art. 6); la seguridad y el derecho a la protección (art. 8); el derecho de propiedad (art. 9) y el régimen de la expropiación sujeta a "una justa y precisa indemnización (art. 10); la libertad de manifestar opiniones "por medio de la imprenta, o de cualquiera otro modo que no le sea prohibido, en uso de su libertad y propiedad legal"(art. 11); el régimen de las contribuciones (art. 12); el derecho al sufragio para elegir representantes (art. 13); los derechos al debido proceso (art. 13); el régimen de la soberanía que "reside esencialmente en la universalidad de los ciudadanos"(art. 15); y las limitaciones a la condición de ciudadanos (art. 16).

En el Título XII sobre los deberes del ciudadano, se reguló la obligación de los ciudadanos de conservar la sociedad (art. 1); de observar la Constitución y las leyes (art. 2); de defender y servir a la sociedad (art. 3); considerando que "no es buen ciudadano el que no es buen hijo, buen padre, buen hermano, buen amigo, buen esposo" (art. 4) o "no observa religiosamente las leyes, el que por intrigas, cábalas y maquinaciones elude su cumplimiento, y el que sin justo motivo se excusa de servir a la Patria"(art. 5).

La Constitución de Cundinamarca fue remitida formalmente a la provincia de Venezuela, desde donde el Poder Ejecutivo de caracas contestó mediante comunicación oficial de fecha de julio de 1811 dirigida al Presidente de Cundinamarca, indicando "el acelerado paso de la Constitución reglada por el reconocimiento de un rey, no puede menos que hacerla viciosa o diametralmente opuesta a la resolución que acaba de tomar el Supremo Congreso de Venezuela," el cual el día anterior, el 5 de julio venía de declarar la Independencia de las provincias de Venezuela, puntualizando la diferencia entre ambos procesos: "porque la de Cundinamarca entra ratificando el reconocimiento de un Rey y Venezuela no reconoce ni reconocerá ninguno. Su Gobierno es y será libre y ella no obedecerá ni admitirá otras leyes que las que dicten sus representantes y sancionen los pueblos; concluyendo que "no es posible que este Soberano Congreso se congratule con la Constitución mencionada."[25]

La Constitución de Cundinamarca, en todo caso, fue revisada en fecha 17 de abril de 1812 por considerar que la misma "necesitaba de revisión por haberse formado precipitadamente para satisfacer a los deseos y a las instancias de los pueblos que exigían el que con prontitud se les diese alguna.". En la revisión, elevándose su articulado a 382 artículos, se eliminó el régimen monárquico, estableciéndose en cambio una República con un gobierno popular representativo (art. 1, Sección II); "representada por tres distintos Poderes; conviene a saber: Legislativo, Ejecutivo y Judicial" (art. 2), que "se ejercitarán con independencia unos de otros" (art. 3).

---

25 Véase *Textos Oficiales de la Primera República de Venezuela*, Biblioteca de la Academia de Ciencias Políticas y Sociales, Caracas 1982, Tomo II, pp. 21-24..

IV. LAS PRIMERAS CONSTITUCIONES NACIONALES EN 1811: LA CONSTITUCIÓN FEDERAL DE LOS ESTADOS DE VENEZUELA Y EL ACTA DE LA CONFEDERACIÓN DE LAS PROVINCIAS UNIDAS DE NUEVA GRANADA

Luego del inicio del proceso de independencia, y de la adopción de las primeras Constituciones Provinciales en 1810 y 1811, tanto en las Provincias de Venezuela como de la Nueva Granada, como antes se dijo, se inician sendos procesos de elección de diputados provinciales para integrar sendos Congresos nacionales constituyentes con el objeto de configurar Estados nacionales, siendo el resultado inmediato de ello, a finales de 1811, la sanción de la Constitución de la Confederación de los Estados de Venezuela de 21 de diciembre de 1811; y la firma del Acta de la Confederación de las Provincias Unidas de Nueva Granada de 27 noviembre de 1811. La primera tuvo el contenido y estructura de una Constitución moderna, estableciendo una Federación, pudiendo considerarse como la primera Constitución nacional sancionada en la América Hispana; no así la segunda, la cual realmente lo que estableció fueron las bases de una Confederación de Estados.

1. *La Constitución Federal para los Estados de Venezuela de 21 de diciembre de 1811*

La Constitución Federal para los Estados de Venezuela, que como lo destacó Carlos Restrepo Piedrahita, "fue la primera Constitución nacional en el continente americano,"[26] fue sancionada por el Congreso General el 21 de diciembre de 1811,[27] integrado por los representantes de las provincias de Margarita, de Mérida, de Cumaná, de Barinas, de Barcelona, de Trujillo y de Caracas,[28] y aún cuando no tuvo vigencia

---

26 Véase Carlos Restrepo Piedrahita, *Primeras Constituciones...*, p. 21.

27 Véase el texto en Allan R. Brewer–Carías *Las Constituciones de Venezuela, cit.,* Tomo I, pp. 553-581. Además, en *La Constitución Federal de Venezuela de 1811 y documentos afines,* Biblioteca de la Academia Nacional de la Historia, Caracas 1959, pp.

28 Véase *Libro de Actas del Supremo Congreso de Venezuela 1811–1812,* (Estudio Preliminar: Ramón Díaz Sánchez), Biblioteca de la Academia Nacional de la Historia, 2 vols. Caracas 1959. Véase, además, Juan Garrido Rovira, "La legitimación de Venezuela (El Congreso Constituyente de 1811)", en Elena Plaza y Ricardo Combellas (Coordinadores), *Procesos Constituyentes y Reformas Constitucionales en la Historia de Venezuela: 1811–1999,* Universidad Central de Venezuela, Caracas 2005, to-

real superior a un año debido al inicio de las guerras de independencia, condicionó la evolución de las instituciones políticas y constitucionales venezolanas hasta nuestros días; habiendo recogido en su texto todos los principios del constitucionalismo moderno derivado de las revoluciones norteamericana y francesa. En sus 228 artículos se reguló, entonces, el Poder Legislativo (arts. 3 a 71), el Poder Ejecutivo (arts. 72 a 109), el Poder Judicial (arts. 110 a 118), las Provincias (arts. 119 a 134) y los Derechos del Hombre que se respetará en toda la extensión del Estado (arts. 141 a 199). En el Capítulo I, además, se reguló la Religión, proclamándose a la Religión Católica, Apostólica y Romana como la religión del Estado y la única y exclusiva de los habitantes de Venezuela (art. 1).

A. *Principios del constitucionalismo moderno recogidos en la Constitución de 1811*

Los principios fundamentales del constitucionalismo moderno se recogieron en esta Constitución federal de 1811, de acuerdo con los siguientes elementos esenciales:

a. *La idea de Constitución*

La idea de Constitución, como documento escrito, de valor superior y permanente, conteniendo las normas fundamentales de organización del Estado y la de Declaración de los Derechos de los Ciudadanos, con el carácter de ley suprema ubicada por encima de los poderes del Estado y de los ciudadanos, y no modificable por el Legislador ordinario se plasmó en la Constitución Federal para los Estados de Venezuela de 21 de diciembre de 1811, la cual, de la Constitución Norteamericana recibió la influencia de la forma federal del Estado, del presidencialismo como sistema de gobierno dentro del esquema de la separación de poderes, y del control de la constitucionalidad consecuencia de la garantía objetiva de la Constitución. Sin embargo, en su redacción, el texto constitucional de 1811 recibió la influencia directa de la Constitución Francesa, particularmente en la regulación detallada de la forma de elección indirecta de los representantes, en el reforzamiento de la

---

mo I, pp. 13–74; e Irene Loreto González, *Algunos Aspectos de la Historia Constitucional Venezolana*, Academia de Ciencias Políticas y Sociales, caracas 2010, pp. 79 ss.

separación de poderes, y en la extensa Declaración de Derechos fundamentales que contiene.

Con frecuencia se ha indicado que el texto de la Constitución venezolana de 1811 fue una copia de la Constitución norteamericana, lo que no es exacto, no sólo por el contenido de ambas, sino por la extensión de los textos: 7 artículos -aun cuando extensos cada uno- en la Constitución americana de 1787, contra los 228 artículos de la Constitución venezolana de 1811. En realidad, este texto se inspiró de principios de la Constitución norteamericana y a la vez, de la redacción del texto de las Constituciones francesas revolucionarias, tanto en su parte dogmática como en su parte orgánica.

En todo caso, lo importante a retener es que la Constitución Federal para los Estados de Venezuela, se concibió como la norma suprema e inviolable, fuera del alcance del legislador ordinario, como se plasmó expresamente en su artículo 227 al indicar que:

"Las leyes que se expidan contra el tenor de ella no tendrán ningún valor sino cuando hubieren llenado las condiciones requeridas para una justa y legítima revisión y sanción."

En el mismo sentido, luego de la enumeración de los derechos del hombre, el artículo 199 de la Constitución de 1811 precisó que dichos derechos:

"Están exentos y fuera del alcance del poder general ordinario del gobierno y que, conteniendo o apoyándose sobre los indestructibles y sagrados principios de la naturaleza, toda ley contraria a ellos que se expida por la legislatura federal o por las provincias será absolutamente nula y de ningún valor."

b. *El principio de la soberanía nacional, el republicanismo y el gobierno representativo*

El principio de la soberanía del pueblo también se recogió en el proceso constituyente iniciado en Venezuela en 1810 y en la Constitución de 1811. En efecto, debe recordarse que al instalarse la Junta Suprema de Venezuela Conservadora de los Derechos de Fernando VII, deponiendo al Gobernador Emparan del mando de la Provincia de Venezuela, la misma asumió el "mando supremo" o "suprema autoridad" de la Provincia,[29] "por consentimiento del mismo pueblo."[30] La motivación de esta Revolución se expuso en el texto del Acta, en la cual se consideró que por la disolución de la Junta Suprema Gubernativa de España, que suplía la ausencia del Monarca, el pueblo había quedado en "total orfandad", razón por la cual se estimó que:

> "El derecho natural y todos los demás dictan la necesidad de procurar los medios de conservación y defensa y de erigir en el seno mismo de estos países un sistema de gobierno que supla las enunciadas faltas, ejerciendo los derechos de la soberanía, que por el mismo hecho ha recaído en el pueblo".

Desde el inicio, por tanto, la idea de la soberanía cuyo titular era el pueblo fue un motor fundamental de la Revolución, siguiendo el enunciado francés, al punto de que al desconocer el Consejo de Regencia que la Junta Suprema Gubernativa de España había nombrado, el Ayuntamiento argumentó que:

> "No puede ejercer ningún mando ni jurisdicción sobre estos países, porque ni ha sido constituido por el voto de estos fieles habitantes, cuando han sido ya declarados, no colonos, sino partes integrantes de la corona de España, y, como tales han sido llamados al ejercicio de la soberanía interna y a la reforma de la Constitución Nacional." [31]

Soberanía del pueblo y ausencia de representación fueron por tanto parte de los motivos de la Revolución, como se expresó en comunicación del 3 de mayo de 1810, que la Junta Suprema de Caracas dirigió a la Junta Suprema de Cádiz y a la Regencia, cuestionando la asunción por esas corporaciones:

---

29 Véase el texto del Acta del Ayuntamiento de Caracas de 19 de abril de 1810 en Allan R. Brewer-Carías, *Las Constituciones de Venezuela*, cit., Tomo I, pp. 531-533.

30 Así se establece en la "Circular" enviada por el Ayuntamiento el 19 de abril de 1810 a las autoridades y corporaciones de Venezuela. Véase J. F. Blanco y R. Azpúrua, *Documentos para...*, *op. cit.*, Tomo II, pp. 401-402. Véase también en *Textos Oficiales ...*, cit., Tomo I, p. 105.

31 Lo que afirmó de nuevo, en comunicación enviada al propio Consejo de Regencia de España explicando los hechos, razones y fundamentos del establecimiento del nuevo gobierno. Véase J. F. Blanco y R. Azpúrua, *Documentos para...*, cit., Tomo II, p. 408; y *Textos oficiales, op. cit.*, Tomo I, pp. 130 y ss.

"que sustituyéndose indefinidamente unas a otras, sólo se asemejan en atribuirse toda una delegación de la soberanía que, no habiendo sido hecha ni por el Monarca reconocido, ni por la gran comunidad de españoles de ambos hemisferios, no puede menos de ser absolutamente nula, ilegítima, y contraria a los principios sancionados por nuestra legislación." [32]

La Junta de Caracas en dicha comunicación agregaba que:

"De poco se necesitará para demostrar que la Junta Central carecía de una verdadera representación nacional; porque su autoridad no emanaba originariamente de otra cosa que, de la aclamación tumultuaria de algunas capitales de provincias, y porque jamás han tenido en ellas los habitantes del nuevo hemisferio la parte representativa que legítimamente les corresponde. En otras palabras, desconocemos al nuevo Consejo de Regencia." [33]

Ello precisamente fue lo que había provocado en Caracas, como se expresó en el Acta de otra sesión del Ayuntamiento del mismo día 19 de abril de 1810, el "establecimiento del nuevo gobierno"[34] a cargo de "una Junta Gubernativa de estas Provincias, compuesta del Ayuntamiento de esta Capital y de los vocales nombrados por el voto del pueblo,"[35] como manifestación tanto de "la revolución de Caracas" como de "la independencia política de Caracas," a las que aludía un Manifiesto de la Junta Gubernativa en el cual prometió:

"Dar al nuevo gobierno la forma provisional que debe tener, mientras una Constitución aprobada por la representación nacional legítimamente constituida, sanciona, consolida y presenta con dignidad política a la faz del universo la provincia de Venezuela organizada, y gobernada de un modo que haga felices a sus habitantes, que pueda servir de ejemplo útil y decoroso a la América"[36].

Y fue precisamente esa representación nacional integrada en el Congreso General de 1811, la que adoptó la Declaración de Derechos

---

32 Véase *Textos oficiales*, op. cit., p. 130.

33 *Idem.*, p. 134.

34 Véase el texto en J.F. Blanco y R. Azpúrua, *Documentos para...*, op. cit., Tomo I, p. 393.

35 Así se denomina en el manifiesto del 1° de mayo de 1810. Véase en *Textos oficiales...*, cit., Tomo I. p. 121.

36 Véase el texto en J. F. Blanco y R. Azpúrua, *Documentos para...*, op. cit., Tomo II, p. 406, y en *Textos oficiales...*, cit., Tomo I, p. 129.

del Pueblo de 1 de julio de 1811,[37] en la cual, en los primeros dos artículos de la Sección de "Soberanía del Pueblo," se dispuso que:

> "*Artículo 1*. La soberanía reside en el pueblo; y el ejercicio de ella en los ciudadanos con derechos a sufragio, por medio de sus apoderados legalmente constituidos.
>
> *Artículo 2*. La soberanía, es por su naturaleza y esencia, imprescriptible, inajenable e indivisible."

Además, fue la misma representación nacional la que sancionó la Constitución Federal en diciembre de 1811, en la cual se definió la soberanía popular conforme a la misma orientación, así:

> *Artículo 143*. Una sociedad de hombres reunidos bajo unas mismas leyes, costumbres y gobiernos forma una soberanía.
>
> *Artículo 144*. La soberanía de un país, o supremo poder de reglar o dirigir equitativamente los intereses de la comunidad, reside, pues esencial y originalmente en la masa general de sus habitantes y se ejercita por medio de apoderados o representantes de éstos, nombrados y establecidos conforme a la Constitución. "

Conforme a estas normas, por tanto, en las antiguas Provincias coloniales de España que formaron Venezuela, la soberanía del Monarca Español cesó y comenzó la soberanía a ejercerse por el pueblo, que se dio a sí mismo una Constitución a través de sus representantes electos que formaron su Congreso constituyente. Por ello, la Constitución de 1811, comienza señalando:

> "En nombre de Dios Todopoderoso, Nos, el pueblo de los Estados de Venezuela, usando de nuestra soberanía... hemos resuelto confederarnos solemnemente para formar y establecer la siguiente Constitución, por la cual se han de gobernar y administrar estos Estados".

La idea del pueblo soberano, por tanto, que no sólo proviene de la Revolución Francesa sino antes, de la Revolución Americana, se arraigó en el constitucionalismo venezolano desde 1811, contra la idea de la soberanía monárquica que aún imperaba en España en ese momento, y contra la cual se inició el proceso de independencia. Y de allí el republicanismo y de la representatividad como forma de gobierno,

---

37 Véase el texto en Allan R. Brewer-Carías, *Las Constituciones de Venezuela*, *cit.*, Tomo I, pp. 549-551

que se ejerce siempre mediante representantes, habiéndose indicado en la Constitución de 1811, como se dijo, que la soberanía se ejercita sólo "por medio de apoderados o representantes de éstos, nombrados y establecidos conforme a la Constitución" (art 144). Por ello, agregó la Constitución de 1811:

> "*Artículo 146.* Ningún individuo, ninguna familia, ninguna porción o reunión de ciudadanos, ninguna corporación particular, ningún pueblo, ciudad o partido, puede atribuirse la soberanía de la sociedad que es imprescindible, inajenable e indivisible, en su esencia y origen, ni persona alguna podrá ejercer cualquier función pública del gobierno si no la ha obtenido por la Constitución" (art. 146).

En definitiva, siendo el sistema de gobierno netamente republicano y representativo, la Constitución de 1811 estableció que:

> "*Artículo 149.* La Ley es la expresión libre de la voluntad general de la mayoría de los ciudadanos, indicada por el órgano de sus representantes legalmente constituidos."

c. *La declaración de derechos del pueblo y del hombre*

En el proceso constituyente venezolano, la sección legislativa de la Provincia de Caracas del Congreso General, antes incluso que se adoptara la declaración formal de la independencia el 5 de julio de 1811, sancionó un documento denominado Declaración de Derechos del Pueblo, que es en definitiva, la primera declaración de derechos fundamentales con rango constitucional que se adoptó en la historia del constitucionalismo moderno luego de las Declaraciones de las Constituciones de las Colonias norteamericanas de 1776 y de la Declaración de los Derechos del Hombre y del Ciudadano adoptada por la Asamblea nacional francesa en 1789.

El texto de la Declaración de Derechos del Pueblo de 1811, que luego fue recogido, aunque ampliado, en la Constitución de 1811, puede decirse que fue la traducción de la Declaración de Derechos del Hombre y del Ciudadano que precedió la Constitución francesa de 1793, y que llegó a Venezuela antes de 1797, a través de José María Picornell y Gomilla, uno de los conjurados en la llamada "Conspiración de San Blas", de Madrid, de 1794, quien, una vez ésta descubierta, fue deportado a las mazmorras españolas en el Caribe.[38] En el Puerto de La Guaira, en 1797, Picornell entró en contacto con los criollos Gual y España, y en la conspiración que llevaba el nombre de ambos, de ese año, también debelada, circuló la traducción de la declaración francesa de los derechos del Hombre. Ese texto fue el que precisamente, catorce años después, sirvió para la Declaración de Derechos del Pueblo de 1811 considerada por Pedro Grases, como "la declaración filosófica de la Independencia"[39] y luego para el capítulo respectivo de la Constitución de 1811.

El texto de los "Derechos del Pueblo" contiene 43 artículos divididos en cuatro secciones: "Soberanía del pueblo", 'Derechos del Hombre en Sociedad", "Deberes del Hombre en Sociedad", y "Deberes del Cuerpo Social", precedidos de un Preámbulo. En términos generales los derechos declarados en el documento fueron los siguientes:

Sección Primera: Soberanía del pueblo: La soberanía (arts. 1-3); usurpación de la soberanía (art. 4); temporalidad de los empleos públicos (art. 5); proscripción de la impunidad y castigo de los delitos de los representantes (art. 6); igualdad ante la ley (art. 7).

Sección Segunda: Derechos del Hombre en Sociedad: Fin de la sociedad y el gobierno (art. 1); derechos del hombre (art. 2); la ley como expresión de la voluntad general (art. 3); libertad de expresión del pensamiento (art. 4); objetivo de la ley (art. 5); obediencia de la ley (art. 6); derecho a la participación política (art. 7); derecho al sufragio (arts. 8-10); debido proceso (art. 11); proscripción de actos arbitrarios, responsabilidad funcionarial, y protección ciudadana (art. 12-14); presunción de inocencia (art. 15); derecho a ser oído, art. 16; proporcionalidad de las penas (art. 17); seguridad, art. 18; propiedad, art. 19; libertad de trabajo e industria (art. 20); garantía de la propiedad y contribuciones solo mediante representantes (art. 21); derecho de petición (art.

---

38 Véase P. Grases, *La Conspiración de Gual y España y el Ideario de la Independencia*, Caracas, 1978, p.13.

39 Véase P. Grases, *La Conspiración de Gual y España...*, cit, p. 81. En otra obra dice Grases que la declaración "Constituye una verdadera declaración de independencia, anticipada al 5 de julio." Véase en Pedro Grases, "Estudio sobre los 'Derechos del Hombre y del Ciudadano'," en el libro *Derechos del Hombre y del Ciudadano* (Estudio Preliminar por Pablo Ruggeri Parra y Estudio histórico-crítico por Pedro Grases), Academia Nacional de la Historia, Caracas 1959, p. 165.

22); derecho a resistencia (art. 23); inviolabilidad del hogar (art. 24); derechos de los extranjeros (art. 25-27).

Sección Tercera: Deberes del Hombre en Sociedad: los límites a los derechos de otros (art. 1); deberes de los ciudadanos (art. 2); el enemigo de la sociedad (art. 3); el buen ciudadano (art. 4) el hombre de bien (art. 5).

Sección Cuarta: Deberes del Cuerpo Social: la garantía social (art. 1); límites de los poderes y responsabilidad funcionarial (art. 2); seguridad social y socorros públicos (art. 3); instrucción pública (art. 4).

Cuatro meses después, en el texto de la Constitución federal de diciembre de 1811, se incorporó un Capítulo VIII dedicado a los "Derechos del Hombre que se reconocerán y respetarán en toda la extensión del Estado," distribuidos en cuatro secciones: Soberanía del pueblo (Arts. 141 a 159), Derechos del hombre en sociedad (Arts. 151 a 191), Derechos del hombre en sociedad (Arts. 192 a 196) y Deberes del cuerpo social (Arts. 197 a 199). Dichos derechos, se complementaron, por otra parte, con diversas previsiones incorporadas en el Capítulo IX sobre Disposiciones Generales.

En este Capítulo VIII se recogieron, enriquecidos, los artículos de la Declaración de los Derechos del Pueblo de 1811, y en su redacción se recibió la influencia directa del texto de las Declaraciones de las antiguas colonias norteamericanas, de las Enmiendas a la Constitución de los Estados Unidos de América y de la Declaración Francesa de los Derechos del Hombre y del Ciudadano, y en relación con esta última, de los documentos de la conspiración de Gual y España de 1797.[40]

En la Primera Sección sobre "Soberanía del pueblo," se precisan los conceptos básicos que en la época originaban una república, comenzando por el sentido del "pacto social" (artículos 141 y 142). La Sección continúa con el concepto de soberanía (art. 143) y de su ejercicio mediante representación (art. 144-146), el derecho al desempeño de empleos públicos en forma igualitaria (art. 147), con la proscripción de privilegios o títulos hereditarios (art. 148), la noción de la ley como expresión de la voluntad general (art. 149) y la nulidad de los actos dictados en usurpación de autoridad (art. 150).

40　Véase Allan R. Brewer-Carías, *Los Derechos Humanos en Venezuela: casi 200 años de Historia*, Academia de Ciencias Políticas y Sociales, Caracas 1990, pp. 101 y ss.

En la Segunda Sección sobre "Derechos del hombre en sociedad," al definirse la finalidad del gobierno republicano (art. 151), se enumeran como tales derechos a la libertad, la igualdad, la propiedad y la seguridad (art. 152), y a continuación se detalla el contenido de cada uno: se define la libertad y sus límites solo mediante ley (art. 153-156), la igualdad (art. 154), la propiedad (art. 155) y la seguridad (art. 156). Además, en esta sección se regulan los derechos al debido proceso: el derecho a ser procesado solo por causas establecidas en la ley (art. 158), el derecho a la presunción de inocencia (art. 159), el derecho a ser oído (art. 160), el derecho a juicio por jurados (art. 161). Además, se regula el derecho a no ser objeto de registro (art. 162), a la inviolabilidad del hogar (art. 163) y los límites de las visitas autorizadas (art. 165), el derecho a la seguridad personal y a ser protegido por la autoridad en su vida, libertad y propiedades (art. 165), el derecho a que los impuestos sólo se establezcan mediante ley dictada por los representantes (art. 166), el derecho al trabajo y a la industria (art. 167), el derecho de reclamo y petición (art. 168), el derecho a la igualdad respecto de los extranjeros (art. 168), la proscripción de la irretroactividad de la ley (art. 169), la limitación a las penas y castigos (art. 170) y la prohibición respecto de los tratos excesivo y la tortura (arts. 171-172), el derecho a la libertad bajo fianza (art. 174), la prohibición de penas infamantes (art. 175), la limitación del uso de la jurisdicción militar respecto de los civiles (art. 176), la limitación a las requisiciones militares (art. 177), el régimen de las milicias (art. 178), el derecho a portar armas (art. 179), la eliminación de fueros (180) y la libertad de expresión de pensamiento (art. 181). La Sección concluye con la enumeración del derecho de petición de las Legislaturas provinciales (art. 182) y el derecho de reunión y petición de los ciudadanos (art. 183-184), el poder exclusivo de las Legislaturas de suspender las leyes o detener su ejecución (art. 185), el poder de legislar atribuido al Poder Legislativo (art. 186), el derecho del pueblo a participar en la legislatura (art. 187), el principio de la alternabilidad republicana (art. 188), el principio de la separación de poderes entre el Legislativo, el Ejecutivo y el Judicial (art. 189), el derecho al libre tránsito entre las provincias (art. 190), el fin de los gobiernos y el derecho ciudadano de abolirlos y cambiarlos (art. 191).

En la Sección Tercera sobre "Deberes del hombre en sociedad," donde se establece la interrelación entre derechos y deberes (art. 192), la interrelación y limitación entre los derechos (art. 193), los deberes de respetar las leyes, mantener la igualdad, contribuir a los gastos públicos y servir a la patria (art. 194), con precisión de lo que significa ser buen ciudadano (art. 195), y de lo que significa violar las leyes (art. 196).

En la Sección Cuarta sobre "Deberes del Cuerpo Social," donde se precisa las relaciones y los deberes de solidaridad social (art. 197-198), y se establece en el artículo 199, la declaración general sobre la supremacía y constitucional y vigencia de estos derechos, y la nulidad de las leyes contrarias a los mismos.

En el texto venezolano de la Constitución de 1811, debe destacarse, se incorporaron unas novedosas normas, antes mencionadas, que no encuentra antecedentes ni en los textos constitucionales norteamericanos ni franceses, y son la que contienen la "garantía objetiva" de la Constitución y de los derechos que ella declara, y que proclaman como "nulas y de ningún valor" las leyes que contrariaran la Constitución y la declaración de derechos (artículos 199, 277).

d. *El principio de la separación de poderes*

El principio de la separación de poderes también se recogió en el proceso constituyente venezolano, primero, en marzo de 1811, en la conformación inicial del gobierno, una vez que fueron electos los diputados al Congreso General de representantes de las Provincias el cual sustituyó a la Junta Suprema de Caracas; y segundo en el texto de la Constitución Federal de 1811, en cuyo Preámbulo se dispuso que:

> "El ejercicio de la autoridad confiada a la Confederación no podrá jamás hallarse reunido en sus diversas funciones. El Poder Supremo debe estar dividido en Legislativo, Ejecutivo y Judicial, y confiado a distintos cuerpos independientes entre sí y en sus respectivas facultades."

Además, el artículo 189 insistía en que:

> "Los tres Departamentos esenciales del Gobierno, á saber: el Legislativo, el Ejecutivo y el Judicial, es preciso que se conserven tan separados e independientes el uno del otro cuanto lo exija la naturaleza de un gobierno libre lo que es conveniente con la cadena de conexión que liga toda fábrica de la Constitución en un modo indisoluble de Amistad y Unión."

Conforme a este postulado, la Constitución, adoptó el principio, no como el establecimiento de compartimientos estancos en los órganos del Estado, sino conforme a un sistema de pesos, contrapesos e interferencias constitucionales más próximo al constitucionalismo norteamericano, destinando su parte orgánica a regular en detalle conforme a un sistema de gobierno presidencial, a los órganos del Poder Legislativo, del Poder Ejecutivo y del Poder Judicial.

Así, en cuanto al Poder Legislativo, en el Capítulo II se lo reguló, atribuyéndoselo al Congreso General de Venezuela, dividido en dos Cámaras, la de Representantes y el Senado (Art. 3); con normas destinadas a regular el proceso de formación de las leyes (Arts. 4 a 13); la forma de elección de los miembros de la Cámara de Representantes y del Senado (Art. 14 a 51) con una regulación detallada del proceso de elección de manera indirecta en congregaciones parroquiales (Art. 26) y en congregaciones electorales (Art. 28); sus funciones y facultades (Art. 52 a 66); el régimen de las sesiones de las Cámaras (Art. 67 a 70); y sus atribuciones especiales (Art. 71).

En particular, en cuanto al órgano legislativo, se le asignó la función de elaborar las leyes, conforme al principio ya recogido en la Declaración de Derechos del Pueblo de 1811, al establecer en su Sección Tercera que:

"*Artículo 3*. La ley se forma por la expresión libre y solemne de la voluntad general, y ésta se expresa por los apoderados que el pueblo elige para que representen sus derechos."

En esta misma orientación, en el artículo 149 de la Constitución de 1811 se estableció:

"*Artículo 149*. La ley es la expresión libre de la voluntad general o de la mayoría de los ciudadanos, indicadas por el órgano de sus representantes legalmente constituidos. Ella se funda sobre la justicia y la utilidad común y ha de proteger la libertad pública e individual contra toda opresión o violencia."

En el Capítulo III se reguló al Poder Ejecutivo en forma plural, el cual se dispuso que residiría en la ciudad federal, estando "depositado en tres individuos elegidos popularmente" (Art. 72) por las Congregaciones Electorales (Art. 76) por listas abiertas (Art. 77). En el Capítulo no sólo se reguló la forma de elección del triunvirato (Arts. 76 a 85), sino qué se definieron las atribuciones del Poder Ejecutivo (Arts. 86 a 99) y sus deberes (Arts. 100 a 107). De acuerdo a la forma federal de la Confederación, se reguló la relación entre los Poderes Ejecutivos Provinciales y el Gobierno Federal, indicándose que aquéllos eran, en cada Provincia, "los agentes naturales e inmediatos del Poder Ejecutivo

Federal para todo aquello que por el Congreso General no estuviere cometido a empleados particulares en los ramos de Marina, Ejército y Hacienda Nacional" (Art. 108).

Por último, en cuanto al Poder Judicial, el Capítulo IV se destinó a regularlo, depositándolo en una Corte Suprema de Justicia (Arts. 110 a 114) con competencia originaria entre otros, en los asuntos en los cuales las Provincias fueren parte interesada y competencia en apelación en asuntos civiles o criminales contenciosos (Art. 116).

    e. *Los principios de la organización territorial del Estado: federalismo y municipalismo*

La organización constitucional del Estado que se adoptó en la constitución del nuevo Estado venezolano independiente, fue la forma federal que se había concebido con motivo de la Revolución Norteamericana que habían iniciado las antiguas Colonias, y que fue la fórmula concebida para unirlas. Igualmente, en el caso de las Provincias de la Capitanía General de Venezuela, que se habían desarrollado como provincias aisladas, descentralizadas y con gran autonomía conforme al esquema colonial español, fueron dichas Provincias las que iniciaron el proceso de independencia, declarándose como Estados soberanos, de manera que el proceso de unión entre ellas para la conformación de un solo Estado provocó igualmente la adopción de la fórmula federal de gobierno.

En esta forma, conforme a la Constitución de 1811, se estableció una Federación de Provincias, organizándose en la Constitución de 1811 al Estado Federal o Confederación de Venezuela, y regulándose someramente a las Provincias cuyas Legislaturas Provinciales debía dictar sus propias Constituciones. Así, el "Preliminar" de la Constitución se destinó a regular las "Bases del Pacto Federativo que ha de constituir la autoridad general de la Confederación", donde se precisaron la distribución de poderes y facultades entre la Confederación y los Estados confederados (las Provincias). Se estableció, en esta forma, por primera vez en el constitucionalismo moderno, después de su creación en la Constitución de los Estados Unidos de Norteamérica, una forma federal para un nuevo Estado, conforme al siguiente esquema:

En todo lo que por el Pacto Federal no estuviere expresamente delegado a la Autoridad general de la Confederación, conservará cada una de las Provincias que la componen su Soberanía, Libertad e Independencia; en uso de ellas tendrán el derecho exclusivo de arreglar su Gobierno y Administración territorial bajo las leyes que crean convenientes, con tal que no sean de las comprendidas en esta Constitución ni se opongan o perjudiquen a los Pactos Federativos que por ella se establecen.

En cuanto a las competencias de la Confederación "en quien reside exclusivamente la representación Nacional", se dispuso que estaba encargada de:

> "Las relaciones extranjeras, de la defensa común y general de los Estados Confederados, de conservar la paz pública contra las conmociones internas o los ataques exteriores, de arreglar el comercio exterior y el de los Estados entre sí, de levantar y mantener ejércitos, cuando sean necesarios para mantener la libertad, integridad e independencia de la Nación, de construir y equipar bajeles de guerra, de celebrar y concluir tratados y alianzas con las demás naciones, de declararles la guerra y hacer la paz, de imponer las contribuciones indispensables para estos fines u otros convenientes a la seguridad, tranquilidad y felicidad común, con plena y absoluta autoridad para establecer las leyes generales de la Unión y juzgar y hacer ejecutar cuanto por ellas quede resuelto y determinado."

En todo lo no atribuido a la Confederación, la competencia entonces correspondía a las Provincias se concibieron como "Estados Soberanos," correspondiéndoles a ellos, en sus respectivas Constituciones, disponer sus poderes y en particular la organización territorial interna de las mismas.

Por tanto, una vez dictada la Constitución de 21 de diciembre de 1811, las Legislaturas Provinciales comenzaron a dictar sus Constituciones regulándose en ellas, la organización territorial del país que fue donde se organizó el Poder Municipal. Se destaca así, por ejemplo, el esquema territorial establecido en la Constitución de la Provincia de Venezuela dictada en enero de 1812, y que dividió uniformemente a la Provincia en cinco Departamentos; a cada uno de los Departamentos los dividió en Cantones; a cada uno de los Cantones los dividió en Distritos; y estableció Municipalidades en las Capitales de Distritos.

Este Estado nacional de la Federación de los Estados de Venezuela funcionó hasta marzo de 1812, cuando como consecuencia del Armisticio firmado entre el General Francisco de Miranda y el Coronel Domingo de Monteverde, este reasumió el control de las Provincias de

Venezuela en nombre de la Corona española, haciendo jurar aunque brevemente la Constitución de Cádiz de 1812.

B. *Contenido normativo básico de la Constitución federal de 1811*

La Constitución fue el resultado de un proceso de discusión del proyecto respectivo, por el Congreso General, conteniendo 228 artículos agrupados en 9 capítulos, destinados a regular el Poder Legislativo (Arts. 3 a 71), el Poder Ejecutivo (Arts. 72 a 109), el Poder Judicial (Arts. 110 a 118), las Provincias (Arts. 119 a 134) y los Derechos del Hombre "que se respetarán en toda la extensión del Estado" (Arts. 141 a 199). Con dicho texto se conformó la Unión de las Provincias que venían siendo parte de la Confederación de Venezuela y que habían formado parte de la Capitanía General de Venezuela[41].

a. *La Confederación de las Provincias Bases del Pacto Federativo (Título Preliminar)*

La Constitución se inició con un "Preliminar" relativo a las "Bases del Pacto Federativo que ha de constituir la autoridad general de la Confederación", donde se precisaron la distribución de poderes y facultades entre la Confederación y los Estados confederados (las Provincias).

Se estableció, en esta forma, la forma federal del Estado por primera vez en el constitucionalismo moderno después de su creación en la Constitución de los Estados Unidos de Norteamérica, conforme al siguiente esquema:

En todo lo que por el Pacto Federal no estuviere expresamente delegado a la Autoridad general de la Confederación, conservará cada una de las Provincias que la componen su Soberanía, Libertad e Independencia; en uso de ellas tendrán el derecho exclusivo de arreglar su Gobierno y Administración territorial bajo las leyes que crean convenientes, con tal que no sean de las comprendidas en esta Constitución ni se opongan o perjudiquen a los Pactos Federativos que por ella se establecen.

---

41 Véase Allan R. Brewer-Carías, *Evolución Histórica del Estado,* Tomo I, *Instituciones Políticas y Constitucionales,* Caracas 1996, pp. 268 y ss.

En cuanto a las competencias de la Confederación "en quien reside exclusivamente la representación Nacional", se dispuso que estaba encargada de

Las relaciones extranjeras, de la defensa común y general de los Estados Confederados, de conservar la paz pública contra las conmociones internas o los ataques exteriores, de arreglar el comercio exterior y el de los Estados entre sí, de levantar y mantener ejércitos, cuando sean necesarios para mantener la libertad, integridad e independencia de la Nación, de construir y equipar bajeles de guerra, de celebrar y concluir tratados y alianzas con las demás naciones, de declararles la guerra y hacer la paz, de imponer las contribuciones indispensables para estos fines u otros convenientes a la seguridad, tranquilidad y felicidad común, con plena y absoluta autoridad para establecer las leyes generales de la Unión y juzgar y hacer ejecutar cuanto por ellas quede resuelto y determinado.

En relación con la Confederación, debe señalarse que la Declaración solemne de la Independencia de Venezuela del 5 de julio de 1811, se había formulado por los representantes de las "Provincias Unidas de Caracas, Cumaná, Barinas, Margarita, Barcelona, Mérida y Trujillo, que forman la confederación Americana de Venezuela en el Continente Meridional", reunidos en Congreso[42]; y esos mismos representantes, reunidos en "Congreso General", fueron los que elaboraron la "Constitución Federal para los Estados Unidos de Venezuela", sancionada el 21 de diciembre de 1811[43]. Venezuela, por tanto, como Estado independiente, se configuró, como una Federación de Provincias y se estructuró sobre la base de la división provincial que había legado el régimen político de la Monarquía española.

En efecto, durante todo el proceso español de conquista y colonización en América, desde comienzos del siglo XVI hasta el inicio del siglo XIX, la *Provincia* se configuró como la estructura territorial básica para lo militar, la administración y el gobierno y la administración de justicia en los territorios de Ultramar. Estas Provincias, como unidades territoriales básicas, giraban en torno a una ciudad que con sus autoridades locales (Ayuntamiento o Cabildo) hacía de cabeza de Provincia.

---

42 Véase en Allan R. Brewer-Carías, *Las Constituciones de Venezuela, op. cit.*, p. 171.

43 *Idem.*, p. 179

La Provincia, así, durante todo el período del dominio español en América hasta comienzos del siglo XIX, fue una institución territorial creada y desarrollada por la Monarquía española especialmente para el gobierno y la administración de los territorios de América, no existiendo en esos tiempos en la Península una institución territorial similar; al punto de que el término mismo de Provincia no tenía, en la Metrópoli, hasta los tiempos de Cádiz, ni siquiera un significado definido.

En efecto, en las leyes del Reino de Castilla, las cuales en el inicio de la conquista fueron las que básicamente se aplicaron en América, el término "provincia" no se refería a una división administrativa o política organizada, sino más bien se usaba como equivalente de región, comarca o distrito e incluso de tierra sin régimen político o administrativo estable o fijo[44]. En ese mismo sentido se siguió utilizando con posterioridad, hasta el punto de que las provincias que existían en la Península para fines del siglo XVIII, tenían más realidad en los diferentes estudios que se habían elaborado por la Corona para uniformar la Administración territorial del Estado, que en la organización política existente[45].

En todo caso, fue sólo a partir de la Constitución de Cádiz de 1812, dictada después del establecimiento del Estado venezolano como Estado independiente, que la Administración Provincial comenzó a implantarse en el Estado de la España peninsular, uniformizada luego a partir de las reformas de 1833 que, siguiendo el esquema francés de los Departamentos, dividió la totalidad del territorio español en Provincias[46].

La Provincia hispano-americana, en cambio, como se ha dicho, fue anterior a la Provincia peninsular, y su concepción durante la conquista y colonización, siguió los trazos de la institución que con el mismo nombre se desarrolló en el Imperio Romano para el gobierno y administración de los territorios conquistados por el ejército romano

---

44 Véase J. Cerdá Ruiz-Funes, "Para un Estudio sobre los Adelantados Mayores de Castilla (Siglo XIII-XV), *Actas del II Symposium Historia de la Administración,* Madrid, 1971, p. 191

45 T. Chiossone, *Formación Jurídica de Venezuela en la Colonia y la República,* Caracas, 1980, p. 74, nota 69.

46 Véase el Real Decreto de 30 de noviembre de 1833, mandando hacer la división del territorio español en la Península e Islas adyacentes, en 49 provincias, en T.R. Fernández y J.A. Santamaría, *Legislación Administrativa Española del Siglo XIX,* Madrid, 1977, pp. 115 y ss.

fuera de Italia (Ultramar) y que estaban a cargo de un gobernador, (*propetor, procónsul o legati*)[47].

Esas Provincias que habían sido agrupadas en la Capitanía General de Venezuela en 1777, precisamente fueron las que se confederaron en 1811.

b. *Formulación expresa del principio de la separación de poderes*

En el Preliminar de la Constitución también se formuló, como principio fundamental del constitucionalismo, la separación de poderes en esta forma:

El ejercicio de esta autoridad confiada a la Confederación no podrá jamás hallarse reunido en sus diversas funciones. El Poder Supremo debe estar dividido en Legislativo, Ejecutivo y Judicial, y confiado a distintos Cuerpos independientes entre sí y en sus respectivas facultades.

Además, el artículo 189 insistía en que

Los tres Departamentos esenciales del Gobierno, á saber: el Legislativo, el Ejecutivo y el Judicial, es preciso que se conserven tan separados e independientes el uno del otro cuanto lo exija la naturaleza de un gobierno libre lo que es conveniente con la cadena de conexión que liga toda fábrica de la Constitución en un modo indisoluble de Amistad y Unión

En el orden jurídico-político, la Constitución de 1811 no sólo consagró expresamente la división del Poder Supremo en las tres ramas señaladas con un sistema de gobierno presidencial; sino que, además, consagró la supremacía de la Ley como "la expresión libre de la voluntad general" conforme al texto de la Declaración Francesa de 1789[48], y

---

47 A. Posada. *Escritos Municipalistas y de la Vida Local,* Madrid, 1979, p. 284. *Cf.* Vicente de la Vallina Velarde, *La Provincia, Entidad Local, en España,* Oviedo 1964, pp. 20 y ss; J. Arias, *Manual de Derecho Romano,* Buenos Aires, 1949, p. 58; F. Gutiérrez Alviz, *Diccionario de Derecho Romano,* Madrid, 1948, p. 504; T. Chiossone, *op. cit.,* p. 74, nota N° 69.

48 "La Ley es la expresión libre de la voluntad general o de la mayoría de los ciudadanos, indicada por el órgano de sus representantes legalmente constituidos. Ella se funda sobre la justicia y la utilidad común, y ha de proteger la libertad pública e individualidad contra toda opresión o violencia". "Los actos ejercidos contra cualquier persona fuera de los casos y contra las formas que la Ley determina. son inicuos, y si por ellos se

la soberanía que residiendo en los habitantes del país, se ejercía por los representantes[49]. En todo caso, todo este mecanismo de separación de poderes con un acento de debilidad del Poder Ejecutivo configuró, en los primeros años de la vida republicana de Venezuela, todo un sistema de contrapeso de poderes para evitar la formación de un poder fuerte, a lo que se atribuyó la caída de la Primera República[50], y condicionó la vida republicana en las décadas posteriores.

c. *La religión católica (Capítulo I)*

El *Capítulo I* de la Constitución de 1811 se destinó a regular la Religión, proclamándose a la Religión Católica, Apostólica y Romana como la religión del Estado y la única y exclusiva de los habitantes de Venezuela (Art. 1).

d. *El Poder Legislativo (Capítulo II)*

El *Capítulo II* tuvo por objeto regular al "Poder Legislativo" atribuido al Congreso General de Venezuela, el cual fue dividido en dos Cámaras, una de Representantes y un Senado (Art. 3).

En dicho Capítulo se reguló el proceso de formación de las leyes (Arts. 4 a 13); la forma de elección de los miembros de la Cámara de Representantes y del Senado (Art. 14 a 51) con una regulación detalla-

---

usurpa la autoridad constitucional o la libertad del pueblo serán tiránicos" (Arts. 149 y 150).

49 "Una sociedad de hombres reunidos bajo unas mismas Leyes, costumbres y Gobierno forma una soberanía". "La soberanía de un país, o supremo poder de reglar o . dirigir equitativamente los intereses de la comunidad reside, pues, esencial y originalmente, en la masa general de sus habitantes y se ejercita por medio de apoderados o representantes de éstos, nombrados y establecidos conforme a la Constitución". "Ningún individuo, ninguna familia particular, ningún pueblo, ciudad o partido puede atribuirse la soberanía de la sociedad, que es imprescindible, inalienable e indivisible en su esencia y origen, ni persona alguna podrá ejercer cualquier función pública del. Gobierno, si no lo ha obtenido por la Constitución" (Art. 143, 144 y 145).

50 *Cfr.* C. Parra Pérez, *Historia de la Primera República de Venezuela,* Caracas, 1959, Tomo II, pp. 7 y 3 ss.; Augusto Mijares, "La Evolución Política de Venezuela" (1810-1960)", en M. Picón Salas y otros, *Venezuela Independiente, cit.,* Caracas 1962, p. 31. De ahí el calificativo de la "Patria Boba" que se le da a la Primera República. *Cfr.* R. Díaz Sánchez, "Evolución social de Venezuela (hasta 1960), en *idem,* pp. 199 y s.

da del proceso de elección de manera indirecta en congregaciones parroquiales (Art. 26) y en congregaciones electorales (Art. 28); sus funciones y facultades (Art. 52 a 66); el régimen de sus sesiones (Art. 67 a 70); y sus atribuciones especiales (Art. 71). La Constitución, siguiendo la tendencia general, restringió el sufragio al consagrar requisitos de orden económico para poder participar en las elecciones[51] reservándose entonces el control político del naciente Estado a la aristocracia criolla y a la naciente burguesía parda.

e. *El Poder Ejecutivo (Capítulo III)*

El *Capítulo III* reguló el "Poder Ejecutivo", el cual se dispuso que residiría en la ciudad federal "depositado en tres individuos elegidos popularmente" (Art. 72) por las Congregaciones Electorales (Art. 76) por listas abiertas (Art. 77). En el Capítulo no sólo se reguló la forma de elección del triunvirato (Arts. 76 a 85), sino qué se definieron las atribuciones del Poder Ejecutivo (Arts. 86 a 99) y sus deberes (Arts. 100 a 107).

De acuerdo a la forma federal de la Confederación, se reguló la relación entre los Poderes Ejecutivos Provinciales y el Gobierno Federal, indicándose que aquéllos eran, en cada Provincia, "los agentes naturales e inmediatos del Poder Ejecutivo Federal para todo aquello que por el Congreso General no estuviere cometido a empleados particulares en los ramos de Marina, Ejército y Hacienda Nacional" (Art. 108).

f. *El Poder Judicial (Capítulo IV)*

El *Capítulo IV* estuvo destinado a regular el Poder Judicial de la Confederación depositado en una Corte Suprema de Justicia (Arts. 110 a 114) con competencia originaria entre otros, en los asuntos en los

---

51 *Cfr.*, R. Díaz Sánchez, "Evolución Social de Venezuela (hasta 1960)", en M. Picón Salas y otros, *Venezuela Independiente 1810-1960*, Caracas, 1962, p. 197, y C. Parra Pérez, Estudio preliminar a la *Constitución Federal de Venezuela de 1811*, p. 32. Es de destacar, por otra parte, que las restricciones al sufragio también se establecieron en el sufragio pasivo, pues para ser representante se requería gozar de "una propiedad de cualquier clase" (Art. 15) y para ser Senador, gozar de "una propiedad de seis mil pesos" (Art. 49). *Cfr.* J. Gil Fortoul, *Historia Constitucional de Venezuela*, Obras Completas, Tomo I, Caracas, 1953, p. 259.

cuales las Provincias fueren parte interesada y competencia en apelación en asuntos civiles o criminales contenciosos (Art. 116).

g. Las Provincias (Capítulo V)

El *Capítulo V* reguló a las Provincias, estableciéndose límites a su autoridad, en particular, que no podían "ejercer acto alguno que corresponda a las atribuciones concedidas al Congreso y al Poder Ejecutivo de la Confederación" (Art. 119). "Para que las leyes particulares de las Provincias no puedan nunca entorpecer la marcha de los federales - agregó el artículo 124 - se someterán siempre al juicio del Congreso antes de tener fuerza y valor de tales en sus respectivos Departamentos, pudiéndose, entre tanto, llevar a ejecución mientras las revisa el Congreso".

El Capítulo, además, reguló aspectos relativos a las relaciones entre las Provincias y sus ciudadanos (Arts. 125 a 127); y al aumento de la Confederación mediante la incorporación eventual de Coro, Maracaibo y Guayana que no formaron parte del Congreso (Arts. 128 a 132).

En cuanto al gobierno y administración de las Provincias, la Constitución de 1811 remitió a lo dispuesto en las *Constituciones Provinciales*, indicando el siguiente límite:

> *Artículo 133.* El gobierno de la Unión asegura y garantiza a las provincias la forma de gobierno republicano que cada una de ellas adoptare para la administración de sus negocios domésticos, sin aprobar Constitución alguna que se oponga a los principios liberales y francos de representación admitidos en ésta, ni consentir que en tiempo alguno se establezca otra forma de gobierno en toda la confederación.

h. La rigidez constitucional (Capítulos VI y VII)

Los *Capítulos VI y VII* se refirieron a los procedimientos de revisión y reforma de la Constitución (Arts. 135 y 136) y a la sanción o ratificación de la Constitución (Arts. 138 a 140).

i. Los Derechos del Hombre (Capítulo VIII)

El *Capítulo VIII* se dedicó a los "Derechos del Hombre que se reconocerán y respetarán en toda la extensión del Estado", distribuidos en cuatro secciones: *Soberanía del pueblo* (Arts. 141 a 150), *Derechos del hombre en sociedad* (Arts. 151 a 191), *Derechos del hombre en sociedad* (Arts. 192 a 196) y *Deberes del cuerpo social* (Arts. 197 a 199). En este Capítulo se recogieron, enriquecidos, los artículos de la Declaración de los Derechos del Pueblo de 1811, y en su redacción se recibió la influencia directa del texto de las Declaraciones de las antiguas colonias norteamericanas, de las Enmiendas a la Constitución de los Estados Unidos de América y de la Declaración Francesa de los Derechos del Hombre y del Ciudadano, y en relación con esta última, de los documentos de la conspiración de Gual y España de 1797.[52]

En la Primera Sección sobre "Soberanía del pueblo," se precisan los conceptos básicos que en la época originaban una república, comenzando por el "pacto social," a cuyo efecto los artículos 141 y 142 de la Constitución dispusieron:

> Después de constituidos los hombres en sociedad han renunciado a aquella libertad ilimitada y licenciosa a que fácilmente los conducían sus pasiones, propia sólo del estado salvaje. El establecimiento de la sociedad presupone la renuncia de esos derechos funestos, la adquisición de otros más dulces y pacíficos, y la sujeción a ciertos deberes mutuos. El pacto social asegura a cada individuo el goce y posesión de sus bienes, sin lesión del derecho que los demás tengan de los suyos (Art. 141 y 142).

La Sección continúa con el concepto de soberanía (art. 143) y de de su ejercicio mediante representación (art. 144-146), el derecho al desempeño de empleos públicos en forma igualitaria (art. 147), con la proscripción de privilegios o títulos hereditarios (art. 148), la noción de la ley como expresión de la voluntad general (art. 149) y la nulidad de los actos dictados en usurpación de autoridad (art. 150).

En la Segunda Sección sobre "Derechos del hombre en sociedad," al definirse la finalidad del gobierno republicano (art. 151), se enumeran como tales derechos a la libertad, la igualdad, la propiedad y la seguridad (art. 152), y a continuación se detalla el contenido de cada uno: se define la libertad y sus límites solo mediante ley (art. 153-156), la igualdad (art. 154), la propiedad (art. 155) y la seguridad (art. 156). Además, en esta sección se regulan los derechos al debido proceso: el derecho a ser procesado solo por causas establecidas en la ley (art. 158), el derecho a la presunción de inocencia (art. 159), el derecho a

---

[52] Véase Allan R. Brewer-Carías, *Los Derechos Humanos en Venezuela: casi 200 años de Historia,* Caracas 1990, pp: 101 y ss.

ser oído (art. 160), el derecho a juicio por jurados (art. 161). Además, se regula el derecho a no ser objeto de registro (art. 162), a la inviolabilidad del hogar (art. 163) y los límites de las visitas autorizadas (art. 165), el derecho a la seguridad personal y a ser protegido por la autoridad en su vida, libertad y propiedades (art. 165), el derecho a que los impuestos sólo se establezcan mediante ley dictada por los representantes (art. 166), el derecho al trabajo y a la industria (art. 167), el derecho de reclamo y petición (art. 168), el derecho a la igualdad respecto de los extranjeros (art. 168), la proscripción de la irretroactividad de la ley (art. 169), la limitación a las penas y castigos (art. 170) y la prohibición respecto de los tratos excesivo y la tortura (arts. 171-172), el derecho a la libertad bajo fianza (art. 174), la prohibición de penas infamantes (art. 175), la limitación del uso de la jurisdicción militar respecto de los civiles (art. 176), la limitación a las requisiciones militares (art. 177), el régimen de las milicias (art. 178), el derecho a portar armas (art. 179), la eliminación de fueros (180) y la libertad de expresión de pensamiento (art. 181). La Sección concluye con la enumeración del derecho de petición de las Legislaturas provinciales (art. 182) y el derecho de reunión y petición de los ciudadanos (art. 183-184), el poder exclusivo de las Legislaturas de suspender las leyes o detener su ejecución (art. 185), el poder de legislar atribuido al Poder Legislativo (art. 186), el derecho del pueblo a participar en la legislatura (art. 187), el principio de la alternabilidad republicana (art. 188), el principio de la separación de poderes entre el Legislativo, el Ejecutivo y el Judicial (art. 189), el derecho al libre tránsito entre las provincias (art. 190), el fin de los gobiernos y el derecho ciudadano de abolirlos y cambiarlos (art. 191).

En la Sección Tercera sobre "Deberes del hombre en sociedad," donde se establece la interrelación entre derechos y deberes (art. 192), la interrelación y limitación entre los derechos (art. 193), los deberes de respetar las leyes, mantener la igualdad, contribuir a los gastos públicos y servir a la patria (art. 194), con precisión de lo que significa ser buen ciudadano (art. 195), y de lo que significa violar las leyes (art. 196).

En la Sección Cuarta sobre "Deberes del Cuerpo Social," donde se precisa las relaciones y los deberes de solidaridad social (art. 197-198), y se establece en el artículo 199, la declaración general sobre la supremacía y constitucional y vigencia de estos derechos, y la nulidad de las leyes contrarias a los mismos, así:

Para precaver toda trasgresión de los altos poderes que nos han sido confiados, declaramos: que todas y cada una de las cosas constituidas en la anterior declaración de derechos, están exentas y fuera del alcance del Poder general ordinario del Gobierno y que conteniendo y apoyándose sobre los indestructibles y sagrados principios de la naturaleza, toda ley contraria a ellas que se expida por la Legislatura federal o por las provincias, será absolutamente nula y de ningún valor.

j. *Disposiciones generales (Capítulo IX)*

Por último, el *Capítulo IX*, en unos Dispositivos Generales estableció normas sobre el régimen de los indígenas (Arts. 200) y su igualdad (Arts. 201); la ratificación de la abolición del comercio de negros (Art. 202); la igualdad de los pardos (Art. 203); y la extinción de títulos y distinciones (Art. 204).

En particular, en cuanto a la igualación social las normas de la Constitución conllevaron a la eliminación de los "títulos"[53] y la restitución de los derechos "naturales y civiles" a los pardos[54], y con ello, el elemento que iba a permitir a éstos incorporarse a las luchas contra la oligarquía criolla. Se debe destacar, por otra parte, que a pesar de que el texto constitucional declaró abolido el comercio de esclavos[55], la

---

53 "Quedan extinguidos todos los títulos concedidos por el anterior gobierno y ni el Congreso, ni las Legislaciones Provinciales podrán conceder otro alguno de nobleza, honores o distinciones hereditarias..." (Art. 204). Por otra parte, la Constitución de 1811, expresamente señalaba que: "Nadie tendrá en la Confederación de Venezuela otro título ni tratamiento público que el de *ciudadano*, única denominación de todos los hombres libres que componen la Nación..." (Art. 236), expresión que ha perdurado en toda nuestra historia constitucional.

54 "Del mismo modo, quedan revocadas y anuladas en todas sus partes las leyes antiguas que imponían degradación civil a una parte de la población libre de Venezuela conocida hasta ahora bajo la denominación de *pardos*; éstos quedan en posesión de su estimación natural y civil y restituidos a los imprescindibles derechos que les corresponden como a los demás ciudadanos" (Art. 203).

55 "El comercio inicuo de negros prohibido por decreto de la Junta Suprema de Caracas en 14 de agosto de 1810, queda solemne y constitucionalmente abolido en todo el territorio de la Unión; sin que puedan de modo alguno introducirse esclavos de ninguna especie por vía de especulación mercantil" (Art. 202).

esclavitud como tal no fue abolida y se mantuvo hasta 1854; a pesar de las exigencias del Libertador en 1819[56].

Se reguló, además, el juramento de los funcionarios (Arts. 206 a 209); la revocación del mandato (Art. 209 y 210), las restricciones sobre reuniones de sufragantes y de congregaciones electorales (Arts. 211 a 214); la prohibición a los individuos o grupos de arrogarse la representación del pueblo (Art. 215; la disolución de las reuniones no autorizadas (Art. 216); el tratamiento de "ciudadano" (Art. 226); y la vigencia de la Recopilación de las Leyes de Indias mientras se dictaban el Código Civil y Criminal acordados por el Congreso (Art. 228).

k. *La supremacía constitucional*

Por último, debe destacarse la cláusula de supremacía de la Constitución contenida en el artículo 227, así:

> 227. La presente Constitución, las leyes que en consecuencia se expidan para ejecutarla y todos los tratados que se concluyan bajo la autoridad del gobierno de la Unión serán la Ley Suprema del Estado en toda la extensión de la Confederación, y las autoridades y habitantes de las Provincias estarán obligados a obedecerlas religiosamente sin excusa ni pretexto alguno; pero las leyes que se expiden contra el tenor de ella no tendrán ningún valor sino cuando hubieren llenado las condiciones requeridas para una justa y legítima revisión y sanción.

Esta cláusula de supremacía y la garantía objetiva de la Constitución se ratificó en el Capítulo VIII sobre los Derechos del Hombre, al prescribirse en su último artículo, lo siguiente:

> *Artículo 199.* Para precaver toda transgresión de los altos poderes que nos han sido confiados, declaramos: Que todas y cada una de las cosas constituidas en la anterior declaración de derechos están exentas y fuera del alcance del Poder General ordinario del gobierno y que conteniendo o apoyándose sobre los indestructibles

---

56 *Cfr.* Parra Pérez; "Estudio Preliminar", *loc. cit.,* p. 32. En su discurso de Angostura de 1819, Simón Bolívar imploraba al Congreso "la confirmación de la libertad absoluta de los esclavos, como imploraría por mi vida y la vida de la República", considerando a la esclavitud como "la hija de las tinieblas". Véase el "Discurso de Angostura" en J. Gil Fortoul, *op. cit.,* Apéndice, Tomo Segundo, pp. 491 y 512.

y sagrados principios de la naturaleza, toda ley contraria a ellos que será absolutamente nula y de ningún valor.

2. *El Acta de la Confederación de las Provincias Unidas de la Nueva Granada de 27 de noviembre de 1811*

Siguiendo la línea de la convocatoria de formar un Congreso Nacional contenida en el acta de la Independencia adoptada por el Cabildo de Santafé del 20 de julio de 1810, a partir de finales de 1810, luego de que no se pudo reunir el primer Congreso de las provincias que se había convocado, y en forma paralela a los esfuerzos de Cundinamarca por controlar las provincias del Nuevo Reino, alguna de estas, como se ha señalado, ya había adoptado sus propia Constituciones o forma de gobierno (Socorro) y casi todas habían enviado representantes al segundo Congreso de las Provincias Unidas que se reunieron inicialmente en Santa Fe, y luego mantuvieron su centro en Tunja y Villa de Leyva.

El 27 de noviembre de 1811, los representantes de cinco de las provincias de Nueva Granada (Antioquia, Cartagena, Neiva, Pamplona, Tunja), reunidos en Convención en Santa Fe, aprobaron el Acta de Confederación de las Provincias Unidas de Nueva Granada,[57] con 78 artículos, la cual tuvo, sin duda, influencia de los textos constitucionales norteamericanos, mediante la cual se estableció la primera república neogranadina, con el título de Provincias Unidas de la Nueva Granada (art. 1). De la Constitución disintieron los diputados de las provincias de Cundinamarca y Chocó, representando las tendencias centralistas, "por considerar inconveniente el sistema federal adoptado," marcando así el desacuerdo entre federalistas y centralistas que se evidenció en la lucha entre la mayoría de las provincias y la de Cundinamarca, el cual incluso desembocó a finales de 1812 en enfrentamientos armados. Esta primera de estas guerras culminó con el triunfo de la federación en enero de 1813, en Santafé de Bogotá, y la formación de un solo gobierno con el mismo nombre de Provincias Unidas de Nueva Granada.

El Acta de la Confederación de 1811, en todo caso, desconociendo expresamente a la Regencia de España (art. 5), conservó la Religión católica (art. 4), y creó una Confederación entre las Provincias que al tiempo de la Revolución de Santafé del 20 de julio de 1810, "eran re-

---

57 Véase el texto en Jorge Orlando Melo, *Documentos constitucionales colombianos*, 1810-1815, en http://www.jorgeorlandomelo.com/bajar/documentosconstitucionales1.pdf

putadas y consideradas como tales, y que en continuación y en uso de este derecho resumieron desde aquella época su gobierno y administración interior" (art. 2). A tal efecto, las provincias proclamaron "sus deseos de unirse a una asociación federativa, que remitiendo a la totalidad del Gobierno general las facultades propias y privativas de un solo cuerpo de nación, reserve para cada una de las provincias su libertad, su soberanía y su independencia, en lo que no sea del interés común." El Acta también indicaba que se admitirían en la Confederación aquellas otras que sin haber pertenecido a la Nueva Granada, por su situación geográfica o comercio tenían vínculos con la nación.

En el Acta, como se dijo, las provincias Unidas "desconocen expresamente la autoridad del Poder Ejecutivo o Regencia de España, Cortes de Cádiz, Tribunales de Justicia y cualquiera otra autoridad subrogada o substituida por las actuales, o por los pueblos de la península, en ella, sus islas adyacentes, o en cualquiera otra parte, sin la libre y espontánea concurrencia de este pueblo," indicándose además, que en ninguna de dichas provincias se obedecerá o dará cumplimiento a las órdenes, cédulas, decretos o despachos, que emanaren de las referidas autoridades (art. 5).

Las provincias se reconocieron entre sí como mutuamente "iguales, independientes y soberanas, garantizándose la integridad de sus territorios, su administración interior y una forma de gobierno republicano (art. 6); para lo cual se reservaron expresamente, un conjunto de poderes y potestades (art. 7), entre las cuales destaca "la facultad de darse un gobierno como más convenga a sus circunstancias, aunque siempre popular, representativo y análogo al general de la Unión, para que así resulte entre todas la mejor armonía, y la más fácil administración, dividiendo sus poderes, y prescribiéndoles las reglas bajo las cuales se deben conducir" (art. 7.1); la policía, el gobierno interior y económico de sus pueblos, y nombramiento de toda clase de empleados (art. 7.2); la formación de sus códigos civiles y criminales (art. 7.3); el establecimiento de los juzgados y tribunales superiores e inferiores (art. 7.4); y la creación y arreglo de milicias provinciales (art. 7.5); y en general, "todo aquello que no siendo del interés general, ni expresamente delegado en los pactos siguientes de federación, se entiende siempre reservado y retenido"(art. 7.8).

En el Acta, respecto de la Unión o Confederación, se reforzó el Congreso como "depositario de de altas facultades, conservador de los derechos de los pueblos, y director de sus medios y sus recursos," constituido por los diputados representantes de las provincias (art. 10), con votos iguales, y que a los efectos del Congreso debían considerarse "más bien representantes de la Unión en general que de ninguna provincia en particular" (art. 52). El Congreso se debía instalar y formar "donde lo tenga por conveniente, trasladándose sucesivamente si fuere necesario a donde lo pidan las ventajas de la Unión, y principalmente la defensa común" (art. 11). El Congreso tenía la facultad para levantar y formar los ejércitos que juzgue necesarios, y la fuerza naval que permitan las circunstancias, para la defensa común de las Provincias Unidas (art. 12), con facultad de "hacer las ordenanzas y reglamentos generales y particulares que convengan para la dirección y gobierno de las fuerzas marítimas y terrestres"(art. 18), y para asignarle a estas "el número de milicias con que deba contribuir para la defensa común, arreglado a las circunstancias en que se halle respecto del enemigo, sus proporciones o recursos en este género y su población (art. 15).

Se reguló en el Acta, además, dentro de las potestades privativas del Congreso, todo lo relativo al tesoro nacional y las diversas rentas (arts. 20 ss.), reconociendo sin embargo que las tierras baldías eran de las provincias (art. 23), y respetando las tierras de las tribus indígenas (art. 24); lo relativo a la moneda (art. 33); la autoridad sobre los caminos y medios de comunicación de las provincias (art. 34); el arreglo del comercio interior entre las provincias (art. 35); las relaciones exteriores (art. 40), en particular con la Silla Apostólica (art. 41), reservándose al Congreso la decisión sobre el patronato que existía (art. 42); la solución de las disputas entre las diversas provincias (art. 44), y el juicio y determinación de los pleitos y diferencias entre ciudadanos de diversas provincias (art. 47).

El Acta, además, reguló el derecho de "los habitantes libres, de todas y cada una de las provincias, a entrar en el territorio de las demás, traficar o comerciar en ellas y gozar de todos los privilegios e inmunidades de ciudadanos libres (art. 48); y se declaró que se reconocerían en todas las provincias, las diligencias judiciales que ocurrieran las mismas (art. 50).

Finalmente, con vistas a la consolidación futura de la Unión, se declaró en el artículo 61 que "que "removidos los peligros que hoy nos rodean, reunidas las provincias que definitivamente compondrán esta Unión, y conocida exactamente su población, se convocará la gran Convención Nacional sobre esta misma base de la población para darse dicha Constitución; a menos que las provincias quieran someter esta obra al Congreso, sujeta no obstante siempre a su sanción (art. 61); declarándose en cuanto a la rigidez del Acta que "Nada de lo contenido en esta acta podrá revocarse sin expresa determinación de las provincias, para cuyo efecto deberán ser oídas, lo mismo que lo han sido y van a serlo para su sanción; y nada de lo obrado contra ella tendrá autoridad ni fuerza alguna, como hecho contra su expresa y declarada voluntad" (art. 74).

Por otra parte, fue el Congreso de las Provincias Unidas, el cual en 1813 funcionaba en Tunja, ciudad bastión de las ideas federales, el que en marzo de 1813 autorizó y apoyó a Simón Bolívar para iniciar en la Campaña militar para la liberación de las provincias de Venezuela, para lo cual salió de Cúcuta en mayo de 1813. Derrotado en 1814, Bolívar se presentó en Tunja de nuevo ante el Congreso de las Provincias Unidas. Fue comisionado por el Congreso de Tunja para liberar a Bogotá, la cual sitió y la dominó, con lo cual luego de firmada la Capitulación del 12 de diciembre de 1814, Cundinamarca reconocería al Congreso de las Provincias Unidas.

Debe señalarse finalmente, que este Estado nacional, Provincias Unidas de Nueva Granada funcionó en Colombia hasta 1816, hasta cuando las tropas españolas comandadas por el mariscal Pablo Morillo tomaron en nombre de la Corona española las provincias de Nueva Granada, haciendo jurar aunque muy brevemente la Constitución de Cádiz.

V. LAS PRIMERAS CONSTITUCIONES PROVINCIALES SANCIONADAS ENTRE 1811-1812, EN EL MARCO DE CONSTITUCIONES NACIONALES: BARCELONA, CARACAS, TUNJA, ANTIOQUIA, CARTAGENA

Después de la sanción de la Constitución Federal de los Estados de Venezuela en diciembre de 1811 y de la firma del Acta de Confederación de las Provincias Unidas de Nueva Granada de noviembre de 1811, las diversas Provincias, en ambos Estados nacionales, continuaron sancionando sus constituciones provinciales: en Venezuela, en 1812 y en Nueva Granada entre 1811 y 1815.

1. *Las Constituciones Provinciales en Venezuela después de la Constitución Federal para los Estados de Venezuela de 1811*

Luego de la sanción de la Constitución Federal de los Estados de Venezuela de diciembre de 1811, en efecto, y una vez que en ese mismo año se habían dictado Constituciones o Planes de Gobierno en las Provincias Barinas, Trujillo y Mérida, conforme a sus propias normas se dictaron las Constituciones Provinciales de Barcelona y Caracas. Para ello, la Constitución de 21 de diciembre de 1811, al regular el Pacto Federativo, dejó claramente expresado que las Provincias conservaban su Soberanía, Libertad e Independencia, y que:

> "en uso de ellas tendrán el derecho exclusivo de arreglar su gobierno y administración territorial bajo las leyes que crean convenientes, con tal que no sean de las comprendidas en esta Constitución ni se opongan o perjudiquen a los Pactos Federativos que por ella se establecen."

En virtud de ello, las Provincias conservaron la potestad ya ejercida por algunas con anterioridad en el marco de la Confederación que se formaba, para dictar sus Constituciones. Como se dijo, las Constituciones Provinciales dictadas después de la promulgación de la Constitución Federal fueron las de Barcelona y la de Caracas: la primera puede decirse que ya estaba redactada cuando se promulgó la Constitución Federal; y la segunda, se adaptó más a lo que los redactores de ésta pensaban de lo que debía ser una Constitución Provincial en el seno de la Federación que se estaba conformando; y que se elaboró precisamente como "Constitución modelo" para la elaboración de las Constituciones provinciales.

A. *La Constitución Fundamental de la República de Barcelona Colombiana de 12 de enero de 1812*

En efecto, a los pocos días de promulgada la Constitución Federal del 21 de diciembre de 1811, el pueblo barcelonés, por la voz de sus Asambleas Primarias, por la de sus Colegios Electorales y por la de sus funcionarios soberanos, proclamó la "Constitución fundamental de la República de Barcelona Colombiana,"[58] que fue un verdadero Código Constitucional de 19 títulos y 343 artículos. Este texto fue redactado

---

58 Véase en *Las Constituciones Provinciales*, op. cit., pp. 151-249.

por Francisco Espejo y Ramón García de Sena,59 hermano de Manuel García de Sena el traductor en 1810 de las obras de Thomas Paine y de los textos constitucionales norteamericanos, y por ello tiene gran importancia histórica, pues fue a través de ella que esos textos fueron conocidos en América española y no sólo en Venezuela.

El Título Primero de la Constitución contiene los "Derechos de los habitantes de la República de Barcelona Colombiana" y sus 38 artículos son copia casi exacta de los Derechos del Hombre y del Ciudadano de 1797, correspondiendo a Francisco Espejo la redacción de este Título.60 Termina dicho Título con la proclamación del principio de la separación de poderes entre el Legislativo, Ejecutivo y Judicial, a la usanza de las Declaraciones de las colonias norteamericanas así:

> "38. Siendo la reunión de lo poderes el germen de la tiranía, la República declara que la conservación de los derechos naturales y civiles del hombre de la libertad y tranquilidad general, depende esencialmente de que el Poder Legislativo jamás ejerza el Ejecutivo o Judicial, ni aún por vía de excepción. Que el ejecutivo en ningún caso ejerza el legislativo o Judicial y que el Judicial se abstenga de mezclarse en el Legislativo o Ejecutivo, conteniéndose cada uno dentro de los límites que les prescribe la Constitución, a fin de que se tenga el gobierno de las leyes y no el gobierno de los hombres."

El Título Segundo estaba destinado a regular la organización territorial de la "República de Barcelona", como única e indivisible (art. 1), pero dividida en cuatro Departamentos (art. 2), los cuales comprendían un número considerable de pueblos, en los cuales debía haber una magistratura ordinaria y una parroquia para el régimen civil y espiritual de los ciudadanos (art. 3).

El Título Tercero reguló a los "ciudadanos," con una clasificación detallada respecto de la nacionalidad, siendo los Patricios, los ciudadanos barceloneses, es decir: "los naturales y domiciliados en cualesquiera de los Departamentos del Estado, bien procedan de padres originarios de la República o de extranjeros". Se reguló detalladamente el status de los extranjeros.

---

59 Véase Ángel Francisco Brice, "Estudio Preliminar" al libro Las Constituciones Provinciales, *op. cit.*, p. 39.

60 *Idem.*, p. 150, nota 1.

El Título Cuarto, se refiere a la soberanía con normas como las siguientes: "la soberanía es la voluntad general unida al poder de ejecutarla"; "ella reside en el pueblo; es una, indivisible, inalienable e imprescriptible; pertenece a la comunidad del Estado; ninguna sección del pueblo; ni individuo alguno de éste puede ejercerla". "La Constitución barcelonesa es representativa. Los representantes son las Asambleas Primarias: los Colegios Electorales y los Poderes Supremos, Legislativo, Ejecutivo y Judicial". "El gobierno que establece es puramente popular y democrático en la rigurosa significación de esta palabra." Como consecuencia del carácter representativo del nuevo Estado, el Título Quinto reguló en detalle las Asambleas Primarias y sus facultades, y las condiciones para ser elector y el acto de votación. Estas Asambleas Primarias debían ser convocadas por las Municipalidades, y su objeto era "constituir y nombrar entre los parroquianos un determinado grupo de electores que concurran a los Colegios Electorales a desempeñar sus funciones." Y el Título Sexto, por su parte, reguló a los "Colegios Electorales y sus facultades". Correspondía a los Colegios Electorales la elección de los funcionarios de la Sala de Representantes y de los Senadores de la Legislatura Provincial; la elección del Presidente y Vicepresidente del Estado; los miembros de la Municipalidad en cada Departamento; y las Justicias Mayores y Jueces de Paz.

El Título Séptimo se refiere al Poder Legislativo, el cual "se deposita en una Corte General nombrada de Barcelona, compuesta de dos Cámaras, una de Representantes, y la otra de Senadores". En este Título se reguló extensamente el régimen de elección de los miembros de dichas Cámaras, su funcionamiento, facultades comunes y privativas, régimen parlamentario y el procedimiento de formación de las leyes. Entre las funciones que se asignaban a esta Corte General, además de dictar leyes, se precisó que bajo este nombre general de ley se comprendían los actos concernientes a "la formación de un Código Civil, Criminal y Judicial, en cuya ampliación ocupará principalmente sus atenciones." Llama la atención la utilización en este texto, de la palabra "Corte" para denominar el Cuerpo legislativo de la Provincia.

El Título Octavo reguló el Poder Ejecutivo, a cargo del Presidente de la República de Barcelona, sus condiciones, atribuciones y poderes; y el Título Noveno reguló todo lo concerniente al Vicepresidente, como suplente del Presidente.

El Título Décimo se refiere al "Poder Judicial". Allí se reguló el Poder Judicial Supremo confiado a un Tribunal de Justicia, con sus competencias en única instancia y en apelación, y sus poderes de censura de la conducta y operaciones de los Jueces ordinarios. El Título Duodécimo reguló a los "Justicias Mayores", que a la vez que jueces de policía en las ciudades, villas y pueblos, eran los residentes natos de la Municipalidad y Jueces Ordinarios de Primera instancia en las controversias civiles y criminales. Y el Título Decimotercero reguló a los "Jueces de Paz" con competencia para "trazar y componer las controversias civiles de los ciudadanos antes que las deduzcan en juicio, procurándoles cuantos medios sean posibles de acomodamiento entre sí".

El Título Undécimo, reguló a las "Municipalidades", con la precisión de que

> "En cada una de las cuatro ciudades actualmente existentes en el territorio de la República (Barcelona, Aragua, Pao y San Diego de Cabrutica) y en todas las demás ciudades y villas que en adelante se erigieren, habrá un cuerpo municipal compuesto de dos corregidores de primera y segunda nominación y seis regidores".

Según la votación obtenida en su elección, el Regidor que hubiere obtenido mayor número de votos era considerado como Alguacil Mayor, el que más se le acercaba, como Fiel Ejecutor y el que menos votos obtuviera se consideraba el Síndico General. Correspondía a la Municipalidad el Registro Civil y la Policía.

El Título Decimocuarto está destinado a regular el "culto", estableciéndose a la Religión Católica y Apostólica como "la única que se venera y profesa públicamente en el territorio de la República, y la que ésta protege por sus principios constitucionales". El Obispo, conforme a este Título se elegía en la misma forma que se elegía al Presidente del Estado, con la única diferencia de que en los Colegios Electorales tendrían voto los eclesiásticos.

El Título Decimoquinto reguló la "Fuerza Pública"; el Título Decimosexto reguló la "Hacienda"; el Título Decimoséptimo reguló la "sanción del Código Constitucional"; el Título Decimoctavo, estableció el régimen de "Revisión del Código Constitucional"; y el Título Decimonoveno, el régimen del "juramento constitucional"

B. *La Constitución para el gobierno y administración interior de la Provincia de Caracas del 31 de enero de 1812*

A pesar de que el Congreso General, en marzo de 1811 había designado una comisión de diputados para redactar la Constitución de la

Provincia de Caracas, para que sirviera de modelo a las demás de la Confederación, solo fue después de sancionada la Constitución federal, el 31 de enero de 1812, cuando se concluyó su tarea de redactar aprobándose un texto de 328 artículos agrupados en catorce capítulos destinados, como lo indica su Preámbulo, a regular el gobierno y administración interior de la Provincia.

Más que la Constitución de una "República" soberana, como había sido el caso de la Constitución Provincial de Barcelona este texto se acomoda al de una Provincia federada en el marco de una Confederación. Por ello, la Constitución Provincial de Caracas hace especial énfasis en la necesidad de "organizar equitativamente la distribución y la representación del pueblo en la legislatura provincial"[61.]

Esta Constitución puede considerarse, sin duda, como el modelo más acabado de lo que era una Constitución provincial a comienzos del siglo XIX, influida de todos los principios del constitucionalismo moderno que se habían venido expandiendo en el mundo occidental luego de las revoluciones Norte Americana y Francesa de finales del siglo XVIII.

La misma fue sancionada por el Congreso General de la Confederación de Venezuela que se había instalado en 1811, en la "Sección Legislativa de la Provincia de Caracas del Congreso General de Venezuela," es decir, por los diputados electos en la Provincia que integraban dicho Congreso General; con el propósito de regular constitucionalmente el funcionamiento de dicha Provincia en el marco de la Federación que venía de establecerse formalmente el mes anterior, al sancionarse, el 21 de diciembre de 1811, por el mismo Congreso General, la Constitución Federal de los Estados de Venezuela.[62]

La elaboración de ambos proyectos de Constituciones, de la Federal y de la Provincial de Caracas, se realizó, en paralelo, en las sesiones del Congreso General, lo que se capta del encargo hecho en la sesión del 16 de marzo de 1811 a los diputados Francisco Uztáriz, Juan

---

61 Véase en *Las Constituciones Provinciales,* op. cit., pp. 63-146. Véase sobre esta Constitución, Allan R. Brewer-Carías, *La Constitución de la Provincia de Caracas del 31 de enero de 1812*, Serie Estudios No. 100, Academia de Ciencias Políticas y Sociales, Caracas 2011.

62 Véase el texto en Allan R. Brewer-Carías, *Las Constituciones de Venezuela,* Academia de Ciencias Políticas y Sociales, Tomo I, Caracas 2008, pp. 553 ss.

Germán Roscio y Gabriel de Ponte, Diputados los tres por la Provincia de Caracas por los partidos capitulares de San Sebastián de los Reyes, Calabozo y la ciudad de Caracas, recién instalado el propio Congreso, como comisionados para redactar la Constitución Federal de Venezuela[63]; y del anuncio efectuado en la sesión del Congreso General del 28 de marzo de 1811, donde se informó que se había encomendado a los mismos mencionados diputados Ustáriz y Roscio, la elaboración de "la Constitución provincial de Caracas, con el objeto de que sirviese de modelo a las demás provincias del Estado y se administrasen los negocios uniformemente."[64]

Por ello, en la sesión del Congreso General del 19 de julio de 1811 se dejó constancia de que era un mismo grupo de diputados los "encargados de trabajar la Constitución Federal y la Constitución particular de la provincia de Caracas";[65] y además, en la sesión del Congreso General del 20 de julio de 1811, el mismo Ustáriz decía que el Congreso le había encomendado junto con Roscio y de Ponte, "para que formase la Constitución federal de los Estados Unidos de Venezuela."[66]

Fue a tales efectos, que Ustáriz comenzó a presentar pliegos de la Constitución en la sesión del Congreso General del 21 de agosto de 1811,[67] dejándose constancia en la sesión del Congreso del 26 de julio de 1811, por ejemplo, de la presentación de un importante "Proyecto para la Confederación y Gobiernos provinciales de Venezuela,"[68] donde se formulaba un ensayo de distribución de las competencias que

---

63 En la despedida de la sección legislativa de la provincia de caracas al concluir sus sesiones y presentar la Constitución provincial 19 de febrero de 1812 Véase *Textos Oficiales de la primera República de Venezuela*, Biblioteca de la Academia de Ciencias Políticas y Sociales, Caracas 1982, Tomo II, p. 216.

64 *Id.*, Tomo II, p. 216

65 *Id.*, Tomo II, p. 109

66 Véase Ramón Díaz Sánchez, "Estudio Preliminar", *Libro de Actas del Segundo Congreso de Venezuela 1811-1812*, Academia Nacional de la Historia, Caracas 1959, Tomo I, p. 230.

67 *Id.*, Tomo I, p. 317.

68 Véase el texto en *El pensamiento constitucional hispanoamericano hasta 1830*, Biblioteca de la Academia Nacional de la Historia, Caracas 1961, Tomo V, pp. 41-44.

debían corresponder al nivel del Estado federal, y al nivel de los Gobiernos provinciales.[69]

Se trató, por tanto, de un proceso constituyente tanto nacional como provincial que se desarrolló en paralelo en el seno del mismo cuerpo de diputados, por una parte, para la conformación de un Estado federal en todo el ámbito territorial de lo que había sido la antigua Capitanía General de Venezuela, con la participación de todos los diputados del Congreso de todas las provincias; y por la otra, para la conformación del marco constitucional de gobierno para una de las provincias de dicha Federación, la de Caracas, incluso, como se dijo, para que el texto sirviera de modelo para la elaboración de las otras Constituciones provinciales.

Esa imbricación de Legislaturas en el mismo Cuerpo de representantes, la del Congreso General y la de la Sección Legislativa de la Provincia de Caracas, explica que en la sesión del Congreso General del 31 de enero 1812 se diera cuenta formalmente de que la Constitución provincial de Caracas iba a firmarse ese mismo día;[70] hecho del cual además, se dio anuncio en la sesión del mismo Congreso General del día siguiente, del 1 de febrero de 1812.[71]

Esta Constitución de la Provincia de Caracas, por su parte, tiene la importancia de que formó parte del segundo grupo de Constituciones provinciales que se sancionaban en la historia del constitucionalismo moderno, después de las que se habían adoptado en 1776 en las trece antiguas Colonias inglesas en Norteamérica y que luego formaron los Estados Unidos de América, y que fueron las Constituciones o Formas

---

69 Véase *Textos Oficiales de la Primera República de Venezuela*, cit., Tomo II, pp. 111-113

70 Véase *Libro de Actas del Segundo Congreso de Venezuela 1811-1812*, cit., Tomo II, p. 307.

71 Véase *Libro de Actas del Segundo Congreso de Venezuela 1811-1812*, cit., Tomo II, p. 309. Como se dijo, con posterioridad, el 19 de febrero de 1812 luego de haberse promulgado la Constitución de la Provincia de Caracas, la Sección Legislativa para la Provincia del Congreso General dirigió una "despedida a los habitantes de Caracas al terminar sus sesiones y presentar la Constitución," (firmada por los diputados Felipe Fermín Paúl, Martín Tovar, Lino de Clemente, Francisco Xavier Ustáriz, José Ángel Alamo, Nicolás de Castro, Juan Toro, Tomás Millano." Véase en *Textos Oficiales de la Primera República de Venezuela*, cit., Tomo II, p. 216.

de Gobierno de New Hampshire, Virginia, South Carolina, New Jersey Rhode Island, Connecticut, Maryland, Virginia, Delaware, New York y Massachusetts.[72] Venezuela fue, así, el segundo país en la historia del constitucionalismo moderno en haber adoptado la forma federal de gobierno a los efectos de unir como un nuevo Estado, lo que antes habían sido antiguas Provincias coloniales.

   a. *Los diputados de la Provincia de Caracas al Congreso General y la Sección Legislativa para la Provincia de Caracas*

Las elecciones de diputados al Congreso general por la Provincia de Caracas se efectuaron a partir del 1º de noviembre de 1810, en la forma prescrita en el antes mencionado Reglamento para la elección y reunión de diputados al cuerpo conservador de los derechos de Fernando VII en las Provincias de Venezuela de 11 de junio de 1810,[73] habiéndose elegido los siguientes 24 diputados:

Por el Partido Capitular de Caracas, cuyo territorio comprendía aproximadamente lo que hoy es el Distrito Capital y los Estados Vargas y Miranda, se eligieron los siguientes 6 diputados: 1. Lino de Clemente, quien había sido fue Síndico Procurador General en el Cabildo Metropolitano antes del 19 de abril de 1811, incorporándose en esa fecha a la Junta Suprema y siendo luego nombrado en el Bando del 25 de abril de 1811, como Secretario de Marina y Guerra de la Junta Suprema de Caracas; 2. Fernando Rodríguez del Toro, hermano del marqués del Toro, Inspector general en el 19 de abril de 1811, a cuyo cargo había quedado el Gobierno Militar en el Bando de la Junta Suprema del 25 de abril de 1811, formando parte de la Junta de Guerra y Defensa de la provincia; 3. Nicolás de Castro, quien había sido incorporado

---

72- El texto de casi todas estas Constituciones se conocía en Caracas a partir de 1810 por la traducción que hizo Manuel García de Sena, en la obra *La Independencia de la Costa Firme, justificada por Thomas Paine treinta años ha*, editada en Filadelfia en 1810. Véase la edición, con prólogo de Pedro Grases, del Comité de Orígenes de la Emancipación, núm. 5. Instituto Panamericano de Geografía e Historia, Caracas, 1949. El texto de la Constitución de los Estados Unidos de América también se conocía por la traducción contenida en dicho libro, y por la que hizo en Joseph Manuel Villavicencio, *Constitución de los Estados Unidos de América*, editado en Filadelfia en la imprenta Smith & M'Kennie, 1810.

73 Véase *Textos Oficiales de la Primera República de Venezuela, cit.*, Tomo II, pp. 63-84

como Vocal de Junta Suprema en el Bando del 25 de abril de 1811; 4. José Luis de Rivas y Tovar; 5. Gabriel de Ponte; y 6. Isidro Antonio López Méndez, quien también formó parte de la Junta Suprema el 19 de abril de 1811, y aparece igualmente incorporado como Vocal de Junta Suprema en el Bando del 25 de abril de 1811. Estos seis diputados por Caracas participaron en la sesión inaugural del Congreso General el 3 de marzo de 1811, la cual presidió el diputado Lino de Clemente.

Por el Partido Capitular de San Sebastián de los Reyes se eligieron los siguientes 3 diputados: 1. Felipe Fermín Paúl, quien había sido designado como Ministro del Tribunal Superior de Apelaciones nombrado en el Bando de la Junta Suprema del 25 de abril de 1811; Martín Tovar y Ponte, quien formó parte de la Junta Suprema el 19 de abril de 1811, asumiendo la co-Presidencia de la misma, y aparece igualmente incorporado como Vocal de Junta Suprema en el Bando del 25 de abril de 1811; y 3. Francisco Javier Ustáriz, quien se había incorporado a la Junta Suprema el 19 de abril de 1810, y siendo luego nombrado Vocal de la misma en el Bando del 25 de abril de 1811. Estos seis diputados por San Sebastián de los Reyes participaron en la sesión inaugural del Congreso General el 3 de marzo de 1811.

Por el Partido Capitular de la Villa de Calabozo se eligió un (1) diputado que fue Juan Germán Roscio, quien había sido incorporado en la Junta Suprema del 19 de abril como Diputado por el Pueblo, y había sido designado como Vocal de la Junta Suprema en el Bando del 25 de abril de 1811, donde además se lo designó Secretario de Relaciones Exteriores de dicha Junta Suprema. Roscio participó en la sesión inaugural del Congreso General el 3 de marzo de 1811.

Por el Partido Capitular de Villa de de Cura, se eligió un (1) diputado que fue Juan de Escalona, militar, quien fue designado miembro del Poder Ejecutivo plural por el Congreso General el 5 de marzo de 1811; por ello fue sustituido como Diputado por Juan Antonio Argote, sacerdote, quien se incorporó luego de la sesión inaugural al Congreso General.

Por el Partido Capitular de Valencia se eligieron los siguientes 3 diputados: 1. Fernando Peñalver, hacendado; 2. Luis José de Cazorla, sacerdote; y 3. Manuel Moreno de Mendoza, quien pasó al Poder Ejecutivo, siendo sustituido por Juan Rodríguez del Toro, hacendado. Los dos primeros participaron en la sesión inaugural del Congreso General el 3 de marzo de 1811.

Por el Partido Capitular de San Carlos se eligió un (1) diputado que fue Francisco Ramón Hernández, abogado, quien estuvo presente en la sesión inaugural al Congreso General.

Por el Partido Capitular de San Felipe se eligió un (1) diputado que fue Juan José de Maya, abogado, quien estuvo presente en la sesión inaugural al Congreso General

Por el Partido Capitular de Ospino se eligió un (1) diputado que fue Gabriel Pérez de Págola, quien estuvo presente en la sesión inaugural al Congreso General

Por el Partido Capitular de Nirgua se eligió un (1) diputado que fue Salvador Delgado, sacerdote, quien estuvo presente en la sesión inaugural al Congreso General

Por el Partido Capitular del Tocuyo se eligió un (1) diputado que fue Francisco Rodríguez del Toro, militar, hermano también del Marqués del Toro. No estuvo presente en la sesión inaugural al Congreso General

Por el Partido Capitular de Barquisimeto se eligieron los siguientes 2 diputados: 1. José Ángel Álamo, médico; 2. Domingo Alvarado. Ambos participaron en la sesión inaugural del Congreso General el 3 de marzo de 1811.

Por el Partido Capitular de Guanare se eligió un (1) diputado que fue José Vicente de Unda, sacerdote, quien estuvo presente en la sesión inaugural al Congreso General

Por el Partido Capitular de Araure se eligió un (1) diputado que fue Francisco Javier Yánez, abogado. No estuvo presente en la sesión inaugural al Congreso General

Estos eran, por tanto, al momento de su instalación, los diputados de la provincia de Caracas al Congreso General. Para ese momento, todas las Provincias que formaban la Capitanía General de Venezuela tenían sus propias Legislaturas, menos la Provincia de Caracas, por haber desaparecido la Junta Suprema y transferida su autoridad al Congreso General, que además funcionaba en la capital. Este cuerpo, sin embargo, dada la necesidad de que la Provincia tuviera su Asamblea Legislativa para que, entre otros aspectos se "declararán los derechos del ciudadano," decretó que se formara una "Sección Legislativa" del Congreso para la Provincia, compuesta de los diputados de la Provincia que se hallaban en el Congreso,[74] la cual se instaló el 1° de junio de 1811.

Instalada esta Sección Legislativa, materialmente, el primer acto que el Congreso adoptó "en su Sección Legislativa para la Provincia de Caracas" fue la declaración de "Derechos del Pueblo,"[75] el 1° de julio de 1811, considerada por Pedro Grases, como "la declaración filosófica de la Independencia,"[76] que se comenta más adelante.

Otra importante Ley que se sancionó por Sección Legislativa de Caracas fue la Ley sobre Libertad de Imprenta 1811, encabezada su emisión por Congreso General Constituyente de Venezuela.[77] Con posterioridad, en la sesión del 5 de agosto de 1811 se planteó que el Congreso sancionase "la libertad de imprenta decretada por la Sección Legislativa de Caracas." [78]

En el mismo año 1811 se dictó, además las llamadas Ordenanzas de Llanos de la Provincia de Caracas, hechas de orden y por comisión de su Sección Legislativa del Congreso, en lo que quizás fue ley más importante de gobierno y policía dictada por el Congreso. Las firmaron los diputados Francisco Hernández, Gabriel Pérez Pagola; Juan Ascanio y Domingo Gutiérrez de la Torre.[79]

---

74 Véase Pedro Grases, *La Conspiración de Gual y España y el Ideario de la Independencia,* Caracas, 1978, p. 81, nota 3.

75 Véase el texto en Allan R. Brewer-Carías, *Las Constituciones de Venezuela,* cit, Tomo I, pp. 549-551.

76 Véase P. Grases, La Conspiración de Gual y España..., *cit,* p. 81. En otra obra dice Grases que la declaración "Constituye una verdadera declaración de independencia, anticipada al 5 de julio." Véase en Pedro Grases, "Estudio sobre los 'Derechos del Hombre y del Ciudadano'," en el libro *Derechos del Hombre y del Ciudadano* (Estudio Preliminar por Pablo Ruggeri Parra y Estudio histórico-crítico por Pedro Grases), Academia Nacional de la Historia, Caracas 1959, p. 165.

77 Véase *Textos Oficiales de la Primera República de Venezuela,* Biblioteca de la Academia de Ciencias Políticas y Sociales, Caracas 1982, Tomo II, p. 121-128.

78 Véase Ramón Díaz Sánchez, "Estudio Preliminar", *Libro de Actas del Segundo Congreso de Venezuela 1811-1812,* Academia Nacional de la Historia, Caracas 1959, Tomo I, p. 26882.

79 Véase *Textos Oficiales de la Primera República de Venezuela,* cit., Tomo II, p. 103.

A pesar de esta actividad importante, debe recordarse que la provincia de Caracas, como tal y como se ha dicho anteriormente, no tenía autoridades políticas propias: su Poder ejecutivo era el Ejecutivo plural designado por el Congreso al instalarse; y su órgano legislativo era la sección legislativa del Congreso General. Ello dio origen a diversas discusiones sobre el tema. Por ejemplo, en la sesión del Congreso General de 17 de octubre 1811 se resolvió "que la Sección Legislativa de Caracas debe continuar gobernando la Provincia, con autoridad absoluta e independiente del Congreso General, cuando éste suspenda sus sesiones después de concluida la Constitución." [80]

Por su parte, en la sesión del 7 de diciembre 1811 se discutió en el Congreso General "sobre la necesidad de que se establezca en Caracas un Gobierno provisional legítimo," tema que fue diferido; [81] y se volvió a plantar al recibirse en la sesión del Congreso del 9 de diciembre un oficio del Poder Ejecutivo, el que se acordó pasa a la Sección Legislativa de la Provincia para que resolviera. [82] En la sesión del Congreso del 14 de diciembre de 1811, fue la Municipalidad de la capital la cual planteó el tema sobre el Gobierno Provincial, lo que consta se pasó a la legislatura. [83]

Con posterioridad a la sanción de la Constitución federal de 21 de diciembre de 1811, en la cual se estableció que la capital federal, del nuevo Estado, debía ubicarse en Valencia; y a la sanción de la Constitución de la provincia de caracas de 31 de enero de 1812, en la sesión del 6 de febrero de 1812, se discutió la consulta formulada por el Poder Ejecutivo de que no debía continuar como federal después de instalado el Provincial de Caracas, discusión que fue diferida.[84] En la sesión del 7 de febrero de 1812 "se acordó declarar que el actual Poder Ejecutivo debe continuar en todas sus atribuciones federales hasta el término preciso que prescribe el Reglamento provisorio con que fue erigido, debiendo trasladarse a la ciudad federal y comunicarse a la Sección Legislativa" para su conocimiento.[85]

80　Véase *Libro de Actas del Segundo Congreso de Venezuela 1811-1812*, cit., Tomo II, p. 103.
81　*Id.,* Tomo II, p. 196.
82　*Id.,* Tomo II, p. 197.
83　*Id.,* Tomo II, p. 207.
84　*Id.,* Tomo II, p. 317.
85　*Id.,* Tomo II, p. 318.

En la sesión del 10 de febrero 1811, de nuevo, se dio cuenta del oficio del Poder Ejecutivo "en que se denegaba a trasladarse a la ciudad federal, a pretexto de no haber ejercido en ningún tiempo atribuciones federales y sí únicamente las de la provincia de Caracas," planteamiento que se discutió y votó, no habiéndose admitido la renuncia.[86] De nuevo se discutió el tema en la sesión del 15 de febrero de 1811, ante la negativa del poder Ejecutivo de trasladarse de Caracas a la capital federal en Valencia, resultando la negativa a aceptar tal planteamiento por el Congreso. De ello, se acordó aprobar un decreto[87] en el cual se resolvió lo siguiente:

> "Considerando el Congreso la urgentísima necesidad de que al separarse del actual Poder Ejecutivo las atribuciones provinciales y federales que en parte han ejercido, no quede la Confederación sin jefe Supremo que desempeñe las funciones de alto gobierno, ínterin se instala el Poder Ejecutivo provisional, en quien han de recaer hasta la sanción de la Constitución, ha decretado, en sesión de este día, se restituya íntegra y plenamente el actual Poder Ejecutivo sus funciones federales que le corresponden por el reglamento provisorio con que fue elegido, mediante a que por la próxima instalación del provisional de Caracas, queda salvado uno de los principales inconvenientes que tuvieron las provincias para reconocerlo por la confederación; y que por consecuencia de las facultades que se le restituyen, debe trasladarse en su oportunidad a la ciudad federal."[88]

En la sesión extraordinaria del mismo 15 de diciembre de 1811 el Poder Ejecutivo envió oficio allanándose a trasladarse a la ciudad federal.[89]

El resultado de estos incidentes fue que el 6 de marzo de 1812 el Congreso se reunió en Valencia como Capital Federal,[90] tratándose entonces en la sesión del 10 de marzo de 1812, el tema de la elección del Poder Ejecutivo Federal,[91] discutiéndose de nuevo en la sesión del 17 de marzo d 1811, el tema de obligar al Poder Ejecutivo a trasladarse

---

86 *Id.*, Tomo II, p. 323.
87 *Id.*, Tomo II, p. 341.
88 *Id.*, Tomo II, pp. 331-344.
89 *Id.*, Tomo II, p. 345.
90 *Id.*, Tomo II, p. 350.
91 *Id.*, Tomo II, p. 353.

a Valencia.[92] Finalmente en las sesiones de 21 de marzo de 1812 se eligió al Poder Ejecutivo federal conforme a la nueva Constitución federal de 1811.[93]

b. *Contenido general*

A pesar de que el Congreso General, apenas instalado, el 28 de marzo de 1811 había nombrado una comisión para redactar la Constitución de la Provincia de Caracas, la cual debía servir de modelo a las demás Provincias de la Confederación, esa Comisión tardó mucho en preparar el proyecto, por lo que algunas Provincias, como Barcelona procedió a dictar la suya para organizarse políticamente.

En el caso de la Provincia de Caracas, también, solo fue después de sancionada la Constitución Federal, que la misma Sección Legislativa para la Provincia del mismo Congreso General, el 31 de enero de 1812 sancionó un texto de 328 artículos agrupados en catorce capítulos la Constitución de la Provincia de Caracas, destinada, como lo indica su Preámbulo, a regular el gobierno y administración interior de la Provincia.

Más que la Constitución de una "República" soberana, como había sido el caso de la Constitución Provincial de Barcelona, este texto se acomodó más al de una Provincia federada en el marco de una Confederación. Por ello, la Constitución Provincial de Caracas hace especial énfasis en la necesidad de "organizar equitativamente la distribución y la representación del pueblo en la legislatura provincial."[94]

El Capítulo Primero se refiere a la "Religión" declarándose que "la Religión Católica, Apostólica y Romana que es la de los habitantes de Venezuela hace el espacio de tres siglos, será la única y exclusiva de la Provincia de Caracas, cuyo gobierno la protegerá". (art. 1).

El Capítulo Segundo reguló detalladamente "la división del territorio". Allí se precisó que "el territorio de la Provincia de Caracas se dividirá en Departamentos, Cantones y Distritos" (arts. 2 a 4). Los Distritos debían ser un territorio con más o menos 10.000 habitantes y los Cantones, con más o menos 30.000 habitantes (art. 5). Los Departamentos de la Provincia eran los siguientes: Caracas, San Sebastián,

---

92 *Id.*, Tomo II, p. 356.
93 *Id.*, Tomo II, p. 370.
94 Véase en *Las Constituciones Provinciales, cit.*, pp. 63-146.

los Valles de Aragua, (capital La Victoria), Barquisimeto y San Carlos (art. 6), y en la Constitución se precisó al detalle cada uno de los Cantones que conforman cada Departamento, y sus capitales (arts. 7 a 11); así como cada uno de los Distritos que conforman cada Cantón, con los pueblos y villas que abarcaban (arts. 12 a 23).

El Capítulo Tercero está destinado a regular "los sufragios parroquiales y congregaciones electorales", es decir, el sistema electoral indirecto en todo detalle, en relación a la forma de las elecciones y a la condición del elector, (arts. 24 a 30). Por cada mil almas de población en cada parroquia debía haber un elector (art. 31). Los Electores, electos en los sufragios parroquiales, formaban en cada Distrito, Congregaciones Electorales (art. 32). También debían elegirse electores para la escogencia en cada parroquia de los agentes municipales (art. 24). Estas congregaciones electorales eran las que elegían los Representantes de la Provincia para la Cámara del gobierno federal; a los tres miembros del Poder Ejecutivo de la Unión; al Senador o Senadores por el Distrito, para la Asamblea General de la Provincia; al representante por el Distrito, para la Cámara del Gobierno Provincial; y al elector para la nominación del Poder Ejecutivo de la provincia (art. 33). Los Electores electos en cada Distrito, para la elección del Poder Ejecutivo, formaban las Juntas Electorales que reunidas en las capitales de Departamentos, debían proceder a la nominación (art. 49).

El Capítulo Cuarto está destinado a regular a las "Municipalidades". Sus miembros y los agentes municipales, se elegían por los electores escogidos para tal fin en cada parroquia (art. 24 y 59). La Constitución, en efecto, estableció que en cada parroquia debía elegirse un agente municipal (art. 65) y que los miembros de las municipalidades también debían elegirse (art. 67). El número de miembros de las Municipalidades variaba, de 24 en la de Caracas, dividida en dos cámaras de 12 cada una (art. 90); 16 miembros en las de Barquisimeto, San Carlos, La Victoria y San Sebastián (art. 92); y luego de 12, 8 y 6 miembros según la importancia y jerarquía de las ciudades (arts. 91 a 102). Las Municipalidades capitales de Distrito debían llevar el Registro Civil (art. 70) y se les atribuían todas las competencias propias de vida local en una enumeración que cualquier régimen municipal contemporánea envidiaría (art. 76). La Municipalidad gozaba "de una autoridad puramente legislativa" (art. 77) y elegía los Alcaldes (art. 69) que eran las autoridades para la administración de justicia, y proponían al Poder Ejecutivo los empleos de Corregidores (arts. 69 y 217) que eran los órganos ejecutivos municipales. En ellas tenían asiento, voz y voto, los agentes municipales que debían ser electos en cada parroquia (arts. 65 y 103).

El Capítulo Quinto reguló al "Poder Legislativo" de la Provincia que residía en una Asamblea General compuesta por un Senado y una Cámara de Representantes (art. 130). En detalle, el texto reguló su composición, funcionamiento, poderes y atribuciones y el sistema de elección de sus miembros (arts. 230 a 194).

El Capítulo Sexto reguló el "Poder Ejecutivo" de la Provincia, que residía en 3 individuos electos por los Electores de cada Distrito (arts. 195 y 196). Se reguló la forma de elección y las condiciones de elegibilidad de los miembros del Poder Ejecutivo (arts. 196 a 207) así como sus atribuciones (arts. 308 a 233).

El Capítulo Séptimo está destinado al "Poder Judicial", en el cual se dispuso que se conservaba provisionalmente la organización que del mismo existía (art. 234), y que a nivel inferior era administrado, además de por Jueces de Primera Instancia, por los Alcaldes y Corregidores con apelación ante las Municipalidades (arts. 240 a 250). En las materias civiles y criminales, sin embargo, se estableció que la justicia sería administrada por dos Cortes Supremas de Justicia (art. 259) y por los Magistrados inferiores de primera instancia antes indicados (art. 235). En cada Departamento se establecieron Tribunales Superiores (art. 251) y en general se establecieron normas de procedimiento judicial relativas al juicio verbal, que se estableció como norma general (art. 240).

Los Capítulos Octavo y Noveno se refieren a la "elección de los Senadores para el Congreso General y su remoción", así como de los Representantes (arts. 275 a 280).

El Capítulo Diez se refiere al "Fomento de la literatura" donde se reguló al Colegio y Universidad de Caracas (art. 281) y el fomento de la cultura (art. 282).

Los Capítulos Once y Doce están destinados a regular la revisión y reforma de la Constitución (arts. 283 a 291) y su sanción o ratificación (art. 292 a 259).

El Capítulo Trece, indica que "se acuerdan, declaran, establecen y se dan por insertos literalmente en esta Constitución los derechos del hombre que forman el Capítulo Octavo de la Federal, los cuales están obligados a observar, guardar y cumplir todos los ciudadanos de este Estado" (art. 296).

El Capítulo Catorce contiene una serie de "Disposiciones Generales, donde se regulan, en general, otros derechos de los ciudadanos así como deberes (arts. 297 a 234), concluyéndose con la formulación expresa de la garantía objetiva de la Constitución, en el sentido de que "las leyes que se expidieren contra el tenor de ella no tendrán valor alguno sino cuando hubieren llenado las condiciones requeridas para una justa y legítima revisión y sanción (de la Constitución)" (art. 325).

Este texto constitucional concluye con una "Despedida" de la "Sección Legislativa de Caracas, dirigida a los habitantes de la Provincia", al terminar sus sesiones y presentar la Constitución Provincial en la cual se hace un recuento del proceso de conformación institucional de la Confederación y del Gobierno Federal hasta ese momento, justificándose la propuesta de formar una "sección legislativa provisoria para Caracas" del Congreso General, compuesta con la separación de sus diputados al mencionado Congreso General, la cual tuvo a su cargo la elaboración del texto constitucional provincial.[95]

Este texto constitucional fue firmado en "el Palacio de la Legislatura de Caracas," por los siguientes diputados: Por el Partido Capitular de San Sebastián, Felipe Fermín Paúl, Presidente; por el Partido Capitular de San Sebastián, Martín Tovar, Vice-Presidente; por el Partido Capitular de San Sebastián: Francisco Javier Uztáriz; por el Partido Capitular de Nirgua: Salvador Delgado; por el Partido Capitular de Caracas, Isidoro Antonio López Méndez; por el Partido Capitular de San Felipe, Juan José de Maya; por el Partido Capitular de Guanare, José Vicente Unda; por el Partido Capitular de Caracas, Bartolomé Blandín; por el Partido Capitular de Valencia, Fernando de Peñalver; por el Partido Capitular de Caracas, Lino de Clemente; por el Partido Capitular de Barquisimeto, José Ángel de Álamo; por el Partido Capitular de la Villa de Calabozo, Juan Germán Roscio; por el Partido Capitular de la ciudad de Ospino, Gabriel Pérez Págola; por el Partido Capitular de Barquisimeto, Tomás Millano; y por el Partido Capitular de Valencia, Juan [Rodríguez del] Toro.

---

95 Véase en *Las Constituciones Provinciales, op. cit.*, pp. 137 y ss.

c. *Sobre el Poder Legislativo*

Como se señaló, en la Constitución provincial se asignó el Poder Legislativo de la Provincia a Asamblea General compuesta por un Senado y una Cámara de Representantes (art. 130), regulándose detalladamente su composición, funcionamiento, poderes y atribuciones, así como el sistema de elección de sus miembros (arts. 230 a 194).

Las Cámaras que componían el Poder legislativo tenían la competencia general, es decir, "pleno poder y facultad para hacer ordenar y establecer todas las leyes, ordenanzas, estatutos, órdenes y resoluciones, con penas o sin ellas," que juzgasen necesarias "para el bien y felicidad de la Provincia," con la aclaratoria de que las mismas, sin embargo, no debían "ser repugnantes ni contrarias a esta Constitución" (art. 186)

La iniciativa de las leyes se atribuyó tanto al Senado como a la Cámara de Representantes. Teniendo, además, cada una de ellas la facultad de proponer a la otra reparos, alteraciones o adiciones, o de rehusar su consentimiento a la ley propuesta por una absoluta negativa (art. 131). Sin embargo, en cuanto a las leyes sobre contribuciones, las mismas se dispuso que tendrían principio solamente en la Cámara de Representantes, quedando siempre al Senado la facultad de adicionarlas, alterarlas o rehusarlas (art. 132).

Todos los proyectos o proposiciones que fuesen aceptadas, "según las leyes de debates," debían sufrir tres discusiones en sesiones distintas, con el intervalo de un día cuando menos, entre unas y otras, sin cuya circunstancia no se podía pasar a la otra Cámara (art. 133). Estas leyes de debate, sin embargo, no se aplicaban respecto de las proposiciones urgentes, en cuyo caso cada Cámara debía preceder a la declaratoria de urgencia (art. 134). Las proposiciones que fuesen rechazadas por una de las Cámaras, no podían repetirse hasta después de un año sin el consentimiento de las dos terceras partes de cada una de las Cámaras; pero podían hacerse otras nuevas que contuvieran parte, artículos o ideas de las rechazadas (art. 135). Ninguna ley, ordenanza o resolución podía contener otras materias que las que expresase su título, y debían todas estar firmadas por el Presidente del Senado y de la Cámara (art. 136).

Para que los proyectos de la ley que fuese propuestos, aceptados, discutidos y deliberados en ambas Cámaras se convirtieran en ley, con fuerza de tal, debían previamente ser presentados al Poder Ejecutivo de la Provincia para su revisión. Si el Poder Ejecutivo, después de examinar el proyecto lo aprobare, lo debía firmar en señal de su aprobación (137); y en todo caso, si el Poder Ejecutivo no devolvía el proyecto a la Cámara de su origen dentro de cinco días contados desde su recibo con exclusión de los feriados, se tendía por ley, y debía ser promulgada como tal (art. 138).

Sin embargo, el Poder Ejecutivo podía objetar el proyecto, en cuyo caso debía devolverlo, con sus reparos y objeciones, a la Cámara que hubiese tenido la iniciativa, la cual debía copiar íntegramente las objeciones en su registro y pasarlas de nuevo a examen y consideración. En caso de que resulte aprobado por segunda vez por las dos terceras partes de la Cámara, se debía pasar el proyecto con las objeciones a la otra Cámara, donde también debía considerarse. Si en esta Cámara se aprobase igualmente por las dos terceras partes de sus miembros presentes, entonces se consideraba que el proyecto tenía fuerza de ley, y el Poder Ejecutivo debía publicarla (art. 137).

La formalidades establecidas en el proceso de formación de las leyes, decretos, actos o resoluciones de las Cámaras fue muy detallada, al punto de disponerse que debían pasar de una Cámara a otra y al Poder Ejecutivo con un preámbulo que contuviera "primero, la fecha de las sesiones de cada Cámara en que se haya examinado la materia; segundo, las de las respectivas resoluciones, con inclusión de la de urgencia, cuando la haya; y, tercero, la exposición de las razones v fundamentos que han motivado la decisión." Si se omitía alguno de estos requisitos, se debían devolver los proyectos a la Cámara que hubiera cometido la falta, o la de la iniciativa, si la hubiesen cometido las dos (art. 142).

Se establecieron, además, normas de redacción legislativa para que su redacción fuera uniforme, clara y sencilla, exigiéndose la indicación de un membrete que explicase "compendiosamente su contenido, con las voces de ley, acto, resolución, u orden, sobre o para tal cosa, etc., y a la fórmula de estilo siguiente: La Asamblea general de la provincia de Caracas, decreta, o ha decretado que, etc. Estas palabras precederán a la parte dispositiva de las leyes, actos u órdenes de la Legislatura" (art. 143).

Pero además del ejercicio de la función legislativa, se atribuyó al Poder legislativo, como de su exclusiva competencia, el control e inspección sobre el Poder Ejecutivo, asignándosele "la pesquisa y averiguación de las faltas de todos los empleados del Estado en el desempeño de sus deberes." Correspondía además al Senado "recibir las correspondientes acusaciones en todos los casos de traición, colusión o malversación," correspondiendo a dicha Cámara oír, examinar y juzgar dichos hechos. Se precisó, además, que todo ciudadano quedaba "con plena libertad de acusar los delitos de esta clase, bajo la responsabilidad y cauciones prevenidas por las leyes" (art. 145). La Constitución dispuso, además, que "de ninguna manera se limiten estas facultades pesquisitorias de la Cámara sobre todos los empleados del Estado" (art. 155).

Las Cámaras del Poder Legislativo, además, tenían entre sus atribuciones, "proteger la cultura de los habitantes del país, promoviendo por leyes particulares el establecimiento de escuelas de primeras letras en todas las poblaciones y auxiliando los esfuerzos que ellas mismas hicieren por el conducto de sus respectivas Municipalidades, para lograr tan grande objeto" (art. 187).

En materia impositiva, además, se dispuso entre las funciones de las Cámaras la realización de un "censo exacto de las propiedades o bienes raíces que posean los particulares en toda la extensión de la Provincia" a los efectos de "facilitar el establecimiento de un sistema de imposición y recaudación de contribuciones más ventajoso a las rentas del Estado, menos dispendioso y molesto a los pueblos, y que no embarace el giro interno de las producciones, de la agricultura y de la industria; censo que debía servir para cuando "se crea útil y oportuno," para alterar "el método actual de los impuestos calculado sobre los frutos y producciones, y le sustituya otro que se refiera al valor de los mismos bienes raíces, moderado, equitativo, y proporcionado a las exigencias del Gobierno." (art. 189).

La Constitución atribuyó además competencia al Poder legislativo para procurar disponer "con toda la brevedad posible una razón circunstanciada de las tierras que haya vacantes sin legítimo dueño conocido en los distritos de las Municipalidades, bien por conducto de éstas o como lo juzgue más oportuno," pudiendo "disponer de ellas en beneficio del Estado, de sus rentas y de su agricultura, vendiéndolas o arrendándolas, o en favor de los mismos pueblos y distritos, cuyas Municipalidades, con estos recursos a su disposición, podrán hacer efectivos los proyectos de educación y de beneficencia que conciban para sus respectivos habitantes, con menos gravamen de éstos y mayor beneficio de los pobres"(art. 191).

Por último, correspondía también al Poder Legislativo, la competencia para "constituir Tribunales de justicia en lo interior de la Provincia según lo creyere conveniente para su mejor y más pronta administración," con posibilidad de facultarlos "para oír, juzgar y determinar toda suerte de causas civiles y criminales en el grado y forma que tuviese a bien establecer" (art. 192).

d. *Sobre el Poder Ejecutivo*

El Poder Ejecutivo de la Provincia se reguló en la Constitución como un Ejecutivo plural integrado por 3 individuos electos en segundo grado, por los Electores de cada Distrito, correspondiéndole, en general, el cuidar y velará sobre la exacta y fiel ejecución de las leyes del Estado y de la Unión en todo lo que estuviere al alcance de sus facultades en el territorio de la Provincia" (art. 233).

Al Ejecutivo se lo facultó, cuando lo exigiera el bien y prosperidad de la Provincia, para convocar extraordinariamente a la Asamblea general o a alguna de sus Cámaras (232).

La Constitución dispuso que el Ejecutivo debía dar cuenta a la Asamblea general del estado de la República, presentar en particular a cada Cámara el estado de las rentas Provinciales, indicando los abusos que hubiere, y recomendando las medidas que juzgase convenientes sin presentarles proyectos de ley ya formados (art. 230). Además, se dispuso que el Ejecutivo debía dar en todo tiempo, a cualquiera de las Cámaras, las cuentas, informes e ilustraciones que le pidieran, "a excepción de aquellas cuya publicación no conviniere por entonces" (art. 231).

e. *Sobre el Poder Judicial*

En cuanto al Poder judicial, la Constitución estableció en general, que las materias civiles y criminales ordinarias el Poder Judicial se debía administrar por dos Cortes supremas de Justicia, y por los Magistrados inferiores de primera instancia que residen en las ciudades, villas y pueblos de la Provincia, "bajo la misma forma y con las mismas facultades que han tenido hasta ahora" (art. 235).

Se estableció, por otra parte, que el Supremo Poder Judicial de la Provincia de Caracas residiría en dos Cortes Supremas de Justicia, una de las cuales se debía establecer en esta capital, Caracas, y la otra, en la ciudad de Barquisimeto (art. 259). La primera debía extender su jurisdicción a los departamentos de Caracas, de Aragua y de San Sebastián, y se denominaba: Corte Suprema de Justicia de los Departamentos Orientales; la segunda, debía ejercer la jurisdicción en los departamentos de Barquisimeto y de San Carlos, y se denominaba: Corte Suprema de Justicia de los Departamentos Occidentales (art. 260). Cada Corte, en su respectivo territorio, debía conocer por apelación de los negocios civiles y criminales sentenciados por los Corregidores, Alcaldes ordinarios, Municipalidades y Tribunales Superiores de departamento, y originalmente podía conocer de aquellos en que conocía la antigua Audiencia con el nombre de casos de Corte (art. 261).

La Constitución, por otra parte, fue muy precisa en prever, en general, la posibilidad de acudir a medios alternativos de administración de justicia. Así, el artículo 236 dispuso que los Jueces debían procurar "componer amigablemente todas las demandas antes que se enjuicien, y a nadie se le rehusará el derecho de hacer juzgar sus diferencias por árbitros" (art. 236). De las decisiones de estos árbitros, que debían nombrar las mismas partes, no se admitirían apelaciones ni recursos de nulidad, o de una nueva revisión, a menos que se hubieran reservado expresamente (art. 237).

Se dispuso además en la Constitución, que un "aquellos negocios de que no pueden conocer los Jueces ordinarios, se llevarán a ellos para que si es posible se concilien las partes antes de establecerse la demanda; mas si el Juez no pudiere conciliarlas, seguirán los asuntos a los Tribunales correspondientes" (art. 238).

    f.   *Sobre el fomento "de la literatura"*

La Constitución, como se ha dicho, incluyó un capítulo sobre el "fomento de la literatura", en el cual se dispuso que "el Colegio y la Universidad que se hayan establecido en esta capital conservarán los bienes y rentas de que hasta aquí han gozado bajo la especial protección y dirección del Gobierno," correspondiéndole a la Legislatura promover y auxiliar cuanto sea posible "el adelantamiento y progresos de estas corporaciones literarias, cuyo objeto y destinos son tan interesantes y útiles al bien de la comunidad" (art. 282).

A tal efecto, en el artículo 283 de la Constitución se definió "la cultura del espíritu" como:

"el medio único y seguro de distinguir las verdaderas y sublimes virtudes que hacen honor a la especie humana, y de conocer en toda su fuerza los vicios horrendos que la degradan y se perpetúan impunemente entre las naciones salvajes y bárbaras. Ella es también el órgano más oportuno para hacer conocer al pueblo sus imprescriptibles derechos, y los medios capaces de conservarle en la posesión de aquella arreglada y justa libertad que ha dispensado a todos la sabia naturaleza. Es igualmente el camino más pronto y seguro que hay de procurarle el acrecentamiento de sus comodidades físicas, dirigiendo con acierto su actividad y sus talentos al ejercicio de la agricultura, del comercio, de las artes y de la industria que aumentan la esfera de sus goces y le constituyen dueño de innumerables producciones destinadas a su servicio para una alta y generosa beneficencia."

En consecuencia, la propia Constitución reconoció que "un Gobierno sabio e ilustrado no puede desentenderse de procurar la cultura de la razón y de que se propague y generalice cuanto fuere posible entre todos los ciudadanos," disponiendo entonces que era un

"deber de las Legislaturas, de las Municipalidades y de los Magistrados del Estado procurar el fomento y propagación de la literatura y de las ciencias, protegiendo particularmente el establecimiento de Seminarios para su enseñanza, y las de las lenguas cultas, sabias o extranjeras, y el de sociedades privadas e instituciones públicas que se dirijan al mismo objeto, o a promover el mejoramiento de la agricultura, de las artes, oficios, manufacturas y comercio, sin comprometer la verdadera libertad y tranquilidad de los pueblos"(art. 282).

g. *Sobre la revisión y reforma constitucional*

La Constitución de la Provincia, como era lo propio de toda Constitución moderna, estableció los mecanismos para su revisión y reforma, de manera que "cuando la experiencia manifestare la necesidad o conveniencia de corregir o añadir alguna cosa" a la Constitución, la misma se debía sujetar a las siguientes formas prescriptas en el texto, "sin cuya circunstancia no tendrán valor ni efecto las correcciones y adiciones" (art. 283). El procedimiento se estableció en la forma siguiente:

1. Las proposiciones podían tener principio en cualquiera de las Cámaras de la Legislatura, y en cada una de ellas se debían leer y dis-

cutir públicamente por tres veces en distintos días interrumpidos, del mismo modo que las leyes ordinarias (art. 284).

2. Si en ambas Cámaras las propuestas hubiesen obtenido la aprobación de las dos terceras partes de sus miembros constitucionales, debían entonces pasarse al Poder Ejecutivo obtener su aprobación. De no recibir las propuestas los votos referidos, se debían tener por rechazadas y no podían repetirse hasta después de un año cuando menos en otra sesión de la Legislatura (art. 285).

3. Si el Poder Ejecutivo aprobaba las proposiciones, se debía producir entonces una resolución de la Asamblea general sobre el objeto a que se dirigían las propuestas; pero si el Ejecutivo no las aprobaba, debía devolverlas a la Asamblea general dentro del término de diez días con los reparos correspondientes (art. 286).

4. Las proposiciones devueltas por el Ejecutivo, sin embargo, se debían calificar como "Resolución de la Asamblea" en caso de que una vez examinadas de nuevo en las Cámaras, "fuesen sostenidas por las tres cuartas partes de sus miembros constitucionales." También se considerarían con el mismo carácter "cuando no fuesen devueltas dentro de los diez días. (art. 287).

Las resoluciones sobre revisión de la Constitución, sin embargo, no entraban en vigencia con la aprobación de los órganos del Estado, sino que debían someterse a consulta popular y a la aprobación por los representantes. A tal efecto, se estableció el siguiente procedimiento:

1. Las resoluciones sobre revisión y reforma constitucional, en efecto, se debían comunicar a las Municipalidades y estas las debían insertar en los papeles públicos, "cuando menos tres meses antes de las próximas elecciones de noviembre," para que, impuestos los sufragantes y electores de las reformas o adiciones que se proponían, pudieran, si quisiesen, "dar sus instrucciones sobre el particular a los nuevos miembros que elijan para la Legislatura" (art. 288).

2. Lo mismo debía realizarse a los dos años siguientes antes de las referidas elecciones; y cuando por este medio se hubiese renovado toda o la mayor parte de la Cámara de los Representantes, la Asamblea general, en su inmediata sesión, es cuando entonces debía proceder "a examinar las proposiciones sujetándose a las formas prescritas" antes indicadas para la Legislatura en que se hizo la iniciativa (art. 289).

3. Si las proposiciones fuesen aceptadas finalmente por las dos terceras partes de la nueva Asamblea general con la aprobación del

Poder Ejecutivo, o sin ésta por las tres cuartas partes de la misma, entonces es que debían insertarse en la Constitución en la forma correspondiente (art. 290)

4. En todo caso, los artículos de la Constitución que fuesen sometidos a examen para ampliarse, corregirse o suprimirse, debían permanecer íntegramente en su fuerza y vigor hasta que las alteraciones propuestas fueran aprobadas, publicadas y mandadas tener por parte de la Constitución (art. 291).

h. *Sobre la sanción y ratificación de la Constitución*

Por otra parte, en cuanto a la sanción o ratificación de la propia Constitución de enero de 1812, en el propio texto constitucional se estableció la necesaria participación popular, así:

1. El pueblo de la Provincia de Caracas, por medio de convenciones particulares reunidas expresamente para el caso, o por el órgano de sus Electores capitulares autorizados determinadamente al intento, o por la voz de los sufragantes Parroquiales, debía expresar solemnemente su voluntad libre y espontánea, de aceptar, rechazar o modificar, en todo o en parte, la Constitución (art. 292).

2. La elección de cualquiera de los medios antes propuestos se dejó "al arbitrio y prudencia de la próxima venidera Legislatura Provincial," lo cual lamentablemente nunca ocurrió, con la exigencia de que debía adoptar "uno mismo para la sanción y ratificación de esta Constitución que para la de la Federal;" de manera que una y otra debían ejecutarse "en un mismo tiempo, tanto por la mayor comodidad y alivio que de ello resulta a los pueblos, como por la mayor instrucción y conocimiento que les proporciona el tener a la vista simultáneamente ambas constituciones, así para exponer su voluntad como para expedir con mayor acierto y felicidad de la causa común las funciones que ellas prescriben"(art.. 293).

3. Leída la Constitución a las corporaciones que hubiere hecho formar la Legislatura, y verificada su aprobación con las modificaciones o alteraciones que ocurrieren por pluralidad, se debía entonces jurar solemnemente su observancia, y se debía proceder, dentro del tercero día, "a nombrar los funcionarios de los Poderes que forman la representación Provincial, o a convocar las Congregaciones electorales con el mismo objeto" (art. 294). Se aclaró, finalmente que no habría "embarazo alguno" para que en esas elecciones se nombrasen para

Legisladores o para miembros del Poder Ejecutivo, tanto en el Gobierno federal como en el de la Provincia, "a los que han servido los mismos destinos en ambos departamentos durante el año de mil ochocientos once, y a los que los sirvieren en el presente de mil ochocientos doce" (art. 295)

Es sabido, sin embargo, que nada de esto se pudo hacer pues unos meses después, desde diciembre de 1812 la ocupación del territorio de la provincia por las fuerzas españolas al mando de Monteverde, arrasaron con toda la civilidad que se establecía en este excepcionalísimo texto que fue la Constitución provincial de Caracas de 1812.

i. *Sobre las declaraciones políticas generales y el desarrollo del principio de igualdad*

La Constitución provincial de Caracas de 1812, como ocurrió con todas las Constituciones posteriores, incorporó en unas disposiciones generales, una serie de declaraciones generales de política pública, y aparte de todos los derechos de los ciudadanos que se declararon incorporados en el texto constitucional, contenidos en la declaración de Derechos del Pueblo sancionada el 1 de julio de 1811 (art. 296), se incluyeron otras disposiciones de gran importancia en materia de igualdad y no discriminación. Las más importantes fueron las siguientes:

- *Sobre el régimen de los indios*

En primer lugar, en el texto mismo de la Constitución se dispuso que respeto de la "clase de ciudadanos que hasta ahora se ha denominado de indios," reconociéndose que no se había conseguido "el fruto apreciable de algunas leyes que la Monarquía española dictó a su favor, porque los encargados del Gobierno de estos países tenían olvidada su ejecución," en virtud de que "las bases del sistema de Gobierno que en esta Constitución ha adoptado Caracas no son otras que las de la justicia y la igualdad," entonces se dispuso que se encargaba "muy particularmente a la Asamblea general," que así como debía "aplicar sus fatigas y cuidados para conseguir la ilustración de todos los habitantes de la Provincia, proporcionándoles escuelas, academias y colegios en donde aprendan todos los que quieran los principios de Religión, de la sana moral, de la política, de las ciencias y artes útiles y necesarias para el sostenimiento y prosperidad de los pueblos," que igualmente debía procurar "por todos los medios posibles atraer a los referidos ciudadanos naturales a estas casas de ilustración y enseñanza, hacerles comprender la íntima unión que tienen con todos los demás ciudadanos, las consideraciones que como aquéllos merecen del Gobierno, y los derechos de que gozan por sólo el hecho de ser hombres iguales a todos los de su especie, a fin de conseguir por este medio sacarlos del abatimiento y rusticidad en que los ha mantenido el antiguo estado de cosas, y que no permanezcan por más tiempo aislados, y aún temerosos de tratar a los demás hombres" (art. 297).

A tal efecto, la Constitución prohibió que los indios pudieran "aplicarse involuntariamente a prestar sus servicios a los Tenientes, o Curas de sus Parroquias, ni a otra persona alguna," y además, les permitió

"el reparto, en propiedad, de las tierras que les estaban concedidas y de que están en posesión, para que a proporción entre los padres de familia de cada pueblo las dividan y dispongan de ellas como verdaderos señores, según los términos y reglamentos que formare para este efecto"(art. 297).

La consecuencia de estas previsiones, fue que en el texto de la Constitución se revocaron y dejaron "sin valor alguno, las leyes que en el anterior Gobierno concedieron ciertos Tribunales, protectores y privilegios de menor edad a dichos naturales, las cuales, dirigiéndose al parecer a protegerlos, les han perjudicado sobremanera según ha acreditado la experiencia" (art. 298).

-. *Sobre la prohibición de la esclavitud*

La Constitución, por otra parte, recordando que el comercio inicuo de negros había sido prohibido por Decreto de la Junta Suprema de Caracas en 14 de agosto de 1810, declaró que dicho comercio quedaba "solemne y constitucionalmente abolido en todo el territorio de la Provincia, sin que puedan de modo alguno introducirse esclavos de ninguna especie por vía de especulación mercantil" (art. 299).

-. *Sobre la situación de los pardos*

La Constitución, además, dispuso en su artículo 300 que quedaban "revocadas y anuladas en todas sus partes las leyes antiguas que imponían degradación civil a una parte de la población libre de Venezuela, conocida hasta ahora bajo la denominación de pardos y morenos." En consecuencia, se declaró que éstos quedaban "en posesión de su estimación natural y civil, y restituidos a los imprescriptibles derechos que les corresponden como a los demás ciudadanos" (art. 300).

-. *Sobre la abolición de los títulos nobiliarios y las relaciones personales con la Monarquía*

En la Constitución, además, se declararon extinguidos "todos los títulos concedidos por el anterior Gobierno," prohibiéndose a la Legislatura Provincial "conceder otro alguno de nobleza, honores o distinciones hereditarias, ni crear empleo u oficio alguno, cuyos sueldos o emolumentos puedan durar más tiempo que el de la buena conducta de los que los sirvan "(art. 301). Además, se dispuso que las persona que ejercieran algún "empleo de confianza u honor bajo la autoridad del Estado," no podían aceptar "regalo, título o emolumento de algún Rey, Príncipe o Estado extranjero, sin el consentimiento del Congreso" (art. 302).

La consecuencia de ello, fue la previsión en el artículo 324, en el sentido de que nadie podía "tener en la Provincia de Caracas otro título ni tratamiento público que el de ciudadano, única denominación de todos los hombres libres que componen la nación."

-. *Sobre el ejercicio de los derechos políticos*

La Constitución fue determinante, al mecanismos de participación popular y un sistema de democracia representativa, en establecer en general, que los ciudadanos sólo podían "ejercer sus derechos políticos en las Congregaciones parroquiales y electorales, y en los casos y formas prescritas por la Constitución" (art. 313); de manera que ningún individuo o asociación particular podía

"hacer peticiones a las autoridades constituidas en nombre del pueblo, ni menos abrogarse la calificación de pueblo soberano, y el ciudadano o ciudadanos que contravinieren a este parágrafo, hollando el respeto y veneración debidas a la presentación y voz del pueblo, que sólo se expresa por la voluntad general, o por el órgano de sus representantes legítimos en las Legislaturas, serán perseguidos, presos y juzgados con arreglo a las leyes" (art. 314).

Además, se declaró que toda reunión de gente armada, bajo cualquiera pretexto que se formase, si no emanaba de órdenes de las autoridades constituidas, se consideraba como "un atentado contra la seguridad pública," y debía "dispersarse inmediatamente por la fuerza." Además, se declaró también, que "toda reunión de gente sin armas" que no tuviese el mismo origen legítimo se debía disolver "primero por órdenes verbales, y siendo necesario, se destruirá por la fuerza en caso de resistencia o de tenaz obstinación" (art. 315).

> -. *Sobre la supremacía constitucional y la continuidad del orden jurídico sub-constitucional anterior*

El artículo 325 de la Constitución, declaró expresamente el principio de la supremacía constitucional y graduación del orden jurídico al disponer que las leyes que se expidieran para ejecutarla, la Constitución del Gobierno de la Unión, y todas las leyes y tratados que se concluyeran bajo su autoridad, "serán la ley suprema de la Provincia de Caracas en toda la extensión de su territorio; y las autoridades y habitantes de ella estarán obligados a obedecerlas y observarlas religiosamente, sin excusa ni pretexto alguno."

Se precisó, sin embargo, como garantía objetiva de la Constitución, que "las leyes que se expidieren contra el tenor de ella no tendrán valor alguno sino cuando hubieren llenado las condiciones requeridas para una justa y legítima revisión y sanción" (art. 325).

En lo que se refiere al orden jurídico precedente de orden sub-constitucional, el artículo 326 de la Constitución estableció que entre tanto que se verificaba "la composición de un Código Civil y criminal, acordado por el Supremo Congreso el ocho de marzo último [1811], adaptable a la forma de Gobierno establecido en Venezuela," se declaraba en su fuerza y vigor el Código que hasta aquí nos ha regido en todas las materias y puntos (lo que era una clara referencia a la Recopilación de las Leyes de los Reynos de Indias) que directa o indirectamente no se opongan a lo establecido en esta Constitución."

> -. *Sobre la difusión y conocimiento de la Constitución y de los derechos de los ciudadanos*

Finalmente, en la Constitución misma se previó la necesidad de difundir su conocimiento, a cuyo efecto, se encargó y recomendó eficazmente

> "a todos los venerables Curas de los pueblos de esta Provincia, que los domingos y demás días festivos del año la lean públicamente en las iglesias a sus feligreses, como también la Constitución federal formada por el Congreso general de Venezuela, y con especialidad el capítulo octavo de ella, que tiene por título derechos del hombre, que se reconocerán y respetarán en toda la exten-

sión del Estado, encareciéndoles la importancia, necesidad y obligación en que se hallan todos los ciudadanos de instruirse de estos derechos y de observarlos y cumplirlos exactamente, haciéndoles cuando lo juzguen conveniente las aplicaciones, ilustraciones y advertencias conducentes a facilitarles su inteligencia. (art. 327)

Igualmente, se encargó y recomendó a todos los maestros de primeras letras que pusieran en manos de sus discípulos, en la forma y modo que hallasen más adaptables, el texto de la Constitución, y también la Federal,

> "procurando que las posean y manejen como otro cualquiera libro o lectura de las que se usan comúnmente en las escuelas, haciéndolas leer y estudiar constantemente, y en especialidad el capítulo octavo de la Constitución federal que trata de los derechos del hombre, por ser una de las instrucciones en que deben estar radicados a fondo, y un objeto esencialísimo de la educación que debe recibir la juventud de Venezuela" (art. 328).

2. *Las Constituciones Provinciales en la Nueva Granada después del Acta de la Confederación de las provincias Unidas de Nueva Granada de 1811*

En la Nueva Granada, con posterioridad a la firma del Acta de la Confederación de las Provincias, entre 1811 y 1815 se dictaron Constituciones en las Provincias de Tunja (1811), Antioquia (1812), Cartagena de Indias (1812), Popayán (1814), Pamplona (1815), Mariquita (1815) y Neiva (1815). Además, en 1815 se revisó y reformó la propia Acta de la Federación de las Provincias Unidas de la Nueva Granada. A continuación nos referiremos solamente a las Constituciones provinciales neogranadinas dictadas en 1811 y 1812, es decir, antes de que se sancionara la Constitución de Cádiz de marzo de 1812, incluyendo la de Cartagena de Indias, que si bien se sancionó en junio de 1812, para cuando se publicó la Constitución de Cádiz, la misma ya estaba materialmente redactada.

A. *La Constitución de la República de Tunja de 9 de diciembre de 1811.*

Luego de la sanción del Acta de la Confederación de las provincias Unidas de la Nueva Granada, la primera constitución provincial que se dictó fue la de la provincia de Tunja, donde precisamente funcionaba el Congreso de las Provincias Unidas. A tal efecto, el Colegio

Electoral de la Provincia adoptó, el 9 de diciembre de 1811, la Constitución de Tunja[96] que se ha considerado "la primera constitución de fisonomía republicana" de Colombia,[97] con 235 artículos, en la cual se establecieron las bases de gobierno, en los siguientes Títulos:

El Título Preliminar sobre declaración de los derechos del hombre en sociedad, contiene un completísimo elenco de derechos y deberes en dos Capítulos. En el Capítulo I, sobre los derechos, comenzó con la declaración general *ius naturalista* de que "Dios ha concedido igualmente a todos los hombres ciertos derechos naturales, esenciales e imprescriptibles, como son: defender y conservar su vida, adquirir, gozar y proteger sus propiedades, buscar y obtener su seguridad y felicidad. Estos derechos se reducen a cuatro principales, a saber: la libertad, la igualdad legal, la seguridad, y la propiedad" (art. 1). De allí, se definió la libertad (art. 2); la igualdad (art. 3) con la proscripción de privilegios (art. 4) y de cargas desiguales (art. 5); la seguridad (art. 6) y la protección de la libertad pública o individual contra la opresión de los que gobiernan (art. 7).Se regularon diversos derechos del debido proceso como el *nullum crimen sine lege* (art. 8), la presunción de inocencia y la prisión excepcional pendiente juicio (art. 9); el límite a las penas (art. 10); el derecho a ser oído, el delito en ley preexistente y la irretroactividad de la ley (art. 11). Además, el derecho de propiedad y la expropiación (art. 12), la libertad de trabajo e industria (art. 13); el régimen de las contribuciones fiscales (art. 15) establecidas por los representantes (art. 16) y derecho a la educación (art. 17). También se reguló el régimen de la soberanía residiendo en el pueblo, titular del Poder Soberano (arts. 18 y 19), su definición, conforme al principio de la separación de poderes (art. 20), y la precisión de que ninguna parcialidad puede ejercerla, y nadie puede ejercer autoridad sin la delegación de los ciudadanos (arts. 21 y 22). Se reguló el régimen de las elecciones libre, el derecho al sufragio (art. 23), el principio de la alternabilidad republicana (art. 24), la responsabilidad de los representantes (art 25), se definió la finalidad del gobierno para el bien común y se reguló el derecho el pueblo a decidir sobre su gobierno (art. 26). Se reguló la igualdad de todos los hombres (art. 27) y el derecho de petición (art. 28). Se proclamó el principio de la separación de tres poderes: legisla-

---

96 Véase el texto en Jorge Orlando Melo, *Documentos constitucionales colombianos, 1810-1815,* en http://www.jorgeorlandomelo.com/bajar/documentosconstitucionales1.pdf

97 Véase Carlos Restrepo Piedrahita, en *Primeras Constituciones...*, p. 98

tivo, ejecutivo y judicial (art. 29) como garantía social (art. 30), y se indicaron los principios que deben guiar el ejercicio del sufragio (art. 31). En el capítulo II, se regularon los deberes del ciudadano, en su conducta hacia los demás (art. 1), las obligaciones con la sociedad y la observancia de las leyes (arts. 2, 3, 4), el deber de obediencia a la autoridad (art. 5), de respetar la propiedad ajena (art. 6), el respeto a los demás (art. 7), y el deber de servir a la patria (art, 8). El Capítulo Tercero se dedicó a la Independencia de la provincia de Tunja, en particular respecto de España sujetándose sin embargo "sobre este punto a lo que se determine por las dos terceras partes de las Provincias del Nuevo Reino de Granada" en su Congreso General del Nuevo Reino, o de sus Provincias Unidas" (art. 1), y al gobierno representativo de la misma (art. 2). El Capítulo Cuarto reguló la forma de gobierno de la provincia, como popular y representativo (art. 1), conforme al principio de la separación de poderes, con un Presidente Gobernador, un Senado, una Cámara de Representantes; un Tribunal de Apelaciones y otros tribunales; y los alcaldes ordinarios y pedáneos (art. 2).

La Sección Primera se destinó a regular en detalle al Poder Legislativo, con el Capítulo I sobre la Sala de Representantes compuesta por diez sujetos elegidos por el Colegio Electoral cada dos años, a propuesta de cada uno de los diversos departamentos en que se divide la provincia (art. 1), regulándose en detalle el procedimiento de las elecciones, las condiciones de elegibilidad (art. 2-7), el objeto de la corporación para formar las leyes (art. 8), y el procedimiento de su elaboración y sanción (arts. 9-17), y la inmunidad parlamentaria (art. 21). El capítulo II se destinó a regular el Senado, su composición (arts. 1-3) y su carácter de órgano colegislador (art. 4), su competencia en materia de juicios políticos (arts. 6-21), y el régimen de su funcionamiento (arts. 22-26). El Capítulo II se destinó a la regulación de las Disposiciones Generales sobre la Legislatura, previéndose el régimen de formación de las leyes, su formación (arts. 1-5) y su carácter de expresión de la voluntad general como reglas universales de aplicación general (art. 8 9), reservándose a la Legislatura la facultad para interpretar, ampliar, y restringir, comentar y suspender las leyes, (art. 10), y en general las competencias legislativas de la Cámara de representantes (arts. 11-26).

En la Sección Segunda de la Constitución se reguló al Poder Ejecutivo, estableciéndose en el Capítulo I el régimen del Gobernador, a cual se denominó como "Presidente Gobernador de la República de Tunja" (art. 1), estableciéndose el régimen de su elección por el Congreso Electoral de la provincia (art. 2) con la posibilidad de reelección inmediata por una sola vez (art. 4); sus competencias, entre ellas la de Capitán General de todas las milicias de la provincia. El capítulo II se destinó a regular al Teniente Gobernador, encargado de suplir las faltas del Gobernador quien.

En la Sección Tercera se reguló al Poder Judicial, atribuyéndose en el capítulo I algunas facultades del Gobernador en lo contencioso, para conocer en primera instancia de todas las "materias políticas, administrativas y económicas" (art 1), pudiendo sus sentencias apelarse ante el alto Tribunal de Justicia (art. 2). En el Capítulo II, se reguló a los Alcaldes Pedáneos, electos por los vecinos anualmente (art. 1), a cargo e conocer asunto en lo civil de menor cuantía y en lo criminal ciñéndose como ocurría en la época colonial precedente ia la formación de sumario, arresto y confesión, dando cuenta en este estado a la justicia ordinaria (art. 2). En el Capítulo II se reguló a los Alcaldes Ordinarios que debía ser elegidos en cada departamentos, a cargo de decidir en primera instancia todos los asuntos contenciosos que ocurrieren en el distrito, salvo los atribuidos a los a los pedáneos. El Tribunal de Apelaciones se reguló en el Capítulo IV, para conocer en apelación de las sentencias de los alcaldes ordinarios (art. 1). En el Capítulo V se regularon los últimos recursos, asignándose al Senado competencia para conocer en apelación de las decisiones de Tribunal de Justicia mediante la designación de unos Conjueces de listas con la participación de las partes. En este capítulo, además, se estableció en general el régimen legal para la administración de justicia, disponiéndose que "los pleitos se sentenciarán por las leyes que nos han gobernado hasta aquí en lo que no sean contrarias a esta Constitución"(art 3); que "los jueces se ceñirán a la estricta observancia de las leyes, y en caso de no haber ley que pueda ser aplicable al caso ocurrido, lo propondrán a la Legislatura de la Provincia, para que establezca una ley que en lo sucesivo gobierne en iguales casos" (art. 4), y que "no se podrá pronunciar sentencia, sin que en ella se exprese la ley en que se funda"(art. 5). En el Capítulo VI se reguló el régimen de los Jurados para conocer de las causas civiles de mayor cuantía si así lo convinieren las partes, escogiendo "a este medio que muchos han creído el más seguro para no aventurar la justicia" (art. 1); regulándose en detalle la forma de escogencia de los mismos, así como por ejemplo el carácter irrevocable de las sentencias (art. 7).

La Sección Cuarta se destinó a regular el Tesoro Público, estableciéndose las normas de transición para la determinación de las "actuales contribuciones" que debían permanecer por el Congreso, al organizar un sistema de rentas (art.); y regulándose los cargos de Contador y Tesorero, para la recaudación, custodia y distribución del Tesoro Público (art. 3), con el régimen de las cuentas de los administradores y de las de propios de los cabildos.

En la Sección Quinta, se reguló a la Fuerza Armada, previéndose el servicio militar obligatorio (art. 1), creándose en cada pueblo de la provincia, tantas compañías de milicias, cuantas fueran posibles (art. 4), que debían ser instruidas por militares que proporcionare el Gobernador (art. 5). Se concibió a la fuerza armada como esencialmente obediente y no deliberante (art. 7).

La Sección Sexta se destinó a regular a la Educación Pública, disponiéndose que "en todos los pueblos de la provincia habrá una escuela en que se enseñe a los niños a leer, escribir, contar, los primeros rudimentos de nuestra santa Religión, y los principales derechos y deberes del hombre en sociedad" (art. 1); previéndose que en la capital habría una Universidad (art. 2). Se dispuso en forma genera, conforme al principio de la igualdad que "ni en las escuelas de los pueblos, ni en las de la capital habrá preferencias ni distinciones, entre blancos, indios, u otra clase de gente" de manera que lo que distinga "a los jóvenes, será su talento, y los progresos que hagan en su propia ilustración" (art. 3).

En la Sección Séptima se reguló al Congreso Electoral, integrado por los electores a razón de un elector por cada 2.000 habitantes (art. 5), con el régimen detallado de la elección de los mismos por los vecinos (art. 7) de los pueblos de manera que "todo pueblo, por pequeño que sea, con tal que no se halle agregado a otro, deberá nombrar su elector" (art. 6).

En la Sección Octava, se estableció en régimen de elección de los representantes para el Congreso General, que debían ser elegidos cada tres años por el Congreso Electoral (art. 1), estableciéndose como condición para ser electo el haber vivido en la provincia a lo menos cuatro años (art. 2). El mismo Congreso Electoral quedó facultado para darles instrucciones a los representantes, "siendo conformes a la Constitución de la provincia, y a la que se haya adoptado por el Congreso de las Provincias Unidas" (art. 4).

La Sección Novena se destinó a regular disposiciones generales sobre empleos de la provincia, con normas sobre el "derecho de ciudadanos" para ejercerlos que correspondía a los residentes en la provincia (art. 2); y sobre probidad en el ejercicio de los cargos públicos (art. 6). La Sección Décima se destinó a regular los Juramentos que todos los funcionarios de los tres poderes debían prestar de cumplir sus funciones conforme a la Constitución; y la Sección Undécima, se destinó a regular los diversos tratamientos de las Corporaciones de la Provincia.

Por último, en la Sección Duodécima, se incluyó un elenco de Leyes que el Serenísimo Colegio Electoral manda observar desde que se publique la Constitución, que en cierta forma es un complemento de lo dispuesto en el Título preliminar sobre derechos fundamentales. En esta sección se prohibieron todo género de tormento para la inquisición de los delitos (art. 1); las penas infamantes (art. 2); la confiscación, por el delito que fuere, de más del quinto de sus bienes (art. 3), excepto en caso de asesinato, en cuyo caso, "si el agresor tuviese bienes, y no herederos forzosos, sus bienes pasarán, con la autoridad judicial, a los del muerto" (art. 4); y "la pesquisa indeterminada, y sin que se individualice el delito o delitos sobre qué se debe versar" (art. 10). Se consagró el derecho a ser juzgado en libertad, de manera que "a ninguno se reducirá a prisión, a no ser que haya semiplena prueba de su delito, o sospechas muy fundadas de fuga" (art. 6), debiendo, en los delitos que no merezcan pena corporal, excarcelarse al reo luego que diere fianza segura de estar a derecho (art. 7). Se limitó además la posibilidad de prisión por deuda civil (arts. 8, 9). Se prohibió la apertura, lectura y presentación en juicio de "cartas selladas que se hallen dentro o fuera del correo, sin expreso consentimiento de los interesados" (art. 11), considerándose que nada podía probar "en juicio una carta o papel aprehendido de esta manera," ordenándose pena de prisión para los responsables (art. 11); regulándose sin embargo los cosos en los cuales se podía registrar las correspondencias y papeles abiertos que tuviese un ciudadano dentro de su la casa (art. 12). Se prohibió a los jueces "entrar a la casa de cualquier ciudadano, ni mucho menos forzarla o quebrantarla," sin que hubiese prueba o indicio fundado de que "adentro se perpetra un delito, o se oculta un delincuente" (art 13); imponiéndose a los jueces el deber de oír demandas sólo en su Juzgado (art. 14). En fin, en la Constitución se prohibió "la fundación de mayorazgos" (art. 17).

B. *La Constitución del Estado de Antioquia de 21 de marzo de 1812*

La Constitución de la Provincia de Antioquia en el Nuevo Reino de Ganada,[98] con 299 artículos, fue sancionada por los representantes de la Provincia, el 21 de marzo de 1812 (dos días después de la sanción de la Constitución de Cádiz) y aceptada por el pueblo el 3 de mayo de 1812, como se dispuso en el Título I, Preliminares sobre las Bases de la Constitución, a los efectos de garantizar "a todos los ciudadanos su Libertad, Igualdad, Seguridad y Propiedad," en virtud de que por la abdicación de la Corona ocurrida en 1808 y disuelto el Gobierno que la misma mantenía, se habían devuelto "a los españoles de ambos hemisferios las prerrogativas de su libre naturaleza, y a los pueblos las del Contrato Social, incluyendo a la Provincia de Antioquia, la cual había reasumido la soberanía, y recobrado sus derechos. Por ello, los representantes declararon que el pueblo de la Provincia de Antioquia reconocía y profesaba la Religión Católica, Apostólica, Romana como la única verdadera, siendo "la Religión del Estado", y además que había sido "el olvido de los sagrados e imprescriptibles derechos del hombre y de las obligaciones del ciudadano la causa primarla y el origen del despotismo, de la tiranía y de la corrupción de los gobiernos, y que por este mismo olvido e ignorancia los pueblos sufren por muchos siglos la esclavitud y las cadenas, o cometen mil excesos contrarios al orden y a la institución de las sociedades." Como consecuencia de ello, se declararon "derechos del hombre y los deberes del ciudadano."

A tal efecto, en la Sección Segunda del Título preliminar en sus 33 artículos se declararon los derechos del hombre en sociedad, como "derechos naturales, esenciales e imprescriptibles, como son defender y conservar su vida, adquirir, gozar y proteger sus propiedades, buscar y obtener su seguridad y felicidad," se declaró que se reducían "a cuatro principales, a saber: la libertad y la igualdad legal, la seguridad y la propiedad"(art. 1), definiéndose la libertad (art. 2) con la regulación específica de la libertad de imprenta y de expresión (art. 2); la igualdad, con regulaciones detalladas sobre igualdad ante la ley (art. 4), la exclusión de privilegios (art. 5), y la igualdad en los tributos (art 6); la seguridad (art. 7), con la obligación de la ley de proteger la libertad

---

98 Véase el texto en Jorge Orlando Melo, *Documentos constitucionales colombianos, 1810-1815*, en http://www.jorgeorlandomelo.com/bajar/documentosconstitucionales1.pdf

pública e individual contra la opresión de los que gobiernan (art. 8). Se regularon, además, detalladamente diversos derechos del debido proceso como el principio *nullum crime sine legge* (art. 9), la presunción de inocencia y las limitaciones a la detención de las personas (art. 10), la prohibición de penas crueles (art. 11); el derecho a ser oído, a ser juzgado conforme a leyes preexistentes, prohibiéndose la retroactividad de la ley (art. 12). Además, se reguló el derecho de propiedad (art. 13) como derecho inviolable, estableciéndose la expropiación (art. 15); la libertad de trabajo e industria (art. 14); el régimen de las contribuciones, establecidas por la representación del pueblo (art. 17), bajo el principio de la proporcionalidad (art. 16); y el derecho a la educación (art. 18). En esta Sección, además, se reguló lo relativo a la soberanía que "reside originarla y esencialmente en el pueblo" (art. 19), constituyendo "la universalidad de los ciudadanos" al Pueblo Soberano (art. 20), de manera que ningún grupo puede atribuirse la soberanía (art. 22), la cual sólo se puede ejercer mediante "delegación legítima de los ciudadanos" (art. 23); y se definió en qué consiste la misma como "facultad de dictar leyes, en la de hacerlas ejecutar, y aplicarlas a los casos particulares que ocurran entre los ciudadanos; o en los poderes Legislativo, Ejecutivo y Judicial" (art 21). Se reguló, el régimen de elección de representantes mediante elecciones libres, con el derecho igual de los ciudadanos de concurrir a las mismas (art. 24), estableciéndose el principio de la alternabilidad republicana (art. 25), la responsabilidad de los funcionarios y representantes (art. 26), y la misión del gobierno para el bien común, teniendo el pueblo el derecho de cambiarlo (art. 27, 28). Se garantizó el derecho de petición (art 29); y se consagró el principio rector de la separación de poderes mediante la declaración de que "La garantía social no puede existir, sino se halla establecida la división de los poderes; si sus límites no están fijados, y sí la responsabilidad de los funcionarios públicos no está asegurada" (art. 31), así:

> "30. La separación de los tres poderes, Legislativo, Ejecutivo y Judicial, constituye esencialmente la libertad, y de su reunión en una sola persona, o en un solo cuerpo, resulta la tiranía. Por tanto el pueblo tiene derecho a que el Cuerpo Legislativo jamás ejerza las funciones del Ejecutivo, o Judicial, ni alguna de ellas; a que el Ejecutivo no ejercite las facultades legislativas, ni alguna de ellas; en fin, a que el Judicial tampoco tenga el Poder Ejecutivo o el Legislativo; para que manden las leyes, y no los hombres."

La declaración de los "derechos del hombre y del ciudadano" concluyó en el Título Preliminar, recordando al pueblo su atención al momento de elegir sus representantes (art. 32), proclamando que los mismos "son parte de la constitución, serán sagrados e inviolables, y no podrán alterarse por ninguno de los tres poderes, pues el pueblo los reserva en sí, y no están comprendidos en las altas facultades delegadas por la presente Constitución "(art. 33).

En la Sección Tercera del Título preliminar, además, se regularon los deberes del ciudadano, declarando que si buen "la declaración de los derechos del hombre contiene las obligaciones de los legisladores," por su parte" la conservación de la sociedad pide que los individuos que la componen, igualmente conozcan y llenen sus deberes" (art. 1). Así, se establecen los deberes de los hombres para con los demás (art. 2, 9), para con la sociedad (arts. 3, 6), declarándose que "ninguno es buen ciudadano, sino es buen padre, buen hijo, buen hermano, buen amigo y buen esposo" (art. 4), y que "ninguno es hombre de bien, sino es franco, y religiosamente observador de las leyes" (art. 5). Se reguló, además, el deber de obediencia a la autoridad (art. 7), la obligación de respetar la propiedad ajena (art. 8), y el deber de servir a la patria (art. 10).

En el Titulo II sobre la formación de Gobierno., se declaró que el pueblo que habita el territorio de la Provincia de Antioquia, "se erige en un Estado libre, independiente y soberano, con centrando su gobierno y administración interior, sin reconocer otra autoridad suprema, sino es aquella que expresamente delegare en el Congreso General de la Nueva Granada, o en el de las Provincias Unidas" (art. 1). El Gobierno Soberano del Estado se declaró que sería "popular y representativo" (art. 2), de manera que la representación de la provincia sólo se compondría "de los representantes nombrados por los padres de familia para ejercer el Poder Legislativo" precisándose que "a ellos está delegada la soberanía del pueblo, pues los poderes Ejecutivo y Judicial son sus emanaciones, y los que ejecutan sus leyes "(art. 3), proclamándose que "los poderes Legislativo, Ejecutivo y Judicial estarán separados e independientes; y no podrán ser a un mismo tiempo ejercidos por una sola persona ni por un solo Cuerpo"(art. 4).

En el Titulo III sobre del Poder Legislativo, en su sección primera sobre la Legislatura o disposiciones comunes a las dos Cámaras, se estableció que dicho Poder Legislativo como facultad de dar leyes, de reunía en un Senado y en una Cámara o Sala de Representantes, denominada "La Legislatura de Antioquia" (art. 1). En la sección se reguló en detalle el régimen de funcionamiento de la Legislatura, así como sus competencias (arts. 2-10), precisándose que "únicamente la Legislatura tendrá facultad para interpretar, ampliar, restringir, comentar y suspender las leyes" de manera que "el Poder Ejecutivo y el Judicial deberán seguirlas a la letra, y en caso de duda, consultar al Legislativo" (art. 11), teniendo además competencia para decidir "las dudas y competencias que se promuevan sobre los límites de los Poderes Ejecutivo y Judicial" y sobre "los límites del Legislativo"(art. 38). Se reguló, además, en detalle, el procedimiento de formación de las leyes (arts. 12-28), reservándose a la legislatura la potestad para imponer nuevas contribuciones (art. 29), determinar la Fuerza Armada (art. 31) y su financiamiento anual (art. 33), los gastos ordinarios del Estado (art. 32, 34) y el control del Tesoro (art. 35). En la sección se reguló, además, detalladamente el régimen de funcionamiento de las Cámaras y de sus miembros (arts. 39-55). En la Sección Segunda se reguló al Senado, integrado por senadores electos por cada cabildo o departamento de la provincia (art. 1), regulándose el régimen de elección por los electores, (arts. 2-26), a cuyo efecto se dispuso que tendrían "derecho para elegir y ser elegido todo varón libre, padre o cabeza de familia, que viva de sus rentas u ocupación, sin pedir limosna, ni depender de otro; que no tenga causa criminal pendiente, ni haya sufrido pena corporal aflictiva o infamatoria; que no sea sordo, mudo, loco, mentecato, deudor moroso del tesoro público, fallido, culpable, o alzado con la hacienda ajena"(art. 7). Al Senado se la atribuyó la potestad de ser "el Tribunal privativo que juzgue a los miembros de los tres Poderes, Legislativo, Ejecutivo y Judicial, y a sus agentes inmediatos" (art. 29), y además, "siendo los miembros de los tres poderes responsables a los pueblos por su conducta oficial, "se configuró al Senado como "el Tribunal de residencia de todos ellos" (art. 34). En la Sección Tercera se reguló el régimen de la Cámara de Representantes, como la segunda sala de la Legislatura, integrada por una "representación popular según la base de población, y bajo los principios de una absoluta igualdad" (art. 1), a razón de un representante por cada diez mil almas (art. 2), disponiéndose el régimen de las elecciones (arts. 4-8). Entre las atribuciones privativas de la Cámara de representantes, se dispuso que "todas las leyes sobre impuestos y contribuciones, y también las leyes y decretos en que se aplique alguna cantidad o cantidades del tesoro común," debían tener su origen en la misma (art. 9), correspondiéndole además, privativamente, "acusar y perseguir delante del Senado a todos los individuos de los Poderes Legislativo, Ejecutivo y Judicial y a sus secretarios cuando hayan delinquido por violación de la Constitución" (art. 10).

En el Titulo IV sobre el Poder Ejecutivo, en una Sección primera se reguló al Presidente del Estado de Antioquia, a cargo del Supremo Gobierno, o Poder Ejecutivo, asistido de dos consejeros (art. 1), nominados por las dos Cámaras del poder legislativo (art. 5), con límite para la reelección (art. 6). Se regularon, además, en detalle las funciones del Presidente (art. 8) y sus competencias (arts. 20-41), con facultad expresa de mandar a ejecutar las leyes (art. 9), con derecho a objetarlas y devolverlas si hallare graves inconvenientes (art. 11), salvo en diversos casos en los que se excluyó la posibilidad de objeción (art. 13). Al Presidente del Estado, además, se lo declaró Presidente "de la Legislatura" y Capitán General de toda su fuerza armada" (art. 22).

En el Título V sobre el Poder Judicial, se reguló en su sección primera al Supremo Tribunal de Justicia, donde residía Supremo Poder Judicial de la provincia (art. 2), integrado por 5 miembros designados por la Legislatura (arts. 3,4); definiéndose ampliamente al Poder Judicial como "la facultad de aplicar las leyes a los casos particulares, ya sea decidiendo las querellas y demandas que ocurran entre partes, dando a cada ciudadano lo que le pertenece, ya imponiendo a los delincuentes e infractores las penas que han establecido las mismas leyes, o administrando justicia civil y criminal en todo lo contencioso" (art. 1). Al Supremo Tribunal de Justicia se le atribuyó conocer de las segundas y terceras instancias, o en apelación y súplica, de todos los asuntos contenciosos, tanto civiles como criminales, que se susciten en el distrito de la provincia" (art. 12), no pudiendo conocer nunca de asuntos en primera instancia para evitar que los ciudadanos litiguen "lejos de sus casas (art. 13). En la Sección Segunda, se reguló una Alta Corte de Justicia para conocer de" los recursos extraordinarios" que antes se ejercían ante autoridades en España, que debía formar la Cámara de Representantes ante quien dichos recursos debían introducirse (art. 1). En la sección tercera Se reguló a los Jueces de primera instancia, atribuyéndose al primer consejero del poder Ejecutivo competencia para conocer en primera instancia "de todo lo contencioso en los ramos de Policía y Gobierno" (art. 1), así como "los asuntos contenciosos de Hacienda pública" (art. 2), con las apelaciones al Supremo Tribunal de Justicia." Se atribuyó a los tenientes, alcaldes, ordinarios, jueces pobladores, capitanes de guerra, alcaldes de la hermandad y jueces pedáneos, conocerán privativamente de todas las primeras instancias en los asuntos contenciosos entre partes, tanto civiles como criminales (art. 7); y a las justicias ordinarias conocer también de las primeras instancias en todos los juicios de comercio, con las apelaciones al Tribunal de Justicia (art. 8). Por último, en la Sección Cuarta sobre prevenciones generales acerca del Poder Judicial, se complementó la declaración de derechos, al prohibirse penas tormentosas e infamantes (art. 1) y las penas desiguales (art. 2), al regularse las formas de privación de la libertad en los procesos y sus límites (arts. 2-8). Se declaró, además, la inviolabilidad de la habitación de todo ciudadano, excepto por orden de un juez (art. 8). Por último, se declaró que:

> "10. Habiendo manifestado la experiencia de muchos siglos en la Inglaterra, y últimamente en los Estados Unidos de Norteamérica, que el juicio por jurados iguales al reo, y de su misma profesión, o el tener jueces que decidan el hecho, y que otros distintos apliquen el derecho, es el antemural más fuerte contra la opresión y la tiranía, y que bajo de tales juicios el inocente no es oprimido con facilidad, ni el culpado evita el castigo: la Legislatura formará la opinión e ilustrará al pueblo sobre este punto de tanta importancia; y cuando se halle preparado suficientemente para recibirle bien, introducirá la expresada forma de juicios, aboliendo la actual que tiene tamaños defectos" (art. 10).

En el Título VI sobre los Diputados para el Congreso general de las Provincias Unidas de la Nueva Granada se dispuso la forma de elección de los dos diputados de la provincia, entre los naturales de la misma (art. 3).

En el Titulo VII, se reguló el régimen del Tesoro Común, previéndose la obligación de todo ciudadano de "contribuir para el Culto Divino y subsistencia de los ministros del Santuario, para los gastos del Estado, para la defensa y seguridad de la patria, para el decoro y permanencia de su gobierno y para la administración de justicia" (art. 1); y regulándose en detalle el funcionamiento de la tesorería general, el régimen de los gastos, y la rendición de cuentas.

El Título VIII se destinó a regular a la Fuerza Armada, cuyo objeto se declaró que era "defender el Estado de todo ataque e irrupción enemiga y evitar conmociones en lo interior, manteniendo el orden y asegurando la ejecución de las leyes" (art. 1), como institución "esencialmente obediente" y no deliberante (art. 2). Se reguló en servicio militar obligatorio (art. 3, 4), las tropas para policía y tranquilidad interior de la provincia (art. 5), y las milicias que debía haber en "todos y cada uno de los lugares de la provincia" (art. 6).

El Título IX se destinó a regular la Instrucción Pública, disponiéndose que debía haber "en todas las parroquias de la provincia escuelas de primeras letras, en que se enseñen gratuitamente a los niños de cualquiera clase y condición que sean, a leer, escribir, las primeras bases de la religión, los derechos del hombre y los deberes del ciudadano, con los principios de la aritmética y la geometría"(art. 1); y que debía haber "igualmente un Colegio y Universidad en que se enseñe a los jóvenes de toda la provincia la gramática, la filosofía en todos sus ramos, la religión, la moral, el derecho patrio con el público y político de las naciones" (art. 2). Además, se dispuso que los poderes Legislativo y Ejecutivo debían formar la erección de sociedades públicas y privadas, que promuevan la agricultura, la minería, las ciencias, el comercio y la industria, perfeccionando los inventos que se conozcan e introduciendo otros nuevos que puedan ser útiles al país" (art. 3).

Por último, en el Titulo X se incluyeron una Disposiciones Generales, regulándose el juramento que debían prestar los empleados y agentes públicos de la provincia (arts. 1-3). Se incluyeron además, normas específicas sobre responsabilidad derivada de la libertad de prensa (Art. 11), prohibiciones de escritos contrarios al Dogma o las buenas costumbres (art 12), o dirigidos a perturbar el orden y la tranquilidad común, "o en que se combatan las bases del Gobierno, adoptadas por la provincia, cuales son las soberanía del pueblo, y el derecho que tiene y ha tenido para darse la Constitución que más le convenga, y erigirse en un Estado libre, soberano e independiente"(art. 13). Se precisó, además, que "la liberad de la imprenta no se extiende a la edición de los libros sagrados (art. 15).

C. *La Constitución del Estado de Cartagena de Indias de 15 de junio de 1812*

Después de haberse declarado por la Junta del cabildo de Cartagena el 11 de noviembre de 1811 que la "Provincia de Cartagena de Indias es desde hoy de hecho y de derecho Estado libre, soberano e independiente" desasociado de la Corona y Gobierno de España, la Convención general de representantes de la provincia sancionó el 15 de junio de

1812 la Constitución del Estado de Cartagena de Indias,[99] formando un cuerpo político, libre e independiente, ratificándose expresamente aquella declaración de noviembre de 1811 (Titulo II, art. 1).

Dicha Constitución de 380 artículos, comenzó, al igual que las anteriores Constituciones provinciales con un Título I sobre los derechos naturales y sociales del hombre y sus deberes" pero de contenido mucho más declaratorio y principista sobre las razones por las que "los hombres se juntan en sociedad con el fin de facilitar, asegurar y perfeccionar el goce de sus derechos y facultades naturales" (art. 1), y "hacerse parte de un gran todo político" (art. 2), resultando obligado a preservarlo y a la vez con derechos a "ser respetado y protegido en el uso de sus facultades por la sociedad y por cada uno de sus Miembros" (art. 3); siendo los derechos del cuerpo político "la suma de los derechos individuales consagrados a la unión" (art. 4), y los derechos de los individuos ejercidos respetando los derechos de los demás (art. 5). Así, el hombre en sociedad, no pierde su libertad, sino que usa de ella, "contribuyendo con la expresión de su voluntad particular a la formación de las mismas leyes que arreglan su ejercicio" (art. 6), renunciando sólo al "derecho de hacer mal impunemente" (art. 7), conservando, asegurando y perfeccionando "sus derechos naturales, esenciales y por lo mismo no enajenables, entre los cuales se cuentan el de gozar y defender su vida y libertad, el de adquirir, poseer y proteger su propiedad, y el de procurarse y obtener seguridad y felicidad" (art. 8). La declaración reguló específicamente la igualdad (art. 8), sin perjuicio para el Gobierno de poder conceder "distinciones personales que honren, premien y recomienden a la imitación las grandes acciones"(art. 9); y el estatuto de las autoridades, como agentes responsables de los pueblos (art. 10); precisó el objeto del Gobierno "instituido para el bien común, protección, seguridad y felicidad de los pueblos" (art. 11), y las cualidades de los empleos públicos (art. 12), el principio de la alternabilidad republicana (art. 13), el régimen de las elecciones y el derecho de los ciudadanos a elegir y a ser elegidos (art. 14). Se dispuso el derecho de los individuos a ser protegido por la sociedad "en el goce de su vida, libertad y propiedad, conforme a las leyes existentes" (art. 15); el derecho de adquirir propiedades y disponer de ellas (art 16); el derecho al trabajo e industria (art. 17), y el derecho de acceder a la justicia (art.

---

99 Véase el texto en Jorge Orlando Melo, *Documentos constitucionales colombianos, 1810-1815*, en http://www.jorgeorlandomelo.com/bajar/documentosconstitucionales1.pdf

19). Se dispuso que el pueblo del Estado sólo podía ser gobernado por leyes adoptadas por "su cuerpo constitucional representativo" (art. 18) que no podrían ser suspendidas sino por la Legislatura (art. 22); correspondiendo sólo a los representantes establecer contribuciones (art 21); garantizándose "la libertad del discurso, debate y deliberación en el cuerpo legislativo" (art. 22). Se garantizó el derecho a ser castigado sólo conforme a leyes preexistentes (art. 23), y que los civiles no podían ser juzgados conforme a leyes militares (art. 24).

Por otra parte, se declaró el principio de la separación de poderes, indicándose que:

> "*Artículo 25*. Con el importante objeto de que el Gobierno del Estado sea, en cuanto pueda ser, un Gobierno de leyes y no de hombres, el departamento Legislativo jamás ejercerá los poderes ejecutivo ni judicial; ni el Ejecutivo los poderes legislativo ni judicial; ni el Judicial los poderes legislativo ni ejecutivo; excepto algún caso particular expresado en la Constitución."

En el Título, además, se declaró el derecho de reunión sin armas ni tumulto (art. 26), el derecho de petición (art. 27), la libertad de imprenta y de expresión (art. 28), el derecho a "tener y llevar armas para la defensa propia y del Estado, con igual sujeción a la ley" (art. 30). Se declaró también que "como en tiempo de paz los ejércitos son peligrosos a la libertad pública, no deberán subsistir en el Estado sin consentimiento de la Legislatura" (art. 31), disponiéndose que "el poder militar se tendrá siempre exactamente subordinado a la autoridad civil, y será dirigido por ésta" (art. 32). En materia de derechos al debido proceso, se estableció la presunción de inocencia (art. 32) y el principio *nullum crime sine legge* (art. 33); finalizando el Título regulando varios derechos ciudadanos (art 34-37).

En cuanto a los derechos, debe también mencionarse que en el Título II, se reconocieron "los derechos naturales del hombre y del ciudadano" y se garantizó "a todos los ciudadanos los sagrados derechos de la religión del Estado, propiedad y libertad individual, y la de la imprenta"(art 12); precisándose sobre el último, que serían "los autores o editores los únicos responsables de sus producciones y no los impresores "(art 13); regulándose además, la edición de libros sagrados y sobre religión que quedaba "sujeta a la censura previa"(art. 14,II). Se granizó la inviolabilidad de la correspondencia (art. 15); y la libertad de industria (art. 16).

En el Titulo II, destinado a regular la forma de gobierno y sus bases, sobra la base de un régimen federalista, se declaró que

"*Artículo 2*: Habiendo consentido esta Provincia en unirse en un cuerpo federativo con las demás de la Nueva Granada que ya han adoptado o en adelante adoptaren el mismo sistema, ha cedido y remitido a la totalidad de su Gobierno general los derechos y facultades propios y privativos de un solo cuerpo de nación, reservando para sí su libertad política, independencia y soberanía en lo que no es de interés común y mira a su propio gobierno, economía y administración interior, y en todo lo que especial ni generalmente no ha cedido a la Unión en el tratado federal, consentido y sancionado por la Convención general del Estado."

En la Constitución, sin embargo, se previó que si se producía la "verdadera y absoluta libertad del Rey Fernando" el Gobierno General de la Nueva Granada sería el llamado a decidir lo pertinente (art. 3); declarándose que "entretanto, el Estado de Cartagena será gobernado bajo la forma de una República representativa" (art. 4). En la Constitución, además, se declaró "el acta de federación, consentida y ratificada por la Convención general del Estado, hace y se declara parte de esta Constitución" (art. 18). También se definió en el texto constitucional los límites del territorio de la provincia (art. 5), siendo esta la primera Constitución en Colombia en regular límite territorial.

Por otra parte, en la Constitución también se adoptó el principio de la separación de poderes conforme a estas normas:

"*Artículo 6°* Los poderes de la administración pública formarán tres departamentos separados y cada uno de ellos será confiado a un cuerpo particular de magistratura, a saber: el Poder Legislativo, a un cuerpo particular; el Ejecutivo, a otro segundo cuerpo, y el Judicial, a un tercero.

Ningún cuerpo o persona que pertenezca a uno de esos departamentos ejercerá la autoridad perteneciente a alguno de los otros dos, a menos que en algún caso se disponga lo contrario en la Constitución.

Artículo 7. Todo lo que se obrare en contravención al artículo que antecede será nulo, de ningún valor ni efecto, y el funcionario o funcionarios infractores serán castigados con la pena que asigne la ley a los perturbadores del orden y usurpadores de la autoridad.

Artículo 8. El Poder Legislativo reside en la Cámara de Representantes elegidos por el pueblo; el ejercicio del Poder Ejecutivo corresponde al Presidente Gobernador, asociado de dos consejeros; el Poder Judicial será ejercido por los tribunales del Estado.

Artículo 11. La reunión de los funcionarios de los tres poderes constituye la Convención general de poderes del Estado."

En el Título, igual que ocurrió en la Constitución de Cundinamarca, se estableció un "Senado conservador, compuesto de un presidente y cuatro senadores, cuyas atribuciones serán sostener la Constitución, reclamar sus infracciones, conocer de las acusaciones públicas contra los funcionarios de los tres poderes y juzgar en residencia a los que fueren sujetos a ella " (art. 9, 10); obligándose a los tres poderes a denunciar "al Senado conservador cualquiera transgresión que por alguno de los poderes o de sus funcionarios se hiciere o intentare hacer" de algún artículos de la Constitución (art. 17). Se declaró la fuerza y vigor de las leyes preconstitucionales," en cuanto no sean directa o indirectamente contrarias a esta Constitución" (art 19); y la obligación de los empleados públicos de prestar juramento de sostener la Constitución (art. 20).

El Titulo III se destinó a la Religión, reconociéndose la Religión Católica, Apostólica, Romana, como la única verdadera y la Religión del Estado" (art 10), no permitiéndose "otro culto público ni privado," pero garantizándose que (art. 3), pero ningún extranjero podía ser molestado por el mero motivo de su creencia (art 3). El Estado se comprometía a sostener la religión (art. 3), y a instruir a los diputados al Congreso de las Provincias Unidas de la Nueva Granada para la decisión a tomar respecto de concordatos (art. 4), regulándose sin embargo los límites de "las dos potestades, espiritual y temporal (art. 5), y de los tribunales eclesiásticos (art 6, 7).

El Título IV se destinó a regular a la Convención General de Poderes compuesta por el Presidente Gobernador del Estado, que era su Presidente nato, y los dos consejeros del Poder Ejecutivo; el presidente del Senado conservador, que era su vicepresidente, y los cuatro senadores, de los miembros del Poder Legislativo y los que ejercían el Poder Judicial en el Supremo Tribunal de Justicia (art. 1). Su convocatoria correspondía al Poder Ejecutivo (art. 2, 5), quedando entonces la fuerza armada sometida exclusivamente a la Misma (art. 3). La Convención, sin embargo, se debía abstener de "todo acto de jurisdicción" de manera que sus funciones eran protocolares (art. 4). Se regularon las condiciones para ser miembro de la Convención (art 5-9), y el régimen de sus deliberaciones (art. 9-13).

En el Título V se reguló Poder Ejecutivo a cargo de un Presidente Gobernador asociado de dos consejeros (art. 1), respecto de quienes se estableció el régimen de sus responsabilidades respectivas (art. 2-6), las condiciones de su elección y de elegibilidad (art. 26-29), y el régimen general de ejercicio de sus funciones (arts. 30-50). Se establecieron las competencias del Poder Ejecutivo respecto de las funciones relativas al Gobierno político, militar y económico del Estado (art. 7), quedando a su disposición la fuerza armada de mar y tierra, pero sin ejercer el "mando de las tropas mientras ejerciten el Poder Ejecutivo, sino que para ello nombrarán el Oficial u Oficiales de su satisfacción" (art. 11). Al Poder Ejecutivo también se le atribuyó la función de cuidar de la recaudación de los caudales públicos, su inversión y custodia (art. 15), con intervención del Cuerpo Legislativo (art. 16); la provisión de todos los empleos civiles, militares y económicos (art. 17); y la convocatoria al Cuerpo Legislativo en sesión extraordinaria (art. 20). En el Título se reguló, además, las potestades del Poder Ejecutivo para "indicar al Poder Legislativo las materias que en su concepto exigen resolución con fuerza de ley" (art. 22); y para tomar medidas extraordinarias en caso de conspiraciones (art. 24, pudiendo disponer la prisión o arresto, "pero dentro de cuarenta y ocho horas deberá poner al preso o arrestado a disposición del juez competente" (art. 25).

En el Titulo VI se destinó a regular el Poder Legislativo, el cual residía privativamente en la Cámara de Representantes, elegidos por el pueblo (art. 1), a razón de uno por cada 15.000 habitantes (art. 2), estableciéndose el régimen de su renovación (arts. 3,4), y el ejercicio de sus funciones. La Cámara estaba dividida en dos salas iguales, con objeto a la mejor discusión de materias y deliberación en la formación de las leyes (art. 5). Correspondía al Poder legislativo, en particular, el Tesoro público (art. 16), la facultad de asignar las contribuciones que el pueblo debe pagar (art. 17), y la asignación de sueldos de todos los empleos (art 19), así como diversas otras materias privativas (art. 21).

El Titulo VII se destinó especialmente a regular el procedimiento de formación de las leyes y de su sanción, regulándose la iniciativa legislativa (art. 1,2), y el régimen de las discusiones en las dos Salas (arts. 3-26), garantizándose la libertad de opinar de los representantes (art. 12). Las leyes, por otra parte, debían ser revisadas por Presidente Gobernador con los dos Consejeros de Estado y dos Ministros del Supremo Tribunal de Justicia, que constituían el Consejo de Revisión, con poder para objetarlas (art. 27) y devolverla (art. 29-32). La objeción para devolverla al Poder Legislativo también podía estar basada en motivos de inconstitucionalidad (art. 33).

En el Título VII sobre el Poder Judicial se definió en qué consiste el Poder Judicial como la autoridad de oír, juzgar y fenecer las diferencias, demandas y querellas que se susciten entre los ciudadanos, pronunciando la determinación de la ley, y en la de aplicar la pena que ella impone al delincuente," correspondiendo a los Tribunales su ejercicio (art. 1). El orden y graduación de los Tribunales del Estado se estableció en la forma siguiente: el Senado conservador, el Supremo Tribunal de Apelaciones, los Jueces de primera instancia con sus municipalidades, y últimamente los pedáneos con los pequeños consejos que debe haber en toda parroquia, por pequeña que sea (art. 2), destinándose un gran número de normas a regular detalladamente dichas instancias en las diversas sesiones del Título. Entre las disposiciones de mayor interés, se destacan, las relativas al Senado Conservador, con el objeto principal de "mantener en su vigor y fuerza la Constitución, los derechos del pueblo y del ciudadano" (art. 1, 23), correspondiéndole además, el juicio de residencia de los individuos de la Convención de poderes (art. 12), siendo juez privativo de los miembros de la misma (art. 14). Entre las disposiciones relativas a las municipalidades y jueces subalternos, aparte las relativas a las funciones judiciales, debe destacarse la previsión conforme a la cual se reguló algo en relación con la organización territorial, al disponerse que:

> "*Artículo 14*. Perteneciendo al Poder Legislativo la creación de ciudades y villas en el territorio del Estado, cuidará la Legislatura de erigir en villas aquellos lugares cabezas de partido que por su población, situación, progresos y riquezas merezcan esta representación, y cuya creación contribuya a la mejor organización del Estado, economía del Gobierno, orden, policía y adelantamiento de los pueblos."

Se destaca, por último, que en la sección IV del Título sobre el Poder Judicial, se regularon algunos derechos al debido proceso, entre ellos, el de la abolición total de la tortura, la prohibición de las penas crueles, de la confiscación general de bienes, las multas ruinosas (art. 2), y las infamantes (art. 5); la exigencia de la determinación de las penas por ley (art. 3); la garantía del *non bis in idem* (art. 6); la garantía de los civiles a no ser juzgados por jueces militares, y la garantía a ser detenido sólo por orden judicial (art. 7); la garantía de los detenidos a que no se confunda en la misma prisión a los acusados y los convictos (art. 8); las garantías respecto del sometimiento a prisión, en todo caso excluida de juicios civiles excepto en casos de sospecha de fuga (art. 10); la garantía del detenido de comparecer ante el juez e un lapso de 48 horas (art. 12); la inviolabilidad de la habitación de todo ciudadano salvo allanamiento por orden judicial en caso de auxilio, como en un incendio u otra calamidad, o por reclamación que provenga de la misma casa, o cuando lo exija algún motivo urgente y de estado, expreso en mandato judicial, formal y por escrito, con precisa limitación al objeto y fin que motiva la entrada o allanamiento (art. 14); la garantía contra registros y embargos arbitrarios (art 15); la garantía de que se administre justicia sólo en la sede del tribunal (art. 16); la garantía a ser oído (art. 18) y a no declarar contra si mismo (art. 19); la garantía de control de la prueba (art. 20); la garantía a disponer de defensor (art. 21); el derecho a formular alegatos (art. 22); el derecho a recusar a los jueces (art. 23); y el derecho a la libertad en caso de absolución (art. 27).

El Titulo IX fue dedicado a regular las Elecciones, declarándose el derecho de todo ciudadano al sufragio (art. 1), siempre que se tratase de "hombre libre, vecino, padre o cabeza de familia, o que tenga casa poblada y viva de sus rentas o trabajo, sin dependencia de otro" (art. 2) residente del departamento o del Estado, según los casos (art. 4). El régimen electoral fue establecido en forma indirecta, de manera que "las parroquias darán su poder a los departamentos capitulares, para que éstos lo den al Colegio Electoral" (art. 3), estableciéndose en la Constitución, al detalle, el procedimiento para la elección de los apoderados de las parroquias, a razón de uno por cada quinientos habitantes (arts. 5-7), y luego, por estos apoderados parroquiales reunidos en la cabeza del departamento, la elección de los apoderados del departamento para el Colegio Electoral, en razón de uno por cada cinco mil habitantes de todo su distrito (art. 8), y además la elección de los regidores (art. 9). Los apoderados departamentales para el Colegio Electoral luego debían elegir a los funcionarios en este orden: "la del Representante de la Provincia para el Congreso general, (a raiz de uno por cada 15.000 habitantes); la del Presidente de la Convención de Poderes, Gobernador del Estado; la del Vicepresidente de la Convención, Presidente del Senado Conservador; la de los consejeros, senadores, miembros de la Legislatura; y la de los Ministros del Supremo Tribunal de Justicia en sus casos" (art. 14-15). Se dispuso también, que "antes de disolverse el Colegio Electoral se reunirán los electores del Departamento de Cartagena para nombrar los regidores que anualmente deben renovarse en su ayuntamiento" (art. 17). El voto se dispuso que sería público y la pluralidad absoluta, esto es, "un voto más de la mitad de todos se necesita y basta para que haya y se entienda legítima elección" (art. 20).

El Titulo X se destinó a regular a la Fuerza Armada, que tenía por objeto "defender al Estado de todo el que ataque o amenace su existencia, independencia o tranquilidad" considerándose que por ser ello de interés general, "todo ciudadano es soldado nato de la patria mientras puede serlo" debiendo en caso de peligro "dejarlo todo para volar a su defensa" (art. 1). Se reguló, además, la existencia en la provincia "para los comunes de todo tiempo, el orden y seguridad interior," de un número de tropas veteranas y de milicias para su esfuerzo (art. 3). En todo caso, se precisó que la profesión militar debía ser obediente, sin "derecho de deliberar para obedecer" (art. 6). Se garantizó que en tiempo de paz en ninguna casa podía acuartelarse tropa sin consentimiento de su dueño, aún cuando "en el de guerra, la autoridad civil destinará cuarteles en el modo y forma que lo ordene la Legislatura" (art. 10).

El Titulo XI, reguló lo relativo al Tesoro Público, comenzando con la obligación de todo ciudadano "a contribuir para la formación del Tesoro público destinado a los gastos del Estado" (art. 1), correspondiendo a la Legislatura asignar las contribuciones (art. 2-4), designar a los funcionarios el Tesoro (art. 5), y vigilar e inquirir sobre la conducta de todos los que cobran, manejan o tienen a su cargo rentas o caudales públicos (art. 7).

En el Titulo XII se reguló la instrucción pública, destacándose la importancia de "la difusión de las luces y de los conocimientos útiles por todas las clases del Estado" como uno de los primeros elementos de su consistencia y felicidad, siendo inseparables de la ilustración pública "el conocimiento y aprecio de los derechos del hombre, y el odio consiguiente de la opresión y de la tiranía"; y además, siendo dicha ilustración "la que perfecciona el gobierno y la legislación" y "el fiscal más temible de los depositarios de la autoridad" (art. 1). Se dispuso la ejecución de las disposiciones dadas por la antigua Junta para el establecimiento de escuelas de primeras letras en todo los poblados (art. 2), el estímulo al funcionamiento de la "Sociedad patriótica de amigos del país" (art. 3), la subsistencia de la escuela militar y náutica fundadas por el consulado de Cartagena (art. 5), y la protección del Gobierno al Seminario de la capital (art. 6). En fin, se declaró el derecho de cualquier ciudadano de abrir escuela de enseñanza pública, con permiso del Gobierno (art. 8); y se prohibió severamente, a los jóvenes sacrificar la instrucción por el ocio, la corrupción "y el aprendizaje de los vicios por la práctica de vagar por calles y plazas de la mañana a la noche" (art. 9).

El Título III se destinó a regular Disposiciones Varias, entre ellas, la prohibición de "toda importación de esclavos en el Estado como objeto de comercio" (art. 2), disponiéndose, sin embargo, que "ninguna autoridad podrá emancipar esclavos sin consentimiento de sus amos o sin compensarles su valor" (art. 3); y regulándose un régimen de protección y defensa de los esclavos (arts. 4-6). También se dispuso de un régimen de atención a los "hombres destituidos, los verdaderos pobres cuya existencia depende de la compasión de sus conciudadanos" (art. 7). Se permitió el ingreso de extranjeros en la provincia que profesen algún género de industria útil al país (art. 9), se prohibió la formación de corporaciones o asociaciones de cualquier género sin noticia y autorización del Gobierno (art. 10), se prohibió a éstas, formular colectivamente solicitudes (art. 11), garantizándose sin embargo el derecho de petición de los ciudadanos (art. 12). Se precisó que los actos emanados de autoridades reunidas en Juntas no autorizadas en la Constitución serían nulos (art. 13), y que "la reunión de gentes, ya sean armadas o sin armas, si con tumulto o desorden amenazan a la seguridad pública, será dispensada primero por una orden verbal, y no bastando, por la fuerza" (art. 14).

En esta Constitución del Estado de Cartagena se incluyó un Titulo XIV sobre Revisión de la Constitución y suspensión de su imperio, disponiéndose que el acto de revisar la Constitución correspondía al Colegio Electoral (art. 1), pero que la revisión nunca tendría lugar "respecto de sus bases primarias" (art. 2), ni antes del 18 de diciembre de 1814 (art. 3). Cualquier revisión extraordinaria fue sometida a un detallado procedimiento con participación de los poderes del Estado (arts. 4-10). También se reguló en la Constitución la facultad excepcional de suspender por tiempo limitado (art. 14) imperio de la Constitución o de alguno de sus artículos "en un caso urgentísimo en que peligre la seguridad y quietud del Estado, bien sea por conspiraciones interiores o por peligros de ataques externos" (art. 11) para ello el Poder Ejecutivo debía someter el asunto a Legislatura, la cual debía decidir sujeta a la revisión del Senado (art. 12). Se declaró, sin embargo, que "será traición, tratada y castigada como tal, el proponer que se suspenda a la vez toda la Constitución" (art. 15).

Por último, en el Titulo XV se reguló lo relativo a la representación del Estado en el Congreso de la Nueva Granada, asignándose al Colegio Electoral la elección de dichos representantes (art. 1) y asignación de instrucciones (art. 5), cuyos poderes, sin embargo, podían ser libremente revocados por la Legislatura (art. 3).

VI. ALGO SOBRE EL MUNICIPALISMO Y LAS PRIMERAS CONSTITUCIONES PROVINCIALES HISPANOAMERICANAS

La independencia de América Hispana comenzó en 1810, mediante declaraciones adoptadas por los Cabildos Metropolitanos de las Provincias, en las cuales los mismos se transformaron en Juntas Supremas de gobierno provincial; y las primeras Constituciones que se sancionaron, que fueron las Constituciones provinciales, fueron adoptadas por los antiguos Cabildos transformados en Colegios Electorales o Legislaturas provinciales.

Por tanto, en el origen de la independencia y del proceso constituyente hispanoamericano, los antiguos Cabildos, como autoridad municipal, tanto en las antiguas provincias de la Capitanía General de Venezuela como del antiguo Virreinato de Nueva Granada, jugaron un papel fundamental, y a la vez, sufrieron una transformación importante.

1. *Algo sobre el derecho indiano y el régimen municipal hispanoamericano*

Debe recordarse que en materia municipal, como en todo el orden jurídico y político del Estado, las instituciones españolas medioevales, particularmente las del Reino de Castilla que fueron las aplicables, no fueron trasladadas tal cual funcionaban en la Península, al Continente americano. Todas sufrieron de un proceso de adaptación que fue configurando el derecho indiano (el derecho español para las Indias), mediante aproximaciones sucesivas a través de las Instrucciones que se fueron dando a los Adelantados y Gobernadores con motivo de cada empresa de descubrimiento y población, y luego por reales Cédulas y Órdenes.

La primera manifestación global de este proceso particularmente en materia de poblamiento y organización de las ciudades, fueron las

Ordenanzas de Descubrimiento y Población dadas por Felipe II en el Bosque de Segovia, el 13 de julio de 1573, donde se establecieron con precisión las reglas e instrucciones relativas al "orden que se ha de tener en descubrir y poblar," incluso en relación con la organización política de ciudades, villas y lugares. El contenido de dichas Ordenanzas, luego fue incorporado al texto de la *Recopilación de las Leyes de los Reynos de las Indias* (Libro IV, Títulos I-VII), mandada a imprimir y publicar por el Rey Carlos II en 1680, que rigió hasta después de la Independencia de los países americanos.[100]

En dichas Ordenanzas se dispuso, en cuanto a la organización política de las ciudades, que una vez fijados los lugares en que se habrían de fundar, el gobernador de la provincia que confinare con dicho territorio, era el que debía ocuparse de extender los títulos de ciudad, villa o lugar, según el caso; y además, debía designar el consejo, y los oficiales. En caso de tratarse de ciudad metropolitana, la ciudad debía de contar con un juez que ostentaría el nombre y título de adelantado, gobernador, alcalde mayor, corregidor o alcalde ordinario, con jurisdicción *in solidum*. Además, junto con el regimiento debían compartir la administración, tres oficiales de la hacienda real; doce regidores; dos fieles ejecutores; dos jurados de cada parroquia; un procurador general; un mayordomo; un escribano de consejo; dos escribanos públicos; uno de minas y registros; un pregonero mayor; un corregidor de lonja y dos porteros. Si en vez de ciudad metropolitana, se tratase de ciudad sufragánea o diocesana, entonces el gobierno se debía componer de ocho regidores y los demás oficiales perpetuos. En caso de tratarse de villa o lugar, la administración debía quedar a cargo de un alcalde ordinario; cuatro regidores; un alguacil; un escribano de consejo y público, y un mayordomo. (Art. 43).

En toda esa organización, las figuras claves eran los vecinos y el Consejo o cabildo que era la instancia que detentaba el poder. Los vecinos era el poblador que debía inscribirse siempre en el libro correspondiente que existía en todos los concejos o ayuntamientos, y que le

---

100 Véase sobre el contenido y significado de las Ordenanzas lo que hemos expuesto en Allan R. Brewer-Carías, *La Ciudad Ordenada (Estudio sobre "el orden que se ha de tener en descubrir y poblar" o sobre el trazado regular de la ciudad hispanoamericana) (Una historia del poblamiento de la América colonial a través de la fundación ordenada de ciudades)*, Editorial Criteria, Caracas 2006; Segunda Edición, Editorial Thomson-Aranzadi, Madrid 2008

permitía ejercer los derechos vecinales, como elegir o ejercer cargo público municipal, y poder participar en los cabildos. Estos, por su parte, eran las instancias a través de las cuales el Gobernador llevaba la administración y gobierno de la provincia, además de la impartición de justicia. En esta organización municipal, en efecto, los Alcaldes ordinarios ejercían funciones judiciales, en primera instancia en cuanto a la jurisdicción ordinaria, tanto civil como criminal. Los Regidores, por su lado, eran más bien funcionarios administrativos, con atribuciones en materia de policía, al igual que los Alguaciles Mayores, que tenían las atribuciones de orden público.[101]

Para cuando se publicó la *Recopilación de las Leyes de los Reynos de Indias* en 1680, la estructura territorial para la ordenación política en América, se resumió en la siguiente forma:

> "Para mejor, y más fácil gobierno de las Indias Occidentales, están divididos aquellos Reynos y Señoríos en *Provincias* mayores y menores, señalando las mayores, que incluyan otras muchas por distritos a nuestras Audiencias Reales: proveyendo en las menores Gobernaciones particulares, que por estar más distantes de las Audiencias, las rijan y gobiernen en paz y justicia: y en otras partes, donde por la calidad de la tierra, y disposición de los lugares no ha parecido necesario, ni conveniente hacer Cabeza de Provincia, ni proveer en ella Gobernador, se han puesto Corregidores y Alcaldes mayores para el gobierno de las Ciudades y sus Partidos, y lo mismo se ha observado respecto de los pueblos principales de Indios, que son Cabeceras de otros".

La *Recopilación* consideraba, además, que "la distinción de los términos y territorios de las Provincias", era "uno de los medios con que más se facilita el buen gobierno". En esta forma, la organización política del Imperio español en el territorio americano que recogía la *Recopilación de leyes* en 1680, y que se había ido conformando durante casi dos siglos, estaba montada sobre una unidad territorial básica, que fue la *Provincia,* que era la circunscripción territorial donde ejercía su autoridad un Gobernador. Este ejercía el poder militar, por lo que lo era Capitán General y, además, tenía a su cargo las funciones administrativas, de gobierno y de administración de justicia.

---

101 Véase Enrique Orduña, *Municipios y Provincias*, Instituto Nacional de Administración Pública, Madrid 2003, Capítulo 7 (El Municipio en América), pp. 199 ss.

Conforme el proceso de colonización fue avanzando, las Provincias se fueron clasificando según su importancia político-territorial, en dos categorías: las Provincias mayores, que eran aquellas en cuyos territorios se encontraban las sedes de las Audiencias, institución que presidía el respectivo Gobernador; las Provincias menores, las cuales se encontraban más alejadas de la sede de aquellas, pero cuyo gobierno también estaba a cargo de sus respectivos Gobernadores. Además, en otros casos, se establecieron Corregimientos y Alcaldías Mayores en territorios o ciudades, respectivamente, que también se encontraban alejados de las Provincias mayores, pero en los cuales no se consideraba necesario establecer una cabeza de Provincia ni un gobernador, sino un corregidor, generalmente para continuar la avanzada.

El Gobernador y Capitán General o el Gobernador, según el caso, tenía su sede en la ciudad cabeza de Provincia, la cual generalmente le daba el nombre a ésta, y que como núcleo urbano siempre jugó un papel protagónico. Las autoridades de las ciudades eran los Alcaldes (Alcaldes Mayores u Ordinario según la importancia de la villa, metropolitana o no) y los Regidores que se reunían en Ayuntamiento o Concejo, presidido por el Gobernador de Provincia y bajo su autoridad. En los casos de ciudades en las cuales por la disposición de los lugares o la calidad de la tierra, no resultaba conveniente establecer una Provincia, y en los casos de pueblos de indios, la autoridad sobre éstas se atribuía a un Corregidor o Alcalde Mayor.

En este esquema territorial, las Municipalidades se organizaron en torno a los Cabildo o Ayuntamiento que progresivamente se organizaron en las ciudades cabeza de Provincia, presididos por el Gobernador, los cuales por la lejanía adquirieron progresivamente un importante grado de autonomía, llegando incluso progresivamente a asumir el gobierno interino de las provincias ante la falta de los Gobernadores, con poder para designar a los gobernadores en forma interina. Ese privilegio, por ejemplo, lo reclamaron los cabildantes en Santa Ana de Coro, la primera ciudad fundada en la Provincia de Venezuela en 1528 a la muerte del Gobernador Ambrosio Alfinger en 1533, y fue ejercida sucesivamente por los Cabildos provinciales durante todo el período colonial, confirmada por Real Cédula 1560 y luego por otra Real Cédula de 1676.[102] Los Cabildos eran, además, sede de una importante

---

102 El privilegio sólo lo perdieron los Cabildos a partir de 1737. Véase Joaquín Gabaldón Márquez, *El Municipio, ..., cit.*, pp. 73-110; 125-169

fase del sistema judicial, al corresponder a los Alcaldes la administración de la justicia en el ámbito local. No es de extrañar, entonces, porqué fueron los Cabildos coloniales los que hicieron la Independencia.

2. *El régimen municipal al momento de la independencia*

De manera que al momento en el cual se inicia el proceso constituyente en Hispanoamérica, el Municipio es una de las instituciones de gobierno y justicia con mayor arraigo, al punto de que, como se ha dicho, quien inicia la Revolución de Caracas fue el Ayuntamiento Capitalino que presidía el Gobernador y Capitán General, tal como lo hicieron posteriormente los Cabildos en el resto de las provincias de la antigua Capitanía General de la Venezuela y de la Nueva Granada.

Se trataba, en todo caso, de unos Cabildos o Ayuntamientos con ámbitos territoriales enormes, en muchos casos coincidentes con el de las mismas Provincias, por lo que la autonomía de la que gozaban en la Colonia, rápidamente pasó a ser una autonomía básicamente de las Provincias, lo que explica la adopción rápida del modelo federal, pero no por simple copia de la Constitución norteamericana, sino porque era el modelo que más se adaptaba a la realidad que provenía de la Colonia.[103]

Por ello, el Municipio colonial comenzó a ser cambiado, precisamente con motivo de la independencia, habiendo contribuido a ello las influencias recibidas de las reformas que ya se habían desarrollado tanto en Norteamérica como en Francia, con motivo de las Revoluciones. Las antiguas Provincias-Municipalidades, sus Gobernadores y Cabildos comenzaron a configurarse como parte de las nuevas autoridades provinciales, con sus Gobernadores y Legislaturas provinciales, con elementos del federalismo, ubicados en los mismos amplios ámbitos territoriales superiores de las provincias; y a la vez se comenzó en paralelo, en un proceso de aproximaciones sucesivas, a diseñar una organización territorial propia, de menor ámbito territorial para las ciudades, de orden administrativo, de la cual se fueron eliminando las antiguas funciones judiciales que pasaron a un Poder judicial indepen-

---

103 Véase Manuel Rachadell, "Influencia hispánica en la adopción del federalismo en Venezuela," en *Revista de Derecho Público*, No. 121, Editorial Jurídica venezolana, caracas 2010, pp. 7 ss.; José Luis Villegas Moreno, *Doscientos Años de Municipalismo*, Universidad Católica del Táchira, FUNEDA, Caracas 2010., pp.28. ss.

diente. Los Alcaldes, así, pasaron de ser jueces a ser administradores de las ciudades con poderes de policía. En ese proceso, al inicio del proceso de independencia en las Provincias de Venezuela, en 1811, fue evidente la influencia francesa de la reforma municipal recién implementada por la Revolución, antes de que repercutiera también, luego, a partir de en 1812 en España.

En efecto, como es sabido, el régimen político del Antiguo Régimen en Francia y, en general en Europa, era altamente centralizado, en el cual no había efectivos poderes locales, salvo los que fueran establecidos por fueros o privilegios territoriales. Los Intendentes eran la fuente única de poder en las Provincias de Francia, y las autoridades locales que podía haber, eran delegados del Intendente, sometidos a su control. No existía, por tanto, un poder municipal ni nada que se le pareciera.

En la Francia anterior a la Revolución, hubo intentos de transformar el régimen municipal, pero sin mayores resultados. Primero, en 1775, había sido el Ministro Turgot, con motivo de las propuestas de reforma impositiva, el que había planteado la posibilidad de establecer Municipalidades en el territorio, pero sin lograrlo. Luego, a iniciativa de otros Ministros de Luis XVI, antes de 1787 se crearon las asambleas provinciales junto a los Intendentes, y además, en cada pueblo, se crearon cuerpos municipales electivos destinados a sustituir a las antiguas asambleas parroquiales, y en la mayoría de los casos, al síndico. Contrario a las costumbres que existían, todos los poderes que se pretendieron crear fueron colectivos, y el intendente fue disminuido en su poder. Todo ello condujo a la parálisis de la administración, y, como lo apuntó *de Tocqueville*, "Las asambleas, queriendo mejorarlo todo, acabaron por enredarlo todo", produciéndose entonces "una de las mayores perturbaciones que haya registrado jamás la historia de un gran pueblo", en la cual "Cada francés había experimentado una confusión particular. Nadie sabía ya ni a quien obedecer, ni a quién dirigirse;"[104] y terminaba señalando *de Tocqueville*, que "Perdido el equilibrio de las partes que componían la Nación, un último golpe bastó para hacerla oscilar y producir el más vasto trastorno y la más espantosa confusión que hayan tenido lugar jamás."[105]

---

104 Alexis de Tocqueville, *El Antiguo Régimen y la Revolución*, Alianza Editorial, Tomo II, Madrid 1982, p. 197
105 *Idem*, Tomo II, p. 197

La Revolución quiso poner fin a esta situación, y en el mismo año de 1789, la Asamblea Nacional Constituyente definió un nuevo orden municipal uniforme, fragmentado, generalizado y de carácter electivo; el cual en definitiva, si bien complicó aún más la situación de la Administración, puso las bases para el régimen municipal del constitucionalismo moderno. La reforma comenzó el 4 de agosto de 1789, con un Decreto que declaró irrevocablemente abolidos "todos los privilegios particulares de provincias, principados, cantones, ciudades y comunidades de habitantes, sean pecuniarios o de cualquier otra naturaleza,"[106] eliminándose así los antiguos reinos y las antiguas e históricas circunscripciones territoriales. A ello le siguieron, los Decretos de 14 y 22 de diciembre del mismo año 1789, mediante los cuales se estableció una uniformización territorial general que antes no existía, al dividir el país en Departamentos, éstos en Distritos, los Distritos en Cantones y éstos en Comunas, que fueron las municipalidades, creándose así el Poder Municipal. A tal fin, el primer Decreto dispuso la supresión y abolición que "las Municipalidades existentes en cada villa, burgo, parroquia o comunidad," con las denominaciones que tuvieren, y se agregó que serían sustituidas por "colectividades locales del reino" tanto en las ciudades como en el campo, con la misma naturaleza y situadas en el mismo plano constitucional, con el nombre común de municipalidad, que tendían en su cabeza al alcalde. En el segundo Decreto se dividió el territorio francés de manera uniforme en departamentos, distritos y cantones, suprimiéndose los intendentes, y además se dispuso que "en cada villa, burgo, parroquia y comunidad del campo habrá una municipalidad."[107] Este principio se consagró luego, expresamente, en la Constitución de 1791, al regular en su título 'La división del Reino", que: "El Reino es uno e indivisible: su territorio se distribuye en 83 Departamentos, cada Departamento en Distritos, cada Distrito en Cantones." Fue esa creación de Municipios uniformes en todo el territorio de Francia, por tanto, lo que condujo a la sustitución definitiva de las cartas, fueros y privilegios locales, siendo las instituciones locales entonces, las mismas para todas las partes del territorio y para todos los ciudadanos.

---

106   Luciano Vandelli, *El Poder Local. Su origen en la Francia revolucionaria y su futuro en la Europa de las regiones*, Ministerio para las Administraciones Públicas, Madrid 1992, p. 28, nota 10.

107   Albert Soboul, *La révolution française*, Gallimard, París 1981, pp. 198 y ss.

De ello resultó que en 1791 en la Francia revolucionaria había 43.915 municipios, que comenzaron a llamarse comunas. Estas entidades municipales, además de las funciones propias de la Administración general que les podían ser delegadas, ejercían el "poder municipal", concepto que venía de los escritos de Benjamín Constant y de las propuestas de reforma del ministro *Turgot* (1775),[108] y que luego se arraigaría en el constitucionalismo iberoamericano, de manera que por ejemplo, aparece en Venezuela, a partir de la Constitución de 1857 (artículos 6 y 85).

Con esta división territorial, como lo percibió Edmund Burke en tiempos de la Revolución: "Es la primera vez que se ve a los hombres hacer pedazos su patria de una manera tan bárbara"; pero *de Tocqueville* acotaría años después, que en realidad, si bien "Parecía, en efecto que se desagarraban cuerpos vivos ... lo único que se hacía era despedazar cuerpos muertos."[109] Sin embargo, lo cierto es que el sistema produjo la disolución del Estado al haber estallado Francia en cuarenta mil pedazos, cada uno con una especie de república soberana y anárquica que no tenían nexo alguno con el poder central en construcción.

Por ello, esta reforma sólo duró cinco años, porque al tratar la Revolución de desmontar un sistema tan centralizado como el de la Monarquía Absoluta, en un sistema de división territorial donde se crearon más de 40.000 comunas o municipios, con poderes locales propios, lo que hizo fue desquiciar el Estado, por lo que fue la propia Asamblea la que tuvo, luego, que retroceder en la creación del Poder Municipal.

De tal anarquía vinieron las reformas para tratar de controlar la acción municipal desde el poder central, como por ejemplo, al atribuírsele en la Constitución de 1791 poderes anulatorios al Rey, respecto de los actos municipales; al crearse en la Ley del 14 de frimario del año II (4 de diciembre de 1793) unos agentes nacionales directamente conectados al centro (Paris) para ejercer la vigilancia sobre los municipios; y además, al pretender reducir el número de comunas en la Constitución del año III (5 fructuoso, 22 de agosto de 1795), reagrupándoselas en entidades locales, y estableciendo la subordinación de las comunas a las Administraciones departamentales, y estas a los Ministros.

---

108 Eduardo García de Enterría, *Revolución Francesa y Administración contemporánea*, Taurus Ediciones, Madrid 1981, pp. 72, 76, 135.

109 Alexis de Tocqueville, *El Antiguo Régimen...* cit. Tomo I, p. 107.

Pero el torbellino revolucionario que no había cesado, comenzó a producir su propia transformación con el golpe de Estado del 18 de brumario del año VIII (9 de noviembre de 1799), a raíz del cual Napoleón reimplantará la centralización que se había establecido en el Antiguo Régimen y que había quedado destrozada con la Revolución. Se estableció, así, un esquema de control centralizado sobre las más de 40.000 comunas que fueron restablecidas, creándose un sistema escalonado y jerarquizado de control sobre las mismas, donde serían esenciales las figuras del prefecto y subprefecto dependientes del poder central y controlando a los alcaldes, establecidos en la Ley de 28 pluvioso del año VIII (17 de febrero de 1800). [110]

La centralización administrativa por el establecimiento de esa rígida cadena institucional que unía: Ministro, Prefecto, Subprefecto y Alcalde, y que dio origen al llamado control de tutela, sin duda, fue uno de los aportes más importantes a la Administración municipal y local, y a la propia construcción del Estado centralizado. Como lo diría el Presidente François Mitterand, casi doscientos años después, al proponer la reforma descentralizadora de 1981: "Francia tuvo que acudir a un poder fuerte y centralizado para hacerse. Hoy necesita un poder descentralizado para no deshacerse."[111] Esta, entre tantas, fue precisamente una de las motivaciones de la sanción de la conocida Ley francesa de Libertad de las Comunas de 1982. [112]

Tres principios configuraron el régimen municipal napoleónico: primero, el principio de la creación de un municipio por cada colectividad local –incluso de dimensiones mínimas– abarcando desde el pequeño pueblo rural hasta el gran centro urbano; segundo, el principio de la uniformidad e igualdad formal del régimen de los municipios a pesar de la diversidad territorial, geográfica y demográfica de los mismos a lo largo y ancho de los territorios estatales; y tercero, las reglas

---

110 Véase Luciano Vandelli, *El Poder Local..., cit.,* pp. 29 y ss.; Eduardo García de Enterría, *Revolución Francesa ..., cit.,* pp. 107 y ss.; Sandra Morelli, *La Revolución Francesa y la Administración Territorial en Colombia, Perspectivas comparadas,* Universidad Externado de Colombia, 1991, pp. 31 y ss.

111 Citado por Jaime Castro, *La cuestión territorial*, Editorial Oveja Negra, Bogotá 2003, p. 26.

112 Sobre la aplicación de la Ley del 2 de marzo de 1982, véase en general, André Terrazzoni, *La décentralisation a l'épreive des faits*, LGDJ, Paris 1987

generales de funcionamiento de la tutela, como instrumento de control sobre las entidades locales. Todo ello configuró un modelo de régimen municipal, sin duda que se extendió por toda Europa.[113]

Hacia América, sin embargo, con la excepción del proceso inicial en la provincia de Caracas en 1812, sólo hicieron la travesía del Atlántico a comienzos del siglo XIX algunos aspectos del régimen de municipalización uniforme, pero ni el primero ni el último de los principios, es decir, el de la generalización de colectividades locales en el territorio y el del control de tutela, llegaron a nuestras costas; y al contrario, desde el inicio del Siglo XIX, el municipio si bien se arraigó en las ciudades capitales, se siguió ubicando en niveles territoriales muy alejados de los pueblos, implantándose además el principio de la autonomía municipal, inexistente en el modelo europeo napoleónico.

En cuanto al primer aspecto que es el de la creación de un municipio por cada colectividad local que existiera en un territorio, con la consecuente fragmentación territorial, puede decirse, sin embargo, que el mismo efectivamente dejó su impronta en toda Europa, cuyos países se comenzaron a identificar después de los tiempos de la revolución, por haber tenido y tener muchos municipios.[114] En España, la influencia de los postulados de la Revolución francesa en este aspecto también fue decisiva, por lo que la Constitución de Cádiz de 1812, dispuso en su artículo 310 que:

"Se pondrá Ayuntamiento en los pueblos que no lo tengan, y en que convenga le haya, no pudiendo dejar de haberle en los que por sí o con su comarca lleguen a mil almas, y también se les señalará término correspondiente."

Los Ayuntamientos, sin embargo, debían desempeñar sus encargos bajo la inspección de las diputaciones provinciales (Art. 323).[115] El

---

113 Luciano Vandelli, *El Poder Local...*, cit., pp. 153 y ss.

114 En tiempos actuales, por ejemplo, hace pocos años todavía existían 2.539 Municipios en Bélgica, que en décadas pasadas han sido reducidos a 589 municipios; en Alemania Occidental existen 16.121 Municipios; en Italia hay 8.104 municipios y en Suiza hay 3.000 cantones. Véase Luciano Vandelli, *El Poder Local....*, cit., pp. 179; Allan R. Brewer-Carías, *Reflexiones sobre el constitucionalismo en América*, Editorial Jurídica Venezolana, Caracas 2001, pp. 139 y ss.

115 Ello explica que en los años cincuenta todavía España tenía 9.245 Municipios. Actualmente tiene 8.056 municipios. Véase Cirilo Martín Re-

Municipio que derivó de la influencia francesa, sustituyó así lo que quedaba del municipio de arraigo medieval, con sus fueros, privilegios y cartas-pueblas, en muchos casos con raíces en el proceso de la Reconquista.[116] Esos fueron, a pesar de su progresivo control por la Corona a partir del Siglo XVI, por su arraigo en las ciudades, los que condujeron la guerra de Independencia contra la invasión napoleónica. El precio que pagaron por ello, en todo caso, en nombre de la igualdad, fue su uniformización y su multiplicación territorial.

Este principio de la fragmentación municipal, como se dijo, penetró excepcionalmente en América latina en 1812, en la Constitución de la provincia de caracas, que se analiza más adelante

En cuanto al segundo aspecto, el del control de tutela, en América Latina no se implantó, adoptándose sin embargo el principio de autonomía, atenuado por la designación de un funcionario con funciones ejecutivas municipales, por los niveles superiores de gobierno, como fueron los llamados Corregidores.

3. *La trasformación del régimen municipal después de la independencia y las primeras manifestaciones constitucionales americanas*

El Hispanoamérica, el municipio colonial, como se dijo, también fue el factor fundamental del proceso de Independencia frente a España, de manera que sin lugar a dudas se puede afirmar que también, a comienzos del siglo XIX, la Independencia americana la hicieron los Cabildos de las Provincias, por lo que con razón se ha dicho que el Municipio, "fue la raíz de la República."[117]

Pero ese Municipio también fue transformado con el republicanismo constitucional, en forma paralela a la transformación que se estaba operando en la Península, al punto de que, por ejemplo, como hemos indicado, en la Constitución provincial "para el gobierno y administración de la Provincia de Caracas" de enero de 1812, se estableció la división del territorio de la Provincia, uniformemente, en Depar-

---

tortillo, *El Municipio Rural*, Bosch, casa Editorial, Barcelona 1950, p. 139.

116 Véase Enrique Orduña Rebollo, *Historia del Municipalismo Español*, Iustel, Madrid 2005, pp. 131 ss.

117 Véase Joaquín Gabaldón Márquez, *El Municipio, raíz de la República*, Academia Nacional de la Historia, Caracas 1977.

tamentos, Cantones y Distritos, debiendo tener estos últimos un territorio con aproximadamente 10.000 habitantes.[118]

Específicamente, en esta Constitución provincial, en el Capítulo Cuarto destinado a regular a las "Municipalidades," – lo que comentamos detalladamente más adelante – se estableció el carácter electivo en cada parroquia de los miembros y de los agentes municipales (art. 24, 59, 65, 67); siendo variable el número de los miembros de las Municipalidades: 24 en la Municipalidad de Caracas, dividida en dos cámaras de 12 cada una (art. 90); 16 miembros en las Municipalidades de Barquisimeto, San Carlos, La Victoria y San Sebastián (art. 92); y luego de 12, 8 y 6 miembros según la importancia y jerarquía de las ciudades (arts. 91 a 102).

Correspondía a las Municipalidades capitales de Distrito llevar el Registro Civil (art. 70) y se les atribuían todas las competencias propias de vida local en una enumeración que cualquier régimen municipal contemporáneo envidiaría (art. 76). La Municipalidad gozaba "de una autoridad puramente legislativa" (art. 77), y elegía los Alcaldes (art. 69) que seguían siendo las autoridades para la administración de justicia, y proponían al Poder Ejecutivo los empleos de Corregidores (arts. 69 y 217) que eran los órganos ejecutivos municipales. En ellas tenían asiento, voz y voto, los agentes municipales que debían ser electos en cada parroquia (arts. 65 y 103).[119]

Por su parte, en la Constitución Fundamental de la República de Barcelona Colombiana de 12 de enero de 1812, también se destinó un Título Undécimo a regular a las "Municipalidades," indicándose que debía haber habrá "un cuerpo municipal compuesto de dos corregidores de primera y segunda nominación y seis regidores" en cada una de las cuatro ciudades "actualmente existentes en el territorio de la República" que eran Barcelona, Aragua, Pao y San Diego de Cabrutica, así como "en todas las demás ciudades y villas que en adelante se erigieren." De acuerdo con esa Constitución de Barcelona Colombiana, según la votación que se obtuviese en su elección, el Regidor que hubiere obtenido mayor número de votos era considerado como Algua-

---

118 Allan R. Brewer-Carías, "La formación del Estado venezolano," en *Revista Paramillo*, N° 14, Universidad Católica del Táchira, San Cristóbal 1996, pp. 290 y ss.

119 Véase el texto de la Constitución provincial de la Provincia de Caracas, en *Las Constituciones Provinciales, cit.,* pp. 77 ss.

cil Mayor, el que más se le acercaba, como Fiel Ejecutor y el que menos votos obtuviera se consideraba el Síndico General. Correspondía a la Municipalidad, conforme a la Constitución, el Registro Civil y la Policía. Debe mencionarse, además, que la institución municipal fue objeto de regulación extensa en el Plan de Gobierno de la provincia de Barinas de 28 de marzo de 1811, donde se regló al Cabildo, sus funcionarios y competencias (arts. 4-9). En la Constitución de la provincia de Trujillo de 2 de septiembre de 1811, se reguló el gobierno de la provincia residiendo en dos cuerpos: "el Cuerpo Superior del Gobierno y el Municipal o de cabildo" (Título Tercero, cap. 2), éste último denominado Cuerpo Municipal, compuesto por 5 Alcaldes ordinarios; 2 Magistrado denominados Juez de Policía y Juez de Vigilancia Pública y un Síndico personero (Título Quinto, cap. 1º). Igualmente, en la Constitución de la provincia de Mérida de 31 de julio de 1811 se regularon los Cabildos, con funciones de policía y judiciales a cargo de los Acaldes (Capítulo VII).

En todo caso, la uniformización territorial municipal que se vislumbra de en estas primeras Constituciones provinciales, en particular de la de la Provincia de Caracas, posteriormente se fue arraigando paulatinamente, pudiendo decirse que el municipio republicano derivó de la transformación del municipio provincial colonial conforme a las influencias del constitucionalismo moderno derivado de los principios de la revolución francesa, además de los que provinieron del gobierno local y del federalismo de norteamericana, particularmente en el fortalecimiento de los antiguos Cabildos provinciales en las Legislaturas de las nuevas provincias convertidas en Estados Soberanos.

En todo caso, con la revolución de independencia se comenzó a trasformar el Municipio colonial indiano, el cual por lo demás había desarrollado cierta autonomía por la derivada de la distancia, desarrollando el municipio republicano americano, características propias. Como dijimos, en nuestros países se adoptó el principio del uniformismo napoleónico en cuanto a la organización y funcionamiento de las corporaciones locales, pero, sin embargo, los otros dos principios mencionados que derivaron de la Revolución francesa y sus correcciones napoleónicas, puede decirse que no se siguieron. Por una parte, en América no se arraigó la institución del control de tutela derivada de la centralización napoleónica, que se recogió incluso en la Constitución de Cádiz de 1812, y en cambio, sí germinaron los conceptos del "poder municipal" y de la "autonomía municipal," al punto de haber adquirido, por ejemplo, rango constitucional a partir de 1857. En la Constitución de Venezuela de ese año, así, se dispuso en su artículo 6°, que "El Poder público se divide para su administración en Legislativo, Ejecutivo, Judicial y Municipal", dedicando entonces un Título a regular dicho "Poder Municipal" (arts. 85-87)[120] cuyo contenido relativo a los asuntos propios de la vida local no era distinto al del Decreto de la Asamblea Constituyente en Francia, de diciembre de 1789.

El otro principio, el de la creación de un municipio por cada colectividad local, es decir, por cada caserío, por cada pueblo, por cada villa o ciudad, que se recogió en buena parte en la Constitución de la Provincia de Caracas de enero de 1812 y luego se recogió en la Constitución de Cádiz de marzo de 1812, sin embargo, no se siguió posteriormente en América, y de los viejos Municipios provinciales coloniales con territorios amplísimos, que se transformaron en las provincias y sus legislaturas, se pasó a los municipios republicanos, establecidos luego en ámbitos territoriales menores que las provincias, pero siempre alejados de los ciudadanos y de sus comunidades, con muy pocas excepciones.

VII. EL EXTRAORDINARIO CASO DEL RÉGIMEN MUNICIPAL EN LA CONSTITUCIÓN PARA EL GOBIERNO Y ADMINISTRACIÓN INTERIOR DE LA PROVINCIA DE CARACAS DE 31 DE ENERO DE 1812

1. *La discusión sobre el territorio de la Provincia de Caracas y su división*

De todas las provincias que conformaban la antigua Capitanía General de Venezuela, y luego de la sanción de la Constitución Federal de diciembre de 1811, la más extensa, territorialmente hablando de todas Provincia de Venezuela, era la Provincia de Caracas que comprendía lo que en la actualidad es el territorio de de los Estados Miranda, Vargas, Aragua, Carabobo, Guárico, Yaracuy, Falcón, Lara, Portuguesa, Cojedes y Trujillo de la república de Venezuela; y que en la época estaba dividida en los Partidos capitulares o Municipalidades de Caracas, San Sebastián, Villa de Cura, Valencia, San Carlos, San Felipe, Barquisimeto, Guanare, Calabozo, Carora, Araure, Ospino, Tocuyo y Nirgua.

---

120 Véase en Allan R. Brewer-Carías, *Las Constituciones de Venezuela, cit.,* Tomo I, p. 745.

Esta extensión y la importancia de Caracas respecto de todas las provincias, llevó a que se discutiera repetidamente sobre la división territorial de la Provincia, lo que ocurrió desde la sesión del Congreso General de Venezuela del 25 de junio de 1811 donde se propuso dividir la Provincia en dos; pero acordándose, primero pasar a constituir la Confederación, y después, que se procediera a dividir la Provincia de Caracas.[121]

El tema se volvió a tratar en la sesión del 27 de junio de 1811, donde se discutió ampliamente las razones a favor y en contra de la división,[122] particularmente conforme a lo expresado en la *Memoria* que presentó al Congreso sobre la necesidad de dividir la Provincia de Caracas y multiplicar los gobiernos territoriales que presentó el Diputado por el distrito de Valencia, Fernando de Peñalver.[123] Se consideró, contra la extensión de la Provincia y la importancia de Caracas capital, que "ningún beneficio gozan los pueblos distantes de Caracas y es nula la libertad que han adquirido, mientras tengan que venir aqui a mendigar las luces y la justicia." [124] De ello, salió la propuesta de dividir la provincia en cuatro provincias, es decir, tres nuevas mas a la capital, así: una, comprendiendo a Barquisimeto, Tocuyo, Carora y San Felipe; otra, comprendiendo a San Carlos, Araure, Ospino y Guanare; y la otra comprendiendo a Valencia, Nirgua, Puerto Cabello y los valles de Aragua. La de Caracas, por su parte, quedaba con la capital y Calabozo, Villa de Cura, San Sebastián y el Puerto de La Guaira.[125]

Posteriormente, en la sesión del 2 de septiembre de 1811, se volvió a discutir el tema de la división de la Provincia de Caracas, y llegó a acordarse "en el día por el Congreso, que se divida en dos la Provincia de Caracas, quedando ésta compuesta de los Departamentos de la capital, Valencia, San Sebastián, Puerto Cabello, Calabozo, Villa de Cura, Nirgua y San Felipe; y la otra Provincia se compondrá de San

---

121 Véase *Libro de Actas del Segundo Congreso de Venezuela 1811-1812*, cit., Tomo I, p. 112, 117.

122 *Id.,* Tomo I, p. 119.

123 Véase el texto en *El pensamiento constitucional hispanoamericano hasta 1830*, Biblioteca de la Academia nacional de la Historia, Caracas 1961, Tomo V, pp. 3925-

124 Véase *Libro de Actas del Segundo Congreso de Venezuela 1811-1812*, cit., Tomo I, p. 122.

125 *Id.,* Tomo I, pp. 126-127.

Carlos, Barqusimeto, Carora, Tocuyo, Ospino, Araure y Guanare, con la cual división quedan a esa nueva provincia interior 150.245 almas, y la de Caracas 262.612." Se acordó dicha división, pero con la advertencia de que "no puede ni debe llevare a efecto esta medida por ahora y hasta que la Diputación General de Caracas, en quien reside la Legislatura de la Provincia, estipule, convenga y presente al Congreso para su sanción los límites y capital, que ha de tener la nueva Provincia."[126]

Luego, en la sesión del 15 de octubre de 1811 se trató de nuevo el tema de la división de las Provincias y sobre Caracas se acordó que "Las provincias convienen en confederarse sin nueva división de la de Caracas, con la precisa calidad de que ésta se dividirá cuando el Congreso de Venezuela lo juzgue oportuno y conveniente."[127]

En todo caso, en la Constitución de la Provincia de 1812, el territorio de la misma no sólo permaneció el mismo que tenía, sino que fue objeto de una regulación específica y particularizada en forma tal que no se encuentra parangón en Constitución alguna de la época

2. *La división territorial uniforme de la provincia en departamentos, cantones y distritos*

La Constitución de la Provincia de Caracas de 1812, en efecto, estableció la división territorial de la Provincia en una forma única, que no encuentra antecedente en ningún texto constitucional precedente, adoptando el uniformismo en la organización territorial derivado de la organización municipal adoptada en la Revolución Francesa, al cual antes nos hemos referido.

En tal forma, en el artículo 17 de la Constitución se comenzó por disponer que, en forma uniforme, *"e*l territorio de la Provincia de Caracas se dividía en Departamentos, estos en Cantones y estos en Distritos;" agregándose que "cada Departamento constará de uno o más Cantones según la proporción de las localidades con el objeto de esta división"(art. 13); que "cada Cantón comprenderá tres Distritos, y a veces uno más en razón de las circunstancias"(art. 19); y que "cada Distrito se compondrá de una porción de territorio que tenga en su recinto diez mil almas de población de todas clases, sexos y edades" (art. 20).

---

126 *Id.,* Tomo II, pp. 11-14.
127 *Id.,* Tomo II, p. 99.

Se establecieron, así, en la Constitución, los siguientes cinco (5) Departamentos en la Provincia, con sus respectivas capitales, el de Caracas, el de San Sebastián, el de los Valles de Aragua, con la ciudad de la Victoria por capital, el de Barquisimeto, y el de San Carlos. (art. 21).

A. La organización territorial del Departamento de Caracas

El Departamento de Caracas comprendía tres cantones, que fueron: el cantón del Tuy, cuya capital se fijó en la ciudad de la Sabana de Ocumare; el cantón de los Altos, cuya capital se fijó en la ciudad de Petare; y el Cantón de Caracas y sus costas vecinas, cuya capital se fijó en la misma ciudad capital. (art. 22).

a. *El cantón del Tuy*

El cantón del Tuy, conforme al artículo 27 comprendía tres (3) distritos que eran:

1. El *distrito inferior del Tuy*, que comprendía los pueblos y valles de Cupira, Guapo, Río Chico, Mamporal, Tacarigua, Curiepe, Marasma, Panaquire, Tapipa, Caucagua, Macaira y Aragüita, siendo su capital Caucagua;

2. El *distrito medio del Tuy*, que comprendía los pueblos de Santa Lucía, Santa Teresa, San Francisco de Yare, y la Sabana de Ocumare, que era su capital; y

3. El *distrito superior del Tuy*, que comprendía los pueblos de Charallave, Tácata, Cúa y Paracotos, siendo este último su capital (art. 27).

b. *El cantón de los Altos*

El cantón de los Altos, conforme al artículo 28, comprendía igualmente tres (3) distritos, que eran:

1. El *distrito de Guarenas* que comprendía los pueblos de Guatire, Guarenas y Petare, que era su capital.

2. El *distrito de Guaire*, que comprendía los pueblos de Chacao, Hatillo, Baruta, Valle, Vega y Antímano, cuya capital era el Valle, y

3. El *distrito de Los Teques*, que comprendía los pueblos de Macarao, San Pedro, Los Teques, San Antonio y San Diego, cuya capital era el pueblo de Los Teques.

c. *El cantón de Caracas*

El cantón de Caracas, conforme al artículo 29, así como sus costas vecinas en su departamento, comprendían cuatro distritos, que eran:

1. *El distrito de La Guaira* con los pueblos y valles de Caruao, Chuspa, Naiguatá, Caravalleda, Cojo, Macuto. La Guaira, Maiquetía, Tarmas y Carallaca, cuya capital era La Guaira; y

2. *Tres distritos de Caracas* que (el segundo, tercero y cuarto) que comprendían el recinto de la ciudad de Caracas, hasta donde se extendían sus parroquias.

B. *La organización territorial del Departamento de San Sebastián*

El Departamento de San Sebastián comprendía dos cantones, que fueron: el cantón del Norte o de San Sebastián, con su capital en la misma ciudad de San Sebastián; y el cantón del Sur o de Calabozo, que tenía por capital a la misma ciudad de Calabozo (art. 23).

a. *El cantón de San Sebastián*

El cantón del norte, o de San Sebastián, conforme al artículo 30, comprendía tres (3) distritos, que eran:

1. El *distrito de San Sebastian*, que comprendía los pueblos de San Juan de los Morros, San Sebastián, San Casimiro de Güiripa, San Francisco de Cara, Camatagua, y Cura, con San Sebastián por capital.

2. El *distrito de Orituco*, que comprendía los pueblos de Taguay, San Rafael de Orituco, Altagracia de Orituco, Lezama y Chaguaramos, con Lezama por capital; y

3. El *distrito del valle de la Pascua*, que comprendía al mismo valle de la Pascua, Tucupido, Chaguaramal, Santa María de Ypire, San Juan de Espino, Yguana, Altamira, San Fernando de Cachicamo, Santa Rita, y Cabruta, con el valle de la Pascua por capital.

b. *El cantón de Calabozo*

El cantón del sur, o de Calabozo, conforme al artículo 31, constaba de tres distritos, que eran:

1. El *distrito de Ortiz*, que comprendía los pueblos de Parapara, Ortiz, San Francisco de Tiznados, y San José de Tiznados, con Ortiz por capital.

2. El *distrito del Sombrero*, que comprendía los pueblos del Sombrero, Barbacoas, y el Calvario, con el del Sombrero por capital; y

3. El *distrito de Calabozo*, que comprendía la misma ciudad de Calabozo y los pueblos de Ángeles, Trinidad, el Rastro, Guardatinajas, Camaguán, y Guayabal, con Calabozo por capital.

    C. *La organización territorial del Departamento de los Valles de Aragua*

El Departamento de los Valles de Aragua comprendía también de dos cantones: el cantón Oriental o de la Victoria, con su capital en la misma ciudad de la Victoria; y el cantón Occidental o de Guacara, que tenía por capital la misma ciudad de Guacara (art. 24).

    a.   *El cantón de la Victoria*

El cantón oriental de la Victoria, conforme al artículo 32, comprendía comprenderá cuatro distritos, que eran:

1. El *distrito de la Victoria*, que comprendía los pueblos del Buen Consejo, San Mateo, y la Victoria, que era su capital.

2. El *distrito de Turmero*, que comprendía los pueblos de Cagua, Santa Cruz, y Turmero, que era su también su capital.

3. El *distrito de Maracay*, que comprendía toda su jurisdicción y los pueblos de Chuao, Choroní, y Cuyagra, con Maracay por capital; y

4. El *distrito de la ciudad de Cura*, que comprendía el pueblo de Magdaleno, y la misma ciudad de Cura, que era su capital.

    b.   *El cantón de Guacara*

El cantón occidental de Guacara, conforme al artículo 33, comprendía tres distritos, que eran:(3), que eran:

1. El *distrito de Guacara*, que comprendía los pueblos de Mariara, Cata, Ocumare, Turiamo y Guacara de capital.

2. El *distrito de los Guayos*, que comprendía los pueblos de los Guayos, Güigüe, y San Diego, con los Guayos de capital; y

3. El *distrito de Puerto Cabello*, que comprendía al mismo Puerto Cabello y a los pueblos y valles de Patanemo, Borburata, Guayguasa, Agua Caliente, Morón, y Alpargatón, con Puerto Cabello por capital.

D. *La organización territorial del Departamento de Barquisimeto*

El Departamento de Barquisimeto comprendía tres cantones, que fueron: el cantón de San Felipe, con su capital en la misma ciudad de San Felipe; el cantón de Barquisimeto, con su capital en la ciudad de Barquisimeto, y el cantón de Tocuyo, con su capital en el Tocuyo (art. 25).

a. *El cantón de San Felipe*

El cantón de San Felipe, conforme al artículo 34, comprendía cinco (5) distritos, que eran:

1. *El distrito de Nirgua*, compuesto de esta ciudad, que era la capital y los pueblos de Temerla, Cabria, Taria, Montalbán, Canoabo, y Urama.

2. Dos *distritos en San Felipe*, en lo que era en ese momento el Partido capitular de San Felipe, formando un distrito doble bajo de una misma capital, que lo era la ciudad de San Felipe, y comprendiendo a los pueblos de Cocorote, Guama, San Francisco Javier de Agua Culebras, Cañizos, Tinajas, San Nicolás y Aroa;

3. Dos *distritos de Carora*, en el Partido capitular de Carora, del cual esta ciudad era su capital, extendiéndose a los pueblos de Aregue, Arenales, Burerito, Siquisique, Río del Tocuyo, Moroturo y Ayamanes.

b. *El cantón de Barquisimeto*

El cantón de Barquisimeto, que conforme al artículo 35 de la Constitución constaba de tres (3) distritos, que eran:

1. Dos *distritos de Barquisimeto* en la misma ciudad de Barquisimeto, con los pueblos de Santa Rosa, Buria, Altar, Bovare, y Sarare, del cual Barquisimeto era capital.

2. *El distrito de Yaritagua*, que abracaba los pueblos de Urachiche, Cuara, Chivacoa, Duaca, y Yaritagua, que era su capital.

c. *El cantón del Tocuyo*

El cantón del Tocuyo, que conforme al artículo 36 tenía tres (3) distritos, que eran:

1. *El distrito de Tocuyo*, que se extendía hasta donde alcanzaba la Parroquia de la ciudad, que era su capital.

2. *El distrito de QuÍbor*, que comprendía a los pueblos de Barbacoas, Curarigua de Leal, Cubiro, y Quíbor, que era la capital; y

3. *El distrito de Humocaro*, que comprendía a los pueblos de Chabasquén, Humocaro Alto, Humocaro Bajo, que será la capital, Guarico, y Santa Ana de Sanare.

E. *La organización territorial del Departamento de San Carlos*

El Departamento de San Carlos comprendía dos cantones: el cantón de San Carlos y el cantón de Guanare.

a. *El cantón de San Carlos*

El cantón de San Carlos, conforme al artículo 37 de la Constitución, comprendía cuatro (4) distritos, que eran:

1. El *distrito de San Carlos*, que se extendía a lla misma ciudad de San Carlos y a los pueblos de San José, y Caramacate, quedando San Carlos por capital.

2. El *distrito del Pao*, que comprendía los pueblos del Pao, Tinaco y Tinaquillo, con el Pao por capital.

3. El *distrito de de Lagunillas*, que comprendía los pueblos de Agua Blanca, San Rafael de Onoto, Cojede, San Miguel del Baúl, y Lagunitas, que era su capital.

4. El *distrito de de Araure*, que comprendía la misma ciudad de Araure, que era su capital, con los pueblos de Acarigua, la Aparición de la Corteza, San Antonio de Turén y las Sabanetas de Jujure.

b. *El cantón de Guanare*

El cantón de Guanare, conforme al artículo 38 de la Constitución, tenía tres (3) distritos, que eran:

1. El *distrito de Ospino*, abarcaba a la misma ciudad de Ospino, que era la capital, y a San Rafael de las Guasguas.

2. El *distrito de Guanare* comprendía a la ciudad de Guanare y a los pueblos de María y de Maraca, quedando Guanare por capital; y

3. El *distrito de Tucupido* comprendía los pueblos de Tucupido, Boconó y Papelón, con Tucupido por capital.

3. *El régimen municipal en la Provincia de Caracas*

La Constitución Provincial de Caracas de 1812, por otra parte, es un ejemplo único en su tiempo, en cuanto a la regulación general del régimen municipal en todo el territorio de una provincia, estableciendo un régimen municipal general, con Municipalidades de diversa categoría, lo que dependía del número de miembros que integraban el cuerpo municipal, según la importancia y extensión del territorio que se les asignó. Como se verá a continuación, el detalle de regulación constitucional en la materia implica la realización de un estudio territorial extraordinario, que según se lee en las actas de las sesiones del Congreso General, fue encomendado al diputado Francisco Javier Ustáriz, junto con los diputados José Vicente Unda y Juan José de Maya, en su sesión del 5 de marzo de 1811, para "examinar el estado que tenían las Municipalidades de la Provincia de Caracas."[128]

A. *Algo sobre las competencias municipales*

Estas Municipalidades configuran una pieza central del gobierno de la provincia, disponiéndose se existencia en materialmente todas las ciudades, villas y pueblos que se enumeran en la división territorial antes mencionada, organizadas en concejos según la importancia de las mismas.

De acuerdo con el artículo 76 de la Constitución provincial, las dichas Municipalidades tenían las siguientes facultades peculiares, que eran las materias propias de la vida local:

"la conservación de las propiedades públicas que hubiere en el distrito; todo lo concerniente a las fuentes y aguas públicas de las poblaciones; el aseo y buen orden de sus calles y plazas; la limpieza de los desaguaderos; el alumbrado, rondas y patrullas de las noches para quietud y seguridad del vecindario; la construcción y reparo de puentes y obras públicas necesarias o útiles, el estableci-

---

128 En la despedida de la Sección Legislativa de la Provincia de Caracas al concluir sus sesiones y presentar la Constitución provincial 19 de febrero de 1812. Véase *Textos Oficiales de la primera República de Venezuela, cit.,* Tomo II, p. 216. Ustáriz volvió a explicar su concepción para la organización territorial del Estado en 1812 en el "Plan de Gobierno Provisorio para Venezuela" que presentó a Simón Bolívar en 1813. Véase en *El pensamiento constitucional hispanoamericano hasta 1830, cit.,* Tomo V, pp. 129-130.

miento y superintendencia de las escuelas de primeras letras y otras de literatura que puedan procurarse; el alivio de los pobres, la salubridad pública, precaviendo los estragos dañosos a la salud de los ciudadanos; la seguridad y sanidad de las cárceles y prisiones, con cuyo objeto elegirán uno o dos individuos de su seno que visiten las casas de prisión y cuiden que los presos no sufran los rigores y malos tratamientos que la ley no ha prescrito; la conservación de los pesos y medidas que fije la Legislatura para las ventas; la regulación del peso y calidad del pan y de otras cosas que son de la primera necesidad para el abasto y subsistencia del pueblo; las licencias para los pulperos y revendedores, cuyo importe no podrá ceder en beneficio de ningún particular, sino de los fondos de la Municipalidad; la abolición y persecución de los juegos prohibidos que disipan el tiempo y arruinan la fortuna de los ciudadanos; la licencia, restricción, regulación y orden de los espectáculos y diversiones públicas, y de los trucos, billares y otros lugares de pasatiempo; la apertura, conservación, reparo y mejora de los caminos públicos; la navegación de los ríos; la subsistencia del flúido vacuno, y todo lo demás que fuese necesario para llevar a efecto estos objetos: bien que la Legislatura podrá ampliar y restringir por leyes particulares la jurisdicción de las Municipalidades, según lo juzgare conveniente."

El órgano de representación y gobierno de las Municipalidades era precisamente una Cámara o concejo colegiado que conforme al artículo 77 de la Constitución era "una autoridad puramente legislativa" con competencia en las materias municipales (art 76), para lo cual tenía "facultad para expedir los reglamentos y ordenanzas que fueren necesarias para el desempeño de sus deberes; para imponer penas ligeras que no sean injuriosas ni infamatorias y para ordenar otras contribuciones suaves y moderadas sobre los carruajes y bestias de servicio que transitan por los caminos y los arruinan y deterioran, o sobre las personas sin propiedad, que nada contribuyen para las cargas del Estado y gozan de todas las ventajas del orden social."

Debe mencionarse, además, que en la Constitución, las Municipalidades, los Corregidores y Alcaldes conservaban funciones judiciales en primera instancia (arts. 240 ss).

B. *Las municipalidades según el número de miembros del órgano colegiado municipal*

Conforme a este esquema, en la Constitución se regularon las Municipalidades integradas en forma variable por 24, 16, 12, 8 y 6 miembros; y además, se reguló la existencia de Agentes Municipales en las parroquias. Todas estas autoridades eran electas mediante sufragio por los electores.

a. *La Municipalidad de Caracas capital con 24 miembros y dos Cámaras*

De acuerdo con el artículo 90 de la Constitución, la Municipalidad de la capital de Caracas se componía de 24 miembros o Corregidores, estando la Corporación dividida en dos Cámaras de doce personas cada una (art. 91).

b. *Las Municipalidades con 16 miembros y dos Cámaras*

El artículo 95 de la Constitución organizó siete (7) Municipalidades con 16 miembros cada una y dos Cámaras en las ciudades de *Barquisimeto, San Carlos, la Victoria, San Sebastián, Tocuyo y Guanare*.

En estas se sometió la eficacia de las resoluciones de las Municipalidades, en los recesos de la Legislatura, al sometimiento del asunto a Poder Ejecutivo de la Provincia (art. 95)

De acuerdo con lo previsto en el artículo 92 de la Constitución, se dispuso que habría Municipalidades con 16 miembros cada una en las ciudades de *Barquisimeto, San Carlos, la Victoria y la de San Sebastián*, quedando divididas en dos Cámaras de ocho miembros cada una, y con dos Alcaldes ordinarios que debían presidirlas. En cuanto a las Municipalidad de Barquisimeto debía comprender al pueblo de Bobare; la Municipalidad de San Carlos se debía extender a los de San José y Caramacate; la Municipalidad de San Sebastián se debía extender a los de San Juan de los Morros, San Casimiro de Güiripa y San Francisco de Cara; y la Municipalidad de la Victoria, comprendía su sola Parroquia (art. 93)

El artículo 94 de la Constitución también dispuso que las Municipalidades del *Tocuyo* y *Guanare* se comprendían también de 16 miembros. La primera extendía sus límites a su Parroquia; y la segunda, a los pueblos de María y de Maraca.

c. *Las Municipalidades con 12 miembros*

El artículo 96 de la Constitución reguló la existencia de Municipalidades constituidas con 12 miembros cada una, y una sola Cámara o corporación que debían presidir dos Alcaldes Ordinarios, en las ciudades "de *San Felipe*, capital del cantón de este nombre, en el departamento de Barquisimeto; en la de *Maracay*, capital del tercer distrito del cantón oriental de la Victoria; en la de *Puerto Cabello*, capital del tercer distrito del cantón occidental de Guacara; en la de *Carora*, capital del cuarto y quinto distritos del cantón de San Felipe; en la del Pao, capital del segundo distrito del cantón de San Carlos; en la de *Ospino*, capital del primer distrito del cantón de Guanare; y en la de *Quíbor*, capital del segundo distrito del cantón del Tocuyo."

Conforme al artículo 97 de la Constitución, la jurisdicción de la Municipalidad de *San Felipe* se extendía a los pueblos de Agua Culebras, Cañizos, San Nicolás, Aroa y Cocorote; las de *Puerto Cabello* y *Quíbor*, se extendían a los pueblos de su distrito; la de *Carora*, a los pueblos de Arenales, Burerito, Aregue y Santiago del Río del Tocuyo; la de *Maracay*, a los pueblos de Chuaco, Choroní y Cuyagua; y las del *Pao* y *Ospino* a sus respectivas Parroquias.

d. *Las Municipalidades con 8 miembros*

El artículo 98 de la Constitución dispuso que había Municipalidades de ocho (8) miembros y un Alcalde, "a menos que estén en posesión de nombrar dos y quieran continuar en el mismo uso," en las ciudades de la *Sabana de Ocumare*, de *Petare*, de *Guacara*, de *Calabozo*, de *Cura*, de *Nirgua* y de *Araure*, y en las villas de *La Guaira, Siquisique*, de *Cagua, Turmero, Sombrero, Santa Rosa, San Rafael de las Guasguas* y *Tucupido* (art. 98).

La jurisdicción de la ciudad de Sabana de Ocumare, se debía extender al pueblo de San Francisco de Yare; la de Calabozo a los de Angeles, Trinidad, Rastro, Camaguán y Guayabal; la de Cura al pueblo de Magdaleno; la de Nirgua a Temerla, Cabria y Taria; la de Araure a Acarigua; la de La Guaira a su distrito; la de Siquisique a Ayamanes y Moroturo; la de Tucupido al de Boconó y las demás debían quedar reducidas a la extensión de sus Parroquias (art. 99).

e. *Las Municipalidades con 6 miembros*

El artículo 100 de la Constitución reguló los lugares donde debía haber "pequeñas" Municipalidades compuestas de seis (6) miembros y un Alcalde, "a los que se reunirán en algunas los Agentes particulares de aquellas Parroquias comprendidas en su demarcación que se designaren expresamente en la Constitución." Estos lugares fueron los siguientes a los que se asignó en el artículo 101 de la misma Constitución, la denominación de *villas*: los pueblos de los Teques, el Valle, Barata, Hatillo, Chacao, Guarenas, Curiepe, Guapo, Cancaina, Santa Lucía y Paracotos, comprendidos en el departamento de Caracas; en los de San Mateo, Buenconsejo, Santa Cruz del Escobar, Mariara, los Guayos y Güigüe, en el departamento de Aragua; en los de Camatagua, Taguay y Lezama, Altagracia de Orituco, Chaguaramas, Tucupido del Llano arriba, Valle de la Pascua, Chaguaramal, Santa María de Ipire, Ortiz, San José de Tiznados, Barbacoas y Guardatinajas, en el departamento de San Sebastián; en los de Montalbán, Guama, Sanare, Yaritagua, Urachiche, Sarare, Humocaro Bajo, en el departamento de Barquisimeto; en los del Tinaco, San Miguel del Baúl, Lagunitas, la Sabaneta de Jujure, la Aparición de la Corteza y Papelón, en el departamento de San Carlos.

Dispuso el artículo 102 de la Constitución, que la jurisdicción de la Municipalidad de los Teques, se extenderá a los pueblos de San Diego, San Antonio, San Pedro y Macarao; la del Valle, a los de la Vega y Antímano; la de Guarenas a Guatire; la de Curiepe a Mamporal, Tacarigua y Marasma; la del Guapo a Río Chico y Cupira; la de Caucagua a Aragüita, Macaira, Tapipa y Panaquire; la de Santa Luisa a Santa Teresa; la de Paracotos a Charallave, Cúa y Tácata; la de Mariara a Ocumare de la costa, Cata y Turiamo; la de los Guayos a San Diego; la de Altagracia de Orituco a San Rafael de Orituco; la de Santa María de Ipire a San Fernando, Iguana, Altamira, Espino, Santa Rita y Cabruta; la de Ortiz al pueblo de Parapara; la de San José de Tiznados al de San Francisco de Tiznados; la de Barbacoas al del Calvario; la de Montalbán al de Canoabo y Urama; la de Sanare al de Buría y el Altar; la de Urachiche al de Cuara, Chivacoa y Duaca; la de Sarare al de Guarico; la de Humocaro Bajo, al de Humocaro Alto y Chabasquén; la del Tinaco al del Tinaquillo; la de Lagunitas al de Agua Blanca, San Rafael de Onoto y Cojede; y la de la Sabaneta de Jujure al de Turen; y las demás quedarán reducidas a su Parroquia.

C. *Las Parroquias y los Agentes Municipales*

En cada Parroquia, que era una división de los cantones, además, debía haber un Agente Municipal. Estos Agentes Municipales, y en su defecto los respectivos sustitutos, tenían asiento, voz y voto en las Municipalidades a que pertenecieran sus Parroquias, para acordar y representar por ellas todo lo que estuviese al alcance de sus facultades (art. 103).

En particular, los artículos 104 a 107 de la Constitución precisaron en qué pueblos y lugares debía designarse Agentes Municipales, así:

a. El pueblo de San José, comprendido en la jurisdicción de la Municipalidad de San Carlos, nombrará un Agente y su sustituto para la segunda Cámara de dicha Municipalidad. Los de María y de Maraca, comprendidos en la de Guanare, tendrán también en la segunda Cámara un agente municipal o sus sustitutos; y los de San Juan de los Morros, San Casimiro de Güiripa y San Francisco de Cara, tendrán, del mismo modo, un Agente cada uno en la segunda Cámara de la Municipalidad de San Sebastián, a quien pertenecen (art. 104).

b. Los pueblos de Cañizos y de Aroa, sujetos a la Municipalidad de San Felipe, nombrarán un Agente cada uno con sus respectivos sustitutos; el de Cocorote, dos para la misma Municipalidad de San Felipe; los de Arenales y Santiago del Río del Tocuyo, cada uno el suyo para la Municipalidad de Carora (art. 105).

c. El pueblo de Macuto dará un Agente municipal y el de Maiquetía dos para la corporación de La Guaira; el de Magdaleno dará uno para la de Cura; el de Acarigua dará dos para la de Araure; y los de Trinidad, Rastro, Camaguán Guayabal, darán el suyo cada uno para la de Calabozo (art. 106).

c. Los pueblos de San Diego, San Antonio, San Pedro y Maracao nombrarán un Agente cada uno para la Municipalidad de los Teques, a quien pertenecen; la Vega y Antímano nombrarán también el suyo para la del Valle; Guatire dará otro para la de Guarenas; Marasma otro para la de Curiepe: Río Chico y Cúpira, darán un Agente cada uno para la del Guapo; Tapipa y Panaquire, darán también los suyos para la de Caucagua; Santa Teresa dará otro para Santa Lucía; Charallave dos; Cúa dos y Tacata uno para la de Paracotos; Choroní dará uno para Maracay; Ocumare de la Costa, otro para la de Mariara; San Diego, otro para la de los Guayos; San Rafael de Orituco, dos para la de Altagracia de Orituco; Parapara, dos para la de Ortiz; San Francisco de Tiznados, otros dos para la de San José de Tiznados; el Calvario uno para la de Barbacoas; el Guárico, otros dos para la de Sanare; Humocaro Alto y Chabasquén, otros dos cada uno para la de Humocaro Bajo; y el Tinaquillo, otros dos para la del Tinaco; y San Rafael de Onoto uno, y Cojede dos para la de Lagunitas (art. 107).

D. Los Alcaldes en los sitios distantes de poblado

En la Constitución también se reguló la situación de de casos donde haya "muchos Partidos en la Provincia donde se han reunido varios habitantes en sus casas v labores," respecto de los cuales la experiencia había acreditado que no era suficiente para el gobierno local la designación de "un simple Cabo o Comisionado de justicia para mantener el orden y procurar la seguridad que exigen unos lugares semejantes que son más expuestos que cualquiera otros a la voracidad de los vagos y ociosos, por su mucha distancia de los poblados y por la falta de una administración vigorosa que corrija los vicios y desórdenes"; previendo entonces el artículo 128 que se debían remediar "estos abusos tan perjudiciales" del modo siguiente:

> "Además de los Corregidores y Alcaldes que actualmente existen, o que aumente la constitución con jurisdicción ordinaria, las Municipalidades elegirán cada dos años un Alcalde, en quien se confíe la inmediata administración de justicia de los referidos lugares, al tiempo mismo que se nombren los de los pueblos; pero ellas deberán informar previamente a la Legislatura de los sitios que haya en sus jurisdicciones, donde convenga, o se necesite alguno de estos Alcaldes, para obtener su consentimiento y aprobación" (art. 129).

3. *El régimen de elección de cargos representativos en la Provincia y en particular, en el ámbito municipal*

Todos los altos cargos públicos en la provincia de Caracas, como correspondía a un Estado democrático, eran ocupados mediante elección popular, correspondiendo el derecho primario al sufragio (en las Asambleas primarias) conforme al artículo 27 de la Constitución, "a todo hombre libre que, siendo ciudadano de los Estados Unidos de Venezuela, con tres años de vecindad en la Provincia y uno en la Parroquia o lugar donde sufraga, fuese mayor de veintiún años, en caso de ser soltero, o menor, siendo casado y velado; y si poseyere un caudal libre del valor de seiscientos pesos en la capital de la Provincia, siendo soltero, y de cuatrocientos siendo casado, aunque pertenezcan a la mujer, o de cuatrocientos si vive en las demás ciudades, villas, pueblos o campos de lo interior en el primer caso, y de doscientos en el segundo o, no teniendo propiedad alguna, que ejerza una profesión mecánica, útil, en calidad de maestro u oficial examinado y aprobado o tenga grado o aprobación pública en una ciencia o arte liberal, o que sea arrendador de tierras para sementeras o ganado, con tal que sus productos equivalgan a las cantidades arriba mencionadas, en los respectivos casos de soltero o casado."

La votación de los sufragantes en las parroquias se estableció en forma indirecta, en general de dos grados, en el sentido de que los sufragantes elegían en cada parroquia a los "electores parroquiales" que debían formar la Congregación electoral, en un número equivalente, en general, de uno en cada parroquia por cada mil almas de población. Sin embargo, se dispuso que "la que no tuviere mil, dará uno; y la que excediere de uno o más millares, dará otro, siempre que el exceso pase de quinientas almas"(art. 31).

Los electores parroquiales agrupados en las Congregaciones electorales, debían reunirse en las capitales del distrito cada dos años (art. 32); y era a ellos a quienes correspondía realizar la elección del Representante o Representantes de la Provincia para la Cámara del Gobierno federal; de los tres individuos que habrían de componer el Poder Ejecutivo de la Unión, que era plural; de un Senador o dos cuando lo prescribiera la Constitución para la Asamblea general de la Provincia, por el cantón a que pertenece el distrito; de un Representante para la Cámara del Gobierno provincial, por el mismo distrito; y a la de un elector para la nominación del Poder Ejecutivo de la Provincia (art. 33). En este último caso, la elección era indirecta en tres grados, pues se trataba de que cada Congregación electoral nominaba un Elector para integrar una Junta electoral que era la que debía elegir el Poder Ejecutivo Provincial (art. 49). Conforme al artículo 49 de la Constitución, estas Jutas electorales se debían reunir en las capitales de los departamentos, en acto presidido por el Corregidor de la capital del departamento (art. 51).

En materia de cargos municipales, se estableció un sistema electoral de dos grados para la elección de los miembros de las Municipalidades, y un sistema de elección directa para la elección de los Agentes Municipales. Estos últimos, en efecto, se elegían directamente por los electores sufragantes en la elección en cada parroquia donde correspondiera (arts. 24, 64).

En cuanto a la elección de los miembros de las Municipalidades, la misma era indirecta, pues en este caso, los sufragantes en las parroquias debían elegir los miembros de las Juntas Electorales (art. 59), que eran los llamados a elegir a los miembros de las Municipalidades.

De acuerdo con el artículo 110 de la Constitución, para ser miembros de las Municipalidades o Agente municipal, "era preciso poseer en los pueblos del partido una propiedad territorial o una casa propia o un establecimiento de comercio o de pastorería, o que tenga arrendadas y cultivadas cuatro fanegadas de tierra, suponiendo siempre que debe ser mayor de veinticinco años."

Por otra parte, también se regularon los cargos municipales no electivos, como los Alcaldes, que se elegían por cada Municipalidad, y los Corregidores que debían proponerse por esta al Poder Ejecutivo Provincial (art. 69). Estos eran considerados "particularmente como jurisdiccionarios del Poder Ejecutivo Provincial," y también lo debían ser de las Municipalidades "en la ejecución de sus leyes" (art. 83). Se reguló también al "Corregidor Juez de Policía" como funcionario dependiente del Poder Ejecutivo, y que no tenía ni voz ni asiento en la Municipalidad, siendo sólo ejecutor de sus resoluciones (art. 118).

Las sesiones de la Municipalidad sólo podían ser presididas por sus Alcaldes "o, en defecto de éstos, por los miembros que se eligieren al efecto" (art. 83).

SECCIÓN TERCERA:
TEXTOS DOCTRINARIOS EN LA CONSTITUCIÓN FEDERAL PARA LOS ESTADOS DE VENEZUELA (1811)[1]

Belin Vázquez

INTRODUCCIÓN

Las argumentaciones entre cabildantes caraqueños de desconocer la legitimidad del Consejo de Regencia y restituir la soberanía del pueblo el 19 de abril de 1810 con la instalación de la Junta Suprema Conservadora Defensora de los Derechos de Fernando VII, en torno a la cual debatían los gobiernos provinciales y los movimientos junteros adheridos, son escenarios que no forman parte de los propósitos de este trabajo. Nuestro interés se dirige a demostrar que en el siguiente año se inaugura la armazón jurídico-política de lo ordenado por el pensamiento liberal-ilustrado con su correlato y particularidades en las dos grandes revoluciones políticas del último tercio del siglo XVIII, en cuanto los derechos naturales de las libertades públicas, la nación como asociación contractual entre hombres libres, los derechos políticos a la representación del pueblo soberano, la organización federativa del Estado, los derechos civiles a la igualdad, libertad, propiedad y seguridad y, con ellos, el disfrute de las garantías individuales a la libertad de opinión, comercio e industria, imprenta, libre asociación, entre otras.

---

[1] Resultados parciales del proyecto de investigación "Cultura científica, Estado-nación y cuerpos bicentenarios para resignificar soberanías", financiado por el Consejo de Desarrollo Científico y Humanístico de la Universidad del Zulia-Venezuela.

Este tiempo histórico, donde se revelan los específicos reclamos de Estados soberanos y los divergentes escenarios que se entrecruzan entre discursos de la tradición antigua y moderna sobre el cuerpo social y político del Estado, la soberanía de la nación y la república explica que la revolución política manifiesta en la ciudad de Caracas durante el año 1811, se significaba en la impronta de este ideario contractual de los derechos naturales del pueblo soberano, por el cual se constituyó el gobierno independiente con las representaciones federativas de los pueblos asociados.

En este sentido, tres fueron los documentos fundacionales, discutidos y sancionados por el Supremo Congreso instalado el 2 de marzo de 1811; fueron éstos, la *Declaración de Derechos del Pueblo* (1 de julio), el *Acta de Declaración de la Independencia de Venezuela* (5 de julio) y la *Constitución Federal para los Estados de Venezuela* (21 de diciembre), de la cual particularizará el presente estudio en el contexto de los principios doctrinarios que la sustentan.

1. *Fundamentos doctrinarios de la soberanía y las libertades*

Para modernos ilustrados como Rousseau y Kant, entre otros, destaca la antigua concepción comunitaria de la *res pública christiana*[2] que preconiza lo público sobre lo privado y una concepción de la libertad como autodeterminación; mandan los mismos que obedecen por la voluntad general de los ciudadanos con mecanismos que permitan evitar la separación de poderes, el mandato tiránico, la arbitrariedad, la corrupción, el control de los gobernantes, la posibilidad de hacerse oír, la rotación de cargos, la revocabilidad de los representantes[3]. Opuestos al absolutismo arbitrario y despótico de los gobiernos monárquicos, la *res pública* se significa soberana y gobernada por ciudadanos virtuosos y respetuosos de las leyes que garantizan compartir el bien común, el

---

2   Dentro de la jerarquía y la subordinación para el 'buen orden', la *res publica* era concebida para "la preservación del orden (tanto el político como el social), fundado en la 'desigualdad natural' que existía y debía existir entre los hombres, desigualdad instituida por Dios, en la que la sociedad es pensada y metaforizada como un cuerpo con una sola cabeza y unos miembros". Carole Leal, "El concepto de orden en tiempos de transición: Venezuela (1770-1850)", *Bulletin de l'Institut Français d'Études Andines,* Vol. 39 N° 1 (2010):39.

3   Jesús L., Castillo Vegas, "Liberalismo y republicanismo en la Constitución Bolivariana de Venezuela", *Provincia* Número especial (2006):270.

gobierno y las libertades no dependientes de otros poderes extranjeros, ni de poderes personales, pues sólo deben sumisión y obediencia a sus propias leyes[4].

En tanto que para librepensadores como Hobbes, Locke, Constant, Montesquieu, Voltaire, Bentham, la política no vale por sí misma y se desplaza al ejercicio estratégico y técnico del gobierno para lograr otros fines: el goce de las libertades ciudadanas en el ámbito de los beneficios privados, en tanto que la libertad individual es inseparable de la comunidad política que produce el orden legal capaz de mantener a los ciudadanos a salvo de la dominación de unos pocos[5]. Estos principios doctrinarios instituyen los derechos individuales que el Estado debe respetar y garantizar.

En cuanto al poder soberano, al derivar de leyes naturales, el principio contractual que regulaba el cuerpo social era: "la ley hace a los hombres desiguales por naturaleza". De allí que, para liquidar el poder soberano monárquico, este discurso jurídico fue utilizado por los liberales ilustrados, porque ya no se trataba de una soberanía antigua fundada en la relación soberano-súbdito para la totalidad del cuerpo social, sino de la burguesa teoría de la soberanía como derecho público surgida del capitalismo industrial entre los siglos XVII y XVIII.

En consecuencia, fuese monarca o Estado, la unidad fundante del poder soberano se entendía desde la relación política contractual del sujeto con el sujeto, así como la multiplicidad de poderes requerían ser legitimados por la ley a partir de tres presupuestos: "el del sujeto a sojuzgar, el de la unidad del poder a fundar y el de la legitimidad a respetar"[6].

Como derecho natural absoluto, que requería de leyes comunes para proteger y acrecentar la libertad, la seguridad, la propiedad y su disfrute, esta unidad fundante fue definida por el jacobino abate Sieyès en su teoría sobre la *soberanía de la nación* al plantear que, por ser la

---

4 Remitimos a nuestros trabajos: Belin Vázquez, "Del ciudadano moderno en la nación moderna a la ciudadanía nacionalista", *Utopía y Praxis Latinoamericana* Año 10 N° 31 (2005):63-69 y "Textos y contextos del ciudadano moderno en los orígenes de la nación en Venezuela, 1811-1830", *Procesos Históricos* N° 11 (2007): 2-12.

5 Jesús L., Castillo Vegas, "Liberalismo y republicanismo", 270-271.

6 Michel Foucault, *Genealogía del racismo* (Buenos Aires: Editorial Altamira, 1992), 31-36.

voluntad nacional constituyente, "es una asociación de hombres libres, que se forma con la simple manifestación de los ciudadanos de asociarse y esta figura de la asociación constituye la clave de la naturaleza liberal para comprender la lógica contractualista"[7], en torno a la cual se legitimaba el cuerpo social que era al mismo tiempo un cuerpo económico.

Derivada esta teoría contractual de la ley de la naturaleza, en 1762 argumentaba Rousseau[8] que el pacto social favorecía por igual a todos los ciudadanos y el poder soberano era inviolable y, por ser un acto auténtico de la voluntad general, la soberanía se ejercía porque el cuerpo social, sin enajenar su libertad y bienes, delegaba estos derechos individuales en quienes ejercían su representación: los ciudadanos.

Para Kant [1784] la igualdad de los hombres dentro de un Estado era "perfectamente compatible con la máxima desigualdad, cuantitativa o de grado, en sus posesiones, ya se trate de una superioridad corporal o espiritual sobre otros, o de riquezas externas"[9]. Según este pensar kantiano, la desigual naturaleza humana atribuía a "los más aptos y mejor dotados" de la raza blanca, ser los poseedores de la jerarquía moral y modelo único de humanidad. En este mismo sentido, "La libertad es, sin duda alguna, el supremo bien del orden natural, y es propia exclusivamente del ser racional"[10]. Concebido para el individuo, este supremo bien se regía por el principio utilitarista de Jeremías Bentham con la premisa que la felicidad social era "el bien estar de la especie humana"[11].

---

7   Omar Noria, *La teoría de la representación política del abate Sieyès* (Caracas: Universidad Católica Andrés Bello/Universidad Simón Bolívar, 1999), 115. Además, respecto a lo que origina el concepto de nación que propone el abate para Francia a fines del siglo XVIII, remitimos a Michel Foucault, *Defender la sociedad* (Buenos Aires: Fondo de Cultura Económica, 2008).

8   J.J., Rousseau, *El contrato social o Principios de derecho político* (Bogotá: Panamericana Editorial, 1996), 51-52.

9   Immanuel, Kant, *¿Qué es la Ilustración?* (Madrid: Alianza Editorial, 2004), 208.

10 Mariano Azuela Güitron, *Derecho, sociedad y Estado* (México: Universidad Iberoamericana, 1995), 45-46.

11 Toribio Núñez, *Ciencia social según los principios de Bentham* (Madrid: Imprenta Real, 1835), XVIII-XVIII.

Según este orden racional la libertad no solamente aseguraba a los ciudadanos, varones-blancos y propietarios, los naturales derechos inalienables y soberanos de ser libres y darse sus leyes, sino también los esenciales derechos civiles de la vida, el trabajo productivo, la propiedad, la igualdad, la seguridad, la libertad de opinión, de cultos, de enseñanza con instrucción primaria, gratuita y obligatoria, la igualdad ante la ley, la abolición de los fueros eclesiásticos y de los títulos de nobleza, la libertad de reunión y asociación, la libertad de imprenta, la libertad de industria y comercio, la abolición de la pena de muerte, la inviolabilidad del hogar, el sufragio universal y el libre derecho de todas las entidades jurídicas y naturales de gobernarse a sí mismas.

Asimismo, se entendía de utilidad general para la felicidad pública que el Estado estaba obligado a garantizar su cumplimiento con la instrucción popular, pública y nacional, a los fines de formar hombres libres cultivados en la razón, las virtudes morales y los conocimientos útiles. Si por las leyes naturales la riqueza y la razón igualaban a los ciudadanos, ello explica porqué con luces y moral se aseguraba controlar los vicios y pasiones, "para proteger la libertad y el modo de vivir y las costumbres que aquélla comporta"[12].

A fines del siglo XVII se originaron estos *derechos contractuales* de la teoría política sobre la soberanía y los derechos políticos en Hobbes [1651][13] y Locke [1690][14]. Para Hobbes, por causa del pacto social ningún derecho natural de los hombres propietarios o no, se hallaba fuera de la soberanía ejercida por el Estado, porque este contrato que establecía el Leviatán (Commonwealth, o Estado, en latín Civitas), era producto de la libre voluntad de sus miembros quienes, por la libre adhesión contractual, cedían sus pretensiones naturales a la soberanía individual absoluta; mientras que para Locke, solamente los hombres propietarios eran los sujetos racionales para ejercer el poder y los dere-

---

12 Mauricio Villori, *Por amor a la patria. Un ensayo sobre el patriotismo y el nacionalismo* (Madrid: Acento Editorial, 1997), 110.

13 Véase en Thomas Hobbes, *Leviatán, o la materia, forma y poder de una república eclesiástica y* civil (México: Fondo de Cultura Económica, 1996), sus conceptualizaciones sobre Estado, cuerpo político, representación, soberanía, la ley de la naturaleza, derechos, contrato y pacto.

14 Véase en John Locke, *Segundo Tratado sobre el Gobierno Civil. Un ensayo acerca del verdadero origen, alcance y fin del Gobierno Civil* (Madrid: Alianza Editorial, 2002), el capítulo referido al origen de las sociedades políticas.

chos políticos. Por consiguiente, fundar el pacto de asociación en la existencia del estado de naturaleza, salvaguardaba los derechos individuales de propiedad, en el sentido de proteger la vida, la libertad y las posesiones de los hombres propietarios y cabezas de familia[15].

Ambos conceptos de Estado alcanzaron a desarrollarse en las grandes monarquías europeas de Francia e Inglaterra, así como tuvieron notable influencia las dos grandes revoluciones de finales del siglo XVIII, la francesa y la norteamericana, sobre dos conceptualizaciones divergentes del carácter de la comunidad política. Es el caso que los derechos naturales a las libertades, fijados como límites del poder, eran compartidos por los colonos norteamericanos para fundamentar su independencia; en cambio para los ilustrados y revolucionarios franceses, los derechos naturales se hallaban vinculados a la codificación de un sistema racional de leyes[16].

En oposición a la doctrina del contrato social de Hobbes, respecto a que el Estado (Leviatán) era el soberano y delegaba su representación en el pueblo (ciudadano) para ejercer los actos soberanos, para Rousseau [1762][17] el soberano era el mismo pueblo y por su carácter inalienable no podía ser representado sino por la libre voluntad general; lo cual significaba distinguir entre los intereses del hombre (homme) y aquéllos de interés general de los ciudadanos (citoyen). De este debate derivó un cambio en la teoría de contrato social, con la codificación que hiciera Rousseau para la Revolución Francesa mediante la redacción de la "Declaración de los Derechos del Hombre y el Ciudadano" (1789).

Las primeras formulaciones doctrinales sobre estos derechos naturales fueron planteadas ante el régimen británico a finales del siglo XVII, conocidas como las fundamentales *Declaraciones de Derechos*: *Habeas Corpus* (1679) y *Bill of Rigts* (1689) o Carta de Derechos con normas para regular al Parlamento, los derechos a elecciones libres, a la libertad de expresión, libertad de pensamiento, derecho de reunión, derecho a la protección contra procedimientos judiciales[18]. Debido a

---

15 Darío Melossi, *El Estado del control social* (México: Siglo XXI Editores, 1992), 23-41.
16 Darío Melossi, *El Estado*, 44-46.
17 J.J., Rousseau, *El contrato social*, 51-52.
18 Allan Brewer-Carías, *Las Declaraciones de Derechos del Pueblo y del Hombre de 1811* (Caracas: Academia de Ciencias Políticas y Sociales, 2011), 34-35.

que la naciente burguesía industrial inglesa aspiraba limitar el poder absoluto de los reyes Estuardo, sostenía Locke [1690][19] que el poder político se originaba de "un pacto o acuerdo establecido por mutuo consentimiento entre aquellos que componen la comunidad" y debía servir para hacer leyes y castigar a quienes las infrinjan y "preservar a los miembros de esa sociedad en todo lo referente a sus vidas, sus libertades y sus posesiones".

"Por ello, aun cuando a partir de la gloriosa Revolución inglesa de 1688-1689, en el Reino Unido se erigió como principio constitucional fundamental el de la soberanía del Parlamento, quedando en cierto sentido relegado, como principio, el que pudiera existir una "ley superior" que obligara al propio Parlamento, aquel principio de la ley superior pasó a las Colonias Americanas para, precisamente,...reaccionar contra la soberanía que el Parlamento pretendía ejercer en América"[20].

Apelando al derecho natural de disfrutar de las leyes liberales inglesas y regirse por el Derecho del Estado británico, en 1774 los diputados de las Trece Colonias inglesas postularon en la ciudad de Filadelfia las *Declaraciones de Derechos,* que fundamentaban su gobierno libre e independiente[21]; luego, en 1776, la *Declaración de Derechos de Virginia,* bajo la influencia de las doctrinas políticas de Locke, Montesquieu y Rousseau, determinaba que en los derechos naturales del hombre y el pacto o contrato social reposaba la soberanía que protegía las libertades, base de los derechos individuales y de la consagración política de los derechos ciudadanos y del hombre dentro de un Estado[22].

---

19 John Locke, *Segundo Tratado sobre el Gobierno Civil* (Madrid: Alianza Editorial, 2004), 173-174.

20 Brewer- Carías, *Las Declaraciones de Derechos*, 30-31.

21 Véase en Nidia Ruiz "Fuentes, relatos y construcción de la historia patria", *Revista Venezolana de Economía y Ciencias Sociales* Vol. 11, N° 2 (2005): 244, la referencia a los manuscritos de la "Carta del Congreso General de las colonias a los habitantes de la Gran Bretaña", datada en Filadelfia el 5 de octubre de 1774 y la ""Carta de Filadelfia" de 8 de junio de 1775, ambas de contenido independentista, adquiridas por el abogado y político venezolano Dr. Don Joseph Ygnacio Moreno Mendoza en una librería caraqueña en el año 1777.

22 En nueve secciones, esta *Declaración* expresaba los derechos fundamentales: 1. Todos los hombres son por naturaleza igualmente libres e independientes para el goce de la vida, libertad, propiedad, felicidad y seguri-

Esta *Declaración* tuvo efectos directos en la *Declaración de Independencia de los Estados Unidos de América* (4 de julio, 1776) y en la confederación y unión perpetua entre Estado libres con sus respectivas constituciones que adoptó el Congreso en noviembre de 1777 desde la primera Constitución Americana, cuyo objetivo era "la defensa común, la seguridad de sus libertades y el mutuo y general bienestar, en un sistema conforme al cual cada Estado conservaba su soberanía, libertad e independencia". Luego, por la Constitución de los Estados Unidos de América sancionada en 1787, sin declaración de derechos y concebida como un documento orgánico para regular la forma de gobierno, fueron creados los Estados federados de la Unión con la separación de poderes entre los órganos del nuevo Estado[23].

Pocos años más tarde, la burguesa revolución francesa con los *Derechos del Hombre y el Ciudadano* de 1789 y 1793, la Constitución monárquica de 1791, las Declaraciones y constituciones republicanas de 1793 y 1795, dejaban expresado que por la naturaleza todos los hombres nacían libres e iguales en derechos y ante la ley; aunque el derecho a la igualdad comportaba el principio que las distinciones sociales solo podían fundarse en la utilidad común (art. 1°, Declaración

---

dad; 2. El poder está investido en el pueblo y deriva de él; 3. El gobierno se instituye, o deberá serlo, para el provecho, protección y seguridad comunes del pueblo, nación o comunidad; el mejor gobierno es "aquél que es capaz de producir el mayor grado de felicidad y de seguridad; cuando u gobierno es contrario a estos principios, la mayoría de la comunidad tiene el derecho inalienable e irrevocable de reformarlo, modificarlo o abolirlo para la conveniencia del bienestar público; 4. Ningún hombre o grupo de hombres tiene derecho a percibir emolumentos o privilegios exclusivos, a no ser por el desempeño de servicios públicos, no siendo transmisibles por herencia ni hereditarios los oficios de magistrados, legisladores o jueces; 5. Los poderes del Estado-legislativo y ejecutivo- deben estar separados del poder judicial; 6. Las elecciones de los representantes del pueblo en asamblea deben ser libres; 7. Todo poder de suspensión o ejecución de leyes por una autoridad, sin consentimiento de los representantes del pueblo, perjudica sus derechos y no debe ejercerse; 8. En los procesos criminales o de pena capital, todo hombre tiene derecho a conocer la causa de su acusación y no podrá ser considerado culpable sin el consentimiento unánime ni privado de su libertad, salvo por la ley o el juicio de sus iguales; 9. No deberán exigirse fianzas o multas excesivas, ni castigos crueles. Brewer-Carías, *Las Declaraciones de Derechos*, 50-51.

23 Brewer-Carías, *Las Declaraciones de Derechos*, 52 y 54.

de 1789), esta utilidad no era equivalente a la "igualdad ante la ley" que aplicaba a las mismas obligaciones ciudadanas para todos: "La igualdad consiste en que la ley es la misma para todos, tanto cuando protege como cuando castiga" (art. 3°, Declaración 1795)[24].

Con esta conciliación de los derechos del individuo a la libertad, igualdad, propiedad y seguridad, la condición hereditaria del linaje cedía ante la posesión de riqueza, por lo cual en los derechos de ciudadanía quedaban abolidos todos los privilegios de la nobleza obtenidos por la limpieza de sangre. Por tanto, la igualdad ante la ley era la antítesis de la diferenciación estamental del Antiguo Régimen y era aplicable "sobre los individuos a los que previamente se equipara en la condición universal de ciudadano"[25]. Según esta condición natural, los ciudadanos activos gozaban del derecho de elegir o ser elegidos para participar en la dirección del Estado y este derecho se fundaba en la igualdad que debía sostenerse sobre la negación de todo lo que pudiera diferenciar a los hombres[26].

Para los modernos ilustrados la patria se significaba en la cosa pública- la res publica- concebida como una comunidad de hombres libres que vivían juntos por el bien común en justicia bajo el gobierno de la ley, así como una buena constitución política y un buen gobierno, eran el fundamento del patriotismo republicano con sumisión a las

---

24 Acordaban los ilustrados jacobinos en la Declaración de 1789: Los hombres nacen y permanecen libres e iguales en derechos. Las distinciones sociales solo deben fundarse en la utilidad común (art. 1°); La finalidad de toda asociación política es la conservación de los derechos naturales e imprescriptibles del hombre. Estos derechos son la libertad, la propiedad, la seguridad y la resistencia a la opresión (art. 2°); El principio de toda soberanía reside esencialmente en la nación. Ninguna corporación ni individuo pueden ejercer autoridad que no emane de ella expresamente (art. 3o); Siendo la propiedad un derecho inviolable y sagrado, nadie puede ser privado de ella a no ser cuando la necesidad pública, legalmente constatada, lo exija evidentemente, y bajo la condición de una justa y previa indemnización (art. 17); La libertad consiste en poder hacer lo que no daña otro; así el ejercicio de los derechos naturales de cada hombre no tiene otros limites que los que aseguran a los demás miembros de la sociedad el goce de estos mismos derechos (art. 4o). Miguel Artola, *Los Derechos del hombre*, 104- 106.

25 Miguel Artola, *Los Derechos del hombre*, 45.

26 Jaime Jaramillo Uribe, *El pensamiento colombiano en el siglo XIX* (Bogotá: Planeta Colombiana Editorial, 1996), 161.

leyes, la obediencia a las autoridades constituidas, la libertad e igualdad y el servicio y amor a la patria modelada por la moral pública, consagrada en las virtudes privadas y domésticas[27]. Estos preceptos perseguían la felicidad pública que descansaba en los derechos y deberes del ciudadano, atributo de los hombres virtuosos e instruidos, con modo honesto de vivir en un Estado de derecho democrático, que sustentaba el cuerpo político en la universalización de la calidad o el estatus de la ciudadanía asociada a la conquista de la soberanía del pueblo[28].

Según estas bases doctrinarias, constitucionalizar el Estado implicaba para Sièyes que "los derechos políticos sólo pueden ejercerlos los ciudadanos activos y éstos consisten en el derecho para el pleno ejercicio de la civilidad expresada en la función pública para legislar y administrar los asuntos públicos"[29], en tanto que los ciudadanos pasivos disfrutaban de los derechos civiles o sociales. Principios políticos también inspirados en Montesquieu[1735], quien advertía sobre la confusión del poder del pueblo con su libertad: "Hay que tomar consciencia de lo que es la independencia y de lo que es la libertad. La libertad es el derecho de hacer todo lo que las leyes permiten, de modo que si un ciudadano pudiera hacer lo que las leyes prohíben, ya no habrá libertad"[30].

Es preciso puntualizar como notoria diferencia norteamericana y francesa, que los primeros constituían su nuevo poder limitado con separación de poderes, basado en los derechos "a todas las libertades de los ingleses"; en tanto que la versión francesa, proclamaba "los derechos con independencia y al margen del cuerpo político y llega a identificar los derechos del hombre...con los derechos del ciudada-

---

27 Mauricio Villori, *Por amor a la patria,* 80.
28 Esto lo clarifica Rousseau en , *El Contrato Social,* 21-22, cuando afirma: "Esta persona pública... antes se llamaba *Ciudad,* pero ahora lleva el nombre de *República* o *cuerpo político,* al cual sus miembros denominan *Estado* cuando es pasivo, *soberano* cuando es activo y *Poder* en comparación con sus semejantes. En cuanto a los asociados, colectivamente toman el nombre de *pueblo,* particularmente el de *ciudadanos* cuando participan de la autoridad soberana, y *súbditos* cuando están sometidos a las leyes del Estado".
29 Omar Noria, *La teoría de la representación política,* 73.
30 Montesquieu, *Del espíritu de las Leyes* (Madrid: Editorial Tecnos, 2002), 106.

no"[31]. En cualquier caso, los principios doctrinarios liberales inspiraron las Declaraciones de derechos (Filadelfia, Virginia Massachusetts, 1774, 1776, 1780); las Constituciones de los Estados que surgieron de las trece Colonias inglesas al declarar su independencia en 1776; la Constitución norteamericana de 1787 creados los Estados federados de la Unión y las primeras diez Enmiendas (1789); las Declaraciones de la Revolución Francesa, contenidas en la Declaración de los Derechos del Hombre y del Ciudadano sancionada por la Asamblea Nacional en 1789 y las posteriores Declaraciones y Constituciones francesas de 1791, 1793 y 1795[32]. De ellos se nutrió el poder constituyente en Venezuela durante el año 1811 con la *Declaración de los Derechos del Pueblo* (1º de julio), el *Acta de la Independencia* (5 de julio) y la *Constitución Federal de los Estados de Venezuela* (21 de diciembre).

2. *Primer Congreso Constituyente de Venezuela para instituir los derechos fundamentales*

Sin el ánimo de sostener que la construcción republicana idealizada en la soberanía de la nación fue obra exclusiva de la apropiación de modelos ajenos[33], como tampoco desconocer que las particulares realidades locales -en buena medida- explican los enfrentamientos entre diputados, aquéllos fundamentos doctrinarios tuvieron marcada relevancia entre los órganos voceros de la opinión pública y en las redacciones de actas, declaraciones y constituciones para regir la organización soberana del Estado, así como en los movimientos insurgentes.

Entre los primeros actos soberanos de la Junta Suprema Conservadora de los Derechos de Fernando VII constituida el 19 de abril de 1810, estuvo la convocatoria a elecciones en el mes de junio del mismo año para instalar el Congreso General de Venezuela con las Provincias que conformaban la antigua Capitanía General de Venezuela. Con excepción de las representaciones políticas provinciales de Coro, Mara-

---

31 Hannah Arendt, *Sobre la revolución* (Madrid: Alianza Editorial, 2006), 199-200. Se recomienda de esta obra su estudio pormenorizado sobre las revoluciones norteamericana y francesa.

32 Miguel Artola, *Los Derechos del hombre*, 85-111.

33 Mónica Quijada, "Las 'dos tradiciones'. Soberanía popular e imaginarios compartidos en el mundo hispánico en la época de las grandes revoluciones atlánticas". En *Revolución, independencia y las nuevas naciones de América,* coordinado por Jaime Rodríguez O. (Madrid: Fundación MAPFRE TAVERA, 2005), 62.

caibo y Guayana, que por particulares motivaciones desde sus ayuntamientos no acataron la convocatoria en apoyo al Consejo de Regencia, el dos de marzo de 1811 quedó instalado el Congreso con la representación del clero y los diputados electos por las capitales provinciales de Caracas, Margarita, Barinas, Mérida, Cumaná, Trujillo y Barcelona; las ciudades y pueblos de Cumanacoa, Paria, La Grita, Valencia, Achaguas, Calabozo, Guasdualito, San Sebastián, Guanare, Nirgua, Guanarito, Villa de Cura, San Felipe, Ospino y Barquisimeto. Los argumentos para instituir el poder constituyente que emanaría del voto de las ciudades y pueblos de las provincias federadas, quedan expresamente declarados en el Acta de nacimiento del Supremo Congreso de Venezuela:

> "A los diez meses de haber resuelto Caracas ser libre ha visto realizados los deseos con la unión de la mayor y más importante parte de Venezuela bajo un sistema de federación cimentado sobre los derechos, la libertad, y la voluntad de todos sus habitantes. La Suprema Junta acaba de dar al mundo el testimonio más sublime del patriótico desprendimiento que se prometieron de ella sus constituyentes, que han visto en el memorable 2 de Marzo de 1811 con un júbilo indecible realizadas las esperanzas que concibieron de este gobierno el 19 de Abril de 1810 al depositarle sus intereses, y la conservación de su libertad. Este acto grandioso y de eterna gloria para la América, bastaría solo para que la posteridad recordase con placer la época de una autoridad que supo sacrificar los intereses de sus individuos y su reposo; no para perpetuarse en una Soberanía que solo pertenece al Pueblo, sino para ayudar á éste á constituir la que debe ejercerla por el voto libre de todos los Ciudadanos...."[34].

El *Libro de Actas* de este Supremo Congreso[35] registra múltiples problemas debatidos entre las sesiones del día 3 de marzo de 1811 y el 6 de abril de 1812, con acuerdos y desacuerdos que revelan disímiles motivaciones. Destacan aquéllas que justifican o rechazan los pactos con el gobierno de España y entre el pueblo español y su monarca ante

---

34 "Acta del Supremo Congreso de Venezuela", *Gaceta de Caracas,* N° 22, Caracas, 5 de marzo de 1811.

35 *Congreso Constituyente de 1811-1812. Actas de los Congresos del Ciclo Bolivariano* (Caracas: Ediciones del Congreso de la República, 1983, 2 Tomos). De reciente publicación, *Independencia, constitución y Nación. Actas del Congreso Constituyente de 1811-1812* (Caracas: Monte Ávila, Editores Latinoamericana C.A., 2011, 2 Tomos).

la abdicación y prisión de Fernando VII en Bayona; la constitución de la Provincia de Caracas[36], la disolución de la Junta Suprema de Caracas; la invocación al derecho natural para el ejercicio de la soberanía con posturas proclives a la república autónoma dentro del régimen monárquico o entre quienes aspiran una república siguiendo las libertades proclamadas por el régimen inglés, norteamericano o el jacobinismo francés; la división de poderes; las juntas provinciales de la confederación; la división territorial con reorganización en secciones departamentales; los Estados-provincias en repúblicas federales mediante pacto confederativo en un solo Estado soberano que asegurase la libertad e independencia para el bien común o solamente Estados federativos soberanos e independientes que proponían las representaciones de ciudades y pueblos del interior, apelando a los derechos igualitarios; los derechos a la igualdad política entre todos los asociados ante las mayoritarias representaciones censitarias caraqueñas, en detrimento de las otras capitales provinciales, ciudades y pueblos; la abolición del fuero eclesiástico; las sendas protecciones y reconocimientos a la independencia por parte de Norte América e Inglaterra, por entonces, haciendo un doble juego como potencia marítima aliada de los españoles y apoyando desde finales del siglo dieciocho la liberación de estos pueblos para oficializar sus controles y dominar sin trabas sobre sus mercados. Asimismo, se evidencian los añejos conflictos sociales entre la goda aristocracia terrateniente-esclavista y los pardos, expósitos y canarios, excluidos por las leyes naturales de la condición social igualitaria.

Con apenas una diferencia de cuatro días entre la *Declaración de los Derechos del Pueblo* (1° de julio)[37] y el *Acta de la Independencia*

---

36 "Uno de los primeros actos del Congreso federal había sido el nombramiento, a 28 de marzo, de una comisión de su seno para que redactara la constitución de la provincia de Caracas, la cual debía servir de modelo a las demás de la Confederación. Pero dicha comisión tardó mucho en presentar su trabajo y varias provincias procedieron a organizarse políticamente, sin esperar el modelo anunciado ni aún la promulgación del pacto federativo. Caracciolo Parra Pérez, *Historia de la Primera República de Venezuela* (Caracas: Fundación Biblioteca Ayacucho, 2011), 357.

37 Véase en Allan Brewer-Carías, *Las Declaraciones de Derechos,* 115-116, un resumen de los 43 artículos del texto de los *"Derechos del Pueblo"* divididos en cuatro secciones: 1. *Soberanía del Pueblo*: la soberanía (arts. 1-3); usurpación de la soberanía (art. 4); temporalidad de empleos públicos (art. 5); proscripción de impunidad y castigos (art. 6); igualdad

(5 de julio)[38] y, enfrentando acaloradas discusiones respecto a la naturaleza del pacto, la representación censitaria, la soberanía de los pueblos, el tamaño de la república-pacto federal, la soberanía del poder constituyente, por decisión mayoritaria de las representaciones censitarias en el Congreso General de las Provincias de Venezuela, fueron sancionadas ambas cartas políticas fundacionales de la ideología liberal-revolucionaria de nuestra independencia política. Al respecto, queda expresado en el *Acta de Independencia*:

"Nosotros los Representantes de las Provincias Unidas de Caracas, Cumaná, Barinas, Margarita, Barcelona, Mérida y Trujillo, que forman la Confederación Americana de Venezuela… declaramos solemnemente al mundo que sus Provincias unidas son, y de hecho y de deben ser desde hoy, de derecho, Estados libres, so-

---

ante la ley (art. 7). 2. *Derechos del Hombre en Sociedad*: fin de la sociedad y gobierno (art. 1); derechos del hombre (art. 2); ley como expresión de la voluntad general (art. 3); libertad de expresión (art. 4); objetivo y obediencia de la ley (arts. 5, 6); derecho a la participación política (art. 7); derecho al sufragio (arts. 8-10); debido proceso (art. 11); proscripción de actos arbitrarios y protección ciudadana (arts. 12-14); presunción de inocencia, derecho a ser oído y proporcionalidad de las penas (arts. 15, 16.17); Seguridad y propiedad (arts. 18, 19); libertad de trabajo e industria (art. 20); garantía de propiedad y contribuciones mediante representante (art. 21); derecho de petición (art. 22); derecho a resistencia (art. 23); inviolabilidad del hogar (art. 24); derechos de los extranjeros (arts. 25-27). 3. *Deberes del Hombre en Sociedad*: límites a los derechos de otros (art. 1); deberes de los ciudadanos (art. 2); el enemigo de la sociedad (art. 3); el buen ciudadano (art. 4); el hombre de bien (art. 5). 4. *Deberes del Cuerpo Social*: garantía social (art. 1); límites de los poderes a funcionarios (art. 2); seguridad social (art. 3); instrucción pública (art. 4). Además, la "Proclamación de los derechos del pueblo", Caracas, 1 de julio de 1811. En *Documentos que hicieron historia. De la Independencia a la Federación (1810-1864)* (Caracas: Presidencia de la República, Edición Conmemorativa Sesquicentenario de la Independencia, Tomo I, 1962), 38.

38 En la sesión del 4 de julio de 1811, continuando la discusión de la materia "Independencia", fue decisiva para la Declaración sancionada al siguiente día, la presencia y el discurso escrito dejado por miembros de la Sociedad Patriótica de Caracas, creada en agosto de 1810, a imitación de las liberales sociedades españolas de "amigos de la Patria", ocupadas del desarrollo de las artes, la industria y la agricultura. Véase, "Acta de la sesión del 4 de julio de 1811", *Independencia... Actas del Congreso Constituyente*, Tomo I, 118; además, Caracciolo Parra Pérez, *Historia de la Primera República*, 278.

beranos e independientes y que están absueltos de toda sumisión y dependencia de la Corona de España o de los que se dicen o dijeren sus apoderados o representantes, y que como tal estado libre e independiente tiene un pleno poder para darse la forma de gobierno que sea conforme a la voluntad general de sus pueblos, declarar la guerra, hacer la paz, formar alianzas, arreglar tratados de comercio, límite y navegación, hacer y ejecutar todos los demás actos que hacen y ejecutan las naciones libres e independientes. Y para hacer válida, firme y subsistente esta nuestra solemne declaración, damos y empeñamos mutuamente unas provincias a otras nuestras vidas, nuestras fortunas y el sagrado nuestro honor nacional"[39].

Para instituir el cuerpo político invocaban los principios antiguos del derecho natural (iusnaturalismo) y de gentes (ius gentium)[40] que atesoraban las garantías ciudadanas para actuar ante la limitación de sus derechos soberanos frente a otras naciones, como era la opinión de Manuel Palacio Fajardo, diputado por la provincia de Barinas y firmante del acta del 5 de julio de 1811, en la sesión ordinaria de ese mismo día

> dependiente. Aprovéchese enhorabuena la Inglaterra de esta declaratoria para romper con Venezuela: empeñe la España sus pactos para mover contra nosotros sus aliadas, o produzca un esfuerzo de entre su impotencia: desconozcamos todas las Potencias del Universo: Venezuela se basta a sí misma…Venezuela triunfará de cuantas se opongan a su felicidad"[41].

Pero también con posturas antagónicas sobre el principio doctrinario del contrato social de darse una "república federal democrática", como lo proponía Fernando Peñalver, diputado por Valencia (Provincia de Caracas), al plantear que el pueblo soberano demandaba que la extensa provincia de Caracas fuese dividida para evitar desigualdades en la confederación, por lo que el territorio debía dividirse en pequeñas repúblicas " de igual influencia política, y que todas reunidas por una

---

39 "Acta Solemne de Independencia", *El Universal*, Caracas, 4 de julio de 1911, 1 hoja.

40 Véase, Emer de Vattel, *El Derecho de Gentes, o Principios de la Ley Natural, aplicados a la conducta, y a los negocios de las naciones y de los soberanos* (Madrid: Imprenta D. León Amabita, 1834, 2 Tomos).

41 "Sesión del 5 de julio de 1811", *El Publicista de Venezuela*, Caracas, jueves 26 de septiembre de 1811, 98.

representación común que las confedere, formen un solo estado y soberanía, que asegure la libertad e independencia común"[42].

Con conflictos sin resolverse, el 30 de julio los congresistas acordaban la redacción y `publicación de un documento para expresar al mundo sus razonamientos sobre la independencia suscrita el 5 de julio y la decisión de las Provincias Unidas de crear la *Confederación Americana de Venezuela*.

> "Razones muy poderosas, intereses muy sagrados, meditaciones muy serias, reflexiones muy profundas, discusiones muy largas, debates muy sostenidos, combinaciones muy analizadas, sucesos muy imperiosos, riesgos muy urgentes, y una opinión pública bien pronunciada y sostenida, han sido los datos que han precedido a la declaración solemne que el cinco de Julio hizo el Congreso General de Venezuela de la independencia absoluta de esta parte de la América Meridional: independencia deseada y aclamada por el pueblo de la Capital, sancionada por los Poderes de la Confederación, reconocida por los Representantes de las Provincias, jurada y aplaudida por el Jefe de la Iglesia Venezolana, y sostenida con las vidas, las fortunas, y honor de todos los ciudadanos"[43].

Sin el ánimo de omitir que el absolutismo monárquico hispano fue creando en territorios americanos las condiciones para acentuar la crisis de legitimidad que detonó la eclosión juntera[44] a partir de la invasión napoleónica en 1808, apuntamos el criterio que esta crisis se amalgama con los particulares procesos locales, además que "evidencia una conciencia americana ya galvanizada para la emancipación, que

---

42 "Fernando de Peñalver: Memoria sobre el problema constitucional venezolano (1811)". En José L. Romero y Luis A. Romero (Compiladores). *Pensamiento político de la emancipación (1790-1825)* (Caracas: Biblioteca Ayacucho, Vol. 23, 1985), 123-129.

43 *Manifiesto que hace al mundo la Confederación de Venezuela en la América Meridional, de las razones que ha fundado su absoluta independencia de la España y de cualquiera otra dominación extranjera* (Caracas: Imprenta de J. Baillio y C., 1811), 28.

44 Remitimos a Manuel Chust, (Coordinador). *1808. La eclosión juntera en el mundo hispano* (México: Fondo de Cultura Económica/El Colegio de México, 2007).

vió en los modelos políticos extraños un marco fundamental para el rompimiento con el nexo colonial, y no al revés"⁴⁵.

En torno a ello compartimos con Chiaramonti⁴⁶, los siguientes planteamientos: 1. Las ciudades ("pueblos") que lideran la nueva legitimidad a partir de la antigua doctrina castellana de la *reasunción del poder*, desde los ayuntamientos se abrogaron reasumir la soberanía y su representación política en el diputado de la nación, representación que se formulaba en términos contractuales. 2. Esta idea de soberanía antigua chocaba con la doctrinas del iusnaturalismo y del moderno Estado que postulaba la indivisibilidad de la soberanía apoyada por las elites políticas de las ciudades capitales (Bogotá, Caracas, Buenos Aires, México, Santiago de Chile). 3. Frente a las tendencias centralizadoras y soberanas de las ciudades capitales sobre las restantes ciudades y provincias, éstas se asumieron como estados soberanos y resolvieron confederarse. 4. En cualquier caso, la organización constitucional confirma un gobierno transitorio que fracasa después de su definición constitucional, por su "provisionalidad permanente, que une débilmente a los pueblos soberanos, y no siempre a todos ellos".

Además de estas "soberanías en lucha", antes de sesionar la asamblea constituyente en Caracas con los representantes reunidos en el *Congreso General* de 1811 para constituir el Estado independiente, a finales del siglo XVIII eran manifiestos en ciudades y pueblos de la costa caribeña venezolana, movimientos insurgentes de inspiración jacobina liderados por "pardos beneméritos"⁴⁷. Un caso emblemático en Caracas y La Guaira fue la develada Conspiración de los criollos Gual y España a mediados de 1797, que integraba mayoritariamente a pardos milicianos, artilleros, artesanos, unos pocos soldados negros y otros refuerzos armados locales que habían sido enviados a Santo Do-

---

45 A. Torres Iriarte, "Prólogo" en *Primeras Constituciones. Latinoamérica y el Caribe* (Caracas: Fundación Biblioteca Ayacucho, 2011), XXV.

46 José Carlos Chiaramonte, *Nación y Estado en Iberoamérica. El lenguaje político en tiempos de las independencia* (Buenos Aires: Editorial Sudamericana, 2004), 64-68.

47 A partir del año 1795 por la Real Cédula de Gracias al Sacar, se otorgaba beneficios y reconocimientos de mérito por ley a los "pardos beneméritos" en América, mediante pago para obtener las dispensas concedidas. Estudio pormenorizado en Santos Rodulfo Cortés, *El régimen de las "gracias al sacar" en Venezuela durante el período hispánico* (Caracas: Biblioteca Academia Nacional de la Historia, 2 vols., 1978).

mingo en 1793, de influencias y características que a continuación se resumen[48].

A los efectos de ubicar estos principios políticos del pensamiento liberal-ilustrado, es preciso referir a la "teoría de la representación política" propuesta por el abate Sieyès, a propósito de los debates en la asamblea nacional francesa para disolver el antiguo régimen monárquico e instaurar las estructuras políticas y económicas del revolucionario Estado liberal burgués en 1789. En torno a los fundamentos conceptua-

---

[48] "Ese año [1797] fue descubierta una conspiración de inspiración jacobina en las ciudades de La Guaira y Caracas, en la cual participaron activamente individuos de esa condición. La misma fue propiciada principalmente por algunos 'reos de estado' que habían sido remitidos desde España, por haber liderado una fallida insurrección jacobina (la Conspiración de San Blas), la cual había tenido lugar en Madrid dos años antes. Ya en las bóvedas de La Guaira, estos, en connivencia de algunos Blancos y Pardos locales, nuevamente se rebelaron contra el orden establecido. El plan contemplaba la instauración de una república católica en la que la esclavitud fuera abolida "**como contraria a la humanidad**", y todos los ciudadanos fuesen iguales, independientemente del sector etno-social al que perteneciesen. Esto se puede apreciar en uno de los principales documentos políticos del movimiento, las **Ordenanzas** redactado por el mallorquín Juan Bautista Picornell, en cuyo artículo 32 se declaraba la igualdad natural entre Blancos, Indios, Pardos y Morenos, entre quienes, en lo sucesivo, debía reinar la "**…mayor armonía, mirándose como hermanos en Jesucristo iguales por Dios…**". Como fuente de inspiración, como pasara previamente en Madrid, tomaron principalmente los preceptos políticos Revolución Francesa, pero ahora también el ejemplo del nuevo régimen de 'fraternidad inter-étnica' que supuestamente había sido instaurado en casi todas las Antillas Francesas, tras un decreto que otorgaba ciudadanía a los mulatos de 1792, y otro que abolía la esclavitud de 1794.La influencia franco-antillana se notó tanto en los objetivos del proyecto político que desarrollaran los conspiradores (en el que se proponía, como ya se indicara, el otorgamiento de ciudadanía a los Libres de Color y la abolición de la esclavitud), como en materiales propagandísticos alegóricos a la ciudadanía de los individuos de color: Cortés escribió canciones patrióticas (como la **Canción Americana** y el **Soneto Americano**) en las que se resaltaba la igualdad de quienes serían los ciudadanos de la nueva nación, Negros, Indios, Blancos y Pardos; mientras que Picornell redactó narraciones cortas, entre las cuales vale la pena resaltar dos, por la referencia que una hace a lo que acontecía en las islas galas y por el mensaje de igualdad racial que ambas llevaban". Alejandro E. Gómez, "La Revolución de Caracas **desde abajo**" (**Nuevo Mundo Mundos Nuevos**: Debates 2008). http://nuevomundo.revues.org/32982 (14 febrero 2010).

les del individuo elector, la propiedad privada y la división del trabajo, el abate formulaba la división de la ciudadanía en activa y pasiva, la soberanía como unidad de la nación, la división de poderes y la voluntad soberana del pueblo para ejercer sus derechos políticos y civiles, particularmente el derecho al sufragio, sobre la base de criterios de capacidad y fortuna de naturaleza distinta a los enunciados en las "Declaraciones de los derechos del hombre y el ciudadano"[49].

Además que circularon en Venezuela versiones impresas y traducidas de *Los Derechos del Hombre* acogidos en la Declaración de Derechos del Pueblo y la Constitución, la convocatoria al primer Congreso General de Venezuela en junio de 1810 estuvo dirigida a todas las **"clases de hombres libres"** para la elección de diputados con derecho a sufragio o para nombrar electores parroquiales; ello determinaba como restricción censitaria, **"poseer al menos dos mil pesos en bienes**[50]. Desde entonces, la posesión de fortunas rigió entre los hombres blancos o blanqueados ("pardos beneméritos") fue condición de la ciudadanía activa atribuida a los derechos políticos.

Ser tratados como ciudadanos iguales, políticamente significó para los pardos instruidos y propietarios "una verdadera 'revolución de la igualdad'"[51], como lo evidencia la "sesión privada" del Congreso de Venezuela el 31 de julio de 1811 para debatir "sobre cual sería la suerte y condición de los pardos en el estado de Independencia en que se halla Venezuela". En la opinión del señor Ramírez (diputado por Barcelona), "después de declarada la igualdad en Caracas", era vital para la Confederación tratar este problema. En su apoyo argumentaba el diputado Maya de San Felipe, "Si en unas provincias se tolerase la igualdad y en otras no, se destruiría el sistema de federación, que era auxiliarse mutuamente". Reiteraba el merideño, diputado Briceño, que en las Provincias de Venezuela el número de pardos y negros era excesivamente mayor a los blancos; "mayores y principales razones que

---

49 Omar Noria, *La teoría de la representación política*, 23.

50 Alejandro E. Gómez, "Las revoluciones blanqueadoras: elites mulatas haitianas y "pardos beneméritos" venezolanos, y su aspiración a la igualdad, 1789-1812" (**Nuevo Mundo Mundos Nuevos**: Coloquios 2005). http://nuevomundo.revues.org/868 (20 abril 2008).

51 Jorge Conde Calderón, "Ciudadanos *de color* y revolución de la independencia o el itinerario de la pardocracia en el Caribe colombiano", *Historia Caribe* N° 14 (2009): 113.

obligan a la declaratoria que se solicita, cuales son de la justicia y equidad, que prescriben los derechos iguales de todos los hombres"[52].

3. *Pactismo entre soberanías en la Constitución Federal de los Estados de Venezuela*

Pese a posturas antagónicas, los diputados de los pueblos federados de Caracas, Mérida, Cumaná, Margarita, Barinas, Barcelona y Trujillo, por la voluntad soberana de los Estados libres que se confederaban, consintieron en acordar un pacto federativo para asegurar "la paz perpetua" que, para Kant [1795][53], era una federación de pueblos y no un Estado de pueblos.

De allí que al margen de las específicas razones de los capitulares de Coro, Maracaibo y Guayana de no acordar adherirse y, ante las protestas[54] de varias representaciones en el Congreso Constituyente, las restantes provincias que desde 1777 integraron formalmente el territorio de la Capitanía General de Venezuela, acordaron por el "Pacto Federal de la Confederación":

"...conservará cada una de las Provincias que la componen, su Soberanía, Libertad e Independencia: en uso de ellas, tendrán el derecho exclusivo de arreglar su Gobierno y Administración territorial, bajo las leyes que crean convenientes con tal que no las sean comprehendidas en esta Constitución, ni se opongan o perjudiquen a los mismos Pactos Federativos que por ellas se establecen. Del mismo derecho gozarán todos aquellos territorios que por división del actual o por agregación a él, vengan a ser parte de esta Confederación.... Hacer efectiva la mutua garantía y seguridad que se prestan entre sí los Estados, para conservar su libertad civil, su independencia política y su culto religioso es la más sagrada de las facultades de la Confederación, en quien reside exclusivamente la Representación Nacional. Por ella está encargada de las relacio-

---

52 "Acta de la sesión del 31 de julio de 1811", *Independencia... Actas del Congreso Constituyente de 1811-1812*, Tomo I, 189-193.

53 Manuel Kant *Sobre la paz perpetua* (Madrid: Editorial Tecnos, 2003), 21.

54 El texto final de la Constitución recoge los reparos de varios diputados y del Vice-Presidente Francisco de Miranda. *Constitución federal para los Estados de Venezuela*. Caracas, imprenta Juan Baillio. Supremo Congreso de los Estados Unidos de Venezuela, 1812. En *Congreso Constituyente de 1811-1812*, Tomo II, 58-59.

nes extranjeras, de la defensa común y general de los Estados Confederados, de conservar la paz pública contra las conmociones internas o los ataques exteriores, de arreglar el comercio exterior y el de los Estados entre sí, de levantar y mantener Ejércitos, cuando sean necesarios para mantener la libertad, integridad, e independencia de la Nación, de construir y mantener bajeles de guerra, de celebrar y concluir tratados y alianzas con las demás Naciones..."[55].

Fundada esta naciente *nación política* en el pacto social entre hombres libres que proclamaban los franceses y siguiendo la experiencia norteamericana entre *Estados federados* que se confederaban para auxiliarse recíprocamente, la calidad de ciudadano se politizó con su sentido de *pueblo* y los principios universalistas de las libertades instituidas por los derechos individuales proclamados en el ideal democrático del derecho a la representación y la participación política, esto es, "soberanía de la nación, en el sentido de 1789, es decir, de la nación reunida en *asamblea*"[56].

Apoyándose en el concepto de pueblo en Voltaire, en 1810 se preguntaba Miguel José Sanz, liberal, monarquista, hacendado valenciano y co-redactor del *Semanario de Caracas*, ¿Qué cosa es este Pueblo cuya voluntad es soberana?, a lo cual respondía:

"Siendo, pues necesario que Venezuela se gobierne por sí, también lo es que forme un Pueblo independiente...Pueblo es ese conjunto de habitantes que forman una nación, o que ejerce la soberanía sin reconocer otro superior que su voluntad cuando legítimamente se congrega. Por ejemplo la Provincia de Venezuela en la necesidad de gobernarse por sí, y de constituir un Gobierno conservador de los derechos de su Rey Fernando, compone hoy el *Pueblo Venezolano*. En una República o Reyno bien organizado son los propietarios los que componen el Pueblo Soberano"[57].

La nación se personificaba en este pueblo y éste en los ciudadanos propietarios, facultados para ser electores y ejercer la representación soberana de los pueblos, según la cual cada diputado, al ser elegido como representante de su provincia, era el depositario de la voluntad

---

55 *Constitución federal*. En *Congreso Constituyente de 1811-1812*, Tomo II, 3-4.
56 Rousseau, *El Contrato Social*, 50.
57 "Política", *Semanario de Caracas*, N° VIII, 23 de diciembre de 1810, 58.

general del pueblo. De allí que por precepto constitucional el poder soberano era atributo de los ciudadanos electores en quienes, por el pacto social, recaía la voluntad general de la soberanía del cuerpo social para procurar el goce de la felicidad y de los mismos derechos en la naciente república. El Estado de derecho constitucionalizado en 1811 encarnaba esta representación soberana y por el pactismo asociativo entre los ciudadanos activos, se depositaba en ellos la soberanía de la nación con un gobierno regido por sus leyes y, por la voluntad de todos, la república se fundaba en "una igualdad tal que todos se comprometen bajo las mismas condiciones, y deben gozar todos de los mismos derechos"[58].Así quedó suscrito por los pueblos confederados que sancionaron el 21 de diciembre de 1811 la *Constitución Federal para los Estados de Venezuela* con la siguiente declaración:

> "En el Nombre de Dios Todo Poderoso, Nos, el Pueblo de los ESTADOS VENEZUELA, usando de nuestra Soberanía y deseando establecer entre nosotros la mejor administración de justicia, procurar el bien general, asegurar la tranquilidad interior, proveer en común a la defensa exterior, sostener nuestra Libertad e Independencia política, conservar pura e ilesa la sagrada religión de nuestros mayores, asegurar perpetuamente a nuestra posteridad el goce de estos bienes y estrecharnos mutuamente con la más inalterable unión y sincera amistad, hemos resuelto confederarnos solemnemente para formar y establecer la siguiente Constitución, por la cual se han de gobernar y administrar estos Estados"[59].

Debatidos, aunque sin resolver, múltiples problemas atinentes a las particularidades locales y provinciales, la revolución política que derivó en esta *Constitución Federal* de 228 artículos, aunque de escasa duración con el subsecuente fracaso del primer intento republicano, conciliaba idearios del republicanismo antiguo y liberal con evidentes influencias del constitucionalismo liberal que produjeron las revoluciones norteamericana y francesa. Antes de la Constitución de Cádiz (1812) fue instalado este primer régimen constitucional en Venezuela, lo cual evidencia que esta experiencia fue diferente a las constituciones republicanas después de 1811, que recibieron influencias de la carta magna gaditana. De las fuentes doctrinarias de la Constitución venezolana de 1811, destacan:

---

58 Rousseau, *El contrato social* ,51.

59 *Constitución Federal.* En *Congreso Constituyente de 1811-1812*, Tomo II, 3.

La *organización federativa de los Estados,* que emana de la soberanía popular para constitucionalizar el Estado independiente, mediante la confederación de Estados (provincias) y el parlamentarismo como sistema de gobierno con derechos, deberes y garantías para los ciudadanos. Para organizar políticamente a los Estados de Venezuela por pacto social entre las Provincias (Estados Soberanos) en el nuevo Estado confederado que en adelante sería el Gobierno republicano de la Unión, los constituyentes asumieron el modelo confederativo de los Estados de la Federación norteamericana[60], aunque para su organización territorial interna, tomaron el esquema territorial francés en las primeras Constituciones provinciales[61].

La *soberanía y la representación* republicana, que provino inicialmente de la Revolución Americana, luego de la Revolución francesa en 1789 y su Constitución republicana de 1793, en la Constitución de 1811 la *Soberanía del pueblo,* consagrada en el capítulo sobre los *Derechos del Hombre,* originaba la soberanía nacional después de constituidos los hombres en sociedad (Art. 141), para asegurar por el pacto social "a cada individuo el goce y posesión de sus bienes, sin lesión del derecho que los demás tengan a los suyos" (Art. 142) y la soberanía como "Una sociedad de hombres reunidos bajo unas mismas leyes, costumbres y gobierno..." (Art. 143), también se concibió como un poder imprescriptible, inalienable e indivisible que sólo residía en el pueblo y éste sólo podía ejercerla "por medio de apoderados o representantes de éstos" (Art. 144); prohibiéndose, por tanto, que cualquier

---

60 Durante la República de Colombia los federales de Caracas opuestos al proyecto unitario bolivariano, daban cuenta pormenorizada "Del Gobierno Representativo Federal" en los Estados Unidos para reiterar la necesidad de restituir el modelo federativo de 1811. Véase en el *Observador Caraqueño,* N°. 56, Caracas, 20 de enero de 1825 ; N° 57, 27 de enero de 1825; N° 58, 3 de febrero de 1825; N° 59, 10 de febrero de 1825; N° 60, 17 de febrero de 1825; N° 61, 24 de febrero de 1825; N° 62, 3 de marzo de 1825; N° 63, 10 de marzo de 1825.

61 Véase en Allan Brewer Carías, *Las Constituciones de Venezuela* (Caracas: Academia de Ciencias Políticas y Sociales, Tomo I, 2008), 122-131, las Constituciones Provinciales anteriores y posteriores a la Constitución Federal de los Estados de Venezuela (1811): "Plan de Gobierno" de la Provincia de Barinas (26-3-1811); "Constitución Provisional de la Provincia de Mérida" (31-7-1811); "Plan de Constitución Provisional Gubernativo de la Provincia de Trujillo" (2-9-1811); "Constitución Fundamental de la República de Barcelona Colombiana" (12-1-1812); "Constitución para el gobierno y administración interior de la Provincia de Caracas" (31-1-1812).

parcela del pueblo se pudiera arrogar el ejercicio de la misma, "Ningún individuo, ninguna familia, ninguna porción o reunión de ciudadanos, ninguna corporación particular, ningún pueblo, ciudad o partido, puede atribuirse la soberanía de la sociedad, que es imprescriptible, inajenable e indivisible en su esencia y origen (Art. 145); el derecho al desempeño de empleos públicos en forma igualitaria (Art. 147), con la proscripción de privilegios o títulos hereditarios (Art. 148) y la Ley como "expresión libre de la voluntad general de la mayoría de los ciudadanos, indicada por el órgano de sus representantes legalmente constituidos" (Art. 149), así como la nulidad de los actos dictados en usurpación de autoridad (Art. 150).

Entre los *derechos del hombre* que quedaban fuera del alcance del Poder Legislativo y que debían ser respetados y garantizados por el Estado, quedaban estipulados los *Derechos del hombre en sociedad* y, luego de definida la finalidad del gobierno republicano (Art. 151) se enumeran como tales derechos a la libertad, la igualdad, la propiedad y la seguridad (Arts. 152 - 156). Además, se regulan los derechos al debido proceso: el derecho a ser procesado solo por causas establecidas en la ley (Art. 158), el derecho a la presunción de inocencia (Art. 159), el derecho a ser oído (Art. 160), el derecho a juicio (Art. 161). Además, se regula el derecho a no ser objeto de registro (Art. 162), a la inviolabilidad del hogar (Art. 163) y los límites de las visitas autorizadas; (Art. 165), el derecho a la seguridad personal y a ser protegido por la autoridad en su vida, libertad y propiedades (Art. 165), el derecho a que los impuestos sólo se establezcan mediante ley dictada por los representantes (Art. 166), el derecho al trabajo y a la industria (Art. 167), el derecho de reclamo y petición (Art. 168), el derecho a la igualdad respecto de los extranjeros (Art. 168), la proscripción de la irretroactividad de la ley (Art. 169), la limitación a las penas y castigos (Art. 170) y la prohibición respecto de los tratos excesivo y la tortura (Arts. 171-172), el derecho a la libertad bajo fianza (Art. 174), la prohibición de penas infamantes (Art. 175), la limitación del uso de la jurisdicción militar respecto de los civiles (Art. 176), la limitación a las requisiciones militares (Art. 177), el régimen de las milicias (Art. 178), el derecho a portar armas (Art. 179), la eliminación de fueros (Art. 180) y la libertad de expresión de pensamiento (Art. 181), derecho de petición de las Legislaturas provinciales (art. 182) y el derecho de reunión y petición de los ciudadanos (Arts. 183-184), el poder exclusivo de las Legislaturas de suspender las leyes o detener su ejecución (Art.

185), el poder de legislar atribuido al Poder Legislativo (Art. 186), el derecho del pueblo a participar en la legislatura (Art. 187), el principio de la alternabilidad (Art. 188),el principio de la separación de poderes (Art. 189), el derecho al libre tránsito entre las provincias (Art. 190), el fin de los gobiernos y el derecho ciudadano de abolirlos y cambiarlos (Art. 191).

En cuanto a los *Deberes del hombre en sociedad,* se establece la interrelación entre derechos y deberes (Art. 192), la interrelación y limitación entre los derechos (Art. 193), los deberes de respetar las leyes, mantener la igualdad, contribuir a los gastos públicos y servir a la patria (Art. 194), con precisión de lo que significa ser buen ciudadano y violar las leyes (Arts. 195- 196). En este mismo sentido, los *Deberes del Cuerpo Social* eran la garantía social depositada en la Soberanía nacional para el bien y felicidad común dirigidas a afianzar en "los individuos que la componen el gozo de su vida, de su libertad, de sus propiedades y demás derechos naturales"(Art. 197) y para "proporcionar auxilios a los indigentes y desgraciados y la instrucción a todos los Ciudadanos" (Art. 198).

La *separación de poderes,* que derivó de Montesquieu respecto a la desconfianza del poder y el control de los otros poderes, así como su influencia en el constitucionalismo americano, aseguraba el respeto de los derechos de los ciudadanos, con tres poderes: el legislativo, que emanaba la ley como expresión de la voluntad general; el ejecutivo, subordinado a la misma y garante de su ejecución; el judicial, para controlar y garantizar los derechos del hombre y la separación de poderes. Para el ejercicio de la autoridad confiada a la confederación, el Preámbulo constitucional de 1811 determinaba que "El Poder Supremo debe estar dividido en Legislativo, Ejecutivo y Judicial y confiado a distintos Cuerpos independientes entre sí, en sus respectivas facultades", el Artículo 189 así lo determinaba

De esta primera experiencia constitucional, derogada el 21 de julio de 1812, son concluyentes las palabras de Bolívar en el *Manifiesto de Cartagena*[62]*,* cuando juzgaba como error político haber adoptado la confederación de Estados con gobiernos federativos. Opinaba que además de las conflictivas competencias de poderes, lo que más debilitó al gobierno de Venezuela,

---

62 Simón Bolívar, *Doctrina del Libertador* (Caracas: Fundación Biblioteca Ayacucho, Vol. 1, 1985), 8-17.

"fue la forma federal que adoptó, siguiendo las máximas exageradas de los derechos del hombre, que autorizándolo para que se rija por sí mismo, rompe los pactos sociales y constituye a las naciones en anarquía...Cada provincia se gobernaban independientemente; y a ejemplo de éstas, cada ciudad pretendía iguales facultades alegando la práctica de aquéllas"[63].

CONCLUSIONES

No puede entenderse lo legislado por los diputados provinciales electos para el primer Congreso Supremo de Venezuela, sin atender al hecho cierto que durante el año 1811 se define la bisagra histórica en torno al proyecto político de fundar el Estado independiente de Venezuela; idealizado sobre los principios doctrinarios sembrados en los derechos naturales de la soberanía delegada en el pueblo y surgida de la unión pactada de hombres libres que se asociaban para la autodeterminación, las libertades públicas, instituir la nación como asociación contractual entre ciudadanos, los derechos políticos a la representación censitaria del pueblo soberano, la organización federativa del Estado con separación de poderes que garantizara el disfrute de los derechos a la igualdad, libertad, propiedad y seguridad y los otros derechos individuales a la libertad de opinión, comercio, industria, imprenta, entre otros.

Esta lógica contractual, originada del capitalismo inglés en ciernes a fines del siglo XVII, tuvo su correlato en las revoluciones norteamericana y francesa para derivar en el moderno constitucionalismo liberal que se propagó entre los nuevos poderes constituyentes de las provincias de la antigua Capitanía General de Venezuela. Al margen de las "soberanías en lucha" entre los representantes provinciales, en 1811 acordaron adherir a la revolución política declarada en Caracas su condición soberana de Estados independientes y libres de todo despotismo al sancionar, desde el Acta de nacimiento del primer Congreso de Venezuela, que la soberanía reside en el pueblo y su ejercicio por el voto libre de todos los ciudadanos, con los subsecuentes derechos soberanos suscritos en la "Declaración de los Derechos del Pueblo" y el "Acta de la Independencia".

La soberanía nacional depositada por pacto social en las representaciones de ciudadanos electos, se dio a sí misma una la ley superior

---

63 Bolívar, *Doctrina*, 12.

como expresión de la voluntad general para regir la primera república y tuvo su concreción, aunque transitoria, en el Estado de derecho que se plasmó en la Constitución Federal para los Estados de Venezuela. En tanto que pacto federativo de los pueblos que se asociaban para confederar a aquéllas provincias asumidas como Estados soberanos, esta república federal democrática con separación de poderes y las libertades naturales de los ciudadanos propietarios, instituía la ruptura con la soberanía monárquica que aún imperaba en España.

Siguiendo los principios doctrinarios del antiguo y moderno republicanismo de una comunidad autogobernada por hombres libres bajo el gobierno de sus leyes, así como del moderno constitucionalismo que atesoraba las garantías ciudadanas para actuar ante la limitación de sus derechos soberanos y las libertades individuales, el naciente Estado liberal en Venezuela incardinado en la Constitución federativa de 1811, también era concebido como garante de los pueblos soberanos para el disfrute de la felicidad con libertades políticas y civiles.

FUENTES CONSULTADAS

Primarias:

Actas del Congreso Constituyente de 1811-1812. En *Independencia, Constitución y nación.* Caracas: Monte Ávila, Editores Latinoamericana C.A., 2 Tomos, 2011.

BOLÍVAR, Simón. *Doctrina del Libertador.* Caracas: Biblioteca Ayacucho, Vol. 1, 1985.

Congreso Constituyente de 1811-1812. En *Actas de los Congresos del Ciclo Bolivariano.* Caracas: Ediciones del Congreso de la República, 2 Tomos, 1983.

Documentos que hicieron historia. De la independencia a la federación (1810-1864). Caracas: Presidencia de la República. Edición Conmemorativa Sesquicentenario de la Independencia. Tomo I, 1962.

El Publicista de Venezuela, Caracas, jueves 26 de septiembre de 1811.

El Universal, Caracas, 4 de julio de 1911.

Gaceta de Caracas, N° 22, Caracas, 5 de marzo de 1811.

HOBBES, Thomas. *Leviatán, o la materia, forma y poder de una república eclesiástica y* civil. México: Fondo de Cultura Económica, 1996.

KANT, Immanuel. *¿Qué es la Ilustración?*. Madrid: Alianza Editorial, 2004.

Manifiesto que hace al mundo la Confederación de Venezuela en la América Meridional, de las razones que ha fundado su absoluta independencia de la España y de cualquiera otra dominación extranjera, formado y mandado a publicar por el Congreso General de sus Provincias Unidas. Caracas: Imprenta de J. Baillio y C., 1811.

LOCKE, John. *Segundo Tratado sobre el Gobierno Civil.* Madrid: Alianza Editorial, 2004.

MONTESQUIEU. *Del espíritu de las Leyes.* Madrid: Editorial Tecnos, 2002.

NÚÑEZ, Toribio. *Ciencia social según los principios de Bentham.* Madrid: Imprenta Real, 1835.

Observador Caraqueño, N°. 56, Caracas, 20 de enero de 1825 ; N° 57, 27 de enero de 1825; N° 58, 3 de febrero de 1825; N° 59, 10 de febrero de 1825; N° 60, 17 de febrero de 1825; N° 61, 24 de febrero de 1825; N° 62, 3 de marzo de 1825; N° 63, 10 de marzo de 1825

ROUSSEAU, J.J. *El contrato social o Principios de derecho político.* Bogotá: Panamericana Editorial. [1762], 1996.

Semanario de Caracas, N° VIII, 23 de diciembre de 1810

VATTEL, Emer. *El Derecho de Gentes, o Principios de la Ley Natural, aplicados a la conducta, y a los negocios de las naciones y de los soberanos.* Madrid: Imprenta D. León Amabita, 4 Tomos, 1834.

BIBLIOGRÁFICAS:

ARENDT, Hannah. *Sobre la revolución*. Madrid: Alianza Editorial, 2006.

AZUELA GUITRON, Mariano. *Derecho, sociedad y Estado*. México: Universidad Iberoamericana, 1995.

BREWER CARÍAS, Allan. *Las Constituciones de Venezuela* .Caracas: Academia de Ciencias Políticas y Sociales, 2 Tomos, 2008.

BREWER CARÍAS, Allan. *Las Declaraciones de Derechos del Pueblo y del Hombre de 1811*. Caracas: Academia de Ciencias Políticas y Sociales, 2011.

CASTILLO VEGAS, Jesús L. "Liberalismo y republicanismo en la Constitución Bolivariana de Venezuela". *Provincia* Número especial, 2006:269-292.

CHIARAMONTE, José Carlos. *Nación y Estado en Iberoamérica. El lenguaje político en tiempos de las independencias*. Buenos Aires: Editorial Sudamericana, 2004.

CHUST, Manuel (Coordinador). *1808. La eclosión juntera en el mundo hispano*. México: Fondo de Cultura Económica/El Colegio de México, 2007.

CONDE CALDERÓN, Jorge. "Ciudadanos *de color* y revolución de la independencia o el itinerario de la pardocracia en el Caribe colombiano". *Historia Caribe* N° 14 (2009): 109-137.

CORTÉS, Santos Rodulfo. *El régimen de las "gracias al sacar" en Venezuela durante el período hispánico*. Caracas: Biblioteca Academia Nacional de la Historia, 2 vols., 1978.

FOUCAULT, Michel. *Defender la sociedad*. Buenos Aires: Fondo de Cultura Económica, 2008.

FOUCAULT, Michel. *Genealogía del racismo*. Buenos Aires: Editorial Altamira, 1992.

GÓMEZ Alejandro E. "La Revolución de Caracas desde abajo". *Nuevo Mundo Mundos Nuevos*, Debates, 2008. http://nuevomundo.revues.org/32982

GÓMEZ Alejandro E. "Las revoluciones blanqueadoras: elites mulatas haitianas y "pardos beneméritos" venezolanos, y su aspiración a la igualdad, 1789-1812". *Nuevo Mundo Mundos Nuevos*, Coloquios, 2005. http://nuevomundo.revues.org/868.

JARAMILLO URIBE, Jaime. *El pensamiento colombiano en el siglo XIX*. Bogotá: Planeta Colombiana Editorial, 1996.

LEAL, Carole. "El concepto de orden en tiempos de transición: Venezuela (1770-1850)". *Bulletin de l'Institut Français d'Études Andines,* Vol. 39 N° 1 (2010):37-61.

MELOSSI, Darío. *El Estado del control social*. México: Siglo XXI Editores, 1992.

NORIA, Omar. *La teoría de la representación política del abate Sieyès*. Caracas: Universidad Católica Andrés Bello/Universidad Simón Bolívar, 1999.

PARRA PÉREZ, Caracciolo. *Historia de la Primera República de Venezuela*. Caracas: Fundación Biblioteca Ayacucho, 2011.

QUIJADA, Mónica. "Las 'dos tradiciones'. Soberanía popular e imaginarios compartidos en el mundo hispánico en la época de las grandes revoluciones atlánticas". En *Revolución, independencia y las nuevas naciones de América,* coordinado por Jaime Rodríguez O. Madrid: Fundación MAPFRE TAVERA, 2005, 61-86.

ROMERO, José Luis y Luis A. Romero (compiladores). *Pensamiento político de la emancipación (1790-1825)*. Caracas: Biblioteca Ayacucho, Vol. 23, 1985.

RUIZ, Nidia. "Fuentes, relatos y construcción de la historia patria", *Revista Venezolana de Economía y Ciencias Sociales*. Vol. 11, N° 2 (2005):237-249.

TORRES IRIARTE, Alexander. "Prólogo". En *Primeras Constituciones. Latinoamérica y el Caribe*. Compilado por Nelson Chávez Herrera. Caracas: Fundación Biblioteca Ayacucho, 2011.

VÁZQUEZ, Belin. "Del ciudadano moderno en la nación moderna a la ciudadanía nacionalista". *Utopía y Praxis Latinoamericana*. Año 10, N° 31 (2005):63-78.

VÁZQUEZ, Belin. "Textos y contextos del ciudadano moderno en los orígenes de la nación en Venezuela, 1811-1830", *Procesos Históricos*. N° 11 (2007): 1-22.

VILLORI, Mauricio. *Por amor a la patria. Un ensayo sobre el patriotismo y el nacionalismo*. Madrid: Acento Editorial, 1997.

SEXTA PARTE
EL PENSAMIENTO CONSTITUCIONAL DE LOS PRÓCERES OLVIDADOS EN EL CONSTITUCIONALISMO DE 1811

HISTORIA DE UN LIBRO EXTRAORDINARIO
(*INTERESTING OFFICIAL DOCUMENTS RELATING TO THE UNITED PROVINCES OF VENEZUELA*) PUBLICADO POR LA REPÚBLICA EN LONDRES EN 1812[*]

Allan R. Brewer-Carías

El testimonio escrito más importante sobre el primer proceso constituyente desarrollado en América Latina en tiempos modernos, hace más de doscientos años, como consecuencia del proceso de independencia de Venezuela en 1811, fue un libro publicado el año siguiente, en 1812, en Londres, titulado: *Interesting Official Documents relating to the United Provinces of Caracas (Documentos Oficiales Interesan-*

---

[*] Texto de la "Introducción General" al libro: Allan R. Brewer-Carías, *Documentos constitucionales de la Independencia/ Constitucional Documents of the Independence 1811*, Colección Textos Legislativos Nº 52, Editorial Jurídica Venezolana, Caracas 2012 (Con la edición facsimilar del libro "*Interesting Documents relating to Caracas/ Documentos Interesantes relativos a Caracas; Interesting Official Documents relating to the United Provinces of Caracas, viz. Preliminary Remarks, The Act of Independence. Proclamation, Manifesto to the World of the Causes which have impelled the said provinces to separate from the Mother Country; together with the Constitution framed for the Administration of their Government. In Spanish and English*," London 1812.

tes Relativos a las Provincias Unidas de Venezuela), que contiene la colección de los documentos constitucionales oficiales más importantes y otros documentos políticos que apoyaron el proceso de independencia y el establecimiento del nuevo Estado de las Provincias Unidas de Venezuela. Ese libro lo reimprimimos por primera vez en la obra a la cual están dirigidos los comentarios de esta "Introducción general."

Se trata de una verdadera obra maestra editorial con muchas viñetas de buen gusto, "Una obra de agradable presentación e interesante contenido,"[1] que refleja el proceso político y constitucional que dio origen a un nuevo Estado moderno en la América Hispana, que nació, incluso, antes de que las *Cortes Generales* de España sancionaran la Constitución de la Monarquía Española de Cádiz, del 19 de marzo de 1812.

Este importante libro, aunque se refería a Venezuela, no fue editado ni publicado en Caracas, donde se habían producido y se estaban produciendo los hechos políticos registrados en el mismo. Fue editado y publicado en Londres, pero con la peculiaridad de que se trató de una edición oficial de la República, bilingüe, única en su tipo para la época, con el texto en inglés y en castellano, impresa por W. Glidon, *Rupert Street, Haymarket*, para varias librerías: Longman and Co. Paternoster-Row; Durlau, *Soho-Square*; Hartding, *St. Jame's Street*; y W. Mason, Nº 6, *Holywell Street*, Strand, & c. & c.

El texto de todos los documentos contenidos en el libro en castellano y en ingles, se publicó a lo largo de sus páginas, en paralelo, con el texto en español en las páginas pares, y el texto de inglés en las páginas impares. En la parte superior de su portada, se incluye un título simplificado del libro: **Documentos Interesantes relativos a Caracas / Interesting Documents relating to Caracas**; incluyendo en la parte inferior de la página, un grabado de T. Wogeman con un alegoría "al gusto de la época", que según la descripción de Carlos Pi Sunyer, tenía "una figura femenina que representa América, otra que simboliza la República, y lleva una tablilla en la que está escrita la palabra 'Colombia', y un querube con un rollo de pergamino con el título "Constitución de Venezuela."[2] De hecho, más que una viñeta con una alegoría,

---

1 Véase Carlos Pi Sunyer, *Patriotas Americanos en Londres (Miranda, Bello y otras figuras),* (Ed. y prólogo de Pedro Grases), Monteávila Editores, Caracas 1978, p. 211.

2 *Idem*, p. 211

realmente se trataba del "el escudo de armas" oficial del nuevo Estado independiente y soberano, que había sido formalmente aprobado por el Congreso General de las Provincias de Venezuela, y que ordenó se incluyera en la bandera oficial del Estado.[3]

Esta extraordinaria y muy bella pieza editorial tenía la intención de explicar en inglés y español, en Europa, en el momento en que los hechos se estaban sucediendo, las razones y motivos de las acciones políticas que desde 1808 había tenido lugar en Caracas con motivo de la independencia de Venezuela, que con el tiempo fueron el inicio de la independencia de toda la Hispanoamérica de España. Estas razones fueron resumidas específicamente en el texto del "Manifiesto que hace al mundo la Confederación de Venezuela en la América Meridional," fechado el 30 de julio de 1811 y que está incluido en el libro, explicando "las razones en que ha fundado su Absoluta Independencia de la España, y cualquiera otra dominación extranjera."

Asimismo, el libro, además de las *Observaciones Preliminares* que precedieron los textos oficiales, contenía los documentos más importantes adoptados y sancionados por el Congreso General de la Confederación de Venezuela, es decir, algunos textos de la *Declaración de los Derechos del Pueblo* del 1º de julio 1811, el *Acta de Independencia* del 5 de julio de 1811, y la *Constitución de la Confederación de los Estados de Venezuela* del 21 de diciembre de 1811.

---

3   El 5 de julio de 1811, el mismo día de la Declaración de Independencia, el Congreso General de Venezuela nombró una Comisión compuesta por Francisco de Miranda, Lino de Clemente y José de Satta y Bussy, con el fin de diseñar la bandera del nuevo Estado soberano e independiente. La propuesta fue presentada y aprobada el 9 de julio de 1811. La Bandera estaba formada con los colores amarillo, azul y rojo en franjas desiguales, más ancha la primera que la segunda, y ésta más que la tercera. Sobre la franja amarilla, en el extremo superior izquierdo, aparecía el siguiente Escudo de armas: Una india sentada en una roca, portando en la mano izquierda un asta rematada por un gorro frigio, rodeada por diversos símbolos del desarrollo: el comercio, las ciencias, las artes, un caimán y vegetales; detrás de ella, la inscripción "Venezuela Libre" y a sus pies, una cinta con la palabra "Colombia," la cual equivalía, entonces a "América." Este escudo es precisamente el que aparece en la portada del libro de Londres de 1812. Por orden del Poder Ejecutivo Republicano, la Bandera fue izada oficialmente por primera vez el 14 de julio de 1811. Véase "*Evolución histórica de la Bandera Nacional*," en: http://www.efemeridesvenezolanas.com:80/html/evolucion.htm

El Congreso General que aprobó todos esos textos fue una asamblea constituyente que había sido convocada por primera vez en la América hispana, integrada por diputados electos que representaron a siete de las nueve provincias que integraban la Capitanía General de Venezuela. Este Congreso, al declarar la independencia de las Provincias de España, en concreto desconoció a todas las autoridades españolas, no sólo los de las colonias, sino también a los gobernantes en la Península, en particular al Consejo de Regencia de la Monarquía española, y a las propias *Cortes Generales* de Cádiz.[4] Como lo ha recordado Juan Garrido Rovira, la Asamblea Constituyente 1811:

> "asumió el reto de los tiempos y marcó los ideales político-culturales de los siglos, entre otros: Independencia política; especial consagración de la libertad de pensamiento; separación de poderes; sufragio, representación y participación de los ciudadanos en el gobierno; equidad social; consagración y respeto de los derechos y deberes del hombre; limitación y control del poder; igualdad política y civil de los hombres libres; reconocimiento y protección de los derechos de los pueblos indígenas; prohibición del tráfico de esclavos; gobierno popular, responsable y alternativo; autonomía del poder judicial sobre bases morales; la nación por encima de las facciones."[5]

El libro se refiere, por lo tanto, a los documentos más importantes que podían contribuir, en 1812, a explicar la situación de Venezuela en la lucha por su independencia ya declarada respecto de España. Es por eso que en el libro, especial importancia tienen los textos del *Acta de Independencia* del 5 de julio de 1811, que contiene "la declaración solemne que hizo el Congreso General de Venezuela de la independencia absoluta de esta parte de la América Meridional," la *Constitución de la Confederación de los Estados de Venezuela* del 21 de diciembre de 1811;[6] y el ya mencionado "*Manifiesto que hizo al mundo la Con-

---

4 Sobre los aspectos constitucionales del proceso de independencia de Venezuela desde 1810. Véase Allan R. Brewer-Carías, *Historia Constitucional de Venezuela*, Tomo I, Editorial Alfa, Caracas 2008, pp. 195-278.

5 Véase Juan Garrido Rovira, *El Congreso Constituyente de Venezuela*, Bicentenario del 5 de julio de 1811, Universidad Monteávila, Caracas 2010, p. 12.

6 Véase el texto de estos documentos en Allan R. Brewer-Carías, *Las Constituciones de Venezuela*, Academia de Ciencias Políticas y Sociales, Caracas 2008, Tomo I, pp. 545-579.

federación de Venezuela en la América Meridional" de fecha 30 de julio 1811, "formado y mandado publicar por acuerdo del Congreso General de sus Provincias Unidas," y firmado en el "Palacio Federal de Caracas," dedicado a expresar "las razones en que se ha fundado su absoluta independencia de España, y de cualquiera otra dominación extranjera." Todos estos documentos, como se señala en el *Manifiesto*, tenían el propósito de asegurar a los "¡Hombres libres, compañeros de nuestra suerte!" que dieran una "mirada imparcial y desinteresada" sobre lo que estaba ocurriendo en Venezuela.

Dada la ausencia de textos en inglés que ofrecieran datos sobre el proceso de independencia que se había iniciado formalmente en Hispano América con los sucesos de Caracas, con este libro se pretendía, como se afirmó en las *Observaciones Preliminares*, ilustrar sobre la situación de Venezuela, que había sido la primera provincia en el Nuevo Mundo:

"en romper las cadenas que la ligaban á la Madre Patria, al cabo de dos años empleados en vanos esfuerzos para obtener reformas y desagravios, después de haber sufrido quantos oprobios é indignidades pudieron acumularse sobre ella, ha proclamado por fin aquel sagrado é incontestable derecho que tiene todo pueblo para adoptar las medidas mas conducentes á su bienestar interno, y mas eficaces para repeler los ataques del enemigo exterior."

A tal efecto, en las mismas *Observaciones Preliminares* se expresó que "la urgencia de las causas qua han compelido" a las Provincias "a esta medida extrema" aparece en el *Manifiesto* que dirige al mundo imparcial. También se mencionó que "la justicia, de las miras de sus representantes, dirigidas a la salud de sus constituyentes, se echa también de ver en la Constitución formada para la formación y administración de las leyes, como en el resultado de sus declaraciones solemnes,", afirmando que desde la independencia," "los habitantes de Venezuela han visto por la primera vez definidos sus derechos y aseguradas sus libertades."

En fin, se afirmaba en las *Observaciones Preliminares*, además, que "en los documentos que componen este volumen, no se hallarán ni principios menos grandes, ni consecuencias menos justas, que en las mas celebres medidas de las Cortes, cuya liberalidad y filantropía es harto inferior á la de los Americanos," indicando que "el ejemplo que da Venezuela al resto de la América Española" era "como la Aurora de un día sereno." En consecuencia, el documento expresaba los deseos de los redactores que "¡Ojala que ninguna ocurrencia siniestra retarde ó impida los progresos" de la causa de la independencia Hispano Americana.

Sin embargo, en este caso, las ironías políticas del destino de los pueblos quisieron que esas "siniestras ocurrencias" o eventos desafortunados acaecieran, y trágicamente, para el momento en el cual el libro que explicaba el proceso de independencia de Venezuela contentivo de los *Documentos Oficiales Interesantes* comenzara efectivamente a circular en Inglaterra, el gobierno de la República independiente era ya una cosa del pasado. Esto provocó que después que su edición se completó, el libro cayó en el más absoluto olvido, al menos durante un siglo, cuando se prestó atención a una de sus copias "descubierta" a principios del siglo XX por un miembro de la Academia de la Historia de Venezuela, quien lo llevó a Caracas. El hecho es que, en cualquier caso, desde el año 1812 el libro editado con tanto esmero por los agentes de la nueva República, al salir de la imprenta se convirtió en un texto obsoleto, y nunca fue reeditado.

La edición de 2012, a la cual dediqué esta Introducción General, por lo tanto, fue la primera reimpresión de este libro que se hubiera hecho en dos siglos;[7] lo que consideré propicio para celebrar no sólo el Bicentenario de su publicación, sino el bicentenario de los hechos registrados en el mismo, es decir, la Independencia de Venezuela y el inicio del proceso de independencia de toda Hispano América.

I. LOS ANTECEDENTES DEL PROCESO DE INDEPENDENCIA DE VENEZUELA DE 1811: LA CRISIS POLÍTICA DE ESPAÑA DESDE 1808

Como ya se mencionó, de todos los países de América Latina, Venezuela fue el primero en declarar su independencia de España en 1811, estableciendo al poco tiempo un nuevo Estado con una forma federal de gobierno, el primero de su tipo después del establecido tres décadas antes en los Estados Unidos de América, mediante la unión de siete provincias coloniales que eran parte de la Capitanía General de Venezuela.

---

7   Los textos de los documentos, sólo en su versión en español, fueron publicados en el libro *La Constitución Federal de Venezuela de 1811 y documentos afines*, Academia Nacional de la Historia, Caracas 1959.

En la organización colonial del territorio de la América Hispana, las capitanías generales formaban la división territorial comúnmente utilizada para organizar las provincias menos importantes, fuera de la jurisdicción de los Virreinatos, en las que por el contrario, se incluían las provincias ricas y más importantes.[8] En consecuencia, la revolución hispano americana se inició en el nuevo continente, no en las capitales opulentas e ilustradas de los virreinatos, sino en la provincia pobre y marginal de Caracas, cuya capital, la ciudad de Caracas, era también la capital de la Capitanía General. Al mismo tiempo en la península española varios gobiernos *de facto* locales estaban en el proceso de lucha en una guerra sangrienta por la independencia contra los franceses que habían invadido su territorio, siendo esta situación una de las razones principales que provocaron el levantamiento político en el otro lado del Atlántico. Estos hechos eran conocidos en Caracas y sus noticias, que reflejaban "la situación desesperada de España," circulaban por las provincias en el momento en el cual los franceses entraron en la Península. A todo ello, se añadió "el temor de caer en manos de los propios usurpadores," todo lo cual como se señalaba en las *Observaciones Preliminares* del libro.

"fueron las causas principales de la resolución tomada por los Americanos de no confiar más tiempo su seguridad a la administración de los Europeos, y de poner sus negocios al cuidado de Juntas o Asambleas Provinciales formadas al ejemplo y por los mismos medios que España"

En esos años de comienzos del siglo XIX, por otra parte, debe decirse que la Revolución ya había terminado en Francia, particularmente después del período del Terror, de lo cual resultó que la República fuera eclipsada y secuestrada por un nuevo régimen autoritario que convirtió a Napoleón Bonaparte en Cónsul de por vida en 1802, proclamándolo, en 1804, Emperador también de por vida, por supuesto, de

---

8   En el área del Caribe había dos virreinatos: el Virreinato de Nueva España - México - y el Virreinato de Nueva Granada - Colombia -. Las Provincias de la Capitanía General de Venezuela, no estando sujetas políticamente en forma directa a ninguno de los Virreinatos, y careciendo de un gobierno político y judicial uniforme, quedaron sometidas a dos diferentes Audiencias, que eran los más altos órganos de gobierno colonial: las Provincias centrales a la Audiencia de Santo Domingo, la más antigua de todas en la América Hispana, y las Provincias occidentales, situadas en las región de los Andes, a la Audiencia de Santa Fe.

acuerdo con el principio hereditario, con lo que en 1808 se llegó a suprimir propia República Toda Europa se vio amenazada y en gran parte fue ocupada o controlada por el Emperador, quién estaba conduciendo un Estado de guerra. España, en la frontera, no se escapó de las garras de Napoleón de su juego de diplomacia continental.[9] En ese contexto, y tras el Tratado de Fontainebleau firmado el 27 de octubre de 1807 por los representantes de la Corona Española y del Imperio Napoleónico, los dos países acordaron el reparto de Portugal, cuyos príncipes habían huido a Brasil. En una cláusula secreta del Tratado se incluyó la concesión del territorio del Algarve, bajo título hereditario, a Manuel Godoy, el ministro favorito de Carlos IV, previéndose la invasión de Portugal por las tropas napoleónicas a través de España.

Pero la verdad es que diez días antes de la firma del Tratado, las tropas de Napoleón ya estaban en España y habían cruzado la frontera con Portugal, lo que significa que en marzo de 1808, más de 100.000 hombres de los ejércitos de Napoleón ya estaban en España. Al mismo tiempo, el rey Carlos IV ya sabía de la trama de su hijo Fernando para sacarlo del trono (y secuestrar a Godoy), por lo que presumiblemente el Rey ya le había perdonado. Por otro lado, desde febrero de 1808, ya existía un regente en Portugal (Junot), que actuaba en nombre del Emperador, por lo que el Tratado de Fontainebleau y el reparto del territorio de Portugal, era inválido. Napoleón pensó inicialmente que la familia real española seguiría el ejemplo de la de Portugal[10] y se escaparía a

---

9   Véase Joseph Fontana, *La crisis del antiguo Régimen 1808–1833,* Barcelona 1992.

10 Antes de que las tropas francesas (que desde noviembre 1807 ya habían invadido España) llegaran a la frontera con Portugal, el príncipe Juan de Braganza (quien era regente del reino de Portugal debido a la enfermedad de su madre, la reina María) y su corte, se refugiaron en Brasil, estableciendo la sede del gobierno Real en Río de Janeiro, en marzo de 1808. Ocho años más tarde -en 1816 - el príncipe Juan se coronó como Juan VI de la Corona del Reino Unido de Portugal, Brasil y Algaves (con su capital en Río de Janeiro). En la península, Portugal era gobernada por un Consejo de Regencia que estuvo controlado por el comandante de las fuerzas británicas. Una vez que Napoleón fue derrotado en Europa, Juan VI regresó a Portugal dejando a su hijo Pedro como regente de Brasil. A pesar de que las Cortes restablecieron el territorio de Brasil a su estado anterior lo cual requería que el regente Pedro regresara a la Península, él -al igual que hicieron las Cortes de Portugal-, convocó a una Asamblea Constituyente en Brasil, proclamando la independencia de Brasil de septiembre de 1822, y donde, el 12 de octubre ese año, fue proclamado Em-

Cádiz y de allí a América, pero al final cambió de opinión, imponiendo la entrega a Francia de todo el territorio de España al norte del Ebro, incluyendo los Pirineos, como condición para la distribución de parte del Reino de Portugal a España.

La presencia de las tropas francesas en España y la concentración de las tropas españolas en Aranjuez provocaron todo tipo de rumores, incluida la mencionada posible huida del Monarca a Andalucía y a las Américas, que ya el rey había descartado. Sin embargo, estos rumores tuvieron que ser aclarados por el monarca, quien anunció en una proclama a los súbditos españoles que la concentración de tropas en Aranjuez no estaban allí para defender a su persona ni acompañarlo en un viaje "que su maldad los ha hecho asumir como necesario". La concentración de tropas en Aranjuez, sin embargo, fue realmente parte de una conspiración en curso contra el gobierno de Godoy, liderada, entre otros, por el mismo Príncipe de Asturias, Fernando, futuro Fernando VII, que buscaba también la abdicación de su padre, Carlos IV, con la complicidad de agentes franceses y la ayuda del odio popular que se había desarrollado contra Godoy, por la ocupación francesa del reino.

La noche de 18 de marzo de 1808 estallaron disturbios en Aranjuez,[11] que originaron una revuelta popular que condujo a la detención de Godoy y al saqueo de sus propiedades por parte de la turba, y finalmente, a la abdicación de Carlos IV en su hijo Fernando, como se anunció el 19 de marzo 1808 como parte de sus intrigas. Sin embargo, en la misma noche Carlos IV ya estaba diciendo a sus siervos que no había abdicado, y dos días después, el 21 de marzo de 1808, se arrepintió de su abdicación en una proclama en la cual declaró que:

---

perador de Brasil (como Pedro I de Braganza y Borbón). En 1824, la Constitución imperial de Brasil fue aprobada. Dos años más tarde, en 1826, el Emperador brasileño regresó a Portugal tras la muerte de su padre, Juan VI, para asumir el reino portugués como Pedro IV, aunque por un corto tiempo. Véase Félix A. Montilla Zavalía, *"La Experiencia Monárquica americana: Brasil y México,"* en Debates de Actualidad, Asociación Argentina de Derecho Constitucional, Año XXIII, N ° 199, enero / abril de 2008, pp. 52 ss.

11   Véase un relato de los acontecimientos de marzo en Madrid y Aranjuez y los documentos completos sobre la abdicación de Carlos IV, en J.F. Blanco y R. Azpúrua, *Documentos para la Historia de la Vida Pública del Libertador..., op. cit.,* Tomo II, pp. 91 a 153.

"Protesto y declaro que todo lo manifestado en mi decreto del 19 de Marzo, abdicando la corona a mi hijo, fue forzado por precaver mayores males y la efusión de sangre de mis queridos vasallos, y por tanto de ningún valor"

También escribió a Napoleón clarificando su situación diciendo:

"Yo no he renunciado en favor de mi hijo sino por la fuerza de las circunstancias, cuando el estruendo de las armas y los clamores de una guardia sublevada me hacían conocer bastante la necesidad de escoger la vida ó la muerte, pues esta última se hubiera seguido después de la de la reina"

A pesar de estas declaraciones, Carlos IV no sólo nunca recuperaría la corona, sino que tres días más tarde, su hijo, como Fernando VII entraría en Madrid triunfante, iniciando un reinado corto en el cual uno de sus primeros decretos fue el de ordenar la requisa de los bienes de Godoy, originando la ira popular contra dichos bienes que fueron asaltados en todo el Reino. En todo caso, pero pocas horas después de la llegada del nuevo rey a Madrid, el 23 de marzo de 1808, el general Joaquín Murat, Comandante de las tropas francesas en España también llegaría a la ciudad, ordenando que Godoy fuera salvado de un linchamiento definitivo, haciendo caso omiso a la presencia del nuevo rey en la ciudad que estaba ya ocupada por los franceses. En cuanto al ex rey Carlos IV y su familia, por orden de Murat, el 9 de abril de 1808 fueron trasladados a El Escorial, y luego, el 30 de abril de 1808, a Bayona, donde Napoleón los esperaba. Para ese momento, ya estaban en Bayona, primero Fernando VII, quien había llegado el 20 de abril, y también el propio ministro Godoy, quien había llegado 26 de abril de 1808. Todos ellos se habían volcado hacia el Emperador para conseguir apoyo y reconocimiento, con lo que Napoleón se había convertido en el árbitro de la crisis política de la monarquía española.

Estando el reino bajo su control, Napoleón decidió apoderarse del mismo para lo cual siguió la siguiente trayectoria: En primer lugar, el 5 de mayo de 1808, obtuvo una nueva abdicación de Carlos IV, esta vez, en nombre del propio Napoleón; en segundo lugar, al día siguiente, el 6 de mayo de 1808 hizo que Fernando VII abdicara la corona en su padre Carlos IV,[12] sin decirle lo que había hecho el día anterior; y tercero, con la firma de los Tratados de Bayona, unos días más tarde, el 10 de mayo de 1808, Carlos IV y Fernando VII solemnemente transfirieron

---

12 *Idem*, Tomo II, p. 133.

todos sus derechos sobre la Corona Española y las Indias al Emperador Napoleón,[13] "como el único que, en el estado a que han llegado las cosas, puede restablecer el orden," a cambio de asilo, pensiones y propiedades en Francia.[14] Además, desde el 25 de mayo 1808, Napoleón había nombrado, a Joaquín Murat, Gran Duque de Berg y Cleves, como del Lugarteniente General del Reino,[15] expresando al pueblo español:

"Vuestra Monarquía es vieja: mi misión se dirige a renovarla, mejoraré vuestras instituciones, y os haré gozar de los beneficios de una reforma sin que experimentéis quebrantos y convulsiones"

Prometió, además, "una Constitución que concilie la santa y saludable autoridad del Soberano con las libertades y privilegios del pueblo."[16]

El siguiente paso fue la instauración en Madrid del hermano del Emperador, José Bonaparte, como nuevo Rey de España, manteniendo las formas políticas a través de la convocatoria de un Consejo y el otorgamiento de una Constitución conocida como la Constitución de Bayona de julio de 1808. Dicha Constitución, sin embargo, no dio ninguna estabilidad institucional al Reino ya que antes que fuera promulgada, en mayo de 1808, España ya había comenzado su guerra de independencia contra Francia, en la que gobiernos *de facto* locales tendrían el papel clave de asumir la representación del pueblo bajo el impulso de las iniciativas de la gente.[17]

Fue el secuestro de los monarcas españoles en Francia lo que provocó una rebelión popular que estalló en Madrid el 2 de mayo de 1808, que generó muertes y fusilamientos provocados por la guarnición francesa.[18] El emperador juró vengar a los franceses muertos, y sin lugar a dudas, la toma del Reino de España fue parte de esa venganza. Pero en realidad, lo que fue vengado fueron los españoles que murieron en los

---

13 *Idem,* Tomo II, p. 142.
14 *Idem,* Tomo II, pp. 142 a 148.
15 *Idem,* Tomo II, p. 153.
16 *Idem*, Tomo II, p. 154.
17 Véase A. Sacristán y Martínez, *Municipalidades de Castilla y León,* Madrid, 1981, p. 490.
18 Véase F. Blanco y R. Azpúrua, *Documentos para la Historia de la Vida Pública del Libertador…, op. cit.,* Tomo II, p. 153.

trágicos tiroteos del 3 de mayo, a partir de lo cual el pueblo español extendió la rebelión por toda España, funcionando como común denominador la reacción contra las tropas francesas. Como consecuencia del levantamiento que se extendió a todos los pueblos y ciudades, durante la guerra se establecieron espontáneamente en todas las capitales de las provincias, *Juntas* de Armamento y Defensa, que asumieron el poder *de facto* del pueblo. Fueron integradas por las personas más importantes de cada localidad, y quedando encargadas de la suprema dirección de los asuntos locales y de la realización y organización de la resistencia contra los franceses. Desde aquí, entonces, estalló la Guerra de la Independencia.

Estas *Juntas*, aun cuando compuestas por personas designadas por aclamación popular, tenían como agenda común defender la monarquía que estaba simbolizada en la persona de Fernando VII, por lo que las mismas siempre actuaron en nombre del Rey. Sin embargo, de hecho se había producido una revolución política, de manera que el sistema absolutista de gobierno pasó a ser sustituido por un sistema municipal popular, democrático y autónomo representado plenamente en las *Juntas* locales[19] Estas, a través de sus delegados, se unieron para la formación de Juntas Provinciales en representación de los municipios agrupados en un territorio determinado, y a su vez, estas *Juntas* Provinciales formaron una *Junta* Suprema o Central que se estableció en Sevilla. En 1810, fue esta *Junta Central* de Gobierno del Reino la que se vio obligada a establecerse en Cádiz, en el extremo sur de Andalucía, donde al resolver su cesación, nombró un Consejo de Regencia para gobernar el Reino, y convocó, al mismo tiempo, elecciones de representantes de todas las provincias españolas con el fin de formar las *Cortes Generales* a fin de redactar una nueva Constitución, que fue la Constitución de 1812 Cádiz.

La noticia sobre la ocupación del territorio español por los ejércitos de Napoleón y la adopción de la Constitución de Bayona el 6 de julio de 1808, se conocieron oficialmente en Caracas un mes después, el 15 de agosto de 1808,[20] cuando tales hechos fueron formalmente informados al Capitán General de Venezuela mediante decretos reales,

---

19 Véase O. C. Stoetzer, *Las Raíces Escolásticas de la Emancipación de la América Española,* Madrid, 1982, p. 270.

20 Véase J. F. Blanco y R. Azpúrua, *Documentos para la Historia de la Vida Pública del Libertador...,* op. cit., Tomo II, pp. 126, 127.

entre los cuales estaba el Decreto Real de proclamación de Fernando VII del 20 de abril de 1808. Esos decretos se abrieron en la reunión del *Ayuntamiento* de Caracas de ese día 15 de julio de 1808,[21] cuatro meses después se hubiera expedido, y después de que ya habían ocurrido todos los acontecimientos antes mencionados.

Es decir, para esta fecha, dos meses antes, en mayo de 1808, los otros graves acontecimientos ya mencionados habían tenido lugar en la península española, como la abdicación a la Corona por Fernando VII en su padre, la transferencia de la Corona por Carlos IV a Napoleón. Estos eventos, por tanto, hicieron que las noticias iniciales fueran totalmente inútiles, particularmente porque, además, una semana antes de su recepción, como se ha señalado, José Napoleón había sido proclamado "Rey de las Españas y de las Indias", y había decretado la Constitución de Bayona el 6 de julio de 1808. No es de extrañar, por tanto, los devastadores efectos políticos que en Venezuela tuvo la noticia de última hora acerca de los conflictos políticos reales, entre padre e hijo; la abdicación forzada del trono por la violencia de Napoleón; y la ocupación del territorio español por los ejércitos del Emperador. Todo ello, además, empeoró, dado el hecho de que el conocimiento tardío de estas noticias había sido porque las mismas fueron entregadas por emisarios franceses que habían venido a Caracas para tal fin, exacerbando con ello la incertidumbre en la provincia.

Al recibir la noticia, el Capitán General de Venezuela Juan de Casas, que desde 1807 había asumido el cargo tras la muerte de su titular (Manuel de Guevara y Vasconcelos),[22] hizo una declaración solemne el 18 de julio 1808, indicando que debido a que "ningún gobierno intruso e ilegítimo puede aniquilar la potestad legítima y verdadera" por los hechos acaecidos en la Península "en nada se altera la forma de gobierno ni el Reinado del Señor Don Fernando VII en este Distrito."[23]

---

21 *Idem,* Tomo II, pp. 127 ss.
22 Fue precisamente durante la administración de Guevara Vasconcelos, de quien Casas era sub-comandante, cuando José María España, uno de los cabecillas de la llamada conspiración de Gual y España (1797), y la primera de las víctimas de las ideas republicanas en Venezuela, fue colgado con gran despliegue de terror en la plaza principal de Caracas (1799); y también cuando Francisco de Miranda desembarcó en La Vela de Coro en 1806, con de su pequeña expedición independentista, manteniéndose en Coro por cinco días.
23 *Idem,* Tomo II, p. 169.

Es más, el 27 de julio, el *Ayuntamiento* de Caracas se sumó a tal manifestación al afirmar que "no reconocen ni reconocerán otra Soberanía que la suya (Fernando VII), y la de los legítimos sucesores de la Casa de Borbón."[24]

En esa misma fecha, incluso, el Capitán General se dirigió al *Ayuntamiento* exhortándolo a que se erigiese en esta Ciudad "una Junta a ejemplo de la de Sevilla,"[25] para cuyo efecto, el Ayuntamiento tomó conocimiento del acto del establecimiento de aquélla[26] y acordó estudiar un "Prospecto" cuya redacción encomendó a dos de sus miembros. Dicho proyecto llegó a ser aprobado el 29 de julio de 1808, pasándolo para su aprobación al Presidente, Gobernador y Capitán General.[27]

El Capitán General, sin embargo, nunca llegó a considerar la propuesta, a pesar de la representación que el 22 de noviembre de 1808 le habían enviado las primeras notabilidades de Caracas que habían sido designadas para tratar con él sobre "la formación y organización de la *Junta* Suprema." En dicha representación, se registró el hecho de la instalación de los consejos bajo el nombre de la *Juntas* Supremas en las capitales de provincia de la península, acerca de las cuales se dijo:

> "Nobles esfuerzos de la nación por defensa de la religión, del rey, de la libertad e integridad del Estado y estas mismas le sostendrán bajo la autoridad de la soberana central, cuya instalación se asegura haberse verificado. Las provincias de Venezuela no tie-

---

24 *Idem,* Tomo II, p. 169.

25 El 17 de junio de 1808, por ejemplo, la Junta Suprema de Sevilla explicó a los dominios españoles de América los acontecimientos "más importantes que llevaron a la creación de la Junta Suprema de Sevilla que, en nombre de Fernando VII, rige los reinos de Sevilla, Córdoba, Granada, Jaén, provincias de Extremadura, Castilla la Nueva y en los territorios que quedan por sacudir el yugo del emperador de los franceses." Véase el texto de la proclamación del 17 de junio de 1808. J. F. Blanco y R. Azpúrua, *Documentos para la Historia de la Vida Pública del Libertador...*, op. cit., Tomo II, pp. 154–157, y 170-174. Véase C. Pérez Parra, *Historia de la Primera República de Venezuela,* Biblioteca de la Academia Nacional de la Historia, Caracas, 1959, Tomo I. pp. 311 y ss., y 318.

26 Véase el acta del Ayuntamiento del 28 de julio de 1808 en J.F. Blanco y R. Azpúrua, *Documentos para la Historia de la Vida Pública del Libertador...*, op. cit., Tomo II, p. 171.

27 Véase el texto del folleto y su aprobación del 29 de julio de 1809. *Ibid.*, pp. 172-174;. Y C. Pérez Parra, *Historia de la Primera República, op. cit.,* p. 318.

nen ni menos lealtad, ni menos ardor, valor ni constancia, que las de la España Europea."

Por tanto, el Ayuntamiento informó al Capitán General que creía que era:

"Absolutamente necesario poner en práctica la decisión del Presidente, Gobernador y Capitán General informada al Honorable Ayuntamiento para la formación de una Junta Suprema que se someta a la Junta Soberana de España y sea capaz de ejercer la autoridad suprema en esta Ciudad, mientras que nuestro amado rey Fernando VII vuelve al trono."[28]

Con este fin y para "evitar todo motivo de preocupación y desorden," el Ayuntamiento decidió nombrar "representantes del pueblo" para tratar con el Presidente, Gobernador y Capitán General sobre el proyecto y la organización de la Junta Suprema.[29] El Capitán General, Juan de Casas, quien después de haber declarado la conveniencia de la constitución de la *Junta de Caracas*, con el tiempo, no sólo no accedió a la petición que se le hizo, sino que más bien lo vio como una ofensa al orden público y a la seguridad, persiguiendo y juzgando a los peticionarios.[30]

El resultado fue que si bien los agitadores criollos no lograron hacer que el Cabildo se constituyese en Junta Suprema conservadora de los derechos de Fernando VII, desde el 15 de agosto de 1808 nada pudo detener el desarrollo de la revolución en medio de la agitación general de la provincia, particularmente por las noticias que seguían llegando, aún cuando tardíamente durante el año siguiente (1809), sobre la invasión general de España por los ejércitos franceses. Dicha invasión había llegado a abarcar casi todo el territorio peninsular, habiendo quedado reducido el funcionamiento del gobierno provisional de la Junta Central, a la Isla de León en Cádiz.

Todos estos hechos relacionados con la crisis política de la Corona Española, que fueron una de las principales razones que promovieron el proceso de independencia en las provincias de Venezuela, fueron

---

28 Véase el texto en J.F Blanco y R. Azpúrua, *Documentos para la Historia de la Vida Pública del Libertador...*, *op. cit.*, Tomo II, pp. 179-180; C. Parra Pérez, Historia de la Primera República ..., *op. cit.*, Tomo I, 133.

29 J.F. Blanco y R. Azpúrua, *Documentos para la Historia de la Vida Pública del Libertador...*, Tomo II, pp. 179–180.

30 *Idem.*, Tomo II, pp. 180–181; L. A. Sucre, *Gobernadores y Capitanes Generales de Venezuela*, Caracas, 1694, pp. 312–313.

explicados en los documentos publicados en el libro de Londres de 1812. Por ejemplo, en la Declaración de Independencia los representantes de: "Las provincias de Caracas Cumaná, Barinas, Margarita, Barcelona, Mérida y Trujillo", reunidos en el Congreso, declararon que la independencia había sido el producto de la "plena y absoluta posesión" de los derechos de tales "Provincias Unidas," "que forman la Confederación Americana de Venezuela en el Continente Meridional," que:

> "recobramos justa y legítimamente desde el 19 de abril de 1810, en consecuencia de la jornada de Bayona y la ocupación del trono español por la conquista y sucesión de otra nueva dinastía constituida sin nuestro consentimiento."

Y en esa misma *Declaración de Independencia* se expresó que:

> "Las cesiones y abdicaciones de Bayona, las jornadas de El Escorial y de Aranjuez, y las órdenes del lugarteniente duque de Berg, a la América, debieron poner en uso los derechos que hasta entonces habían sacrificado los americanos a la unidad e integridad de la nación española."

Este vínculo entre la crisis política de España y el proceso de independencia como una de las principales causas de este último, fue señalado también, y argumentado extensamente, en el *Manifiesto* de 1811, donde se expresó que cuando "Caracas supo las escandalosas escenas de El Escorial y Aranjuez," ya "presentía cuáles eran sus derechos y el estado en que los ponían aquellos grandes sucesos;" y que si bien "todos conocen el suceso del Escorial en 1807," sin embargo, "quizá habrá quien ignore los efectos naturales de semejante suceso."

Por ello, en el *Manifiesto* se hizo el siguiente resumen de los aspectos más relevantes de la crisis española, con la debida aclaratoria, sin embargo, de que no era el ánimo del Congreso "entrar a averiguar el origen de la discordia introducida en la casa y familia de Carlos IV;" que se atribuían "recíprocamente la Inglaterra y la Francia, y ambos gobiernos tienen acusadores y defensores." Incluso, en el *Manifiesto* se hacía referencia a que tampoco era el propósito hacer referencia al "casamiento ajustado entre Fernando y la entenada de Bonaparte, la paz de Tilsit, las conferencias de Erfuhrt, el tratado secreto de S. Cloud y la emigración de la casa de Braganza al Brasil". En cambio, lo que se consideró "cierto y lo propio" de los venezolanos, fue que "por la jornada del Escorial quedó Fernando VII declarado traidor contra su padre Carlos IV."

Sobre ello, se afirmó en el *Manifiesto*:

"Cien plumas y cien prensas publicaron a un tiempo por ambos mundos su perfidia y el perdón que a sus ruegos le concedió su padre; pero este perdón como atributo de la soberanía y de la autoridad paterna relevó al hijo únicamente de la pena corporal; el Rey, su padre, no tuvo facultad para dispensarle la infamia y la inhabilidad que las leyes constitucionales de España imponen al traidor, no sólo para obtener la dignidad real, pero ni aun el último de los cargos y empleos civiles. Fernando no pudo ser jamás Rey de España ni de las Indias."

El recuento de los sucesos posteriores se hizo en el mismo *Manifiesto* de la siguiente manera:

"A esta condición quedó reducido el heredero de la Corona, hasta el mes de marzo de 1808 que, hallándose la Corte en Aranjuez, se redujo por los parciales de Fernando a insurrección y motín el proyecto frustrado en El Escorial. La exasperación pública contra el ministerio de Godoy sirvió de pretexto a la facción de Fernando para convertir indirectamente en provecho de la nación lo que se calculó, tal vez, bajo otros designios. El haber usado de la fuerza contra su padre, el no haberse valido de la súplica y el convencimiento, el haber amotinado el pueblo, el haberlo reunido al frente del palacio para sorprenderlo, arrastrar al ministro y forzar al Rey a abdicar la Corona, lejos de darle derecho a ella, no hizo más que aumentar su crimen, agravar su traición y consumar su inhabilidad para subir a un trono desocupado por la violencia, la perfidia y las facciones. Carlos IV, ultrajado, desobedecido y amenazado con la fuerza, no tuvo otro partido favorable a su decoro y su venganza que emigrar a Francia para implorar la protección de Bonaparte a favor de su dignidad real ofendida. Bajo la nulidad de la renuncia de Aranjuez, se juntan en Bayona todos los Borbones, atraídos contra la voluntad de los pueblos a cuya salud refirieron sus resentimientos particulares; aprovechóse de ellos el Emperador de los franceses, y cuando tuvo bajo sus armas y su influjo a toda la familia de Femando, con varios próceres españoles y suplentes por diputados en Cortes, hizo que aquél restituyese la Corona a su padre y que éste la renunciase en el Emperador, para trasladarla en seguida a su hermano José Bonaparte."

Todo esto, se afirmó en el *Manifiesto* de 1811, se ignoraba o se sabía "muy por encima" en Venezuela, "cuando llegaron a Caracas los emisarios del nuevo Rey," sosteniendo que "la inocencia de Fernando, en contraposición de la insolencia y despotismo del favorito Godoy," había sido "el móvil de su conducta, y la norma de las autoridades vacilantes el 15 de julio de 1808;" de manera que ante "la alternativa de entregarse a una potencia extraña o de ser fiel a un Rey que aparecía desgraciado y perseguido," el Congreso General afirmó en el Manifiesto que:

"triunfó la ignorancia de los sucesos del verdadero interés de la Patria y fue reconocido Fernando, creyendo que mantenida por este medio la unidad de la nación, se salvaría de la opresión que la amenazaba y se rescataría un Rey de cuyas virtudes, sabiduría y derechos estábamos falsamente preocupados"

El resultado fue según se expresó en el *Manifiesto* que:

"Fernando, inhábil para obtener la corona, imposibilitado de ceñirla, anunciado ya sin derechos a la sucesión por los próceres de España, incapaz de gobernar la América y bajo las cadenas y el influjo de una potencia enemiga, se volvió desde entonces, por una ilusión, un príncipe legítimo, pero desgraciado, se fingió un deber el reconocerlo, se volvieron sus herederos y apoderados cuantos tuvieron audacia para decirlo, y aprovechando la innata fidelidad de los españoles de ambos mundos empezaron a tiranizarlos nuevamente los intrusos gobiernos que se apropiaron la soberanía del pueblo a nombre de un Rey quimérico, y hasta la junta Mercantil de Cádiz quiso ejercer dominio sobre la América."

El tema también fue objeto de consideraciones en el *Acta de Independencia*, donde se observó que:

"Cuantos Borbones concurrieron a las inválidas estipulaciones de Bayona, abandonando el territorio español, contra la voluntad de los pueblos, faltaron, despreciaron y hollaron el deber sagrado que contrajeron con los españoles de ambos mundos, cuando, con su sangre y sus tesoros, los colocaron en el Trono a despecho de la casa de Austria; por esta conducta quedaron inhábiles e incapaces de gobernar a un pueblo libre, a quien entregaron como un rebaño de esclavos. Los intrusos gobiernos que se abrogaron la representación nacional aprovecharon pérfidamente las disposiciones que la buena fe, la distancia, la opresión y la ignorancia daban a los americanos contra la nueva dinastía que se introdujo en España por la fuerza; y contra sus mismos principios, sostuvieron entre nosotros la ilusión a favor de Fernando, para devorarnos y vejarnos impunemente cuando más nos prometían la libertad, la igualdad y la fraternidad, en discursos pomposos y frases estudiadas, para encubrir el lazo de una representación amañada, inútil y degradante. Luego que se disolvieron, sustituyeron y destruyeron entre sí las varias formas de gobierno de España, y que la ley imperiosa de la necesidad dictó a Venezuela el conservarse a sí misma para ventilar y conservar los derechos de su Rey y ofrecer un asilo a sus hermanos de Europa contra los males que les amenazaban, se desconoció toda su anterior conducta, se variaron los principios, y se llamó insurrección, perfidia e ingratitud, a lo mismo que sirvió de norma a los gobiernos de España, porque ya se les cerraba la puerta al monopolio de administración que querían perpetuara nombré de un Rey imaginario."

Estas ideas se retomaron en las *Observaciones Preliminares* al libro londinense, aún con otro lenguaje, insistiendo en que "reforma ha sido el grito general," considerando que en Europa, se habían "visto naciones enteras combatir animosamente por extirpación de abusos envejecidos" de manera que "aquellos mismos que más acostumbrados estaban á arrastrar las cadenas del despotismo, se han acordado de sus derechos largo tiempo olvidados, y se han reconocido todavía hombres."

De manera que no podía esperarse que la América Española cuyos habitantes habían sido:

"tanto tiempo hollados y esclavizados, y donde mas que en otra parte alguna era indispensable una reforma, fuese la unica que permaneciese tranquila, la unica que resignada con su triste destino viese indolentemente, que quando los Gobiernos de la Peninsula se ocupaban en mejorar la condicion del Español Europeo, á ella sola se cerraba toda perspectiva de mejor suerte, que sus clamores eran desechados, y que aun se le imponia una degradacion todavía mayor, que la que habia sufrido baxo el regimen corrompido de los Ministros de Carlos IV"

Al contrario, en las *Observaciones Preliminares* se añadía que la América española también había sentido el "choque eléctrico" de los contrastes, de manera que "penetrados los Americanos de la justicia de sus demandas," comenzaron a reclamarlas, particularmente frente a la "doble opresión de la Corona y del monopolio" y las "gravosas é irracionales restricciones que agobiaban a todas las clases, y sofocaban en ellas toda especie de actividad y de industria," con "leyes, extraviadas de su benéfico objeto, que no servían ya para el castigo del culpable, ni para la protección del inocente." En esa situación, se argumentaba en dichas *Observaciones Preliminares*, lo que se veían a cada paso eran "actos de la más bárbara arbitrariedad" careciendo los "nativos de una equitativa participación en los empleos de confianza ó de lucro," prevaleciendo un sistema de gobierno ignominioso "contrario á los más esenciales derechos del género humano, y opuesto á los dictados de la justicia y de la razón".

En una palabra, se concluía las *Observaciones Preliminares*, la condición de los americanos no podía considerarse sino como la de un "oscuro" "vasallaje feudal de la España." En las Provincias de la colonia, por otra parte, existían "vacíos inmensos en todos los ramos de industria, ocasionados "por la grosera ignorancia de los mas comunes inventos," sometidas como estaban a "un sistema de monopolio, dictado por el injusto principio de preferencia á los pocos, y tan hostil á la fecundidad de las artes," denunciándose en particular que en la Provincia de Caracas no se permitió "enseñar matemáticas, tener imprenta, escuela de pilotaje, ni clase de derecho público, ni se toleró que hubiese Universidad en Mérida;" todo lo cual no podía "contradecirse por los mal descarados panegiristas del poder arbitrario, ni paliarse por las especiosas producciones de las prensas de Cádiz, empeñadas en probar las ventajas de la dependencia y del monopolio."

En fin, se argumentó en las *Observaciones Preliminares* que no se podía pretender que sólo a las provincias de las Américas se les negasen sus derechos, y el poder "velar sobre su integridad," se les exigiera "que para la distribución de justicia" tuvieran que "atravesar un océano de dos mil leguas," y que en "momentos tan críticos como el actual, subsistan desnudos de todas las atribuciones de los seres políticos, y dependan de otra nación, que un enemigo poderoso amenaza aniquilar;" y que quedasen "como una nave sin timón," expuestos "a los rudos embates dé la mas furiosa tempestad política, y prontas a ser la presa de la primera nación ambiciosa que tenga bastante fuerza para apoderarse de ellas."

II. LA DEPOSICIÓN DE LAS AUTORIDADES COLONIALES, LA INDEPENDENCIA Y EL PROCESO CONSTITUYENTE ENTRE 1810 Y 1811

En la Provincia de Caracas, luego de los sucesos de 1808, se había comenzado a afianzar el sentimiento popular de que el gobierno que existía en la misma era pro-bonapartista lo cual se también achacó al Mariscal de Campo, Vicente de Emparan y Orbe, quien en marzo de 1809 había sido nombrado por la Junta Suprema Gubernativa como Gobernador de la Provincia de Venezuela, en reemplazo del Gobernador Juan de Casas.[31] Como se dijo, esa Junta Suprema Central y Gubernativa del Reyno se había constituido en Aranjuez el 25 de septiembre de 1808, y se había trasladado luego a Sevilla el 27 de diciembre de 1809, integrada por mandatarios de las diversas provincias del Reino, la cual tomó la dirección de los asuntos nacionales.[32] Fue por ello que el 12 de enero de 1809, el Ayuntamiento de Caracas reconoció en Venezuela a dicha Junta Central, como gobierno supremo del imperio.[33]

Fue días después, que la Junta Suprema Central, por otra parte, por Real Orden del 22 de enero de 1809, dispondría la muy importante resolución de que:

"Los vastos y preciosos dominios que la España posee en las Indias no son propiamente colonias o factorías, como los de otras naciones, sino una parte esencial e integrante de la monarquía española...".[34]

Como consecuencia de esta trascendente declaración se consideró que las Provincias de América debían tener representación y constituir parte de la Junta Suprema Central, a cuyo efecto se dispuso la forma cómo habrían de elegirse los diputados y vocales americanos, a través

---

31　Véase L. A. Sucre, *Gobernadores y Capitanes Generales...*, op. cit., p. 314.

32　Véase texto en J. F. Blanco y R. Azpúrua, *Documentos para la Historia de la Vida Pública del Libertador...*, op. cit., Tomo II, pp. 174 y 179.

33　Véase Parra Pérez, *Historia de la Primera República op. cit.*, Tomo II, p. 305.

34　Véase texto en J.F. Blanco y R. Azpúrua, *Documentos para la Historia de la Vida Pública del Libertador...*, op. cit., Tomo II, pp. 230–231; O. C. Stoetzer, *Las Raíces Escolásticas de la Emancipación...*, op. cit., p. 271.

de los Ayuntamientos coloniales, pero en absoluta minoría en relación a los representantes peninsulares.[35]

En todo caso, para comienzos de 1809, ya habían aparecido en la Península manifestaciones adversas a la Junta Suprema Central y Gubernativa, a la cual se había acusado de usurpadora de autoridad. Ello condujo, en definitiva, a que la misma procediera a la convocatoria a Cortes para darle legitimación a la representación nacional, lo que hizo la Junta por Decretos de 22 de mayo y 15 de junio de 1809, fijándose la reunión de las Cortes para el 1° de marzo de 1810, en la Isla de León.[36] En dichas Cortes, en todo caso, debían estar representadas las Juntas Provinciales del Reino y representantes de las Provincias de Indias, que debían ser electos conforme al reglamento dictado el 6 de octubre de 1809. En cuanto a los representantes de América, después de interminables discusiones sobre su número y la forma de elección, al final efectivamente fueron designados, pero en forma supletoria por americanos residentes en Cádiz.[37]

Mientras tanto, en mayo de 1809, ya había llegado a Caracas el nuevo Presidente, Gobernador y Capitán General de Venezuela, Vicente Emparan y Orbe, quien era conocido en las provincias de Venezuela, pues había servido como Gobernador General de Cumaná entre 1792 y 1804, con ideas liberales al punto que se le atribuye haber ayudado a Manuel Gual, el otro responsable de la conspiración de 1797, a embarcar clandestinamente para Trinidad.

Sin embargo, él era el Gobernador, y ya había recibido la advertencia que había dado el mismo mes de su nombramiento por la Junta Suprema Gubernativa de España a todos los gobernantes de las provin-

---

35 Esto fue protestado en América. Véase, por ejemplo, el *"Memorial de Agravios"* de C. Torres del 20 de Noviembre l 1809 en J.F. Blanco y R. Azpúrua, *Documentos para La Historia de la Vida Pública del Libertador*, op. cit, Tomo II, pp. 243-246; y O.C. Stoetzer, *Las Raíces Escolásticas de la Emancipación op. cit.*, p. 272. En algunos casos, un proceso de elección se estableció y aplicó, por ejemplo, en la provincia de Guayana. Véanse los textos de J.F. Blanco y R. Azpúrua, *Documentos para La Historia de la Vida Pública del Libertador ..., op. cit.,* Tomo II, pp. 260-261.

36 Véase el texto en J.F. Blanco y R. Azpúrua, *Documentos para la Historia de la Vida Pública del Libertador..., op. cit.,* Tomo II, pp. 234–235.

37 Véase E. Roca Roca, *América en el Ordenamiento Jurídico..., op. cit.,* p. 21; J. F. Blanco y R. Azpúrua, *Documentos para la Historia de la Vida Pública del Libertador..., op. cit.,* Tomo II, pp. 267–268.

cias de América, sobre los peligros de la extensión de las maquinaciones del Emperador hacia las Américas.[38] Como se indicó en las *Observaciones Preliminares* del libro londinense, sobre que "había motivo para desconfiar de los Virreyes y Capitanes Generales," ello se comprobó por los sucesos posteriores, pues los mismos no tuvieron:

> "reparo en proclamar la doctrina de que la América debe correr igual suerte que la Península, y que si la una es conquistada, debe someterse la otra al mismo señor. Los jefes coloniales estaban preparados para esta ocurrencia, y habiendo sido escogidos por el Príncipe de Paz, nada era mas natural que el que volviesen á sus antiguas miras."

En consecuencia, ese temor que surgió en Caracas respecto del subyugamiento completo de la Península por parte de los franceses, sin duda, fue lo que provocó que comenzara la conspiración por la independencia de la Provincia de Venezuela; de lo cual, incluso, el mismo Emparan estaba en conocimiento antes de su llegada a Caracas.[39] Su acción de gobierno, por otra parte lo llevó a enemistarse incluso con el clero y con el Ayuntamiento, lo que contribuyó a acelerar la reacción criolla. Así, ya para fines de 1809, en la Provincia había un plan para derribar el gobierno en el cual participaban los más destacados jóvenes caraqueños, entre ellos, Simón Bolívar, futuro Libertador de Venezuela, Colombia, Ecuador, Perú y Bolivia, quien había regresado de España en 1807, todos amigos del Capitán General.[40] Este adoptó diversas providencias al descubrir el plan, pero fueron débiles, provocando sólo protestas del Ayuntamiento.[41]

En España, el 29 de enero de 1810, luego de los triunfos franceses en Andalucía, la Junta Central Gubernativa del Reino había resuelto reconcentrar la autoridad del mismo, nombrando un Consejo de Regencia asignándole el poder supremo, aun cuando limitado por su futura sujeción a las Cortes que debían reunirse meses después.[42] Se anun-

---

38 Véase el texto en J.F. Blanco y R. Azpúrua, *Documentos para la Historia de la Vida Pública del Libertador..., op. cit.,* Tomo II, pp. 250–254.
39 Véase G. Morón, *Historia de Venezuela,* Caracas, 1971, Tomo III, p. 205
40 C. Parra Pérez, *Historia de la Primera República ..., op. cit.,* Tomo I, pp. 368–371
41 *Idem.,* p. 371
42 Véase J. F. Blanco y R. Azpúrua, *Documentos para la Historia de la Vida Pública del Libertador..., op. cit.,* Tomo II, pp. 265–269.

ciaba, así, la disposición de que "las Cortes reducirán sus funciones al ejercicio del poder legislativo, que propiamente les pertenece; confiando a la Regencia el del poder ejecutivo".[43]

El Consejo de Regencia, en ejercicio de la autoridad que había recibido, el 14 de febrero de 1810 dirigió a los españoles americanos una "alocución" acompañada de un Real Decreto disponiendo la concurrencia a las Cortes Extraordinarias de diputados de los dominios españoles de América y de Asia, al mismo tiempo que de diputados de la Península.[44]

Entre tanto, en las Provincias de América se carecía de noticias sobre los sucesos de España, cuyo territorio, como se indicó, con excepción de Cádiz y la Isla de León, estaba en poder de los franceses. Estas noticias y la relativa a la disolución de la Junta Suprema Central y Gubernativa por la constitución del Consejo de Regencia, sólo se llegaron a confirmar en Caracas el 18 de abril de 1810.[45]

Por ello, pasa ese momento, la idea de la desaparición del Gobierno Supremo en España, y la necesidad de buscar la constitución de un gobierno para la Provincia de Venezuela, para asegurarse contra los designios de Napoleón, sin duda, fue el último detonante del inicio de la revolución de independencia de América.

En Caracas, lo cierto fue que el Gobernador no pudo detener la conspiración, de manera que en aquél 19 de abril de 1810, luego de rechazar la nueva propuesta de constituir una Junta y dar por terminada la sesión del Cabildo, al salir del mismo para asistir a los oficios propios del jueves santo en la Catedral de Caracas, el Gobernador fue obligado por la muchedumbre a volver al Ayuntamiento, diciéndole "A Cabildo, señor, el pueblo os llama a cabildo para manifestar su deseo".[46] El resultado de la insurrección civil o golpe de Estado contra las autoridades coloniales,[47] de la deposición del Gobernador y Capitán

---

43 *Idem,* Tomo II, p. 269.

44 Véase el texto en *Idem,* Tomo II, pp. 272–275.

45 Véase *Idem,* Tomo II, pp. 380 y 383.

46 Véase sobre estos eventos, Juan Garrido Rovira, *La Revolución de 1810,* Universidad Monteávila, Caracas 2009, pp. 97 ss.

47 Véase los documentos pertinentes sobre los hechos del 19 de abril de 1811, en *El 19 de Abril de 1810,* el Instituto Panamericano de Geografía e Historia, Caracas, 1957. Véase también Juan Garrido Rovira, *La Revolución de 1810, cit.*, Enrique Viloria Vera y Allan R. Brewer-Carías, *La*

General, y el establecimiento de un nuevo gobierno autónomo;[48] decisión adoptada por los miembros del *Ayuntamiento* para sustituir al propio Consejo, incorporando al mismo nuevos miembros como "representantes del pueblo" constituyéndose en *Junta Suprema de Venezuela Conservadora de los Derechos de Fernando VII*, secuestrado por Napoleón.[49]

Revolución de Caracas de 1810, Centro de Estudios Ibéricos y Americanos de Salamanca, Caracas, 2011. Varios meses antes de los sucesos de Caracas, el 10 de agosto de 1809, tuvo lugar una insurrección en Quito en el que un grupo de indígenas bajo el mando de Juan Pío Montúfar, Marqués de Selva Alegre, también depuso a las autoridades coloniales y estableció una Junta Suprema juramentando lealtad a Fernando VII, en lo que ha sido considerado como la primera señal de independencia en las colonias americanas españolas. Sin embargo, el movimiento, al final no tomó forma y tres meses más tarde las tropas de virrey del Perú ya se habían apoderado de la capital, restaurando el gobierno español. Véase los documentos de Montúfar y de Rodríguez de Quiroga, ministro de Gracia y Justicia del Consejo Supremo en Quito, José Luis Romero y Luis Alberto Romero (coord.), *Pensamiento Político de la Emancipación,* Biblioteca Ayacucho, Tomo I, Caracas 1985, pp. 47-50.

48 Las noticias de la revolución de Caracas sólo llegaron a Londres en junio de 1810, y fue Francisco de Miranda quien envió los informes a la prensa local (*Morning Chronicle, Courier*). Véase Mario Rodríguez, *"William Burke" y Francisco de Miranda. La Palabra y Acción en la emancipación de la América Hispana*, University Press of America, Lanham, Nueva York, Londres, 1994, p. 276. En la edición del 31 de julio 1810 de *El Español*, publicado en Londres y dirigido por José Blanco-White, se hizo un importante comentario sobre la Revolución de Caracas, al final de un comentario referido a un libro de Alejandro de Humboldt (*Ensayo político sobre el Reino de Nueva España, Paris 1808-1809*, París, 1808-1809), verificando el carácter provisional del nuevo gobierno, reconociendo el mandato de Fernando VII, y dando consejos al Consejo de Regencia de España si quería evitar "excitar universalmente el espíritu independiente de los americanos." Véase el texto de Juan Goytisolo, *Blanco White. El Español y la Independencia l Hispanoamérica,* Taurus 2010, pp. 111 ss.

49 El 28 de julio de 1808, un intento previo fue hecho en el Ayuntamiento de Caracas para establecer una Junta siguiendo el patrón de las Juntas formadas en España, pero fracasó debido a la oposición del Capitán General. Véase el texto de José Félix Blanco y Ramón Azpúrua, *Documentos para la Historia de la Vida Pública del Libertador... cit.* , Tomo II, p. 171. Coincidentemente, el 20 de julio de 1808, Francisco de Miranda en una carta enviada al Marqués del Toro, miembro del Ayuntamiento de Caracas, propuso al consejo municipal hacerse cargo del gobierno de la provincia. Véase el texto en Francisco de Miranda, *Textos sobre la Inde-*

Sobre estos hechos del día jueves Santo, 19 de abril de 1811, se expresó en el *Manifiesto* de 1811, que en el mismo "se desplomó en Venezuela el coloso del despotismo, se proclamó el imperio de las leyes y se expulsaron los tiranos con toda la felicidad, moderación y tranquilidad que ellos mismos han confesado y ha llenado de admiración y afecto hacia nosotros a todo el mundo imparcial."

Ese día, que el Congreso General en el *Manifiesto* consideró que debió ser el día, "cuando la independencia debió declararse," Venezuela, con "una mano firme y generosa," depuso "a los agentes de su miseria y su esclavitud," y colocando

> "el nombre de Fernando VII a la frente de su nuevo gobierno, juraba conservar sus derechos, prometía reconocer la unidad e integridad política de la nación española, abrazaba a sus hermanos de Europa, les ofrecía un asilo en sus infortunios y calamidades, detestaba a los enemigos del nombre español, procuraba la alianza generosa de la nación inglesa y se prestaba a tomar parte en la felicidad y en la desgracia de la nación de quien pudo y debió separarse para siempre"

Los venezolanos, se dijo en el *Manifiesto*, reconocieron "los imaginarios derechos del hijo de María Luisa," y respetando la desgracia de la nación, dieron parte de la "resolución a la misma Regencia que desconocíamos," y ofrecieron:

> "no separarnos de la España siempre que hubiese en ella un gobierno legal, establecido por la voluntad de la nación y en el cual tuviese la América la parte que le da la justicia, la necesidad y la importancia política de su territorio"

En todo caso, esto ocurrió apenas seis meses después que se emitiera la Instrucción para la elección de los constituyentes de las Cortes de Cádiz en España (6 de octubre de 1809) y cinco meses antes de su instalación el 24 de septiembre de 1810. Es decir, en el momento en que la asamblea general de representantes en España iniciaba sus actividades, ya en una de las colonias estaba en curso una rebelión política en la cual el cuerpo Municipal de Caracas había ignorado a las autoridades coloniales españolas, y había establecido una Junta de gobierno autónoma, siguiendo el mismo patrón de la Juntas españolas que se crearon en casi todas las provincias de España durante la guerra de

---

pendencia, Biblioteca de la Academia Nacional de la Historia, Caracas 1959, pp. 100-101. Véase también Giovanni Meza Dorta, *Miranda y Bolívar*, bid & co. Editor, Caracas 2007 p. 43.

independencia. No obstante, la Junta Americana tuvo una característica distintiva importante, y era el hecho de que tenía una inspiración adicional en los nuevos principios republicanos sobre la base de la soberanía del pueblo y la representación derivados de las revoluciones norteamericana y francesa que se habían tenido lugar sólo dos o tres décadas antes, pero que ya habían penetrado en la provincia.

En efecto, como se mencionó anteriormente, el Ayuntamiento de Caracas, en su sesión del 19 de abril de 1810 (el día después de la publicación de la correspondencia sobre la situación política en la Península) depuso a la autoridad establecida, habiendo registrado en sus actas el primer acto constitutivo de un nuevo gobierno y el inicio de la formación jurídica de un nuevo Estado,[50] asumiendo el "mando supremo" o la "suprema autoridad" de la Provincia[51] "por consentimiento del mismo pueblo."[52]

Se estableció, así, un "nuevo gobierno" que fue reconocido en la capital, al cual quedaron subordinados "todos los empleados del ramo militar, político y demás."[53] El Ayuntamiento, además, procedió a destituir las antiguas autoridades del país y a proveer a la seguridad pública y conservación de los derechos del Monarca cautivo, y ello lo hizo "reasumiendo en sí el poder soberano."[54]

La motivación de esta Revolución se expuso en el texto del Acta, en la cual se consideró que por la disolución de la Junta Suprema Gu-

---

50 Véase en general Tomás Polanco, "Interpretación jurídica de la Independencia," en *El Movimiento Emancipador de Hispanoamérica, Actas y Ponencias,* Caracas, 1961, Tomo IV, pp. 323 y ss.

51 Véase el texto de la minuta del Ayuntamiento de Caracas del 19 de abril de 1810 en Allan R. Brewer-Carias, *Las Constituciones de Venezuela, op. cit.,* pp. 531-533.

52 Esto se indica en el "Boletín Informativo" enviado por el Ayuntamiento el 19 de abril de 1810 a las autoridades y las entidades empresariales de Venezuela. Véase J. F. Blanco y R. Azpúrua, *Documentos para la Historia de la Vida Pública del Libertador..., op. cit.,* Tomo II, pp. 401–402. Véase también en *Textos Oficiales de la Primera República de Venezuela,* Biblioteca de la Academia Nacional de la Historia, 1959, Tomo I, p. 105.

53 *Idem.*

54 Tal como se especifica en la declaración de la Junta Suprema al Inspector General Fernando Toro el 20 de abril de 1810. Véase J.F. Blanco y R. Azpúrua, *Documentos para la Historia de la Vida Pública del Libertador..., op. cit.,* Tomo II, p. 403 y Tomo I, p. 106, respectivamente.

bernativa de España, que suplía la ausencia del Monarca, el pueblo había quedado en "total orfandad", razón por la cual se estimó que:

> "El derecho natural y todos los demás dictan la necesidad de procurar los medios de conservación y defensa y de erigir en el seno mismo de estos países un sistema de gobierno que supla las enunciadas faltas, ejerciendo los derechos de la soberanía, que por el mismo hecho ha recaído en el pueblo."

Para adoptar esa decisión, por supuesto, el Ayuntamiento tuvo que desconocer la autoridad del Consejo de Regencia,[55] considerando que:

> "No puede ejercer ningún mando ni jurisdicción sobre estos países, porque ni ha sido constituido por el voto de estos fieles habitantes, cuando han sido ya declarados, no colonos, sino partes integrantes de la corona de España, y, como tales han sido llamados al ejercicio de la soberanía interna y a la reforma de la Constitución Nacional."

En todo caso, el Ayuntamiento de Caracas estimó que aun cuando pudiera prescindirse de lo anterior, dicho Consejo de Regencia, por las circunstancias de la guerra y de la conquista y usurpación de las armas francesas en la Península, era impotente y sus miembros no podían

---

55 Lo que se afirma una vez más, en una correspondencia enviada a la misma Junta de Regencia de España, explicando los hechos, razones y fundamentos para el establecimiento del nuevo gobierno J. F. Blanco y R. Azpúrua, *Documentos para la Historia de la Vida Pública del Libertador..., op. cit.,* Tomo II, p. 408; and *Textos oficiales..., op. cit.,* Tomo I, pp. 130 y ss. En particular, en una carta del 3 de mayo de 1810, que la Junta Suprema de Caracas envió a la Junta Suprema de Cádiz y a la Regencia, se cuestionó la asunción por parte de estas entidades indicando que "que sustituyéndose indefinidamente unas a otras, sólo se asemejan en atribuirse todas las delegaciones de la soberanía que, no habiendo sido hecha por el Monarca reconocido, ni por la gran comunidad de españoles de ambos hemisferios, no puede menos de ser absolutamente nula, ilegítima, y contraria a los principios sancionados por nuestra misma legislación" (*Textos oficiales..., op. cit.,* Tomo I, p. 130); y agregó que "de poco se necesitará para demostrar que la Junta Central carecía de una verdadera representación nacional; porque su autoridad no emanaba originalmente de otra cosa que de la aclamación tumultuaria de algunas capitales de provincias, y porque jamás han tenido en ella los habitantes del nuevo hemisferio la parte representativa que legítimamente le corresponde" (*Idem,* p. 132). La Junta Suprema de Caracas concluía su comunicación diciendo: "En una palabra, desconocemos el nuevo Consejo de Regencia..." (*Idem,* p. 134).

valerse a sí mismos. De allí que en el Cabildo Extraordinario, al ser forzado el Presidente, Gobernador y Capitán General a renunciar al mando, el mismo quedó depositado en el Ayuntamiento. Así se expresó, además, en el Acta de otra sesión del Ayuntamiento del mismo día 19 de abril de 1810, con motivo del "establecimiento del nuevo gobierno" en la cual se dispuso que los nuevos empleados debían prestar juramento ante el cuerpo municipal, prometiendo:

> "Guardar, cumplir y ejecutar, y hacer que se guarden, cumplan y ejecuten todas y cualesquiera ordenes que se den por esta Suprema Autoridad soberana de estas Provincias, a nombre de nuestro rey y señor don Fernando VII" [56]

Se estableció, así, en Caracas, "una Junta Gubernativa de estas Provincias, compuesta del Ayuntamiento de esta Capital y de los vocales nombrados por el voto del pueblo," [57] y en un Manifiesto donde se ya hablaba de "la Revolución de Caracas" y se refería a "la independencia política de Caracas," la Junta Gubernativa prometió:

> "Dar al nuevo gobierno la forma provisional que debe tener, mientras una Constitución aprobada por la representación nacional legítimamente constituida, sanciona, consolida y presenta con dignidad política a la faz del universo la provincia de Venezuela organizada, y gobernada de un modo que haga felices a sus habitantes, que pueda servir de ejemplo útil y decoroso a la América."[58]

Esta Junta de Caracas fue organizada formalmente dos meses más tarde, en junio de 1810, y como se mencionó anteriormente, siguió el patrón general de Juntas similares de la península, siendo, en ambos casos, la motivación inicial de estos actos constitutivos básicamente el mismo y entre otros factores, como ya se mencionó, la extrema inestabilidad política que desde 1808 había venido afectando al gobierno español, debido a la ausencia de Fernando VII de España, que estaba en cautiverio en Francia por parte del emperador Napoleón Bonaparte; la invasión de la Península por el ejército francés, y el nombramiento

---

56 Véase el texto en *Idem*, J.F. Blanco y R. Azpúrua, *Documentos para la Historia de la Vida Pública del Libertador...*, *op. cit.*, Tomo I, p. 393.

57 Así se le llama en el Manifiesto del 1º de mayo de 1810. Véase, en *Textos Oficiales...*, *cit.*, Tomo I. p. 121.

58 Véase el texto en J. F. Blanco y R. Azpúrua, *Documentos para la Historia de la Vida Pública del Libertador...*, *op. cit.*, Tomo II, p. 406, y en *Textos Oficiales...*, *op. cit.*, Tomo I, p. 129.

de José Bonaparte como Rey de España por el Emperador, después de la promulgación de una nueva Constitución para el Reino, en Bayona, en 1808.

En todo caso, lo que aparentemente era el inicio de una reacción local por parte de una entidad municipal de una de las más pobres provincias españolas en América contra la invasión napoleónica en la península ibérica, rápidamente se transformó en la primera expresión exitosa del proceso de independencia respecto de España. Por ello, días después de los sucesos del 19 de abril de 1810, el 27 de abril de 1810, se ordenaría que los sucesos fuesen informado a todos los Ayuntamientos de América, invitándolos a participar en "el gran trabajo de la Confederación Hispanoamericana,"[59] promoviendo así la revolución entre las otras Provincias de América. "El ejemplo que Caracas dio," fue seguido inmediatamente por casi todas las Provincias de la Capitanía General,[60] con excepción de Coro y Maracaibo;[61] habiendo ocurrido similares insurrecciones en otras jurisdicciones, como en Buenos Aires, el 25 de mayo de 1810, y en Bogotá, en la Nueva Granada el 20 de julio de 1810.[62]

En cuanto a las provincias de Venezuela, el 27 de abril de 1810, en Cumaná, el Ayuntamiento asumió la representación de Fernando VII, y "su legítima sucesión." En Barinas, el 5 de julio de 1810, el Ayuntamiento decidió proceder a formar "una Junta Superior que recibiese la autoridad de este pueblo que la constituye mediante ser una provincia separada". El 16 de septiembre de 1810, el Ayuntamiento de Mérida decidió, "en representación del pueblo," adherirse a la causa común

---

59 Véase detalles de los acontecimientos y los escritos de Rafael Seijas, Arístides Rojas, L. Vallenilla Lanz, Christopher L. Mendoza y otros, en *El 19 de abril de 1810, op. cit.,* pp. 63 ss.

60 Véase en *Las Constituciones Provinciales, op. cit.,* pp. 339 y ss.

61 Véase la correspondencia de la Junta Suprema en lo que respecta a la actitud del Ayuntamiento de la ciudad de Coro, y del Gobernador de Maracaibo, en el *Textos Oficiales..., cit.,* Tomo I, pp. 157 a 191. Véase además los textos publicados en J. F. Blanco y R. Azpúrua, *Documentos para la Historia de la Vida Pública del Libertador..., op. cit.,* Tomo II, p. 248 a 442, y 474 a 483.

62 Véase por ejemplo, *Actas de Independencia. Mérida, Trujillo y Táchira en 1810,* Halladas y publicadas por Tulio Febres Cordero, 450 Años de la Fundación de Mérida, 1558-2008, Mérida 2007; Ángel F. Brice (Ed.), *Las Constituciones Provinciales,* Academia Nacional de la Historia, Caracas, 1959.

que defendían las Juntas Supremas y Superiores que ya se habían constituido en "Santa Fe, Caracas, Barinas, Pamplona y Socorro," y resolvió, con representación del pueblo, erigiese en una Junta "que asumiese la autoridad soberana." El Ayuntamiento de Trujillo el 9 de octubre de 1810, convino en instalar "una Junta Superior conservadora de nuestra Santa Religión, de los derechos de nuestro amadísimo, legítimo, soberano Don Fernando VII y su Dinastía y de las derechos de la Patria." El 12 de octubre de 1811, en la Sala Consistorial de la Nueva Barcelona se reunieron "las personas visibles y honradas del pueblo de Barcelona," y resolvieron declarar la independencia con España de la Provincia y unirse con Caracas y Cumaná, creándose al día siguiente, una Junta Provincial para que representara los derechos del pueblo[63].

En Caracas, la Junta Suprema de Venezuela comenzó por asumir en forma provisional las funciones legislativas y ejecutivas, definiendo en el Bando del 25 de abril de 1810, los siguientes órganos del Poder Judicial: "El Tribunal Superior de apelaciones, alzadas y recursos de agravios se establecerá en las casas que antes tenía la audiencia"; y el Tribunal de Policía "encargado del fluido vacuno y la administración de justicia en todas las causas civiles y criminales estará a cargo de los corregidores"[64].

Como se ha mencionado, este movimiento revolucionario iniciado en Caracas en abril de 1810, meses antes de la instalación de las Cortes de Cádiz, indudablemente que siguió los mismos moldes de la Revolución francesa y tuvo además la inspiración de la Revolución norteamericana,[65] de manera que incluso puede considerarse que fue una Revolución de la burguesía, de la nobleza u oligarquía criolla, la cual, al igual que el tercer estado en Francia, constituía la única fuerza activa nacional.[66] Inicialmente, entonces, la revolución de independencia en Venezuela fue el instrumento de la aristocracia colonial, es decir, de los blancos o mantuanos, para reaccionar contra la autoridad colonial y

---

63 Véase las Actas de la Independencia de las diversas ciudades de la Capitanía General de Venezuela en *Las Constituciones Provinciales,* Academia Nacional de la Historia, 1959, pp. 339 y ss.

64 *Textos oficiales ..., op. cit.,* Tomo I, pp. 115–116.

65 Véase José Gil Fortoul, *Historia Constitucional de Venezuela,* Tomo primero, *Obras Completas,* Vol. I, Caracas, 1953, p. 209.

66 Véase José Gil Fortoul, *Historia Constitucional de Venezuela, op. cit.,* Tomo primero, p. 200; Pablo Ruggeri Parra, *Historia Política y Constitucional de Venezuela,* Tomo I, Caracas, 1949, p. 31.

asumir el gobierno de las tierras que habían sido descubiertas, conquistadas, colonizadas y cultivadas por sus antepasados.[67] No se trató, por tanto, inicialmente, de una revolución popular, pues los pardos, a pesar de constituir la mayoría de la población, apenas comenzaban a ser admitidos en los niveles civiles y sociales como consecuencia de la Cédula de "Gracias, al Sacar," vigente a partir de 1795 y que, con toda la protesta de los blancos, les permitía a aquellos adquirir mediante el pago de una cantidad de dinero, los derechos reservados hasta entonces a los blancos notables.[68]

Por ello, teniendo en cuenta la situación social pre-independentista, sin duda puede calificarse de "insólito" el hecho de que en el Ayuntamiento de Caracas, transformado en Junta Suprema, se le hubiera dado "representación" no sólo a estratos sociales extraños al Cabildo, como los representantes del clero y los denominados del pueblo,

---

[67] En este sentido, por ejemplo, L. Vallenilla Lanz es categórico al considerar que "en todo proceso justificativo de la Revolución (de independencia) no debe verse sino la pugna de los nobles contra las autoridades españolas, la lucha de los propietarios territoriales contra el monopolio comercial, la brega por la denominación absoluta entablada de mucho tiempo atrás por aquella clase social poderosa y absorbente, que con razón se creía dueña exclusiva de esta tierra descubierta, conquistada, colonizada y cultivada por sus antepasados. En todas estas causas se fundaba no sólo el predominio y la influencia de que gozaba la nobleza criolla, sino el legítimo derecho al gobierno propio, sin la necesidad de apelar a principios exóticos tan en pugna con sus exclusividades y prejuicios de casta." Véase Vallenilla Laureano Lanz, *Cesarismo Democrático*. Estudio sobre las bases sociológicas de la Constitución efectiva en Venezuela, Caracas 1952, pp. 54 y 55.

[68] Sobre el Decreto Real "*Gracias al Sacar*" del 10/02/1795. Véase J. F. Blanco y R. Azpúrua, *Documentos para la Historia de la Vida Pública del Libertador...*, op. cit., Tomo I, pp. 263 a 275. *Cf.* Federico Brito Figueroa, *Historia Económica y Social de Venezuela. Una estructura para su estudio*, Tomo I, Caracas, 1966, p. 167; y L. Vallenilla Lanz, *Cesarismo Democrático, op. cit.*, pp. 13 y ss. En este sentido, cabe señalar que en la situación social existente en el período anterior a la independencia existían indicios de la lucha de clases entre los blancos o aristócratas que constituían el 20% de la población y los pardos y los negros constituían el 61% de la población. Ello se materializaría más adelante en la rebelión de 1814. Véase F. Brito Figueroa, *op. cit.*, tomo I, pp. 160 y 173. *Cf.* Ramón Díaz Sánchez, "Evolución social de Venezuela (hasta 1960)," en M. Picón Salas y otros, *Venezuela Independiente 1810–1960*, Caracas, 1962, p. 193.

sino a un representante de los pardos.⁶⁹ Estos actos políticos fueron criticados públicamente en Manifiesto publicado en Filadelfia por el antiguo Capitán General Emparan, el 6 de julio de 1810,⁷⁰ los cuales fueron rebatidos en la "Refutación á la Proclama del Ex-capitán General Emparan," publicada en Caracas como "contestación del Gobierno de Venezuela." Dicha Refutación fue redactada por Ramón García de Sena, hermano de Manuel García de Sena,⁷¹ el traductor de las obras de Paine, quien luego sería el redactor de *El Publicista Venezolano* (órgano del Congreso General de 1811), y después destacado oficial del Ejercito de Venezuela, Secretario de Guerra y Marina en 1812 y, además, uno de los firmantes de la extensísima "Constitución de la República de Barcelona Colombiana," de 12 de enero de 1812.⁷²

---

69 Véase José Gil Fortoul, *Historia Constitucional de Venezuela, op. cit.*, Tomo primero, pp. 203, 208 y 254. Es de tener en cuenta, como señala A. Grisanti, que "El Cabildo estaba representado por las oligarquías provincianas extremadamente celosas de sus prerrogativas políticas, administrativas y sociales, y que detentaban el Poder por el predominio de contadas familias nobles o ennoblecidas, acaparadoras de los cargos edilicios...". Véase Ángel Grisanti, Prólogo al libro *Toma de Razón, 1810 a 1812*, Caracas, 1955. El cambio de actitud del Cabildo caraqueño, por tanto, indudablemente que se debe a la influencia que sus miembros ilustrados recibían del igualitarismo de la Revolución Francesa: *Cf.* L. Vallenilla Lanz, *Cesarismo Democrático, cit.*, p. 36. Este autor insiste en relación a esto de la manera siguiente: "Es en nombre de la Enciclopedia, en nombre de la filosofía racionalista, en nombre del optimismo humanitario de Condorcet y de Rousseau como los revolucionarios de 1810 y los constituyentes de 1811, surgidos en su totalidad de las altas clases sociales, decretan la igualdad política y civil de todos los hombres libres," *op. cit.*, p. 75.

70 En la edición del *El Mercurio Venezolano* del 1 de enero de 1811 el Manifiesto de Emparan fue objeto de comentarios y una respuesta al mismo fue ofrecido en el siguiente número de la revista. Véase la edición facsimilar en<http://cic1.ucab.edu.ve/hmdg/bases/hmdg/textos/Mercurio/Mer_Enero1811.pdf>.

71 Véase el texto en *El Mercurio Venezolano*, N° II, Febrero 1811, pp. 1-21, edición facsimilar publicada en <http://cic1.ucab.edu.ve/hmdg/bases/hmdg/tex-tos/Mercurio/Mer_Febrero1811.pdf>.

72 Véase *Las Constituciones Provinciales* (Estudio Preliminar por Ángel Francisco Bice), Biblioteca de la Academia Nacional de la Historia, Caracas 1959, p. 249.

El éxito inmediato que tuvo la difusión de las ideas revolucionarias originadas en Caracas, provocó el diseño de una segunda tarea por parte de la nueva Junta de Gobierno, que fue establecer un poder central constituido mediante la unión de todas las provincias de la antigua Capitanía General. La secuela del rápido y expansivo proceso revolucionario de las Provincias de Venezuela, fue entonces que para junio de 1810 ya se había comenzado a hablar oficialmente de la "Confederación de Venezuela."[73] Por su parte, la Junta de Caracas, con representantes de Cumaná, Barcelona y Margarita ya había venido actuando como Junta Suprema pero, por supuesto, sin ejercer plenamente el gobierno en toda la extensión territorial de la antigua Capitanía General. De allí la necesidad que había de formar un "Poder Central bien constituido," es decir, un gobierno que uniera las Provincias, por lo que la Junta Suprema estimó que había "llegado el momento de organizarlo" a cuyo efecto, procedió a convocar:

"A todas las clases de hombres libres al primero de los goces del ciudadano, que es el de concurrir con su voto a la delegación de los derechos personales y reales que existieron originariamente en la masa común."

En esta forma, la Junta llamó a elegir y reunir a los diputados que habían de formar "la Junta General de Diputación de las Provincias de Venezuela," para lo cual dictó, el 11 de junio de 1810, el Reglamento de Elecciones de dicho cuerpo,[74] en el cual se previó, además, la abdicación de los poderes de la Junta Suprema en la Junta o Congreso General, quedando sólo como Junta Provincial de Caracas (Cap. III, art. 4). Este Reglamento de Elecciones, sin duda, fue el primero de todos los dictados en materia electoral en el mundo hispanoamericano

Paralelamente a la emisión del Reglamento sobre elecciones de la Junta Suprema, la Junta nombró a Simón Bolívar y a Luis López Méndez como comisionados para representar al nuevo gobierno ante el Reino Unido, quienes, con Andrés Bello como secretario, viajarían a Londres, mientras la Junta continuaba con la política exterior que había

---

73 Véase la "Refutación a los delirios políticos del Cabildo de Coro, de orden de la Junta Suprema de Caracas" de 1 de junio de 1810, at *Textos Oficiales..., op. cit.,* Tomo I, p. 180.

74 Véase el texto en *Textos Oficiales..., op. cit.,* Tomo II, pp. 61–84; y en Allan R. Brewer–Carías, *Las Constituciones de Venezuela, op. cit.,* Tomo I, pp. 535-543.

comenzado desde su instalación. Los comisionados tenían la misión de fortalecer las relaciones con Inglaterra y solicitar ayuda inmediata para resistir a la amenaza de Francia. En ello tuvieron éxito, logrando obtener la ayuda expresada específicamente en el compromiso de Inglaterra de defender al gobierno de Caracas de los "contra los ataques o intrigas del tirano de Francia".[75]

Los comisionados venezolanos, como lo señaló Francisco de Miranda con quien se relacionaron en Londres, habían continuado lo que el Precursor había iniciado "desde veinte años a esta parte... en favor de nuestra emancipación o independencia."[76] Luego de la breve estancia londinense, Bolívar y Miranda regresaron a Caracas en diciembre de 1810. Bolívar actuó en la Junta Patriótica, junto con Miranda, y este último, además, fue electo como diputado por el Pao para formar el "Congreso General de Venezuela," el cual se instaló el 2 de marzo de 1811.[77] Andrés Bello, por su parte, permanecería en Londres como Secretario de la Legación de Venezuela, correspondiéndole seguir desarrollando las relaciones establecidas por Miranda con la comunidad inglesa y con los españoles interesados en la suerte de América, y además, tomar a su cargo entre 1811 y 1812, la preparación y edición de este libro londinense sobre los *Documentos Oficiales Interesantes*.

En todo caso, en Venezuela, en medio de la situación de ruptura total que existía entre las Provincias de Venezuela y la Metrópolis, se realizaron las elecciones del Congreso General, en las cuales participaron siete de las nueve Provincias que para finales de 1810 existían en el territorio de la antigua Capitanía General de Venezuela,[78] habiéndose

---

75 Véase el boletín enviado el 7 de diciembre de 1810 por el Secretario de las Colonias de Gran Bretaña a los jefes de las Indias Occidentales Británicas, en el J. F. Blanco y R. Azpúrua, *Documentos para la Historia de la Vida Pública del Libertador..., op. cit.* Tomo II, p. 519. Véase igualmente, el artículo publicado en la *Gaceta de Caracas*, el Viernes, 26 de octubre 1810 sobre las negociaciones de los comisionados. Véase en J. F. Blanco y R. Azpúrua, *Documentos para la Historia de la Vida Pública del Libertador..., op. cit.*, Tomo II, p. 514.

76 Véase la carta de Miranda a la Junta Suprema de 3 de agosto 1810, en J. F. Blanco y R. Azpúrua, *Documentos para la Historia de la Vida Pública del Libertador..., op. cit.*, Tomo II, p. 580.

77 Véase C. Parra Pérez, *Historia de la Primera República..., op. cit.*, Tomo I, Caracas 1959, pp. 15 y 18.

78 Las Provincias que participaron fueron las de Caracas, Barinas, Cumaná, Barcelona, Mérida, Trujillo y Margarita. Véase José Gil Fortoul, *Historia Constitucional de Venezuela, op. cit.*, Tomo primero, p. 223, y en J.F.

elegido 44 diputados por las Provincias de Caracas (24), Barinas (9), Cumaná (4), Barcelona (3), Mérida (2), Trujillo (1) y Margarita (1).[79] Dichos diputados electos formaron la "la Junta General de Diputación de las Provincias de Venezuela"[80] la cual asumió el carácter de un Congreso Nacional de representantes. El 2 de marzo de 1811, dichos representantes, en efecto, se instalaron en dicho Congreso Nacional a través del siguiente juramento:

> "Juráis a Dios por los sagrados Evangelios que váis a tocar, y prometéis a la patria conservar y defender sus derechos y los del Señor F. VII, sin la menor relación a influjo de la Francia, independiente de toda forma de gobierno de la península de España, y sin otra representación que la que reside en el Congreso General de Venezuela." [81]

Después de la instalación del Congreso General se comenzó a hablar en todas las Provincias de la "Confederación de las Provincias de Venezuela," las cuales conservaron sus peculiaridades políticas propias, a tal punto que al mes siguiente, en la sesión del 6 de abril de 1812, el Congreso General resolvió exhortar a las "Legislaturas provinciales" que acelerasen la formación de sus respectivas Constituciones.[82]

El Congreso al haber sustituido a la Junta Suprema, para organizar el nuevo gobierno adoptó el principio de la separación de poderes, conservando el poder legislativo; designando, el 5 de marzo de 1811, a tres ciudadanos para ejercer el Poder Ejecutivo Nacional, turnándose en la presidencia por períodos Semanales; y constituyendo, además, una Alta Corte de Justicia.

Además, el 28 de marzo de 1811, el Congreso nombró una comisión para redactar la Constitución de la Provincia de Caracas, la cual

---

Blanco y R. Azpúrua, *Documentos para la Historia de la Vida Pública del Libertador...*, op. cit., Tomo II, pp. 413 y 489.

79 Véase C. Parra Pérez, *Historia de la Primera República ...*, op. cit., Tomo I, p. 477.

80 Véase Gil Fortoul, *Historia Constitucional de Venezuela*, op. cit., Tomo primero, p. 224.

81 *Idem*, Tomo I, p. 138; Tomo II, p. 16.

82 Véase *Libro de Actas del Supremo Congreso de Venezuela 1811–1812*, Biblioteca de la Academia Nacional de la Historia, Caracas, 1959, Tomo II, p. 401.

debía servir de modelo a las demás Provincias de la Confederación.[83] Esta comisión tardó mucho en preparar el proyecto, por lo que algunas Provincias, como se indica más adelante, procedieron a dictar sus Constituciones para organizarse políticamente.

Por otra parte, el 1º de julio de 1811, el Congreso ya había proclamado los Derechos del Pueblo,[84] declaración que puede considerarse como la tercera declaración de derechos de rango constitucional en el constitucionalismo moderno.

El 5 de julio de 1811, el Congreso, integrado por los representantes de las provincias de Margarita, de Mérida, de Cumaná, de Barinas, de Barcelona, de Trujillo y de Caracas, aprobó la *Declaración de Independencia*, pasando a denominarse la nueva nación, como Confederación Americana de Venezuela;[85] provocando el abandono del compromiso inicial manifestado el 19 de abril 1810 de conservar los derechos de Fernando VII. Ello provocó la necesidad de que el Congreso General justificara y explicara las razones de la ruptura del juramento, ya que en el *Manifiesto* del mismo se consideraba a Fernando VI como "presunto rey, no apto para reinar."

En dicho *Manifiesto* de 1811, en efecto, se expresó que aún cuando todos "los males de este desorden y los abusos de aquella usurpación podrían creerse no imputables a Fernando," quien había sido "reconocido ya en Venezuela cuando estaba impedido de remediar tanto insulto, tanto atentado y tanta violencia cometida en su nombre," se consideró:

"necesario remontar al origen de sus derechos para descender a la nulidad e invalidación del generoso juramento con que los hemos reconocido condicionalmente, aunque tengamos que violar, a nuestro pesar, el espontáneo silencio que nos hemos impuesto, sobre todo lo que sea anterior a las jornadas del Escorial y de Aranjuez"

---

83 Véase Allan R. Brewer-Carías, *La Constitución de la Provincia de Caracas de 30 de enero de 1812*, Academia de Ciencias Políticas y Sociales, Caracas 2011.

84 Véase Allan R. Brewer–Carías, *Las Constituciones de Venezuela, op. cit.*, pp. 549-551. Véase las referencias en el trabajo de Pedro Grases, *La conspiración de Gual y España y el ideario de la Independencia*, Caracas 1978.

85 Véase el texto de las sesiones del 5 de julio de 1811, en *Libro de Actas... cit.*, pp. 171 a 202. Véase el texto de la Declaración de Independencia en Allan R. Brewer–Carías, *Las Constituciones de Venezuela*, cit., pp. 545-548.

El tema era considerado como de orden moral y jurídico, por lo que en el *Manifiesto* se consideró necesario no "dejar nada al escrúpulo de las conciencias, a los prestigios de la ignorancia y a la malicia de la ambición resentida," afrontando el tema directamente, explicando las razones que tuvo Venezuela para haberse desprendido del "juramento condicional con que reconoció a Femando VII" en abril de 1810, al haber declarado en julio de 1811 "su independencia de toda soberanía extraña". A tal efecto se explicó, con estricto enfoque jurídico, que dicho "juramento promisorio" no había sido "otra cosa que un vínculo accesorio que supone siempre la validación y legitimidad del contrato que por él se rectifica," por lo que de no haber habido "vicio que lo haga nulo o ilegítimo," "la obligación de cumplirlas está fundada sobre una máxima evidente de la ley natural.

Y en cuanto al "Juramento" ante Dios, se afirmó que:

"jamás podrá Dios ser garante de nada que no sea obligatorio en el orden natural, ni puede suponerse que acepte contrato alguno que se oponga a las leyes que él mismo ha establecido para la felicidad del género humano."

En todo caso, se argumentó que "aun cuando el juramento añadiese nueva obligación a la del contrato solemnizado por él, siempre sería la nulidad del uno inseparable de la nulidad del otro," de manera que "si el que viola un contrato jurado es criminal y digno de castigo, es porque ha quebrantado la buena fe, único lazo de la sociedad, sin que el perjurio haga otra cosa que aumentar el delito y agravar la pena." Se agregó que "la ley natural que nos obliga a cumplir nuestras promesas y la divina que nos prohíbe invocar el nombre de Dios en vano, no alteran en nada la naturaleza de las obligaciones contraídas bajo los efectos simultáneos e inseparables de ambas leyes, de modo que la infracción de la una supone siempre la infracción de la otra."

Bajo estos principios, sin duda expuestos de la mano de los juristas que integraban el Congreso General, en el *Manifiesto* se procedió a analizar "el juramento incondicional con que el Congreso de Venezuela ha prometido conservar los derechos que legítimamente tuviese Fernando VII, sin atribuirle ninguno que, siendo contrario a la libertad de sus pueblos, invalidase por lo mismo el contrato y anulase el juramento," para lo cual se comenzó por constatar que, al fin, "a impulsos de la conducta de los gobiernos de España, han llegado los venezolanos a conocer la nulidad en que cayeron los tolerados derechos de Fernando por las jornadas del Escorial y Aranjuez, y los de toda su casa por las cesiones y abdicaciones de Bayona;" concluyéndose que:

"de la demostración de esta verdad nace como un corolario la nulidad de un juramento que, además de condicional, no pudo jamás subsistir más allá del contrato a que fue añadido como vínculo accesorio. Conservar los derechos de Fernando, fue lo único que prometió Caracas el 19 de abril, cuando ignoraba aún si los había perdido; y cuando aunque los conservase con respecto a la España, quedaba todavía por demostrar si podía ceder por ellos la América a otra dinastía, sin su consentimiento."

En todo caso, fueron "las noticias que a pesar de la opresión y suspicacia de los intrusos gobiernos de España" se llegaron a saber en Venezuela sobre "la conducta de los Borbones y los efectos funestos que iba a tener en América esta conducta," lo que permitió que se formaran:

"un cuerpo de pruebas irrefragables de que no teniendo Fernando ningún derecho, debió caducar, y caducó, la conservaduría que le prometió Venezuela y el juramento que solemnizó esta promesa (*Jurabis in veritate, et in judicio, et in justitia, Jerem. Cap. 4*). De la primera parte del aserto es consecuencia legítima la nulidad de la segunda."

Pero el *Manifiesto* de 1811 fue más allá, afirmándose en él que "Ni el Escorial, ni Aranjuez, ni Bayona fueron los primeros teatros de las transacciones que despojaron a los Borbones de sus derechos sobre la América. Ya se habían quebrantado en Basilea (*Tratado de Basilea del 15 de Julio de 1795*) y en la Corte de España las leyes fundamentales de la dominación española en estos países," habiendo Carlos IV cedido "contra una de ellas (*Ley 1, tít. 1 de la Recopil. de Indias*) la isla de Santo Domingo a Francia" y enajenado "la Luisiana en obsequio de esta nación extranjera."

Por ello, se afirmó en el *Manifiesto*, que:

"estas inauditas y escandalosas infracciones autorizaron a los americanos contra quienes se cometieron y a toda la posteridad del pueblo colombiano, para separarse de la obediencia y juramento que tenía prestado a la Corona de Castilla, como tuvo derecho para protestar contra el peligro inminente que amenazaba a la integridad de la monarquía en ambos mundos, la introducción de las tropas francesas en España antes de la jornada de Bayona, llamadas sin duda por alguna de las facciones borbónicas para usurpar la soberanía nacional a favor de un intruso, de un extranjero, o de un traidor."

Volviendo a las acciones que se habían producido en Venezuela desde el 15 de julio de 1808 hasta el 5 de julio de 1811, y ante las pretensiones de que se pudiera oponer a los venezolanos el juramento dado para la conservación de los derechos de Fernando VII "para perpetuar los males que la costosa experiencia de tres años nos ha demostrado como inseparables de tan funesto y ruinoso compromiso," el Congreso General indicó en el *Manifiesto* que ya era tiempo de abandonar dicho "talismán que, inventado por la ignorancia y adoptado por la fidelidad, está desde entonces amontonando sobre nosotros todos los males de la ambigüedad, la suspicacia y la discordia," considerando que "Fernando VII es la contraseña universal de la tiranía en España y en América."

El desconocimiento de Fernando VII como supuesto rey, y por tanto, del juramento que se había dado en 1810 para conservar sus derechos, eran pues evidentes en la mente de los diputados del Congreso General de Venezuela en 1811, cuyos miembros, en el *Manifiesto*, oponiendo "tres siglos de agravios contra ella, por tres años de esfuerzos lícitos," protestaron además de pasada, que si "la hiel y el veneno" hubiesen sido los agentes de la "solemne, veraz y sencilla manifestación," de protesta ante el Juramento de conservar los derechos de Fernando VII, hubieran

> "empezado a destruir los derechos de Fernando por la ilegitimidad de su origen, declarada en Bayona por su madre y publicada en los periódicos franceses y españoles; haríamos valer los defectos personales de Fernando, su ineptitud para reinar, su débil y degradada conducta en las Cortes de Bayona, su nula e insignificante educación y las ningunas señales que dio para fundar las gigantescas esperanzas de los gobiernos de España, que no tuvieron otro origen que la ilusión de la América ni otro apoyo que el interés político de Inglaterra, muy distante de los derechos de los Borbones."[86]

---

86 El *Manifiesto* fue claro en decir que "La opinión pública de España y la experiencia de la revolución del Reino, nos suministrarían bastantes pruebas de la conducta de la madre y las cualidades del niño, sin recurrir al manifiesto del Ministro Azanza" ("publicado después de la jornada de Bayona y circulado en esta Capital, a pesar de la anterior opresión") "y a las memorias secretas de María Luisa."

Pero, en el *Manifiesto* se proclamó que como "la decencia es la norma de nuestra conducta," sus redactores estaban "prontos a sacrificar" las "mejores razones," particularmente considerando que hartas eran "las alegadas para demostrar la justicia, necesidad y utilidad de nuestra resolución, a cuyo apoyo sólo faltan los ejemplos con que vamos a sellar el juicio de nuestra independencia."

Se declaró además en el *Manifiesto* que:

"aun cuando hubiesen sido incontestables los derechos de los Borbones e indestructible el juramento que hemos desvanecido, bastaría solo la injusticia, la fuerza y el engaño con que se nos arrancó para que fuese nulo e inválido, desde que empezó a conocerse que era opuesto a nuestra libertad, gravoso a nuestros derechos, perjudicial a nuestros intereses y funesto a nuestra tranquilidad."

En resumen, en el *Manifiesto* se afirmó en general que:

"Tres distintas oligarquías nos han declarado la guerra, han despreciado nuestros reclamos, han amotinado a nuestros hermanos, han sembrado la desconfianza y el rencor entre nuestra gran familia, han tramado tres horribles conjuraciones contra nuestra libertad, han interrumpido nuestro comercio, han desalentado nuestra agricultura, han denigrado nuestra conducta y han concitado contra nosotros las fuerzas de la Europa, implorando, en vano, su auxilio para oprimirnos. Una misma bandera, una misma lengua, una misma religión y unas mismas leyes han confundido, hasta ahora, el partido de la libertad con el de la tiranía. Fernando VII libertador ha peleado contra Fernando VII opresor, y si no hubiésemos resuelto abandonar un nombre sinónimo del crimen y la virtud, sería al fin esclavizada la América con lo mismo que sirve a la independencia de la España."

Los mismos sentimientos se expresaron en el *Acta de la Independencia*, indicando que cuando los venezolanos:

"fieles a nuestras promesas, sacrificábamos nuestra seguridad y dignidad civil por no abandonar los derechos que generosamente conservamos a Fernando de Borbón, hemos visto que a las relaciones de la fuerza que le ligaban con el emperador de los franceses ha añadido los vínculos de sangre y amistad, por los que hasta los gobiernos de España han declarado ya su resolución de no reconocerle sino condicionalmente."

Se declaró entonces en el *Acta de Independencia* que en "esta dolorosa alternativa" había "permanecido tres años en una indecisión y ambigüedad política, tan funesta y peligrosa,"

"hasta que la necesidad nos ha obligado a ir más allá de lo que nos propusimos, impelidos por la conducta hostil y desnaturalizada de los gobiernos de España, que nos ha relevado del juramento condicional con que hemos sido llamados a la augusta representación que ejercemos."

En todo caso, después de la *Declaración de Independencia*, y la publicación del *Manifiesto*, el Congreso General sancionó el 21 de diciembre 1811, bajo la inspiración de la Constitución de los Estados Unidos y de la Declaración Francesa de los Derechos del Hombre,[87] la primera constitución latinoamericana, la Constitución Federal para los Estados de Venezuela.[88] En ella, la división del Poder Supremo en tres ramas fue específicamente previsto (legislativa, ejecutiva y judicial),[89] con un sistema presidencial de gobierno, el establecimiento de la su-

---

87 Véase José Gil Fortoul, *Historia Constitucional de Venezuela, op. cit.*, Tomo Primero, pp. 254 y 267.

88 Véase *Libro de Actas del Supremo Congreso de Venezuela 1811–1812*, (Estudio Preliminar: Ramón Díaz Sánchez), Biblioteca de la Academia Nacional de la Historia, 2 vols. Caracas 1959. Véase el texto en Allan R. Brewer–Carías *Las Constituciones de Venezuela, op. cit.*, pp. 555-579. También en *La Constitución Federal de Venezuela de 1811 y documentos afines*, Biblioteca de la Academia Nacional de la Historia, Caracas 1959. Véase también Juan Garrido Rovira, "La legitimación de Venezuela (El Congreso Constituyente de 1811)," en Elena Plaza y Ricardo Combellas (Coordinadores), *Procesos Constituyentes y Reformas Constitucionales en la Historia de Venezuela: 1811–1999*, Universidad Central de Venezuela, Caracas 2005, tomo I, pp. 13–74.

89 En el *Preliminar* de la Constitución se establece explícitamente que "El exercicio de esta autoridad confiada à la Confederacion, no podrá jamàs hallarse reunido en sus diversas funciones. El Poder Supremo debe estar dividido en Legislativo, Executivo, y Judicial, y confiado á distintos Cuerpos independientes entre sí, en sus respectivas facultades ... " Adicionalmente en la sección 189 se insiste que " Los tres departamentos esenciales del Gobierno, á saber: el Legislativo; el Executivo, y el Judicial, es preciso que se conserven tan separados, é independientes el uno del otro, quando lo exija la naturaleza de un Gobierno libre, ó quanto es conveniente con cadena de conexion que liga toda la fabrica de la Constitucion en un modo indisoluble de amistad, y union.".

premacía de la ley como "la libre expresión de la voluntad general,"[90] y la soberanía basada en el pueblo ejercida por los representantes.[91] Sus 228 artículos estaban destinados a regular el poder legislativo (artículos 3 a 71), el Poder Ejecutivo (artículos 72 a 109), el Poder Judicial (artículos 110 a 118), las provincias (artículos 119 a 134) y los "Derechos Humanos que deben ser observadas en el toda la extensión del Estado" (artículos 141 a 199). Las provincias se declararon como Estados soberanos, cada uno también habiendo adoptado su propia constitución o forma de gobierno (Constituciones Provinciales), bajo los mismos principios del constitucionalismo moderno.[92]

En todo caso, con un texto constitucional de este tipo, después de las revoluciones políticas y constitucionales que habían tenido lugar unas décadas antes en América del Norte y en Francia, ésta era la primera vez que se producía un proceso constitucional republicano de este tipo en la historia moderna.[93] Este proceso se produjo incluso antes de

---

90 "La ley es la expresion libre de la voluntad general, ò de la mayoría de los ciudadanos, indicada por el órgano de sus Representantes legalmente constituidos. Ella se funda sobre la justicia, y la utilidad comun, y ha de proteger la libertad pública é individual contra toda opresion ò violencia.". "Los actos exercidos contra qualquiera persona fuera de los casos, y contra las formas que la ley determina, so iniquos, y si por ellos se usurpa la autoridad constitucional, ó la libertad del pueblo, serán tiránicos.l" (Sections 149 and 150).

91 "A Una sociedad de hombres reunidos baxo unas mismas leyes, costumbres, y gobierno, forma una soberanía" "La soberanía de un pais, ò supremo poder de reglar, y dirigir equitativamente los intereses de la comunidad reside pues esencial y originariamente en la masa general de sus habitantes y se exercita por medio de Apoderados ò Representantes de estos, nombrados y establecidos conformes á la Constitucion." "Ningun individuo, ninguna familia, ninguna porcion ò reunion de ciudadanos, ninguna corporacion particular, ningun pueblo, ciudad, ò partido, puede atribuirse la soberanía de la sociedad, que es imprescriptible, inagenable é indivisible en su esencia y orígen, ni persona alguna podrà exercer qualquiera funcion pública del gobierno, sino la ha obtenido por la Constitucion." (Secciones 143, 144 and 145)."

92 Véase *Las Constituciones Provinciales* (Estudio Preliminar por Ángel Francisco Brice), Biblioteca de la Academia Nacional de la Historia, Caracas 1959; Allan R. Brewer-Carías, *Historia Constitucional de Venezuela*, Tomo I, Editorial Alfa, Caracas 2008, pp. 239 ss.

93 Sobre los aspectos constitucionales del proceso de independencia de Venezuela desde 1810, véase Allan R. Brewer-Carias, *Historia Constitucional de Venezuela*, Tomo I, Editorial Alfa, Caracas 2008, pp. 195-278.

la sanción de la muy importante Constitución de Cádiz de la monarquía española en marzo de 1812, también siguiendo los mismos principios constitucionales modernos;[94] cuando las relaciones entre las autoridades de gobierno en España y las nuevas autoridades independientes en Caracas se encontraban en su peor momento

En el *Acta de la Independencia* se aclaró expresamente que sus redactores no querían empezar "alegando los derechos que tiene todo país conquistado, para recuperar su estado de propiedad e independencia," y procedieron a olvidar "la larga serie de males, agravios y privaciones que el derecho funesto de conquista" había causado "indistintamente a todos los descendientes de los descubridores, conquistadores y pobladores de estos países;" por lo que "corriendo un velo sobre los trescientos años de dominación española en América," procedieron a presentar los hechos "auténticos y notorios que han debido desprender y han desprendido de derecho a un mundo de otro, en el trastorno, desorden y conquista que tiene ya disuelta la nación española." También en el *Manifiesto* se consideraba a América como "condenada por más de tres siglos a no tener otra existencia que la de servir a aumentar la preponderancia política de España"

Fue en el *Manifiesto* de 1811, por tanto, donde sí hubo abundantes referencias a esa situación general de América en relación con España, comenzando por destacar que había sido el "instinto de la propia seguridad" el que al fin había dictado a los americanos "que había llegado el momento de obrar, para coger el fruto de trescientos años de inacción y de paciencia;" considerando que si bien "el descubrimiento del Nuevo Mundo" había sido "uno de los acontecimientos más interesantes a la especie humana," no iba a ser "menos la regeneración de este mismo mundo degradado desde entonces por la opresión y la servidumbre," de manera que "levantándose del polvo y las cadenas," la

---

94 Véase Allan R. Brewer-Carías, "La Constitución de Cádiz de 1812 y los principios del constitucionalismo moderno: su vigencia en Europa y en América," en *Anuario Jurídico Villanueva*, III, Año 2009, Villanueva Centro Universitario, Universidad Complutense de Madrid, Madrid 2009, pp. 107-127; "El paralelismo entre el constitucionalismo venezolano y el constitucionalismo de Cádiz (o de cómo el de Cádiz no influyó en el venezolano)," en *Libro Homenaje a Tomás Polanco Alcántara*, Estudios de Derecho Público, Universidad Central de Venezuela, Caracas 2005, pp. 101-189. Véase también, Allan R. Brewer-Carías, *Los inicios del proceso constituyente Hispano y Americano, Caracas 1811- Cádiz 1812*, bid & co. Editor, Caracas 2012.

revolución de América iba a ser la "más útil al género humano"…"cuando, constituida y gobernada por sí misma, abra los brazos para recibir a los pueblos de Europa,"…"como amigos, y no como tiranos: como menesterosos, y no como señores; no para destruir, sino para edificar; no como tigres, sino como hombres".

"Escrito estaba," se explicó en el *Manifiesto*, "que no debía gemir la mitad de la especie humana bajo la tiranía de la otra mitad," constatándose sin embargo que lo que había ocurrido en Europa y en América durante esos trescientos años, mostraba que "todo, todo aceleraba los progresos del mal en un mundo, y los progresos del bien en el otro." Se destacó, por ejemplo, "la injusticia" de la "dependencia y degradación" de América "cuando todas las naciones han mirado como un insulto a la equidad política, el que la España despoblada, corrompida y sumergida en la inacción y la pereza por un gobierno despótico, tuviese usurpados exclusivamente a la industria y actividad del continente los preciosos e incalculables recursos de un mundo constituido en el feudo y monopolio de una pequeña porción del otro."

América, por ello, era una alternativa para la España agobiada por el desgobierno, y era una "ventajosa alternativa que la América esclava presentaba a través del océano a su señora la España, cuando agobiada por el peso de todos los males y minada por todos los principios destructores de las sociedades, le pedía que la quitase las cadenas para poder volar a su socorro".

No fueron sin embargo atendidos los clamores de la América, y en particular de Venezuela, como se afirmó en el *Manifiesto*, habiendo sido Venezuela "la primera" que había jurado "a la España los auxilios generosos que ella creía homenaje necesario;" "que había conocido "los desórdenes que amenazaban la destrucción de la España;" que había proveído "a su propia conservación, sin romper los vínculos que la ligaban con ella; "que sintió los efectos de su ambiciosa ingratitud;" y que había sido "hostilizada por sus hermanos." De allí se concluyó en el *Manifiesto* que Venezuela entonces iba "a ser la primera" que iba a recobrar "su independencia y dignidad civil en el Nuevo Mundo."

"Para justificar esta medida de necesidad y de justicia," fue precisamente que se elaboró el mencionado *Manifiesto* para "presentar al Universo las razones" de la independencia, y llamar la atención de que "los intereses de Europa no pueden estar en contraposición con la libertad de la cuarta parte del mundo que se descubre ahora a la felicidad de las otras tres;" y de que "sólo una Península Meridional puede oponer los intereses de su gobierno a los de su nación para amotinar el antiguo hemisferio contra el nuevo, ya que se ve en la impotencia de oprimirlo por más tiempo." La conducta represiva de España frente a Venezuela, se consideraba en el *Manifiesto* como suficiente para justificar "no sólo nuestra independencia, sino hasta la declaración de una enemistad irreconciliable con los que, directa o indirectamente, hubiesen contribuido al desnaturalizado sistema adoptado contra nosotros;" conscientes sus redactores de que "no podemos salir de la condición de siervos, sin pasar por la calumniosa nota de ingratos, rebeldes y desagradecidos."

En este sentido, otros aspectos tratados en el *Manifiesto* al justificar la independencia de las Provincias de España, se refieren a los supuestos títulos que pudo haber tenido España sobre las Américas, así como la afirmación de que los derechos sobre esas tierras eran de americanos descendientes de los conquistadores.

A tal efecto, se partió del principio de "que América no pertenece, ni puede pertenecer al territorio español;" y que si bien:

> "los derechos que justa o injustamente tenían a ella los Borbones, aunque fuesen hereditarios, no podían ser enajenados sin el consentimiento de los pueblos y particularmente de los de América, que al elegir entre la dinastía francesa y austríaca pudieron hacer en el siglo XVII lo que han hecho en el XIX."

En cuanto a "la Bula de Alejandro VI y los justos títulos que alegó la Casa de Austria en el Código Americano," se dijo en el *Manifiesto*, que "no tuvieron otro origen que el derecho de conquista, cedido parcialmente a los conquistadores y pobladores por la ayuda que prestaban a la Corona para extender su dominación en América."

En todo caso, se alegaba en el *Manifiesto*:

> "que, acabado el furor de conquista, satisfecha la sed de oro, declarado el equilibrio continental a favor de la España con la ventajosa adquisición de la América, destruido y aniquilado el Gobierno feudal desde el reinado de los Borbones en España y sofocado todo derecho que no tuviese origen en las concesiones o rescriptos del Príncipe, quedaron suspensos de los suyos los conquistadores y pobladores."

Por lo que en estricta lógica jurídica "demostrada que sea la caducidad e invalidación de los que se arrogaron los Borbones," entonces "los títulos con que poseyeron estos países los Americanos descendientes de los conquistadores", poseían esos países", debían:

"revivir; no es perjuicio de los naturales y primitivos propietarios, sino para igualarlos en el goce de la libertad, propiedad e independencia que han adquirido, con más derecho que los Borbones y cualquier otro a quien ellos hayan cedido la América sin consentimiento de los americanos, señores naturales de ella."

En el *Manifiesto* se insistió en esto, además, al señalar "que la América no pertenece al territorio español es un principio de derecho natural y una ley del derecho positivo," [...]"ninguno de los títulos, justos o injustos, que existen de su servidumbre, puede aplicarse a los españoles de Europa;" de manera que "toda la liberalidad de Alejandro VI, no pudo hacer otra cosa, que declarar a los reyes austríacos promovedores de la fe, para hallar un derecho preternatural con que hacerlos señores de la América." Porque:

"Ni el título de Metrópoli, ni la prerrogativa de Madre Patria pudo ser jamás un origen de señorío para la península de España: el primero lo perdió desde que salió de ella y renunció sus derechos el monarca tolerado por los americanos, y la segunda fue siempre un abuso escandaloso de voces, como el de llamar felicidad a nuestra esclavitud, protectores de indios a los fiscales e hijos a los americanos sin derecho ni dignidad civil."

El *Manifiesto* constataba, además, que "por el sólo hecho de pasar los hombres de un país a otro para poblarlo, no adquieren propiedad los que no abandonan sus hogares ni se exponen a las fatigas inseparables de la emigración;" en cambio,

"los que conquistan y adquieren la posesión del país con su trabajo, industria, cultivo y enlace con los naturales de él, son los que tienen un derecho preferente a conservarlo y transmitirlo a su posteridad nacida en aquel territorio, y si el suelo donde nace el hombre fuese un origen de la soberanía o un título de adquisición, seria la voluntad general de los pueblos y la suerte del género humano, una cosa apegada a la tierra como los árboles, montes, ríos y lagos."

Y con cierta ironía, para reforzar el aserto, se afirmó en el *Manifiesto* que: "jamás pudo ser tampoco un título de propiedad para el resto de un pueblo el haber pasado a otro una parte de él para probarlo;" ya que "por este derecho pertenecería la España a los fenicios o sus descendientes, y a los cartagineses donde quiera que se hallasen; y todas las naciones de Europa tendrían que mudar de domicilio para restablecer el raro derecho territorial, tan precario como las necesidades y el capricho de los hombres."

En consecuencia, de todo ello, resultaba, como se afirmó en el *Acta de Independencia*, que:

"es contrario al orden, imposible al Gobierno de España, y funesto a la América, el que, teniendo ésta un territorio infinitamente más extenso, y una población incomparablemente más numerosa, dependa y esté sujeta a un ángulo peninsular del continente europeo."

Finalmente, en atención a todas las "sólidas, públicas e incontestables razones de política" para justificar las causas de la independencia, a las cuales por lo demás se destinan todos los documentos publicados en el libro londinense, y que se expresaron sumariamente en el *Acta de Independencia*, la conclusión fue que los venezolanos "en uso de los imprescriptibles derechos que tienen los pueblos para destruir todo pacto convenio o asociación que no llena los fines para que fueron instituidos los gobiernos, creemos que no podemos ni debemos conservar los lazos que nos ligaban al gobierno de España, y que, como todos los pueblos del mundo, estamos libres y autorizados, para no depender de otra autoridad que la nuestra." Ello fue precisamente lo que llevó a que, cumpliendo a la vez el "indispensable deber" de "proveer a nuestra conservación, seguridad y felicidad, variando esencialmente todas las formas de nuestra anterior constitución" hubiesen declarado:

"solemnemente al mundo que sus Provincias unidas son, y deben ser desde hoy, de hecho y de derecho, Estados libres, soberanos e independientes y que están absueltos de toda sumisión y dependencia de la corona de España o de los que se dicen o dijeren sus apoderados o representantes, y que como tal Estado libre e independiente tiene un pleno poder para darse la forma de gobierno que sea conforme a la voluntad general de sus pueblos"

Se trataba, sin duda a la manifestación más clara del ejercicio del derecho de rebelión o de insurrección, señalada en el *Acta de Independencia* como un "indispensable deber proveer a nuestra conservación, seguridad y felicidad, variando esencialmente todas las formas de nuestra anterior constitución," el cual se expresó con más detalle en el *Manifiesto* del Congreso General de 1811. En él, el Congreso, entre las justificaciones de la independencia de Venezuela, se refirió al "derecho de insurrección de los pueblos" contra gobiernos despóticos. A tal efecto, se partió de la afirmación de que "los gobiernos no tienen, no han tenido, ni pueden tener otra duración que la utilidad y felicidad del género humano;" y "que los reyes no son de una naturaleza privilegiada, ni de un orden superior a los demás hombres; que su autoridad emana de la voluntad de los pueblos."

De manera que luego largas y razonadas citas sobre la rebelión de los pueblos de Israel en la Historia antigua, que no habrían sido "protestados por Dios," se concluyó en el *Manifiesto* con la pregunta de si acaso debía ser "peor condición el pueblo cristiano de Venezuela para que, declarado libre por el Gobierno de España, después de trescientos años de cautiverio, pechos, vejaciones e injusticias, no pueda hacer lo mismo que el Dios de Israel que adora, permitió en otro tiempo a su pueblo, sin indignarse ni argüido en su furor."

La respuesta en el *Manifiesto* no fue otra que "Su dedo divino es el norte de nuestra conducta y a sus eternos juicios quedará sometida nuestra resolución," afirmándose que "si la independencia del pueblo hebreo no fue un pecado contra la ley escrita, no podrá serlo la del pueblo cristiano contra la ley de gracia," argumentándose que "jamás ha excomulgado la Silla Apostólica a ninguna nación que se ha levantado contra la tiranía de los reyes o los gobiernos que violaban el pacto social," de manera que:

"Los suizos, los holandeses, los franceses y los americanos del Norte proclamaron su independencia, trastornaron su constitución y variaron la forma de su gobierno, sin haber incurrido en otras censuras que las que pudo haber fulminado la Iglesia por los atentados contra el dogma, la disciplina o la piedad y sin que éstas trascendiesen a la política ni al orden civil de los pueblos."

En las *Observaciones Preliminares* al libro londinense también se insistió sobre el tema del derecho de los pueblos a la rebelión y a la representación, partiéndose del "principio invariable, que las sociedades deben gobernarse por si mismas." A tal efecto, en las *Observaciones Preliminares* se hizo referencia a la obra de John Locke para quien, se dijo:

"todo gobierno legitimo se deriva del consentimiento del pueblo, porque siendo los hombres naturalmente iguales, no tiene ninguno de ellos derecho de injuriar á los otros en la vida, salud, libertad ó propiedades, y ninguno de quantos componen la sociedad civil está obligado ó sujeto al capricho de otros, sino solamente á leyes fixas y conocidas hechas para el beneficio de todos: no deben establecerse impuestos, sin el consentimiento de la mayoridad, expresado por el; pueblo mismo ó por sus apoderados: los Reyes y Principes, los Magistrados y Funcionarios de todas clases, no exercen otra autoridad legitima, que la que les ha sido delegada por la nación; y por tanto, cuando esta autoridad no emplea en el pro comunal, tiene el pueblo el derecho de reasumirla, sean cuales fueres las manos en que. estuviere colocada.

Concluyéndose en las *Observaciones Preliminares* que precisamente "estos inajenables derechos" fueron los que ejerció "el Pueblo de Venezuela", cuando "sus habitantes han tomado la resolución de administrar por si mismos sus intereses, y decidir no depender más tiempo de gobernantes, que contaban con entregarlos á la Francia;[95] estando seguros que:

"las páginas de la historia no podran menos de recordar con aprobacion, el uso que en tales circunstancias ha hecho aquel pueblo de sus derechos: derechos, cuya existencia ha sido reconida por los Españoles mas ilustrados, y entre otros por Don Gaspar Jovellanos, quien en el famoso dictamen presentado á la Junta Central el 7 de Octubre de 1808, dice expresamente: "que quando un pueblo descubre la sociedad de que es miembro en inminente peligro, y conoce que los administradores de aquella autoridad que debe gobernarle y defenderle estan sobornados y esclavizados, entra naturalmente en la necesidad de defenderse á si mismo, y de consiguiente adquiere un legitimo aunque extraordinario derecho de insurrección." ¿Se dira pues que tales máximas, solo son fundadas para los Españoles Europeos, y no para los Americanos?"

En las *Observaciones Preliminares* se recurrió por una segunda vez al pensamiento de John Locke,[96] refiriéndolo como "nuestro inimitable Locke,"[97] indicando que el mismo observaba justamente "que las

---

95 Se hizo referencia a las "órdenes de José Napoleón a los diversos gobiernos de América".

96 Se hizo referencia al *Tratado sobre el Gobierno civil*, Lib. 3 § 225.

97 Carlos Pi Sunyer, dijo que esta frase podría reforzar la idea de que las Observaciones Preliminares pudieran haber sido escritas por un inglés, pero sin embargo lo desestimó, atribuyendo su uso más al hecho de que el texto estaba dirigido a una audiencia Inglesa. Carlos Pi Sunyer. *Patriotas Americanos en Londres..., op. cit.,* p. 216.

revoluciones no son nunca ocasionadas por pequeños vicios en el manejo de los negocios públicos." Al contrario,

> "Grandes desaciertos en los que administran, muchas leyes injustas y perniciosas, y todos los deslices de la fragilidad humana son todavía poca parte para que el pueblo se amotine ó murmure; pero si una larga serie de abusos, prevaricaciones y artificios, que todos llevan un mismo camino, hacen visible al pueblo un designio, de manera que todos resientan el peso que los oprime, y vean el término, á que son conducidos, no será de extrañar que se levanten y depositen el poder en manos que les aseguren los objetos para que fue instituido el Gobierno."

Por último, en las *Observaciones Preliminares* también se recurrió a Montesquieu a quien se atribuyó la "máxima" o "ley inmutable," de que "las naciones solo pueden salvarse por la restauración de sus principios perdidos," concluyéndose entonces que:

> "El único modo de efectuarlo que quedaba á los Americanos, era el de tener gobernantes de su propia elección, y responsables á ellos por su conducta: con tales condiciones hubieran accedido gustosos á formar una parte igual y constitutiva de la nacion Española. Solo, pues, el importante fin de su seguridad, y el de libertarse de los males de una orfandad política, induxeron el pueblo de Venezuela á colocar su confianza en un cuerpo de Representantes de su propia elección. El suceso feliz de sus trabajos aparece en las declaraciones del pueblo, mismo, y en el contraste de lo que era el pais; y de lo que ya comienza á ser"

III. LA REACCIÓN DE LAS AUTORIDADES ESPAÑOLAS CONTRA LAS PROVINCIAS DE VENEZUELA: EL BLOQUEO Y LA INVASIÓN MILITAR PARA "PACIFICAR" LAS PROVINCIAS

El proceso de independencia de las Provincias de Venezuela, con todas sus justificaciones, como se señaló en el *Manifiesto* y se ha analizado anteriormente, se desarrolló a partir 1808 hasta 1811, después de los sucesos de El Escorial, Aranjuez y Bayona. Dicho proceso de la independencia se enmarcó en el curso de tres épocas, como se dijo en el *Manifiesto*, cuando "desde el 15 de julio de 1808" se arrancaron a los venezolanos "las resoluciones del 19 de abril de 1810 y 5 de julio de 1811," cuyas tres épocas –se afirmó– "formarán el primer período de los fastos de Venezuela regenerada, cuando el buril imparcial de la historia trace las primeras líneas de la existencia política de la América del Sur."

Ese tiempo de "tres años" que transcurrieron "desde que debimos ser libres e independientes y hasta que resolvimos serlo" y, en particular, "desde el 19 de abril de 1810 hasta el 5 de julio de 1811," se consideró en el *Manifiesto* como la época "más interesante de la historia de nuestra revolución," si bien estuvo signada por "una amarga y penosa alternativa de ingratitudes, insultos y hostilidades por parte de España." Sobre ello, en el *Manifiesto* se comenzó por dar cuenta de cómo en Caracas las autoridades locales aceptaron "los despachos del lugarteniente del Reino, Murat," y "apoyando" sus órdenes exigían a los venezolanos "el reconocimiento del nuevo Rey," Ello, hizo estallar la revolución.

En efecto, la primera de las fechas que se mencionaron en el *Manifiesto*, como el inicio del proceso de independencia, fue la del 15 de julio de 1808, que fue precisamente cuando formalmente llegaron al Cabildo de Caracas las noticias sobre la asunción de la Corona por Fernando VII, el 20 de marzo de 1808, después de los sucesos de Aranjuez; lo que provocó la propuesta ante el Ayuntamiento por parte del Capitán General de Venezuela para formar y organizar la Junta Suprema. Sobre este proyecto, en el *Manifiesto* de 1811 se indicó sobre la reacción del Capitán General Emparan ante la Audiencia, declarando "que no había en Caracas otra ley ni otra voluntad que la suya," lo que se manifestó en varios excesos y violencias cometidas. Entre estos, en el *Manifiesto* se destacó el que se hubiera fuera arrojado de las Provincias "al Capitán D. Francisco Rodríguez y al Asesor del Consulado D. Miguel José Sanz," "quienes fueron confinados a Cádiz y a Puerto Rico;" que se hubiese procedido a "encadenar y condena de hombres buenos arrancados de sus hogares con el pretexto de vagos... sin forma ni figura de juicio ... al trabajo de obras públicas", y que Emparan hubiese adoptado las decisiones de "revocar y suspender las determinaciones de la Audiencia, cuando no eran conformes a su capricho y arbitrariedad." Y todas estas acciones, como se informó en el *Manifiesto*, "después de sostener a todo trance su ignorancia y su orgullo; después de mil disputas escandalosas con la Audiencia y el Ayuntamiento; después de reconciliarse, al fin, con estos déspotas todos los togados para hacerse más impunes e inexpugnables contra nosotros," para convenir "en organizar y llevar a cabo el proyecto, a la sombra de la falacia, del espionaje y la ambigüedad."[98]

En *el Manifiesto* de 1811, por ello, se hizo específica referencia a órdenes como la expedida el 30 de abril de 1810, para que

> "Bajo el Pretexto de no atender sino a la guerra, se embrutecise más España y América, se cerrasen las escuelas, no se hablase de derechos ni premios, ni se hiciese más que enviar a España dinero, hombres americanos, víveres, frutos preciosos, sumisión y obediencia."

Además, se daba cuenta que "bajo las más severas conminaciones, se restablecía la Inquisición política con todos sus horrores, contra los que leyesen, tuviesen o recibiesen otros papeles, no sólo extranjeros, sino aun españoles, que no fuesen de la fábrica de la Regencia." Incluso se denunció en el *Manifiesto* que se habían mandado "abrir sin excepción alguna todas las correspondencias de estos países, atentado desconocido hasta en el despotismo de Godoy, y adoptado sólo para hacer más tiránico el espionaje contra la América."

Como se ha mencionado, en medio de la crisis política general de la Corona y la relación entre España y las Provincias de América, después de declarar que no eran colonias sino parte del imperio español, una vez que las Cortes fueron convocadas, se emitió un decreto para asegurar la representación de las provincias americanas de España. En relación con esa "representación", sin embargo, en el *Manifiesto* de 1811 se registró y destacó, por el contrario, la falta de representación que se pretendía dar a las provincias españolas de América en las Cortes, hasta el punto de afirmar que:

> "si los trescientos años de nuestra anterior servidumbre no hubieran bastado para autorizar nuestra emancipación, habría sobrada causa en la conducta de los gobiernos que se arrogaron la soberanía de una nación conquistada, que jamás pudo tener la menor propiedad en América, declarada parte integrante de ella; cuando se quiso envolverla en la conquista."

Se agregó en el *Manifiesto* que "si los gobernantes de España hubiesen estado pagados por sus enemigos no habrían podido hacer

---

98 Hay una indicación en el *Manifiesto* que lo anterior es el resultado de testimonios auténticos que descansaban en los archivos "a pesar de la vigilancia con que se saquearon estos" por parte de las autoridades españolas

más contra la felicidad de la nación vinculada en su estrecha unión y buena correspondencia con la América," destacándose cómo "con el mayor desprecio a nuestra importancia y a la justicia de nuestros reclamos, cuando no pudieron negarnos una apariencia de representación, la sujetaron a la influencia despótica de sus agentes sobre los Ayuntamientos a quienes se sometió la elección."

Peor aún, cuando los americanos comparaban la situación de la representación en España, donde "se concedía hasta a las provincias ocupadas por los franceses y a las Islas Canarias y Baleares un representante a cada 50.000 almas, elegido libremente por el pueblo," se destacaba que en América "apenas bastaba un millón para tener derecho a un representante, nombrado por el Virrey o Capitán General bajo la firma del Ayuntamiento."

En todo caso, luego de la Revolución de Caracas del 19 de abril de 1811, la Junta Suprema de Venezuela se dirigió con fecha 3 de mayo de 1810 a la Junta de Regencia de España, en respuesta a los papeles que se habían recibido de la Junta Suprema de Cádiz y del Consejo de Regencia requiriendo el "reconocimiento" de la última como "legítima depositaria de la soberanía española," informándole no sólo sobre los acontecimientos y decisiones del nuevo gobierno de Caracas, sino sobre el hecho de que formalmente, el gobierno de Venezuela "desconocía" a la tal Regencia como gobierno de España.[99] Sobre la ésta, cuyo gobierno se calificó en el *Manifiesto* como "intruso e ilegítimo," se indicaba que a la vez que declaraba libres a los americanos "en la teoría de sus planes," los "sujetaba en la práctica a una representación diminuta e insignificante, creyendo que a quien nada se le debía, estaba en el caso de contentarse con lo que le diesen sus señores."

Pretendía la Regencia mantener la ilusión de los americanos quienes ya conocían, según lo señalado en el *Manifiesto*,

"lo poco que debíamos esperar de la política de los intrusos apoderados de Fernando: no ignorábamos que si no debíamos depender de los virreyes, ministros y gobernadores, con mayor razón no podíamos estar sujetos a un Rey cautivo y sin derechos ni auto-

---

99 Véase el texto redactado por José de las Llamosas y Martín Tovar Ponte, quien después fue diputado por San Sebastián en el Congreso General en *El Mercurio Venezolano*, N° I, Enero de 1811, pp. 7-14, edición facsimilar publicada en <http://cic1.ucab.edu.ve/hmdg/bases/hmdg/textos/Mercurio/Mer_ Enero1811.pdf>.

ridad, ni a un gobierno nulo e ilegítimo, ni a una nación incapaz de tener derecho sobre otra, ni a un ángulo peninsular de la Europa, ocupado casi todo por una fuerza extraña"

Adicionalmente, en el *Manifiesto* se expresó que había sido en vano el hecho de que se hubiese declarado y publicado en España que ésta "había empezado a existir de nuevo desde el abandono de sus autoridades, desde las cesiones de los Borbones e introducción de otra dinastía," y que recobrando "su absoluta independencia y libertad," "daban este ejemplo a las Américas para que ellas recuperasen los mismos derechos que allí se proclamaban.[100]

Se consideró así, que la Junta Central aún cuando variando el lenguaje de la liberalidad y la franqueza, "adoptó la perfidia el talismán de Fernando, inventado por la buena fe;" sofocando, "aunque con maña y suavidad, el proyecto sencillo y legal de Caracas, para imitar la conducta representativa de los gobiernos de España," haciendo referencia al "Proyecto del año de 1808, para hacer una Junta de Gobierno y conservación como las de España," con lo que se entabló "un nuevo género de despotismo, bajo el nombre facticio de un Rey reconocido por generosidad y destinado a nuestro mal y desastre, por los que usurpaban la soberanía"

El *Manifiesto* dio entonces cuenta de cómo durante esos años "se ocultaban las derrotas y desgracias de las armas en España; se forjaban y divulgaban triunfos pomposos e imaginarios contra los franceses en la Península y en el Danubio; y a la vez:

"se figuraban conspiraciones, se inventaban partidos y facciones, se calumniaba a todo el que no se prestaba a iniciarse en los misterios de la perfidia, se inventaban escuadras y emisarios franceses en nuestros mares y nuestro seno, se limitaban y constreñían nuestras relaciones con las Colonias vecinas, se ponían trabas a nuestro comercio; todo con el fin de tenernos en una continua agitación, para que no fijásemos la atención en nuestros verdaderos intereses."

---

100 En el *Manifiesto* son citados como apoyos "Diversas formas que surgieron con el primer impulso de la revolución en España. El Conde de Floridablanca, contestando a la Junta Central del Consejo de Castilla. Un Manifiesto del mismo Consejo Central, y la Universidad de Sevilla respondiendo la consulta de este último."

Sin embargo, a pesar de ello, los venezolanos empezaron "a desconfiar de los Gobiernos de España y sus agentes;" y comenzaron a descubrir "todo el horroroso porvenir" que los amenazaba, tomando conocimiento de "la verdadera suerte de la Península, el desorden de su Gobierno, la energía de sus habitantes, el formidable poder de sus enemigos y la ninguna esperanza de su salvación"

Los venezolanos, decía el *Manifiesto* "encerrados en nuestras casas, rodeados de espías, amenazados de infamia y deportación, apenas podíamos lamentar nuestra situación, ni hacer otra cosa que murmurar en secreto contra nuestros vigilantes y astutos enemigos." Sin embargo, "exhalados en la amargura y la opresión," "encerrados en las cuatro paredes de su casa e incomunicados entre sí," se afirma que "apenas hubo un ciudadano de Caracas que no pensase que había llegado el momento de ser libre para siempre, o de sancionar irrevocablemente una nueva y horrorosa servidumbre"

Es por eso que, todos los venezolanos, según se indicó en el *Manifiesto*, comenzaron a:

"descubrir la nulidad de los actos de Bayona, la invalidación de los derechos de Fernando y de todos los Borbones que concurrieron a aquellas ilegítimas estipulaciones: la ignominia con que habían entregado como esclavos a los que los habían colocado en el trono contra las pretensiones de la Casa de Austria; la connivencia de los intrusos mandatarios de España a los planes de la nueva dinastía; la suerte que estos planes preparaban a la América, y la necesidad de tomar un partido que pusiese a cubierto al Nuevo Mundo de los males que le acarreaba el estado de sus relaciones con el antiguo"

En el *Manifiesto* también se dejo, en contraste, que en España:

"nada veían más que desorden, corrupción, facciones, derrotas, infortunios, traiciones, ejércitos dispersos, provincias ocupadas, falanges enemigas y un gobierno imbécil y tumultuario, formado de tan raros elementos."

En consecuencia, como se señaló en el *Manifiesto:*

"Tal era la impresión uniforme y general que advertían en el rostro de todos los venezolanos los agentes de la opresión, destacados a sostener a toda costa la infame causa de sus constituyentes: cada palabra producía una proscripción; cada discurso costaba una deportación a su autor, y cada esfuerzo o tentativa para hacer, en América lo mismo que en España, si no hacia derramar la sangre de los americanos era, sin duda, una causa suficiente para la ruina, infamia y desolación de muchas familias."[101]

Como se dijo en el *Manifiesto*, en España hubo un "errado cálculo" al momento en el cual, "menesterosa y desolada, pendiente su suerte de la generosidad americana, y casi en el momento de ser borrada del catálogo de las naciones," sin embargo, "parecía que, trasladada al siglo XVI y XVII, empezaba a conquistar de nuevo a la América con armas más terribles que el hierro y el plomo." Y los americanos, por su parte, cada día captaban nuevas pruebas de la suerte que los amenazaba, "colocados en la horrorosa disyuntiva de ser vendidos a una nación extraña o tener que gemir para siempre en una nueva e irrevocable servidumbre."

Había resonado en los oídos de Caracas, en todo caso, el ruido de "la irrupción de los franceses en las Andalucías, la disolución de la Junta Central, a impulsos de la execración pública y la abortiva institución de otro nuevo proteo gubernativo, bajo el nombre de Regencia." Esta, se dijo, anunciaba "con ideas más liberales," que "cualquiera otra época hubiera ésta deslumbrado a los americanos," procurando reforzar la ilusión en los americanos "con promesas brillantes, teorías estériles y reformas y anuncios" de que su suerte no estaba "en las manos de los virreyes, de los ministros, ni de los gobernadores." Pero al mismo tiempo, sus agentes "recibían las más estrechas órdenes para velar sobre nuestra conducta, sobre nuestras opiniones y no permitir que éstas saliesen de la esfera trazada por la elocuencia que doraba los hierros preparados en la capciosa y amañada carta de emancipación.

En esa situación contradictoria, en el *Manifiesto* se afirmó, en relación con las decisiones adoptadas en las provincias de Venezuela con miras a su "transformación política", que:

> "Llegaban cada día a nuestras manos nuevos motivos para hacer, por cada uno de ellos, lo que hicimos después de tres siglos de miseria y degradación. En todos los buques que llegaban de España venían nuevos agentes a reforzar con nuevas instrucciones a los que sostenían la causa de la ambición y la perfidia, con el mismo objeto se negaba el permiso de regreso a España a los mili-

---

101 En el *Manifiesto* se cita la "deportación de varios oficiales de reputación y ciudadanos con rango y honestidad, promulgada el 20 de marzo de 1810 por Emparan."

tares y demás empleados europeos, aunque lo pidiesen para hacer la guerra contra los franceses."

Debe recordarse que durante esos mismos años 1808 a 1811, cuando en las antiguas colonias americanas de Venezuela se desarrollaba un proceso de construcción institucional de un Estado independiente, en España la situación institucional también era precaria. Luego de los alzamientos generalizados contra la invasión francesa a partir de mayo de 1808, y la sucesiva y espontánea constitución de Juntas Provisionales en los pueblos y ciudades para la defensa de la nación, para septiembre de 1808, la necesidad de conformar una unidad de dirección a la guerra y a la política era imperiosa, lo que condujo a la formación de la Junta Central integrada por personalidades ilustradas, algunas de las cuales, incluso, habían formado parte del gobierno de Carlos IV.

La opción entre constituir una Regencia o una Junta Central que se ocupara de la conducción de los asuntos del Reino en ausencia de Fernando VII, fue lo que terminó imponiendo la necesidad de la convocatoria a las Cortes generales, lo que se consultó al país en 1809. La Junta Central que funcionaba en Sevilla, ante el avance de las tropas francesas, tuvo que retirarse hacia la Isla de León (San Fernando), donde terminó por designar el Consejo de Regencia el 29 de enero de 1810, poniendo fin a sus funciones y convocando paralelamente a la Nación a Cortes Generales, mediante elección de representantes conforme al Reglamento que luego dictaría el Consejo de Regencia el 6 de octubre de 1810, que incluía también a representantes de los territorios de las colonias americanas, a las cuales se las quería integrar al Reino.

Antes, sin embargo, el 1º de agosto de 1810, el Consejo de Regencia había declarado en estado de riguroso bloqueo a la Provincia de Caracas, por haber sus habitantes "cometido el desacato de declararse independientes de la metrópoli, y creando una junta de gobierno para ejercer la pretendida autoridad independiente."[102] Sin duda, los acontecimientos de Caracas, como hemos señalado habían sido los de una

---

102 Véase en J. F. Blanco y R. Azpúrua, *Documentos para la Historia de la Vida Pública del Libertador...op. cit.,* Tomo II, p. 571. El bloqueo fue comandado por el Comisionado Regio Cortabarría desde Puerto Rico, comenzando el 21 de enero de 1811 Véase en J. F. Blanco y R. Azpúrua, *Documentos para la Historia de la Vida Pública del Libertador..., op. cit.,* Tomo III, p. 8; C. Parra Pérez, *Historia de la Primera República..., op. cit.,* Tomo I, p. 484.

auténtica revolución política, con un golpe de Estado dado contra las autoridades españolas por el Cabildo Metropolitano, el cual había asumido el poder supremo de la Provincia, desconociendo toda autoridad en la Península, incluyendo el Consejo de Regencia.

Esta situación de confrontación entre España y Venezuela, quedó destacada con gran profusión en el *Manifiesto* de 1811, con el cual el Congreso General de Venezuela explicó al mundo las razones de la Independencia. En el mismo, en efecto, se denunció que no sólo habían sido "los mandones de nuestro territorio los que estaban autorizados para sostener la horrorosa trama de sus constituyentes" sino que:

> "desde los funestos y ominosos reinados de las juntas de Sevilla, Central y Regencia y con un sistema de francmasonería política bajo un pacto maquiavélico, estaban todos de acuerdo en sustituirse, reemplazarse y auxiliarse mutuamente en los planes combinados contra la felicidad y existencia política del Nuevo Mundo."

En el *Manifiesto* se denunció la conducta de los dirigentes de la Península con respecto a la América, considerándose que había sido "mucho más dura e insultante" "comparada con la que aparece respecto de la Francia;" y los "gobiernos intrusos, ilegítimos, imbéciles y tumultuarios" que en la Península se habían llamado hasta ese momento "apoderados del Rey o representantes de la nación." En fin, se denunció que la "América sola es la que está condenada a sufrir la inaudita condición de ser hostilizada, destruida y esclavizada," pues "parece que la independencia de América causa más furor a España que la opresión extranjera que la amenaza, al ver que contra ella se emplean con preferencia recursos que no han merecido aún las provincias que han aclamado al nuevo Rey."

Los mismos sentimientos se expresaron en el *Acta de Independencia* en la cual se explicó que a pesar de la moderación y generosidad mostrada por las Provincias hacia España, "se nos declara en estado de rebelión, se nos bloquea, se nos hostiliza, se nos envían agentes a amotinarnos unos contra otros, y se procura desacreditarnos entre las naciones de Europa implorando sus auxilios para oprimirnos;" Esto fue seguido, con referencia a los venezolanos nombrados en Cádiz como representantes de las Provincias ante las Cortes, que,

> "se nos condena a una dolorosa incomunicación con nuestros hermanos; y para añadir el desprecio a la calumnia se nos nombran apoderados, contra nuestra expresa voluntad, para que en sus Cor-

tes dispongan arbitrariamente de nuestros intereses bajo el influjo y la fuerza de nuestros enemigos."

Sobre estas cuestiones, además, y en relación con el sistema inicial de elección de los representantes de las Provincias de América a las Cortes de Cádiz en 1810, que debían ser nombrados por los Ayuntamientos, la *Declaración de Independencia* insistió en que:

> "para sofocar y anonadar los efectos de nuestra representación, cuando se vieron obligados a concedérnosla, nos sometieron a una tarifa mezquina y diminuta y sujetaron a la voz pasiva de los Ayuntamientos, degradados por el despotismo de los gobernadores, la forma de la elección: lo que era un insulto a nuestra sencillez y buena fe, más bien que una consideración a nuestra incontestable importancia política."

Y se agregó en el *Acta de la Independencia* que sordos siempre a los gritos de justicia que se expresaban desde América, los gobiernos de España lo que procuraron fue "desacreditar todos nuestros esfuerzos declarando criminales y sellando con la infamia, el cadalso y la confiscación," todas las tentativas que, en diversas épocas, habían hecho algunos americanos para la felicidad de su país."

Según el *Manifiesto*, la reacción del Consejo de Indias contra Venezuela equivalía a pretender "conquistar de nuevo a Venezuela con las armas de los Alfíngers y Weslers,"[103] los factores alemanes a quienes Carlos V había "arrendado estos países," a los efectos de continuar el sistema de dominación española en América," con lo que en definitiva se afirmaba que "el nombre de Fernando" había perdido "toda consideración entre nosotros y debe ser abandonado para siempre."

Como se ha mencionado, el centro de operaciones para la lucha contra Venezuela lo ubicó la Regencia en la isla de Puerto Rico, que se constituyó, como se dijo en el *Manifiesto*, en:

> "la guarida de todos los agentes de la Regencia, el astillero de todas las expediciones, el cuartel general de todas las fuerzas antiamericanas, el taller de todas las imposturas, calumnias, triunfos y amenazas de los Regentes; el refugio de todos los malvados y el surgidero de una nueva compañía de filibusteros, para que no fal-

---

103 El *Manifiesto* hace referencia a los "Primeros tiranos de Venezuela, autorizados por Carlos V y promovedores de la guerra civil entre sus primitivos habitantes"

tase ninguna de las calamidades del siglo XVI a la nueva conquista de la América en el XIX."

A cargo de las operaciones contra la Provincia estaría el Gobernador de Puerto Rico, Salvador Meléndez y Bruna, calificado en el Manifiesto como el "Bajá Meléndez" o "el tirano de Borinquen" a quien se le acusó de declarar la guerra a las Provincias, constituyéndose además, en "carcelero gratuito de los emisarios de paz y confederación," y de haber robado "con la última impudencia más de 100.000 pesos de los caudales públicos de Caracas, que se habían embarcado en la fragata Fernando VII para comprar armamento y ropa militar en Londres."

En la Provincia, en cambio, "aun a pesar de tanto insulto, de tanto robo y de tanta ingratitud," los asuntos de gobierno continuaban sin variar conforme al juramento de la conservación de los derechos de Fernando VII, de manera que "el acto sublime de su representación nacional, se publicó a nombre de Fernando VII;" bajo su "autoridad fantástica" se sostuvieron "todos los actos de nuestro gobierno y administración, que ninguna necesidad tenía ya de otro origen que el del pueblo que la había constituido;" y conforme a "las leyes y los códigos de España," se juzgó una "horrible y sanguinaria conspiración de los europeos" e incluso las mismas se infringieron "para perdonarles la vida," y no manchar con la sangre la memoria de nuestra revolución;" e incluso, "bajo el nombre de Fernando" se buscó unir a la Confederación a las provincias de Coro y Maracaibo que y se anunciaba en el Manifiesto "reconquistaremos a Guayana, arrancada dos veces de nuestra confederación, como lo está Maracaibo, contra el voto general de sus vecinos."

De todos estos acontecimientos, parecía "que ya no quedaba nada que hacer para la reconciliación de España o para la entera y absoluta separación de la América," y a pesar de que "Venezuela quiso agotar todos los medios que estuviesen a su alcance, para que la justicia y la necesidad no le dejasen otro partido de salud que el de la independencia que debió declarar desde el 19 de abril de 1810," dada la repercusión que los principios de la revolución habían tenido en toda América, y en particular "desde el Orinoco hasta el Magdalena y desde el Cabo Codera hasta los Andes," tuvo "que endurar nuevos insultos antes que tomar el partido doloroso de romper para siempre con sus hermanos." Así, se expresó en el *Manifiesto* de 1811 que:

"sin haber hecho Caracas otra cosa que imitar a muchas provincias de España y usar de los mismos derechos que había declarado en favor de ella y de toda la América, el Consejo de Regencia; sin haber tenido en esta conducta otros designios que los que le inspiraba la suprema ley de la necesidad para no ser envueltos en una suerte desconocida y relevar a los Regentes del trabajo de atender al gobierno de países tan extensos como remotos, cuando ellos protestaban no atender sino a la guerra; sin haber roto la unidad e integridad política con la España; sin haber desconocido como podía y debía, los caducos derechos de Fernando; lejos de aplaudir por conveniencia, ya que no por generosidad, tan justa, necesaria y modesta resolución, y sin dignarse contestar siquiera o someter al juicio de la nación nuestras quejas y reclamaciones, se la declara en estado de guerra, se anuncia a sus habitantes como rebeldes y desnaturalizados; se corta toda comunicación con sus hermanos; se priva de nuestro comercio a la Inglaterra; se aprueban los excesos de Meléndez, y se le autoriza para cometer cuanto le sugiriese la malignidad de corazón, por más opuesto que fuese a la razón y justicia, como lo demuestra la orden de 4 de septiembre de 1810, desconocida por su monstruosidad aun entre los déspotas de Constantinopla y del Indostán; y por no faltar un ápice a los trámites de la conquista, se envía bajo el nombre de pacificador un nuevo

Encomendero, que con muchas más prerrogativas que los conquistadores y pobladores se apostase en Puerto Rico para amenazar, robar, piratear, alucinar y amotinar a unos contra otros, a nombre de Fernando VII"

Se refería el *Manifiesto* a la decisión de la Regencia de nombrar a Antonio Ignacio de Cortavarría como Comisionado Regio a cargo de la pacificación de las Provincias de Venezuela, con sede en Puerto Rico. Hasta entonces, como se observó en el *Manifiesto*, a pesar de las ordenes que se habían dado al gobernador Meléndez de Puerto Rico, "los progresos del sistema de subversión, anarquía y depredación que se propuso la Regencia luego que supo los movimientos de Caracas," habían sido lentos; pero "trasladado ya el foco principal de la guerra civil" más cerca de las Provincias, adquirieron más intensidad capitaneados por "los caudillos asalariados por Cortabarría y Meléndez," con la "discordia soplada de nuevo por Mijares, hinchado y ensoberbecido con la imaginaria Capitanía General de Venezuela."[104]

De ello resultó no sólo el derramamiento de sangre americana en las costas de Coro, sino "los robos y asesinatos" cometidos en dichas costas "por los piratas de la Regencia;" "el miserable bloqueo destinado a seducir y conmover nuestras poblaciones litorales;" "los insultos hechos al pabellón inglés;" "la decadencia de nuestro comercio;" "la horrorosa perfidia de Guayana y la deportación insultante de sus próceres a las mazmorras de Puerto Rico;" y "los generosos e imparciales oficios de reconciliación, interpuestos sinceramente por un representante del Gobierno británico en las Antillas[105] y despreciados por el pseudo pacificador."

De todo ello, se denunció en el *Manifiesto*, derivaban:

"todos los males, todas las atrocidades y todos los crímenes que son y serán eternamente inseparables de los nombres de Cortabarría y Meléndez en Venezuela y que han impelido a su gobierno a ir más allá de lo que se propuso al tomar a su cargo la suerte de los que lo honraron con su confianza."

En particular, el *Manifiesto* denunció con énfasis lo que llamó "la misión de Cortabarría en el siglo XIX, comparado el Estado de la España que la decretó y el de la América a quien se dirigía," lo cual demostró "hasta qué punto ciega el prestigio de la ambición a los que fundan en el embrutecimiento de los pueblos todo el origen de su autoridad." Con el sólo hecho del nombramiento del mencionado "pacificador" Cortabarría, -se dijo en el *Manifiesto*-, "habría bastante para autorizar nuestra conducta" reproduciéndose con ello involuntariamente en la imaginación de los redactores del *Manifiesto*, "el espíritu de Carlos V, la memoria de Cortés y Pizarro y los males de Moctezuma y Atahualpa" "al ver renovados los adelantados, pesquisidores y encomenderos" pero después de "trescientos años de sumisión y sacrificios."

---

104 El documento se refería a Fernando Mijares nombrado Capitán General de Venezuela para sustituir a Emparan, pero que nunca ocupó un puesto en la capital.

105 *El Manifiesto* se refiere al oficio del Excoa. Sr Almirante Cochrane, en el Secretario de Estado.

Sobre la misión de Cortabarría, se concluía señalando que:

"La plenipotencia escandalosa de un hombre autorizado por un gobierno intruso e ilegítimo, para que con el nombre insultante de pacificador despotizase, amotinase, robase y (para colmo del ultraje) perdonase a un pueblo noble, inocente, pacífico, generoso y dueño de sus derechos solo puede creerse en el delirio impotente de un gobierno que tiraniza a una nación desorganizada y aturdida con la horrorosa tempestad que descarga sobre ella"

Debe recordarse que una vez convocadas las Cortes en 1810, fueron instaladas el 24 de septiembre de 1810 en la Isla de León, siendo trasladadas cinco meses más tarde a Cádiz, reuniéndose en el oratorio de San Felipe Neri. Estaban integradas por representantes electos en las provincias de la península española, y también con algunos americanos "representantes", que fueron nombrados como suplentes en la Isla de León, entre los españoles americanos residentes en la Península.

El trabajo constituyente de las Cortes de Cádiz concluyó con la sanción de la Constitución de la Monarquía española de 18 de marzo de 1812, cuyo texto revolucionó a España, sentando las bases para el derrumbamiento del Antiguo Régimen y para el inicio del constitucionalismo moderno en España, plasmado en los principios de soberanía nacional, división de poderes, libertad de imprenta y en la abolición de los privilegios y de la inquisición. Pero al igual que la Constitución de Venezuela de 1811 que tuvo corta vida, la Constitución de Cádiz también tuvo corta vigencia. No debe olvidarse que luego de celebrado en Valençay un Tratado secreto entre Napoleón y Fernando VII el 8 de diciembre de 1813, el primero renunció al trono de España, con lo cual Fernando VII pudo entrar a España el 29 de marzo de 1814 con el propósito de jurar la Constitución que le había impuesto el Consejo de Regencia. Había pasado 6 años en el exilio, y regresó, lamentablemente, no para seguir la obra de los constituyentes de Cádiz, sino para acabar con ella. El 4 de mayo de 1814 derogó las Cortes de Cádiz y anuló la Constitución de 1812, reinstaurando el absolutismo, y declarando reos de muerte a todos los que defendieran la Constitución anulada. El 1º de octubre de 1814 Carlos IV de nuevo, abdicaría por segunda vez en su hijo los derechos al Trono de España y al Imperio de las Indias.

Sin embargo, las bases del constitucionalismo habían quedado sentadas. Debe recordarse que una vez instaladas las Cortes en 1810, el primero de sus decretos (Decreto Nº 1) fue para declarar "nula, de ningún valor ni efecto la cesión de la Corona que se dice hecha en favor de Napoleón" reconociendo a Fernando VII como Rey.[106] Además, "no conviniendo queden reunidos el Poder Legislativo, el Ejecutivo y el Judiciario," se reservaron las Cortes Generales el Poder Legislativo y atribuyeron al Consejo de Regencia el ejercicio del Poder ejecutivo.[107] En esa sesión de instalación de las Cortes en la Isla de León concurrieron 207 diputados, entre ellos 62 americanos, suplentes, y entre ellos, supuestamente dos por la Provincia de Caracas, los señores Esteban Palacios y Fermín de Clemente, quienes también habían sido designados como suplentes, reclutados en la Península[108] de acuerdo con las reglas establecidas por el Consejo de Regencia sólo 15 días antes, el 8 de septiembre de 1810.

Es cierto que los diputados suplentes que habían sido designados por Venezuela pidieron instrucciones a la Junta Suprema de Caracas, la cual sin embargo respondió, el 1° de febrero de 1811, que consideraba la reunión de las Cortes "tan ilegal como la formación del Consejo de Regencia" y, por tanto, que "los señores Palacios y Clemente carecían de mandato alguno para representar las Provincias de Venezuela", por lo que "sus actos como diputados eran y serían considerados nulos."[109] Ya el 23 de enero de 1811, la Junta Suprema se había dirigido a los ciudadanos rechazando el nombramiento de tales diputados suplentes, calificando a las Cortes como "las Cortes cómicas de España."[110]

---

106 Véase J. F. Blanco y R. Azpúrua, *Documentos para la Historia de la Vida Pública del Libertador...*, op. cit., Tomo II, pp. 657.

107 Véase en E. Roca Roca, *América en el Ordenamiento Jurídico ...*, op. cit., p. 193.

108 Véase J. F. Blanco y R. Azpúrua, *Documentos para la Historia de la Vida Pública del Libertador...*, op. cit., Tomo II, pp. 656. Véase además, Eduardo Roca Roca, *América en el Ordenamiento Jurídico ...*, op. cit., pp. 22 y 136.

109 Véase el texto en la *Gaceta de Caracas*, martes 5 de febrero de 1811, Caracas, 1959, Tomo II, p. 17. Véase también C. Parra Pérez, *Historia de la Primera República ...*, op. cit., Tomo I, p. 484.

110 "Nuestros antiguos tiranos tienden nuevos lazos para prendernos. Una misión vergonzosa y despreciable nos manda que ratifiquemos el nombramiento de los diputados suplentes que ellos aplicaron a Venezuela. Las Cortes cómicas de España siguen los mismos pasos que su madre la Regencia: ellas, más bien en estado de solicitar nuestro perdón por los innumerables ultrajes y vilipendios con que nos han perseguido, y reducidas a implorar nuestra protección generosa por la situación impotente y débil en que se encuentran, sostienen, por el contrario, las hosti-

Por ello, la ruptura constitucional derivada de la Independencia de Venezuela no sólo se había operado de parte de la Junta Suprema de Caracas en relación con la Regencia sino que continuó con respecto de las Cortes, las cuales además, se involucraron directamente en el conflicto. Por ello, en Venezuela se las consideraron como "ilegítimas y cómicas," rechazándose en ellas toda representación de las Provincias de Venezuela.

Se afirmó entonces en el *Manifiesto* que irritaba:

"ver tanta liberalidad, tanto civismo y tanto desprendimiento en las Cortes con respecto a la España desorganizada, exhausta y casi conquistada; y al mismo tiempo, tanta mezquindad, tanta suspicacia, tanta preocupación y tanto orgullo con América, pacífica, fiel, generosa, decidida a auxiliar a sus hermanos"

Además, comparando el tratamiento dado por el gobierno español a las provincias en ambos lados del Atlántico, en el Manifiesto se afirmó que "ninguna de las provincias rendidas o contentas con la dominación francesa se le ha tratado como a Venezuela;"

"ninguna de ellas ha sido hasta ahora declarada traidora, rebelde y desnaturalizada como Venezuela, y para ninguna de ellas se ha creado una comisión pública de amotinadores diplomáticos para armar españoles contra españoles, encender la guerra civil e incendiar todo lo que no se puede poseer o dilapidar a nombre de Fernando VII."

En el conflicto abierto, por ejemplo, las Cortes llegaron incluso a "premiar" a las Provincias de la antigua Capitanía General de Venezuela que no se habían sumado al movimiento independentista (Maracaibo, Coro, Guayana). Por ello, mediante el Decreto CXXXIII de 6 de febrero de 1812, las Cortes concedieron a la ciudad de Guayana el adorno de su escudo de armas con trofeos de cañones, balas, fusiles, bandera y demás insignias militares, como premio por haber apresado a los rebeldes de Nueva Barcelona en la acción del 5 de septiembre de 1811; y por Decreto CCXII de 8 de diciembre de 1812 le concedieron el título de "muy noble y muy leal", con motivo de los sucesos de Venezuela ocurridos del 15 al 16 de marzo de 1812. Las Cortes también distinguieron a la ciudad de Coro, por Decreto CCXXXVVII de 21 de

---

lidades contra de la América y apuran, impía y bárbaramente, todos los medios para esclavizarnos." Véase *Textos Oficiales ..., op. cit.,* Vol. II, p. 17.

marzo de 1813, con el título de "muy noble y leal" y escudo alusivo, otorgándose la distinción de "Constancia de Coro" a favor de los Capitulares por el comportamiento de la ciudad en las turbulencias que habían "inflingido a varias provincias de Venezuela" y su defensa frente a los insurgentes de Caracas en 28 de noviembre de 1812. También la ciudad de Maracaibo, por Decreto CCXXXVIII de 21 de marzo de 1813, recibió el título de "muy noble y leal" por las mismas razones de la ciudad de Coro. Como se dijo, estos reconocimientos de las Cortes derivaban del hecho de que las provincias de Maracaibo y Guayana y la ciudad de Coro, no se habían sumado a la revolución de Independencia, ni habían conformado el Congreso General que en 1811 sancionó la Constitución Federal para los Estados de Venezuela.[111]

Sobre las Cortes, el *Manifiesto* de 1811 explicó que luego de los "rápidos y raros gobiernos" que se habían sucedido en España desde la Junta de Sevilla, "se apeló a una aparente liberalidad," y "se aceleraron y congregaron tumultuariamente las Cortes que:

> "deseaba la nación, que resistía el gobierno comercial de Cádiz y que se creyeron al fin necesarias para contener el torrente de la libertad y la justicia, que rompía por todas partes los diques de la opresión y la iniquidad en el nuevo mundo."

Sin embargo, al analizar su composición, el Congreso General en el *Manifiesto* se preguntó incrédulo sobre "por qué especie de prestigio funesto para España se cree que la parte de la nación que pasa el océano o nace entre los trópicos adquiere una constitución para la servidumbre, incapaz de ceder a los conatos de la libertad;" afirmando como harto estaban demostrados en los papeles públicos de la Provincia de Venezuela, todos:

> "los vicios de que adolecen las Cortes con respecto a la América y el ilegítimo e insultante arbitrio adoptado por ellas para darnos una representación que resistiríamos, aunque fuésemos, como vociferó la Regencia, partes integrantes de la nación y no tuviésemos otra queja que alegar contra su gobierno sino la escandalosa usurpación que hace de nuestros derechos, cuando más necesita de nuestros auxilios."

---

111   Véase el texto de los decretos en Eduardo Roca Roca, *América en el Ordenamiento Jurídico ...*, op. cit., pp. 79–80.

El Congreso General destacó en el *Manifiesto* que estaba efuso de que a las Cortes habría llegado la noticia de las razones que había dado la Junta de Caracas "a su pérfido enviado,"[112] cuando "frustradas las misiones anteriores, inutilizadas las cuantiosas remesas de Gacetas llenas de triunfos, reformas, heroicidades y lamentos, y conocida la ineficacia de los bloqueos, pacificadores, escuadras y expediciones," en la Península:

"se creyó que era necesario deslumbrar el amor propio de los americanos, sentando bajo el solio de las Cortes a los que ellos no habían nombrado, ni podían nombrar los que crearon suplentes con los de las provincias ocupadas, sometidas y contentas con la dominación francesa."

Así, se denunció en el *Manifiesto* de 1811, que "se escribió el elocuente manifiesto que asestaron las Cortes en 9 de enero de este año [1811] a la América,"[113]

---

112   El Congreso General se refería a la "conducta execrable y notoria de Montenegro, desnaturalizado por el Gobierno Español.

113   Se refería al "Manifiesto de las Cortes generales y extraordinarias a la Nación" de 9 de enero de 1811, donde se daban las razones para la independencia de España frente a las pretensiones de Napoleón. Véase el texto publicado en *El Mercurio Venezolano*, Vol. I, Caracas, febrero 1811. Véase el texto del periódico en versión facsimilar en http://cic1.ucab.edu.ve/hmdg/bases/hmdg/textos/Mercurio/Mer_Febrero 1811.pdf. Debe destacarse que el redactor de El Mercurio en 1811 era precisamente Francisco Isnardy, Secretario del Congreso General, quien como tal firmó el Manifiesto del Congreso de 1811. En la nota que precede el texto del "Manifiesto de las Cortes generales," sin duda de la pluma de Isnardy, se redactó el siguiente texto parodiando lo que podría haber dicho Napoleón, y cuyo texto se recoge en el Manifiesto del Congreso General, al decirse que: "En uno de nuestros Periódicos ("Mercurio Venezolano" de febrero de 1811), hemos descubierto el verdadero espíritu del manifiesto en cuestión, reducido al siguiente raciocinio que puede mirarse como su exacto comentario: "La América se ve amenazada de ser víctima de una nación extraña o de continuar esclava nuestra; para recobrar sus derechos y no depender de nadie, ha creído necesario no romper violentamente los vínculos que la ligaban a estos pueblos; Fernando ha sido la señal de reunión que ha adoptado el Nuevo Mundo, y hemos seguido nosotros; él está sospechado de connivencia con el Emperador de los franceses y si nos abandonamos ciegamente a reconocerlo demos un pretexto a los americanos que nos crean aún sus representantes para negarnos abiertamente esta representación; puesto que ya empiezan a

"con una locución digna de mejor objeto; bajo la brillantez del discurso, se descubría el fondo de la perspectiva presentada para alucinarnos. Temiendo que nos anticipásemos a protestar todas estas nulidades, se empezó a calcular sobre lo que se sabía, para no aventurar lo que se ocultaba. Fernando, desgraciado, fue el pretexto que atrajo a sus pseudo-representantes los tesoros, la sumisión y a esclavitud de la América, después de la jornada de Bayona; y Fernando, seducido, engañado y prostituido a los designios del Emperador de los franceses, es ya lo último a que apelan para apagar la llama de la libertad que Venezuela ha prendido en el continente meridional."

Pero a pesar de tal manifestación de las Cortes "destinada a conmover la América," el Congreso General indicó en el Manifiesto que era del convencimiento "que entre las cuatro paredes de las Cortes se desatienden de nuestra justicia, se eluden nuestros esfuerzos, se desprecian nuestras resoluciones, se sostienen a nuestros enemigos, se sofoca la voz de nuestros imaginarios representantes, se renueva para ellos la Inquisición, [114] al paso que se publica la libertad de imprenta y se controvierte si la Regencia pudo declararnos libres y parte integrante de la nación."

Por otra parte, la persecución contra la Provincia "desde la isla de Puerto Rico" no cesó con la integración de las Cortes, por lo que en el *Manifiesto* del Congreso General se dio cuenta de que "Meléndez, nombrado Rey de Puerto Rico por la Regencia," quedó "por un decreto de las Cortes:"

"con la investidura equivalente de gobernador, nombres sinónimos en América, porque ya parecía demasiado monstruoso que hubiese dos reyes en una pequeña isla de las Antillas españolas. Cortabarría solo bastaba para eludir los efectos del decreto, dictado sólo por un involuntario sentimiento de decencia. Así fue que cuando se declaraba inicua, arbitraria y tiránica la investidura con-

---

traslucirse en algunos puntos de América estos designios, manifestemos de antemano nuestra intención de no reconocer a Fernando sino con ciertas condiciones; éstas no se verificarán jamás y mientras que Fernando, ni de hecho ni de derecho, es nuestro Rey, lo seremos nosotros de la América, y este país tan codiciado de nosotros, y tan difícil de mantener en la esclavitud, no se nos irá tan pronto de las manos."

114 En una nota al pié en el *Manifiesto* que hizo al mundo se indicó que había "noticias positivas de que el Sr. Mexía, Suplente de Santa Fe, ha sido encerrado en la Inquisición por su liberalidad de ideas."

cedida por la Regencia a Meléndez y se ampliaba la revocación a todos los países de América que se hallasen en el mismo caso que Puerto Rico, nada se decía del plenipotenciario Cortabarria, autorizado por la misma Regencia contra Venezuela, con las facultades más raras y escandalosas de que hay memoria en los fastos del despotismo orgánico."

Y precisamente, después del decreto de las Cortes, se denunció en el *Manifiesto*, fue que se habían sentido "más los efectos de la discordia, promovida, sostenida y calculada desde el fatal observatorio de Puerto Rico;" que se habían "asesinados inhumanamente los pescadores y costaneros en Ocumare por los piratas de Cortabarria;" que habían "sido bloqueadas, amenazadas e intimadas Cumaná y Barcelona;" que se habían "organizado y tramado una nueva y sanguinaria conjuración contra Venezuela, por el vil emisario introducido pérfidamente en el seno pacífico de su patria para devorarla; que se había "alucinado a la clase más sencilla y laboriosa de los alienígenas de Venezuela; y que "por las sugestiones del pacificador de las Cortes, después del decreto de éstas," se había turbado e interrumpido "la unidad política de nuestra Constitución," promoviéndose la discordia entre las Provincias:

"para que en un mismo día quedase sumergida Venezuela en la sangre, el llanto y la desolación, asaltada hostilmente por cuantos puntos han estado al alcance de los agitadores, que tiene esparcidos contra nosotros el mismo Gobierno que expidió el decreto a favor de Puerto Rico y de toda la América. El nombre de Fernando Vil es el pretexto con que va a devorarse el Nuevo Mundo; si el ejemplo de Venezuela no hace que se distingan, de hoy más, las banderas de la libertad clara y decidida, de las de la fidelidad maliciosa y simulada"

En todo caso, la amenaza del enviado de Puerto Rico, Domingo Monteverde como jefe del ejército invasor español y la necesidad de defender la República, llevaron al Congreso General, el 4 de Abril de 1812, a delegar en el Poder Ejecutivo todas las facultades necesarias,[115] avenido éste nombrado, el 23 de abril de 1812, como Generalísimo a Francisco de Miranda, con poderes dictatoriales. En esta forma, la guerra de independencia obligó, con razón, a dejar de un lado la Constitución. Como el Secretario de Guerra, José de Sata y Bussy, quien había

---

115 Véase *Libro de Actas del Congreso de Venezuela 1811–1812*, Biblioteca de la Academia Nacional de la Historia, tomo II, Caracas, 1959, pp. 397 a 399.

sido Diputado de San Fernando de Apure en el Congreso General, le comunico en correspondencia dirigida a Miranda ese mismo día 23 de abril de 1812:

> "Acaba de nombraros el Poder Ejecutivo de la Unión, General en Jefe de las armas de toda la Confederación Venezolana con absolutas facultades para tomar cuantas providencias juzguéis necesarias a salvar nuestro territorio invadido por los enemigos de la libertad Colombiana; y bajo este concepto no os sujeta ley alguna ni reglamento de los que hasta ahora rigen estas Repúblicas, sino que al contrario no consultareis mas que la Ley suprema de salvar la patria; y a este efecto os delega el Poder de la Unión sus facultades naturales y las extraordinarias que le confirió la representación nacional por decreto de 4 de este mes, bajo vuestra responsabilidad."[116]

En la sesión del Congreso del 4 de abril de 1812, se había acordado que "la medida y regla" de las facultades concedidas al Poder Ejecutivo fuera la salud de la Patria; y que siendo esa la suprema ley, "debe hacer callar las demás;"[117] pero a la vez, se acordó participar a las "Legislaturas Provinciales" la vigencia de la Constitución Federal sin perjuicio de las facultades extraordinarias al Poder Ejecutivo.[118] El Congreso, el 4 de abril de 1812, además, había exhortado a las mismas "Legislaturas provinciales" que obligaran y apremiasen a los diputados de sus provincias a que sin excusa ni tardanza alguna se hallaren en la ciudad de Valencia para el 5 de julio de 1812, para determinar lo que fuera más conveniente a la causa pública.[119] Esta reunión, sin embargo, nunca se pudo realizar.

En esta forma, en la historia constitucional venezolana, a los pocos meses de sancionada la Constitución de 1811, se produjo, por la necesidad de salvar la República, la primera ruptura del hilo constitucional. La dictadura, sin embargo, duró poco, pues el 25 de julio de 1812 se firmó la Capitulación de Miranda, con la aceptación de la ocupación

---

116 Véase *Archivo del General Miranda, op. cit*, Tomo XXIX, pp. 396 y 397.
117 Véase *Libro de Actas del Congreso de Venezuela..., op. cit.,* pág. 398.
118 *Idem,* p. 400.
119 *Ibídem,* pp. 398–399.

del territorio de la provincia de Caracas por Monteverde.[120] El coronel Simón Bolívar (1783–1830), quien tenía a su cargo la plaza militar de Puerto Cabello, la había perdido días antes y a mediados de Julio, antes de la Capitulación, había comunicado los sucesos a Miranda.[121] Entre las múltiples causas de la caída de la Primera República está, sin duda, la pérdida de la plaza de Puerto Cabello.

Después de la firma de la Capitulación, Monteverde desconoció los términos del Armisticio, Miranda fue detenido en La Guaira, entre otros, por Simón Bolívar la noche del 31 de julio de 1812, habiendo Bolívar logrado salir de La Guaira a fines de agosto, con salvoconducto otorgado por Monteverde, hacia Curazao y luego a Cartagena.

El resultado más importante del proceso constituyente provocado por el movimiento de Independencia, como ya se ha mencionado, fue la Constitución Federal de 1811, cuyo texto condicionó el desarrollo de las instituciones políticas y constitucionales de Venezuela hasta nuestros días, habiendo influido de una manera u otra en todas las Constituciones venezolanas hasta la presente, sancionada en 1999.[122]

Sin embargo, en cuanto a su aplicación, la realidad es que para cuando el libro que aquí se publica con los *Documentos Oficiales Inte-*

---

120 Véase los documentos en *Archivo del General Miranda*, tomo XXIV, *op. cit.*, pp. 509 a 530. También en J.F. Blanco y R. Azpúrua, *Documentos para la Historia de la Vida Pública del Libertador...*, *op. cit.*, pp. 679 y ss.

121 *Idem.* pp. 415 a 430.

122 Desde la Constitución de 1811, y durante los últimos doscientos años, Venezuela ha tenido veintiséis Constituciones sancionadas sucesivamente en 1811, 1819, 1821, 1830, 1857, 1858, 1864, 1874, 1881, 1891, 1893, 1901, 1904, 1909, 1914, 1922, 1925, 1928, 1929, 1931, 1936, 1945, 1947, 1953, 1961 y 1999. Este número excesivo de "constituciones," fue básicamente el producto de la ausencia de la "enmienda" como técnica de revisión constitucional, por lo que en su gran mayoría se trató tan sólo reformas parciales y puntuales, por lo general provocadas por factores políticos coyunturales. Es decir, este número de constituciones no se corresponde con igual número de pactos políticos fundamentales originarios de los nuevos regímenes políticos y formas de gobierno constitucional. Véanse los textos de todas las Constituciones venezolanas desde 1811, en Ulises Picón Rivas, *Índice Constitucional de Venezuela,* Caracas, 1944; Luis Mariñas Otero, *Las Constituciones de Venezuela*, Madrid, 1965; Allan R. Brewer–Carías, *Las Constituciones de Venezuela*, Academia de Ciencias Políticas y Sociales, 2 Vols., Caracas 2008.

resantes de la Independencia, estaba en proceso de edición en Londres, la labor de construcción del Estado independiente quedó a medio hacer, pues apenas se instaló el gobierno republicano en la capital federal de Valencia, el 1 de marzo de 1812, la reacción realista se comenzó a sentir con el Capitán de fragata Domingo de Monteverde a la cabeza, lo que fue facilitado por los efectos devastadores del terremoto que desoló a Caracas el 24 del mismo mes de marzo de 1812, que los Frailes y el Arzobispo de Caracas atribuyeron a un castigo de Dios por la revolución de Caracas.[123]

Después de la Capitulación firmada en julio de 1812, puede decirse que ninguna norma constitucional fue aplicada en las provincias de Venezuela, ni siquiera las de la Constitución de Cádiz 1812 la cual formalmente se juró en Caracas en una ceremonia militar, no cívica, seis meses después, el 3 de diciembre de 1812. Dicha Constitución, en todo caso, tuvo una aplicación limitada, incluso en la península debido a que durante sus años de vigencia (1812-1814) el país estaba todavía en gran parte ocupado por los franceses, y el rey se mantenía ausente. Cuando regresó en 1814, hizo caso omiso de la soberanía de las Cortes de Cádiz, y como se dijo, formalmente anuló y derogó la Constitución.

IV. LOS REDACTORES DE LOS DOCUMENTOS OFICIALES INTERESANTES DE LA INDEPENDENCIA DE VENEZUELA, SU ENCARCELAMIENTO A LA CAÍDA DE LA REPÚBLICA, Y EL CONSIGUIENTE DESPRECIO POR LA CONSTITUCIÓN

Los documentos constitucionales que resultaron del proceso de Independencia de Venezuela, publicados en el libro de Londres como los Documentos Oficiales Interesantes relacionados con las Provincias Unidas de Venezuela, con los cuales se había definido el marco constitucional del nuevo Estado, fueron concebidos y escritos por una formidable equipo de juristas venezolanos, que en ese momento, además de ser fluidos en inglés y francés, y con acceso a todos los libros nuevos que lograban ingresar a las provincias, fueron los principales actores del proceso constituyente, habiendo participando personalmente y de una manera muy activa desde sus inicios el 19 de abril de 1810, en el

---

123 Véase J.F. Blanco y R. Azpúrua, *Documentos para la Historia de la Vida Pública del Libertador...*, op. cit., Tomo III, pp. 614 y ss.

proceso de independencia. Todos perseguidos políticos por este delito y, en particular, por haber escrito esos "peligrosos" documentos.

Uno de esos juristas fue Juan Germán Roscio (1763-1821), experimentado abogado y teórico pardo, quien fue uno de los "representantes del pueblo" incorporado en la Junta Suprema en 1810.[124] De inmediato se convirtió en Secretario de Relaciones Exteriores de la nueva Junta de Gobierno, y redactor de la *Gaceta de Caracas*, que no sólo era el diario oficial del gobierno, sino el principal diario del país. Desde esas posiciones, mantuvo estrechas relaciones con Andrés Bello, el primer editor de la *Gaceta* y con quien trabajó en el Departamento de Relaciones Exteriores hasta que este viajó a Londres en julio de 1810, como Secretario de los Comisionados enviados por la Junta a Londres buscando apoyo del gobierno británico.[125] Bello, como se sabe, fue un prolífico escritor, considerado como "el intelectual más prominente o el Primer Humanista de la América Hispana,"[126] quien desarrolló su actividad intelectual principal en Chile, donde se instaló algunas décadas más tarde. Después que los comisionados regresaron a Caracas, Bello permaneció en Londres, siendo como se mencionó, instrumento clave para la edición y publicación de este libro.

Roscio, quien era muy amigo de Bello, también supervisó a través de él, la edición del libro *Documentos Oficiales Interesantes,* siendo él mismo uno de los principales co-redactores de los documentos, así como de otros documentos como el ya mencionado *Reglamento para la Elección de los representantes de las Provincias de Venezuela* en el Congreso General y, por supuesto, el muy importante *Manifiesto* emitido por el Congreso General explicando al mundo las razones del proceso de independencia.

---

124 Véase Luis Ugalde s.j., *El pensamiento teológico-político de Juan Germán Roscio*, Universidad Católica Andrés Bello, bid & co. Editor, Caracas 2007, p. 39.

125 Andrés Bello entregó a José M. Blanco White, editor en Londres de la revista llamada *"El Español,"* una carta de Roscio del 28 de enero de 1811, que fue respondida por éste el 11 de julio de 1811. Ambas cartas fueron publicadas en *El Español*. Véase el texto en José Félix Blanco and Ramón Azpúrua, *Documentos para la Historia de la Vida Pública del Libertador...*, op. cit., Tomo III, pp. 14-19.

126 Véase Pedro Grases, *Andrés Bello: El primer Humanista de América*, Ediciones El Tridente, Buenos Aires 1946; *Escritos Selectos*, Biblioteca Ayacucho, Caracas 1988, p. 119.

Los otros co-redactores de los *Documentos Oficiales Interesantes* fueron Francisco Javier Ustáriz, Francisco Isnardy, y Miguel José Sanz, todos miembros activos del Congreso General en Caracas, y todos ellos, junto con Roscio y Miranda, considerados por Monteverde después de la capitulación firmada por este último, como parte del grupo de los "monstruos" de América, responsables de todos los males de las antiguas colonias. Ellos fueron apresados después de la Capitulación de Miranda en julio de 1812, y enviados a prisión. Miranda resultó ser la víctima más prominente de la traición de sus subordinados, entre ellos de Simón Bolívar, el ex comandante de Puerto Cabello, de Manuel María de las Casas, el jefe militar del Puerto de la Guaira, y de Miguel Peña, Jefe Civil de dicho puerto.[127] Después del encarcelamiento de Miranda, Monteverde expidió un salvoconducto a Bolívar, quien logró escapar de la persecución posible a Cartagena, en las provincias de Nueva Granada. Como escribió el propio Monteverde el 26 de agosto de 1812 en una carta enviada a las autoridades españolas:

"Yo no puedo olvidar los interesantes servicios de Casas, ni de Bolívar y Peña, y en su virtud no se han tocado sus personas, dando solamente al segundo sus pasaportes para países extranjeros, pues sus influencias y conexiones podrían ser peligrosas en estas circunstancias."[128]

En cuanto a los "monstruos de América," ellos fueron víctimas directas de la nueva "Ley de la conquista" impuesta por los nuevos conquistadores españoles en las provincias de Venezuela, precisamente al mismo tiempo en el cual en Londres comenzaba a entrar en circulación el libro; un libro que ninguno de ellos llegaría siquiera a ver.

Miranda, después de haber sido detenido en las prisiones de La Guaira, trasladado luego al castillo de Puerto Cabello y, al castillo el Morro de San Felipe en Puerto Rico, terminó en la prisión de La Carraca en el arsenal de Cádiz, donde murió en 1816 sin haber sido sometido a proceso alguno.[129] Roscio, por su parte, quién también fue encar-

---

127 Véase el texto de la carta en Giovanni Meza Dorta, *Miranda y Bolívar, Dos visions*, 3a ed., bid & co. Editor, Caracas 2011, Appendix 18, pp. 204-206, 143 ss.

128 Véase el texto de la carta en Giovanni Meza Dorta, *Miranda y Bolívar, Dos visions*, 3a ed., bid & co. Editor, Caracas 2011, Appendix 18, pp. 204-206.143 ss.

129 Véanse las cartas que envió desde la prisión en Puerto Cabello, Puerto Rico y Cádiz a todas las autoridades españolas, entre ellas las Cortes

celado y enviado a Cádiz, logró ser puesto en libertad un año antes, en 1815, cuando viajó a Filadelfia, donde publicó en 1817 otro libro muy importante con sus reflexiones finales del proceso de la independencia titulado: *"El triunfo de la libertad sobre el despotismo, En la confesión de un pecador arrepentido de sus errores políticos, y dedicado a desagraviar en esta parte a la religión ofendida con el sistema de la tiranía.* [130]

Este "sistema de la tiranía", argumentaba Roscio, no era otro que el desarrollado por España tras la declaración de independencia de Venezuela, a fin de lograr la "pacificación" de las provincias venezolanas. A tal efecto, la Junta Suprema de España, y más tarde el Consejo de Regencia, como se ha mencionado, reaccionó de una manera muy agresiva en contra de los procesos de independencia, asignando a una fuerza militar encargada de la "pacificación" con sede en Puerto Rico, la invasión de la provincias de Venezuela, desde donde el comandante español Domingo de Monteverde zarpó, llegando a las costas de Venezuela en febrero de 1812.[131] Un mes más tarde, en la víspera del terrible terremoto del 26 de marzo de 1812 que devastó a Caracas,[132] y

---

Generales, e incluso el rey Fernando VII, de fechas 8 de marzo 1813, 6 de junio 1813, 30 de junio de 1814 y 25 de septiembre 1814, impotente, reclamando justicia, en Francisco de Miranda, *América Espera, cit*, pp. 474, 480, 484, 487, 491. Véanse, en particular la primera carta que envió a la Audiencia de Caracas el 8 de marzo 1813 en la cual argumentó sobre la violación de la nueva Constitución de Cádiz de 1812 y sobre los términos de la capitulación, en Francisco de Miranda, *Textos sobre la Independencia, cit.*, pp. 163-172.

130 En la imprenta de Thomas H. Palmer. La segunda edición de 1821 también se hizo en Filadelfia en la imprenta de M. Carey & Sons.

131 Véanse los documentos en el *Archivo del General Miranda*, La Habana, 1950, tomo XXIV, pp. 509 a 530. También en José Félix Blanco y Ramón Azpúrua, *Documentos para la Historia de la Vida Pública del Libertador ... cit.*, Vol. III, pp. 679 y ss. también en José de Austria, *Bosquejo de la Historia Militar de Venezuela,* Biblioteca de la Academia Nacional de la Historia, Tomo I, Caracas 1960, pp. 340 ss.

132 Véase sobre el terremoto, la descripción de Louis Delpech publicada en *Le Journal de Paris*, en Mayo de 1813. Véase el texto en Jesús Rosas Marcano, *La independencia de Venezuela y los periódicos de París, 1808-1825,* Caracas 1964, pp. 135-140. Véase una versión en Inglés de la carta en Mario Rodríguez, *"William Burke" and Francisco de Miranda. The Word and the Deed of the Spanish America's Independence, University Press of America, 1994,* pp. 451-454. Véase también

también con efectos devastadores en las instituciones del nuevo Estado, el 25 de marzo 1812 Monteverde logró tomar la ciudad de Carora.

La destrucción física y moral de las provincias originó una terrible crisis política y social que fue seguida por la destrucción de toda la institucionalidad de la República, eliminándose el orden republicano. Después de la Capitulación firmada entre Miranda y Monteverde en julio de 1812, tras siete meses de su ejecución, la Constitución Federal de 1811 fue sustituida por el régimen militar de la Conquista, produciendo entre otros hechos la destrucción de la memoria histórica de la nueva República. El Archivo de la Provincia fue saqueado, lo que provocó la desaparición de los manuscritos originales de los *Documentos Oficiales Interesantes* de la Independencia. Los textos de muchos se salvaron debido a su publicación en la *Gaceta de Caracas*, pero en particular, el texto de todos, en su versión inicial se salvó porque todas las copias fueron enviadas a Londres con anterioridad, precisamente para su publicación en el libro, que se estaba imprimiendo al mismo tiempo que los manuscritos originales iban desapareciendo.

Habiendo sido abrogada la Constitución de 1811 por la fuerza militar, las autoridades invasoras debían procurar la publicación en Venezuela de la Constitución de Cádiz, recién sancionada cuando estos acontecimientos ocurrían (marzo de 1812). Para el caso, el Capitán General Fernando Mijares recién nombrado Gobernador de la antigua Provincia de Venezuela (cargo que materialmente no llegó a ejercer efectivamente jamás), le remitió a Monteverde desde Puerto Cabello, pocos días después de la firma de la Capitulación, el 13 de agosto de 1812, veinte ejemplares del texto constitucional monárquico, con las correspondientes órdenes y disposiciones que habían dado las Cortes para su publicación y observancia.[133] Monteverde no lo hizo de inmediato, sino que fue unos meses después cuando publicó la Constitución "a la manera militar," asumiendo un poder omnímodo contrario al del

---

el importante mensaje de la Legislatura de la Provincia de Caracas de 09 de abril 1812, *Idem.*, p. 436; y los comentarios sobre los eventos de Miguel José Sanz, "Bases para un gobierno provisional en Venezuela," in Pedro Grases (Ed.), *Pensamiento Político de la Emancipación Venezolana*, Biblioteca Ayacucho, Caracas 1988, pp. 111 ss.

133 Véase José de Austria, *Bosquejo de la Historia militar...*, *op. cit.*, Tomo I, p. 364.

propio texto de la Constitución de Cádiz.[134] Sobre ella, el mismo Monteverde informó de manera hostil al Gobierno Metropolitano que si llegó a publicar la Constitución de Cádiz, había sido "por un efecto de respeto y obediencia, no porque consideré a la provincia de Venezuela merecedora todavía de que participase de los efectos de tan benigno código."[135]

De ello dio cuenta Simón Bolívar, al año siguiente en Cartagena, en su "Exposición sucinta de los hechos del Comandante español Monteverde, durante el año de su dominación en las Provincias de Venezuela," de fecha 20 de septiembre de 1813, en la cual dijo:

> "Pero hay un hecho, que comprueba mejor que ninguno la complicidad del Gobierno de Cádiz. Forman las Cortes la constitución del Reino, obra por cierto de la ilustración, conocimiento y experiencia de los que la compusieron. La tuvo guardada Monteverde como cosa que no importaba, o como opuesta a sus ideas y las de sus consejeros. Al fin resuelve publicarla en Caracas. La publica ¿y para qué? No sólo para burlarse de ella, sino para insultarla y contradecirla con hechos enteramente contrarios. Convida a todos, les anuncia tranquilidad, les indica que se ha presentado el arca de paz, concurren los inocentes vecinos, saliendo muchos de las cavernas en que se ocultaban, le creen de buena fe y, como el fin era sorprender a los que se le habían escapado, por una parte se publicaba la Constitución española, fundada en los santos derechos de libertad, propiedad y seguridad, y por otra, el mismo día, andaban partidas de españoles y canarios, prendiendo y conduciendo ignominiosamente a las bóvedas, a los incautos que habían concurrido a presenciar y celebrar la publicación.
>
> Es esto un hecho tan notorio, como lo son todos los que se han indicado en este papel, y se explanarán en el manifiesto que se ofrece. En la provincia de Caracas, de nada vale la Constitución española; los mismos españoles se burlan de ella y la insultan. Después de ella, se hacen prisiones sin sumaria información; se

---

134   Véase Manuel Hernández González, "La Fiesta Patriótica. La Jura de la Constitución de Cádiz en los territorios no ocupados (Canarias y América) 1812-1814," en Alberto Ramos Santana y Alberto Romero Ferrer (eds), *1808-1812: Los emblemas de la libertad*, Universidad de Cádiz, Cádiz 2009, pp. 104 ss.

135   Véase José de Austria, *Bosquejo de la Historia militar...*, *op. cit.*, Tomo I, p. 370.

ponen grillos y cadenas al arbitrio de los Comandantes y Jueces; se quita la vida sin formalidad, sin proceso..."[136]

En Venezuela, por tanto, en 1812, la situación institucional era de orden fáctico pues el derrumbe del gobierno constitucional republicano fue seguido, en paralelo, por el desmembramiento de las propias instituciones coloniales. Por ello, Monteverde, durante toda su campaña en Venezuela entre 1812 y 1813, desconoció la exhortación que habían hecho las propias Cortes de Cádiz en octubre de 1810, sobre la necesidad de que en las provincias de Ultramar donde se hubiesen manifestado conmociones (sólo era el caso de Caracas), si se producía el "reconocimiento a la legítima autoridad soberana" establecida en España, debía haber "un general olvido de cuanto hubiese ocurrido indebidamente."[137] La reacción de los patriotas contra la violación de la Capitulación que había firmado Francisco de Miranda el 25 de julio de 1812, por parte de Monteverde, llevó a éste a decir, en representación que dirigió a la Regencia el 17 de enero de 1813, que:

> "Desde que entré en esta Capital y me fui imponiendo del carácter de sus habitantes, conocí que la indulgencia era un delito y que la tolerancia y el disimulo hacían insolentes y audaces a los hombres criminales."[138]

Agregaba su apreciación sobre "la frialdad que advertí el día de publicación de la Constitución y la falta de concurrencia a actos públicos de alegría," lo que supuestamente lo habría apartado de sus intentos de gobernar con "dulzura y afabilidad." Al contrario, ordenó "la prisión de los que se conocían adictos a la revolución de 1810," y se rebeló contra la propia Real Audiencia que "había puesto en libertad algunos mal vistos del pueblo que irritaban demasiado mis fueros", ordenando a los Comandantes militares que no liberaran los reos a la justicia.[139]

---

136 *Ibídem*, Tomo II, pp. 111 a 113.

137 Véase Decreto V, 15 de octubre de 1810, en Eduardo Roca Roca, *América en el Ordenamiento Jurídico de las Cortes de Cádiz*, Granada, 1986, p. 199.

138 Véase el texto en J.F. Blanco y R. Azpúrua, *Documentos para la Historia de la Vida Pública del Libertador...*, op. cit., Tomo IV, p. 623–625.

139 *Idem*, p. 623–625.

Por ello, el 30 de diciembre de 1812, en oficio dirigido al Comandante militar de Puerto Cabello, Monteverde, en desprecio del Tribunal de la Real Audiencia y en franco desacato a sus decisiones, le ordenaba:

> "Por ningún motivo pondrá usted en libertad hombre alguno de los que estén presos en esa plaza por resulta de la causa de infidencia, sin que preceda orden mía, aún cuando la Real Audiencia determine la soltura, en cuyo caso me lo participará Ud. para la resolución que corresponde." [140]

La Real Audiencia acusó a Monteverde de infractor de las leyes, de lo que decía en su representación, que "se me imputa que perturbo estos territorios, los inquieto y pongo en conmoción, violando las leyes que establecen su quietud."[141] Monteverde concluyó señalando que:

> "Así como Coro, Maracaibo y Guayana merecen estar bajo la protección de la Constitución de la Monarquía, Caracas y demás que componían su Capitanía General, no deben por ahora participar de su beneficio hasta dar pruebas de haber detestado su maldad, y bajo este concepto deben ser tratadas por la ley de la conquista; es decir, por la dureza y obras según las circunstancias; pues de otro modo, todo lo adquirido se perderá."[142]

En esos años entre 1812 y 1814, por tanto, la situación en Venezuela fue de guerra total, de guerra a muerte, no habiendo tenido aplicación efectiva ni la Constitución Federal de 1811 ni la Constitución de Cádiz de 1812. Monteverde comandó una dictadura militar,[143] represiva y despiadada contra los que habían tomado partido por la revolución de 1810. Por ello, la respuesta de los patriotas se puede resumir en aquella terrible proclama de Simón Bolívar, desde Mérida, el 8 de julio de 1813:

> "Las víctimas serán vengadas: los verdugos exterminados. Nuestra bondad se agotó ya, y puesto que nuestros opresores nos fuerzan a una guerra mortal, ellos desaparecerán de América, y

---

140   Véase el texto en José de Austria, *Bosquejo de la Historia militar...*, op. cit., Tomo I, pp. 365 y 366.

141   Véase J.F. Blanco y R. Azpúrua, *Documentos para la Historia de la Vida Pública del Libertador...*, op. cit., Tomo IV, pp. 623–625.

142   Idem.

143   Véase J. Gil Fortoul, *Historia Constitucional de Venezuela*, Obras Completas, Caracas, 1953 Tomo I, p. 214.

nuestra tierra será purgada de los monstruos que la infestan. Nuestro odio será implacable, y la guerra será a muerte."[144]

En las Provincias de Venezuela, en consecuencia, no había Constitución alguna que no fuera el mando militar de realistas y patriotas. Monteverde gobernó con la más brutal ley de la conquista; y Bolívar y los patriotas gobernaron con la ley dictatorial del "plan enérgico," del "poder soberano" de quien había sido proclamado Libertador, y que, como decía Bolívar, "tan buenos sucesos me ha proporcionado."[145]

Lo cierto fue, como lo dijo el Arzobispo de Caracas, Narciso Coll y Prat en un Edicto Circular de 18 de diciembre de 1813, al recomendar en cambio la observancia de la "ley de la Independencia" adoptada el 5 de julio de 1811:

> "Esta ley estuvo sin vigor mientras las armas Españolas ocuparon estas mismas Provincias, más al momento que vencieron las de la República, y a su triunfo se unió la aquiescencia de los pueblos, ella recobró todo su imperio, y ella es la que hoy preside en el Estado venezolano."[146]

Pero las Cortes de Cádiz opinaban distinto. Ellas habían felicitado mediante Orden de 21 de octubre de 1812, a Domingo Monteverde y a las tropas bajo su mando, "por los importantes y distinguidos servicios prestados en la pacificación de la Provincia de Caracas."[147] Meses después, el 15 de diciembre del mismo año 1812, Bolívar haría público su famoso *Manifiesto de Cartagena* o *"Memoria dirigida por un caraqueño a los ciudadanos de la Nueva Granada,"*[148] en la cual expuso las causas de la pérdida de la República, atribuyéndolas a la debilidad del régimen político adoptado en la Constitución de 1811, cuyo texto, precisamente, se venía de publicar en Londres, unos meses antes en ese

---

144 *Idem*, Tomo I, p. 216.
145 Véase J. Gil Fortoul, *Historia Constitucional de Venezuela, op. cit.,* Tomo I, p. 221.
146 Véase J.F. Blanco y R. Azpúrua, *Documentos para la Historia de la Vida Pública del Libertador...*, *op. cit.,* Tomo IV, p. 726.
147 Véase en Eduardo Roca Roca, *América en el Ordenamiento Jurídico...*, *op. cit.,* p. 81.
148 Véase el texto en Simón Bolívar, *Escritos Fundamentales*, Monte Ávila Editores, Caracas, 1982, pp. 57 y ss.; y en *Proclamas y Discursos del Libertador*, Caracas, 1939, pp. 11 y ss.

mismo año 1812, en el libro *Documentos Oficiales Interesantes relacionados con las Provincias Unidas de Venezuela*.

De todos estos hechos políticos y militares primigenios, resulta que las guerras de independencia en Venezuela fueron el comienzo del militarismo latinoamericano. El gobierno militar iniciado por Monteverde, como consecuencia de las guerras de independencia lideradas por Bolívar, continuó los años siguientes, conduciendo a un desprecio generalizado y lamentable respecto de la Primera República y su institucionalidad, la cual se enmarcaba precisamente en los *Documentos Oficiales Interesantes* publicados en este libro, la cual fue considerada débil, y culpable de ser la principal causa de su caída. Tal actitud incluso dio lugar a la calificación del ilustrado período inicial republicano como el de la "Patria Boba,"[149] de lo cual, históricamente, resulto un culto militarista desafortunado respecto del mismo Bolívar, el cual se ha mantenido en muchos de los países "bolivarianos" hasta la actualidad.

Es por eso que el nombre de Simón Bolívar ha sido evocado tantas veces por los gobernantes en la historia política de Venezuela, principalmente por aquellos con raíces militares y autoritarias, con el fin de atraer a seguidores y tratar de dar un poco de fundamento doctrinario a sus regímenes. Este fue el caso de Antonio Guzmán Blanco en el siglo XIX y de Cipriano Castro, Juan Vicente Gómez, Eleazar López Con-

---

149 Véase, por ejemplo, con respecto a la *Nueva Granada*, el uso de la expresión en *La Patria Boba*, un libro que contiene obras de J.A. Vargas Jurado (*Tiempos Coloniales*), José María Caballero (*Días de la Independencia*), y J.A. de Torres y Peña (Santa Fé Cautiva), Bogotá 1902. La obra de Caballero fue publicada como *Diario de la Independencia*, Biblioteca de Historia Nacional, Bogotá 1946, y *Diario de la Patria Boba,* Ediciones Incunables, Bogotá 1986. Véase también, José María Espinosa, *Recuerdos de un Abanderado, Memorias de la Patria Boba 1810-1819*, Bogotá 1876. Véase también Mario Rodríguez, *"William Burke" and Miranda, cit.,* pp. 526, 529. Véase en Venezuela, Germán Carrera Damas, *El culto a Bolívar, esbozo para un estudio de la historia de las ideas en Venezuela*, Universidad Central de Venezuela, Caracas 1969; Luis Castro Leiva, *De la patria boba a la teología bolivariana*, Monteávila, Caracas 1987; Elías Pino Iturrieta, *El divino Bolívar. Ensayo sobre una religión republicana*, Alfail, Caracas 2008; Ana Teresa Torres, *La herencia de la tribu. Del mito de la independencia a la Revolución bolivariana*, Editorial Alfa, Caracas, 2009. Véase también el estudio de la historiografía de estos libros en Tomás Straka, *La épica del desencanto*, Editorial Alfa, Caracas 2009.

treras y Marcos Pérez Jiménez en el siglo XX. Es por eso que el profesor John Lynch, el biógrafo europeo más importante de Bolívar, señaló que "el culto tradicional a Bolívar ha sido utilizado como una ideología conveniente por dictadores militares, culminando con los regímenes de Juan Vicente Gómez y Eleazar López Contreras," explicando sin embargo, que "ellos más o menos respetaron el pensamiento básico del Libertador, aún cuando tergiversaban su significado."[150] Sin embargo, al referirse a la situación en Venezuela a comienzos del Siglo XXI, el mismo profesor Lynch concluyó sus comentarios sobre el uso del nombre de Bolívar diciendo que:

> "En 1999, los venezolanos se sorprendieron al enterarse de que su país había pasado a llamarse 'la República Bolivariana de Venezuela' a propuesta del presidente Hugo Chávez, quien se llamó a sí mismo un 'revolucionario bolivariano.' Populistas autoritarios, neocaudillos, o militaristas bolivarianos, cualquiera que sea su denominación, invocan a Bolívar, no con menos fervor que como lo hicieron gobernantes anteriores, aun cuando sería dudoso que hubiera respondido a sus llamadas …Pero la nueva herejía, lejos de mantener, como se dice, una continuidad con las ideas constitucionales de Bolívar, inventó un nuevo atributo, el Bolívar Populista, y en el caso de Cuba, le dio [a Bolívar] una nueva identidad, el Bolívar socialista. Mediante la explotación de la tendencia autoritaria que sin duda existió en el pensamiento y la acción de Bolívar, los regímenes en Cuba y Venezuela proclaman al Libertador como patrono de sus políticas, distorsionando sus ideas en el proceso." [151]

En todo caso, con todo ese peso militar inicial, la construcción civil de los primeros años de la República y el extraordinario esfuerzo cívico para establecer una república democrática enmarcada en la Constitución Federal de Venezuela de diciembre de 1811 y en todos los otros documentos publicados en el libro de Londres 1812, desafortunadamente fueron enterrados con la peyorativa e absolutamente injusta calificación que se utilizó en aquella época como de la "Patria Boba," con el sólo con el propósito de descalificar la democracia, ven-

---

150 Véase John Lynch, *Simón Bolívar: A Life*, Yale University Press, New Haven, CT, 2007, p. 304.

151 *Idem*. Véase también sobre el tema, A.C. Clark, *The Revolutionary Has No Clothes: Hugo Chávez's Bolivarian Farce*, Encounter Books, New York 2009, pp. 5-14.

diendo la idea de la necesidad de gobernantes militares o autoritarios en nuestros países.[152]

V. LA PUBLICACIÓN DEL LIBRO *DOCUMENTOS OFICIALES INTERESANTES* EN LONDRES, EN 1812, COMO TESTIMONIO ESCRITO DEL PROCESO DE INDEPENDENCIA, Y EL PAPEL DESEMPEÑADO EN EL PROYECTO POR FRANCISCO DE MIRANDA

Pero a pesar de todas esas desviaciones, fue en el libro *Documentos Oficiales Interesantes relacionados con las Provincias Unidas de Venezuela*, donde por primera vez fueron publicados juntos, no sólo en Inglés, sino también en castellano, todos los documentos constitucionales principales del extraordinario proceso de Independencia de Venezuela de 1811, cuya edición fue el resultado de un proyecto oficial diseñado por las nuevas autoridades a comienzos de 1812.

Siendo una iniciativa oficial, por ello el libro no tuvo autoría, siendo su contenido la recopilación de los documentos escritos y aprobados democráticamente por los representantes del pueblo para asegurar las bases constitucionales del nuevo Estado.

El libro fue precedido, a manera de introducción, por unas *Observaciones Preliminares* que aparecieron también sin autoría, donde se que explican los propósitos del mismo. No siendo dichas *Observaciones Preliminares*, en sí mismas, uno de los "documentos oficiales," muchos intentos se han hecho para tratar de determinar su autoría. Por ejemplo, Carlos Pi Sunyer atribuyó la autoría de las mismas al propio Andrés Bello, con base en una referencia hecha por Fray Servando Teresa de Mier María, uno de los amigos de Miranda en Londres, en el sentido de que el texto sobre "la insurrección de Venezuela" habría sido "un sólido y elocuente opúsculo del Secretario de la Legación."[153] Como se ha mencionado, Andrés Bello, en ese momento, era precisamente el Secretario de la Delegación que quedó en Londres luego de la visita de los Comisionados de Venezuela en 1810. Otros, como Carac-

---

152 Véase, por ejemplo, el libro clásico de Laureano Vallenilla Lanz, *Cesarismo Democrático. Estudio sobre las bases sociológicas de la Constitución efectiva en Venezuela*, Caracas 1952.

153 Esta es la opinión de Carlos Pi Sunyer, *Patriotas Americanos en Londres...*, *op. cit.*, pp. 211-223. Véase el comentario en Ivan Jasksic, *Andrés Bello. La pasión por el orden*, Editorial Universitaria, Imagen de Chile, Santiago de Chile 2001.

ciolo Parra-Pérez, han considerado que probablemente fue Miguel José Sanz quien escribió las *Observaciones Preliminares* de las que dijo, además, que "sin duda, fueron revisadas por Bello."[154] En cualquier caso, basta leer las *Observaciones Preliminares* junto con todos los otros documentos oficiales que figuran en el libro, para darse cuenta de que, sin duda, fueron escritas por muchas plumas, especialmente por los que participaron directamente en la redacción los propios d*ocumentos oficiales*. Es decir, teniendo en cuenta que el libro fue publicado bajo los auspicios del Gobierno para expresar su posición en relación con el proceso de independencia, no es posible creer que los mismos autores de los documentos no hubieran participado de modo alguno en la elaboración de las Observaciones Preliminares en las que sus mismos puntos de vista fueron resumidos.[155]

Andrés Bello, por supuesto, estando en Londres, y encargado del proceso de edición del libro, debe haber hecho importantes esfuerzos de edición, incluso añadiendo comentarios como, por ejemplo, las referencias a las obras de "nuestro inimitable Locke," y tal vez a la de Montesquieu.

El hecho es que todos los documentos incluidos en el libro, fechados entre julio y diciembre de 1811, fueron enviados a Andrés Bello a Londres en los primeros meses de 1812, sin lugar a dudas por Juan Germán Roscio, autor de muchos de esos documentos, quien había sido Secretario de Relaciones Exteriores del nuevo gobierno y era mejor amigo de Bello en Venezuela. Lo cierto fue que Bello logró editar y publicar el libro de una manera muy expedita, en cuestión de pocos meses, incluyendo en el proceso la supervisión de la traducción de los textos al inglés.

---

154 Véase Caracciolo Parra-Pérez, "Estudio Preliminar" en *La Constitución Federal de Venezuela de 1811 y Documentos Afines,* Biblioteca de la Academia Nacional de la Historia, Sesquicentenario de la Independencia, Caracas 1952, p. 12.

155 Además, leyendo las *Observaciones Preliminares* y el *Manifiesto,* es evidente la presencia de la misma pluma que participó en la redacción de algunos escritos de William Burke, como, por ejemplo, las consideraciones sobre el significado de la promesa de Fernando VII del término la patria en relación con España. Véase William Burke, *Derechos de la América del Sur y México*, vol. 1, de la Academia de la Historia, Caracas 1959, pp. 239 y 243.

Por supuesto, toda esta tarea no fue nada fácil. Navegar entre La Guaira y Southampton en Inglaterra, era un viaje bastante complicado que por lo general tomaba varias semanas o meses, y las copias de los documentos eran por lo general manuscritas, como también era el caso de las traducciones. En cualquier caso, incluso en Londres, en esa época, la impresión de libros en general, era también una labor tipográfica importante. Pero a pesar de todos estos factores, la verdad es que la publicación del libro en Londres se hizo en un tiempo récord, como estaba previsto, estando, además, apoyado y financiado por los emisarios del recién independiente nuevo gobierno venezolano.

Pero la vida no siempre sigue el camino diseñado por los hombres, y los libros no siempre salen de la imprenta como lo han previsto sus autores o editores. En este caso, un libro que fue concebido para servir como explicación escrita del proceso de independencia de Venezuela, debido a los acontecimientos políticos que tuvieron lugar en el nuevo Estado mientras el libro estaba siendo editado e impreso en Londres, resultó ser una especie de trágica de publicación oficial "post mortem," que comenzó a estar disponible sólo cuando la recién nacida República ya se había derrumbado y sus instituciones, creadas mediante los documentos publicados en el libro, estaban desapareciendo como consecuencia de la invasión militar de las provincias hechas por el ejército español de "pacificación," cuyo centro de operaciones había sido establecido por la Regencia en Puerto Rico.

Una cosa está clara en el proceso de publicación del libro, y es que su edición fue terminada, con seguridad, después de la fecha del terremoto que devastó Caracas, y que tuvo lugar el 26 de marzo 1811, lo que se evidencia de la nota colocada al artículo 67 de la Constitución de 1811, y que está en la parte inferior de la página del texto en Inglés.[156] Ello implica, además, que la edición salió, también, después de la promulgación de la Constitución de Cádiz de 18 de marzo de 1812. Por otra parte, es seguro que la composición final del libro también se habría completado antes llegara a Londres la noticia de la Capitulación firmada el 25 de julio 1811 entre Francisco de Miranda y el Comandante del Ejército español, Domingo Monteverde, y a través de la cual la República de Venezuela había dejado de existir como Estado

---

156 El pie de página informaba que el Congreso había decidido hacer de Valencia, en lugar de Caracas, la Capital Federal de la República (15 de febrero de 1812), donde los representantes se habían reunido "en el momento del reciente terremoto de Caracas" (26 de marzo 1812).

soberano.[157] De lo contrario alguna nota también se habría añadido al texto, a menos que deliberadamente no haya sido hecho para evitar que el proyecto editorial y su propósito se desmoronasen.[158] La caída de la República y de alguna manera la "inutilidad" editorial inmediata del proyecto que se desarrolló en Londres, por supuesto, también produjo efectos devastadores en Bello, quién se quedó en Londres durante algunas décadas, con grandes dificultades, poco ánimo y escasas actividades académicas.[159]

Pero el libro tuvo, sin embargo, alguna importancia posterior, particularmente por el hecho de que los originales manuscritos de los documentos que contenía, entre ellos, los textos de la Constitución Federal y de la Declaración de Independencia, desaparecieron después de la invasión española de 1812.

En el caso particular del manuscrito original del *Acta de la Declaración de Independencia* del 5 de julio de 1811, la cual permaneció desaparecido por casi cien años, sucedió que en 1903, en vísperas de la celebración del centenario de la Independencia, el gobierno venezolano, en ausencia del texto original, llegase a declarar oficialmente que la única copia real y auténtica de dicha Acta era precisamente la que se había publicado en el libro de Londres de 1812, y de allí, otra importancia histórica que tiene.

A tal efecto, después de que una copia del libro fuese adquirida en Europa por un miembro de la Academia Venezolana de la Historia, y después de que la materia fuera objeto de un estudio por parte de la Academia, ésta emitió un dictamen formal sobre la autenticidad del

---

157 Véase el texto de la Capitulación en Francisco de Miranda, *América Espera* (J.L Salcedo Bastardo, Ed), Biblioteca Ayacucho, Caracas 1982, pp. 465 ss).

158 En ese sentido, Carlos Pi Sunyer, suponiendo que el libro había salido de la imprenta a finales de 1812, dijo: "Es probable que en el momento en que se publicara, Bello ya sabía acerca de los acontecimientos que condujeron a la caída de la primera República de Venezuela, porque el 12 de octubre, López Méndez dirigió una comunicación a lord Castlereagh, refiriéndose a ello, escrito de puño y letra de Bello, en un momento en que se cree que el libro no había sido publicado todavía, o que acababa de ser publicado " Véase Carlos Pi Sunyer. *Patriotas Americanos en Londres... op. cit.,* p. 222.

159 Véase Ivan Jasksic, *Andrés Bello. La pasión por el orden*, Bid & co. Editores, Caracas 2007, pp. 88 ss.

texto incluido en el libro de Londres. Esta opinión fue seguida por la decisión oficial del Gobierno, aprobada por decreto del Presidente de la República Cipriano Castro,[160] en la que se afirmaba que, puesto que el libro estaba agotado y sólo existía una copia en Venezuela (el adquirido por la Academia Nacional de Historia), se ordenaba la publicación de los documentos de la edición original, aún cuando sólo en la versión en castellano.[161]

Debe mencionarse, que cuatro años después de la decisión oficial del gobierno sobre la copia auténtica de la Declaración de Independencia, en 1907, tanto el manuscrito original perdido como casi todos los textos incluidos en el libro sobre *Documentos Oficiales Interesantes* de 1811, fueron encontrados con el casual descubrimiento de dos grandes volúmenes que recopilaban las actas de las sesiones del Congreso General de 1811. Dichos volúmenes se encontraron por casualidad, como se producen casi todos los descubrimientos, en la ciudad de Valencia, donde había comenzado a funcionar la Capital Federal de la República en marzo de 1812. En esa ciudad, los dos grandes volúmenes que contienen estos preciosos documentos se habían mantenido durante un siglo en manos privadas, y se utilizaban sin darse cuenta de su contenido, como cuerpos duros colocados en un banco para que los jóvenes alumnos de clases privadas de piano pudiesen alcanzar las teclas del instrumento.[162]

---

160   Publicado en *Gaceta Oficial* Nº 8863 de 28 de mayo de 1903

161   Véase *Prólogo a los Anales de Venezuela*, Academia Nacional de la Historia, Caracas, 1903. La versión en español de la *Observaciones Preliminares* que precede a diversos documentos del libro, se publicó en J.F. Blanco y R. Azpúrua, *Documentos para la Historia de la Vida Pública del Libertador...*, op. cit., Tomo III, pp. 391-395. Los textos completos de la versión en español de los documentos se publicaron también en 1959 en el libro titulado: *La Constitución Federal de Venezuela de 1811 y Documentos Afines* ("Estudio Preliminar" por Caracciolo Parra-Pérez), Biblioteca de la Academia Nacional de la Historia, Sesquicentenario de la Independencia, Caracas 1952, 238 pp. (Reimpreso en 2009).

162   Los libros que contienen los manuscritos de las Actas del Congreso estaban en posesión de dos familias en Valencia, y el historiador Francisco González Guinand participó en su rescate en 1907. Véase Ramón Días Sánchez, Estudio Preliminar" en *Libro de Actas del Supremo Congreso de Venezuela 1811-1812*, Academia Nacional de la Historia, Caracas 1959, pp. 11-13.

Después de estos descubrimientos, el hecho es que la edición bilingüe del libro londinense de 1812 fue ignorada por completo, y nunca más fue reeditada. Habiendo sido publicada en Londres, y sin una República a la cual promover, las copias de la primera edición casi desaparecieron, conservándose algunas, si acaso, en estantes viejos de bibliotecas universitarias.

En cualquier caso, la elección de la ciudad de Londres para la edición y publicación del libro, no había sido casual, sino que al contrario, sin duda, debe haber sido una elección de Miranda, siendo como era él en ese momento, no sólo un "hombre de mundo,"[163] sino la persona del mundo hispanoamericano más importante y conocida en Europa, relacionada con el proceso de independencia de América del Sur. Se trataba de una persona realmente extraordinaria, tanto que William Spencer Robertson, su biógrafo más importante, lo identificó como:

"Precursor, Caballero Errante y Promotor de la libertad hispano-americana. Fue el primer sudamericano ilustrado que realizó un viaje por los Estados Unidos y por Europa. Su vida ofrece un interés incomparable, porque fue el único personaje de su tiempo que participó en la lucha por la independencia de las Trece Colonias, la Revolución Francesa y la guerra de liberación de la América hispana."[164]

Miranda, en efecto, había nacido en Caracas en 1750, habiendo dejado Venezuela en 1776, un año antes de la creación de la Capitanía General de Venezuela (1777). Viajó a España, rechazando la intolerancia y la opresión que prevalecía en la provincia, y que había afectado la situación de su padre, nacido en las Islas Canarias. A su llegada a Madrid, se alistó en un regimiento militar de la Corona española y fue a Cádiz, donde conoció a John Turnbull (1776) uno de sus principales protectores, y quien años después se convertiría en uno de sus apoyos financieros más importantes, e incluso quien preparó, con la ayuda de su hijo, su fallida fuga de la prisión de La Carraca, de Cádiz, en 1816,

---

163 Véase *Miranda: A Man of the World*, Dedicated to the Bicentennial of the U.S., Instituto de Estudios Históricos Mirandinos, 1976.

164 Véase William Spence Robertson, *The Life of Miranda,* The University of North Carolina Press, Chapel Hill 1929, vol. 1, p. ix.

el año de su muerte. Esta estrecha relación que tuvo Turnbull con Miranda hizo que este lo nombrara incluso como su albacea.[165]

Sus acciones militares iniciales fueron en el norte de África y más tarde, desde la base militar española en la isla de Cuba, en América del Norte, en la toma de Pensacola y de las Bahamas (1781), de las que obtuvo promociones, pero también enemigos. Durante sus primeros años en España, en 1778, había sido acusado y perseguido por el Tribunal de la Inquisición, entre otros motivos, por haber comprado "libros prohibidos,"[166] y luego, en 1781, por un supuesto contrabando de mercancías desde Jamaica a La Habana durante una misión secreta militar que le fue asignada,[167] cargos todos por los que fue declarado inocente en 1799.[168]

En todo caso, el Cuba, se las arregló para evadir la orden de detención que se dictó en su contra el 11 de marzo de 1782,[169] tomando la decisión de viajar a América del Norte, con el consentimiento del comandante del ejército español en el Caribe, Juan Manuel Cajigal, a quien le explicó que no era "prudente" para él quedarse en Cuba, siendo una "medida de precaución indispensable" el evitar su detención.[170] Pasó un año en América del Norte (1783-1784), recorriendo las antiguas colonias, donde se reunió personalmente con los líderes más importantes de la Revolución Americana (Washington, Hamilton, Jefferson, entre otros), con quien comenzó a discusión sus planes de liberación para "Colombia." Conociendo a persecución española que se había desplegado en su contra,[171] se embarcó hacia Londres (1785), donde, entre otros, se reunió con el coronel William Steuben Smith, quien había sido ayudante de campo de George Washington y con

---

165 Véase su testamento del 1 de agosto de 1810 en Francisco de Miranda, *América Espera* [Ed. J.L. Salcedo Bastardo], Biblioteca Ayacucho, Caracas 1892, pp. 329).

166 Véanse las referencias a las decisiones en Tomás Polanco Alcántara, *Miranda*, Caracas 1997, pp. 22, 28 30)

167 Véase en Tomás Polanco Alcántara, *Miranda, cit.*, p. 27

168 *Idem*, p. 160 ss.

169 *Idem*, p. 31

170 Véase su carta a Cajigal de fecha 16 de abril 1783 en Francisco de Miranda, *América Espera, cit.* pp. 57-58)

171 Véase Tomás Polanco Alcántara, *Miranda, cit.*, p. 62

quien comenzó un largo viaje de observación militar hacia Prusia (1785).

Las publicaciones sobre Miranda en Londres habían alertado nuevamente a las autoridades españolas de su presencia en Europa, lo que luego de su periplo europeo le impidió regresar a Londres, por el peligro de ser detenido.[172] Miranda había viajado a Sajonia, Austria, Italia, Egipto, Trieste, Constantinopla, el Mar Negro y Crimea (1786), donde, después de reunirse con el príncipe Gregory Potemkin de Rusia, viajó con él a Kiev como invitado del gobierno ruso. Fue recibido por la emperatriz Catalina de Rusia, de quien recibió un apoyo efectivo para sus proyectos con respecto a la América española. Con un pasaporte ruso, viajó desde San Petersburgo a Suecia, Noruega y Dinamarca, donde, de nuevo, se enteró de la intención del gobierno español de detenerlo en Estocolmo. Luego se dirigió a los Países Bajos y Suiza, llegando a París a través de Marsella, con otro nombre (el señor de Meroff).

Se las arregló para regresar a Inglaterra en vísperas de la Revolución Francesa, en junio de 1789, con la esperanza de encontrar apoyo para sus proyectos de liberar a la América española. Allí se reunió con el primer ministro, William Pitt (1790), y al no encontrar el apoyo que esperaba, viajó a París, con las mismas ideas y con la intención de volver a Rusia (1792). En París, la Revolución ya estaba instalada, por lo que la invasión de Champagne por las fuerzas de Prusia le obligó a aceptar un puesto de comando militar en las fuerzas francesas con el rango de mariscal de campo, bajo el mando del general Charles Dumouriez (1792). Por sus acciones militares, fue nombrado Comandante en Jefe del Ejército del Norte. Sin embargo, el desastre militar de Neerwinden que obligó al ejército francés a evacuar los Países Bajos, dio lugar a cargos de traición contra Dumouriez por querer restaurar la monarquía, quien fue llevado a un juicio en el cual había la intención de involucrar a Miranda con su actuación. Miranda fue perseguido por Robespierre, detenido y sometido a juicio ante el Tribunal Revolucionario de París, pero fue declarado inocente en el proceso que se desarrolló en su contra. El 22 de diciembre de 1797 firmó, en París, con otros "representantes de los pueblos y provincias de América,"[173] José

---

172 *Idem*, p. 115

173 Véase en Francisco de Miranda, *América Espera, cit.,* p. 195; Francisco de Miranda, *Textos sobre la Independencia*, Biblioteca de la Academia Nacional de la Historia, Caracas 1959, pp. 49-57

del Pozo y Sucre, José de Salas el "Acta de París" proclamando la "independencia" de las provincias americanas. Volvió a Londres en 1799, donde el Primer Ministro, William Pitt, esta vez fue que comenzó a prestar atención a sus planes de independencia de América española.[174]

Durante esos años, Miranda fue quizás uno de los hispanoamericanos más perseguidos y buscados por la Corona Española, siendo a su vez, uno de los más importantes promotores y precursores del movimiento de independencia de la América española.

Después de fijar su residencia en Londres en 1799, se quedó allí hasta 1805 cuando regresó a Nueva York, con el fin de organizar, en 1806, una importante expedición con fines independentistas a las costas de Venezuela, donde desembarcó dos veces, proclamando la independencia y sus ideas libertarias,[175] aunque finalmente fracasó en sus propósitos.[176] Regresó a Londres en 1808, sólo para reforzar sus proyectos de independencia, regresando a Venezuela en diciembre de 1810, después de tres décadas de ausencia, una vez que la revolución de independencia había comenzado.

El sello que dejó en el proceso político de Venezuela es, por supuesto, indeleble, lo que se reflejó, particularmente, en el proceso de publicación de este libro en Londres. Aunque Miranda estuvo en Caracas desde diciembre de 1810 hasta julio de 1812, precisamente durante el tiempo en el cual se redactaron todos los documentos publicados en el libro, y durante el proceso de su edición, su publicación en Londres sólo fue posible debido a las sólidas y firmes relaciones políticas y editoriales que Miranda había desarrollado, y a los contactos que había establecido durante sus años de residencia en Londres, sobre todo a partir de 1799 hasta que realizó su viaje de regreso a Caracas en octubre de 1810.

Esas relaciones incluyeron a muchas personas, no sólo interesadas en la emancipación de América del Sur de España y por tanto, involucradas en el proceso político para su independencia, sino también pertenecientes a la vida intelectual de Londres. En ese grupo, sin duda, Francisco de Miranda era la persona clave, cuyos contactos y organiza-

---

174 Véase Tomás Polanco Alcántara, *Miranda, cit.*, pp. 145 ss.
175 Véanse las Proclamas en Francisco de Miranda, *América Espera, cit.* p. 356 ss.
176 Véase su carta a Castlereagh explicando las razones del fracaso de la expedición, en Francisco de Miranda, *América Espera, cit.* p. 366 ss.

ción hizo posible la publicación del libro, aunque para el momento del proceso de edición ya estaba en Venezuela, como Comandante en Jefe o *Generalísimo* del Ejército Republicano en defensa de la República en contra de la invasión por las fuerzas militares españolas.

VI. LOS *DOCUMENTOS OFICIALES INTERESANTES* RELACIONADOS CON LA INDEPENDENCIA DE VENEZUELA, SU INSPIRACIÓN EN LAS IDEAS DE LA REVOLUCIÓN FRANCESA Y AMERICANA, Y EL PAPEL DESEMPEÑADO POR UN TAL "WILLIAM BURKE"

En cualquier caso, y gracias a la red de relaciones dejadas por Miranda en Londres, los documentos publicados hace doscientos años en el muy importante libro de Londres de 1812, fueron y siguen siendo no sólo los documentos fundamentales de la independencia de Venezuela, sino los más importantes que se hayan publicado en inglés en relación con el proceso de la independencia de la América española. Ellos constituyen la evidencia más visible del impacto efectivo que los principios del constitucionalismo moderno derivados de las revoluciones americana y francesa, produjeron en el proceso constituyente de Venezuela y de la América hispana en 1811,[177] donde por primera vez en la historia esos principios fueron aplicados y desarrollado conjuntamente.[178]

---

177 Véase Allan R. Brewer-Carías, *Reflexiones sobre la Revolución Norteamericana (1776), la Revolución Francesa (1789) y la Revolución Hispanoamericana (1810-1830) y sus aportes al Constitucionalismo Moderno*, 2ª Edición Ampliada Universidad Externado de Colombia, Editorial Jurídica Venezolana, Bogotá 2008.

178 Como Juan Garrido Rovira ha señalado 1811 la Asamblea Constituyente Venezolana de 1811, "asumió el reto de los tiempos y marcó los ideales político-culturales de los siglos, entre otros: Independencia política; especial consagración de la libertad de pensamiento y expresión; soberanía del pueblo; separación de poderes; sufragio, representación y participación de los ciudadanos en el gobierno; equidad social; consagración y respeto de los derechos y deberes del hombre; limitación y control del poder; igualdad política y civil de los hombres libres; reconocimiento y protección de los derechos de los pueblos indígenas; prohibición del tráfico de esclavos; gobierno popular, responsable y alternativo; autonomía del poder judicial sobre bases morales; la nación por encima de las facciones.." En *El Congreso Constituyente de Venezuela*, Bicentenario del 5 de julio de 1811, Universidad Monteávila, Caracas 2010, p. 12.

De acuerdo con esos principios, el nuevo Estado constitucional creado en Venezuela hace doscientos años, puede decirse que siguió las tendencias generales del proceso constitucional que se había desarrollado en los Estados Unidos. En Venezuela, en efecto, un Congreso General[179] también integrado por representantes electos en este caso de las "Provincias Unidas" de la antigua Capitanía General de Venezuela, no sólo declaró su independencia en 1811, sino que también sancionó una "Constitución Federal de los Estados de Venezuela,"[180] siendo Venezuela el primer país en la historia constitucional moderna que adoptó la forma federal del Estado, después de los Estados Unidos de América.

Venezuela fue también, después de Estados Unidos, el primer país en seguir todos los principios generales del constitucionalismo moderno en su Constitución, como son, los de la supremacía constitucional, la soberanía del pueblo, la representación política y el republicanismo, la declaración de derechos fundamentales,[181] la organización del Estado de acuerdo con el principio de separación de poderes con un sistema de pesos y contrapesos, la superioridad de la ley como expresión de la voluntad general, el establecimiento de un sistema presidencial de gobierno y representantes electos al Senado y a la Cámara diputados, la organización, dentro de la federación, de un sistema completo de gobiernos locales, y la provisión de un Poder Judicial integrado por jue-

---

179 Véase Ramón Díaz Sánchez (Editor), *Libro de Actas del Supremo Congreso de Venezuela 1811–1812*, Academia Nacional de la Historia, Caracas, 1959; Pedro Grases (Compilador), *El pensamiento político de la Emancipación Venezolana*, Ediciones Congreso de la República, Caracas 1988; Tulio Chiossone, *Formación Jurídica de Venezuela en la Colonia y la República*, Universidad Central de Venezuela, Caracas, 1980.

180 Véase Caraccciolo Parra Pérez (Editor), *La Constitución Federal de Venezuela de 1811 y Documentos afines*, Academia Nacional de la Historia, Caracas, 1959, pp. 79 ss.; and Allan R. Brewer-Carías, *Las Constiuciones de Venezuela*, Acadeia de Ciencias Políticas y Sociales, Vol. I, Caracas 2008, pp. 553-581.

181 Véase Allan R. Brewer-Carías, *Las declaraciones de derechos del pueblo y del hombre de 1811*, Academia de Ciencias Políticas y Sociales, Caracas 2011.

ces que imparten justicia en nombre de la nación con poderes de revisión judicial.[182]

Pero el tema que nos interesa destacar ahora, en relación con esta inspiración, por supuesto, se refiere a la forma a través de la cual todas esas ideas y principios lograron penetrar en las provincias venezolanas, y pasar a través del estricto control establecido por la Inquisición en las colonias españolas e influir en las élites del país, tal como quedó plasmado, precisamente, en los *Documentos Oficiales Interesantes* publicados en el libro de Londres.

El hecho es que, durante la época colonial española, como ocurre hoy en día en todos los sistemas autoritarios de gobierno, los libros, así como las plumas y lápices, fueron y son considerados como armas peligrosas, de manera que no podían propagarse libremente en todas las provincias. Este fue y es particularmente cierto con los libros relacionados con ideas como la libertad, los derechos de las personas, la representación política y soberanía de los pueblos, la separación de poderes y el control del poder político. A principios del siglo XIX, todos los libros relativos a esos asuntos eran considerados como muy peligrosos y prohibidos en la América hispana, de manera que su introducción, tráfico y posesión fueron perseguidos por el Tribunal de la Inquisición.

Pero como siempre sucede con los libros, y a pesar de todas las prohibiciones, siempre se las arreglan para estar disponibles y en manos de las personas apropiadas, como sucedió en esos momentos, a pesar de la Inquisición. La consecuencia, de esa difusión clandestina, sin embargo, fue la persecución y el castigo. Este fue el caso, por ejemplo, de libros y folletos relacionados con la Declaración francesa de los Derechos del Hombre y del Ciudadano de 1789, los cuales, por supuesto que habían sido formalmente prohibidos por el Tribunal de la

---

182 Véase Allan R. Brewer-Carías, *Reflexiones sobre la Revolución Norteamericana (1776), la Revolución Francesa (1789) y la Revolución Hispanoamericana (1810-1830) y sus aportes al constitucionalismo moderno*, Universidad Externado de Colombia, Bogotá 2008, pp. 204 ff; Allan R. Brewer-Carías, "El paralelismo entre el constitucionalismo venezolano y el constitucionalismo de Cádiz (o de cómo el de Cádiz no influyó en el venezolano)," en *Libro Homenaje a Tomás Polanco Alcántara*, Estudios de Derecho Público, Universidad Central de Venezuela, Caracas 2005, pp. 101-189.

Inquisición de Cartagena de Indias,[183] así como por los Virreyes del Perú Nueva España, y Santa Fe y por el Presidente de la Audiencia de Quito. Es por eso que a pesar de la prohibición, su difusión en las provincias de Venezuela a finales del siglo XVIII, llevó al Capitán General a informar a la Corona sobre el hecho de que "los principios de la libertad y de independencia, tan peligrosos para la soberanía de España están empezando a gestarse en las cabezas de los americanos."[184]

El texto de la Declaración francesa de de los Derechos del Hombre y del Ciudadano de 1789 se publicó de manera clandestina en las colonias, como fue el caso de la traducción hecha por Antonio Nariño en Santa Fe de Bogotá en 1792. Ello constituyó un grave delito, al punto de que en 1794[185] originó un proceso judicial muy famoso en el cual el Tribunal de la Inquisición condenó a Nariño a diez años de presidio en África, además de a la confiscación de todos sus bienes, su expulsión a perpetuidad de las Américas, y la quema, a manos del verdugo, del libro que contenía los Derechos del Hombre.[186]

Por esa misma época, el Secretario del Real y Supremo Consejo de Indias había dirigido una nota de fecha 7 de junio de 1793 al Capitán General de Venezuela, llamando su atención sobre los designios del Gobierno de Francia y de algunos revolucionarios franceses, como también de otros promovedores de la subversión en dominios de España en el Nuevo Mundo, que -decía- "Envían allí libros y papeles perjudiciales a la pureza de la religión, quietud pública y debida subordinación de las colonias."[187]

Pero fue un hecho casual acaecido en España en 1796, el que tendría el impacto inicial más importante en el proceso de independencia de las provincias de Venezuela. Una conspiración, llamada de San Blas, debía estallar en Madrid ese mismo año con el fin de establecer una República inspirada en la Revolución Francesa, en sustitución de la monarquía. La conspiración fracasó, y los conspiradores, entre ellos, Juan Bautista Mariano Picornell y Gomilla y Manuel Cortes de Campomares, después de ser condenados a muerte, gracias a la intervención

---

183 Véase P. Grases, *La Conspiración de Gual y España y el Ideario de la Independencia, cit.,* p. 13.
184 Véase en J. F. Blanco y R. Azpúrua, *1789, cit.,* Tomo I, p. 177.
185 *Id.,* Tomo I p. 286.
186 *Id.,* Tomo I, pp. 257-259.
187 *Id.,* Tomo I, p. 247.

del Agente francés, les fueron conmutadas sus penas, por la reclusión perpetua en los insalubres calabozos de Puerto Cabello, Portobello y Panamá.[188] Fueron enviados entonces a las cárceles del Caribe, habiendo sido dejados transitoriamente en la prisión de La Guaira, el puerto principal de la provincia de Venezuela.

Al año siguiente, en 1797, los conspiradores lograron escapar,[189] entrando en contacto con la élite local del Puerto, fomentando la conspiración en la provincia, la cual fue encabezada por Manuel Gual y José María España, la cual ha sido considerada como "el intento de liberación más serio en Hispano América antes del de Miranda en 1806."[190] La conspiración de Gual y España también fracasó,[191] siendo sin embargo el producto resultante de la conspiración, un conjunto de documentos que habrían de tener la mayor influencia en el proceso constitucional de Hispanoamérica, entre los que se destacaban una obra sobre *Derechos del Hombre y del Ciudadano con varias máximas Republicanas, y un Discurso Preliminar dirigido a los Americanos*, que por supuesto fue prohibida por la Real Audiencia de Caracas el 11 de diciembre de ese mismo año 1797, considerando que tenía:

> "toda su intención a corromper las costumbres y hacer odioso el real nombre de su majestad y su justo gobierno; que a fin de corromper las costumbres, siguen sus autores las reglas de ánimos cubiertos de una multitud de vicios, y desfigurados con varias apariencias de humanidad... "[192]

El libro, probablemente impreso en Guadalupe, en 1797[193] contenía una traducción de la Declaración francesa que precedió la Constitu-

---

188 Véase P. Grases, *La Conspiración de Gual y España... cit.,* pp. 14, 17, 20.

189 Véase en J.F. Blanco y R. Azpúrua, *Documentos para la historia de la vida pública del Libertador. cit.,* Tomo I, p. 287; P. Grases, *La Conspiración de Gual y España... cit.,* p. 26.

190 P. Grases, *La Conspiración de Gual y España. op. cit.,* p. 27.

191 Véase en J. F. Blanco y R. Azpúrua, *Documentos para la historia de la vida pública del Libertador. cit.,* Tomo I, p. 332.

192 Véase P. Grases, *La Conspiración de Gual y España..., cit.,* p. 30.

193 A pesar de que en la primera página aparece como publicado en Madrid, en la imprenta de la Verdad, el año 1797. Véase Pedro Grases, "Estudio sobre los 'Derechos del Hombre y del Ciudadano'," en el libro *Derechos del Hombre y del Ciudadano* (Estudio Preliminar por

ción de 1793,[194] es decir, la correspondiente a la época del Terror, más violenta y abiertamente invitando a la revolución activa.[195]

Después de la conspiración de Gual y España, y a pesar de su fracaso y de la feroz persecución que se desató en contra todos los que participaron en ella, el otro acontecimiento importante considerado como un antecedente de la independencia de Venezuela, fue el antes mencionado desembarco de la expedición comandada por Francisco de Miranda en las costas de Venezuela (Puerto Cabello y Coro) en 1806, el cual ha sido considerado como el acontecimiento más importante relativo a la independencia ocurrido antes de la abdicación de Carlos IV y la subsecuente abdicación de Fernando VII en Bayona a favor de Napoleón.[196] Miranda, por ello, ha sido considerado como el Precursor de la Independencia del continente Américo-colombiano, habiéndose materializado sus ideas en las proclamas independentistas que escribió y publicó en la imprenta que llevaba en la misma corbeta Leander desde que zarpó de Nueva York, embarcación que contrató para liderizar la invasión a Venezuela, y en los cuales propuso la independencia mediante la formación de una federación de Concejos Municipales Libres,[197] basada en los principios constitucionales franceses y norteamericanos.

Esa imprenta iba a ser, precisamente, y por casualidad, la primera imprenta introducida en las provincias de Venezuela. Esto ocurrió dos años después de la fallida invasión de Miranda, en 1808, cuando el gobierno colonial de Venezuela decidió autorizar su adquisición en Trinidad, donde Miranda la había dejado antes de regresar a Londres, siendo adquirida por Mateo Gallagher,[198] el editor del *Trinidad Weekly Courant*. La imprenta fue llevada a Caracas por sus dueños, junto con Francisco González de Linares quien actuó en nombre del Capitán

---

Pablo Ruggeri Parra y Estudio histórico-crítico de Pedro Grases), Academia Nacional de la Historia, Caracas 1959, pp. 147, 335.

194   *Id.,* pp. 37 ss.
195   *Id.*
196   Véase O.C. Stoetzer, *Las Raíces Escolásticas de la Emancipación de la América Española,* Madrid, 1982, p. 252.
197   Véase Francisco de Miranda, *Textos sobre la Independencia,* Biblioteca de la Academia Nacional de la Historia, Caracas, 1959, pp. 95 ss., y 115 ss.
198   Véase Tomás Polanco Alcántara, *Miranda, cit.,* pp. 208, 227.

General Juan de Casas. La Real Hacienda concedió un préstamo para las operaciones de impresión, teniendo al Gobierno como su principal cliente.

Fue de esa manera como se introdujo la imprenta en Venezuela, siendo la *Gaceta de Caracas* la primera publicación periódica en Venezuela, comenzando a partir del 24 de octubre de 1808.[199] En esa imprenta se editó el primer libro publicado en Venezuela, titulado *Resumen de la Historia de Venezuela*, un libro de Andrés Bello, quien entonces era un muy alto y distinguido funcionario de la Capitanía General y, como se ha mencionado quien, más tarde jugaría un papel importante en la edición del libro sobre los *Documentos Oficiales Interesantes*, en Londres. El propio Bello, como ya se mencionó, fue el primer editor de la *Gaceta de Caracas*.

Pero no sólo fue la imprenta, una cuestión de penetración tardía en las marginales provincias de Venezuela, en particular comparado con su introducción décadas antes en los principales virreinatos en América, sino que desde su introducción en 1808, fue sometida a una estricta censura. Esto quedó registrado en las mismas *Observaciones Preliminares* del libro de Londres, en las que se hace referencia a "las prensas públicas…. marcadas con la censura y la reprobación," y, en general, al hecho de que en las provincias coloniales:

> "baxo las mas geveras conminaciones se restablecía la inquisición política con todos sus horrores, contra los que leyesen, tubiesen o recibiesen otros papeles, no solo estrangeros, sino aúm Españoles que no fuesen de la fábrica de la Regencia."[200]

Sin embargo, y a pesar de la prohibición, las ideas revolucionarias de Francia y de América fueron ampliamente extendidas por la América española, gracias precisamente a algunos libros que fueron introducidos de manera clandestina, y cuyo contenido es la única explicación

---

199 Véase "Introducción de la imprenta en Venezuela" en Pedro Grases, *Escritos Selectos*, Biblioteca Ayacucho, Caracas 1988, pp. 97 ss.

200 En la carta enviada por Miranda a Richard Wellesley Jr., el 7 de enero de 1810, expresa lo mismo: "No había sino una imprenta en toda la provincia, la cual estaba en Caracas y el gobierno español había siempre excluido de los puertos todas las publicaciones que no eran enviadas por el mismo" Véase, en Francisco de Miranda, *América Espera* (Ed. J.L. Salcedo Bastardo), Biblioteca Ayacucho, Caracas 1892, p. 445.

de la influencia que tuvieron los principios fundamentales de las mismas en el proceso constituyente de 1810 -1811, imbuido en los *documentos oficiales* de la Independencia publicados en el libro de Londres. Entre esos libros hay que mencionar, por ejemplo, a los que se refieren al proceso de la revolución y de la independencia de los Estados Unidos de América, y que se introdujeron en Venezuela debido a la labor de un grupo de venezolanos que residían en Filadelfia, quienes los tradujeron y publicaron, o que sirvieron de enlace para su publicación en Venezuela.

El primer libro que debe ser mencionado fue uno publicado en Filadelfia en 1810, cuando la revolución estaba en sus primeras etapas en Caracas, por Joseph Manuel Villavicencio, oriundo de la Provincia de Caracas, y que contiene la que sin duda fue la primera traducción al castellano de la *Constitución de los Estados Unidos de América*.[201] Dicho libro fue ampliamente distribuido en la América hispana a pesar de la prohibición impuesta por la Inquisición a ese tipo de publicaciones, e incluso, fue reimpreso en Bogotá y en Cádiz, en 1811, durante la discusión de la Constitución de 1812 Cádiz.

El segundo libro que deber mencionarse, también publicado en Filadelfia y en español, contiene la traducción de las obras más importantes de Thomas Paine,[202] las cuales también tuvieron amplia difusión en la América hispana. Contenía el texto en castellano de "El Sentido Común" de Paine (Filadelfia, 1776), y el texto de dos de sus "Disertaciones sobre los primeros principios del gobierno". También contenía la versión en castellano de la Declaración de Independencia (4 de julio de 1776), los Artículos de la Confederación (1778), el texto de la Constitución de los Estados Unidos (8 de julio de 1778), y de su primeras doce Enmiendas (1791, 1798, 1804), y el texto de las Constituciones de Massachusetts (1780), New Jersey (1776), Virginia (1776) y Pennsylvania (1790), y Connecticut.[203] Este libro, también, sin duda

---

201 *Constitución de los Estados Unidos de América. Traducida del inglés al español por don Joseph. Manuel Villavicencio*, Filadelfia, Imprenta de Smith y M'Kenzie, 1810.

202 Sobre el significado de la obra de Paine en la Independencia de los Estados Unidos, véase, por ejemplo, Joseph Lewis, *Thomas Paine. Author of the Declaration of Independence*, Freethought Press, New York 1947.

203 Una edición moderna de este trabajo es *La Independencia de la Costa Firme, justificada por Thomas Paine treinta años ha*. Traducida del

con la primera traducción al castellano de todos esos documentos, fue el trabajo de otro venezolano, Manuel García de Sena, y se publicó con el título: *La Independencia de la Costa Firme, justificada por Thomas Paine treinta años ha. Extracto de Sus Obras*.[204] Manuel García de Sena fue hermano de Ramón García de Sena quien estuvo muy activo en el proceso de independencia en Venezuela, actuando como militar, e incluso como constituyente, en la redacción de la Constitución de la antigua provincia de Nueva Andalucía, el *Código Constitucional del Pueblo Soberano de Barcelona Colombiana,"* constituido como uno de los Estados soberanos del nuevo Estado en Venezuela; texto de 12 de enero de 1812, que firmó junto a Francisco Espejo.[205]

Por lo tanto, en 1811 estos libros publicados en Filadelfia en español, fueron concebidos como instrumentos para explicar a los suramericanos el significado, alcance y fundamentos constitucionales de la Revolución Americana, habiendo sido utilizados para la redacción de varios de los *documentos oficiales* de la Independencia publicados en el libro de Londres,[206] donde es posible encontrar la influencia directa, por ejemplo, de los trabajos de Paine. La traducción de Antonio García

---

    Inglés al español por Manuel García de Sena. Prólogo de Pedro Grases, Comité de Orígenes de la Emancipación, núm. 5. Instituto Panamericano de Geografía e Historia, Caracas, 1949. Además, hay que mencionar que el mismo Manuel García de Sena también publicó en 1812-con la misma casa de T. y J. Palmer, en Filadelfia, la traducción al español de la tercera edición (1808) del libro de John McCulloch de *Concise History of the United States, from the Discovery of America, till 1807,* bajo el título de *Historia Concisa de los Estados Unidos desde el descubrimiento de la America hasta el año 1807.*

204   El libro fue publicado por la prensa de T. y J. Palmer, 288 pp. Una reimpresión de este trabajo se realizó por el Ministerio de Relaciones Exteriores de Venezuela en 1987, como edición conmemorativa del Bicentenario de la Constitución de los Estados Unidos de América, Caracas, 1987.

205   Véase *Las Constituciones Provinciales*, Academia Nacional de la Historia, 1959, p. 249.

206   Por ejemplo, en el libro, la expresión "derechos del pueblo" fue utilizada por Paine (por ejemplo, en el "sistema representativo, fundado en los derechos del pueblo"), y se reprodujo en muchos de los *documentos oficiales interesantes*. Véase Manuel García de Sena, *La Independencia de Costa Firme justificada por Thomas Paine treinta años ha*, Edición del Ministerio de Relaciones Exteriores, Caracas 1987, pp. 90, 111, 112, 118, 119.

de Sena, como él mismo lo explicó en la Introducción de su libro, tenía la intención de "ilustrar principalmente a sus conciudadanos acerca de la legitimidad de la Independencia y el beneficio que debe derivar de la misma sobre la base de la situación política, social y económica de los Estados Unidos." Por eso, entre las primeras acciones que tomó Domingo Monteverde en Caracas después de la ocupación de la misma en 1812, fue ordenar la incautación de todas las copias de esa "peligrosa" traducción de materiales de la revolución de América del Norte.

El hecho es que a pesar de toda la prohibición y la persecución, todos estos papeles tuvieron un impacto importante en Venezuela y, en general en América Latina,[207] por lo que a la hora de la Independencia fueron pasando de mano en mano, e incluso, parte de ellos fueron publicados en la *Gaceta de Caracas*,[208] la cual desde 1810, había pasado a ser la fuente más importante de información sobre el sistema constitucional de América del Norte y, en particular, sobre el funcionamiento de su sistema federal de gobierno.

Por otra parte, y más importante, desde noviembre de 1810 hasta marzo de 1812, en dicha *Gaceta de Caracas* fueron publicados regularmente una serie de editoriales y artículos relacionados con el funcionamiento del sistema constitucional de América del Norte, precisamente durante los mismos meses del proceso constituyente que se desarrollaba en Caracas, los cuales, sin duda, influyeron de una manera

---

207 Véase, en general, Pedro Grases, *Libros y Libertad,* Caracas 1974; y "Traducción de interés político cultural en la época de la Independencia de Venezuela," en *El Movimiento Emancipador de Hispano América, Actas y Ponencias,* Academia Nacional de la Historia, Caracas 1961, Tomo II, pp. 105 y ss.; Ernesto de la Torre Villas y Jorge Mario Laguardia, *Desarrollo Histórico del Constitucionalismo Hispanoamericano,* UNAM, México 1976, pp. 38–39. Véase, en sentido contrario Jaime E. Rodríguez O., "La influencia de la emancipación de Estados Unidos en la independencia de Hispanoamérica," en *Procesos. Revista Ecuatoriana de Historia*, N° 31, Quito 2010, pp. 25-43; y "Independencia de los Estados Unidos en las independencias hispanoamericanas," in *Revista de Indias,* vol. LXX, N° 250, Madrid 2010, pp. 691-714.

208 Parte del libro de García de Serna, incluyendo en él la traducción de obras de Paine - fueron publicados en las ediciones del el 14 y 17 de enero 17 de 1812. Véase Pedro Grases "Manual García de Sena y la Independencia de Hispanoamérica" en la edición de García de Sena publicada por el Ministerio del Interior, Caracas 1987, p. 39.

importante a los redactores venezolanos de los *documentos oficiales* de la Independencia.

Casi todos estos artículos y editoriales se publicaron bajo la autoría de un tal "William Burke", quien para ese momento ya había "escrito" en años anteriores, en particular entre 1806 y 1808, tres libros, publicados en Londres, dos de ellos directamente relacionados con la Independencia de Sur América, en los cuales se destacan el papel que Francisco de Miranda debía desempeñar en él. Es por eso que, como ha dicho Mario Rodríguez, el historiador e investigador que más ha estudiado al prolífico escritor William Burke, y su relación con Miranda, que:

> "La Primera República de Venezuela, quizás más que cualquier otro país de de la América española, gracias a la presencia de William Burke, sin duda, tuvo a su alcance más información sobre el modelo de los EE.UU. que otros en América del Sur."[209]

Rodríguez concluyó su aseveración afirmando que "muchas de las ideas de Burke fueron reflejadas en la Constitución de diciembre de 1811," habiendo sido sus artículos en la *Gaceta de Caracas*, la fuente más importante de influencia de los principios constitucionales norteamericanos en la nueva República de Venezuela.

Pero con respecto a este prolífico y muy distinguido escritor, que en sus trabajos reflejaba un conocimiento enciclopédico único y extraordinario, lo cierto es que sólo se lo conoció en los medios londinenses y venezolanos a través de sus escritos, siendo su existencia, como persona real, todavía materia de conjetura. Lo cierto es que no hay crónica alguna de la época que lo identifique como una persona real, ni el Londres ni en Caracas; ni existe en los modernos sistemas de informática contemporáneos referencia alguna a que ese personaje haya realmente existido.

Sólo una cosa es absolutamente cierta sobre este extraordinario personaje: Entre 1806 y 1810 fue autor de libros y artículos publicados en Inglaterra, incluso en el *Edinburgh Review*, precisamente en la época que Miranda estaba en Londres. Luego, cuando Miranda viajó a Venezuela en 1810 y hasta 1812, Burke aparece también en Caracas, donde también escribió y publicó artículos y libros, pero esta vez en castellano, incluyendo artículos relacionados con la situación política

---

209 Véase Mario Rodríguez, *"William Burke" and Francisco de Miranda*, cit., p. 529.

española, los cuales fueron publicados en la *Gaceta de Caracas*. Otro dato a retener es que después de la detención de Miranda y de Roscio, en 1812, William Burke se desvaneció.

Todos estos hechos son, sin duda, elementos de sospecha. Sin embargo, la historiografía venezolana explica[210] que William Burke "llegó" a Caracas, supuestamente en diciembre de 1810, junto con Miranda, permaneciendo en Venezuela hasta el 30 de julio de 1812, esto es, hasta la noche en la cual Miranda fue apresado en el Puerto de La Guaira. La verdad es que aquellos que viajaron con Miranda desde Inglaterra a Caracas fueron dos de sus más importantes asistentes en Londres, Manuel Cortés Campomares y José María Antequera, y su secretario personal, Pedro Antonio Leleux, habiendo permanecido con él hasta que fue hecho prisionero el 30 de julio de 1812.

Por lo que respecta a William Burke, ha sido identificado como un irlandés, e inicialmente en el libro publicado en Londres en 1806, sobre *History of the Campaign of 1805 in Germany, Italy, Tyrol, etc.* [Historia de la Campaña de 1805 en Alemania, Italia, Tirol, etc.],[211] como un

---

210 En la historiografía venezolana se dice que Burke fue un "publicista irlandés" con "estrechas relaciones con Miranda," quien había viajado desde Londres a Nueva York y luego a Caracas a finales de 1810. Véase "Nota de la Comisión Editora," William Burke, *Derechos de la América del Sur y México,* Vol. 1, Academia de la Historia, Caracas 1959, p. xi.). Se ha dicho además, que en Caracas, participó como uno de los "instigadores importantes del momento" (Ver Elías Pino Iturrieta, *Simón Bolívar*, Colección Biografías de El Nacional N° 100, Editora El Nacional, Caracas, 2009, p. 34) junto a otros patriotas en el proceso de independencia. A finales de la República, Burke supuestamente habían huido a Curazao en julio de 1812 y habría muerto a finales de ese año en Jamaica.

211 B*y William Burke, Late Army Surgeon, London,* Impreso por James Ridgway, N° 170, Opposite Bond Street, Picadilly, 1806. Vease las referencias en Joseph Sabin, *Bibliotheca Americana. A Dictionary of Books relating to America, from its Discovery to the Present Time* (continued by Wilberforce Eames, and completed by Robert William Glenroie Vail), New York, 1868-1976. En el ejemplar de este libro comentado por Mario Rodríguez, señaló que en una especie de publicidad, el editor de Ridgway también se refiere a una obra de William Burke (*The Armed Briton: or, the Invaders Vanquished. A Play in Four Acts*), y a otra obra: *The Veterinary Tablet, or, a Concise View of all the Diseases of the Horse; with their Causes, Symptoms, and most approved Modes of Cure, By a Veterinarian Surgeon.* Véase Mario Rodríguez, *"William Burke" and Miranda, cit.*, pp. 129, 546.

"cirujano del ejército" (*Late Army Surgeon*). Este libro trató sobre las guerras napoleónicas de esos años desarrolladas después de la reacción de los aliados europeos en contra de Francia, cuyos ejércitos habían ocupado la mayor parte de Europa y habían amenazado con invadir Inglaterra. Contiene una descripción detallada sobre la política militar de las guerras napoleónicas durante 1805, y sobre la reacción de las grandes potencias europeas contra Francia. El libro contiene, además, referencias concretas a la batalla de Trafalgar que tuvo lugar en octubre de 1805 entre las flotas combinadas de Francia y España y la Marina Británica, la cual pondría fin a los intentos de Napoleón de invadir a Inglaterra. En el Apéndice del libro se incluyeron importantes documentos y tratados firmados entre las potencias aliadas, así como diversas proclamas de Napoleón, y en la portada del libro, como se ha mencionado, Burke fue identificado como un "cirujano del ejército" (*Late Army Surgeon*).[212]

Este libro fue seguido ese mismo año de 1806, por otro libro del mismo William Burke que se refirió a un tema totalmente distinto, también publicado en Londres, con el título "*South American Independence: or the Emancipation of South America, the Glory and Interest of England, "by William Burke, the author of the Campaign of 1805,"*publicado por J. Ridgway, Londres 1806.

A pesar de ser un tema bastante diferente, en la primera página del libro, el mismo William Burke aparece como su autor, aunque esta vez sin ninguna referencia a la profesión de veterinario del autor, siendo, no obstante manifiesta intención del editor de establecer un vínculo claro entre el autor de este libro y el del anterior sobre la campaña militar de 1805. La idea del editor fue, sin duda, consolidar un nombre en el mundo editorial, utilizando en este caso, un apellido que por cierto era muy conocido en Inglaterra, como "Burke," pero en un momento en el cual, en realidad, no correspondía al de persona alguna viva en el Reino Unido.[213]

---

212 Véase la referencia en *Annual Review and History of Literature for 1806*, Arthur Aikin, Ed., Longman etc, Ridgway, London 1807, p. 162.

213 No hay referencias bibliográficas en el Reino Unido sobre William Burke quién supuestamente escribió entre 1805 y 1810, por lo que puede decirse que tal persona no existió, salvo en las portadas de los libros que llevan su nombre.

En efecto, en las Islas Británicas se pueden encontrar personas reales con el nombre de William Burke antes y después de los años en que éste William Burke escribió sus libros. Fue el caso, por ejemplo, unas décadas antes, de William Burke (1729-1797) quien fue co-autor con su primo, Edmund Burke, ambos irlandeses, de un libro publicado en Londres en 1760, titulado: *An Account of the European Settlements in America, in six Parts.*[214] Edmond Burke, por su parte, fue también autor de renombre del libro: *Reflections on the Revolution in France. And on the Proceeding in Certain Societies in London Relative to That Event in a Letter Intended to Have Been Sent to a Gentleman in Paris*, 1790. Al final del siglo XVIII, por lo tanto, Burke era un apellido muy bien establecido en el mundo académico y editorial, pero por supuesto, ninguno de los mencionados autores irlandeses tenía relación alguna con el Burke de principios del siglo XIX.

El otro verdadero William Burke (1792-1829), que puede ser rastreado en la historia del Reino Unido durante esos tiempos, más joven que el William Burke quien supuestamente escribió en Londres y en Caracas, actuó en un mundo muy diferente al de los libros, aunque también en un mundo muy publicitado, como es el mundo de la delincuencia. Años después de la publicación de los libros de William Burke en Londres y Caracas, en efecto, otro William Burke se hizo famoso como un criminal que, junto con un cómplice, William Hare (ambos también de Irlanda), se dedicaron al saqueo de tumbas y al comercio con cadáveres humanos. Por esos crímenes fue juzgado y ahorcado en 1829, y su cuerpo diseccionado ante 2000 estudiantes de medicina de la Universidad de Edimburgo. Su esqueleto todavía se puede ver en el Museo de la Universidad de Edimburgo.[215] Este Burke, por supuesto, no tenía ninguna relación con el William Burke que nos interesa.

Como se ha mencionado, este William Burke de comienzos del siglo XIX tenía que ser un febril intelectual y escritor, director y editor, quien, además de los dos libros ya mencionados, también escribió y publicó en Londres, en 1807, otro libro con el título *Additional Reasons for our Immediately Emancipating Spanish America: deducted from the New and Extraordinary Circumstances of the Present Crisis:*

---

214 Publicado por Rand J. Dodsey (London 1760).
215 Véase la referencia en R Richardson, Death, *Dissection and the Destitute*, Routledge & Kegan Paul, London 1987 and <http://www.sciencemuseum.org.uk/broughttolife/people/burkehare.aspx>.

and containing valuable information respecting the Important Events, both at Buenos Ayres and Caracas: as well as with respect to the Present Disposition and Views of the Spanish Americans: being intended to Supplement to "South American Independence," by William Burke, Author of that work."[216]

Este nuevo libro estaba destinado a complementar el anterior, pero haciendo referencia a dos acontecimientos concretos e importantes que se habían producido en América del Sur entre 1806 y 1807, precisamente después de su ocurrencia. En este libro, una vez más, es evidente el vínculo que se sigue desarrollando en la secuencia entre el autor de este trabajo y los autores de la obra anterior de 1806. En la Segunda Edición ampliada de este libro se incluyó, además, la *Letter to the Spanish Americans* [Carta dirigida a los españoles americanos] de Juan Pablo Viscardo y Guzmán, que Miranda había publicado en Londres en francés, en 1799, y en español, en 1801.[217]

Los hechos que motivaron la publicación de este nuevo libro con *Additional Reasons...* [Razones adicionales...], fueron, por una parte, la expedición organizada en 1806 por el propio Francisco de Miranda con el propósito de iniciar el proceso de independencia de la América Hispana y que zarpó de Nueva York y desembarcó en la provincia de Venezuela, fracasando en su intento; y por la otra, la invasión realizada en 1807 por John Whitelocke, comandante en jefe de las fuerzas británicas en el Río de la Plata, al puerto de Buenos Aires en 1807, quien también había fracasado en su intento.

En efecto, la segunda parte del libro está dedicada a analizar el primero de dichos nuevos acontecimientos, es decir, la expedición de Francisco de Miranda el año anterior, de 1806, la cual con el conocimiento de las autoridades británicas y de las autoridades de los Estados Unidos, aunque sin su apoyo oficial, zarpó el 3 de febrero 1806 con un grupo de hombres reclutados y contratados en el puerto de Nueva York para invadir la provincia de Venezuela. Miranda llegó a Nueva York desde Londres en noviembre de 1805, donde su amigo William Steuben Smith le ayudó a montar la expedición. Tanto el Presidente de los Estados Unidos de la época, Thomas Jefferson, y su Secretario de Estado, James Madison, fueron debidamente informados sobre el proyec-

---

216 Publicado por F. Ridgway, London 1807. (Ridgway, London 1808)".
217 Publicado por F. Ridgway, Ridgway, London 1808, pp. 95-124.

to.[218] Sin embargo, después, en un juicio que se desarrolló en Nueva York en contra de aquellos que ayudaron a Miranda, entre ellos, el propio Smith, Jefferson y Madison en particular, argumentaron que era falso que ellos hubieran apoyado la expedición de Miranda.[219]

En todo caso, la expedición llegó al puerto de Jacmel, en Haití, el 17 de febrero de 1806. Allí, el emperador Jean-Jacques Dessalines acababa de ser asesinado y Petion estaba en el proceso de consolidar su poder en el sur de la isla. De Jacmel, Miranda pasó a las islas de Curazao, Aruba y Bonaire, y desde allí, el 25 de abril de 1806, desembarcó en Puerto Cabello, habiendo fracasando en su empresa de esta primera invasión. A continuación, hizo escala en el puerto de Granada el 27 de mayo de 1806, donde se reunió con el Almirante Alexander Cochrane, comandante de la flota británica en el Caribe, consiguiendo su ayuda con barcos y suministros. De allí Miranda pasó a Trinidad, donde llegó el 2 de junio, y desde donde, el 23 de julio de 1806, zarpó hacia la Vela de Coro, donde desembarcó a principios de agosto de 1806. La expedición no encontró eco en la población la cual ya había sido advertida por las autoridades coloniales. Salió Miranda de La Vela, sin resultado alguno, salvo el legado del conjunto muy rico de papeles con las proclamas de independencia escritas por él en Trinidad y Coro, en su calidad de "Comandante General del Ejército Colombiano: a los Pueblos habitantes del Continente Américo-Colombiano."[220]

En cuanto a la primera parte de la obra *Additional Reasons*... [Razones adicionales...], la misma fue dedicada a analizar y criticar la fracasada invasión británica a la ciudad de Buenos Aires que tuvo lugar al mando de John Whitelocke en junio de 1807, al mando de un ejército de unos 10.000 hombres, después de haber ocupado Montevideo en abril de ese año. La resistencia de los habitantes de Buenos Aires fue definitiva, superando a las fuerzas británicas y provocando la capitulación de Whitelocke en condiciones humillantes, la que fue ratificada en julio de 1807. Whitelocke se vio obligado a evacuar la frontera sur del Río de la Plata en 48 horas, y liberar a la ciudad de Montevideo en los

---

218 Véase la carta de Miranda a Thomas Jefferson y James Madison del 22 de enero 1806 sobre el secreto de la expedición, en Francisco de Miranda, *América Espera, cit.* p. 340.

219 Véase la referencia en Tomás Polanco Alcántara, *Miranda, cit.*, p. 194.

220 Véase Francisco de Miranda, *Textos sobre la Independencia*, Academia Nacional de la Historia, Caracas 1959, pp. 93-99.

dos meses siguientes. Todo esto ocurrió el 1 de septiembre, cuando Whitelocke dejó la desembocadura del Río de la Plata junto con todo su ejército. A su llegada a Inglaterra en enero de 1808, Whitelocke fue sometido a una corte marcial que lo declaró culpable de todos los cargos que se le hicieron, dándolo de baja y declarándolo "no apto e indigno para servir a Su Majestad en ninguna clase militar." Con estos hechos, según se argumenta en el libro, los generales y almirantes británicos se convencieron que América del Sur nunca volvería a ser británica.

Fue precisamente al análisis de estos dos importantes eventos que se dedicó este tercer libro de William Burke, el cual terminó con una crítica a la idea de cualquier intento de liberar a la América hispana por parte de una invasión británica o extranjera, y a la promoción de la idea de que la invasión debía ser dirigida por los propios hispanoamericanos, promoviendo el papel que Francisco de Miranda debía tener en ese proceso de la independencia de América del Sur. En el libro, incluso se formulaba una petición directa dirigida al Gobierno Británico solicitando apoyo económico, "con cifras exactas correspondientes a los proyectos de Miranda."[221]

A tal efecto, el libro, después de incluir una breve biografía de Miranda, continuó inmediatamente con la defensa del Precursor contra de las calumnias que se habían difundido sobre él y acerca de sus intenciones en la fracasada expedición a Venezuela, describiendo a Miranda como el "Washington de América del Sur," y formulando la propuesta de que Miranda fuera inmediatamente ayudado con una fuerza militar que comprendiera entre 6.000 y 8.000 hombres a fin de lograr la independencia de su propio país, Caracas, y desde allí, la independencia del resto de la América española. Miranda, se argumentó en el libro, podía lograr de esa manera lo que ningún militar británico podría hacer directamente porque sería rechazado como acababa de pasar en Buenos Aires. De esta manera, decía el libro, el proyecto de la independencia hispanoamericana no debía ser retrasado un día más.

---

221 Véase Georges L. Bastin, "Francisco de Miranda, "precursor" de traducciones," en *Boletín de la Academia Nacional de Historia de Venezuela,* N° 354, Caracas 2006, pp. 167-197 y también en <http://www.histal.umontreal.ca/pdfs/FranciscoMirandaPrecursorDeTraducciones.pdf>.

Otro hecho es claro acerca de este William Burke y la autoría de este tercer libro, y es que para el momento en que apareció en Londres, en 1807, Miranda se encontraba todavía en el Caribe (Barbados), a la espera de regresar a Londres después de su fallida invasión a la Provincia de Caracas. Se trataba, en todo caso, de una publicación destinada a allanar su retorno, por lo cual del mismo recuento de su expedición publicado en el libro de Burke,[222] es posible concluir que buena parte de los textos hayan sido escritos por el propio Miranda, o bajo su dirección. El hecho es que los trabajos relacionados con su expedición y utilizados para el libro fueron enviados a Londres por Miranda con quien para el momento era su representante personal, el coronel Gabriel Conde de Rouvray, quien viajó desde Barbados con la documentación completa de la expedición para buscar el apoyo británico para una nueva invasión. Rouvray llegó a Londres en diciembre de 1806 y de inmediato se puso en contacto con dos intelectuales y autores muy distinguidos del mundo londinense, James Mill y Jeremy Bentham, quienes eran sus amigos más importantes en Londres.

Adicionalmente, Miranda debió haberles dejado a ellos, antes de su partida para su expedición, documentos importantes relacionados con el proceso de independencia hispanoamericana, incluyendo su propia biografía que fue publicada también en el libro de Burke. Dejando ahora a James Mill en Londres como representante de Miranda, Rouvray regresó a Barbados a principios de 1808, con copias del nuevo libro de Burke, *Additional Reasons...*, [Razones adicionales...], con el recuento de su expedición.[223] En ella, se sostuvo que si Gran Bretaña hubiera dado un apoyo eficaz a Miranda, su expedición no habría fracasado. Por lo demás, la segunda mitad del texto fue dedicada a pro-

---

222   De esta empresa, y además de la historia en el libro de Burke, se publicó en Nueva York un libro crítico (probablemente escrito por uno de los estadounidenses involucrados en la aventura): *The History of Don Francisco de Miranda's Attempt to Effect a revolution in South America in a Series of Letters*, Boston 1808, London 1809. Véase Mario Rodríguez, *"William Burke" and Francisco de Miranda. The Word and the Deed in Spanish America's Emancipation*, University Press of America, Lanham, New York, London 1994, p. 108.

223   Véase Mario Rodríguez, *"William Burke" and Francisco de Miranda. The Word and the and the Deed in Spanish America's Emancipation*, University Press of America, Lanham, New York, London 1994, p. 153.

mover el General Miranda como la persona más capaz para dirigir la tarea de liberar a la América Hispana, con el apoyo británico.

En esa época, James Mill era ya un filósofo e historiador escocés famoso y prominente escritor y columnista (1773-1836). Fue el padre de John Stuart Mill, y un escritor prolífico, siendo sus obras más conocidas las siguientes: *Historia Británica de la India* (1818), *Elementos de Economía Política* (1821), *Ensayo sobre el Gobierno* (1828) y *Análisis de los Fenómenos de la Mente Humana* (1829). Como editor y antes de la publicación de estas obras, había repasado todos los temas imaginables, habiendo en muchas ocasiones tratado cuestiones relativas a la independencia de la América Hispana, citando, por ejemplo, documentos de Juan Pablo Viscardo y Guzmán, que sólo Miranda tenía. El artículo *Pensamientos de un inglés sobre el estado y crisis presente de los asuntos en Sudamérica,* publicado en *El Colombiano,* un diario fundado por el mismo Miranda y editado en Londres, que apareció cada quince días, entre marzo y mayo de 1810, debía corresponder a Mill, como lo demuestran las referencias que se hacen en sus propios trabajos sobre la América Hispana publicados años antes en el *Edinburgh Review* (enero y julio de 1809). Este artículo fue reproducido también en la *Gaceta de Caracas* el 25 de enero de 1811, y sin duda fue llevado por Miranda a Venezuela, junto con muchos otros documentos, en diciembre de 1810.[224]

Jeremy Bentham, por su parte, abogado muy distinguido, filósofo y político radical, entre el universo de los asuntos de su interés, también se había ocupado de los asuntos hispano americanos. Él fue conocido principalmente por su filosofía moral, en especial basada en el principio del utilitarismo, que evaluaba las acciones sobre la base de sus consecuencias.

Es evidente que esta alianza entre Miranda, Mill y Bentham, es donde se puede encontrar el factor clave para identificar al prolífico escritor "William Burke," y su empresa editora, como un nombre de pluma o seudónimo, la cual produjo como resultado, no solo el diseño editorial de varios libros sobre la independencia de la América Hispana, sino también la promoción que se hizo en ellos al general Francisco de Miranda, incluyendo las referencias a las guerras napoleónicas de 1805. Todo esto sugiere que los libros de Burke eran en realidad libros

---

224   *Idem,* pp. 267-268.

de "naturaleza cooperativa,"[225] publicados con la participación del propio Francisco de Miranda y de sus amigos de Londres, Mill y Bentham,[226] quienes se familiarizaron con los Archivos de Miranda. Todos ellos se dedicaron a fomentar el proceso de la independencia de la América Hispana, buscando una rápida acción por parte de Inglaterra.[227]

---

225 Véase Eugenia Roldán Vera, *The British Book Trade and Spanish American Independence. Education and Knowledge Transmission in Transcontinental Perspective*, Ashgate Publishing, London 2003, p. 47. Mario Rodríguez es el autor que ha estudiado a "William Burke" de la manera más precisa y completa como el seudónimo que James Mill y Jeremy Bentham habrían utilizado para escribir varios artículos sobre la América Hispana. Véase Mario Rodriguez, *William Burke" and Francisco de Miranda: The World and Deed in Spanish America's Emancipation*, University Press of America, Lanham, New York, London 1994, pp. 123 ss., 509 ss., 519. Véase también Ivan Jasksic, *Andrés Bello. La pasión por el orden*, Editorial Universitaria, Imagen de Chile, Santiago de Chile 2001, pp. 96, 133.

226 En el grupo había otros supuestos amigos de Miranda, como el Dr. F.S. Constancio, tal vez otro seudónimo. Christopher Domínguez Michael dice que las iniciales FSM fueron utilizadas por José Francisco Fegorara y Fray Servando Teresa de Mier. Véase, *Vida de Fray Servando*, Ed. Era, México 2004, pp. 394, 447 ss. Mario Rodríguez pensó que era una persona verdadera conjeturando que podría haber también viajado a Caracas con el grupo de Miranda, en donde él habría sido un sustituto de "William Burke." Véase Mario Rodríguez, *William Burke" and Francisco de Miranda, cit.* pp. 248, 318, 514, 555.

227 Por ejemplo, Georges Bastin, en su "Francisco de Miranda, 'precursor' de Traducciones," explica de que es muy claro ver la intervención de Miranda en la publicación del libro de Burke: *South American Independence: or, the Emancipation of South America, the Glory and Interest of England*, en 1807, diciendo también que, como se mencionó anteriormente, en este documento "en su última parte cuando solicita la ayuda monetaria del gobierno, incluidos los números exactos que corresponden a proyectos de Miranda," y también que "En 1808, Miranda nuevamente prepara gran parte del libro de Burke titulado *"Razones adicionales para que nosotros emancipemos inmediatamente a Hispanoamérica"*.. "realizado en dos ediciones en Londres. en la segunda edición ampliada, como se ha dicho, Miranda incluye su traducción al Inglés de la *Lettre aux Espagnols Americains* por Viscardo y Guzmán, como así como cinco documentos con el título "Cartas y proclamas del general Miranda." Después la cooperación entre Miranda y Mill continuó como William Burke, en la redacción de artículos para the *Annual Register* y la *Edinburgh Review*. En particular, en enero 1809, James

James Mill y Jeremy Bentham estaban tan involucrados en el proceso de independencia de la América Hispana que incluso tuvieron el propósito de acompañar a Miranda en su regreso a Caracas en 1810.[228] Al final, no pudieron viajar, pero sus estudios, trabajos y documentos viajaron de forma efectiva en los valiosos Archivos de Miranda, por supuesto, en conjunto con "William Burke," que comenzó a publicar sus editoriales en la *Gaceta de Caracas*, incluso antes de su supuesto "viaje" a Caracas. Lo cierto, en todo caso, es que el Archivo de Miranda viajó tres veces en el mismo Sapphire, una Corbeta de la Armada Real: en diciembre de 1810, desde Portsmouth a La Guaira; en Julio de 1812, desde La Guaira a Curacao; y en 1814 de Curaçao a Portsmouth, y en al menos una ocasión, con seguridad, en el registro de los pasajeros a bordo estaba el nombre de "William Burke."

En resultado de todo esto fue que después de publicar tres libros en Londres entre 1806 y 1808, William Burke publicó, en año y medio (1810-1812), más de ochenta editoriales en la *Gaceta de Caracas*, refiriéndose a todos los imaginables sucesos importantes de aquellos tiempos, incluyendo la situación política en España, el debate sobre la tolerancia religiosa y sobre todo, el análisis del gobierno y de la Constitución de los Estados Unidos. Todos estos trabajos se basaron en documentos que habían sido escritos por Mill, Bentham y Miranda, en muchos casos, utilizando los documentos contenidos en los Archivos de Miranda. Además, puede incluso decirse que Juan German Roscio, como editor de la *Gaceta de Caracas*, y Francisco Xavier Ustáriz y Miguel José Sanz también publicaron algunos editoriales bajo el nombre de Burke en la *Gaceta*.

Por todo ello, no es de extrañar, como afirmó Augusto Mijares, que las recomendaciones de Burke en la *Gaceta* "de inmediato trae a la

---

Mill, con la ayuda de Miranda, publicó un artículo sobre "La emancipación de la América española" para el *Edinburgh Review* de 1809, N° 13, pp. 277-311. Véase Georges Bastin, "Francisco de Miranda, 'precursor' de traducciones," en *Boletín de la Academia Nacional de Historia de Venezuela,* N° 354, Caracas 2006, pp. 167-197; y también en <http://www.histal.umontreal.ca/pdfs/FranciscoMirandaPrecursorDeTraducciones.pdf>.

228 Véase Mario Rodríguez, *William Burke" and Francisco de Miranda, cit.* pp. 242, 315.

mente algunos de los proyectos de Miranda, donde la terminología es a veces seguida de Burke."[229]

Debe recordarse, por otra parte, que en carta de Roscio a Bello del 9 de junio de 1811, Miranda fue acusado de haber excusado a Burke ante el Arzobispo en la controversia sobre la cuestión religiosa, afirmando que la carta específica que la provocó había sido escrita por "Ustáriz, Tovar y Roscio."[230] También hay que mencionar, un supuesto "choque entre Miranda y Burke" mencionado en la misma carta que Juan Germán Roscio dirigió a Bello el 9 de junio de 1811, y en la cual exhibió todo su rencor en contra del Precursor.[231] En efecto, si en ese año crucial Roscio estaba en contra de las posiciones de Miranda, "Burke" también tenía que ser incluido debido a que "Burke" fue el nombre que Roscio, como editor de la *Gaceta de Caracas*, también debió haber utilizado, a veces traduciendo el trabajo de Mill, y a veces escribiendo él mismo.

Estos editoriales de la *Gaceta de Caracas* del 11, 15 y 18 de enero de 1811 fueron analizados por Mario Rodríguez, quien llegó a la conclusión de que fueron escritos por un hispano que claramente era Roscio. Lo mismo ocurrió en relación con el ensayo publicado en la edición del 19 de noviembre de 1811, escrito por Ustáriz, y otro ensayo escrito por Miguel José Sanz.[232] El nombre de Burke también fue utilizado por Roscio en *La Bagatela*, editado por Antonio Nariño en Santa Fe.[233] Por otra parte, algunos de los escritos de Burke, incluso, dieron lugar a importantes debates o polémicas como el relativo a la tolerancia religiosa, una cuestión que ya había sido tratada por Bentham en Londres.[234]

---

229 Véase Augusto Mijares, "Estudio Preliminar," William Burke, *Derechos de la América del Sur y México,* Vol. 1, Academia de la Historia, Caracas 1959, p. 21.

230 *Idem*, p. 26.

231 Debe recordarse el hecho de que cinco años antes, en 1807, Roscio fue el fiscal en contra de los miembros de la expedición de Miranda.

232 Véase Mario Rodríguez, *William Burke" and Francisco de Miranda, cit.* pp. 334, 337, 338, 417, 418.

233 *Idem*, p. 394

234 Véase el texto del artículo de Burke en la *Gaceta de Caracas* N° 20, de 19 de febrero de 1811, in Pedro Grases (Ed.), *Pensamiento Político de la Emancipación Venezolana*, Biblioteca Ayacucho, Caracas 1988, pp. 90-95 ss. Por otro lado, cabe mencionar que John Mill abordó específi-

Al final, setenta del importante conjunto de editoriales y artículos publicados en la *Gaceta de Caracas* por Burke entre noviembre 1810 y marzo de 1812, fueron recogidos en un nuevo libro de William Burke, el cuarto publicado en seis años, esta vez editado en dos volúmenes en Caracas, titulado *Derechos de la América del Sur y México, de William Burke, autor de "la Independencia del Sur de América, la Gloria e Interés de Inglaterra,"* Caracas, impreso por Gallagher y Lamb, impresores para el Supremo Gobierno, 1811.[235]

Este libro, de hecho, fue publicado incluso antes de que la nueva Constitución Federal de 21 de diciembre de 1811 fuera sancionada: el primer volumen en julio de 1811, y el segundo volumen, en octubre de 1811,[236] el último incluso contiene algunos de los textos de los ensayos que serían posteriormente publicados en la *Gaceta de Caracas*, hasta el 20 de marzo de 1811, cuando apareció el último artículo de Burke justo antes del terrible terremoto que ocurrió en Venezuela (26 de marzo de 1812). Durante esos meses de la publicación de los dos volúmenes, sin duda, el propio Miranda debió haber participado en su edición, junto con sus auxiliares inmediatos, Manuel Cortés de Campomares y José María Antepara. El primero, uno de los conspiradores en la Conspiración de San Blas de Madrid y en la Conspiración de Gual y España; y el segundo, el que apareció publicando otro libro con papeles de Miranda en Londres, justo cuando éste viajó a Caracas en 1810: *Miranda y la emancipación suramericana*.

Si William Burke hubiera sido una persona real, habría sido uno de los escritores más distinguidos de su tiempo, y habría sido conocido en los círculos intelectuales de Londres y más tarde de Caracas. Pero el

---

camente el tema de la tolerancia religiosa entre 1807 y 1809 en colaboración con Jeremy Bentham.

235 Véase en la edición de la Academia de la Historia, William Burke, *Derechos de la América del Sur y México,* 2 vols, Caracas 1959. Tal vez por eso, José M. Portillo Valdés señaló que "William Burke" habría sido, al menos de acuerdo con los escritos publicados en Caracas, una "pluma colectiva" utilizada por James Mill, Francisco de Miranda and John Germán Roscio. Véase José M. Portillo Valdés, *Crisis Atlántica: Autonomía e Independencia en la crisis de la Monarquía Española*, Marcial Pons 2006, p 272, nota 60. Contra Karen Racine, *Francisco de Miranda: A Transatlantic Life in the Age of Revolution*, SRBooks, Wilmington, 2003, p 318.

236 Véase Mario Rodríguez, *William Burke" and Francisco de Miranda, cit.* pp. 399, 400, 510, 519.

hecho es que no se sabe nada acerca de este personaje, a quien la historiografía venezolana, como hemos dicho, identifica sólo como irlandés, amigo de Francisco de Miranda durante sus últimos años en Londres, y quien supuestamente habría viajado a Venezuela animado por el propio Miranda, contribuyendo con su escritura a las ideas que conformaron la base constitucional del proceso constituyente venezolano de 1811. En las crónicas de la vida en Caracas durante los días de la independencia, sin embargo, como se dijo, sólo se menciona a por sus escritos y no a su persona.

Las única referencia que se ha hecho acerca de alguien con el nombre de Burk se hizo después del terremoto de marzo 1812, por un escocés llamado John Semple, en una carta que escribió a su hermano Mathew Semple, donde mencionó algunos "americanos" que habían sobrevivido al terremoto, entre ellos uno de apellido Burke.[237] Este "americano" Burke habría sido el mismo Burke que en junio de 1812 Miranda pensó enviar en una misión para negociar el apoyo militar y político con los Estados Unidos.[238] Cabe mencionar que Augusto Mijares se refiere a este hecho, pero de otro modo, indicando que, debido a un supuesto desacuerdo en la relación entre Burke (editoriales de Burke) y Miranda, evitó que Burke "saliera del país, incluso cuando aparentemente tenía documentos para el gobierno de los Estados Unidos del Norte."[239]

En cualquier caso, fue a través de los escritos de Burke y su referencia al sistema constitucional de América del Norte y del funcionamiento del sistema federal de gobierno, que estas ideas influyeron en la redacción de la Constitución Federal Venezuela de 1811 y de los *documentos oficiales* de la Independencia contenidos en el libro de Londres de 1812. Entre muchos otros elementos, esto puede ser corroborado, por ejemplo, en el uso de la expresión norteamericana "derechos del pueblo" y "soberanía del pueblo" en lugar de las expresiones francesas como "derechos del hombre y del ciudadano" o "soberanía de la

---

237 Véase la carta del 3 de abril de 1811 en *Tres testigos europeos de la Primera República*, Caracas 1934, pp. 86-87

238 Véase Mario Rodríguez, *William Burke" and Francisco de Miranda*, cit. pp. 399, 400, 455, 456, 474, 568, 570

239 Véase las referencias en Augusto Mijares, "Estudio Preliminar," William Burke, *Derechos de la América del Sur y México*, Vol. 1, Academia de la Historia, Caracas 1959, pp. 25.

Nación", contenidas en la Declaración de los Derechos del Pueblo del 1 de julio de 1811.[240]

VII. FRANCISCO DE MIRANDA, LA SEDE LONDINENSE DE LOS ESFUERZOS POR LA INDEPENDENCIA DE SURAMÉRICA Y SUS ÚLTIMOS INTENTOS DE LOGRARLA

William Burke, o mejor dicho, los escritos de William Burke, y través de ellos la influencia de los principios norteamericanos de gobierno en el proceso de independencia de América del Sur, sin duda, fue posible gracias a la presencia de Miranda en Londres a principios del siglo XIX, quien fue el instrumento más formidable para el establecimiento de un círculo extenso que comprendió a todos aquellos que vivían o visitaban Londres con interés en dicho proceso. Se puede decir que de hecho, Miranda tuvo contacto con personas en todo Suramérica, y con todos los suramericanos que vivieron en Londres. Para sólo recordar uno, vale la pena destacar su carta de consejos dirigida a Bernardo O'Higgins, el Libertador de Chile, antes de que éste saliera de Londres para regresar a Santiago de Chile, en la que le decía: "desconfiad de todo hombre que haya pasado de la edad de cuarenta años, a menos que os conste que sea amigo de la literatura y particularmente de aquellos libros que hayan sido prohibidos por la inquisición;" concluyendo con su consejo de que "No olvidéis ni la Inquisición, ni sus espías, ni sus sotanas, ni sus suplicios."[241]

Entre esas relaciones, estaban las establecidas con el mundo de la edición, de los escritores, de los intelectuales, de los libreros especializados, de las casas de impresión, y de los editores de revistas españolas relacionadas con asuntos americanos. Fue debido a esas relaciones que la publicación de los *documentos oficiales* de la Independencia fue posible, pudiendo considerarse el libro *Documentos Oficiales Interesantes*, en forma indirecta, como la última empresa editorial en Londres alentada por Miranda desde Caracas; un libro que como se mencionó, Miranda nunca llegó a ver, pues cuando comenzó a circular en Londres ya estaba preso.

---

240 Véase William Burke, *Derechos de la América del Sur y México, cit.,* Tomo I, pp. 113, 118, 119, 120, 123, 127, 141, 157, 162, 182, 202, 205, 241.

241 Véase en Francisco de Miranda, *América Espera, cit*, pág. 242-244.

Durante el tiempo en el cual Miranda y sus colaboradores, principalmente Campomares y Antepara, se encontraban en Caracas, el proceso de edición del libro en Londres estuvo en las manos de Andrés Bello, quien después de llegar con la delegación oficial de Venezuela en 1810, nunca más regresó a Venezuela. Para esa tarea, en todo caso, tenía toda la capacidad necesaria: no sólo había sido el editor de la *Gaceta de Caracas* de 1808 a 1810, sino que antes, había tenido una experiencia muy importante del gobierno en Venezuela, como Oficial Mayor de la Capitanía General. También, en los meses previos a su viaje a Londres, había sido un cercano colaborador de Juan Germán Roscio, Secretario de Relaciones Exteriores de la Junta Suprema.

Bello, por lo tanto, estaba preparado para manejar el proceso de edición y publicación de tan importante testimonio, el cual asumió hospedándose en la propia casa de Miranda, en su calidad de Secretario de la Delegación Venezolana ante el Gobierno Británico, que fue una posición que le permitió continuar con los contactos y las relaciones que había establecido Miranda con la comunidad de habla hispana en Londres. Entre los miembros de la misma, particular referencia debe hacerse a José María Blanco y Crespo, más conocido como Blanco-White, quien era un distinguido español de Sevilla, exiliado en Londres, editor en 1810 del periódico *El Español*, publicado en castellano en Londres por el librero francés Durlau.[242] Blanco-White fue uno de los primeros europeos que defendió el proceso de independencia en la América Hispana,[243] y como él estaba relacionado con el mundo editorial de la ciudad, él debe haber sido, sin duda, el vehículo mediante el cual Bello, que había permanecido en estrecho contacto con Roscio, tomó a su cargo la edición del libro,[244] con el mismo librero francés,

---

242 Véase *The Life of the Reverend Joseph Blanco White, written by himself with portions of his correspondence*, John Hamilton Thom, London 1845 (Sevilla 1988), p. 22.

243 El Acta de Independencia fue publicado en *El Español*, N° XVI, London, October 30, 1811, p. 44. Véase el texto en Juan Goytisolo, *Blanco White. El Español y la independencia de Hispanoamérica,* Taurus 2010, pp. 197 ss. Por esta razón, entre otras cosas, el Consejo de Regencia prohibió su difusión en América.

244 Esta es la misma impresión de Carlos Pi Sunyer, *Patriotas Americanos en Londres. Miranda, Bello y otras figuras*, Monteavila Editores, Caracas 1978, pp. 217-218.

Durlau, quien había sido precisamente el mismo editor de los libros de William Burke, y quien tenía su Librería en la plaza Soho de Londres.

De todos estos hechos, puede decirse que el libro *Documentos Oficiales Interesantes* fue, sin duda, la última aventura editorial indirecta de Miranda en Londres, que había comenzado más de una década antes, en 1794, con sus recuentos de su experiencia durante la guerra francesa[245] y, más tarde, en 1799, apenas regresó a Londres después de haber comandado el Ejército francés del Norte, con la publicación de la carta escrita en París en 1791 por Juan Pablo Viscardo y Guzmán Nait, un precursor ex-jesuita y notable intelectual de la independencia de América Hispana, titulado *Letter to the Spanish Americans*."[246] El manuscrito de esta carta con todos sus papeles, habían sido dejados por Viscardo, antes de su muerte, al Ministro Americano en Londres, Rufus King, quien decidió dárselos a Miranda. Luego, Miranda, con la ayuda de King, publicó en Londres la carta de Viscardo en 1799, como un libro con pie de imprenta en Filadelfia, titulado *Lettre aux Espagnols-Américains par un de leurs compatriots*,[247] indicándose en la "Publicidad" del mismo que su autor era Viscardo y Guzmán. Dos años más tarde, en 1801, Miranda tradujo la carta al español y la publicó de

---

245 Véase Francisco de Miranda, *Correspondence du général Miranda avec le general Doumoriez, les ministres de la guerre, Pache et Beumonville*, Paris 1794. Este libro fue traducido al Inglés y publicado por Miranda en Londres en 1796. Según Mario Rodríguez, esta publicación fue motivada por las críticas hechas contra Miranda, por considerarlo un "aventurero" al unirse a los ejércitos franceses, en un libro publicado por Jacques Pierre Brissot de Warville, *Letter to his Constituents*, el cual fue traducido por William Burke con Prólogo de Edmond Burke, London 1794. Véase Mario Rodríguez, *"William Burke" and Miranda*, *cit.*, pp. 128, 545-546. Como señaló Rodríguez, este fue el único contacto indirecto de Miranda con los escritores irlandeses que murieron antes de finales del siglo. *Idem*, p. 128.

246 Miranda habría usado sólo algunos de los documentos, porque casi todos los que no estuvieron en los archivos de Miranda fueron encontrados en los archivos dl político estadounidense, Rufus King, quien originalmente los había recibido. Véase Merle E. Simmons, *Los escritos de Juan Pablo Viscardo y Guzmán. Precursor de la Independencia Hispanoamericana*, Universidad Católica Andrés Bello, Caracas, pp. 15-19.

247 Philadelphia, MDCCXCXIX. La carta también fue publicada en *The Edinburgh Review*. Véase Tomás Polanco Alcántara, *Miranda, cit.* p. 248.

nuevo, esta vez con pie de imprenta en Londres, como la "*Carta dirigida a los Españoles Americanos por uno de sus compatriotas.*"[248] Esta carta, gracias a la publicidad dada a ella por Miranda, tuvo una enorme influencia en el movimiento de Independencia en la América Hispana, habiendo quedado reflejado su contenido, por ejemplo, en la Declaración de la Independencia y en la Constitución de Venezuela de 1811.[249]

Entre las múltiples relaciones y conocidos que Miranda tuvo en Londres, hay que destacar a un joven asistente francés que conoció en la librería Durlau, Pedro Antonio Leleux, quien se convertiría en su secretario personal, y a su asistente en Londres y luego en Caracas, Manuel Cortés Campomares, quien como se dijo, había participado con Picornell y Gomilla en la fallida conspiración de San Blas en Madrid para cambiar la monarquía por un gobierno republicano (1796). Una vez detenido y condenado, fue también enviado a prisión en las mazmorras del Caribe, llegando junto con Picornell al Puerto de La Guaira. Después de escapar, participó en 1797 en la Conspiración de Gual y España contra el gobierno colonial, y años después entró en contacto con Miranda en Londres en 1809.[250] Fue Campomares quien le presentó a Miranda a otra persona que debe mencionarse, quien también jugó un papel especial como su ayudante, y quien fue José María Antepara, y quien sería el editor de otro libro importante, esta vez de y sobre Miranda, titulado *South American Emancipation. Documents, Historical and Explanatory Showing the Designs which have been in Progress and the Exertions made by General Miranda for the South American Emancipation, during the last twenty five years* [Miranda y la emancipación suramericana, Documentos, históricos y explicativos, que muestran los proyectos que están en curso y los esfuerzos hechos por el general Miranda durante los últimos veinticinco años para la consecución de este objetivo].[251] Ambos Campomares y Antequera,

---

248   P. Boyle, London 1801.

249   Véase Georges L. Bastin, "Francisco de Miranda, 'precursor' de traducciones," en *Boletín de la Academia Nacional de Historia de Venezuela*, N° 354, Caracas 2006, pp. 167-197, y también en <http://www.histal.umontreal.ca/pdfs/FranciscoMirandaPrecursorDeTraducciones.pdf>.

250   Véase Mario Rodríguez, *William Burke" and Francisco de Miranda*, cit. pp. 248, 555.

251   Editado por R. Juigné, London 1810. Véase la primera edición del libro en español: José María Antepara, *Miranda y la emancipación surame-*

además, colaboraron con Miranda en la edición del diario *El Colombiano* en Londres en 1810. Ambos viajaron con Miranda a Caracas en 1810, y ambos lograron escapar de La Guaira, la noche del 30 de julio de 1812, en la Corbeta de Guerra HRM Saphire, con el Archivo de Miranda, mientras Miranda era encarcelado.[252]

Fue en julio de 1810, cuando Miranda recibió a los miembros de la delegación oficial enviada a Londres por el nuevo gobierno de la Provincia, compuesto, como ya se ha mencionado, por Simón Bolívar, Luis López Méndez y Andrés Bello. Miranda les presentó a las autoridades británicas poniéndolos en contacto con la comunidad de intelectuales y sus amigos políticos británicos, incluyendo a Mill y a Bentham, así como con los hispanos y americanos residentes en Gran Bretaña, y que estaban en desacuerdo con el proceso de Cádiz en España y apoyaban la revolución hispanoamericana, como Blanco White. Todos ellos formaron un círculo editorial importante que se utilizó en el momento de difundir las ideas de Miranda sobre la independencia de la América española. Fue durante esos meses, con la ayuda de Mill y Bentham, y las traducciones realizadas por Bello, cuando Miranda preparó todos los documentos, artículos y editoriales que viajaron en su Archivo, y que unos meses más tarde aparecerían publicados en la *Gaceta de Caracas* bajo el nombre de William Burke.[253]

Sin embargo, debe indicarse que el primer artículo del propio Mill y de William Burke fueron publicados incluso antes de la llegada de Miranda a Venezuela, enviados a través de Andrés Bello directamente a Juan Germán Roscio, el editor de la *Gaceta de Caracas*.[254]

---

ricana, Documentos, históricos y explicativos, que muestran los proyectos que están en curso y los esfuerzos hechos por el general Miranda durante los últimos veinticinco años para la consecución de este objetivo (Carmen Bohórquez, Prólogo; Amelia Hernández y Andrés Cardinale, Traducción y Notas), Biblioteca Ayacucho, Caracas 2009.

252 Véase Giovanni Meza Dorta, *Miranda y Bolívar, Dos Visiones*, bid & co, editors, 3a ed., Caracas 2011, pp. 24-27.

253 Véase Mario Rodríguez, *William Burke" and Francisco de Miranda*, cit. pp. 271, 316, 318, 518, 522. Esos documentos, básicamente, viajaron en los archivos de Miranda, aunque algunos de ellos deben haber sido enviados antes por Bello a Roscio, el editor de *Gaceta de Caracas*.

254 El primer editorial de Burke apareció en la edición de la *Gaceta de Caracas* del 23 de noviembre de 1810, antes de la llegada de Miranda, que fue enviados probablemente junto con algunos suministros traídos

Fue así, durante los mismos días cuando los visitantes venezolanos se estaban acostumbrando a la vida en Londres, que el propio Miranda editó en septiembre de 1810, el libro ya mencionado que apareció bajo el nombre de José María Antepara, *La emancipación de América del Sur* ....[255] Para su publicación, Miranda recibió un importante apoyo financiero por parte de algunos exiliados hispanoamericanos. Entre las contribuciones notorias la actividad editorial de Miranda desde su llegada a Londres en 1809, por ejemplo, se destaca la dada por la prominente familia Fagoaga de México, a través del Segundo Marqués de Apartado, José Francisco Fagoaga y Villaurrutia, su hermano Francisco y su primo Wenceslao de Villaurrutia, después del movimiento autonomista liderado por el Ayuntamiento de la Ciudad de México en 1808. Entre los amigos comunes de la familia Fagoaga y Miranda estaba precisamente José María Antepara, que se asoció con Miranda en proyectos editoriales, en libros, al igual que en la nueva publicación de la carta Vizcado y Guzmán y en el periódico *El Colombiano*. En el diseño y publicación de los libros, con el financiamiento de los Fagoaga, contribuyeron Manuel Cortés Campomanes, James Mill y José Blanco White, antes de que éste fundara su propio periódico *El Español*.[256]

En cuanto al libro de Antepara sobre la *Emancipación de América del Sur*.., si bien es cierto que no se editó bajo con la autoría de Miranda, el libro contiene una colección de documentos, la mayoría del propio Miranda o sobre él, todos ellos procedentes de su valioso Archivo, incluyendo la Carta de de Viscardo y Guzmán, y el artículo de James

---

de Londres para la imprenta de la *Gaceta*. Véase Mario Rodríguez, *William Burke" and Francisco de Miranda*, cit., pp. 296, 297, 311.

255   Editado por R. Juigné, London 1810. Véase la primera edición española del libro: José María Antepara, *Miranda y la emancipación suramericana, Documentos, históricos y explicativos, que muestran los proyectos que están en curso y los esfuerzos hechos por el general Miranda durante los últimos veinticinco años para la consecución de este objetivo* (Carmen Bohórquez, Prólogo; Amelia Hernández y Andrés Cardinale, Traducción y Notas), Biblioteca Ayacucho, Caracas 2009.

256   Véase Salvador Méndez Reyes, "La familia Fagoaga y la Independencia" Ponencia al 49 Congreso Internacional de Americanistas, Quito 1997, en <http://www.naya.org.ar/con-gresos/contenido/49CAI/Reyes.htmen>.

Mill sobre la *"Emancipación de América del Sur"* en el que hizo los comentarios a dicha carta.[257]

Este libro de Antepara fue, por tanto, la última de las empresas editoriales directas de Miranda en Londres, con el cual se buscaba, persuadiendo a la opinión pública, presionar al Gobierno británico sobre la necesidad de apoyar a Francisco de Miranda en el proceso de la liberación de la América Hispana y el gran potencial que ello significaba para la prosperidad inglesa a largo plazo. Para este proyecto editorial, Miranda, y por el apoyo sustancial de los Fagoaga, permitió que el nombre de José María Antepara apareciera como editor del libro, escribiendo su prólogo.[258] Una copia del libro fue recibida por Miranda, una vez en Caracas, ya que en octubre de 1810 había viaadoó a Venezuela, acompañado por sus dos amigos Manuel Cortés de Campomanes y José María Antepara, en conjunto con su Archivos, y, sin duda, con la pluma de "William Burke."

Fue, por tanto, en este ambiente dinámico hispanoamericano en Gran Bretaña, que la delegación de Venezuela de 1810 se movió en Londres. Bolívar sólo permaneció en la ciudad unos pocos meses regresando a Venezuela en diciembre del mismo año 1810. Se embarcó, efectivamente, en la corbeta de guerra, *HRM Sapphire* de la Armada Real, donde viajó el Archivo de Miranda. Miranda, por su parte, tuvo que navegar en otro buque, el *Avon*, debido a la petición de las autoridades británicas de que no viajara con la delegación oficial venezolana, por su involucramiento político directo en el proceso de independencia americana, Sin embargo, su precioso Archivo de 62 volúmenes, como se dijo, si navegó en el *Sapphire* bajo la custodia de su secretario Pedro

---

257   *Idem.*

258   Véase, por ejemplo, la cita al "Manifiesto de Venezuela" en José Guerra (seudónimo de fray Servando Teresa de Mier), *Historia de la revolución de Nueva España o antiguamente Anahuac o Verdadero origen y causas con la relación de sus progresos hasta el presenta año 1813*, Guillermo Glindon, Londres 1813, Vol. II, p. 241, nota. Véase la cita en Carlos Pi Sunyer. *Patriotas Americanos en Londres (Miranda, Bello y otras figuras)*, (Ed. y prólogo de Pedro Grases), Monteávila Editores, Caracas 1978, p. 218.

Antonio Leleux, y de Bolívar,[259] llegando a La Guaira, unos días antes de la propia llegada de Miranda, el 10 de diciembre de 1810.

Para el momento en el cual los viajeros regresaban a Caracas, el Consejo de Regencia de España, desde agosto de 1810, ya había decretado el bloqueo de las costas de Venezuela,[260] a lo cual siguió, en enero de 1811, el nombramiento de Antonio Ignacio de Cortabarria como Comisionado Real para "pacificar" a los venezolanos. Él fue el encargado de organizar la invasión de Venezuela desde la sede colonial ubicada en la isla de Puerto Rico, al mando de Domingo de Monteverde, quien en tal carácter desembarcó en Coro el año siguiente, en febrero de 1812, en las mismas costas, donde seis años antes, Francisco de Miranda había desembarcado por un breve tiempo (1806).

Unos meses más tarde, el 25 de julio de 1812, como se mencionó anteriormente, fue que se firmó la Capitulación entre los dos jefes militares, la cual una vez ignorada por Monteverde, provocó la detención de todos los llamados "monstruos de América," incluidos Roscio y Miranda. Además, la persecución de los patriotas fue generalizada, las dependencias de la República y sus archivos fueron saqueados, sus territorios ocupados por las tropas españolas y todos sus líderes encarcelados o exiliados.

Un mes antes de la Capitulación, el 26 de junio de 1812, Miranda había ordenado el embargo del Puerto de La Guaira, a los efectos de evitar la salida libre de buques, en particular aquellos buques americanos que habían llegado unas semanas antes con ayuda humanitaria para las víctimas del terremoto de marzo. Pensaba que todos los buques podrían ser utilizados para una posible evacuación de oficiales, y funcionarios, incluidos los que, según sus planes, podrían dirigirse hacia Cartagena de Indias con el fin de continuar con los esfuerzos de la independencia. Después de la Capitulación, el 30 de julio de 1812 llegó

---

259 Véase William Spence Robertson, *Diary of Francisco De Miranda: Tour of the United States 1783-1784*, The Hispanic Society of America, New York, 1928, p. xx.

260 José Blanco White comentó sobre esta "acción de la estupidez de la Regencia," en un artículo publicado en el *Morning Chronicle* de Londres el 5 de septiembre de 1810: "Letter of a Cádiz Spaniard to a friend of his in London," que fue reproducida por Roscio en la *Gaceta de Caracas*, en el 30 de octubre 1810. Véase Mario Rodríguez, *"William Burke" and Francisco de Miranda,* cit. p. 313.

Miranda a La Guaira, levantando el embargo con la clara intención de abandonar el país.

Anteriormente, había dado instrucciones a su asistente y secretario, Pedro Antonio Leleux, para que pusiera su Archivo a bordo de un barco británico, lo cual hizo, consignándolos, para una mayor seguridad, a un comerciante Inglés llamado George Robertson, de la firma de Robertson & Belt, de Curazao.[261] Así el Archivo fue embarcado precisamente en la misma corbeta de guerra, el *HRM Sapphire*, comandada por el capitán británico Henry Haynes, en la que coincidencialmente había viajado, el mismo Archivo, desde Inglaterra a La Guaira en 1810, con todos los papeles y documentos que posteriormente serían publicados en la *Gaceta de Caracas*, bajo el nombre de William Burke.

El hecho más interesante de toda esta historia es que, como fue reportado oficialmente por el Capitán Haynes en Curazao dos días después, el 1 de agosto de 1812, en el mismo *Sapphire* que navegó el 30 de julio de 1812 desde el puerto de La Guaira, entre sus 37 pasajeros, además de los dos principales ayudantes de Miranda, "teniente general Cortés," sin duda, Manuel Cortes de Campomares, identificado como un español europeo, de profesión "Artillería," y el "capitán José María Antepara," identificado como de América del Sur, de profesión "Infantería;" había dos personas listadas bajo el nombre de Burke: un "William Burke", identificado como británico, de profesión "Cirujano," "previamente en el Servicio británico," y otro "teniente Burke," también identificado como de profesión "Caballería", "previamente en el Servicio británico".[262]

¿Quiénes eran estos Burke? No hay duda de que, debido a la debacle de la noche del 30 de julio de 1812, cuando se expidió la prohibición a los extranjeros para navegar, y se produjo el encarcelamiento de muchos patriotas, algunas personas distintas a las mencionadas por el Capitán Haynes deben haber estado a bordo de su buque, probablemente ocultando sus nombres reales mediante el uso de la denominación "Burke" que nadie iba a cuestionar. Tal vez uno de ellos era, precisa-

---

261 Véase William Spence Robertson, *Diary of Francisco De Miranda: Tour of the United States 1783-1784*, The Hispanic Society of America, New York, 1928, p. xxi.

262 Véase W.O.1/112- Curacao. 1812. Vol 2nd. Folios 45 and 46 C.O.T Gov'Hodgson. In *Documentos relativos a la Independencia. Copiados y traducidos en el Record Office de Londres por el doctor Carlos Urdaneta Carrillo*. Año de 1811-1812. Fol. 478-479.

mente, Pedro Antonio Leleux, secretario personal y asistente de Miranda a quien le había encargado la tarea de embarcar su Archivos en un barco británico, lo cual hizo en el *Sapphire*, un hecho que testificó el propio Capitán Haynes.[263] Sin embargo, el nombre de Leleux, quien también escapó esa misma noche de La Guaira,[264] tal como informó él mismo, no se incluyó en la lista elaborada por el Capitán Haynes en Curazao. El propio Leleux sólo explicó en una carta enviada a la canciller Vanisttart, probablemente desde Curazao, el 26 de agosto de 1812, que "se las arregló para escapar subiéndose a un barco británico, donde permaneció escondido en un montón de paja para las mulas hasta después de haber vagado por diez día llegó a Curazao a la casa de Robertson & Belt."[265]

¿Zarpó Leloux, de hecho, en el *Sapphire* con el nombre de William Burke, un nombre que conocía perfectamente? Leloux, además, conocía muy bien el Sapphire, porque ya había navegado en él desde Londres a La Guaira en diciembre de 1810, a donde llegó, precisamente, con el mismo Archivos de Miranda, junto con José María Antepara y Simón Bolívar.[266]

El hecho es que, tras la debacle de La Guaira y la caída de la Primera República de Venezuela, el prolífico escritor, William Burke, quien figuraba como pasajero del *Sapphire*, simplemente desapareció. Ninguna otra noticia sobre él se registra en la historia, salvo una referencia en la historiografía venezolana que narra que murió en Jamaica en ese mismo año, 1812.

---

263   Véase Giovanni Meza Dorta, *Miranda y Bolívar, Dos visions*, 3a ed., bid & co. Editor, Caracas 2011, p. 21.

264   Véase la carta de Leleux al canciller Nicolás Vansittart del 26 de agosto de 1812, en Giovanni Meza Dorta, *Miranda y Bolívar, Dos visions*, 3a ed., bid & co. Editor, Caracas 2011, Appendix 15, pp. 194-197. Véase en el testimonio del Capitán Haynes, en Tomás Polanco Alcántara, *Miranda, cit.* p. 322.

265   Véase Giovanni Meza Dorta, *Miranda y Bolívar, Dos visions*, 3a ed., bid & co. Editor, Caracas 2011, p. 197.

266   Véase Mario Rodríguez, *"William Burke" and Miranda, cit,* p. 317. Miranda conoció a Pedro Antonio Leleux en la librería Durlau en Soho Square, Londres, donde entre otros, se distribuían los libros de Burke y el libro *Interesting Official Documents*. Véase Paúl Verna, *Pedro Leleux, el francés edecán secretario y amigo de confianza de Miranda y Bolívar*, Comité Ejecutivo del Bicentenario de Simón Bolívar, Caracas 1982.

En cuanto al valioso Archivos de Miranda, después de su viaje a Curaçao también desapareció y sólo fue encontrado más de un siglo después en Inglaterra. Los baúles, con el Archivo, habían sido enviados a Londres desde Curaçao, a través de Jamaica, precisamente en el mismo *HRM Shappire*, en 1814 dirigidos a Lord Bathurst, Secretario de Estado de Guerra y de las Colonias, habiendo permanecido los legajos que contenían en su oficina en Londres, hasta que, como presidente del Consejo Privado, dejó de servir a la Corona en 1830. En 1830 fueron trasladados a su residencia personal en Cirencester, como parte de las cosas de su propiedad personal, donde fueron descubiertos en 1922, por el biógrafo de Miranda, William Spence Robertson.[267]

Por otra parte, como se dijo, fue precisamente en los mismos días de la detención de Miranda en La Guaira, en julio 1812, que las copias del libro, sobre los *Documentos Oficiales Interesantes* de la Independencia, comenzaron a circular en Londres, habiendo sido objeto de citas y comentarios,[268] explicando oficialmente causas de la independencia y la construcción de una nueva República que en realidad ya había desaparecido. En ese momento, las Provincias de Venezuela ya estaban ocupadas por el ejército español, y sometidas a la dictadura militar de la conquista que en ellas se estableció, con un profundo desprecio al marco constitucional republicano que había sido construido en las provincias.

En todo caso, en contrate con ese y todos los gobiernos militares posteriores que se han instalado en Venezuela, el precioso libro de Londres, *Documentos Oficiales Interesantes Relativos a las Provincias Unidas de Venezuela* siempre permanecerá como el testimonio más extraordinario de la primera experiencia de construcción de una república democrática, aplicando los principios del constitucionalismo

---

267 Véase William Spence Robertson, *Diary of Francisco De Miranda: Tour of the United States 1783-1784*, The Hispanic Society of America, New York, 1928, p. xxvi.

268 Véase, por ejemplo, la cita al "Manifiesto de Venezuela" en José Guerra (seudónimo de fray Servando Teresa de Mier), *Historia de la revolución de Nueva España o antiguamente Anahuac o Verdadero origen y causas con la relación de sus progresos hasta el presenta año 1813*, Guillermo Glindon, Londres 1813, Vol II, p. 241, nota. Véase the citation in Carlos Pi Sunyer. *Patriotas Americanos en Londres (Miranda, Bello y otras figuras)*, (Ed. y prólogo de Pedro Grases), Monteávila Editores, Caracas 1978, p. 218.

moderno tal como habían derivado de las revoluciones francesa y norteamericana. En el se incluyeron, como se ha dicho, los principales documentos que apoyaron y validaron el proceso de Independencia de Venezuela desarrollado durante los tres cruciales años, desde 1808 hasta 1811. Estos documentos integran una colección de textos políticos y constitucionales de primera línea, que reflejaron todas las circunstancias y las incertidumbres de lo que fue el primer movimiento de independencia de la América Hispana, y que se llevó a cabo en las siete provincias de la antigua Capitanía General de Venezuela y que condujo a la Revolución hispanoamericana.

El movimiento, como se ha dicho, siguió algunas de las acciones y las progresiones que se habían desarrollado treinta años antes en los Estados Unidos y veinte años antes en Francia. Los documentos que se incluyeron el en libro, también, reflejan las particularidades del primer proceso constituyente que tuvo lugar en la América Hispana después que la independencia fuera declarada formalmente en Venezuela, mostrando así el gran esfuerzo constitucional que se adelantó, entre otros, por destacados juristas que tomaron parte en su redacción; todo con el propósito de formar un nuevo Estado independiente, federal y republicano en los territorios de las antiguas colonias españolas, separadas del Poder Real. Estas provincias se habían declarado como Estados soberanos, habiendo adoptado cada uno su propia constitución o forma de gobierno (Constituciones Provinciales), bajo los principios del constitucionalismo moderno, sólo unas pocas décadas después de que estos principios habían surgido de las revoluciones americana y francesa.[269]

El libro, como un todo, estaba dirigido a explicar al mundo, con pruebas por escrito, las razones que habían tenido las antiguas provincias para declararse independientes, y sobre todo, como se mencionó anteriormente, estaba dirigido al lector inglés, pues era en Inglaterra donde hasta entonces y como se indica en las *Observaciones Preliminares*:

> "Las prensas públicas no han hecho hasta ahora otra cosa, que estampar sobre las revoluciones americanas una señal de reprobación, presentándonos solamente miras superficiales y hechos alte-

---

269 Véase *Las Constituciones Provinciales* (Estudio Preliminar por Ángel Francisco Bice), Biblioteca de la Academia Nacional de la Historia, Caracas 1959; Allan R. Brewer-Carías, *Historia Constitucional de Venezuela*, Tomo I, Editorial Alfa, Caracas 2008, pp. 239 ss.

rados, y esto casi siempre con el colorido de la preocupación ó de la malignidad: de modo que aun las causas y la tendencia de las revoluciones han sido groseramente desconocidas ó desfiguradas."

En las *Observaciones Preliminares*, por lo tanto, se dijo que Venezuela, con "la resolución de hacerse independiente," sabía que "iba a provocar toda la cólera de sus enemigos," por lo que con la publicación de documentos en el libro, se esperaba que siendo Gran Bretaña un país "de la ilustración y la liberalidad [...] tan mezquinos sentimientos" no existirían, teniendo "hombres que miren con el placer más vivo y puro los progresos de la libertad general, y la extensión de la felicidad del género humano."

Por lo tanto, incluso en la Declaración de Independencia, los redactores afirmaron que "antes de usar de los derechos de que nos tuvo privados la fuerza, por más de tres siglos, y nos ha restituido el orden político de los acontecimientos humanos", Venezuela procedió a "patentizar al universo las razones que han emanado de estos mismos acontecimientos y autorizan el libre uso que vamos a hacer de nuestra soberanía".

Para ello, como se ha mencionado, se siguieron los principios fundamentales del constitucionalismo moderno que en esa forma se aplicaron por primera vez en la historia después de su concepción en las revoluciones americana y francesa del siglo XVIII.

Doscientos años más tarde esos principios siguen siendo hoy en día los principios básicos para establecer la democracia moderna, por lo que no es de extrañar que en un futuro próximo vuelvan a ser esgrimidos con el fin de reconstruir las instituciones que han sido demolidas en Venezuela por el gobierno autoritario que, a comienzos del siglo XXI, y durante más de una década, ha asaltado su gobierno. Quizás, entre otras cosas, debamos los venezolanos recordar, doscientos años después de la publicación del libro, lo mismo que el Congreso General en el *Manifiesto* al mundo de 1811 explicaba al referirse a las causas que justificaron la independencia de Venezuela, y mencionar el "derecho de insurrección de los pueblos" contra gobiernos despóticos, partiendo de la afirmación de que "los gobiernos no tienen, no han tenido, ni pueden tener otra duración que la utilidad y felicidad del género humano;" y que los reyes o gobernantes "no son de una naturaleza privilegiada, ni de un orden superior a los demás hombres; que su autoridad emana de la voluntad de los pueblos."

Recordando igualmente lo que se expresó en las *Observaciones Preliminares* del libro, lo cierto es que la "máxima" o "ley inmutable" que allí se atribuyó a Montesquieu, de que "las naciones solo pueden salvarse por la restauración de sus principios perdidos," los venezolanos debemos tomar conciencia de que los principios democráticos y del constitucionalismo recogidos en los *documentos oficiales* de la Independencia que se publicaron en 1812 en el libro londinense, y que ahora reeditamos en Caracas en 2012, a pesar de sus doscientos años, siguen siendo la fuente de inspiración más importante que tenemos para el futuro restablecimiento de la democracia en el país.

New York, abril 2012

SÉPTIMA PARTE: MEMORIA DE LA DESDICHA: LOS REALISTAS CUENTAN SU VERSIÓN DEL 19 DE ABRIL*

Tomás González

LA DESDICHA NO TIENE MEMORIA

Todo ilustrado siente hacia la República una responsabilidad que lo lleva a realizarse atendiendo a algún perfil de "amigo de la patria". Este patriotismo ilustrado abocó a los intelectuales historiadores[1], a traducir el abandono de las estructuras de pertenencia a la comunidad del mundo colonial, a legitimar los actos independentistas y a gestar la constitución imaginaria de una nueva identidad, labor que sería un "acto de venezolaneidad". Esta imbricación de la historia y la política, se evidencia en la exaltación de un grupo social dirigente en desmedro de su adversario.

De cualquier manera el Otro se constituye en espejo de la humanidad del sujeto. Cuando el Otro imaginado es puesto en confrontación

---

* Texto del estudio de Tomás González, "Memoria de la desdicha. Los realistas cuentan su versión del 19 de abril de 1810," publicado en *Tiempo y Espacio*, Centro de Investigaciones Históricas Mario Briceño-Iragorry, Departamento de Geografía e Historia, Instituto Pedagógico de Caracas, Vol. 32, N° 61, Caracas 2014, pp. 357-392.

1 Definición dada por María Elena González Deluca a los individuos que pertenecieron al ciclo de los historiadores no profesionales que se dedicaban a estudiar los hechos históricos. Véase el trabajo *Historia e Historiadores de Venezuela en la Segunda Mitad del siglo XX*.

con el Otro encontrado, la imagen mítica se resiste a su adecuación con la realidad, hasta que las características del Otro consiguen disolverla o, lo que es más frecuente, hasta que no se produzca una nueva imagen mítica que salvando algunos elementos de la anterior, se nutre de otras imágenes más flexibles a la confrontación con la realidad. Es decir, nunca el Otro llega a ser verdaderamente conocido. Por tanto esto deviene en invisibilidad[2].

En este sentido, la identificación de los invisibilizados, que en nuestro estudio son los Realistas en la Independencia de Venezuela, específicamente la élite de los funcionarios reales con poder político-militar y eclesiástico, es un tema que en nuestros días está siendo estudiado por la historiografía nacional.

Sin embargo, todavía la mayoría de las investigaciones siguen estando orientadas a destacar la actuación de los mantuanos como grupo que controla y dirige el proceso. Para ello sólo basta ver como se ha estudiado la Independencia y la guerra misma. Se ha estudiado como la historia de los "patriotas", como la historia de los buenos que se enfrentan a los malos, donde "los primeros tenían ideales y los últimos cuando más intereses"; sin considerar que los llamados "malos" también tuvieron ideales y actuaron en función de principios. El historiador Germán Carrera Damas señala con bastante claridad que el problema ha sido que la historiografía venezolana fundada en los valores de la "historia patria, quiere que los venezolanos no hayamos sido monárquicos[3]".

Entonces, una lectura plural e integrada de éste acontecimiento histórico supone estudiar todos los actores involucrados en el movimiento independentista. Analizar sus diferencias, motivaciones, actitudes, enfrentamientos y conflictos, permitirá apreciar la aparente sencillez o la sutil complejidad de la trama.

Con todo lo anterior tenemos que la historiografía de la Independencia es compleja y muy variada, sin embargo, como señalo en el título, el enfoque que pretendo es recreado a partir del testimonio de los que en su momento fueron condenados a ser los villanos de la película y que no fueron tomados en cuenta a la hora de pensar y juzgar la fecha que se analiza. Vicente Emparan, Vicente Basadre, Narciso Coll

---

2   Enrique Dussel, 1810: ¿El nuevo encubrimiento del otro? En: *El Nacional*, Caracas, 13 de abril de 2004.

3   Germán Carrera Damas, La disputa por la Independencia, p. 165.

y Prat, José Francisco Heredia, José Domingo Díaz, Cristóbal M. González de Soto y Santiago Hernández Milanés, son las fuentes para reconstruir y aproximarnos a los hechos de abril de 1810.

ANTE UN REINO SIN REY (1808): LA REACCIÓN DE LAS PROVINCIAS AMERICANAS

Todo lo que era España y su imperio quedó arrollado por un remolino de guerra y revolución como resultado de lo ocurrido de marzo a mayo de 1808 en Aranjuez, Madrid y Bayona. Pero en América las insurrecciones, que finalmente se convertirían en guerras de Independencia, se desarrollaban con lentitud. La reacción inicial de las colonias españolas fue de iniciar un movimiento juntista, que no era diferente al de la Península, que preservara el orden monárquico establecido.

La Abdicación de los Borbones a la Corona Española en favor de los franceses, lo anunció el Conde de Champagny, Ministro de Negocios Extranjeros de Francia, en una nota dirigida desde Bayona el 17 de mayo de 1808, a los Virreyes y Capitanes Generales de las provincias americanas, en los siguientes términos: "la dinastía ha cambiado; la monarquía, empero, subsiste. El lazo que unirá a Francia con España podrá dejar de ser útil, desde el momento que se abre un campo más vasto a su comercio. Napoleón Bonaparte no perderá de vista la posición ni las necesidades del dominio o colonia que usted gobierna, prometiéndose ayudar al Rey su hermano para enviar todos los auxilios y socorros necesarios[4]".

El motín de Aranjuez, la conferencia de Bayona y las sucesivas transmisiones del poder real, la entrada de José Bonaparte en España y la ocupación de la Península por las tropas francesas, fueron noticias que llegaron a América causando asombro y desconcierto en un principio. Más luego, la población criolla fue naturalmente llevada a desempeñarse en tales circunstancias, no sólo con vista a encontrar derecho oportuno que contemplara la singular emergencia, sino que también con vista a definir categóricamente su posición institucional y política con respecto a España, que en el caso venezolano y el de casi toda la totalidad de las provincias americanas, fue formar Juntas para mantener la fidelidad a Fernando VII y a la monarquía española en defensa de la integridad del imperio.

---

4 Caracciolo Parra Pérez, *Bayona y la política de Napoleón en América*, p. 8.

Cuando los sucesos de 1808 eran revisados en la década de los treinta del siglo XX, por los "intelectuales historiadores[5]", la visión de los hechos apuntaba a ver en 1808 el origen de las Independencias y que de forma lineal finalizaba en 1810; sostenían que estos acontecimientos habían sido el estímulo para que las provincias americanas reflexionaran acerca de sus propias autonomías[6]. Frente a estas posiciones historiográficas, Caracciolo Parra Pérez dice: "Algunos historiadores afirman que bajo aquellas demostraciones de fidelidad y de amor al bien público ocultaban ya los caraqueños el deliberado propósito de separarse de la metrópoli y de establecer la república. Los sucesos posteriores dan a esta opinión apariencias de fundada, pero sería aventurado tenerla como indiscutible, pues los mismos sucesos invocados demuestran que los próceres venezolanos, como sucede en general con los actores de toda revolución, carecían de plan definido, y siguieron dichos sucesos en vez de conducirlos, hasta la declaración de la Independencia[7]".

Esta contundente respuesta de Parra Pérez a sus contemporáneos, es admitida como valedera recientemente por la historiadora Inés Quintero, y dice: "En las provincias americanas, al conocerse las noticias de España, la respuesta inmediata fue de lealtad a Fernando VII y de rechazo a la usurpación francesa. A pesar del derrumbe institucional y político de la Monarquía, de la situación de vacio que produjo la ausencia del Rey, del desconocimiento generalizado de las autoridades constituidas, de la disgregación del poder en numerosas juntas provin-

---

5 Definición dada por María Elena González Deluca a los individuos que pertenecieron al ciclo de los historiadores no profesionales que se dedicaban a estudiar los hechos históricos. Véase el trabajo *Historia e Historiadores de Venezuela en la Segunda Mitad del siglo XX*.

6 Véase: el trabajo del uruguayo Lincoln Machado Rivas, *Movimientos Revolucionarios en las Colonias Españolas de América*; y el del colombiano Ricardo Jorge Vejarano, *Orígenes de la Independencia Suramericana*. Es llamativo que en 1976 aparece un libro considerado como novedoso titulado *Las Revoluciones Hispanoamericanas 1808 – 1826* del historiador inglés John Lynch. Este autor asume como verdadero el inicio de las Independencias en América en 1808 que se desarrolla de forma lineal y sin contradicciones hasta su definitivo desenlace en 1810, tal como lo señala la historiografía tradicional.

7 Caracciolo Parra Pérez, *Historia de la Primera República*, tomo I, p. 228. Puede verse en ésta página el largo comentario que Parra dedica a la obra de Vejarano.

ciales y de la inexistencia de alguna instancia política que pudiese ser reconocida como la legítima autoridad, en las provincias de América no ocurre en 1808 ningún movimiento que tuviese como objetivo aprovechar la crisis política de la monarquía y tomar la iniciativa de adelantar la Independencia[8]".

Antes de continuar, quiero resaltar la existencia de una posición historiográfica expuesta por F. X. Guerra en su libro *Modernidad e Independencias*, que plantea la promoción de Juntas en América (después de conocer con detalle los sucesos de 1808 ocurridos en España) como el intento de las élites por acceder a nuevas formas de representación dentro del sistema monárquico español[9]. Es decir, la frecuencia de las representaciones a los soberanos, llamando su atención sobre diversos puntos de administración y gobierno, son un indicio clarísimo de que los criollos se interesaban cada vez más por la marcha de la "República", como se decía entonces.

Recordemos que fueron pocos los americanos llamados a desempeñar cargos de gran importancia. Al menos durante todo el coloniaje sólo hubo cuatro Virreyes criollos de un total de ciento sesenta, catorce Capitanes Generales de seiscientos dos y ciento cinco obispos o arzobispos de setecientos seis. Sin duda que ello revela una proporción muy exigua; pero no creo que deba magnificarse esta circunstancia al punto de elevarla al rango de ser una de las principales causas de formar Juntas con intenciones separatistas.

Ahora bien, sin desestimar lo anterior, los acontecimientos en la Península, son fundamentales para reafirmar la fidelidad sin excepciones a los monarcas castellanos, a la tradición monárquica y el apego a la autoridad que constituía la figura del Rey; a pesar del malestar que generaban las restricciones al comercio o las controversias que suscitaba la supremacía de los españoles peninsulares en los altos cargos del buró gubernativo.

Pero ¿Qué explica esta actitud de lealtad? Vemos dos razones fundamentales. Primero no concebían un reino sin Rey, es decir, en una sociedad monárquica absolutista no se entendía la desacralización del monarca; y evidentemente lo que ocurrió fue la sacralización de la figura de Fernando VII, con todas sus implicaciones políticas e ideoló-

---

8 Inés Quintero, *La conjura de los mantuanos*, p. 59.
9 Francois Xavier Guerra, *Modernidad e Independencias*, p. 92 – 102.

gicas que ello tuvo en el curso de las Independencias en América[10]. Era una forma de mostrar cómo las creencias, los valores y las actitudes de las provincias americanas jugaban un papel fundamental, en torno a la institución monárquica, en la definición de la cultura política de la época, y condicionaron de hecho, en buena medida, el curso de los acontecimientos más relevantes del periodo.

La otra razón bastante clara es que todo este movimiento de fidelidad a la monarquía española, obedecía también a que la mayoría de los españoles y los americanos se oponían a los franceses. El historiador Jaime Rodríguez es muy concreto en este planteamiento: "Con el paso de dos siglos hemos llegado a aceptar como benéficos los resultados de la Revolución Francesa; mas, en ese tiempo, el pueblo hispánico relacionaba el movimiento francés con los excesos revolucionarios: el terror, el "ateísmo", el anticlericalismo, que se manifestaba en especial con el estatuto civil para el clero, y un imperialismo nuevo y virulento que había subyugado brutalmente a otros pueblos europeos. Lejos de ofrecer oportunidades para alcanzar la "democracia" y el "progreso", los franceses eran el epítome de todo lo que temían los pueblos de España y América. Para ellos, la dominación francesa implicaba una centralización mayor y exacciones económicas aun más cuantiosas. En consecuencia, los pueblos de la Península y del Nuevo Mundo se mostraron unánimes en su oposición a los franceses[11]".

EL DISCURSO DE LA INVISIBILIDAD

Lo de Caracas el 19 de abril de 1810 fue un golpe de Estado[12], pero no llegó de golpe[13]. Lo que era España y su imperio quedó arrollado

---

10 Ibídem, p. 150 – 156.

11 Jaime Rodríguez, *La Independencia de la América española*, p. 73.

12 Demetrio Ramos, *España en la Independencia de América*, p. 262. Ramos señala que en la jornada de abril de 1810, un grupo de mantuanos de Caracas se aliaron para organizar un movimiento conspirador cívico / militar que depuso a las autoridades realistas que estaban al frente de la Capitanía General de Venezuela; conquistando el poder no por una oposición, sino como traspaso del mando a otro poder reasumido por los pobladores y apoyado en un radical fidelismo al monarca como mejor garantía de sus intereses.

13 David Bushnell, *Simón Bolívar, proyecto de América*, p. 37. Bushnell dice que "el 19 de abril de 1810, por una revolución incruenta en Caracas, fue depuesto el capitán general de Venezuela y creada en su lugar

por un remolino de guerra y revolución como resultado de lo ocurrido en la Península entre 1808 y 1810, y que en América todo este movimiento insurreccional, finalmente se convertirá en guerras de Independencia, después de un desarrollo lento y gradual. Estos movimientos independentistas americanos tendrán, en algunos casos quizás en todos, características propias debido a la dinámica de adaptación a los nuevos tiempos que se aproximaban.

En el caso venezolano tenemos Provincias que comulgarán con la idea emancipadora y otras juran fidelidad a los monarcas castellanos. Uno de estos casos de fidelidad al Rey, es el de la Provincia de Coro que en 1810, frente a la propuesta de Independencia planteada por la Junta de Caracas, decide permanecer fiel y jurar lealtad a Fernando VII.

Ahora bien, visto así parece un ensayo dedicado a resaltar un aspecto de la historia nacional. Nada más alejado de nuestro propósito. El motivo principal es, desde este episodio lograr caracterizar la región coriana y explicar la actitud política y militar asumida por el gobierno local frente a la centralización que se quería establecer desde Caracas.

EL ESCENARIO DE LA INDEPENDENCIA EN CORO

El Regionalismo es quizás el elemento más importante que define la fidelidad del Cabildo de Coro al Rey y la actitud de resistencia a la Junta de Caracas[14]. Ya en Coro se decía "déjate de esa junta, que la Junta perdió a Caracas" cuando algún párvulo andaba por caminos torcidos y con amigos poco creíbles. Es decir, la carga emocional de defensa de la región frente a las pretensiones centralizadoras de Caracas y la fidelidad jurada al Rey, llegó a calar tanto en el imaginario colectivo que con una muestra del refranero popular advertían y separaban el bien del mal.

---

    una junta de gobierno integrada básicamente por representantes de los notables criollos. Es ésta la fecha observada convencionalmente como el comienzo del movimiento de independencia nacional, pero en realidad los eventos del 19 de abril no fueron sino la culminación de una crisis de más larga incubación, o mejor dicho aun el clímax venezolano de una crisis que abarcaba al Imperio español en su totalidad". Ésta tesis también la plantea Germán Carrera Damas en sus libros: *La disputa de la Independencia*, p. 24 y *Una Nación llamada Venezuela*, p. 35.

14   Elina Lovera Reyes, *De leales monárquicos a ciudadanos republicanos*, p. 99 y siguientes.

¿Pero qué hizo tan fiel a Coro? La fidelidad y apego de la Provincia de Coro a la Corona Española data desde los mismos días de su fundación. Incluso hubo movimientos que han sido denominados pre-independentistas que se gestaron en Coro, pero todos fracasaron. De estos alzamientos nombramos principalmente dos:

- 1795. Alzamiento de los negros de la Sierra de Coro el 10 de mayo, liderado por José Leonardo Chirino.
- 1806. Ataque y desembarco del Teniente General Francisco de Miranda, en La Vela de Coro.

Estos dos hechos sorpresivos y de fuerza son importantes para explicar aun más la resistencia en Coro y afianzar el apego en la región coriana por las instituciones monárquicas y al Rey mismo. Incluso lo señalará posteriormente el mismísimo Bolívar[15]:

> El hábito de obediencia; un comercio de intereses, de luces, de religión; una recíproca benevolencia; una tierna solicitud por la cuna y la gloria de nuestros Padres; en fin todo lo que formaba nuestra esperanza nos venía de España. De aquí hacía un principio de adhesión que parecía eterno; no obstante que la conducta de nuestros dominadores relajaba esta simpatía o, por mejor decir, este apego forzado por el imperio de la dominación.

Pedro Manuel Arcaya[16], añade a lo anterior, otros elementos a considerar a la hora de evaluar la actitud de lealtad asumida por los corianos:

> Dos elementos capitales influyeron para hacer de Coro el más ardiente foco del realismo durante nuestra magna lucha. Fueron la enconada rivalidad que había con Caracas, iniciadora de la revolución y el sentimiento religioso profundamente arraigado en las masas populares enseñadas a considerar el Rey como Ministro de la Justicia de Dios en la tierra. Nunca se conformaron, durante la época colonial los prohombres de Coro con la traslación del Gobierno a Caracas. Protestó nuestro ayuntamiento cuando los gobernadores efectuaron esa traslación en el siglo XVI. Después se hizo la más obstinada resistencia a la mudanza del Obispado en el siglo XVII.

---

15 Simón Bolívar, *Carta de Jamaica*, p. 39.
16 Pedro Manuel Arcaya, *La guerra de Independencia*, p. 5.

También José Francisco Heredia[17], señala todo el alcance que, en el desarrollo de la guerra, ha de tener la resistencia realista en la Provincia de Coro, diciendo:

> El comandante de Coro, D. José Ceballos, y el ayuntamiento, animados por el entusiasmo que manifestó el vecindario a favor de la causa nacional, tomaron la generosa resolución de resistir las insinuaciones de la Junta (de Caracas) y reconocer la autoridad de la Regencia, por lo cual debe ser eternamente memorable aquel distrito, pues de otro modo ya estaría consolidada sin remedio la Independencia de Venezuela y Nueva Granada.

Sin lugar a dudas, la actitud reaccionaria de Coro respondía a una posición tradicional y conservadora de legitimidad, soberanía y autonomía, aun más, cuando la población y en particular las élites dirigentes, no sabían con certeza ni estaban conscientes a qué se estaban enfrentando. De manera que, el hombre de la Provincia coriana surgió desde el comienzo por una posición histórica particular, con determinantes propias, es decir, de complejos factores anímicos que habrían de conformar una actitud en mucho contraria a la de sus hermanos del resto de la República.

Por tanto, no es enteramente simplista afirmar que así como el clima de agitación revolucionario de Caracas, Barquisimeto, Mérida, Trujillo y las provincias orientales favoreció la formación de aquellos hombres que a poco se transfigurarían en héroes simbólicos de la República, así también el clima de la provincia coriana de lealtad a la corona, de agitación y de actividad militar contra la Independencia, hubo de incubar la falange que, en los campos de batalla, defendería hasta lo último, y con no menos heroísmo y tenacidad los derechos de Fernando VII.

LA REVOLUCIÓN DE ABRIL DE 1810

Lo del 19 de abril de 1810 fue un golpe de Estado, como quedó dicho antes. La invasión de España en 1808 por las tropas de Napoleón y la imposición de su hermano José Bonaparte, llamado "Pepe botella", como Rey de España, causaron indignación en los españoles y repercutió también en las Indias Occidentales. En ese momento el pueblo hispánico relacionaba el movimiento francés con los excesos revolu-

---

17 José Francisco Heredia, *Memorias*, p. 4.

cionarios: el terror, el "ateísmo", el anticlericalismo, que se manifestaba en especial con el estatuto civil para el clero, y un imperialismo nuevo y virulento que había subyugado brutalmente a otros pueblos europeos. Lejos de ofrecer oportunidades para alcanzar la "democracia" y el "progreso", los franceses eran el epítome de todo lo que temían los pueblos de España y América. Para ellos, la dominación francesa implicaba una centralización mayor y exacciones económicas aun más cuantiosas. En consecuencia, los pueblos de la Península y del Nuevo Mundo se mostraron unánimes en su oposición a los franceses

En este marco de crisis de la monarquía española, es como se llega al jueves Santo 19 de abril de 1810, cuando aprovechando la asistencia del Capitán General de la Provincia, Don Vicente de Emparan que iba acompañado del Cabildo a la catedral para las ceremonias religiosas, es obligado a participar en un *cabildo abierto,* donde los mantuanos caraqueños plantean la situación de "vacío de poder" en España por ausencia del Rey, y exigen la opinión del gobernador con respecto a lo que ocurría en España. Los miembros del Cabildo partidarios de constituir una Junta se valieron del alcalde José de las Llamozas para convocar a un cabildo extraordinario, aunque él no estaba autorizado para tal convocatoria. Pero en esta trampa cayó Emparan, y al asistir al Ayuntamiento convalidó el acto.

Desarrollados los acontecimientos del 19 de abril, que concluye con la formación de la Junta Conservadora de los Derechos de Fernando VII, las nuevas autoridades determinan sumar el mayor número de voluntades a la decisión tomada, y resuelven enviar emisarios a todas las provincias que integraban la Capitanía General de Venezuela, con la misión de informar los sucesos de Caracas y conseguir el reconocimiento de la Junta por parte de los Cabildos de las principales ciudades.

En la medida en que lo permitieron las comunicaciones, se sumaron al "ejemplo que Caracas dió" las provincias de Cumaná (27 de abril); Barcelona (27 de abril); Margarita (4 de mayo); Barinas (5 de mayo); Mérida (16 de septiembre) y Trujillo (9 de octubre). Mientras esto ocurría llegaron a Caracas noticias nada tranquilizadoras: Coro y su territorio, que pertenecían a la Provincia de Caracas; y Maracaibo desconocen la Junta de Caracas y se declaran leales a la Regencia. En Guayana, ocurre algo parecido, se formó una Junta de Gobierno el 11 de mayo; pero poco después cayó en manos de los partidarios de la

Regencia, los cuales la disolvieron y declararon su hostilidad a la Junta de Caracas.

POR LA INDEPENDENCIA: ¡JAMÁS! LA RESPUESTA POLÍTICA

A Coro llegaron como comisionados los señores Vicente Tejera, Andrés Moreno y Diego de Jugo, quienes fueron recibidos como enemigos por el Gobernador José Ceballos, diciéndoles "que ni el pueblo se metía en nada ni sabía otra cosa que lo que violenta y maliciosamente le inspiraban cuatro maliciosos[18] magnates". Los apresó y los envió a Maracaibo, para ser remitidos a las prisiones de Puerto Rico. Alegaba el Gobernador de Coro para desconocer a la Junta de Caracas, que esta había cesado en su dignidad de Capital de la Colonia desde que había sustituido al Capitán General y a la Real Audiencia y, en consecuencia, su pueblo y Cabildo han quedado "en igual clase que los otros de la Provincia pues las Constituciones del Reino no concede ni sombra de autoridad a un cabildo sobre otro; y de ser así la tendría Coro sobre todos los de la Provincia, incluso el de Caracas, por ser aquella la ciudad más antigua y fundadora de la Provincia de Venezuela, habiendo dejando de tenerla y de ser la capital, por sólo la traslación de dichas autoridades a la de Caracas[19]".

AL TORO DE CARACAS: LA RESPUESTA MILITAR

Cuando la Junta de Caracas se entera que el Gobernador de Coro había apresado a sus comisionados y les envió a Maracaibo, para que de allí fueran remitidos a los presidios de Puerto Rico; decide someter la disidencia de Coro imponiéndose por las armas y para ello nombró al Marqués del Toro Comandante del Ejército del Poniente.

Marcharon 150 leguas por los imperfectos caminos apenas rasgados desde Caracas hasta Carora, y luego a Siquisique, donde situó el Cuartel General. Desde aquí el Marqués entabla comunicación con el

---

18 Mariano Arcaya, estudiante de Derecho en la Universidad de Caracas se embarcó en el mismo transporte, por mera casualidad, que la comisión que había enviado la Junta de Caracas para Coro, y por tal motivo, fue considerado como parte de dicha comisión. Luego este entuerto se resuelve a favor de Arcaya. Véase: Pedro Manuel Arcaya, *Coro y el movimiento del 19 de abril de 1810*, p. 6.

19 Blanco y Azpurua, *Documentos*, Vol. II, p. 491 – 492.

Ayuntamiento de Coro, pidiéndoles que expulsen al Gobernador Ceballos y reconozcan en el gobierno de Caracas los sagrados derechos de la Nación. Pero, para los corianos la Nación estaba representada por el Rey y en ausencia de éste por la Regencia; además le manifestaron no tener interés de seguir conversaciones con él por ser su autoridad la expresión de un poder que calificaban de espurio. También dejaban bien claro que no se sentían atemorizados, en lo más mínimo, por la superioridad numérica de las fuerzas que acompañaban al Marqués. Si la débil España había resistido y derrotado al poderoso Napoleón, los débiles corianos resistirían a la poderosa Caracas y en caso de sucumbir, morirían "como hombres fieles y honrados".

Y definitivamente, los corianos sólo tenían su fidelidad y honradez. Dice el Regente Heredia que "por fin el Marqués del Toro, después de haber arrollado en el tránsito algunas partidas nuestras, se presentó delante de Coro el 28 de noviembre con más de tres mil hombres bien disciplinados y provistos, cuando en aquella ciudad abierta sólo había seiscientos fusileros, doscientos hombres montados en caballos y mulas, y como mil de flechas y lanzas que para nada servían; el 29, después de una farsa que llamaron ataque, se retiró el Marqués en el mayor desorden, perdiendo hasta sus baúles"[20].

Sobre esto, un comentario final para destacar un problema que por sus dimensiones merece una investigación aparte. La formación de los ejércitos realistas integrados en su inmensa mayoría por americanos, incluso se puede decir que hasta por casi la totalidad de los varones de una misma familia, y por algunas escasas unidades de tropa veterana; al momento de producirse la Independencia, deja ver la escasa organización militar que tenían. Además, por la crisis en España, los refuerzos son insuficientes porque ya en la Península son también pequeños. Así en los primeros meses de la guerra, el ejército sólo es suficiente para evitar los avances de los insurrectos y a veces para recuperar los territorios perdidos.

VICENTE EMPARAN: ¡YO TAMPOCO QUIERO MANDO!

Con estas palabras se inicia la carencia de autoridad española en Venezuela y América. En nota al ayuntamiento de Cumaná, la Junta

---

20 Heredia, *Memorias*, p. 9.

Suprema calificó el hecho de "dejación voluntaria[21]" del mando por el Capitán General. Incluso antes que esto ocurra, el gesto de asomarse al balcón para apelar directamente al "pueblo" y preguntar "¡Señores! ¿Están vuestras mercedes contentas conmigo? ¿Quieren vuestras mercedes que les gobierne?" son palabras que llevan el sello de la grave cortesía hispánica y corresponden al blando y paternal carácter del viejo hidalgo. Un par de viajeros franceses, adversos a los principios revolucionarios, fueron testigos de muchos de los sucesos ocurridos durante el desarrollo de la revolución; ellos cuentan que ese 19 de abril "y ante el pueblo congregado en las cercanías de su palacio, el Capitán General dió muestras de vacilación y temor, aunque disponía de los medios para oponer un dique al espíritu de insubordinación[22]".

¿Habrá algo en Emparan de credulidad y confianza en sus gestiones que le harán creer que goza de simpatía en la ciudad? o ¿será que no era un simple acto personal de acercamiento, sino que respondía a una línea premeditada de vigilar al grupo más afín al revolucionarismo peninsular? Él mismo asienta "había yo adoptado este método de franquearme con el pueblo, a fin de ganar su confianza y desvanecer los proyectos y malignas intenciones de espíritus revoltosos, que diariamente esparcía especies peligrosas con el designio de infundir desconfianza del gobierno y disponer al pueblo a la revolución[23]".

En otro lugar del informe dice "desde que llegué a Caracas procuré ganar a las primeras personas, principalmente a las que habían sido encausadas por {el anterior intento de} la pretendida Junta, que me parecían más peligrosas. En efecto, conservaba buena correspondencia con ellos, y con especialidad con la familia del Marqués del Toro (…) había traído conmigo a su hermano Fernando, como Capitán de Guardias Españolas y tenía muchos motivos para pensar que me sería fiel amigo. (…) De este modo los observaba de cerca y nunca noté en ellos cosa que me diera indicios de descontento[24]"

---

21 Ángel Grisanti, *Repercusión del 19 de abril de 1810 en las provincias, ciudades, villas y aldeas venezolanas*, p. 82 – 83.

22 H. Poudenx y F. Mayer, *La Venezuela de la Independencia*, p. 27. En la misma cita estos viajeros franceses que cedieron a la tentación de críticos y observadores dicen más "estando en sesión el cabildo, Emparan se asomó a una de las ventanas del salón, y tuvo la debilidad de preguntarle al pueblo si ellos deseaban que él continuara como gobernador".

23 Vicente Emparan, "Relación al Rey", en *El 19 de abril de 1810*, p. 20.

24 *Ibídem*, p. 24.

Vicente Emparan[25], acusado de "afrancesado y bonapartista", fue Capitán General de Venezuela desde mayo de 1809, nombramiento que provenía de una orden personal de Napoleón[26], circunstancia que tuvo decisiva influencia en los sucesos de su gobierno. Había sido jefe militar de Puerto Cabello y Gobernador de Cumaná. José Domingo Díaz, habla de la "elevada reputación de actividad, severidad y firmeza[27]" que Emparan dejó en Cumaná y agrega que en Caracas "desplegó un carácter de popularidad desconocido hasta entonces en los capitanes generales[28]".

Acontecidos los hechos de abril de 1810, Emparan ya en el exilio dirige al Rey una "Relación[29]" y cuenta lo sucedido en Caracas. De primera impresión es un informe confuso y apresurado; confuso por las imprecisiones en las fechas y apresurado, primero porque el documento no está fechado y segundo por el derecho a la legítima defensa, como es lógico, para justificarse con sus superiores antes que ocurriera algún pronunciamiento en la Península, sin que se supiera su versión de los hechos.

Indiscutiblemente que a Emparan le toca difícil, hace frente a tres conspiraciones, dos fallidas y una la del 19 que logró su objetivo[30]. En esa misma Relación al Rey dice "pero como muchos de los que en

---

25 Luis Alberto Sucre, *Gobernadores y Capitanes Generales de Venezuela*, p. 314 – 317.
26 Blanco y Azpurua, "Llegada a Caracas de dos nuevos mandatarios, el Capitán General Emparan y el Intendente Basadre", en *Documentos para la historia de la vida pública del Libertador*, Tomo II, p. 236 – 237.
27 José Domingo Díaz, *Recuerdos sobre la rebelión de Caracas*, p. 58.
28 *Ídem*.
29 Emparan, "Relación al Rey", p. 19 – 28.
30 John Lynch, *Las Revoluciones Hispanoamericanas*, p. 193 – 194. Este autor resalta los esfuerzos de las autoridades españolas en Caracas por dominar los intentos de deponer al Capitán General Vicente Emparan el 14 de diciembre de 1809 y el 2 de abril de 1810. Esta última "la del cuartel casa de la Misericordia" la expone Emparan en su "Relación al Rey" diciendo que "fue avisado días antes por un medio oscuro e insuficiente" y él mismo tuvo oportunidad de verla desde su casa de habitación que estaba al frente de aquel cuartel, pero no la enfrentó para no exponerse a Tomás Montilla y a una "multitud de pillos negros y mulatos", además que la consideró una actuación peligrosa e inútil para la comprobación del delito. La respuesta posterior de Emparan fue dispersarlos y enviarlos a otras guarniciones alejadas de la ciudad.

Caracas llaman mantuanos, que son la clase primera en distinción, estaban poseídos del *espíritu de rebelión**, dos veces intentada y desvanecida, y es de la misma, de sus partes y deudos la oficialidad del cuerpo veterano y de las milicias, fraguaron la revolución[31]".

¿Pero qué estimula ese **espíritu de rebelión**? Los mantuanos de Caracas temían que destronada la monarquía borbónica del trono español, los funcionarios españoles representantes de la nueva monarquía bonapartista introdujeran cambios económicos y sociales que limitara sus privilegios o incluso que eliminara su modo de producción, basado en el latifundio y la mano de obra esclava[32]. En este sentido, la lucha entre estos dos poderes desencadena la Independencia.

Los culpables de la revolución son señalados con todos sus pecados en la misma relación como para que no quede duda "ni el comercio, ni el clero, ni el pueblo en general, ni un solo hombre de juicio y probidad han tenido parte alguna en la revolución de Caracas, todos generalmente estaban contentos con el Gobierno, la Audiencia y también de los oficiales expulsados. De aquí es que temerosos los revolucionarios de alguna conmoción popular a favor nuestro, se precipitaron por arrojarnos y dieron órdenes repetidas para asesinarnos en el momento que se observase cualquier movimiento[33]".

También ésta Relación al Rey, informa cómo trascurrió el 19 incluido el episodio del balcón y su desenlace. Dice "me levanté de mi asiento y asomándome al balcón dije en alta voz: si era cierto que el pueblo quería que yo dejase el mando, y los que estaban más inmediatos y a distancia de percibir lo que se les preguntaba, respondieron "no Señor, no", pero otro más distante a quien los revolucionarios hacían señas del balcón porque no me podían oír, y era sin duda la chusma que tenían pagada, dijo que sí: y sobre este sí de un pillo, los mantuanos revolucionarios me despojaron del mando[34]".

---

*   cursivo nuestro.
31 "Relación de Emparan", p. 21 – 22.
32 Miguel Izard, *El miedo a la Revolución*, p. 24. También puede verse el libro de Ángel Rafael Lombardi Boscán, *Banderas del Rey*, p. 33 – 35.
33 Emparan, "Relación al Rey", p. 22.
34 *Ibídem*, p. 23. En esta cita que hemos tomado del informe de Emparan puede verse con claridad las categorías de pueblo que concibe la mentalidad del funcionario español y en función de esa clasificación las trata.

Ya hacia el final del informe, Emparan lanza una sentencia que casi raya en la maldición "si ya no están los mantuanos arrepentidos de su desatinada insurrección muy poco pueden tardar en arrepentirse; pero siempre será tarde. (...) Si el mal no comprendiera sino a los revolucionarios, podrían estimarse como un castigo merecido de su deslealtad y locura, pero será doloroso que se extienda a los inocentes del propio país y otros del continente americano[35]".

Con todo lo anterior, la actitud de Emparan, contradictoria y hesitante, alternativamente violenta y débil además sospechosa, puesto que, siendo Gobernador de Cumaná facilitó la huida de Manuel Gual[36] a Trinidad y sobre todo porque había sido nombrado Capitán General por el mismo Napoleón; fue uno de los factores decisivos para iniciar primero un movimiento dirigido exclusivamente contra unas autoridades pronapoleónicas, pero que desembocó en el primer intento americano de convertir una colonia española en una República independiente.

VICENTE BASADRE: ¡*QUIÉN VIVE*: CARACAS; *QUÉ GENTE*: PATRIOTAS!

Afirma Basadre que esta frase era el resumen de la felicidad que se vivía en Caracas y La Guaira, sin embargo, no era una consigna tan feliz pues la segunda parte había suscitado algunos disgustos y desazones, porque la gente de mar se empeñaba en responder: ¡España! Era tanta la alegría, que los mantuanos de Caracas solemnizaron la fecha con un *Te Deum* cantado en Acción de Gracias por la libertad e independencia; que además dio ocasión para que las damas de "mantas con puntas" lucieran sus mejores galas con el "mayor lujo y ostentación" y los caballeros se felicitaran en la calle; pero los oradores de mayor "concepto y opinión" se excusaron de predicar el panegírico y a fuerza de "instancia y ruego" se buscaron un fraile mercedario que contara y cantara todo lo sucedido[37].

---

35 *Ibídem*, p. 27 – 28.
36 Caracciolo Parra Pérez, *Mariño y la Independencia de Venezuela*, Tomo I, p. 47. Véase también la versión que trae Luis Alberto Sucre en *Gobernadores y Capitanes Generales de Venezuela*, p. 314.
37 Vicente Basadre, "Memorial sobre el 19 de abril de 1810", en *El 19 de abril de 1810*, p. 44 -45.

Vicente Basadre[38], también tildado de francófilo, fue Intendente del Ejército y Real Hacienda desde la misma época que Emparan, incluso se manifestaban amistad y colaboración. Depuesto como fue, a bordo del *Fortuna*, escribió el "Memorial sobre el 19 de abril de 1810[39]", una larga versión que abunda en detalles acerca de lo sucedido.

En su largo memorial, Basadre dice que los mantuanos no hablaban de otra cosa sino de su independencia, lo que motivó, entre otras cosas, la composición de canciones alusivas a la libertad. Pero que "lo más escandaloso fue en las canciones alegóricas, que compusieron e imprimieron de su independencia, convidaban a toda la América Española, para hacer causa común, y que tomasen a los caraqueños por modelo para dirigir revoluciones[40]".

El 20 de abril, en la visión de Basadre, la Colonia amaneció sin leyes, sin autoridades constituidas, con una pobre idea de lo que a ciencia cierta pasaba y mucho menos, lo que podía ocurrir en el futuro inmediato. La Capitanía General, la Intendencia y todas las dependencias del buró español habían sido sustituidos sus funcionarios por criollos de la élite dirigente. Es decir, en un abrir y cerrar de ojos las instituciones con rutina establecida, que marchaban con su personal eficiente, especializado y calificado por los rieles establecidos de la normativa vigente y los hábitos de funcionamiento, pasa a ser la institución dispuesta a obedecer las disposiciones emanadas del nuevo centro de poder[41].

Esta revolución que por la fuerza se constituía, después de afianzarse, continua Basadre en su narración, anuncia uno de sus objetivos principales, destruir moral y materialmente a los hombres y las instituciones del régimen depuesto por la fuerza y fabricar, con toda celeridad y poco respeto a la ley y la verdad, formas de justificación de aquel hecho que el pueblo de Caracas había presenciado con asombro.

En este sentido hubo de valerse de argumentos de justificación, para lograr su esfuerzo de legitimación, se dijo que "el Capitán General, había pasado un oficio al Ayuntamiento a las cuatro de aquella

---

38 Manuel Lucena Salmoral, *Vicente Basadre*, Diccionario de Historia de Venezuela, tomo I, p. 391 – 392. Véase este trabajo de Lucena, que explica bien la relación de Basadre con la monarquía napoleónica.
39 Basadre, "Memorial", p. 35 – 61.
40 *Ibídem*, p. 46.
41 Graciela Soriano, *Venezuela 1810 – 1830*, p. 74.

mañana, declarando que España estaba absolutamente perdida[42]". Además apresaron a los funcionarios reales "en términos descorteses y groseros[43]" bajo amenaza de al más leve movimiento "nos tirasen un balazo y nos asesinasen[44]".

Pero la persecución no termina ahí, según el relato de Basadre. Él como administrador de la Real Hacienda fue acusado de ladrón. "Me notificó una providencia del nuevo Intendente, para que declarase, que distribución había dado a cuatro mil pesos que tomé de Cajas Reales, los dos mil en el próximo año pasado, y los otros dos mil restantes en el presente, correspondientes a gastos reservados" y continua "mi contestación fue muy lacónica, precisa y breve, diciendo los había distribuido en limosnas (… y que los) podían reintegrar de cuatro meses de sueldo vencidos que tenia[45]". La venganza no se hizo esperar "con el objeto de mortificarme y asfixiarme (…) de un modo cruel y tirano[46]" la contestación a la pregunta fue cumplida. Las nuevas autoridades se reintegraron el pago de los cuatro mil pesos de gastos reservados con los sueldos vencidos de Basadre.

Basadre es menos intencionado que Emparan, abriga la esperanza del arrepentimiento de los mantuanos de Caracas "con el objeto de reponer las cosas a su antiguo estado[47]". Y propone para ello "usar la suavidad, dulzura, prudencia, moderación y discreción, para atraer a la ciudad de Caracas y su provincia, a la obediencia y fidelidad del Rey nuestro señor[48]".

NARCISO COLL Y PRAT: "LA MALDAD SE EJECUTÓ SIN PLAN"

Esta es la primera impresión que recoge el Arzobispo Coll y Prat al desembarcar en La Guaira, y aun es más explicito "la revolución del diecinueve de abril, según lo que se me informó y después he confirmado, fue obra de pocos, y aquel lamentable acontecimiento vino sin

---

42 Basadre, "Memorial", p. 41 – 42.
43 *Ídem.*
44 *Ídem.*
45 *Ibídem*, p. 47.
46 *Ibídem*, p. 49.
47 *Ibídem*, p. 56.
48 *Ibídem*, p. 58.

plan fijo, ni sistema determinado[49]". Pese a esto decidió quedarse en Venezuela para cumplir sus deberes de pastor, en conciencia de quien deberá responder ante Dios por sus actos y palabras.

Narciso Coll y Prat[50], fue el segundo Arzobispo de Caracas desde 1808. Pero, su enemistad con Francia y la corriente volteriana y enciclopedista de ese país; y ante las vicisitudes de la invasión de tropas napoleónicas a España, asume puesto de responsabilidad en la defensa de la plaza fuerte de Gerona, lo que retrasa su partida a la Diócesis que el pontífice Pío VII le había encargado. Cuando llega a La Guaira en julio de 1810, sin tener conocimiento de lo que pasó en abril y recibido entre "gritería, confusión y obstinación[51]" tuvo que enfrentar una situación terrible y agitada no prevista. Los memoriales de Coll y Prat, que publicó la Academia Nacional de la Historia, son la fuente para reconstruir su testimonio.

Los hechos del 19 de abril, a pesar de haberlos recogido tempranamente de boca de terceros y enterarse de "las ideas infernales, subterráneas, antirreligiosas, antisociales y antihispanas, y de los Epoptas promovedores y protectores de sus sinagogas[52]"; son muy similares a los otros testimonios que hemos visto, expuesto y analizado. Sin embargo, lo particular, entre otras más, en esta narración es el juicio que Coll y Prat hace de Emparan "y cerró la debilidad de Emparan, que después de no haber oído los consejos de la Real Audiencia que oportunamente y por escrito le dio, sobre que debía tomar providencias de vigor, llevado de su genio lleno de desprendimiento y falto de energía, se presentó en el balcón[53]".

El Arzobispado de Caracas había sido creado en 1804, venía a ser el administrador del gobierno eclesiástico de la Capitanía General de Venezuela y era el resultado final de un proceso orgánico, natural y paulatino que se había producido sobre niveles más amplios que los de la vida local de los Ayuntamientos, dado que eran efectiva respuesta a necesidades y aspiraciones sentidas por la sociedad. Coll y Prat sabe a

---

49 Narciso Coll y Prat, *Memoriales sobre la Independencia de Venezuela*, p. 114.
50 Pedro Reixach Vila, *Narciso Coll y Prat*, Diccionario de Historia de Venezuela, tomo 1, p. 861 – 862.
51 Coll y Prat, *Memoriales*, p. 49.
52 *Ibídem*, p. 54.
53 *Ibídem*, p. 115.

lo que viene, quiere ejercer el ministerio que la iglesia le ha encomendado en esta Provincia para "conservación de la Religión, y Culto Católico privativo, y consuelo espiritual, y temporal de su Grey; por la defensa de los Sagrados Fueros de la Iglesia, fomento y propagación del espíritu español[54]".

Pero el vacío de poder y la ausencia de instituciones y funcionarios reales lo sorprenden. Luego de saludar a don Juan de Escalona, brigadier que la Junta dispuso para recibirlo, éste le solicita la documentación que lo acredita como Arzobispo de Caracas. Coll y Prat le dice que los traía su criado para entregarlos al Capitán General y a la Audiencia; a lo que respondió Escalona "¡Qué Audiencia, Capitán General ni Intendente! No los tenemos; somos gobernados por una Suprema Junta Provincial[55]" y el Obispo respondió "¡Junta! ¿Con qué Autoridad y bajo qué nombre?[56]" y repuso él "de Fernando Séptimo, para conservarle estos dominios, librándolos de toda invasión enemiga[57]".

Al parecer el Arzobispo respondió muy diplomáticamente que "su reino no era de este mundo[58]", y asumió los deberes de su cargo, aparentando que aceptaba de buena gana las innovaciones introducidas en el país. Sin embargo, está inquieto y decide actuar con disimulo ayudándose de "los órganos confesionales, púlpito y conversaciones familiares y frecuentes en las principales poblaciones del Obispado[59]" y lo más importante gana adeptos para la causa de la Religión y la Monarquía Española, y los señala con nombre y apellido "el Doctor Montenegro, cura de la Candelaria; el Doctor Manuel Vicente Maya, cura de la Catedral; el Doctor Juan Nepomuceno Quintana, catedrático de moral; el Presbítero Doctor Rafael de Escalona, hombre hábil y ejemplar; y el Doctor Juan Antonio Díaz Argote, cura de La Guaira[60]".

Con estos beneficios a su favor, ordena en secreto al clero que lo sigue, que alentara a los negros, tanto libres como esclavos, a luchar a

---

54 *Ibídem*, p. 47.
55 *Ibídem*, p. 51.
56 *Ídem*.
57 *Ídem*.
58 Poudenx y Mayer, *La Venezuela de la Independencia*, p. 29.
59 Coll y Prat, Memoriales, p. 56.
60 *Ibídem*, p. 55.

favor de la Corona. El llamado del Arzobispo tuvo éxito en virtud que los realistas peninsulares de las clases bajas tenían relaciones más estrechas con los negros que los mantuanos republicanos, muchos de los cuales eran propietarios de esclavos. Como resultado de estas gestiones, numerosos pardos y negros realistas se revelaron en favor de Fernando VII y logran ocupar grandes zonas de la costa oriental y ponerlas bajo su dominio[61].

Pero con todo y esto, la contrarrevolución organizada por Coll y Prat no es suficiente. Lo encontramos luego quejándose de "ésta mutación de Gobierno[62]" de ésta "la imaginaria República Venezolana[63]", que el origen de toda la ruina de este país, no inicia con la revolución de abril, sino que viene de mucho antes "los depósitos eran más antiguos, y las fuentes venenosas corrían sin ser sentidas[64]". El origen según Coll y Prat eran a "más de veinte años hacía que los estudios serios eran despreciados; el seminario y la Universidad habían injustamente perdido su crédito. (…) La ciencia se iba a aprender de maestros corrompidos, y se bebía la ponzoña de los libros sediciosos, que por todo el mundo esparcía el audaz filosofismo[65]" y que en la Capitanía General "por los puertos entraban los libros a cajonadas[66]".

Frente a esto, proponía un modelo de organización social sostenido y fundamentado en la religión católica donde Sacerdocio e Imperio adelantarían "la transformación, progresos, consistencia y confraternidad íntima que pueda desearse a favor de la Madre Patria (...) por una educación cristiana, política, civil y social sólidamente combinada cual se requiere entre estas gentes tan diferentes en las clases y colores[67]".

---

61   *Ibídem*, p. 58 – 59. En este aspecto el Arzobispo Narciso Coll y Prat nos pone en perspectiva de otro problema poco visto, me refiero aquí a la aún no bien valorada participación de otras categorías humanas como los negros y pardos en la revolución, ya sea, a favor o en contra de otro determinado. Puede verse el capítulo "Historia desde Abajo" de Jim Sharpe en Peter Burke, *Formas de Hacer Historia*.

62   *Ibídem*, p. 50.

63   *Ibídem*, p. 55.

64   *Ibídem*, p. 125.

65   *Ídem*.

66   *Ibídem*, p. 126

67   *Ibídem*, p. 77 – 78.

La reconciliación entre Estado e Iglesia nunca fue posible, hubo tolerancia. Monseñor Coll y Prat se encargó personalmente de dos problemas inminentes en la sociedad que se transformaba: la circulación de literatura revolucionaria y la idea de la tolerancia religiosa. En ambos casos el Arzobispo encuentra comprensión en la Junta Suprema. Al respecto dice Francisco José Virtuoso en su libro *La Crisis de la Catolicidad en los inicios republicanos de Venezuela* que la Junta Suprema responde a Coll y Prat invitándolo a continuar su cruzada a favor de una sociedad cimentada sobre el Catolicismo, ahora en grave riesgo por los peligros que representan la aspiración de la libertad confesional y la presencia de libros y papeles perniciosos al dogma de la religión[68].

Narciso Coll y Prat, distinguido antagonista de la revolución, tuvo la suerte de ver en su visión de "vasallo fiel y leal" la decadencia de los patriotas. "En una palabra, cuanto mayores eran las iniquidades e ideas de depredación, orgullo y trastorno; tanto se dignó la Omnipotencia Divina mirar con clemencia y amonestar a estos naturales, a que volviesen en el seno de su antigua Madre común, reconociendo altamente las dos Soberanías divina y humana, de que con tanta infamia se contemplaban separados e independientes[69]".

JOSÉ FRANCISCO HEREDIA: "EL DE LA PIEDAD HEROICA"

Así califica don Mario Briceño Iragorry al Regente Heredia, por su temperamento, convicción y en virtud también de sus funciones. Heredia es un hombre de paz, equilibrado, que trata de sobreponerse a las pasiones de la hora; su preocupación más constante es aliviar los males de la guerra y evitar la difusión de su doloroso cortejo de miseria, violencia e injusticia[70]. En esta dimensión es un hombre incomprendido en su tiempo por los bandos contendientes por alcanzar la victoria.

José Francisco Heredia y Mieses[71] fue Oidor-regente interino de la Real Audiencia de Caracas desde enero de 1810. Cuando se disponía

---

68   Francisco José Virtuoso, *La Crisis de la Catolicidad en los inicios republicanos de Venezuela*, p. 40.
69   Coll y Prat, *Memoriales*, p. 56.
70   Mario Briceño Iragorry, *El Regente Heredia o la piedad heroica*, 207 p.
71   Ali Enrique López Bohórquez, *José Francisco Heredia*, Diccionario de Historia de Venezuela, Tomo 2, p. 672.

partir a Venezuela, para encargarse de la Audiencia, se entera de los sucesos de abril en Caracas y a pesar de las noticias, se embarca rumbo a Coro, con instrucciones de servir de mediador con la Junta Suprema de Caracas; gestiones que fracasaron. Dejó escritas sus *Memorias sobre las Revoluciones de Venezuela*[72] en las que plasma el testimonio de las dificultades de funcionamiento de la Audiencia y la situación de la guerra en Venezuela.

Antes de continuar, debemos una explicación breve a dos cosas. ¿Por qué Heredia viene de regente interino y no de intendente a ocupar la Audiencia de Caracas? y de ¿Por qué llega a Coro y no a Caracas? La crisis imperial había llegado a un punto crítico. La precaria Junta Central establecida como gobierno de emergencia en Sevilla en 1808 finalmente sucumbió ante el ataque francés en enero de 1810, y los funcionarios dispersos se refugiaron en el puerto de Cádiz. Allí, la Junta fue reemplazada por una nueva fórmula de gobierno bajo la denominación de Consejo de Regencia integrada por cinco miembros que dependían del apoyo de los comerciantes y de las entradas provenientes de ultramar.

Esta nueva institución nombra sus representantes en América, entre los que se cuenta a Heredia destinado para Venezuela. Y desde luego los acontecimientos de abril en Caracas y la jura de fidelidad del Ayuntamiento de Coro a la Regencia y la instalación de Fernando Miyares en Coro como Capitán General, hizo que el nuevo Regente llegara a aquella ciudad, donde casualmente también tenía parientes cercanos propios y de su esposa doña Mercedes Heredia Campuzano, natural de Coro[73]. Dicho esto sigamos con la narración.

La Independencia y la guerra misma eran inviables en América. Según Heredia fue una exagerada respuesta de orgullo de los mantuanos caraqueños que instaron a las colonias americanas a "seguir igual suerte que Caracas (…) declarando una guerra que no podía sostener, ni aun principiar por la notoria falta de medios[74]". Y dice aun más "la destrucción de la América estaba escrita en el libro eterno de la justicia

---

72 José Francisco Heredia, *Memorias sobre las Revoluciones de Venezuela*, 304 p.

73 Véase el apellido Heredia en el trabajo de Pedro Manuel Arcaya, *Población de origen Europeo en Coro en la época Colonial*, Academia Nacional de la Historia, N° 114.

74 Heredia, *Memorias*, p. 7.

divina, que para ella quiso cegar a los hombres arrastrándolos a cometer crasísimos errores, cuya larga cadena principia desde esta época y todavía no ha terminado[75]". Incluso era tanta la inutilidad de hacer una revolución y pedir libertad, solo por contemporizar la vanidad de los mantuanos, que la nueva nación llamada Estados Unidos de Venezuela "resultó un agregado monstruo y débil de muchos cuerpos llenos de cabezas y faltos de pies y manos[76]".

Heredia es un conocedor profundo de la crisis monárquica que afecta a todo el Imperio y entiende las necesidades solicitadas por la Provincia, por lo cual busca negociar y hacer que las partes en conflicto lleguen a un entendimiento que cumpla con las expectativas de los bandos en pugna; así lo manifiesta "sabemos que en el Congreso nacional se están tratando con mucho calor estas materias, y que hay partido muy considerable por una amnistía absoluta y general, al mismo tiempo que se agitan las grandes cuestiones de la igualdad de derechos políticos y de la representación nacional entre todas las provincias del imperio español en ambos mundos[77]" y propone entablar negociaciones, esperar la decisión de las Cortes sobre el particular y a no seguir en el error de la guerra: "mediten profundamente y sin prevención, las leyes de la eterna justicia y las de la humanidad, que son consecuentes al principio reconocido por las Cortes, y se conocerá que la sola razón de dominar no es justo motivo para destrozar pueblos y disminuir cruelmente la especie humana[78]".

A pesar de los llamamientos, gestiones y reflexiones, el balance del Regente sobre la Independencia termina siendo un *mea culpa*; está consciente que la concesión sorprendente y desesperada del Consejo de Regencia a los hispanoamericanos de "os veis elevados a la dignidad de hombres libres" fue entre otras el origen de la rebelión en Caracas, como en otras partes de América, pues resultaba claro que los restos del Imperio necesitaban más a las colonias de lo que éstas necesitaban a España; y todo esto ocurrió por no "obrar con sagacidad y prudente calma, para no precipitar los sucesos y no dar a los revolucionarios los

---

75 *Ibídem*, p. 8.
76 *Ibídem*, p. 29.
77 *Ibídem*, p. 12.
78 *Ibídem*, p. 13.

medios que les dio con su conducta para alucinar a los pueblos y enajenar sus ánimos[79]".

JOSÉ DOMINGO DÍAZ Y CRISTÓBAL M. GONZÁLEZ DE SOTO: "BUENOS VASALLOS DEL REY"

En 1959 la Sociedad Bolivariana de Venezuela publica la *Bibliografía Crítica de la Detracción Bolivariana*, publicación peligrosa para la memoria histórica de un país, pues ella trata de mostrar la división de sus ciudadanos en buenos y malos. A los buenos se les lleva flores al Panteón Nacional y se celebran grandes solemnidades en su honor; mientras que a los malos se les hace aparecer en una lista como los más buscados por crímenes de alta peligrosidad: disentir de la opinión del otro. Así en esta lista, especie de inventario de los proscritos por ser enemigos de los héroes y por lo tanto considerados enemigos de la patria aparecen naturalmente José Domingo Díaz y Cristóbal M. González de Soto.

José Domingo Díaz, muy conocido en su época y en la actual por las críticas que genera, será quizás el más fervoroso criollo realista civil de Caracas y defensor de los derechos del Rey en esta parte de América; fue testigo ocular de la revolución de Venezuela y su presencia en los hechos está recogida en sus *Recuerdos sobre la Rebelión de Caracas*. Será una constante en el pensamiento de Díaz que su pueblo regrese a los brazos del Padre para recuperar al país de la guerra y la miseria, y les dice "sed lo que erais antes del 19 de abril de 1810, y ella volverá a ser lo que entonces fue: rica, abundante, tranquila; el país de las delicias[80]".

Ya en los años del olvido, para Díaz el recuerdo de abril de 1810 era como el estupor que causa un terremoto y aun no le era comparable, y dice "una rebelión hecha en los momentos menos esperados, cuando la madre que nos dio el ser necesitaba más de nuestro apoyo en sus desgracias: rebelión *baja, degradante, ignominiosa*. Una rebelión que iba a sepultarnos en males incalculables, no sólo por su insensatez, sino por los hombres que la habían tramado y ejecutado, y por los que gobernaban las provincias: rebelión *brutal, estúpida, insensata*[81]".

---

79 *Ibídem*, p. 18.
80 Tomás Straka, *Contra Bolívar*, p. 23.
81 José Domingo Díaz, *Recuerdos sobre la rebelión de Caracas*, p. 78.

De Cristóbal M. González de Soto, no tenemos mayores noticias salvo las pistas que sobre sí mismo da en su libro *Noticia Histórica de la República de Venezuela*. Sin embargo, el libro todo es una terrible crítica al sistema de gobierno "así como en América no hay tales repúblicas en el hecho, ni puede haberlas nunca, sino cafrerías, sultanías, bajalatos y cacicazgos, con nombre irónico y sarcástico de *fe–deraciones*[82]".

Y lo que explica que el libro sea un proscrito es la blasfemia contra los fundadores de la patria veamos que dice "es muy frecuente convertir en héroe en un país desierto, al que más suena y por tal proclaman cuatro necios habitantes de las selvas y partidarios suyos, según aquella vulgaridad de que, *entre los ciegos, el que tiene un ojo, es rey*; y es por esto que, algunos insurgentes timoratos y vírgenes en materia de revoluciones, hicieron héroe a Bolívar al principiar la guerra, dándole el título de *Libertador*[83]" y en otro lado dice "la causa fundamental de sus males y sufrimientos (se atribuyen) al sanguinario y feroz *Libertador Simón de Bolívar*, cuyo anagrama sacado por los caraqueños es este, *Símbolo de Ruina*[84]".

Al referirse a los hechos de abril de 1810 sentencia "*lo que mal empieza, mal acaba*[85]". Para González, la proclamación de la Independencia de Venezuela, "prematura y absurda" era "un gran atentado de unos cuantos calaveras ambiciosos (… con el empeño de) emanciparse antes de tiempo, sin elementos, población homogénea y suficiente, y sin recursos para poder sostener dignamente la nacionalidad[86]".

González de Soto es rudo en el tratamiento de su contendor y su narración por tanto peca de parcial hacia un lado de la balanza de la historia. En su visión de los hechos de abril, cuenta que "así es que, el 19 de abril de 1810, expulsaron los conjurados al Capitán General y demás autoridades españolas, y congregaron una asamblea con el título de *Junta Conservadora de los derechos de Fernando VII* y la primera cosa conservadora que hicieron sus miembros, fue usurparse *dos millones y medio de pesos duros*, que tenía el Gobierno español en la Tesorería general de Caracas (…) todo lo cual fue al poder *de los con-*

---

82 Cristóbal M. González de Soto, Noticia Histórica de la República de Venezuela, p. 7.
83 *Ibídem*, p. 90.
84 *Ibídem*, p. 80
85 *Ibídem*, p. 78.
86 Ídem.

servadores y libertadores de Venezuela... que la libertaban de su honra, de sus riquezas y bienestar[87]".

SANTIAGO HERNÁNDEZ MILANÉS: "EL DILEMA DE *SER* O *NO SER*"

Cuando las noticias de la formación en Caracas de una Junta Defensora de los Derechos de Fernando VII con visos separatistas, cunde la ciudad de Mérida, el Obispo Hernández Milanés alerta sobre los peligros que se corre al reconocer a aquella Junta y la exhortación se dirige a permanecer fiel y leal a Su Majestad y que si esto se cumplía él bien podría decir al Señor si lo llamara a mejor vida que "ahora podía descansar en paz porque dejo a todo mi Rebaño, y le han visto mis ojos religioso, fiel, y que no dejará vuestros caminos[88]".

Santiago Hernández Milanés[89], fue el cuarto Obispo de la Diócesis de Mérida y uno de los funcionarios del gobierno eclesiástico que no está en Caracas y que desde su posición allá en la provincia le toca enfrentar los hechos del 19 de abril. El Obispo Hernández Milanés fue uno de los que vivió atormentado hasta el final de sus días por su actuación y proceder, ya que después de haber jurado fidelidad y restearse con la monarquía y aún no estando convencido de la necesidad de ser independientes del Rey tiene que hacer un acto de contrición y jurar la Independencia.

El Obispo era partidario de la fórmula "Dios, Rey y Patria" y con los sucesos de abril la ciudad de Caracas le varió su forma de gobierno; pero frente a esto los dominios de su obispado responden, y dice "la provincia entera de Barinas se propuso el objeto de defender los derechos de nuestro amado Fernando el 7° de la religión y de la patria. Acabamos de saber de oficio que los fieles corianos están dispuestos a

---

87 *Ibídem*, p. 79. Esta cita es más extensa y en ella misma hace referencia de cómo el dinero fue repartido.

88 Santiago Hernández Milanés, "A propósito de los acontecimientos del 19 de abril en Caracas. Mayo 19 de 1810", en *Documentos para la Historia de la Diócesis de Mérida*, tomo II, p. 230.

89 Antonio Ramón Silva, Nota biográfica de Santiago Hernández Milanés. en *Documentos para la Historia de la Diócesis de Mérida*, tomo II, p. 3 - 6.

derramar su sangre por los mismos fines; que los leales maracaiberos se preparan a morir por la buena causa"[90].

Ve con buenos ojos los actos de jura que van sucediéndose en los lugares donde se conoce la noticia "estamos satisfechos de vuestra fidelidad al Soberano, de vuestra obediencia a las legítimas potestades y de vuestro amor al orden[91]" y les advierte "no os dejéis engañar de algunos díscolos mal intencionados y perturbadores que para arruinaros y perderos os incitan a insubordinación y al desorden[92]".

En el pensamiento del Obispo no cabía un reino desacralizado, por lo que invoca el pacto "de obediencia que habéis prestado a vuestro Augusto Rey, cuyo gobierno suave, benéfico y paternal tiene la Religión por base y lleva sus enlaces permanentes con la Silla de San Pedro[93]". Luego de esta pastoral, Hernández Milanés hace circular en todos los dominios de su obispado el documento de jura de fidelidad al Soberano. Bendición y jura consagran un tiempo de solemnidad en oposición a un tiempo profano.

UNA ACOTACIÓN NECESARIA

Indudablemente que la Independencia generó un clima de agitación y confusión en la antigua Capitanía General ahora creada bajo la fórmula federal de Estados Unidos de Venezuela. Y en medio de esta confusión donde no se sabía con certeza qué era lo que realmente ocurría y cuál sería el desenlace, hubo individuos que comulgaron con la idea de la Independencia pero al rato se dan cuenta que eso no es lo que quieren y reniegan de su fe. Por el contrario hay otros que son fieles vasallos pero que con la lectura detallada "de papeles" se transfiguran en independentistas. El capítulo que sigue mira la actitud de los que van y vienen en la conversión.

---

90 Hernández Milanés, "A propósito de los acontecimientos del 19 de abril en Caracas", tomo II, p. 230.
91 *Ibídem*, p. 231.
92 *Ídem*.
93 *Ibídem*, p. 232.

LOS CONVERSOS: FERNANDO RODRÍGUEZ DEL TORO Y MONSEÑOR MARIANO DE TALAVERA Y GARCÉS

Resulta que este Fernando Rodríguez del Toro era un mantuano agitador que desde los mismísimos días de la conjura de 1808 andaba conspirando contra el gobierno español e iniciar un movimiento separatista en Caracas. Insistió tanto en su afán que logra la venia del Capitán General Emparan y llega a ser de éste, un funcionario de confianza. Una vez traicionada la confianza de su jefe y logrado su objetivo de Independencia en 1810, le escribe a Emparan ya dirigiéndose al exilio:

> Penetrado como debo del júbilo más puro al ver nacer la gloria y felicidad de mi patria, mi corazón gime al mismo tiempo al contemplar el mísero estado a que la provincia lo ha reducido. Ninguna potestad divina ni humana condenarán jamás estos sentimientos, aunque parezcan contrarios entre sí, y aun mucho menos que cumpliendo yo con los santos derechos de la humanidad, ofrezco a usted con la mayor cordialidad y sincero afecto, todos los servicios personales y pecuniarios que estén bajo la esfera de mis facultades propias como hombre; como ciudadano, mis esfuerzos, votos y servicios no tendrían todos otro objeto que la salvación de la Patria y mantenimiento del sabio Gobierno que nos rige y la gloria de mis conciudadanos.
>
> Reitero mis ofertas, repito mis protestas y ruego a usted con la candidez de mi corazón, cuente dejar en Venezuela el más leal amigo de su persona y seguro servidor, q. b. s. m., Fernando Toro. Caracas, 25 de abril de 1810[94].

Pero a la vuelta de un par de años, la cosa no sale tan bien como espera y se tiene que ir con las tablas en la cabeza hasta Trinidad en compañía de su hermano Francisco el Marqués del Toro e iniciar una larga carrera para lograr del Rey el perdón y volver a los brazos del padre como el hijo pródigo.

El caso de Monseñor Mariano de Talavera y Garcés resulta aun más interesante, pues es oriundo de Coro y descendiente directo de una familia mantuana importante en la ciudad, que en 1810 dirige directamente la jura de fidelidad del Ayuntamiento a la Regencia y desconocer a la Junta de Caracas.

---

94 Fernando Rodríguez del Toro, "Carta de Don Fernando Toro a Emparan", en El 19 de abril de 1810, p. 28 – 29.

Talavera que había dejado el hogar hacía algunos años y establecido en Mérida como Secretario del Obispo Hernández Milanés y profesor en el Seminario San Buenaventura, es asaltado y casi a quemarropa por las noticias de Caracas del 19 de abril y aun más grave por las pretensiones de la Junta de invadir y destruir a los disidentes corianos, Ayuntamiento y ciudad de Coro, donde estaban sus más caros afectos; en vista de esto, es cuando desde Mérida les escribe:

> Cuando el haber nacido en vuestro suelo y el correr vuestra sangre por mis venas no fuera un motivo poderoso para dirigiros la voz con las más expresivas congratulaciones (...) vosotros acabáis de dar el ejemplo del más ardiente patriotismo y de la fidelidad más acendrada. Vosotros tenéis la gloria de ser los primeros en Venezuela, que resistiendo a un gobierno ilegítimo habéis reconocido la Suprema potestad en el Consejo de Regencia de España y sus Américas (...) manteneos firmes en la obediencia que habéis prestado al cuerpo augusto que representa al virtuoso aunque cautivo Fernando (...) el Dios de los ejércitos de quien viene toda la fuerza os auxiliara, por qué no desampara a los que pelean por la justicia. Mariano de Talavera. Mérida, 18 de mayo de 1810[95].

Pero en ese ir y venir de varios meses, Talavera reconoce que no había estudiado bien las intenciones y propósitos de la revolución de Caracas, en torno a ello reflexiona y se arrepiente del contenido de su proclama anterior y los invita a tomar una nueva postura frente a los tiempos por venir, diciendo:

> Amados compatriotas: yo haría traición a la verdad sino os ilustrase para que conozcáis vuestros legítimos derechos y no aventuréis más tiempo nuestra existencia política. Cuando el 13 de mayo del presente año supe por la primera vez la transformación de Caracas, y la deposición de sus antiguos magistrados, la voz pública pintó con colores tan negros el procedimiento de aquella Metrópoli que no pude menos que consternarme al oír lo que se decía de la fidelísima capital de Venezuela, a quien yo miraba como mi patrio suelo y en donde había recibido mi educación literaria. La falta de papeles y comunicación me tuvo mucho tiempo fluctuando entre las incertidumbres. (...) Pero la providencia tenía

---

95 Mariano de Talavera, "Proclama que desde Mérida dirige a los habitantes de Coro y su jurisdicción", en *Flores y Letras*, N° 3, p. 49 – 52. Documento localizado por nosotros en la revista artístico literaria Flores y Letras y que hasta ahora, según nuestras indagaciones, no se conocía su contenido ni había sido publicado y tratado en otro lugar.

decretado que yo encontrase mi ilustración y mi convencimiento en la cédula misma del Consejo de Regencia. La leí y medité muchas veces y desaparecieron luego todas mis incertidumbres. (...) Si para resolveros a entrar en la confederación del continente venezolano os detiene el temor de que las Provincias aliadas os echen en cara vuestra resistencia, yo os aseguro que no será así, un velo denso cubrirá vuestra conducta anterior (...) no se acordarán de vuestros errores involuntarios sino de vuestras conocidas virtudes. Mariano de Talavera. Mérida, 30 de septiembre de 1810[96].

A MODO DE CONCLUSIÓN

En fin, la segunda mitad del siglo XVIII y la primera década del XIX, indudablemente que el mundo español europeo experimentó notables transformaciones sobre todo en el desarrollo del pensamiento político moderno. Sin embargo, esas mismas transformaciones serán experimentadas en el mundo español americano pero con mayor lentitud. Es así como frente a los acontecimientos de 1808 ocurridos en la metrópoli de colapso de la monarquía y la formación de Juntas en toda España; la respuesta americana fue de seguir y no de conducir. En todo ello no hubo viso de propiciar una instancia separatista, antes bien lo que hubo fue un acto de jurada fidelidad a Fernando VII y a la tradición monárquica.

Al cruzar el dintel del siglo XXI, jugar a ser vidente y pecar a decir que si el 19 de abril de 1810 no hubiese surgido tal vez la situación fuera otra, peor o mejor no lo sabremos nunca y así como esta pregunta surgirían otras tan válidas como la anterior a la que no podemos tampoco responder y resultaría desde todo punto de vista innecesario pues no podemos retroceder en el tiempo.

Pero lo que sí nos queda y es fácilmente comprobable, es la manipulación peligrosa de la realidad histórica y la acumulación durante años de símbolos y temas que se han repetido como estribillo y se han asimilado como verdad; una verdad que responde a una necesidad lógica de legitimación de los intereses de un grupo de élite dominante con la intencionalidad de lograr una construcción del pasado desde recuerdos selectivos y convenientes con los que lograron sepultar en lo más profundo del olvido a los vencidos.

---

96 Mariano de Talavera, "Comunicación del señor Pro. Dr. Talavera a los habitantes de Coro", en *Flores y Letras*, N° 4, p. 67 – 70.

En fin ésta *Memoria de la Desdicha* es un intento de reevaluar en su estricta verdad la historia de los Realistas en un momento determinado y a partir de allí reconstruir de forma equilibrada la historia colectiva de todos los que vivieron la misma dificultad. Lo que necesariamente enriquece el debate y replantea y reorienta el tema de la Independencia.

BIBLIOGRAFÍA

I.- **Fuentes Documentales**

A.- **Documentos impresos**

- "Carta de Don Fernando Toro a Emparan". *El 19 de abril de 1810*. Caracas, Instituto Panamericano de Geografía e Historia.
- "Comunicación del señor Pro. Dr. Talavera a los habitantes de Coro". Coro, Flores y Letras.
- "Llegada a Caracas de dos nuevos mandatarios, el Capitán General Emparan y el Intendente Basadre". *Documentos para la historia de la vida pública del Libertador*. Caracas, Ediciones de la Presidencia de la República.
- "Memorial sobre el 19 de abril de 1810". *El 19 de abril de 1810*. Caracas, Instituto Panamericano de Geografía e Historia.
- "Proclama que desde Mérida dirige a los habitantes de Coro y su jurisdicción el Doctor Mariano de Talavera, Presbítero y Diputado electo por su Ayuntamiento". *Coro, Flores y Letras*.
- "Relación al Rey". *El 19 de abril de 1810*. Caracas, Instituto Panamericano de Geografía e Historia.

B.- **Colecciones documentales impresas**

- *Documentos para la historia de la Diócesis de Mérida recogidas y publicadas por el Ilmo. Señor Doctor Antonio Ramón Silva. (1909)*. Mérida, Imprenta Diocesana. Tomo II.
- *Documentos para la historia de la vida pública del Libertador de Colombia, Perú, y Bolivia publicados por disposición del general Guzmán Blanco. Puestos en orden cronológico y con adiciones y notas que la ilustran por el general José Félix Blanco. (1977)*. Caracas, Ediciones de la Presidencia de la República. Tomo II.

C.- Testimonios

- COLL Y PRAT, Narciso. (1960). *Memoriales sobre la Independencia de Venezuela*. Caracas, Academia Nacional de la Historia.
- DÍAZ, José Domingo. (1961). *Recuerdos sobre la Rebelión de Caracas*. Caracas, Academia Nacional de la Historia.
- GONZÁLEZ DE SOTO, Cristóbal. (1873). *Noticia Histórica de la República de Venezuela*. Barcelona, Establecimiento Tipográfico de L. Domenech.
- HEREDIA, José Francisco. (1895). *Memorias sobre las Revoluciones de Venezuela*. París, Librería de Garnier Hermanos.
- POUDENX, H y Mayer, F. (1963). La Venezuela de la Independencia. Caracas, Edición del Banco Central de Venezuela.

II.- Fuentes Bibliográficas

A.- Bibliografía Específica

- BRICEÑO IRAGORRY, Mario. (1986). *El Regente Heredia o la Piedad Heroica*. Caracas, Academia Nacional de la Historia.
- BUSHNELL, David. (2007). *Simón Bolívar, proyecto de América*. Bogotá, Universidad Externado de Colombia.
- CARRERA DAMAS, Germán. (1983). *Una Nación llamada Venezuela*. Caracas, Monte Ávila Editores Latinoamericana.
- CARRERA DAMAS, Germán. (1995). *La disputa de la Independencia y otras pericias del método crítico en historia de ayer y de hoy*. Caracas, Ediciones GE.
- IZARD, Miguel. (2009). *El Miedo a la Revolución: la lucha por la libertad en Venezuela 1777 – 1830*. Caracas, Fundación Centro Nacional de Historia. 2.ª edición.
- LEAL CURIEL, Carole. (1990). *El discurso de la Fidelidad. Construcción social del espacio como símbolo del poder regio, Venezuela siglo XVIII*. Caracas, Academia Nacional de la Historia.
- LOMBARDI BOSCÁN, Ángel Rafael. (2006). *Banderas del Rey*. Maracaibo, Ediciones del Rectorado.

- LÓPEZ BOHÓRQUEZ, Ali Enrique. (1997). José Francisco Heredia. En: *Diccionario de Historia de Venezuela*, Caracas, tomo 2, p. 672, 2.ª edición.
- LUCENA SALMORAL, Manuel. (1997). Vicente Basadre. En: *Diccionario de Historia de Venezuela*, Caracas, tomo 1, p. 391–392. 2.ª edición.
- LYNCH, John. (2008). *Las Revoluciones Hispanoamericanas 1808 – 1826*. Barcelona, Editorial Ariel. 11.ª edición en español.
- OSORIO JIMÉNEZ, Marcos. (1959). *Bibliografía Crítica de la Detracción Bolivariana*. Caracas, Ediciones de la Sociedad Bolivariana.
- PARRA PÉREZ, Caracciolo. (1939). *Bayona y la Política de Napoleón en América*. Caracas, Tipografía Americana.
- PARRA PÉREZ, Caracciolo. (1939). *Historia de la Primera República de Venezuela*. Caracas, Tipografía Americana. 1.ª edición. Tomo I.
- PARRA PÉREZ, Caracciolo. (1954). *Mariño y la Independencia de Venezuela*. Madrid, Ediciones Cultura Hispánica. Tomo I.
- PINO ITURRIETA, Elías. (2007*). La mentalidad venezolana de la emancipación 1810 – 1812*. Caracas, bid&co. Editor.
- QUINTERO, Inés. (2002). *La conjura de los Mantuanos*. Caracas, Universidad Católica Andrés Bello.
- QUINTERO, Inés. (2005). *El Último Marqués. Francisco Rodríguez del Toro 1761 – 1851*. Caracas, Fundación Bigott.
- RAMOS, Demetrio. (1996). *España en la Independencia de América*. Madrid, Editorial MAPFRE.
- REIXACH VILA, Pedro. (1997). Narciso Coll y Prat. En: *Diccionario de Historia de Venezuela,* Caracas, tomo 1, p. 861 – 862. 2.ª edición.
- SORIANO DE GARCÍA PELAYO, Graciela. (1988). *Venezuela 1810 – 1830: aspectos desatendidos de dos décadas*. Caracas, Cuadernos Lagoven.
- STRAKA, Tomás. (2007). *La voz de los Vencidos: ideas del partido realista de Caracas, 1810 – 1821*. Caracas, bid&co. Editor.

- STRAKA, Tomás. (2009). *Contra Bolívar*. Caracas, Edición Libros Marcados.
- SUCRE, Luís Alberto. (1928). *Gobernadores y Capitanes Generales de Venezuela*. Caracas, Litografía y Tipografía del Comercio.
- SURIÁ, Jaime. (1967). *Iglesia y Estado 1810 – 1821*. Caracas, Ediciones del Cuatricentenario de Caracas.
- VEJARANO, Ricardo Jorge. (1925*)*. *Orígenes de la Independencia Suramericana*. Bogotá, Editorial Cromos.
- VIRTUOSO, Francisco José. (2001). *La crisis de la Catolicidad en los inicios republicanos de Venezuela (1810 – 1813)*. Caracas, Universidad Católica Andrés Bello.

B.- Hemerografía Específica

- DUSSEL, Enrique. *1810: ¿El nuevo encubrimiento del otro?* En: *El Nacional*, Caracas, 13 de abril de 2004.

C.- Obra de Referencia

- Fundación Polar. (1997). *Diccionario de Historia de Venezuela*. Caracas, Editorial Ex Libris.

ÍNDICE GENERAL

CONTENIDO GENERAL 9
NOTA INTRODUCTIVA 11
SOBRE LOS AUTORES: 17

Primera Parte
LA REVOLUCIÓN DE CARACAS DE 1810 21
Allan R. Brewer - Carías / Enrique Viloria Vera

PRÓLOGO 21
INTRODUCCIÓN 28
I. LAS INDIAS: PATRIMONIO REAL 29
II. LA CRISIS DE ESPAÑA 32
III. ANTECEDENTES DE LA REVOLUCIÓN DE CARACAS DE 1810 43
    1. Antecedentes nacionales de la Revolución de Caracas de 1810 44
        A. La Conspiración de la Casa de Misericordia 45
        B. La Conjuración de los Mantuanos 46
        C. Las Cartas de Miranda.. 48
        D. Los alzamientos contra la Compañía Guipuzcoana .. 51
    2. Antecedentes políticos e ideológicos de la Revolución de Caracas de 1810 55
        A. La Revolución Norteamericana y la Declaración de Derechos de Virginia (1776) 56
        B. La Revolución Francesa y la Declaración de los derechos del hombre y del ciudadano (1789) 59

C. *El constitucionalismo norteamericano y las Enmiendas a la Constitución de los Estados Unidos de América (1789–1791)* 70

3. *Las desventuras del Precursor Francisco de Miranda, y su labor de promoción de la Independencia* 73

IV. CARACTERÍSTICAS DE LA REVOLUCIÓN DE CARACAS DE 1810 87

1. *Civilista* 87
2. *Religiosa* 91
3. *Antifrancesa* 94
4. *Pro Fernando VII* 98
5. *Mantuana* 100
6. *Caraqueña con vocación nacional* 105
7. *Venezolana con vocación internacional* 115
8. *Revolucionaria en lo político* 117
9. *Liberal en lo económico* 121
9. *Creadora de un nuevo orden jurídico* 126
10. *Independentista en sus resultados* 128

A MANERA DE CONCLUSIÓN 129
APÉNDICE: ACTA DEL 19 DE ABRIL DE 1810 130
BIBLIOGRAFÍA BÁSICA 133

Segunda Parte:
EL DISEÑO CONSTITUCIONAL DE LA REPÚBLICA 1810-1812 COMO OBRA DE CIVILES 137

Allan R. Brewer - Carías

Tercera parte
EL OLVIDO DE LOS PRÓCERES 171

Giovanni Mezza Dorta

EL OLVIDO DE LOS PRÓCERES 173
LA POLÍTICA Y LA GUERRA DE LA INDEPENDENCIA 180
FRANCISCO DE MIRANDA Y LA CONSTITUCIÓN DE 1811 ... 185
Resumen 185
Introducción 185

MIRANDA Y BOLÍVAR: REPUBLICANISMO, LIBERALISMO Y DICTADURA	197
Resumen	197
Liminar	197
LA INVESTIGACIÓN INICIAL	197
CUÁL REPÚBLICA, CUÁL LIBERTAD	199
LAS IDEAS	203
LA DEMOCRACIA DEL 19 DE ABRIL Y DEL 05 DE JULIO	204
LA CRISIS DE LA DEMOCRACIA Y EL INICIO DEL MILITARISMO	206
DEMOCRACIA O DICTADURA. LA DISCUSIÓN	208
DE VUELTA A MIRANDA Y BOLÍVAR	209
PRECURSOR DE LA CONFEDERACIÓN DE NACIONES SUR-AMERICANAS	210
CONVERGENCIAS Y DIVERGENCIAS	211
LAUREANO VALLENILLA LANZ Y AUGUSTO MIJARES	214
LUIS CASTRO LEIVA	215
DICTADURA DE BOLÍVAR	218
LA DICTADURA, EL CONGRESO Y LA CONVENCIÓN DE OCAÑA	218
LA DICTADURA ¿UN ERROR O UNA POLÍTICA?	220
BENTHAM O LA REVOLUCIÓN NORTEAMERICANA	223
LA BÚSQUEDA DEL PARAÍSO TERRENAL	226
OTRA LECTURA DE MARX Y BOLÍVAR	228
BIBLIOGRAFÍA	234

Cuarta Parte
Y ENTRE LOS PRÓCERES OLVIDADOS: JUAN GERMÁN ROSCIO, FRANCISCO JAVIER YANEZ Y CRISTÓBAL MENDOZA 237

SECCIÓN PRIMERA: **EL PENSAMIENTO CONSTITUCIONAL DE JUAN GERMÁN ROSCIO Y FRANCISCO JAVIER YANES** 237

José Ignacio Hernández

INTRODUCCIÓN	238

I.	BREVE APROXIMACIÓN A LAS OBRAS DE ROSCIO Y YANES	244
II.	LA SOBERANÍA POPULAR Y EL CARÁCTER LIMITADO DEL PODER PÚBLICO. LA IDEA DE LA SUPREMACÍA CONSTITUCIONAL	249
III.	LA LEY, EXPRESIÓN DE LA VOLUNTAD GENERAL.	251
IV.	LA OBEDIENCIA A LA LEY: UNA OBEDIENCIA RACIONAL	252
V.	LA LIBERTAD Y LA LEY. LA PROPIEDAD, IGUALDAD Y SEGURIDAD EN LA OBRA DE YANES	254
VI.	EL CARÁCTER LIMITADO DEL GOBIERNO Y EL CONCEPTO DE TIRANÍA	257
VII.	EL GOBIERNO AL SERVICIO DE LOS CIUDADANOS...	258
VIII.	LA SEPARACIÓN DE PODERES	26059
IX.	EL RÉGIMEN FEDERAL EN LA OBRA DE YANES Y EL SISTEMA AMERICANO	261
X.	LA INTERPRETACIÓN DE LOS DOCUMENTOS HISTÓRICOS RECOPILADOS A TRAVÉS DEL PENSAMIENTO DE ROSCIO Y DE YANES	263
XI.	A MODO DE RECAPITULACIÓN. LA REPÚBLICA LIBERAL EN ROSCIO Y YANES	265

SECCIÓN SEGUNDA: **LA DOMINACIÓN ESPAÑOLA EN EL TRIUNFO DE LA LIBERTAD SOBRE EL DESPOTISMO (1817) DEL VENEZOLANO JUAN GERMÁN ROSCIO** 269

Carmen Ruiz Barrionuevo

BIBLIOGRAFÍA 288

SECCIÓN TERCERA: **CRISTÓBAL MENDOZA: PRIMER PRESIDENTE DE VENEZUELA** 291

Enrique Viloria Vera

QUINTA PARTE:
SOBRE EL CONSTITUCIONALISMO AMERICANO
PRE-GADITANO 297

SECCIÓN PRIMERA: **GÉNESIS DEL PENSAMIENTO CONSTITUCIONAL DE VENEZUELA**...................... 297
Asdrúbal Aguiar

I. LOS ORÍGENES DEL PENSAMIENTO CONSTITUCIONAL VENEZOLANO, EN LAS INVESTIGACIONES DE PEDRO GRASES.. 297
EL SIGLO XVIII 300
PRE-INDEPENDENCIA Y EMANCIPACIÓN 308
LA TRADICIÓN HUMANISTA 320
    A. *El licurgo venezolano* 321
    B. *El teorizador católico* 324
    C. *El primer humanista de América* 325
    D. *El precursor de la emancipación* 326
        (1) *Los proyectos constitucionales* 326
        (2) *La carta a los españoles americanos* 330

II. EL PENSAMIENTO CONSTITUCIONAL DE VENEZUELA Y EL FACSÍMIL DE LA CONSTITUCIÓN DE 1811 341
ENTRE LAS LUCES Y LAS SOMBRAS 343
    A. *Somos federales, desde antes* 347
    B. *Somos demócratas e hispanos, desde los orígenes* 350
LA CONSTITUCIÓN FEDERAL PARA LOS ESTADOS DE VENEZUELA.. 356
    A. *Los principios compartidos* 357
    B. *Los contenidos normativos* 358
    C. *La diatriba de Miranda* 360
LO PROPIO DE NUESTRA ILUSTRACIÓN 364
    A. *Sobre el pacto constituyente y la representación popular* 366
    B. *Uti possidetis iuris* 369
    C. *Imparcialidad de los jueces* 371
    D. *Transparencia y rendición de cuentas* 371

E. Unidad democrática federal 372
F. Democracia y derechos del hombre 373
G. Proscripción de la tortura 374
H. Derogación de la infamia trascendente 375
I. Indultos 375
J. La independencia de poderes y el control de constitucionalidad y legalidad 376
K. Control democrático de la opinión pública 380
BREVÍSIMO EPÍLOGO 381

SECCIÓN SEGUNDA: **LAS PRIMERAS MANIFESTACIONES DEL CONSTITUCIONALISMO EN LAS TIERRAS AMERICANAS: LAS CONSTITUCIONES PROVINCIALES Y NACIONALES DE VENEZUELA Y LA NUEVA GRANADA EN 1811-1812** 383
Allan R. Brewer-Carías

I. ALGO SOBRE LOS PRINCIPIOS DEL CONSTITUCIONALISMO MODERNO EN LA VÍSPERA DE LA REVOLUCIÓN HISPANA Y AMERICANA 383
II. LOS INICIOS DEL PROCESO CONSTITUYENTE HISPANOAMERICANO EN LAS PROVINCIAS DE VENEZUELA Y DE LA NUEVA GRANADA: 1810-1811 .. 387
III. EL CONSTITUCIONALISMO EN LAS PRIMERAS CONSTITUCIONES PROVINCIALES EN 1811: BARINAS, MÉRIDA, TRUJILLO, SOCORRO, CUNDINAMARCA 392
   1. *Las primeras Constituciones provinciales en Venezuela antes de la constitución de un Estado nacional mediante la Constitución Federal de los Estados de Venezuela en 21 de diciembre de 1811* 392
      A. *El Plan de Gobierno Provisional de la Provincia de Barinas de 26 de marzo de 1811* 392
      B. *La Constitución Provisional de la Provincia de Mérida de 31 de julio de 1811* 393
      C. *El Plan de Constitución Provisional Gubernativo de la Provincia de Trujillo de 2 de septiembre de 1811* 396

2. *Las primeras Constituciones provinciales en La Nueva Granada anteriores a la constitución mediante Acta de la Confederación de las Provincias Unidas de Nueva Granada en 27 noviembre de 1811* 397

    A. *Acta de la Constitución del Estado libre e independiente del Socorro de 15 de agosto de 1810* 397

    B. *La Constitución Monárquica de Cundinamarca de 30 de marzo de 1811* 399

IV. LAS PRIMERAS CONSTITUCIONES NACIONALES EN 1811: LA CONSTITUCIÓN FEDERAL DE LOS ESTADOS DE VENEZUELA Y EL ACTA DE LA CONFEDERACIÓN DE LAS PROVINCIAS UNIDAS DE NUEVA GRANADA 406

  1. *La Constitución Federal para los Estados de Venezuela de 21 de diciembre de 1811* 406

    A. *Principios del constitucionalismo moderno recogidos en la Constitución de 1811* 407

      a. *La idea de Constitución* 407

      b. *El principio de la soberanía nacional, el republicanismo y el gobierno representativo* 408

      c. *La declaración de derechos del pueblo y del hombre* 412

      d. *El principio de la separación de poderes* 416

      e. *Los principios de la organización territorial del Estado: federalismo y municipalismo* 418

    B. *Contenido normativo básico de la Constitución federal de 1811* 420

      a. *La Confederación de las Provincias Bases del Pacto Federativo (Título Preliminar)* 420

      b. *Formulación expresa del principio de la separación de poderes* 423

      c. *La religión católica (Capítulo I)* 424

      d. *El Poder Legislativo (Capítulo II)* 424

      e. *El Poder Ejecutivo (Capítulo III)* 425

      f. *El Poder Judicial (Capítulo IV)* 425

      g. *Las Provincias (Capítulo V)* 426

      h. *La rigidez constitucional (Capítulos VI y VII)* ... 426

      i. *Los Derechos del Hombre (Capítulo VIII)* 426

  j. *Disposiciones generales (Capítulo IX)* 429
  k. *La supremacía constitucional* 430
 2. *El Acta de la Confederación de las Provincias Unidas de la Nueva Granada de 27 de noviembre de 1811* 431
V. LAS PRIMERAS CONSTITUCIONES PROVINCIALES SANCIONADAS ENTRE 1811-1812, EN EL MARCO DE CONSTITUCIONES NACIONALES: BARCELONA, CARACAS, TUNJA, ANTIOQUIA, CARTAGENA 434
 1. *Las Constituciones Provinciales en Venezuela después de la Constitución Federal para los Estados de Venezuela de 1811* 435
  A. *La Constitución Fundamental de la República de Barcelona Colombiana de 12 de enero de 1812* 435
  B. *La Constitución para el gobierno y administración interior de la Provincia de Caracas del 31 de enero de 1812* 438
   a. *Los diputados de la Provincia de Caracas al Congreso General y la Sección Legislativa para la Provincia de Caracas* 442
   b. *Contenido general* 448
   c. *Sobre el Poder Legislativo* 452
   d. *Sobre el Poder Ejecutivo* 455
   e. *Sobre el Poder Judicial* 455
   f. *Sobre el fomento "de la literatura"* 456
   g. *Sobre la revisión y reforma constitucional* 457
   h. *Sobre la sanción y ratificación de la Constitución* 459
   i. *Sobre las declaraciones políticas generales y el desarrollo del principio de igualdad* 460
    - *Sobre el régimen de los indios* 460
    -. *Sobre la prohibición de la esclavitud* 461
    -. *Sobre la situación de los pardos* 461
    -. *Sobre la abolición de los títulos nobiliarios y las relaciones personales con la Monarquía* 462
    -. *Sobre el ejercicio de los derechos políticos*. 462

        -. *Sobre la supremacía constitucional y la continuidad del orden jurídico sub-constitucional anterior* 463

        -. *Sobre la difusión y conocimiento de la Constitución y de los derechos de los ciudadanos* 463

    2. *Las Constituciones Provinciales en la Nueva Granada después del Acta de la Confederación de las provincias Unidas de Nueva Granada de 1811*................ 464

        A. *La Constitución de la República de Tunja de 9 de diciembre de 1811.* 464

        B. *La Constitución del Estado de Antioquia de 21 de marzo de 1812* 470

        C. *La Constitución del Estado de Cartagena de Indias de 15 de junio de 1812* 476

VI. ALGO SOBRE EL MUNICIPALISMO Y LAS PRIMERAS CONSTITUCIONES PROVINCIALES HISPANO-AMERICANAS 486

    1. *Algo sobre el derecho indiano y el régimen municipal hispano-americano* 486

    2. *El régimen municipal al momento de la independencia*... 490

    3. *La trasformación del régimen municipal después de la independencia y las primeras manifestaciones constitucionales americanas*................................. 496

VII. EL EXTRAORDINARIO CASO DEL RÉGIMEN MUNICIPAL EN LA CONSTITUCIÓN PARA EL GOBIERNO Y ADMINISTRACIÓN INTERIOR DE LA PROVINCIA DE CARACAS DE 31 DE ENERO DE 1812 499

    1. *La discusión sobre el territorio de la Provincia de Caracas y su división*................................... 499

    2. *La división territorial uniforme de la provincia en departamentos, cantones y distritos* 501

        A. *La organización territorial del Departamento de Caracas* 502

            a. *El cantón del Tuy* 502

            b. *El cantón de los Altos*................................ 502

            c. *El cantón de Caracas* 503

- B. *La organización territorial del Departamento de San Sebastián* 503
  - a. *El cantón de San Sebastián* 503
  - b. *El cantón de Calabozo* 503
- C. *La organización territorial del Departamento de los Valles de Aragua*.. 504
  - a. *El cantón de la Victoria* 504
  - b. *El cantón de Guacara* 504
- D. *La organización territorial del Departamento de Barquisimeto* 505
  - a. *El cantón de San Felipe* 505
  - b. *El cantón de Barquisimeto* 505
  - c. *El cantón del Tocuyo*.. 505
- E. *La organización territorial del Departamento de San Carlos* 506
  - a. *El cantón de San Carlos*..................................... 506
  - b. *El cantón de Guanare* 506
3. *El régimen municipal en la Provincia de Caracas*........... 507
   - A. *Algo sobre las competencias municipales* 507
   - B. *Las municipalidades según el número de miembros del órgano colegiado municipal* 509
     - a. *La Municipalidad de Caracas capital con 24 miembros y dos Cámaras* 509
     - b. *Las Municipalidades con 16 miembros y dos Cámaras* 509
     - c. *Las Municipalidades con 12 miembros*............... 510
     - d. *Las Municipalidades con 8 miembros*................ 510
     - e. *Las Municipalidades con 6 miembros*................ 511
   - C. *Las Parroquias y los Agentes Municipales* 512
   - D. *Los Alcaldes en los sitios distantes de poblado*......... 513
3. *El régimen de elección de cargos representativos en la Provincia y en particular, en el ámbito municipal* 513

SECCIÓN TERCERA: **TEXTOS DOCTRINARIOS EN LA CONSTITUCIÓN FEDERAL PARA LOS ESTADOS DE VENEZUELA (1811)** 517
Belin Vázquez

INTRODUCCIÓN 517
1. *Fundamentos doctrinarios de la soberanía y las libertades* 518
2. *Primer Congreso Constituyente de Venezuela para instituir los derechos fundamentales* 527
3. *Pactismo entre soberanías en la Constitución Federal de los Estados de Venezuela* 536

CONCLUSIONES 542
FUENTES CONSULTADAS 543
BIBLIOGRÁFICAS: 544

SEXTA PARTE

EL PENSAMIENTO CONSTITUCIONAL DE LOS PRÓCERES OLVIDADOS EN EL CONSTITUCIONALISMO DE 1811. HISTORIA DE UN LIBRO EXTRAORDINARIO: *INTERESTING OFFICIAL DOCUMENTS RELATING TO THE UNITED PROVINCES OF VENEZUELA* **1812, CUANDO LA REPÚBLICA ESTABA DERRUMBÁNDOSE** 547
Allan R. Brewer-Carías

I. LOS ANTECEDENTES DEL PROCESO DE INDEPENDENCIA DE VENEZUELA DE 1811: LA CRISIS POLÍTICA DE ESPAÑA DESDE 1808 552
II. LA DEPOSICIÓN DE LAS AUTORIDADES COLONIALES, LA INDEPENDENCIA Y EL PROCESO CONSTITUYENTE ENTRE 1810 Y 1811 567
III. LA REACCIÓN DE LAS AUTORIDADES ESPAÑOLAS CONTRA LAS PROVINCIAS DE VENEZUELA: EL BLOQUEO Y LA INVASIÓN MILITAR PARA "PACIFICAR" LAS PROVINCIAS 597

IV. LOS REDACTORES DE LOS DOCUMENTOS OFICIALES INTERESANTES DE LA INDEPENDENCIA DE VENEZUELA, SU ENCARCELAMIENTO A LA CAÍDA DE LA REPÚBLICA, Y EL CONSIGUIENTE DESPRECIO POR LA CONSTITUCIÓN 619

V. LA PUBLICACIÓN DEL LIBRO DOCUMENTOS OFICIALES INTERESANTES EN LONDRES, EN 1812, COMO TESTIMONIO ESCRITO DEL PROCESO DE INDEPENDENCIA, Y EL PAPEL DESEMPEÑADO EN EL PROYECTO POR FRANCISCO DE MIRANDA 630

VI. LOS DOCUMENTOS OFICIALES INTERESANTES RELACIONADOS CON LA INDEPENDENCIA DE VENEZUELA, SU INSPIRACIÓN EN LAS IDEAS DE LA REVOLUCIÓN FRANCESA Y AMERICANA, Y EL PAPEL DESEMPEÑADO POR UN TAL "WILLIAM BURKE" 639

VII. FRANCISCO DE MIRANDA, LA SEDE LONDINENSE DE LOS ESFUERZOS POR LA INDEPENDENCIA DE SURAMÉRICA Y SUS ÚLTIMOS INTENTOS DE LOGRARLA 663

Séptima Parte:

MEMORIA DE LA DESDICHA: LOS REALISTAS CUENTAN SU VERSIÓN DEL 19 DE ABRIL 677

Tomás González

LOS REALISTAS CUENTAN SU VERSIÓN DEL 19 DE ABRIL 677

LA DESDICHA NO TIENE MEMORIA 677

ANTE UN REINO SIN REY (1808): LA REACCIÓN DE LAS PROVINCIAS AMERICANAS 679

EL DISCURSO DE LA INVISIBILIDAD 682

EL ESCENARIO DE LA INDEPENDENCIA EN CORO 683

LA REVOLUCIÓN DE ABRIL DE 1810 685

POR LA INDEPENDENCIA: ¡JAMÁS! LA RESPUESTA POLÍTICA 687

AL TORO DE CARACAS: LA RESPUESTA MILITAR 687
VICENTE EMPARAN: ¡YO TAMPOCO QUIERO MANDO!. 688
VICENTE BASADRE: *¡QUIEN VIVE*: CARACAS; *QUE GENTE*: PATRIOTAS! 692
NARCISO COLL Y PRAT: "LA MALDAD SE EJECUTÓ SIN PLAN" 694
JOSÉ FRANCISCO HEREDIA: "EL DE LA PIEDAD HEROICA" 698
JOSÉ DOMINGO DÍAZ Y CRISTÓBAL M. GONZÁLEZ DE SOTO: "BUENOS VASALLOS DEL REY" 701
UNA ACOTACIÓN NECESARIA 704
LOS CONVERSOS: FERNANDO RODRÍGUEZ DEL TORO Y MONSEÑOR MARIANO DE TALAVERA Y GARCÉS 705
A MODO DE CONCLUSIÓN 707
BIBLIOGRAFÍA 708

ÍNDICE GENERAL 713

www.ingramcontent.com/pod-product-compliance
Lightning Source LLC
Chambersburg PA
CBHW021347290426
44108CB00010B/147